宁波通史

清代卷

傅璇琮 主编
乐承耀 著

宁波出版社

图书在版编目（CIP）数据

宁波通史. 清代卷/傅璇琮主编；乐承耀著. —宁波：
宁波出版社，2009.8
ISBN 978-7-80743-403-0

Ⅰ.宁… Ⅱ.①傅… ②乐… Ⅲ.宁波市—地方史—清代
Ⅳ. K295.53

中国版本图书馆CIP数据核字（2009）第112886号

责任编辑　沈建国　何小平

本书为宁波市重大文化研究工程项目成果

▲ 镇海口威远城

▲ 镇海海防遗址

▲ 1840年7月,英军进攻定海。图为当时参战的英国海军陆战队怀特(White)中尉所绘。

▲ 董志宁、王翊、冯京第合葬之三忠墓

▲ 第一次鸦片战争中抗英阵亡将士墓

▲ 朱贵祠大殿

▲ 1862年5月,太平军与洋枪队在宁波城交战。

清末英领事馆旧址 ▶

▲ 1685年建于江东的浙海关,新关建立后俗称"常关"。

▲ 1861年建于江北的浙海新关,俗称"洋关"。

▲ 清末江北岸外滩

▲ 创始于1905年的宁波和丰纱厂

▲ 外滩码头的蒸汽轮船

▲ 严信厚像

▲ 1899年建成的外滩新马路

▲ 1897年在江北岸外马路建立宁波邮局

▲ 鸦片战争后,英商在宁波建造的浮桥。

▲ 建于1872年的江北天主教堂

▲ 19世纪中叶宁波的一处传教士住所

▲ 宁波街景。英国人爱德华·克里(E.H.Clee)绘于1844年12月。

▲ "甬上证人书院"讲学处——白云庄

▲ 宁波府孔庙

▲ 建于1853年的宁波天后宫

▲ 宁波中学的前身储才学堂

▲ 张苍水像

▲ 黄宗羲像

▲ 万斯同《明史稿》

▲ 19世纪70年代的南门水月桥。桥后为余相国祠、吕祖殿、延庆寺。

目 录

导 论 …………………………………………………………… (1)

第一章　清代宁波的政治与军事 ………………………… (1)
 第一节　清军入主浙东与宁波民众的抵抗 ……………… (2)
  一、浙东沿海的武力镇压与迁界 ………………………… (2)
  二、钱肃乐的抗清斗争 …………………………………… (6)
  三、张苍水的抗清斗争 …………………………………… (8)
  四、大岚山的王翊抗清 …………………………………… (11)
 第二节　清朝在宁波的统治 ……………………………… (14)
  一、宁波的地方行政建置 ………………………………… (14)
  二、兵制与海防 …………………………………………… (20)
  三、文化专制主义的推行 ………………………………… (25)
  四、赋役改革与赋税管理 ………………………………… (28)
  五、社会矛盾激化与民众的反抗斗争 …………………… (40)
 第三节　鸦片战争在宁波 ………………………………… (45)
  一、英军两次进犯定海 …………………………………… (45)
  二、英军进犯镇海和宁波 ………………………………… (52)
  三、奕经"五虎制敌"计划的失败 ……………………… (59)
  四、宁波开埠及其影响 …………………………………… (63)
 第四节　太平天国政权在宁波的建立和丧失 …………… (69)
  一、太平军进军宁波 ……………………………………… (69)
  二、太平天国在宁波的政权及其制度 …………………… (74)

  三、太平军在宁波的保卫战 …………………………………… (83)

 第五节 光绪时期的宁波 …………………………………………… (89)

  一、中法战争中的镇海战役 …………………………………… (89)

  二、宁波的资产阶级维新运动 ………………………………… (99)

  三、救亡思潮和反对意大利索取"三门湾"的斗争 ………… (107)

 第六节 辛亥革命时期的宁波 ……………………………………… (113)

  一、抵制美货的斗争和收回路权运动 ……………………… (113)

  二、新政、预备立宪在宁波 …………………………………… (119)

  三、光复会、同盟会在宁波的活动 …………………………… (131)

  四、辛亥宁波光复和军政分府的建立 ……………………… (137)

第二章 清代宁波的经济 …………………………………………… (143)

 第一节 农业与渔业 ………………………………………………… (144)

  一、清初的垦田政策 …………………………………………… (144)

  二、水利设施的兴修 …………………………………………… (149)

  三、农业的生产结构 …………………………………………… (155)

  四、农业生产力的提高 ………………………………………… (163)

  五、发达的渔业 ………………………………………………… (166)

 第二节 手工业 ……………………………………………………… (170)

  一、纺织业 ……………………………………………………… (170)

  二、丝织业 ……………………………………………………… (173)

  三、造纸与印刷出版业 ………………………………………… (176)

  四、制盐业 ……………………………………………………… (178)

  五、酿酒业和榨油业 …………………………………………… (181)

  六、席草编织业 ………………………………………………… (183)

 第三节 商业 ………………………………………………………… (186)

  一、城区商业发达 ……………………………………………… (186)

  二、集市贸易的发展 …………………………………………… (191)

  三、钱庄、典当与银行 ………………………………………… (198)

 第四节 宁波近代资本主义企业的产生和发展 ………………… (206)

一、外资企业的出现 ……………………………………………（206）
　　二、洋务运动与宁波近代官办企业 ……………………………（210）
　　三、民族资本企业的产生和发展 ………………………………（217）
　第五节　宁波商帮 …………………………………………………（232）
　　一、宁波商帮的形成和发展 ……………………………………（232）
　　二、宁波商帮的地域分布 ………………………………………（239）
　　三、宁波商帮的经济地位 ………………………………………（246）
　第六节　宁波的港口发展与海外贸易 ……………………………（256）
　　一、清代前期的宁波港口与海外贸易 …………………………（257）
　　二、乾嘉时期的宁波港口与海外贸易 …………………………（262）
　　三、晚清的宁波港口和海外贸易 ………………………………（267）
　　四、温州、杭州开埠后的宁波港口与海外贸易 ………………（274）
　　五、海外贸易对宁波经济的影响 ………………………………（276）

第三章　清代宁波的教育与文化 ……………………………………（279）
　第一节　教育与科举 ………………………………………………（280）
　　一、府、县学的设置与书院、义学的发展 ……………………（280）
　　二、科举制度在宁波 ……………………………………………（287）
　　三、晚清的宁波教育 ……………………………………………（294）
　　四、藏书业的发展及贡献 ………………………………………（307）
　第二节　史学成就 …………………………………………………（318）
　　一、清代前中期宁波史学家及其贡献 …………………………（319）
　　二、晚清的史学成就 ……………………………………………（327）
　　三、地方志的纂修 ………………………………………………（330）
　第三节　文学成就 …………………………………………………（336）
　　一、清代前期的文学成就 ………………………………………（336）
　　二、清代中期的文学成就 ………………………………………（345）
　　三、晚清的文学成就 ……………………………………………（352）
　　四、清末的小说 …………………………………………………（360）
　第四节　哲学与经学 ………………………………………………（363）

一、哲学成就 …………………………………………（363）
　　二、经学的发展 ………………………………………（370）
　　三、经世致用与通经致用 ……………………………（375）
第五节　宗教信仰 …………………………………………（379）
　　一、佛教 ………………………………………………（380）
　　二、道教 ………………………………………………（387）
　　三、基督教（新教）……………………………………（388）
　　四、天主教 ……………………………………………（392）
第六节　书画与戏曲 ………………………………………（395）
　　一、书法的成就 ………………………………………（395）
　　二、绘画人才辈出 ……………………………………（401）
　　三、戏曲的发展 ………………………………………（407）
第七节　科学与技术 ………………………………………（415）
　　一、数学研究 …………………………………………（415）
　　二、天文学的成就 ……………………………………（417）
　　三、医学发展 …………………………………………（421）
　　四、近代自然科学的普及、推广和研究 ……………（425）

第四章　清代宁波的社会生活与风俗 ………………（430）
第一节　社会阶级与阶层 …………………………………（431）
　　一、官僚与士绅 ………………………………………（431）
　　二、地主、自耕农与佃农 ……………………………（434）
　　三、新的阶级关系的产生 ……………………………（436）
　　四、堕民及其解放 ……………………………………（442）
第二节　农村、城镇与城市 ………………………………（446）
　　一、农村的变迁 ………………………………………（446）
　　二、中心城镇的出现 …………………………………（451）
　　三、城市近代化进程加快 ……………………………（455）
第三节　清代宁波人口变迁 ………………………………（461）
　　一、清初的宁波人口持续减少 ………………………（462）

二、乾嘉时期的人口高峰 ……………………………………（464）
　　三、开埠初的人口发展与挫折 ……………………………（466）
　　四、清末人口回升 …………………………………………（469）
　　五、人口流动 ………………………………………………（473）
　　六、人口的压力 ……………………………………………（479）
第四节　岁时节日风俗与民间娱乐活动 ……………………（483）
　　一、时令八节 ………………………………………………（483）
　　二、四时节气 ………………………………………………（491）
　　三、民间娱乐活动 …………………………………………（495）
第五节　清代宁波的婚嫁习俗 ………………………………（499）
　　一、特殊的婚嫁形式 ………………………………………（499）
　　二、婚嫁程序 ………………………………………………（502）
　　三、因婚嫁而产生的社会问题 ……………………………（505）
第六节　社会救济体系 ………………………………………（510）
　　一、灾荒与抗粮、抢米 ……………………………………（510）
　　二、常平仓、社仓与义仓 …………………………………（512）
　　三、设义庄与公所 …………………………………………（514）
　　四、育婴堂的设立 …………………………………………（518）
　　五、筹集赈款，救济灾民 …………………………………（520）
　　六、创建慈善机构 …………………………………………（522）

主要参考文献 ………………………………………………（529）

后　　记 ……………………………………………………（538）

导 论

清朝是我国封建社会最后一个多民族的统一的王朝,始于顺治元年(1644年),终于宣统三年(1911年),先后经历了10个皇帝268年时间。

一

在明王朝衰落之际,我国东北地区的女真族,在首领努尔哈赤的领导下迅速崛起。顺治元年(1644年)清军占领北京后,清政府正式成为明政府之后的全国性政权。紧接着,清军开展了一系列旨在一统九州的战争。经过激烈征战,清军横扫明朝的残余势力,克扬州,占镇江,陷江阴,攻嘉兴,势如破竹,所向披靡,直逼浙东。清廷采取军事镇压和迁界相结合的强硬手段,使宁波人民深受其害。清军的血腥屠杀和残酷迫害,激起宁波人民的强烈反抗,浙东燃起了抗清斗争的熊熊烈火。卷入斗争的阶层十分广泛,南明鲁王将领钱肃乐、张煌言等领导的抗清斗争方兴未艾,王翊、王江的"四明山寨"抗清也声势浩大。

在对浙东义军的血腥镇压之后,清廷在宁波逐渐建立统治。在宁波设府、县,并设宁绍台道,由道员、知府、知县执政,在地方基层政权实行里甲制和保甲制度,这是清廷在宁波巩固统治的重要措施。浙东是抗清斗争最激烈的地区之一,又是滨海之地。为此,清廷对宁波的管制和防范较严,驻有绿营兵,并设海防水师。清初,袭明制,在各卫所屯驻军队。与此同时,清政府为加强思想领域的统治,屡兴文字狱,这也是导致浙东阶级矛盾日益加剧,宁波民众起来反抗的重要原因。

　　道光二十年(1840年)爆发的鸦片战争绝不是偶然的。这与英国资本主义发展和掠夺殖民地的过程是分不开的。英国在17世纪完成了资产阶级革命,在18世纪又进行了工业革命,使生产力得到快速的发展。英国资本主义要获得迅速的发展,必定要寻找新的原料产地和商品市场。地大物博、人口众多的中国,成为英国商人开拓商品市场的目标,而宁波得天独厚的港口条件和发达的海外贸易,对英国殖民者有极大的吸引力。为此,他们用种种手段对宁波进行窥测,把夺取时属宁波府的定海(今舟山)作为首要目标。

　　战争是政治的特殊手段,是政治的继续。英军对宁波发动侵略战争正是他们对华侵略的必然步骤和既定政策。鸦片战争中,宁波战场的地位极为重要,是英军侵华战略的中心环节,对英军的战略变化起着重要影响。英军两犯定海,对镇海、宁波进行惨无人道的劫掠。宁波军民第一次面临着西方殖民者的暴行,为此他们进行了英勇顽强的抵抗。林则徐的镇海防务,葛云飞、郑国鸿、王锡朋定海"三总兵"的浴血奋战,朱贵的英勇抗争,裕谦的以身殉国,谱写了一曲曲闪耀着爱国主义光辉的赞歌。由于认识、观念的局限及武器的低劣,清政府最后以失败而告终。《南京条约》的签订,使宁波成为"五口通商"口岸之一。从此,宁波人民不但遭受封建统治者的压迫,而且受到外国资本主义列强的欺凌,肩负着反对外国侵略者和本国封建统治者的任务。宁波开埠,虽然是被迫的,但毕竟使宁波更趋开放,对日后宁波经济社会的发展产生了极为深刻的影响。

　　咸丰十一年十一月八日(1861年12月9日),太平军攻占宁波。宁波府所属各县及余姚、宁海也先后被太平军所占。太平军在宁波府发布告安民,建立政权机构,整顿社会秩序,编户口和颁发门牌;造田册,计亩纳粟;恢复和发展工商业,征收商税;实行独立自主的外交政策,坚持海关、关税自主权。"辛酉政变"之后,中外势力开始互相勾结。同治元年四月十二日(1862年5月10日),清军与英法联军密切配合,向驻甬的太平军进行猛烈攻击,战斗异常激烈。尽管太平军浴血奋战,终因敌我力量悬殊,宁波重陷清军之手,各县太平军也被迫撤退。

随着法国殖民者对华作战的深入,清廷加强了浙东的防务。刘秉璋、欧阳利见、薛福成等人在镇海的筹防,加强了浙东的防守力量。光绪十一年(1885年)春,法军舰进犯镇海,中法战争镇海战役爆发。由于战前准备充分,并获得浙东人民的支持,加上爱国将领的正确判断和身先士卒,镇海之役取得了胜利,它再次显示了宁波人民具有反侵略斗争的力量。

甲午战争的失败和屈辱的《马关条约》的签订,使国势日危。逐渐壮大的民族资产阶级为挽救民族危机,以西方资产阶级的进化论和社会学理论为依据,对清朝的封建专制和纲常伦理进行批判,兴起了维新活动。宁波作为开风气之先的沿海城市也受到影响。甬上的先进人士宣传维新,创办实业;兴学育才,创办报刊;设立学会,编练新军。与此同时,宁波各界为救亡图存奋起抗争,通过《德商甬报》,抨击了外国列强瓜分中国的野心,揭露了清政府的腐败,并开展反对意大利索取"三门湾"的斗争。

庚子赔款以后,帝国主义加紧对华掠夺和控制,外国列强为了争夺在中国的权益展开了激烈的斗争,社会危机进一步加剧。宁波同样处在这个历史进程中。清廷想从变革中寻求生路,以挽救其摇摇欲坠的政权,设立督办政务处,推行新政和开展预备立宪活动。不少人对清政府的自我政治变革也充满希望,积极投身于宁波新政和立宪活动,创办警政,改革府县行政机构,参加浙江咨议局的选举,建立近代司法制度,组织地方自治。不论当政者主观意愿怎样,这些活动不同程度地取得了成效,由此揭开了宁波政治制度近代化的重要一页,推进了宁波政治民主化的进程。

然而，局部的改良，不可能从根本上改变清王朝的专制统治，宁波的资产阶级革命派选择了革命、共和的道路。他们开展抵制美货的斗争和争路权运动；参与光复会、同盟会的活动；追随孙中山，接受三民主义的纲领；宣传民主革命思想，建立同盟会宁波支部。在武昌起义爆发后，策划响应起事，筹建"民团"、"商团"，组织力量进行辛亥宁波光复，按照资产阶级民主思想建立了军政分府。这个具有资产阶级政权性质的宁波军政分府，尽管只存在半年多的时间，但毕竟是近代宁波的一件大事。它结束了清王朝在宁波的统治，使宁波人民受到了资产阶级共和思想的教育，在思想上得到了一次解放。从太平天国在宁波建立农民政权到宁波军政分府的建立，相距半个世纪，从农民斗争发展到资产阶级民主革命，宁波的历史也向前进了一步。

二

清代宁波社会经济中既存在着传统生产方式，也滋生着新型的生产方式，特别是资本主义国家的炮舰政策改变了宁波社会经济缓慢发展的状态。

清代宁波的社会经济得到了重大的发展。在农业、手工业、商业等方面出现了明显的变化，大大地超过前代。

在清代，宁波的农业有了长足的发展。面对明末清初的浙东战乱和农民大量逃亡、耕地严重荒废的破残景象，地方政府实施垦田政策，清丈土地，扩大耕地面积，招徕流民，缓征和豁免田赋。水利设施的兴修是发展农业的重要组成部分。宁波地方官吏把兴修水利看作发展农业、富国利民的要政，重视水利的整治和修筑；同时，调整农业生产结构，在种植水稻、麦类等传统作物的基础上，开展经济作物的种植，改良品种，提高栽培技术，合理施肥，整治耕地。尤其是在晚清，宁波的生产工具较前代有不少改进和革新，耕作灌溉工具进一步发展，农业产品的加工技术也有提高，开始出现机器加工。宁波逐渐从传统的农业向近代农业过渡。

清朝前期,宁波的手工业得到快速发展,突出表现为官营手工业的逐步衰落和民间手工业的发展。一些行业向民间开放,如盐业、酿酒业及造纸等行业被民营手工业取代,商品性生产的手工业向广大农村扩散,成为这一时期宁波手工业生产发展的重要特征。民间手工业在棉纺织业中占有相当大的比重,出现了一批与农业分离、专事棉织的手工业者。纺织业有所发展,但主要是民间纺织业。

鸦片战争后,随着外国资本主义商品的输入,自给自足的自然经济遭到破坏,宁波手工纺纱开始衰弱,洋纱、洋布迅速增多。为适应市场扩大的需要及企业间日益激烈的竞争,一些地主、官僚和商人用西方的机器从事棉纺业和织布业,诸如鄞县纬成布局和通久源织布厂等。机器纺织、榨油业和机器印刷企业也时有出现。由于工场逐渐过渡为机器工业,手工业开始和农业分离,一部分手工业者向城镇集中,商业资本进入生产领域。这一时期宁波手工业的发展,在市场、雇佣劳动、企业制度等方面积累了一些经验,为宁波近现代工业的出现和发展提供了一定的条件和物质基础。

农业和手工业的发展,为宁波商业的发展奠定重要基础。随着全国政局的稳定,社会生产的迅速发展,宁波商业逐步兴盛起来。乾隆年间(1736—1795年),商业繁荣。据雍正《宁波府志》记载,当时宁波城区以鼓楼为中心,形成东直街、西直街、开明街三条商街。清中叶以后,宁波出现江厦、灵桥门、药行街等商业区。同光年间(1862—1908年)江北商业十分繁荣。由于外国资本主义"洋货"不断输入,宁波市场发生一些变化,城乡人民的生活与商品市场的关系日趋密切。

随着商品生产的发展,宁波集市越来越多,开市日期增加,出现专业集市、综合集市、转运集市等不同类型的集市。宁波各种层次、各种类型的集市兼备,既有所侧重,又互成网络,构成宁波区域市场群体。现有研究表明,清代宁波集市的功能和作用十分显明,它满足了当地民众生活和生产的需求,把相对孤立的分散的集市联系起来,沟通宁波与全国及海外市场的商品流动,从而推动浙东乃至全省、全国商品经济的发展,促进了宁波港的发展和宁波帮的形成。钱庄、典当铺与银行都是商品经济发展到一定程度的产物。由于清代商品经济发达,宁波的钱庄和典当铺在市区及各县普遍开设,滨江的江厦街钱庄业繁荣,宁波钱业商人首创的"过账制度"在国内有一定影响。清末,银行的开办,有力地促进了宁波经济的发展。

近代资本企业的产生和发展,是清代宁波经济史中一个非常重要的内容。宁波开埠后,外国资本经营的企业已经开始产生和发展,美华书馆是外资在宁波开办的第一家企业。同光(1862—1908)以来,上海的"旗昌"、"逊昌"、"宝隆"等洋行到宁波拓展经营业务。与此同时,宁波开始出现洋务派创办的军用工业和民用工业,但其规模较小。以通久源机器轧花厂、慈溪火柴厂和民营航运业为代表的宁波近代民族资本企业产生。通久源轧花厂的创办揭开了浙江近代民族资本企业的序幕,在全国也名列前茅。清末,宁波民族资本企业达37家。宁波民族资本企业的产生和发展是一种进步,是近代生产力的代表,对于宁波乃至浙江近代经济的发展起过一定作用。当然,宁波近代民族资本企业发展缓慢,行业集中在轻纺、航运,经营规模小,投资少。

值得注意的是,这一时期不少宁波籍的实业家在上海、北京、天津、汉口、苏州、杭州等口岸城市经营新式企业。特别在上海具有举足轻重的地位,不仅在商贸、航运业独占鳌头,而且金融资本雄厚,执上海商会之牛耳,使宁波商帮在众多商帮中脱颖而出。宁波商帮形成于明清,区域环境、商贸文化的影响,丰富的经营实践成为宁波帮形成的重要条件。明清政府海禁政策的直接后果是促成了宁波走私贸易的兴盛和海商集团的形成和壮大。乾嘉年间(1736—1820年),大多数宁波海商向内商转化,从事国内埠际贸易,在全国各地设立会馆。尤其是咸丰三年(1853年)后,甬商在漕运方面发挥明显作用,出现了"南北"船号,涌现了李也亭、董棣林等沙船集团。他们积累资本后,遂投资近代的工业、交通、金融及各项新兴产业,涉足全国,在各地形成7

个商贸区:以上海为中心的长三角商贸区;以京津为中心的环渤海商贸区;以汉口为中心的湘鄂豫商贸区;以广州、厦门为中心的粤闽赣皖商贸区;以重庆为中心的川贵滇商贸区;以西安为中心的西北商贸区;以香港为中心的海外商贸区。

宁波是港口城市,自古以来海外贸易兴盛。到了清代,宁波港口和海外贸易的发展受到影响,但民间贸易依然存在,一度相当活跃。管理宁波对外贸易的是浙海关,康熙二十四年(1685年)在宁波设立,监管船只、货物,征收关税。乾隆年间(1736—1795年),浙海关仅处理国内贸易和中国商人出海事宜。咸丰十一年(1861年)在宁波江北岸设置税务司,建立浙海新关,专征国际贸易税。由于闭关政策的影响,宁波港口发展和海外贸易发展曲折。清初,宁波商人冲破清政府的"海禁",与日本等国进行贸易,一时比较兴盛。乾隆二十二年(1757年),清廷允许广州一地贸易,宁波港停止对西方商船的"稽征"。但国内埠际贸易有所扩大。嘉道年间(1796—1850年),宁波港与国内沿海诸港贸易有很大发展,由于自然经济的抵抗,开埠初对外贸易遭遇挫折。第二次鸦片战争后,对外贸易迅速发展。宁波港口和海外贸易的发展,对宁波的商品市场及近代化产生深远影响,促进了宁波近代化的进程。

三

这一时期,封建政权摇摇欲坠,中西文化产生剧烈碰撞,由此所引起的封闭与开放给人们带来了困惑与希望。宁波的文化在这一背景下必然打上鲜明的时代印记。

宁波学校教育比较发达,府、县学得到长足发展,书院遍及宁波,甬上证人书院、姚江书院、辨志书院成为讲学和传播知识的重要地方。清代科举取士在宁波影响不小,经过科举考试的状元、进士人数众多,名列浙江前茅。晚清,宁波的近代教育和新式学堂在省内有其影响。

宁波较早出现留学热潮,是浙江省最早派人出国留学的地区。同时,藏书业也有新的发展。

清代宁波的科学技术有所发展,数学、天文学、医学等领域取得了不少成就。晚清科技领域中,宁波籍的科技人才也有一席之地。

明清之际,占据统治地位的理学与当时"天崩地裂"的形势已经不相适应,学术思想在浙东重新活跃起来,涌现出一批有唯物主义和民主启蒙思想的进步思想家、经学家、史学家和文学家。他们主张经世致用,以鲜明的观点,对封建专制主义和民族压迫性质的社会政治思想进行了不同程度的批判,形成了以黄宗羲、朱舜水、邵廷采、万斯大、万斯同、全祖望、邵晋涵等为代表的在整个清代具有影响的浙东学派,使宁波的学术思想取得了中国封建时代的最高成就。

宁波思想家在哲学、经学方面有其独到的见解。黄宗羲坚持唯物主义自然观的"气一元论",朱舜水注重"践履",潘平格、黄宗炎强调事物都在变化。这些思想都是比较深刻的。至于经学成就也显而易见,仅与《周易》、《尚书》相关的著作就撰有37部,涉及作者24人。主要代表为黄宗羲、万斯大、黄宗炎、姜炳璋、黄以周等。他们主张"经世致用",经学与现实密切结合,有关民主启蒙、以民为本、清廉政治、工商皆本,这些切合实际、符合时代要求的灼见,不仅在当时有其影响,而且对后世依然有其价值。

浙东学派在学术上最大的贡献是史学。浙东在清代有三位史学大师。黄宗羲是清代史学的开山祖,传承其史学的是万斯同和全祖望,分居第二位和第三位。此外,邵廷采、邵晋涵也长于史。他们在史学方面著作宏富,享有盛名,开学术史之先河,为明史纂修作出贡献,在史学的考订和辑补方面也卓有成就。到晚清,史学成就虽然没有清代前中期的辉煌,但也有一定发展,主要代表是徐时栋、董沛、陈康祺、陈汉章。时任宁波知府的段光清的《镜湖自撰年谱》也反映了咸同年间(1851—1874年)浙东的一些政治、经济情况。

在清代,宁波涌现出不少文学家,在诗、词、散文、小说各个方面取得了重要成就。清代前期的宁波文学,受到明清易代的历史震荡以及明清之际社会思潮变化的影响,清廷的屠城、迁界、海禁以及对浙东抗清力量的镇压,激起宁波民众的极力反抗,这些用热血铸成的史诗题材,使清初的宁波文学打上了时代印记。无论是黄宗羲、张煌言,还是李邺嗣、姜宸英,他们的诗文都记录了浙东人民所受的战乱之苦、抗清斗争的艰苦历程和浙东抗清之士可歌可泣的悲壮事迹。沈光文的《台湾赋》等作品,对于台湾的历史、风土人情进行讴歌,文字优美,辞藻华丽,是富有影响的散文。乾嘉年间,文字狱致使许多学者钻入考据之中,他们的诗文创作远离现实,厉鹗、倪象占的作品多以山水、歌舞、咏物怀古为主题,反映社会矛盾的内容比较少。当然,全祖望的诗文富有成就,对浙东的抗清英烈多有描述。晚清的宁波文学带着中国近代社会的时代特征。镇海诗人姚燮,通过其诗文真实地反映了鸦片战争前后人民的苦难和清政府的昏庸无能,揭露了外国殖民者的暴行,反映了诗人崇高的爱国情感。光绪间(1875—1908年),王治本的旅行诗也有一定影响。

艺术领域也取得一定的成就,能书善画者不胜枚举,分布宁波各县。姜宸英、梅调鼎、姚燮、赵叔孺等书画家在全省乃至全国有不少影响。戏剧得到长足的发展,除了出现一些剧作家外,甬剧、姚剧、曲艺兴盛,宁海的平调流行于台州以及象山、奉化。

四

为全面展现清代宁波的历史,本书还从社会史的视角,对清代宁波的社会构成、社会救济、社会生活、社会风俗及其变迁作了阐述。

在清代,社会结构也是呈现出一个等级阶梯的形态,这在宁波同样存在。人们生活在各自的等级之中,"上下尊卑"、"士农工商"的等级定位不可逾越。但所有的等级集团中内部也有其社会地位和法律地位的差别,从中又可以区分不同的层次。鸦片战争后,宁波的自然经济开始解体,商品经济日益发达,社会结构中旧的阶级及阶级关系走向衰亡,新的阶级开始形成,并逐渐走向壮大。

由于清代特定的历史条件,当时人们的社会生活风俗习惯也呈现出与以往各个朝代不同的特点。由于受清代的政治制度、政治礼仪、政治思想及其所倡导与宣扬的社会道德和伦理观念的影响,宁波的社会风俗都带上时代的烙印,又因在浙东区域而带上这个地区独有的特色。

清代,宁波的政治变化、工商经济的发展与城市化进程的加快,带动宁波人口的变化。清代宁波人口的变迁是曲折的,但总体是增长的。由于清初的浙东战事、迁界和康熙十七年(1674年)的"三藩之乱",宁波人口持续减少。"滋生人丁,永不加赋"的制度和摊丁入亩政策在宁波的实施,不仅有利于清代前期宁波经济的发展,也有利于宁波人口的快速增长,乾嘉时期宁波人口的发展到了高峰时期。在晚清,宁波人口也有变化。鸦片战争和太平天国战事,使宁波的人口蒙受很大的损失,宁波的民众遭到外国侵略者和清军的屠杀,大批工商人士为避战火赴上海等地。同治中期,宁波的人口又出现回升,其原因是"难民"的回乡与外地人口的迁入。光绪以后,由于社会相对稳定,为人口的自然增长提供了相对安定的环境,宁波人口迅速向上攀升,到宣统末年(1911年)大幅增长。这一时期的人口增长主要是在城市。

研究清代宁波人口的发展,可以看到这种情况:宁波人口状况对当地的社会经济发展起着重要作用。在自然经济条件下,人口的增加意味着劳动力的增多,对当地经济发展会发生影响;但是,人口快速增加的同时也会出现一些社会问题,引发一系列的社会矛盾。宁波的人口基数和人口密度过高,与耕地不足的矛盾日益突出,致使土地紧张,地价上升,粮食种植减少,造成下层人民生活更加困苦。

农村与城市的变迁是社会变迁的一个重要表现。在清代,宁波的农村经济结构是自给自足的自然经济。鸦片战争后,农产品商品化程度加大,农民的种植业和手工业开始与国际市场接轨,经济结构出现了变化。由此,在宁波农村的政治、经济、文化等方面的影响下,农村务农人口急剧减少,从事工商业人口日渐增多,中心城镇逐步形成。城镇经济不单单是量的扩张,更在于质的发展,一些近代工商业开始在一些市镇出现,不少资产阶级化的士绅、新式商人和新型知识分子活跃在城镇的政治舞台上。与此同时,城市近代化进程加快,不仅使城市经济结构和功能有所变化,而且使近代交通业、文化教育事业得到了快速的发展。人口从乡村流向城市,形成了新的人口职业结构。宁波开始呈现出崭新的政治、经济、文化教育和社会结构,成为近代浙江政治、经济、文化的中心之一。

清代,宁波的社会救济事业比前代有所进步,一个重要表现是宁波当局和民众对灾荒的赈济和常平仓、社仓、义仓的设立。这种举措是在受灾的宁波民众抗粮、抢米以及抗清斗争中出现的。因为封建统治者深感灾害以后民众的社会动乱会威胁他们的统治,如不加注意会带来严重的社会问题。从社会救济的主体看,清代宁波的慈善事业和社会救济的一个重要特征是除了政府资助以外,不少是"善士"个人的捐赠,而商人和有产者更是占据主要部分,尤其是那些在外发迹且资本雄厚的宁波帮企业家。宁波商人在晚清慈善机构的创建中作出过一定的努力,他们参与上海同仁辅元堂的建立,在创设中国红十字会等慈善机构中作出了重要的贡献。

第一章

清代宁波的政治与军事

- 清军入主浙东与宁波民众的抵抗
- 清朝在宁波的统治
- 鸦片战争在宁波
- 太平天国政权在宁波的建立和丧失
- 光绪时期的宁波
- 辛亥革命时期的宁波

清军镇压浙东义军后,清政府在宁波建立统治,设立行政建置,驻扎军队,加强思想领域统治,征收赋税。鸦片战争后,宁波一步一步地沦为半殖民地半封建社会。宁波人民开展对外国资本主义和本国封建统治的斗争,太平天国、戊戌维新及辛亥革命都对宁波产生过影响。

第一节　清军入主浙东与宁波民众的抵抗

清军进入山海关后,全国形势发生根本性的变化。由过去的农民起义军与明王朝的斗争,开始转变为广大民众与一部分汉族地主联合反对清朝贵族的斗争。卷入斗争的阶层十分广泛,既有农民、手工业者、商人,也有汉族地主和南明政权加入斗争的行列。著名的有钱肃乐、张苍水的抗清斗争和大岚山王翊的抗清活动。

一、浙东沿海的武力镇压与迁界

崇祯十六年(1643年)八月,清太宗皇太极去世,他的儿子福临继位。顺治元年(崇祯十七年,即1644年)五月一日,清军攻占北京,建立了中国历史上最后一个统一的封建王朝——清朝。五月十五日,南明福王朱由崧在南京称帝,以次年为弘光元年。由于弘光政权腐败,不久覆灭。顺治二年闰六月十八日(8月9日),明兵部尚书张国维,以及浙东抗清将领钱肃乐、张煌言、熊汝霖、沈宸荃等人拥戴鲁王朱以海监国于绍兴。①

因南明王朝内部各将领的争权夺利,浙东鲁王政权与福建唐王政权互相矛盾,争夺统属,清军乘机进兵浙东。顺治二年(1645年),清兵攻占绍兴,鲁王退守台州,逃亡海上。紧接着,清军破义乌,占东阳,犯宁波,陷衢州、温州,仅三个月的时间,浙东八府就被清军攻克,只剩舟山还在南明政权控制之下。四明山中有王翊、李长祥等义军据守。史籍对此有所记载:顺治三年,"七月而江上溃,时浙东未下者翁洲,弹丸地,而士大夫以至军民尚惓惓故国,山寨四起,皆以恢复为辞"②。

事实也是如此。舟山时属宁波府,顺治六年十月,鲁王朱以海以监国年号在舟山建立行宫。八年七月,清军兵分三路进攻舟山:淞江张天禄部出崇明、金华,马进宝部出海门,闽浙总督陈锦督水师出定海蛟门(今宁波市甬江口)。当时,南明将领定西侯张名振掌握监国实权,认为清军不习水性,难以渡海,决定由荡湖伯阮进守横水洋挡蛟门关,张名振本人督总兵张晋爵等御南师,兵部侍郎张煌言断北洋,安洋将军刘世勋守城。同时,把鲁王朱以海移驻船上,停泊在道头。八月下旬,雨雾蒙蒙,清兵利用雾天直逼螺头门。驻守横水洋的阮骏使用火攻,恰好风向相反,阮骏受火伤,落水死去,引起大乱。清兵乘胜登陆攻城。刘世勋率领明军500余人,在千余民众的支持下抵抗了4天,杀伤清军千余人。

顺治八年九月初二,围城清军采取控城竖梯的战术,从舟山城西突破明军防御,蜂拥入城。明都督张名振、安洋将军刘世勋率部奋战,力尽阵亡,舟山城失守。顺治十二年十一月,郑成功遣兵攻占舟山,舟山协副将巴成兴降。次年八月,宁海大将军伊尔德攻克舟山。

清军所到之处,烧杀掳掠,昔日繁华的浙东顷刻成为废墟,不少人

---

① 鲁王绍兴监国时间,史书记载有差异。徐鼒《小腆纪传》作闰六月十八日。翁洲老民《海东逸史》卷一《监国纪上》称七月十八日。
② (清)华夏《过宜言》附录,《四明丛书》第5册,第2520页,广陵书社2006年版。

在战火中死去。李邺嗣在《兵燹后野步哀甬东》诗中就有记载："战垒村村见,愁云日日浓。乱骸争白草,旧鬼失青松。"①顺治年间的柳梦桂在《街头妇》诗中对清军杀害民众做了淋漓尽致的揭露："频年为战争,连屋遭荼毒。更有妾身冤,哀哀祸尤酷。夫向阵中亡,子在刀头戮。去岁失我孙,今岁丧僮仆。八口无一遗,悲苦难具告。"柳梦桂是慈溪人,通过其诗的描述,使人看到清军在宁波城乡的屠杀暴行。镇海人华夏在著作中也记述了清兵在象山城区屠城的行为。他说:"三月十八日,臣适抵象山县治,凡近郊家室惴惴兵祸,而不能驱客兵,以倖无死而入城。晨起,果有割民如草之事,尸横交道,血注成池,彼父我子,互泣无首,甚且夫被戮,而妻已受淫,体若积柴,头如聚垒。嗟呼!此时臣见民接踵而死于怨,其痛心及,随之愤若火焰,焰灼可绝也。"②在浙东战事中,鄞县人钱肃乐夫人董氏,子兆恭、允恭,及兄弟7人都被清军所杀,"父子兄弟翁婿相继死国"③。

舟山被清兵攻陷时,也有不少明皇族和重臣死亡。鲁王朱以海的妻子投井而死,嫔妃张氏、义阳王妃杜氏从亡;大学士张肯堂,礼部尚书吴钟峦,兵部尚书李向中,工部尚书朱永祐,通政司参议郑遵俭,兵科给事中董志宁,兵部郎中朱养时,户部主事林瑛、江用楫,礼部主事董玄,兵部主事李开国、朱万年等自杀殉国;安洋将军刘世勋,都督张名振等人同时死亡。④舟山的这次屠城,死亡的明朝官兵和平民达5万人。⑤

为了抑制和镇压浙东的抗清力量,巩固清王朝在浙东的统治,清廷于清初实施迁界政策。当然,迁界是经过酝酿的。早在顺治十二年

---

① (清)李邺嗣《兵焚后野步哀甬东》,《杲堂诗续钞》卷四,《杲堂诗文集》,第224页,浙江古籍出版社1988年版。
② (清)华夏《过宜论》卷二《疏稿》,《四明丛书》第4册,第2376页,广陵书社2006年版。
③ (清)全祖望辑《续甬上耆旧诗》卷一一《钱忠介肃乐》,第206页,杭州出版社2003年版。
④ (清)翁洲老民《海东逸史》卷二《监国纪下》,第16~17页,浙江古籍出版社1985年版。
⑤ 曹树基《中国人口史》第5卷《清时期》,第23页,复旦大学出版社2001年版。

(1655年)六月,清廷下令"严禁沿海省份,无许片帆入海,违者置重典"①。但这一禁令并没有好的效果。次年敕谕粤、闽、江、浙等沿海各省一律"严禁商民船只私自出海",有将粮食、货物交抗清军队贸易者,"不论军民,俱行奏闻处斩"②。顺治十八年(1661年)颁布江南、浙江、福建、广东四省濒海居民"迁移内地"的迁界令。③ 并派官员前往各省视察,立界移民,各地迁界相继展开。一般说迁界以30里为限,但也有说是40里或50里。

宁波地处沿海,又是浙东抗清力量集中的地方。因此,宁波成为清廷迁界的重点地区,舟山、镇海、象山以及宁海等地都有迁界,以舟山为最烈。雍正《浙江通志》"海防"说:"顺治十八年,以温、台、宁三府边海居民迁内地。康熙二年(1663年),奉檄沿海一带钉定界桩,仍筑墩堠台寨,竖旗为号,设目兵若干名昼夜巡探,编传烽火歌词,互相警备。"④时属台州府的宁海县在顺治十八年奉文迁界,弃去民田1156顷,另有212顷涂田也被全部放弃。⑤ 象山"徙沿海居民入内地"⑥。昌国的1118户、5221人也迁入定海(镇海)。舟山更受其害。顺治十三年,徙舟山居民于内地;康熙二年,奉撤沿海一带钉定海桩,下令商舟、渔舟不许一舻下海;康熙二十三年,移定海镇总兵于舟山,复界沿海遂定。雍正《宁波府志》卷二"定海县"条说:"国初为明季遗顽所据,顺治八年固山金汝砺等平之,仍徙其民。康熙二十三年展复海界,特赐名定海山。"又"镇海县"条说:"康熙二十三年展复海界,赐舟山名定海山,后遂以名其县,而改定海为镇海。"黄宗羲的《舟山兴废》也揭示了迁界给舟山民众带来的灾难:"丁酉,北人以舟山不可守,迁其

---

① (清)蒋良骐《东华录》卷之七,第109页,齐鲁书社2005年版。
② 《清世祖实录》卷一〇二,顺治十三年六月癸巳。
③ 《清世祖实录》卷四,顺治十八年八月己未。
④ (清)雍正《浙江通志》卷九六《海防》二。
⑤ 顾诚《南明史》,第1074页,中国青年出版社2003年版。
⑥ (民国)陈汉章总纂民国《象山县志》卷九《史事考》。

民过海,迫之海水之间,溺死者无算,遂空其地。"① 翁洲老民所著的《海东逸事》有类似记载:顺治十三年(1656年)八月,"北师(清军)复取舟山,莫义伯阮骏、总制陈雪之并赴海死。北人以舟山不可守,迫其民过海,溺死者无算,遂空其地"②。

上述史料表明,清初大规模的迁界造成浙东人口大量减少、田地荒芜、经济衰退。

二、钱肃乐的抗清斗争

钱肃乐(1606—1648年),鄞县(今鄞州区)人,字希声,号止亭,又称虞孙。崇祯十年(1637年)中进士,授太仓知州,并摄崇明、昆山知县,有好的政绩,"民皆立碑颂德"③。顺治二年(1645年),清军攻克杭州,当时的明宁波府同知朱之葵、通判孔闻语准备献城投降。钱肃乐"闻声恸哭,绝粒誓死"④,他的弟弟已准备给他办理后事。后经董志宁、王家勤、张梦锡、华夏、陆宇燝、毛聚奎"六狂生"的言语激励,在府城隍庙扬起抗清旗帜。这年七月,钱肃乐与张国维等迎接南明鲁王朱以海于绍兴监国,钱肃乐被封为太仆寺少卿、右佥都御史,他再三辞谢不受。后驻守萧山瓜沥江防,与明兵部尚书张国维一同守钱塘江东岸,并多次组织反攻,先

钱肃乐像

---

① (清)黄宗羲《行朝录》卷七《舟山兴废》,《黄宗羲全集》第2册,第179页,浙江古籍出版社2005年版。
② (清)翁洲老民《海东逸史》卷二《监国纪下》,第18页,浙江古籍出版社1985年版。
③ 《明史》卷二七六《钱肃乐传》,中华书局1974年版。
④ (清)全祖望《明故兵部尚书兼东阁大学士赠太保吏部尚书谥忠介钱公神道第二碑铭》,《鲒埼亭集》卷七,《全祖望集汇校集注》上册,第142页,上海古籍出版社2000年版。

后收复过富阳、分水、于潜等地,时称"划江之役"。

鲁王军队的军粮主要由宁波、绍兴、台州三郡田赋供给。总兵方国安兵力强盛,但暴横,王之仁也有一定兵力,他们吃的是"正饷"。钱肃乐的军队为义军,没有正式军饷,只能靠绅商民众的捐助,吃的是"义饷"。他多次要求供饷,遭到王之仁阻挠。"公兵至四十日无饷,然感激公忠义,相依不散,至行乞于道,卒无叛者。"①但是拥有兵权的方国安、王之仁诸将军分地分饷,不受约束,任用私人,骄横跋扈。"催科之令毒于猛虎","吸宁波民间之膏血而空之"。②钱肃乐为此上书鲁王陈述它的危害:"竭小民之膏血,不足供藩镇之一吸;继也合藩镇之兵马,不足卫小民之一发"③,"国有十亡而无一存;民有十死而无一生"④。这就进一步得罪了方国安、马士英、阮大铖一伙。他们串通一气,造谣中伤,说钱肃乐背叛鲁王。在兵饷无着、内外受排挤的情况下,钱肃乐不得不解散义军,削发为僧。他在壁上题句说:"一下猛省时,身世不知何处?数声钟磬里,归途还在这边。"⑤

可是,钱肃乐的抗清信念并没有动摇。顺治三年(1646年)六月,浙江失守,张国维投水自杀,鲁王逃亡海上。钱肃乐继续拥鲁王抗清,被任命为兵部尚书。他管理内政、筹办军饷、整顿军队,联络郑成功一起抗清,说服唐王旧部来归,并连下兴化、福清、连江、长乐、罗源等30余城,包围福州。同时,与董志宁等秘密部署反攻宁、绍、台的计划。"浙东山寨,亦各起兵遥应。前此六狂生家居者,谋取宁、绍、台诸府,

---

① (清)全祖望《明故兵部尚书兼东阁大学士赠太保吏部尚书谥忠介钱公神道第二碑铭》,《鲒埼亭集》卷七,《全祖望集汇校集注》上册,第146页,上海古籍出版社2000年版。
② (清)钱肃乐《再陈练兵杀虏疏》,《钱忠介集》卷一三《南征集三》,《四明丛书》第5册,第2708页,广陵书社2006年版。
③ (清)全祖望《明故兵部尚书兼东阁大学士赠太保吏部尚书谥忠介钱公神道第二碑铭》,《鲒埼亭集》卷七,《全祖望集汇校集注》上册,第147页。
④ (清)全祖望《明故兵部尚书兼东阁大学士赠太保吏部尚书谥忠介钱公神道第二碑铭》,《鲒埼亭集》卷七,《全祖望集汇校集注》上册,第146页。
⑤ (清)全祖望《明故兵部尚书兼东阁大学士赠太保吏部尚书谥忠介钱公神道第二碑铭》,《鲒埼亭集》卷七,《全祖望集汇校集注》上册,第148页。

与公为掎角之势。"①由于有人向清廷告密,结果计划破产,董志宁出逃,华夏、王家勤被捕遭害。

由于鲁王手下的一些官吏专权,钱肃乐不能施展他的抱负。他见"国势日蹙,藩镇骄悍,忧愤成疾"②。顺治五年(1648年),当福建连江失守消息传来时,他悲愤欲绝以头触枕,只求早死,鲁王赐药也不吃,后绝食以明志,表明他誓死不降清朝的斗志。顺治五年六月初五,钱肃乐死于船中,后葬于福建黄檗山,追赠太保吏部尚书,谥忠介。钱肃乐著有《正气堂集》8卷、《越中集》2卷、《南征集》10卷,附以碑记、传记。

宁波人民为怀念这位忠义之士,把他故居所在的街命名为忠介街(今属宁波市江东区)。

三、张苍水的抗清斗争

张苍水(1620—1664年),名煌言,字玄箸,苍水为其号,鄞县人。崇祯十五年(1642年)考中举人。

顺治二年,清军南下,张苍水仅25岁,他愤然走出书斋,投笔从戎,与钱肃乐一起在家乡宁波一带抗清。最初以舟山为根据地,联络四明山区的义军,屡次进攻清军占领的县城。顺治八年九月初二,清军采取挖城竖梯的战术,从舟山城西突破明军防御,蜂拥入城。经过巷战,明军伤亡很多,最后,舟山失陷。不久,张苍水移师厦门、金门。顺治十二年,义军将领张名振因积劳成疾去世,所辖部属统归张苍水指挥。张苍水后被桂王任命为东阁大学士兼兵部尚书,作为郑成功的监军。

顺治十六年四月,郑成功亲率精兵北上,张苍水率本部将士与他

---

① (清)全祖望《明故兵部尚书兼东阁大学士赠太保吏部尚书谥忠介钱公神道第二碑铭》,《鲒埼亭集》卷七,《全祖望集汇校集注》上册,第150页,上海古籍出版社2000年版。
② (清)计六奇《明季南略》卷六《钱肃乐入海》,第300页,中华书局1984年版。

会师,发动了一次大反攻。四月三十日到达定海,经过激战,全歼镇守该地的清军,从而解除了后顾之忧。五月初,率兵10余万,大小船舰3000余只,从定海北上。郑成功率部攻克镇江后,兵围南京。张苍水则率一队水军到安徽芜湖,并以芜湖为据点,兵分四路出击。他因熟悉长江的情形,被郑成功委为先锋。东出溧阳,图谋广德;西进池州(今安徽贵池),控制长江中游;北取和州(今安徽和县),以巩固长江对岸的采石;南往宁国,争取徽州。他兵不血刃,连续攻下太平、宁国、徽州等4府3州24个县,计城池30座。张苍水能取得这样的大胜利,其原因有三:一是清朝在长江下游兵力单薄。二是张苍水治军纪律严明。张苍水部队所到之处,军纪严明,秋毫不犯,正因如此,深受百姓欢迎。当军队到达芜湖时,有一士兵到街上买麦粉,原价4分,他少付了钱。店主报告了此事,张苍水当即下令把兵士处死。士兵惊慌地说:"吾罪岂至此乎?"张苍水严肃地回答:"吾有谕在外,即一钱亦斩,况四分乎。"三是各地百姓不忘明室。当张苍水部攻克芜湖时,"军不满千,船不满百,但以大义感召人心。而公师所至,禁止抄掠,父老争出,持牛酒犒师,扶杖炷香,望见衣冠,涕泗交下,以为十五年来所未见"①。"望见衣冠,涕泗交下"正是反映了百姓对故国的怀念,对复明的向往。

　　张苍水的胜利,使得一时人心振奋,江淮半壁为之震动,湖南、江西、山东、河南等省的志士仁人纷纷投奔于他。清廷也非常震惊。但由于郑成功在战略上的失误,大军在南京被清兵击败。郑成功部很快撤出镇江,退回福建。但郑成功兵败撤退时并没有及时把消息告知张苍水,这就使处于芜湖的张苍水陷入困境,使他孤军无援,处在清兵的重重包围之中。清廷两江总督郎廷佐等人调集水、陆军切断张苍水的出海退路,并写信招降,张苍水坚决加以拒绝。八月,在鄱阳湖被清军击败,张苍水率少数军士冲开血路,突出重围,经安庆、严州、祁门、休

---

① (清)全祖望《明故兵部尚书兼翰林院侍讲学士鄞张公神道碑铭》,《鲒埼亭集内编》卷九,《全祖望集汇校集注》上册,第186页,上海古籍出版社2000年版。

宁、淳安、东阳、义乌、天台、宁海,历时近半年,行程两千余里,秘密回到浙东。但他并不灰心,进行了及时的回顾与总结,写成《北征得失记略》。此时,清军将他的妻子董氏、儿子张万棋逮捕,关押在镇江,并以此要挟张苍水投降,可是,他大义凛然,坚决拒绝。

然而,这时候的抗清形势已发生急剧变化。顺治十八年(1661年)后,桂王被俘,永历政权覆灭,郑成功渡海去收复台湾,抗清英雄李定国忧愤而死,张苍水部成了最后一支抗清队伍。清廷派浙江总督赵廷臣向他招降,张苍水严词拒绝。他在回信中说:"功名富贵既付之浮云;成败利钝亦听之天命。宁为文文山,决不为许仲平,若为刘处士,何不为陆丞相乎?"在信的末尾他表示:"间使说词,请从兹绝。"①赵廷臣的奏疏中曾有记述:"逆渠张煌言盘踞浙海多年,其下伪官节次招降,惟张煌言抗不就抚。臣与京口将军刘之源先后发书遣使,谕以祸福,劝其去逆效顺。张煌言至死不悔。"②康熙三年(1664年),张煌言见复明的希望已不复存在,同时,清廷发出悬赏通缉张煌言,为此,他解散余部,只留下几个亲信居住于人迹罕至的悬山花岙。由于岛中粮食不足,日常所需不得不以寺庙和尚的名义出岛购买。清军四出搜捕,当探知张苍水藏身于附近海岛,就派遣兵士在沿海潜伏,后收买了张苍水的一个部下,上岛进行偷袭,于七月十七日把张苍水捕获。全祖望称其在象山南田悬岙被捕。二十三日,张被解到宁波。

被押解宁波时,张苍水镇定自若,宁波父老伤心得流下热泪。在被押送杭州途中,他以苏武、岳飞、文天祥、于谦为楷模,坚持名节,为表心迹,写下了不少诗。他在《被执过故里》诗中说:"智者哀我辱,愚者笑我顽。或有贤达士,谓此胜锦旋。人生七尺躯,百岁宁复延。所贵一寸丹,可与金石坚。求仁而得仁,抑又何怨焉!"③在《甲辰八月辞故里》诗中说:"国亡家破欲何之?西子湖头有我师。日月双悬于氏

---

① (清)张煌言《答伪部院赵廷臣书》,《张苍水全集》,第181页,宁波出版社2002年版。
② (清)王先谦《十朝东华录》康熙朝,卷之四。
③ (清)张煌言《被执过故里》,《张苍水全集》,第111页。

墓,乾坤半壁岳家祠。惭将赤手分三席,敢为丹心借一枝。他日素车东浙路,怒涛岂必属鸱夷。"①诗中充满以身报国、视死如归的精神,语言悲壮质朴,极为感人。

张苍水被押到杭州后,提督赵廷臣再次对他进行诱降,他义正词严地予以拒绝。在狱室中,写了《放歌》一诗:"予之浩气兮,化为风霆;余之精魂兮,化为日星。尚足留纲常于万祀兮,垂节义于千龄!"②同年九月七日,在杭州弼教坊被杀。就义前,他当即赋绝命诗一首:"我年适五九,偏逢九月七。大厦已不支,成仁万事毕。"③万斯大、朱锡九、朱锡兰兄弟把他营葬在南屏北山麓荔枝峰,与岳飞、于谦墓在一起。

张苍水以身殉国的精神和气节为后人传颂。黄宗羲为张苍水所作的墓志铭中就说:"今公已为千载人物,比之文山,人皆信之。"④全祖望也写了《张公神道碑》,记叙这位抗清志士的斗争事迹。乾隆四十一年(1776年),清廷赐谥"忠烈"。宁波人民为纪念他,把张苍水故居所在的马路命名为苍水街(今属宁波市海曙区)。

张苍水作为"明室孤臣",尽管把复兴明王朝作为目的,在20年的抗清斗争中,历尽艰难险阻,最终从容就义。应该看到,当时的抗清斗争是具有正义性的。正因为如此,后人至今还称赞张苍水的气节。

四、大岚山的王翊抗清

大岚山,位于鄞县、余姚分界处,四明山的西北境内,山顶平广,形势险要。王翊、王江曾在大岚山寨坚持抗清斗争。

---

① 《张苍水集》第3编,《采薇吟》,第176页,上海古籍出版社1985年版。
② 《张苍水集》第3编,《采薇吟》,第179页。
③ (清)张煌言《绝命诗》,《张苍水集》第3编,《采薇吟》,第179页。
④ (清)黄宗羲《兵部左侍郎苍水张公墓志铭》,《黄宗羲全集》第10册,第294页,浙江古籍出版社2005年版。

王翊（1616—1651年），字完勋，号笃庵，世居慈溪，幼年时举家迁居余姚。为诸生，有智慧谋略。当清军占领浙东州县时，王翊与同里王江一起举起抗清义旗。顺治三年（1646年），御史兼余姚知县王正中推荐他担任职方主事，参加江防。江防失守后，王翊与黄宗羲等率余部退到大岚山建立山寨，并亲自到海滨招兵，计划在山上长期抗清。尹元炜在他的《溪上遗闻集录》中说："翊善治事，善必赏，恶必诛，无偏无纵，凡所剖决，靡不悦服。一时四明之有讼狱者，不之官而之翊。"① 顺治四年，清军向大岚山进攻，王翊引军撤退。顺治五年初，王翊挥师破上虞，杀死县令，浙东震动。由于王翊不扰山民，队伍发展很快，据守四明八百里之内。清军把它作为攻击的重点目标，多次派兵围剿，大岚山寨几次丧失，但王翊率领义军与清军周旋，坚持斗争。次年春天，义军乘胜再克上虞县城，打得知县狼狈逃窜，至此才巩固山寨。

为长期抗清，王翊、王江在山寨实行一系列措施：建立五营五司耕战结合的军事组织。五营指挥军事，由王翊自己统领；五司负责粮草，由王江主持；组织义兵屯田耕种，开垦山中的荒地。对农民所有的田地，按田亩稍收点赋税。富有者，视其所有，劝其所输，"履亩而税"②；山民或下户赋税可以减免。全祖望为此说王江"善理饷，计山中屯粮所收不足，亲往民家计其产，用什一为劝输，以忠孝感动之，有额外扰民一粟者必诛。又时遣人入内地结连遗老，致其扉屦之助"③。义军所颁布的军纪明确规定，不许骚扰百姓，如有作奸犯科，一律按军法处置。黄宗羲在《行朝录》中对此作过记载："惟王翊一旅，蔓延于四明八百里之内，设为五营、五内司。王江则专主饷，劝分富室，单门而下，

---

① （清）尹元炜《溪上遗闻集录》卷七，第71页，西泠印社出版社2005年版。
② （清）徐鼒《小腆纪传》卷四七《王翊传·附王江传》；（清）温睿临《南疆逸史》，《列传》二十一《王翊传》；（清）翁洲老民《海东逸史》卷九。
③ （清）全祖望《明故都察院右副都御史东王公神道阙铭》，《鲒埼亭集外编》卷五，《全祖望集汇校集注》上册，第832页，上海古籍出版社2000年版。

安堵如故,履亩而税,人亦无不乐输者。平时不义之徒,立置重典,异时巡方访恶徒为故事,翊所决罚,人人称快。"①

顺治六年(1649年)六月,鲁王朱以海到宁海健跳(今三门县东南)。王翊前往朝见,被封为河南道御史、副都御史,王江为户部主事左都御史。清军曾以高官厚禄作为诱饵,诱降王翊。王翊不被富贵所淫,为表示抗清决心,杀清廷使者,"烹其使,分羹各营:'敢受招抚者其视此'"②。以此激励义兵将士抗战到底。次年三月,王翊再次朝见鲁王,升为兵部右侍郎。八月,义军攻破新昌县城,同时占领了虎山据点,一时声势大振,清廷震惊。

可是,大好形势很快逆转。这年秋天,闽浙总督陈锦平闽回到浙江,加强了浙东清兵实力。陈锦也领悟到,"如欲杜海孽接济,必先绝山冠之勾联"③,先平"山寇"后靖海氛已成为清军平定浙东之策。而浙东的义军中,尤以王翊的实力最强。为此,清军调平南将军金砺、提督田雄集中兵力自奉化、余姚出动,兵分两路,由团练兵为前锋,大举进攻大岚山山寨。王翊率义军殊死奋斗,终因敌我力量悬殊,未能取胜。王翊被迫撤到翁洲(今舟山市)作暂时隐蔽,王江也逃匿他处。

顺治八年七月,清兵分三路包围翁洲,义军死伤很多,"诸将皆散"④。为坚持抗清斗争,王翊决定重返四明山招集义军。七月二十四日,他打算由奉化去天台,走到北溪被团练俘获。押解途中,他视死如归,决不投降。总督陈锦亲自审问,王翊横眉冷对。八月十四日,这位浙东抗清义军领袖壮烈就义。押赴刑场时,他毅然挥笔写下绝命诗:

---

① (清)黄宗羲《行朝录》卷九《四明山寨》,《黄宗羲全集》第2册,第186页,浙江古籍出版社2005年版;翁洲老民《海东逸史》卷九《列传》六。
② (清)黄宗羲《行朝录》卷九《四明山寨》,《黄宗羲全集》第2册,第187页;翁洲老民《海东逸史》卷九《列传》六。
③ 《浙江福建总督陈锦揭帖》,《明清史料》甲编,第3本,第284页,北京图书馆出版社2008年版。
④ (清)倪在田《续明纪事本末》卷一五《诸方义旅》。

"谈笑且从容,今朝得死所,一腔忠愤血,飞洒若红雨。"①王翊和其部下坚贞不屈。当刽子手向他射箭时,"翊不稍动,如贯植木。绝其吭,始仆。从翊者二人亦不跪,掠之,则跪而向翊"②。残忍的清军用乱箭射死王翊,还把他的头颅割下来在宁波城门楼上示众,以恐吓抗清的志士和义军,但这只能激起人民的愤恨。"六狂生"中陆宇燝以奇计窃取王翊头颅,秘藏家中书柜12年。顺治十八年(1661年),陆宇燝参加郑成功北伐之役,事败后不久去世。其弟陆宇爌把王翊的头颅葬于宁波城北马公桥畔。③

王翊牺牲后,王江削发为僧,作为暂时的掩护,不久又为张名振军队的监军,率师北上,直入长江,重新回到浙中。顺治十三年,王江带领队伍与沈调伦再次聚众四明大岚山寨。山中的农民们看见抗清义军回来,都"壶浆相迎"。他们重整旗鼓,结寨固守。清军唯恐王江与舟山互相接应,急忙派兵围攻山寨,激战中沈调伦被杀,王江也中流矢阵亡。

第二节　清朝在宁波的统治

清朝在宁波的统治,基本上沿袭明代的体制。行政体制有所变化,文化专制主义更加严厉,社会矛盾也逐步激化。

一、宁波的地方行政建置

清代的地方行政机构与明代基本相同,一般分为省、府、县三级,

---

① (清)高承埏《崇祯忠节录》卷一三《绍兴宁波乙酉殉难》。王翊的绝命诗第三、四句,黄宗羲《四明山寨》和翁洲老民《海东逸史》卷九《列传》六中均系"平生忠愤血,飞溅于群房"。
② (清)黄宗羲《行朝录》卷九《四明山寨》,《黄宗羲全集》第2册,第188页,浙江古籍出版社2005年版;翁洲老民《海东逸史》卷九《列传》六。
③ (清)黄宗羲《陆周明墓志铭》,《黄宗羲全集》第10册,第196页。

道是省的派出机构。当时的宁波府属浙江省布政使司，领有鄞县、慈溪、奉化、定海、镇海、象山六个县及南田厅（光绪三十二年建置）。余姚属绍兴府，宁海属台州府。这一期间，行政区划也有变化。

康熙二十二年（1683 年），清政府统一台湾，东南各省的抗清活动先后被平定。次年，议复温州、宁波、台州沿海之地，移定海总兵于舟山。康熙二十五年，题请设立县治。二十六年五月，康熙帝以"山名为舟，则动而不静"①，御书"定海山"匾额，诏改舟山为定海山，次年赐名定海县，并将原定海县改为镇海县。② 此后一直沿用此名。道光六年（1826 年），为避讳清宣宗名，把"宁"波府改为"甯"波府。道光二十一年，定海县升为直隶厅。宣统元年（1909 年），置南田抚民厅，辖南田、高塘、花岙、坦塘、对面山、檀头山、南渔山、北渔山 8 岛。不久，清政府以南田 8 个岛屿增置南田县。

清代的基层行政组织是乡里制。乡里组织复杂，有乡、里、图、都、庄、厢。一般是乡、都、图三级制。清代宁波府的各县基层行政组织为乡、都、图、庄。具体是：

乾隆间，鄞县设武康、东安、万龄老界、阳堂、翔凤、万龄手界、丰乐、鄞塘、句章、通远、桃源、清道、光同等 13 乡，编户 51 都 306 图。

光绪间，慈溪设德门、西屿、石台、金川、鸣鹤 5 乡，辖 30 都 147 图，即德门乡 6 都 32 图，西屿乡 7 都 27 图，石台乡 6 都 29 图，金川乡 6 都 33 图，鸣鹤乡 5 都 26 图。

康熙元年，奉化设奉化、连山、松林、忠义、金溪、长寿、禽孝、剡源 8 乡。编户 129 里，52 都。雍正四年（1726 年），编顺庄 203 庄。乾隆年间，全县为 8 乡 1 坊隅 52 都 129 图。

清初，镇海设东管、西管、灵绪、崇邱、灵岩、泰邱、海晏 7 乡，编户 88 里。雍正九年，行顺庄法，除去儒宦（免粮户）改编为 79 图 607 庄。

康熙二十三年，象山设归仁、政实、游仙 3 乡，编户 20 里。辖 6 隅

---

① （清）雍正《浙江通志》卷七《建置》四。
② （清）康熙《定海县志》卷一《沿革》。

22都322图。

康熙二十七年(1688年),定海设富都、金塘、安期、蓬莱4乡,辖13图。道光二十一年(1841年),升定海县为直隶厅,属浙江宁绍台道,下置富都、金塘、安期、蓬莱4乡,辖35庄。乡以下的行政单位还称图、岙,比如,富都乡就有21个岙,分属11图至13图。

康熙二年,余姚设东山、兰风、烛溪、梅川、冶山、四明、开元、凤亭、云柯、云楼、上林、孝义、通德、双雁、龙泉15乡35都268里。乾隆四十三年(1778年)为15乡36都158里。

雍正六年(1728年),宁海置庄。据光绪《宁海县志》卷二记载,全县分为县治8庄、东乡8庄、南乡23庄、西乡25庄、北乡28庄,计92庄,外寺产1庄,共93庄,1254村。

清末,中国传统乡里制度发生了重大的变革,这就是光绪末年和宣统年间清政府倡导的乡镇自治。它是清政府为巩固摇摇欲坠的统治,在一些开明人士倡导之下实施的。根据《城乡自治章程》规定,镇乡为地方最基层单位,人口5万以上为"镇",5万以下为"乡"。宁波的城乡区划有较大的变更。

宣统二年五月十二日(1910年6月18日),鄞县分为1区18乡。城区占地30.3平方千米,辖原武康、东安两乡全境,清道乡50都的3图、5图、9图以及51都的1图,即今宁波市的海曙、江东、江北三区的城区之地;并辖盐梅、鄮溪、高嘉、同善、鸣凤、渔源、大咸、首南、塘界、丰和、水和、和益、天然、同道、鄞江、西城、桃源、章远18乡。

慈溪清末开展乡村自治,划分为18区,计城区3区、东4区、南4区、西1区、北6区。

宣统三年四月二十一日(5月19日),奉化成立自治会,把原来的奉化、连山、松林、忠义、金溪、长寿、禽孝、剡源8乡改为8区;并从奉化乡划出城区,计9区。

镇海县设11区,即城区、东管、西管、前绪、东绪、西绪、崇邱、灵岩、泰邱、海晏、郭巨,凡24都。

象山在宣统二年(1910年),分12行政区。除城区外,有西一乡、西二乡、西三乡、西四乡、西五乡、宝海乡、怀珠乡、磐安乡、靖南乡、奠南乡、昌石镇。辖657个村。

定海在宣统二年筹办城、镇、乡地方自治,设1城1镇23个乡,即城区,称城南(在城、甬东),镇为岱山镇。23乡为吴洞、芦蒲、洛舵、展茅、三安、干磁、景陶、三益、岑碇、紫微、人和、金一、金二、金三、册子、榭南、榭北、东靖、灵和、协和、长涂、兰秀、朐山。

宣统二年,宁海县划分为1个城区,长亭、海游、新宁3个镇,茂林、儒雅、亭旁、星聚、松溪、拱台、秀屿、五云、回浦、久安、成文11个乡。

余姚根据《城乡镇地方自治章程》于宣统元年重新划分为1城区46乡。除城区外,有南城、北城、冶山、屯溪、通德、凤亭、双雁、凤鸣、南溪、南岚、义一、义二、义三、义四、义五、云塘、云溪、云城、云和、天华、郎霞、柯义、浒山、白沙、保德、沫仁、柯东、云漾、云墅、云潭、龙泉、彭桥、胜山、林东、林西、湖堤、泗门、临山、兰塘、上塘、中河、云楼、青港、牟山、丰溪、云桥46乡。

为巩固中央集权,清廷加强了对地方的控制。地方行政机构设置沿袭明代。清代在省以下设道、府、州(厅)、县行政机构。道只是省级行政机关的派出机构,并不是完全意义上的地方一级行政机关,有"守道"与"巡道"之分。清初置宁绍台道,巡视海道,康熙六年(1667年)撤销。第二年改为分巡宁台温海道,管辖宁波、台州、温州3府,驻台州府。康熙九年改设分巡宁绍道,驻宁波府。康熙二十四年改为分巡宁台道。雍正四年(1726年)兼辖绍兴府,改为宁绍台道,一直到清末。道的长官称道员,本来是临时性的差使,乾隆十八年(1753年)定为正四品,是藩、臬两司的辅佐官员,从事粮谷、水利、刑狱、盐法等事务的管理。清代历任分守宁绍台道8名,分巡宁台温海道3名,分巡宁绍道4名,分巡宁台道15名。① 宁绍台道公署在府治西北隅永丰街。

省下的地方行政机关称府。府的长官称知府,尊称"太守"、"府尊",起初为正四品,后改为从四品;辅佐官有同知,正五品;通判,正六品,与知府合称"三堂"。此外,还有推官、经历、照磨等。宁波府设有知府1员、同知1员、通判2员,顺治七年(1650年)裁1员;推官1员,从六品,康熙六年(1667年)裁;经历1员,正八品;照磨、司狱各1员,从九品。② 另有儒学教授1员、训导1员、四明驿承1员。在清代,宁波先后有知府82名,其中复任4名。③ 府署在城西北隅,中为正厅5间,东西有曹吏房科14间。同知署在府治南,雍正七年(1729年)移至鄞县大嵩。通判公署在府治南稍西。

县属于府与直隶州管辖,长官称知县,正七品,主管一县的赋役、诉讼、文教等事务。知县直接统治本县人民,也叫"亲民之官",其下属有县丞、主簿、典史、巡检等。县丞、主簿分管户籍、钱粮、缉捕等事;典史管稽察和监狱;巡检负责巡逻缉捕、维持治安。据清制,鄞县设知县1名,为正七品。下设县丞1名,正八品;置典史1名,无品级,掌管缉捕、监狱事项。此外,设鄞江司巡检、甬东巡检各1员,为从九品,负责地方治安。④ 还有儒学教谕1员、训导1员。自顺治至宣统,鄞县先后有知县151名。⑤ 另外典史有名可考的为37人。慈溪、奉化、镇海、定海、象山各县都设知县1名、县丞1名、典史1名、儒学教谕和训导各1名、巡检1员。慈溪的淞浦司巡检、向头司巡检,奉化的塔山司巡检,镇海的管界司巡检、长山司巡检、穿山司巡检,象山石浦司巡检、赵岙司巡检及定海的岱山巡检司、沈家岙巡检司都设巡检1员。康熙以

---

① 俞福海主编《宁波市志》中册,第1787页,中华书局1995年版。
② (清)雍正《浙江通志》卷一二〇《职官》十。
③ 俞福海主编《宁波市志》中册,第1786页。
④ (民国)《鄞县通志·政教志甲编·历代行政制度沿革》,宁波出版社2006年版。
⑤ 周时奋主编《鄞县志》上,第934~940页,中华书局1996年版。

后,实行"以汉治汉"策略。府县官一般由汉人充任。

清代对乡里社会的控制较前更加强化。清初沿袭明代制度,实行里甲制,普遍编设里,在城市编设坊厢。每110户为1里,推丁多粮多者十户为里长,百户编为十甲,每5年编审一次。里长的职责是编造赋役册。保甲制从顺治元年(1644年)开始试行,康熙四十七年(1708年)在全国实行。清廷规定:州、县城乡十户立一牌长,十牌立一甲长,十甲立一保长。每户给牌照,写上姓名、丁口,出则记录其所往,入则查问其所来,对于外来的人员进行盘查,不能随意留住,不报者都以罪论处。这一做法一直到清末地方自治才结束。

史料表明,宁波府所属各县都普遍实行里甲制和保甲制。象山县在顺治元年实行里甲,"凡县所属乡村,十家置一甲长,亦名牌头;百家置一总甲,亦名甲头"①。清初设20里。鄞县在雍正年间设13乡13里,即武康乡小江里、东安乡白檀里、老界乡赤城里、阳堂乡太白里、翔凤乡沧门里、手界乡赤城里、丰乐乡石柱里、鄞堂乡姜山里、句章乡夕阳里、通远乡李洪里、光同乡清林里、桃源乡石马里、清道乡横山里。但是到康熙四十七年,象山改里甲制为保甲制,"城关及四乡村落,十户一牌头,十牌一甲头、十甲一村长;若村庄人少户不及数,即就其小数编之。无事递相稽查,有事互相救应"②。雍正五年(1727年),陕西蒲城人杨懿任鄞县知县,上任不久就重整保甲,建立乡村保甲联防,并把军队编入保甲之中,使之互相监督。以此为基础,分都图按户登记人丁,制户牌,给地图,由户标号,田赋按乡都实田征收,对鄞县进行全面整顿。余姚的浒山(今属慈溪市)也是这样。道光《浒山志》卷六记载:"岁凶多盗,申保甲以检束之固也。然姚俗之保、甲长,挨次轮值,非有声望、为里党推重,甚有惯充保、甲长者,皆贪昧、无行检之人。"这里虽然反映了作者高杲对当时保甲长推选的不满,但也从一个侧面反映了浒山是推行保甲制的。浒山乡所属的眉东、眉中、眉西三个产盐

---

① (民国)陈汉章总纂民国《象山县志》卷一〇《地治考》。
② (民国)陈汉章总纂民国《象山县志》卷一〇《地治考》。

的村落就有19甲。其中眉东分乐三乌山甲、外十三丁甲、内十三丁甲、马十丁甲、五丁甲、浒山四七号甲、九丁甲、符丁甲、三丁甲、横甲；眉中分内六甲、外六甲、内七甲、外七甲；眉西分戴甲、赵家甲、杨家甲、徐附场甲、晏塘下加路扑甲。①

　　清政府多次制定保甲法执行条例，以加强对民众的控制。雍正三年（1725年）在余姚盐场颁布《煎舍官照木牌式盐运使牌示》，明确提出在盐场实施保甲法。"须至牌者，计开保长某、伍长某、舍长灶户某、年、岁身、面、须、人丁几口"等。各场自相什伍，"如有一舍违犯，保伍邻居不举，一同治罪"②。嘉庆七年（1802年），浙江巡抚阮元主持颁布《浙江省保甲章程》，计十条，即查禁勾引奸逆及外事匪类，查禁偷运米石下海，查禁代盗销赃，查禁私贩硝磺火药下海，查禁私造军器，查禁邪教，查禁纠众歃血结拜兄弟。这些条文在宁波都得到了贯彻。

二、兵制与海防

（一）清代前中期的驻军与防务

　　清廷为加强对宁波的统治，在宁波水陆要冲之地驻扎军队。由于宁波地处浙东，钱肃乐、张煌言、王翊抗清斗争十分激烈，因此，清廷在宁波建立统治后，对浙东的军事防范特别严格。其驻军与海防都是为了防范抗清力量。

　　清朝军队分为八旗、绿营，绿营以汉兵为主，分省建置，当时驻宁波清军主要是绿营兵，以绿旗为标志。每一个省内重要防地设总兵官（从二品），下辖副将、参将、游击、都司、守备、千总、把总、外委、额外外委等官，而副将所统的官兵称协，其余军官所统官兵称营。浙江设总兵5人，其中定海设总兵官1员。顺治三年（1646年），清兵攻克宁波，于定海（今宁波市镇海区）设总兵，以一副将镇守郡城。统辖镇标

---

① （民国）杨积芳总纂民国《余姚六仓志》卷九《丁册》。
② 《煎舍官照木牌式盐运使牌示》，（民国）《余姚六仓志》卷八《盐法》。

3营,并辖象山城守营、昌(国)石(浦)水师营及镇海等3个营。镇海水师有参将1员、守备1员、千总2员、把总4员,象山城守营有副将1员、都司2员、千总4员、把总8员。顺治六年(1649年)设宁绍台温总兵,宁波、绍兴、台州、温州四府官兵的归辖:标下陆师3营、水师2营,武官40名,兵4000名,战马80匹。顺治十四年,设宁台温水师总兵驻守府城,标辖陆师中营以及水师左、右、前、后4营,有武官40名,兵士4600名。次年,宁绍温总兵移驻于台州黄岩,宁台温水师总兵移驻定海。顺治十六年冬,浙江提督大臣移驻宁波府。

顺治十六年,浙江设提督总兵官(从一品)。康熙二年(1663年),设水师提督驻宁波府城,改称原提督为陆师,移驻绍兴。水师提督标营辖5营,下设水师左、右二路总兵,以宁台温水师总兵改任,仍驻定海,辖中、左、右、前、后5营,兵3400名。康熙八年,罢水师提督并入陆师,提督由绍兴复驻府城,原水师提督5标营改由左路总兵管辖。次年,改调5营分防台、温沿海诸处和宁波城,水师左路总兵改镇守定海总兵。提督标营设中、前、后陆师3营,左、右水师2营,武官40名,兵5000名。中、左、右、后营驻府城。湖西驻有提标中军中营,由参将统之,提标左营驻小沙泥街,提标右营驻小梁街,提标前营驻鄞县大嵩,提标后营驻马衙漕,提标守营驻崔衙街。五营设有参将1员、游击4员、守备5员、千总10员、把总20员,马兵、战兵、守兵计4235名,分防慈溪、奉化、鄞县县城。具体是:宁波府城驻扎游击1员,守备员、千把总2员,马步战守兵289名,防6门各口址。慈溪县城(今宁波市江北区慈城镇)分防千把总1员,马步战守兵80名,防守7门各口址,渔溪、三七市等汛分防千把总1员,马步战守兵30名;奉化大桥分防千把总1员,马步战守兵135名,防守4门各口址,新驿汛分防千把总1员,马步战守兵50名;鄞县横溪汛分防外委千把总1员,马步战守兵50名。分防千把总一年轮换一次。顺治六年象山设石营,象营亦于康熙八年由宁波郡城移驻象山,辖左、右2营,各置都司金书1员、守备1员、千总2员、把总4员,有兵2000人。后添外委千总2员、外委把总

7员,马步战守兵1400余人。昌石营添设外委千总1员、外委把总2员,兵500名。

雍正二年(1724年),宁波裁守兵50名,有马战兵400名,步兵3835名,守兵计4235名。雍正五年,中、右营改水师,各有水兵100名,步兵3635名,马战兵400名,计守兵4235名。乾嘉年间,宁波守兵在4000名左右。最多的是乾隆二十七年(1762年),宁波守兵为4259名,其中马战兵424名,步兵3615名,水军220名,最少的是嘉庆二十五年(1820年),宁波守兵为3844名,其中马战兵301名,步兵3323名,水军220名。道光朝后,绿营兵有所裁汰减少。道光二十八年(1848年)有3510名,到同治八年(1869年)只有2107名。宁海营(时属台州府)也设有步军参将、守备、千总、把总、外委等官。余姚在县城也有守备、把总、外员各1员,马步战守兵丁135名。临山、观海两卫都有军队驻扎。

宁波是浙东门户、军事要地,自清初起就加强海防建设,设有卫、所、哨、汛。雍正年间设有昌国卫、爵溪所、石浦前后所、大嵩所、郭巨所、穿山后所、舟山所、中左所。象山、定海还设有游哨、南哨、北哨。另外,穿山、郭巨、大嵩、瞻岐、盐场、足头、应家棚等地设汛数十个。卫、所、汛都有炮台、烽堠桩、寨和战船,设目兵巡岸,并编传烽歌以相互警备。余姚在康熙二年(1663年)设有赵家路、道塘、胜山等10个炮台。镇海郭巨所辖三塔山台,有盛岙、高山、观山、梅山、虾康5个烽堠。穿山后所辖神堂台,有西山、碶头、所后、锅盖、白峰、嵩子山、岭山、撩虾埠、黄崎9个烽堠。象山的游哨,有哨官1员,大小战船34只,兵730名,东游钱仓、爵溪,西游昌国、石浦,往来巡逻。清代前中期,宁波的海防主要是对付沿海的抗清力量。

(二)晚清的驻军与防务

晚清,宁波驻军设城守营和水师营提督标营。有陆路参将1名、陆路游击1名、守备5名、千总9名、把总15名、外委千总10名、外委把总14名、额外外委19名、马步战守水兵2107名。宁波城守营有都司1名、守备1名、千总2名、把总4名、外委千总1名、外委把总3名、额外外委2名、兵丁348名,其中马兵14名、战兵104名、守兵230名。镇海水师营有兵丁588名。象山城守营有都司2名、守备2名、千总4名、把总8名。昌石营有都司1名、守备1名、千总1名,把总、外委把总各4名,兵丁209名。宁海城守营有参将1名、中军守备1名、外委千总1名、兵丁130名。当时,宁波驻军总兵力为3382名。

当然,咸(丰)同(治)年间,驻军亦有变化。咸丰十一年十一月八日(1861年12月9日),太平天国侍王李世贤辖下黄呈忠和范汝增部分军队分别从余姚和奉化进入宁波,清兵退出甬城。太平军黄呈忠部驻宁波达半年之久。同治元年四月十二日(1862年5月10日),清军和英法联军攻入宁波,黄呈忠、范汝增部被迫退出。清政府在宁波建立洋枪队3支,调入1支。同治元年驻宁波的洋枪队为常安军(中英混合军)、定胜军(中英混合军)、常捷军(中法混合军)、常胜军(中美混合军),计2400人。

光绪十年(1884年)春天,中法战争迫在眉睫。为加强防御,浙江提督派兵至甬。中标兵100名、楚军水师2500名,驻守甬江两岸鄞、镇一带;淮军2500名守江北;处州、衢州标兵与练军1000名和淮军2500名进驻鄞县梅墟、育王岭一带。到中法战争镇海战役结束后这些兵马才调回各营。

但是,在光绪后期,驻军有新的情况,一是设水师巡防队,另外是设新军。为适应商贸的发展,镇海驻洋外海师(水师巡防队)。同治八年创建红单水师,不久裁撤。到光绪初年,组建红单护商水师,其兵额为每船兵士32名或48名。光绪十九年,由浙江提督直辖,分中、南、北三路,由管带统领。北路管带驻镇海。光绪二十一年,水师巡防队购置永定、永福、永安、永清小兵轮4艘。光绪二十七年,水师由镇海总兵吴杰兼统,并将治海各标营营船改编为三营,分别在宁波、温州、台州驻防。同时,设中、南、北三路分统为辅,其中北路分统驻镇海。

宣统二年(1910年),改编为浙江海外水师巡防队,其兵额减至每船18名。

甲午海战失败后,一些有识之士都主张仿用西法,创练新兵,认为这是"当务之急"。清廷决定采用新法编练新式军队,认为"一代有一代之兵制,一时有一时之兵制,未可泥古剂以疗新病,属夏日而御冬蒸也"。清末创办新军,宁波亦有派驻。光绪二十四年(1898年),两浙新军进驻。两浙新前军中营驻城区大校场,总兵李福统领。新前军左营驻海门,游击管带刘继尔统领。新前军右营驻镇海,副将管带王堂统领。新前军前营驻象山,管带汪庆润统领。光绪二十九年,清兵100余人驻宁波城隍庙。宣统二年,陆军标统张载阳统兵两营1080名,分驻镇海江南卢家村与西门外,陆师巡防队亦驻镇海。

道光以后,由于外国资本主义列强加紧对宁波的侵略,与前中期相比,宁波的海防建设进一步加强。在鸦片战争爆发前后,清廷对宁波海防建设有了新的认识,裕谦、林则徐等人希望通过学习西方的船炮技术提升清军武器装备,以加强浙东的海防建设。道光二十年(1840年)七月,钦差大臣裕谦调嘉兴县丞龚振麟到宁波军营,负责制造军事器械。他以英军火轮船为借鉴,于是鸠工制成小轮船。道光二十一年,林则徐到镇海军营,进一步研制火炮。在热心铸炮技术的余姚县令汪仲祥的支持下,龚振麟用铁模铸炮法,铸成火炮,加强了浙东的军事防御。道光二十三年,清廷鉴于鸦片战争中挨打的教训,浙江巡抚刘韵珂与水师提督李廷钰、杭州将军依顺一同起草浙江海防计划。其中将镇海营改归提督管辖,修筑镇海海防工事,重点修复招宝山、金鸡山,并在金鸡山背后的港口修建炮台2座,在镇海城北海塘添建炮台1座。为防范敌军自镇海进攻宁波,梅墟沿岸建有炮台,又在丈亭建筑炮台,以左顾余姚,右护慈溪。至此,清初的近海防御逐渐转变为近岸防御。

光绪期间,浙江采取重点布防的方针。宁波、镇海就成为海防的重点。当时,蛟门为敌军攻击镇海的必经之路。为此,清廷在两岸设有炮台9座。南岸有"拦江"(江南泥湾)、"绥远"(小金鸡山)、"平远"(金鸡山腰)、"靖远"(金鸡山东沙湾头)、"镇远"(小浃江口)和"宏远"(小港笠山)6座,北岸有大炮。比如,威远炮台建于明代,鸦片战争时期遭受严重破坏,光绪九年,为加强海防,于山顶北腰增筑月城,周长237米,高4米,宽3米,用砖石砌成。现存60米长,高为3.8米,拱门呈半月形,内壁有浙江提督欧阳利见撰写的《增修招宝山月城碑记》。尤其是光绪十四年(1888年),威远、平远、绥远、安远、宏远炮台都新添了克虏伯21厘米口径后膛炮,增强了镇海防敌能力。中法战争镇海战役中,清军之所以取得胜利,其火炮威力的作用是不能小看的。

清初,驻甬清军主要是镇压浙东抗清力量。在鸦片战争和中法战争中,履行防范职能,对英、法侵略者对宁波的侵略进行一定的抵抗,裕谦、薛福成等清军将领在抗英、抗法斗争中表现十分突出。由于清政府的腐败,驻甬清军的抵抗活动最终带来的是屈辱的结果。驻甬清军对内职能是镇压反抗清朝统治的各种起义力量,仅咸(丰)同(治)年间,就镇压了太平天国在宁波的反抗力量以及张潮清、洪世贤、史致芬和余姚十八局的农民斗争。

三、文化专制主义的推行

清朝统治者为了维护其统治,实行封建文化专制,采取高压与怀柔并用的政策对士人进行笼络。这些政策在宁波得到了积极的贯彻和实施。主要表现在两个方面:

一方面是极力提倡程朱理学,鼓吹忠君孝悌的封建伦理道德,并且以八股取士笼络知识分子,消泯其反抗情绪。随着封建社会危机的加深,封建统治者越来越重视表彰孔孟程朱,企图把儒家学说变成统治人民的思想工具。清廷诏天下立学,明确规定:"明经取士,经以宋儒传注为宗,行文者以典实纯正为主。"并颁布"四书"、"五经"、《性理大全》及历代诰律典制等书,课令生员,诵习讲解,将程朱理学作为取士标准,把程朱以外的书看作异端邪说。宁波府、县学的教学内容完全符合这一规定,以学习儒家经典、朱熹的《四书集注》为主。生员只能迎合统治阶级的需要,两耳不闻窗外事,一心只读圣贤书,思想完全被束缚。教学内容上,始终把儒家思想和三纲五常作为核心内容。比如清廷给慈溪县学颁发了《四书讲义》、《春秋》、《朱子》等儒家经典。按清廷规定,考试时,皇帝的"圣谕"是必须默写的内容。这样就把宁波人民的思想限制在孔孟学说和程朱理学之中,加强了思想统治。尊孔读经,以三纲五常、三从四德的封建正统思想作为学校学习的内容,否则就是离经背道的"异端"。

宁波府、县学建明伦堂、大成殿,崇尚孔学,以"崇儒"、"经学训士"作为教育目的。顺治八年(1651年),巡海道王尔禄重修宁波府儒学。康熙、雍正年间,清廷又重建明伦堂、启圣祠,钦修先师庙及名宦乡贤祠和文昌阁。郡属各县也修建了县儒学、明伦堂、先师庙等。鄞县在顺治四年修建县儒学,康熙、雍正年间重建了明伦堂、启圣祠,修建了先师庙和文昌阁。

另一方面是强化精神统治,大兴文字狱,对抱有不满情绪或者是批评时政者,不但销毁其著作,而且对其进行人身迫害,以震慑人心。这种政策与清廷当时在宁波实施的迁界、海禁等措施是密切配合的,其目的是强化封建专制统治。

顺治初,清廷对国内的任何反清思想和活动都加以严厉镇压。宁波文社遍布,有"西湖七子"、"西湖八子"、"南湖九子"、"南湖五子"、"鹤林七子"、"不波航"诗社等社。这些诗社的成员将复明反清的情绪寄托在诗文中,他们直接或间接地都参加过反清斗争,但多被清军镇压。"西湖八子"中的陆宇燝、毛聚奎就与张梦锡、华夏、董志宁、王家勤等儒生聚谋起事,后被清军迫害致死。"西湖七子"成员在浙东反清斗争失败后结诗社以酬唱为事,"其所郁结,皆见之诗古文词"。随着全国的统一,政权的稳定,清廷开始用"怀柔政策",镇压和"笼络"

相结合,通过扩充科举录取名额,吸收汉族知识分子,利用儒家的学说来加强思想控制。康熙十七年(1678年),开博学鸿词科,招致名士,以笼络知识分子,扩大统治基础。他们聘黄宗羲修明史,遭到拒绝。但黄宗羲还是让学生万言、万斯同,儿子黄百家到明史馆纂修明史。乾隆年间,余姚人邵晋涵也被征入馆修《四库全书》。

与此同时,清廷大兴文字狱,销毁禁书。由于浙东是南明政权的重要据点,抗清斗争异常激烈,涌现出钱肃乐、张煌言、王翊等抗清将领,成为清廷防范与打击的重要地区。因而,地方政府对浙东的文人控制十分严厉。当时浙江被杀的知识分子和查禁的书是全国最多的。仅自乾隆三十九年至四十六年(1774—1781年),先后送毁禁书24次,书凡538种,共13862部,浙东张煌言等人著作多被销毁查禁。张煌言的文集《冰槎集》,诗集《奇零草》、《采薇吟》,被清廷宣布为禁毁之书,严禁抄写、阅读。黄宗羲的《明夷待访录》在清初引起思想界的共鸣,在乾隆年间也遭到禁毁,直到清末才复出。李邺嗣生前曾自编次文集20卷、诗18卷,因触时讳,未能全部刊行,他编有《甬上耆旧诗》,因忌讳故,亦未能刊出。全祖望在选他的内稿时深有感触。他说:"残明甬上诸遗民,述作极盛,然其所流布于世者,或转非其得意之作,故多有内集。夫其内之云者,盖亦将有殉之、埋之之志而弗敢泄,百年以来,霜摧雪剥,日以陵夷。""呜呼!诸公之可死者身也,其不可死者心也。昭昭耿耿之心,旁魄于太虚,而栖泊于虞渊、咸池之间,虽不死,而人未易足以知之,其所恃以。为人所见者此耳,此即诸公昭昭耿耿之心也,而听其消磨腐灭,夫岂竟晏然而已乎?"[①]全祖望辑选《续甬上耆旧诗》始自乾隆九年(1744年),而清建立在1644年,恰好相距百年。李邺嗣的《甬上耆旧诗》作为内稿,不能刊印,就是因为"百年以来,霜摧雪剥"的缘故,充分表明清初大兴文字狱的影响。

慈溪人魏耕因"通海"案,被清廷杀害,其著作《息贤堂诗》,由于

---

① (清)全祖望《杲堂诗文续钞序》,《鲒埼亭集外编》卷二五,《全祖望集汇校集注》中册,第1222页,上海古籍出版社2000年版。

有反清倾向也被查禁。费寅在《雪翁诗集跋》中说:康熙改元二月,钱缵曾、魏耕被惨杀于杭州,"雪窦《息贤堂诗》亦在禁列,流传甚少。此册前有自序,足以略觇梗概,英灵之气,勃勃于楮墨间,天壤间故自不磨灭耳。后先生二百五十四年,得读先生之诗,慨慕高节,拜手而疏其略于卷末"①。

吕留良是清初理学家,曾拒绝博学鸿词科的推荐,后削发为僧。他的诗文充满反清思想,被雍正处死。雍正撰写文章驳斥吕留良的学说,并将吕留良案中的重要人物湖南生员曾静及张熙等表示悔改的供词和雍正亲自撰写的历次谕旨印成《大义觉迷录》一书,并颁行全国,作为儒生必读之书。清廷向宁波府、县学宣读《大义觉迷录》,迫令士人阅读,以示警诫。慈溪儒学把康熙、雍正的"上谕",御制碑文及《御制朋党论》、《刺钱名世诗集》作为学生必读课文,象山县学也以《御制训饬士子文》、《御制圣谕万言广训》、《大义觉迷录》、《刺钱名世》等书籍为主要教学内容。这么做的宗旨是压制宁波人民的反清思想,加强对宁波人民的思想统治。

雍正年间,裘琏的戏笔之祸也是例证。慈溪人裘琏,少年时曾戏作《拟张良招四皓书》,其中有两句话为时人所传颂,一句是"欲定太子,莫若翼太子;欲翼太子,莫若贤太子",另一句是"行狂一出而太子可安,天下可定"。康熙末年,裘琏已过70岁高龄,但他还是考中进士,后致仕还乡。雍正七年(1729年),突然有人告发他少时戏代张良所作的招贤信是替已废太子出谋划策。裘琏当时已85岁,却莫名其妙地被捕入狱,并于第二年死于狱中。

四、赋役改革与赋税管理

清廷入主浙东以后,为了控制大量的课税,在清初进行赋役改革,

---

① 费寅《雪翁诗集跋》,《雪翁诗集》,第208页,浙江古籍出版社1985年版。

实行轻徭薄赋政策,同时,加强宁波的赋税管理。

(一)清初的赋役改革

宁波在清初的赋役制度基本沿用一条鞭法。其征收办法是以府县一年中夏税、秋粮、存留、起运之额,均徭、里甲、土贡、雇募加银之额,通为一条,总征而均支之。而运输、给募,官为支拨。也就是将赋、役、杂税合一,总征而均摊,取消力役;由官府出钱募役。在具体征收时,将繁杂的赋役名目归并于地赋和丁赋两个款项上,统称为地丁赋。

地赋,即田赋,将各州县额征起解、存留银两各项汇算总数,均派每亩该征若干,某部寺额解若干,各州县总征分解,各部寺按额查收。就是说,将州县的应征赋总额按照田亩数均派征收后,把一部分银两运至中央政府各个部寺,另一部分作为州县政府经费存留,除地赋外,其他赋目全部取消。宁波府征收赋税还是沿袭明代的习惯,以本色为主。交纳中,除少数漕粮以外,绝大部分是征银和钱,其中又以折色白银为主,称地赋银。据康熙《宁波府志》记载,宁波在康熙二十二年(1683年),有田原额23825顷50亩,除无征田外,实际有田21280顷44亩。征本色粮米31228石,内除定海县舟山无征米674石,鄞县、奉化、定海、象山4县弃置无征米1924石,实征米28630石。折色银164050两,内除定海县舟山无征银3394两,鄞县等4县弃置无征银11082两,实征银149574两。地原额4449顷73亩,除舟山无征地和鄞县4县弃置地外,实际有地3290顷49亩。共征本色粮米3569石,除无征米,实征米2960石。折色银21863两,实征17159两。[①]

人民除了向政府交纳田赋以外,还要交纳人头税。这就是丁赋。征于丁徭、均徭的役银,又称丁徭银、徭里银,即将均徭、均费等级,不分银、力二差,均合丁徭里甲。这里,取消了力差,各类徭役统一按丁征银。康熙二十二年,宁波人丁原额398947丁,除舟山无征丁5220

---

① (清)康熙《宁波府志》卷六《赋役》。

丁和鄞县等4县迁弃人丁16781丁,实有376946丁,共征本色粮米2296石,内除舟山、鄞县等4县无征米和弃置无征米,实征米2296石,折色银25412两,除舟山无征银和鄞县等4县弃置无征银,实征银23791两。①

宁波府征收地丁银后,要起运各部寺和存留。康熙二十二年(1683年),宁波府起运各部寺本色、折色、正赋、裁扣等银180814两,内除舟山和鄞县等4县无征银,实征银86202两,存留114533两,主要作为府县政府经费留存。

清初,人民的丁银负担依然极为繁重。比如顺治年间,宁海每丁科银1钱4分,科米1升9勺,灶丁每丁科银2分8,科米1升9勺。康熙初,慈溪有人丁63184丁。内市民人丁3477丁,每口科银1分2厘,该银43两。乡民人丁41490丁,每口科银2分1厘,该银879两;每口科米9合2勺,该米381石7斗。民口15326丁,每口科银2钱5厘,该银3142两。灶口2890口,每口科银3分6厘,该银106两。② 此外,地方官吏加赈私征,丁赋依然很重。而且丁赋也在不断地变化着,掌握人丁的实数也难做到,这也成为康熙末丁赋改革的重要原因。

清初宁波实行的赋税政策,有利于恢复封建统治秩序,促使流亡人丁回到生产上来,对于促进宁波经济的发展有一定作用。但应该看到,清初赋税折银标准比明代高,且加派、杂办归入正额后,势必引起新的加派,这又出现了新的矛盾。到康熙末年,户丁编审中这种弊病越来越严重,大批贫民无法忍受丁银不均的负担,有的只好逃亡,以躲避户丁的编审。

为了稳定社会秩序,保证财政收入,更好地实行与民休养生息政策,巩固清王朝的统治,清政府在康熙五十一年宣布,将康熙五十年的丁数固定下来,以后额外增丁称"盛世滋生人丁",不再加赋,且5年一编审。据雍正九年(1731年)统计,宁波府滋生人丁15513人,不再加

---

① (清)康熙《宁波府志》卷六《赋役》。
② (清)雍正《宁波府志》卷一二《鄞县户赋》。

赋。鄞县在康熙五十五年（1716年），盛世滋生增益市民251口，乡民1250口，民丁1958丁；康熙六十年，盛世滋生增益市民366口，乡民2686口，民丁2150丁；雍正四年（1726年），盛世滋生增益市民381口，乡民2923口，民丁2367丁。另外，康熙五十一年出生的市民，慈溪3791人，奉化1790人，镇海1655人，象山681人，定海822人，余姚、宁海分别滋生人丁3188人和1654人，也都不再加赋。

"滋生人丁，永不加赋"政策在宁波的实施，虽然也会同其他赋税改革一样，并不能很好地得到贯彻，地主劣绅转嫁丁银的现象还会存在。但这一赋税改革，从经济意义上说，丁银被固定，宁波农民负担的丁银也相对得到稳定，免除了增丁增赋之苦，有利于把农民稳定到土地上来，对农业生产的恢复和发展起到一定促进作用，有利于清政府在宁波的赋税征收。

可是，这一改革，也没有废除丁银，只是固定下来，新增的人口还要补足被固定的人丁总额的缺数。对于少地、无地的贫民来说还没有免除沉重丁赋的剥削，对清初赋税不均的社会问题依然没有触动。而且，康熙五十一年以前的人丁承担丁银，此后的新增人丁除补缺外的不承担丁银，这也是一种明显的不均。

在这种情况下，需要有一种更趋合理和公平的赋税制度来代替，这就是地丁税银的归并，即"摊丁入亩"政策。

雍正四年，清政府在浙江实行摊丁入亩，把康熙五十年固定下来的丁税银摊入田赋内。浙江各属丁银以通省的田亩均摊，每亩赋银1两均摊丁银1钱4厘5毫。宁波府所属各县及余姚、宁海大多数地区早已"丁银俱从田派"，但又分两种情况：一是照粮起丁，即按地赋银或粮派丁。鄞县、余姚、宁海属于这种情况。余姚县每地赋银10.47两、米0.38石，派市民1口；每地赋银1.23两、米0.045石，派乡民1口。二是照田起丁，即按田亩派丁，慈溪、奉化、镇海、象山、定海属这种情况。慈溪县每民户田地120亩派市民1口，每民户田地10.07亩派乡民1口，每民户田地27.28亩派民丁1口，每灶户田地39.89亩派灶工

1口。只是到雍正四年(1726年)才将各地不同做法加以划一。现把宁波府及余姚、宁海各县赋率列表如下：

表1—1 清代宁波各县(含余姚、宁海)赋税表

县域	各乡民田（每亩）		各乡民地（每亩）		山（每亩）	荡（每亩）	乡民人口（每口）	
	银	米	银	米	银	银	银	米
鄞县	6分9厘7毫3丝	1升7合5勺	6分7厘5毫	1升7合5勺	1厘3毫7丝8忽	1分9厘6毫3丝	2分1毫	1升1合3勺
慈溪县	8分9毫	7合3勺	6分3厘6毫	4合1勺	1厘4毫	2分	2分1厘2毫	9合2勺
奉化县	6分5厘1毫	1升2合4勺	5分1厘9毫	8合7勺	1厘5毫	2厘5毫	2分2厘	8合7勺
镇海县	6分4厘3毫	1升8合8勺	4分7厘7毫	1升1合	1厘5毫	1分1厘8毫	2分2厘	8合5勺
象山县	6分4厘5毫	9升1勺	4分2厘2毫	3合8勺	1厘5毫5丝	—	2分8厘4毫	2合9勺
余姚县	—	—	—	—	—	—	1钱7厘	1合5勺
宁海县	—	—	—	—	—	—	1钱4分（每丁）	1升9勺（每丁）

资料来源：雍正《宁波府志》卷一二《田赋》，余姚、宁海两县的数字来自雍正《浙江通志》卷六八《田赋》二、卷六九《田赋》三。

清政府在宁波实行摊丁入亩政策，其目的是为了维护其自身统治利益和财政利益，但在客观上毕竟减轻了无地、少地农民的负担，顺应历史发展的要求。此前，"丁从人派"，使无产的贫民"苦累不堪"。摊丁入亩制度在宁波实行以后，宁波的无地市民、"乡民"不再纳丁银，纳丁银的人也不需要服徭役。从某种意义上说，封建国家对宁波农民的人身束缚削弱了，农民得到了较多的自由，对宁波商品经济的发展是

十分有利的。

(二)赋税管理

清代宁波的赋税制度基本与明代相似,以田赋为主。另外,有漕粮、盐课、关税及牙税、当税、渔课等各种工商杂税。清廷在宁波设立征收机构,对上述的赋税进行征收。

清代宁波的赋税,主要是田赋。虽然经过康熙、雍正时期的改革,宁波实行了固定丁银、摊丁入亩的政策,但田数未增,丁银不加,田赋依旧,只是随正税带收的杂赋却是有所增强。嘉庆二十五年(1820年)宁波府上缴田赋银216991两,占全省7.35%,米36700石,占全省2.71%。征收田赋一直至清末。

除田赋外,还有附加的以"耗羡"、"平余"和"漕项"为名目的新税种。漕项粮,即所征收的田赋中,专门运送北京供官兵俸饷所用的那部分。宁波的运粮沙船和宁船通过大运河漕运京师。设专员负责征收。在漕粮的征收、运输中有许多附加税,称"漕耗银米"。如运军的津贴费、领运的官盘费、州县兑漕杂费等等。嘉庆间漕粮改以银折纳,所收漕项附加随同折银交纳。据雍正《浙江通志》卷八一《漕运》记载,雍正十三年(1735年)宁波府属额征本折、月粮、永减、浅贡、余租共银16666两,遇闰年加征1746两。"漕耗银米"的征收标准,漕费钱8—21文不等,另加白粮置备米袋钱50文,赠贴运军银费(称漕截)以每石漕粮征银3钱4分7厘计算。

除了上述的纳征外,宁波民众还要承担卫所挽运漕粮运丁的费用。清代卫所之下分若干帮运船组织,每船概以10—12丁配运。晚清,宁波卫前帮有58只漕运船,运丁580名,宁波卫后帮有54只漕运船,运丁540名,宁波卫前帮、后帮合计漕运船112只,配备运丁1120名。这些运丁所需的费用都摊派在地亩上,加重了对屯田佃户的地租率。宁波卫原定上田每亩征律银0.3两,中田0.2两,下田0.1两。乾隆十八年(1753年),上田增为0.5两,中田增为0.35两,下田增为

0.25。①

耗羡与平余,是田赋附加税种。耗羡,又名火耗,是地丁的附加税,包括"鼠耗"、"雀耗"。原系地方官借熔铸赋银折耗,在正额之外务征"火耗"以补亏耗之数。实际上是各处的税吏额外的勒派。民国《象山县志》说:"地丁浮收之数,合正项火耗,平余杂项,每银一两折钱至两千零五十五。自同治三年整饬后,化私为公,后续加钱数至二千四百三十文,至光绪二十一年乙未岁(1895年——引者)直省大吏核减一百文,实征银一两,合钱两千三百三十两;而以钱数折合洋钱时,价又增减不一。"②民国《鄞县通志》记载,鄞县清末缴耗羡银4930两(正税每两加征0.06两),"平余"是清朝继"耗羡"归公改革之后的"平色之余"的新税目,是地方政府上缴正项钱粮时解交给户部附加的"交纳之项",每千两银随解平余银二十五两。

除了上面所述的田赋外,还征收杂赋与盐课。

杂赋,雍正《宁波府志》称外赋。主要是牙税、当税、牛税、契税。雍正《宁波府志》记载:"契税雍正六年奉文,八月司契,解无定额。牙税银尽解,无从定额。牛税银尽收尽解,无从定额。当税银一十两。"③

牙税,是官府向在市场上介绍买卖以收取佣金的商业中介人(即"牙行"或称"牙侩"、"牙户")征收的牌照税。雍正间,宁波牙税上则每户征税银8钱,中则每户征税6钱,下则每户征税4钱。清初余姚的石堰、鸣鹤盐场(今属慈溪市)的牙税银为875两。"凡县场额设铺户、秤手,俱经商人保举,每名按年纳税银五钱,请给牙帖,方准充当。"④道光年间,象山牙税银18两,上则牙户10名,每名征银8钱;该银8两;中则牙户4名,每名征银6钱,该银2两4钱;下则牙户19名,

---

① 李文治、江太新《清代漕运》,第147~148页,中华书局1995年版。
② (民国)陈汉章总纂民国《象山县志》卷一一《赋税考》。
③ (清)雍正《宁波府志》卷一二《外赋》。
④ (民国)杨积芳总纂民国《余姚六仓志》卷七《课税》。

每名征银 4 钱,该银 7 两 6 钱。①

当税,是官府向典当铺所征之税,每户当铺征银钱 5 两,解司充饷。每年春季查明,增除造册,报有关部门。康熙二十二年(1683 年)宁波征当税银 50 两。乾隆五十年(1785 年),鄞县有 3 家当铺,当铺人员 3 人。每铺征银 5 两,计征当税银 15 两。同治十年(1871 年),鄞县有当铺 23 家,征当税银 115 两。道光间,象山设有当铺 2 家,当铺人员 2 名,其当税银每名征银 5 两,另款解司充饷,于每年春季"查明征除,造册报部充饷"。光绪间,镇海有当铺 9 家,征当税银 45 两契税。

清代规定,大凡民间卖买田宅,都凭书契给官府交纳契税。光绪《镇海县志》卷九引乾隆《镇海》县志:乾隆年间,镇海的契税是"每买产银一两,征银三分,尽收尽解,岁无金额"。道光间,象山的契税,每买产银 1 两,征税银 3 分。光绪二十八年(1902 年),因筹集庚子赔款带征契尾捐,不问契价多寡,契尾一纸纳银 1 两。宣统三年(1911 年),鄞县的卖契税率为 9%,②典契 6%,为银 1 两征税银 3 分。

此外,民众还要缴牛税。牛税每两征税银 3 分,岁无定额。"每年尽收尽解,造报提销,另款解司充饷。"③雍正年间,慈溪征牛税银 6 两 9 钱 9 分 9 厘。光绪五年,镇海县交易耕牛 32 头,征牛税银 9 两 6 钱。

盐课,即政府向食盐生产和运销者所征之税。清代盐课分灶课、引课、杂课,盐户机关征收,产、销、税合一。雍正年间,宁波府分销票引 13078 引。清末增加新约赔款加价、寄饷加价、两次盐斤加价、浙饷加价、江南加价、抵补药款加价等,7 次加价计平均每引银 5.2 两至 6 两。其特点是按行引实数征税,是仅次于田赋的重要财政收入。清代实行食盐国家专卖,盐课成为工商税之大宗。清初,鄞县年销票引 2900 引,计丁加引 1464 引,共销 4364 引。乾隆时,鄞县住引年额 2150

---

① (民国)陈汉章总纂民国《象山县志》卷一一《赋税考》。
② 周时奋主编《鄞县志》下,第 1056 页,中华书局 1996 年版。
③ (民国)陈汉章总纂民国《象山县志》卷一一《赋税考》。

引、肩行年额2414引。乾隆三十八年(1773年)改盐院发票引为部引。大嵩场办税荡地48968亩,征课银1174两,俱由场征收归县解盐道库。余姚在清代年销1540引,又计丁加引757引。①象山也征盐课。王守基的《盐务议略》说:"浙江行引,其场灶坐落象山县等,行票每张载盐一百斤。顺治三年(1646年),巡盐御史王显奏,将票两张折合一引,每引载盐二百斤,肩票引则八百斤成引,征课银一钱九分零。"②玉泉盐场乾隆九年盐课额征459两。光绪年间,镇海县征盐课银3258两。额外岁征盐课银622两,长山税银235两,清泉丁税课银961两,龙头丁税课银856两,穿山丁税课银245两。

关税,是商品通过税,包括内地关税和海关税。内地关税,即常关税。清代在水陆交通要冲或商品集散地设立常关(或称"钞关"),对过往货物商品船只征税,由正税、商税、船料税三部分构成,成为清政府一项重要的财政来源。

清统一台湾以后,于康熙二十四年(1685年)在宁波设立浙海关,商舶往来于此验税。进口税率为4%,出口税率起初为1.6%,后改为2.6%。乾隆十八年规定:凡商船出洋及进口所携带的各种货物,主要按斤、按匹征税,也有按个、按副、按只、按条、按把、按筒、按块计算,各按货物的数量、贵贱征收。宁波大关进出口的税则是:每100斤作80斤征税,散仓货物丈量其深、宽、长度,三者相乘折算为重量,论斤征税。东洋货税则是每100斤作60斤或70斤征税,如果作80斤征税,则与福建、广东货相同,都以8折征收。康熙六十年奉旨加增10000两。雍正二年(1724年)奉文将增加赢余银两尽行裁去,如有赢余,另行据实奉解。雍正七年,浙海关总税额89600余两,比康熙时增2倍多。乾隆三十四年,浙海关总税额97000余两,其中宁波关额为21240

---

① (民国)杨积芳总纂民国《余姚六仓志》卷八《盐法》。
② (民国)陈汉章总纂民国《象山县志》卷一一《赋税考》。

两,占浙海关总税额的21.9%。①

宁波开埠后,按"海关税则"经营,税率为"值百抽十"与"值百抽五"两个税级。"值百抽十"都属进口货物,税目不多,主要是香料,如上等香、乳香、木香;木料,如红木、乌木、紫檀木、黄杨木;铜、铁、铅、锡等类。凡出口在新税则内未记载的属"值百抽五"。这一税则后来与宁波进出口货物关系较大,茶叶新税率每100斤为2.5两银子,比旧税率增税15培;湖丝、土丝的增税率达85.19%;进口棉花增税率达166.66%,船钞改革力度大,新税将原来的按丈输钞改为按吨位计算。②

据王庆云《石渠余纪》所载,设在宁波的浙海关,道光二十一年(1841年)、二十二年、二十五年、二十九年关税收入分别为白银99908两、18839两、78018两、99908两。其实,99908两是清政府用以考核浙海关关税收入而定的标准,并不是常年的正课收入,也不包括各种杂项费用的收入。如果加上各种杂项费用的收入,浙海关的关税收入会更多。但王庆云所录的道光二十二年和道光二十五年的关税收入并没有达到清廷规定的99908两,恰好说明宁波开埠后的头几年,由于自然经济的顽抗,洋货输入遇到抵制,进口贸易遇到挫折。

《天津条约》签订后,浙海关的税则又做了修订,增加了税目,进口税分14类,税目177个,与原来140个相比增加了37个,并在进口药材类中增加了"洋药"等税目。鸦片作为"洋药"的名义公开进口,到宁波贸易。浙海关建立后,还征复进口税、物品税、船舶吨税。今根据浙海关税务司惠达的《浙海关贸易报告》,把同治八年(1869年)、九年的关税整理如下:

---

① (清)乾隆朝《朱批奏折·财政类·关税项》,中国第一历史档案馆藏,见蒋兆成《明清杭嘉湖社会经济史研究》,第384~385页,杭州大学出版社1994年版。
② 任与孝主编《宁波海关志》,第185页,浙江科学技术出版社2000年版。

表1—2　同治八年至九年浙海关关税表

单位:关平银两

时间 税种	同治八年	同治九年	增(+)	减(-)
进口税(鸦片除外)	51019.267	49426.939	——	1592.328
鸦片税	128089.503	149689.370	21599.867	——
出口税	440444.352	430934.408	——	9509.944
沿海贸易税	37573.076	31173.522	——	6399.554
进/出子口税	26546.580	22889.769	——	3656.811
船钞	6680.300	5295.600	——	1384.700
合计	690353.078	689409.608		943.47

资料来源:惠达《同治九年浙海关贸易报告》,《近代浙江通商口岸经济社会概况》,第134页,浙江人民出版社2002年版。

从上表中,我们可以看到同治九年(1870年)的税课比上年减少了,但唯一增加明显的是鸦片税,同治八年为128089.503银两,而第二年为149689.370银两,增加了21599.867银两。这是因为《天津条约》后,鸦片作为"洋药"允许进口,从而使鸦片输入合法化。

当然,太平军在宁波建立政权后,采取了较轻的税率。以棉花为例,时棉花每包28元,税率为0.5%左右,如果按1860年涨价前9元1包计算,税率仅1%多些。①

光绪二十八年(1902年)后,对新税则做了修订。为适应国际贸易,分为17类,新添3类,增长21.43%;税目682个,新添505个,增长285.31%;其中从价税117目,从量税565目,进口税则分类由粗向细发展。但大部分进口货品新税率有所提高。可是清末的税收总额

---

① 任与孝主编《宁波海关志》,第185页,浙江科学技术出版社2000年版。

却不断减少。宣统三年(1911年),税收总额为关平银452080两,与光绪二十八年(1902年)相比减少了30%多,这10年平均税收关平银367000两,低于前10年期间的数字。① 其重要原因是温州、杭州的开埠,使一些进出口项目转移到了温州和杭州。

厘金、统捐。咸丰三年(1853年),为筹军饷开始按货抽厘,在商货交通要道设立局卡,抽捐值百分之一,为此称"厘金",又称"厘捐"。浙江开始征收厘金是在同治元年(1862年)。这年秋天,左宗棠在衢州设牙厘总局,征收盐茶厘。同治三年四月,牙厘总局由衢州迁往杭州,并在宁波设局。宁波府局在交通要道设卡,抽收百货厘金。咸丰七年,宁波设洋广卡、闽捐卡等9总卡,濠河头、倪家堰等165分卡。宁波府所属各县置厘金局。余姚在同治初年设厘金局,姚江三江口、下陈渡、竹山桥设查验卡,置有炮艇5艘,巡罗江上,稽查十分严格。另外,对于洋药(鸦片),宁波还设专局抽厘于进口处设卡。光绪二十四年,宁波府局所属正卡8处,分卡14处。②

资料显示,宁波的课厘货物分为绸缎绫罗呢羽类、绣货类、皮货类、布匹类、锡箔纸花类、铜铁铝锡类、瓷器类、食物类、药材类、油类、木竹类、杂货类12大类682项。其中以杂货一门分类最多,为234项,其次为食物类及纸类各有74项,再次为药材类,有73项。厘金有7项,即牙帖捐、百货厘捐、丝捐、茶厘捐、洋药厘捐、土药厘捐和加抽茶糖烟酒厘捐。牙帖捐在同治十一年后归入杂捐内,不再列于厘金项下。仅光绪二十四年,宁波收丝、茶、百货约40万两。③ 宁波府厘金局规定,货厘征收比率为10%,减半为5%,再加上已缴的2.5%的子口税,洋货进入宁波,一般的征收比率为7.5%,较之一般百货可抽2.5%之厘捐。而没有子口税单的必须按照内地局章规定交纳税金。光绪

---

① [英]柯必达《浙海关十年报告(1902—1911)》,《近代浙江通商口岸经济社会概况》,第62页,浙江人民出版社2002年版。
② 罗玉东《中国厘金史》,第257页,商务印书馆1936年版。
③ 郑备军《中国近代厘金制度研究》,第276页,中国财政经济出版社2004年版。

年间(1875—1908年),为筹庚子赔款和练兵经费,多次按货加成捐厘,合计捐茶3成,糖5成,烟酒12成。根据《烟台条约》规定,鸦片输入宁波口岸时,由海关封存,每100斤交纳进口税30两后,还要纳厘金80两,在这以后,就可以运销各地,不再交纳厘金。①

到了晚清,清政府的租税结构发生了重大的变化。田租已不占主体地位,而被工商税所代替,进出口贸易税、物品税、鸦片税、厘金已成为政府财政收入的重要来源。这充分表明国家的经济基础开始由农业转向工商业。

五、社会矛盾激化与民众的反抗斗争

宁波当局收取赋税,固然保证了清政府的财政收入,但也导致了一些负面影响,这就是加大了贫困户的负担,出现拖欠赋税现象,甚至人户逃亡,加深了社会矛盾。宁波府、县地方官吏滥用权力、狂征赋税、敲诈勒索,是吏治腐败的重要表现,尤其在晚清更加突出。

清朝前期的统治者,尽管比较注意励精图治,使得经济有所发展,但也没有放松对人民的剥削。乾隆以后,土地集中现象严重,剥削也越来越重。清初田租银一般为每亩3到6分,到乾隆年间增到7到8分,有的甚至1钱以上。比如奉化剡源乡,顺治、康熙年间每亩征银6分2厘,到乾隆中叶,亩征银增到7分2厘。上岸官田亩征银在1钱3分2毫。余姚顺治间亩征银6分8厘,后征银9分8厘,增69%。此后,还有外赋。

到了晚清,宁波的农民所缴的田赋没有减少,而在加重。正赋之外要征所谓"耗羡"、"平余",以后又要缴厘金。官吏和劣绅借机公开索取,加重农民田赋。比如,咸丰二年(1852年),鄞县、余姚当时都有"红封"和"白封"。"红封"是官绅所纳田赋,"白封"为一般农民所纳

---

① 任与孝主编《宁波海关志》,第186页,浙江科学技术出版社2000年版。

田赋。但是,官绅所纳的"红封"地丁银为 2000 两,而农民所纳的"白封"则要缴 3000 两。清政府浙江当局为了把鸦片战争失败后签订的屈辱条约兑现,将战费、赔款转嫁到民众头上。在第一期的赔款中,浙江垫款 80 万银元,为此推行"截半之法",就是"上忙而预征下忙之税,今年而预截明年之半",各级官吏乘机敲诈勒索。银价昂贵又给人民加重负担。奉化县钱粮旧征银一两外加耗银 7 分,每银两连耗完缴制钱 1880 文,道光十八年(1838 年)加征制钱 2220 文,次年又令每亩加征制钱 30 文,计每亩加征正银一两连耗计制钱 2420 文。奉化人民赋税负担越来越重。咸丰年间加收商损,每亩制钱百文。光绪二十八年(1902 年)加派庚子赔款每丁 1 两、制钱 300 文,名为粮捐。

在清代,宁波人民所受到的剥削和压迫是沉重的,在忍无可忍之下,广大民众只能是揭竿而起,与封建统治者进行斗争。宁波人民反对清王朝的斗争,尤其是反抗吏治腐败和封建统治者剥削压迫的斗争并没有停止过。概括起来有四种斗争形式:

一是抗租抗税斗争。沉重的田租和地主的残酷剥削,使农民无法生活下去,只有走上抗租抗税道路。比如,顺治十一年(1654 年),慈溪云柯乡施、朱、马、陆等姓 2000 余人拒官抗粮,与清兵搏斗,浒山居民上城助威,被清将金砺调兵镇压。康熙十三年(1674 年),余姚大岚山发生了暴动。农民龚万里号召山民反抗清政府重税,他们聚集于大岚山,与官军展开斗争,一直坚持到第二年才被巡道许弘勋镇压下去。乾隆十三年(1748 年)正月初,余姚乡民由于饥饿,发生夺粮斗争,并殴打了官兵。知县吴培派兵追捕了四五人,处以枷责发落。乾隆对这种处理很不满意。他对军机大臣下命令:认为当地官吏"虽称饬司查究,并未将滋事奸民应如何严惩以儆刁风之处奏闻,殊属宽纵",并要官吏"加意严切办理,毋得稍有姑息","安良必先除暴,容恶适足养奸,刁匪借端生事,于地方深有关系"。① 道光二十一年秋,余姚北乡

---

① 《清高宗实录》卷二二四(乾隆十三年正月)。

(今属慈溪市)坎墩农民胡八发动抗租斗争,"倡言乱世不复输租","劫巨室",致余姚知县束手无策。① 道光二十四年(1844年),余姚佃户抱定"抗租不还"的宗旨,展开抗租行动,业户来催租,他们持械对抗。道光二十五年,奉化农民张名渊发动抗田赋增耗斗争。宁绍台道陈之骥伙同提标参将百胜带兵来奉化剿捕,被乡民打败。"乡民突出击之","夺其器械逐之,执其将者数人。百胜穷蹙,易衣装匿"。② 由于镇压不力,奉化知县王济先、宁波知府李汝霖、宁绍道台陈之骥被革职。到清末,抗租抗税斗争更频繁。

二是农民暴力斗争。乾隆十三年(1748年),余姚发生贫民抢夺地主富户粮食的事件。乾隆三十年,鄞县农民吴卜元等组织农民暴动。他们杀了庄保俞养臣弟弟俞阿三等人,得到附近农民的支持。

吴卜元的活动,引起了封建统治者的注目。族人吴行三向清政府密报吴家山岙制旗打拳之事。于是经署提督事、处州总兵李国柱,差委外委王本麟带兵会鄞县捕役,前往吴家山"捕捉",宁波知府玛明阿、鄞县知县张又奉也随即前往。但吴卜元并不畏惧,怀着对官府的仇恨,与清军决斗,砍伤捕役、兵士多名。在清军强攻猛击之下,吴卜元等人为不做清军俘虏,纷纷自杀。在清军残酷镇压下,有14人被杀,23人受伤被捕。

吴卜元等组织的吴家山岙暴动虽被镇压,但给清政府以一定打击。乾隆三十一年二月初四,浙江巡抚熊学鹏给乾隆的奏折中说:"臣查逆犯吴有功等住居深山,但敢聚匪演拳,制备黄旗、网巾、毡帽、刀棍、器械等物,验其旗上、毡帽上字句,甚属悖逆不道,大堪痛恨。查阅该府、县及营员所禀,虽似属犯已全获,但该犯等敢于如此制旗肆逆,必不止于吴姓、张姓一二十人。"乾隆看了奏折后御批为:"速行审拟正法,至穷究羽党,尤属要紧。"③嘉道以后,暴力不断升级,斗争规模不断

---

① (清)光绪《余姚县志》卷一二《兵制》。
② (清)光绪《奉化县志》卷一一《大事记》。
③ 《清高宗实录》卷二二四(乾隆三十一年二月初四);(清)董沛《明州系年录》卷六《清一》。

扩大。咸丰元年(1851年)年底,鄞县东乡石山衕农民俞能贵、张潮清举行抗暴斗争。咸丰二年,鄞县农户要求减低钱粮完额,数万人起而暴动,打伤兵勇,并把带兵将领团团围住。① 这年四月,周祥千火焚县署。后又爆发了双刀会起义、史致劳起义和余姚十八局起义。

光绪三十三年(1907年)初,象山西岙张岙村村民张小金聚众30余人起事。到横坛、萧湖、儒雅评等地勒令富户输资,夺地主武装民团的枪支,队伍扩展到400人,又拆毁新桥教堂并进攻丹城。清政府派练兵统领常荣清、谢得胜领清军500人进行镇压,张小金被捕,押至宁波被杀。浙江巡抚张曾敭致函军机处提到此事:"象山匪徒且借米贵,纠众向教堂滋闹拒敌,官兵击斩多人,始行溃散。"②

三是城镇居民和工人、商人的反抗斗争。随着商品经济的发展,农民逐渐走出家门,加入手工业工人和商人的行列。由于业主的剥削和勒索,手工业工人和业主这对矛盾的对抗关系也在不断发展,手工业工人反对工场业主的斗争日益激烈。宁波的手工业劳动者和城镇商民也展开了反对克扣工资、解雇工人的斗争。乾隆五十三年(1788年)五月十二日,宁波的漕运粮食的船只到江苏徐州府宿迁县运闸,搬运工人和水手侯明章等人用暴力的手段要求增添工钱,他们团结一致,聚众斗争。清廷的催漕委员吴天彪出来阻止,侯明章义愤填膺,当即把吴天彪打伤。后在清兵镇压下,这次斗争终于失败,侯明章等11人被捕,受到严惩。

尤其是近代工人出现以后,为了维护自身的生存权利,工人的反抗斗争更为频繁。光绪二十九年十月,宁波烟铺工人举行罢工斗争,要求提高工资。第二年的春天,鄞县鄞江桥数百名石工又为加薪而举行罢工。这年夏季,宁波染纺工人为提高工资举行罢工。光绪三十二年,鄞县米铺椿米工人每天工资只有200文,为此"停工索加",逼使业

---

① (清)王先谦《十朝东华录》咸丰朝,卷一四(咸丰二年四月)。
② 《浙江巡抚张曾敭奏宁郡短班米工叶昌才聚众停工殴官片》光绪三十二年五月十九日(刑部档),《辛亥革命前十年民变档案史料》,第370页,中华书局1985年版。

主增加工资50%。5月初,叶昌才、俞阿三等人"聚众挟制、不准工作,一时集数百人,气势汹汹","捣毁米铺,围困县官,并指使殴伤各营员"。①

四是闹捐毁局事件。道光以后,各县遍设局卡开征厘金,百弊丛生,不断发生毁卡事件。同治八年(1869年),奉化发生抗厘金斗争。光绪二年,柴桥乡屯为茶捐闹局。光绪四年(1878年),奉甬航船罢运,宁海乡民因厘金苛重毁捐局。光绪二十四年,江东北厂拒纳新捐,捣毁捐局。光绪二十五年正月,象山墙头民众自发拥入捐局,捣毁器物。光绪二十八年四月,奉化农民一起抗捐,将捐卡毁坏。光绪三十三年,余姚千余人将厘局全部捣毁。尤其是同治八年、光绪四年的奉化、宁海的反厘金斗争,形成一定规模。

同治八年八月十七日(8月24日)凌晨,奉化民众5000人向宁波府城推进。奉化群众见城门关闭,激起民愤,放火烧毁城外厘金征收所。至中午,数百人冲入城里,鸣锣开道,手持大旗,写有"祈求废止厘金"几个大字,要求在奉化境内以及宁波至奉化沿途撤除所有厘金征收卡所。八月十九日,宁波道台自咎未能防患未然,以个人名义张贴布告,宣称全部接受群众提出的各项要求。布告内容是:"厘金对政府乃是至关紧要,查南卡擅自未经授权而节外生枝以扰民,实属不当。因而激起民愤,不得不上告。本人身为地方之父母官,岂能视若无睹而无动于衷。为此,勒令撤除南卡及其所有分支机构,不再征收厘金,并具报省巡抚审查。希来甬奉化各界速即安返原地,各就各位!"②奉化民众达到了反厘金稽收斗争的目的。宁海群众也要求知县以他个人名义发布豁免厘金的布告,并蜂拥到清军驻宁海营房内趁机抢走枪支达200把。

---

① 《浙江巡抚张曾敭为米缺价昂民情不靖请借漕济急致军机处电》光绪三十三年二月十二日(军机处收电档),《辛亥革命前十年民变档案史料》,第371页,中华书局1985年版。
② [英]杜德维《光绪四年浙海关贸易报告》,《近代浙江通商口岸经济社会概况》,第212页,浙江人民出版社2002年版。

光绪四年(1878年)八月二十日,浙江巡抚派乡勇500名,抵达奉化,兵分两路,切断奉化至宁波、宁海两地之来往通道要口,并在奉化城外约1里处安营扎寨。经过两县民众斗争,当局允计重建南卡厘金分卡,仍按同治八年提出的规定,并做出让步:凡是同治八年以前供建筑、家用的货物是每船480文,到1869年就改收240文,光绪四年减收至120文;1869年以前,麻每件收32文,到1869年则收19文,1878年收8文。同时,奉化民众又要求对请愿之组织领头人一律免于追究,对原在南卡厘金局之税吏应撤调。经过奉化、宁海民众的艰苦斗争,清廷最后作了让步,民众斗争取得了微小的成果。

第三节　鸦片战争在宁波

在道光二十年(1840年)爆发的鸦片战争中,地处东海之滨的宁波首当其冲,英军把首要目标锁定在时属宁波府的定海,并进而扩大对镇海、宁波的侵犯。由于清廷的腐败,奕经的浙东反攻失败。但是,富有爱国传统的宁波民众,本着保家卫国的理念,自发奋起抵抗,给侵略者以沉重打击。鸦片战争的直接结果是《南京条约》的签订,宁波成为"五口通商"口岸之一。

一、英军两次进犯定海

鸦片战争期间,英军两次进犯定海。因为定海是英国军队长途作战的部队进行休整补给的重要基地,也是华东地区丝、茶出口的重点地区。正是鉴于这样的目的,英国侵略者部署对定海的侵略。

(一)英军第一次进犯定海

道光二十年五月,乔治·懿律(George Elliot)率领48艘舰船和

4000多名士兵组成东方远征军从印度等地出发,挑起了旨在维护鸦片贸易而发动的对华侵略战争。英军按照其既定的目标向舟山发起进攻。道光二十年(1840年)五月二十三日,英国远征军海军司令伯麦(John Gorden Bermer)率领"威厘士厘"号等舰船19艘,从澳门一带水域出发,沿着中国海岸,直接向定海进犯。8天后到达舟山群岛的南端,妄图实行其蓄谋已久的侵略舟山的计划。

英军要攻占舟山群岛,最重要的是必先攻破定海,因为定海是舟山的政治、经济中心。清军的守卫力量是:定海镇总兵辖镇标3营,兼辖象山协2营,定海城守、镇海水师、石浦水师各1营。其中驻定海4营,只有兵勇2000多名,火炮8门。六月二日,正在巡逻的水师兵发现了英军舰队,定海总兵张朝发即刻下令各营水师兵、炮械在定海县城以南的道头港集结,并把情报报告浙江巡抚乌尔恭额、闽浙总督邓廷桢等。乌尔恭额接到报告后进行谋划,认为英军"希图窥探,售其奸计,事机之发,固不可不慎,内外之防,尤不可不严"①,为此会同提臣祝廷彪、定海总兵张朝发,督率水师堵逐各夷船南回。

道光二十年六月初四,英国海军司令伯麦(Bermer)率战舰5艘、武装运兵船3艘、运输船21艘侵入定海海面,对定海海面进行侦察。次日,定海知县姚怀祥和定海镇中营游击罗建功登英舰询问来意。英国水师伯麦公开张贴文告,限令定海知县姚怀祥次日献城投降。文告说,"现奉大英国主之命,率领大有权势水陆军师,前往到此,特意登岸如友,占据定海并所属各海岛",并认为林则徐、邓廷桢禁烟是"行为无道",是凌辱了"大英国主特命正领事义律暨英国别民人",要定海守将将定海并所属各海岛与其堡台一均投降,如果清军不肯投降,并不答复,他们"即行开炮,轰击岛地与其堡台,及率兵丁登岸"。② 知县姚

---

① 《浙江巡抚乌尔恭额奏报英船窜入浙洋督办防堵情形折》,中国第一历史档案馆、宁波市社会科学界联合会《浙江鸦片战争史料》上册,第92页,宁波出版社1997年版。
② 《英国水师将帅伯麦等为要侵占定海而致定海总兵的战书》,《鸦片战争在舟山史料选编》,第25页,浙江人民出版社1992年版。

怀祥大义凛然,严词拒绝。六月初七(7月5日),英军发动进攻,十余名士兵强行登陆遭到清兵弓矢射击,当场两人死亡。后英军大炮轰击,大肆攻城,于次日凌晨攻破定海。知县姚怀祥率亲兵与敌人进行搏杀,后在无力挽回下投池殉国。县署典史全福抱着与城共亡的决心而自缢。"军营书记李昌达不屈,投方河殉难,次日妻房氏效夫继殉。"①

英军攻占定海后,对城乡进行血腥的屠杀和掠夺。"成群结队,或数十人,或百余人,凡各乡各岙,无不遍历,遇衣服银两、牲口食物,恣意抢夺,稍或抗拒,即被剑击枪打。……夷船之在内港游弋者,遇女眷必被劫去。数十万生灵,如坐针毡,延颈待毙。"②"英人据县治,筑炮台开河道,搜牢乡镇,运至马岙,大展列港诸岛,均受其害。"③

定海失陷,杭州报警,道光大为吃惊,但他并没有什么良策,只好把乌尔恭额等人革职,令刘韵珂为浙江巡抚,调福建提督余步云来浙江,会同筹划反攻。

(二)英军再次进犯定海

道光二十一年(1841年)正月,英军撤出定海,定海总兵葛云飞(1789—1841年)、寿春总兵王锡朋(1786—1841年)、处州总兵郑国鸿(1777—1841年)奉命率4000余人收回舟山。这年三月,英国政府任命璞鼎查(Henry Pottinger)为全权代表。璞鼎查按照英国政府的训令,明白要求攻占舟山。为此,英军再次侵犯定海。道光二十一年七月二十七日(9月12日),英船"赖拉"号大副温里等在郭巨盛岙上岸侦察,被乡民俘获。七月十九日(9月14日),英军先遣舰队抵达象山海面。八月初九日(9月23日),英舰结集象山、定海、镇海三县海面,随后逼近定海县城。定海防务虽经整顿,而缺陷仍多,甚至军粮也缺,

---

① 《义士李先生殉难处说明》,《鸦片战争在舟山史料选编》,第594页,浙江人民出版社1992年版。
② 《定海难衿金士奎等公呈》,《鸦片战争》(三),第341页,上海人民出版社1957年版。
③ (清)光绪《鄞县志》卷一六《大事记》。

加之淫雨浃旬,更增加了守御的困难。

从当时双方的兵力看,敌我军力差不多。英军四五千人,军舰10多艘,运输船19艘。定海守军约5600人,如果仅从兵士的数字看应该说还是清军略强些。道光二十一年八月十二日(1841年9月26日),英国水师提督巴加和英国陆军司令郭富率英舰4艘闯入竹山门,发起试探性攻击。葛云飞在土城督放大炮还击,炸断英舰头桅。英舰从吉祥门逃窜,后又从大渠门绕入。次日,英舰在东港浦攻击试探,也被清军击退。葛云飞等见形势急迫,一面向镇海求援,一面调整了部署:他自己驻守土城要冲,王锡朋守城西制高点晓峰岭,郑国鸿防要隘竹山门。

八月十四日(9月28日),英军主力进攻晓峰岭,守军奋勇还击。郑国鸿率兵施放抬炮击杀英军无数。英军连日分番迭进,守军昼夜不歇,饥疲不堪。次日,英舰"布郎底"号、"摩底士底"号及武装船"皇后"号、"西索斯梯斯"号,在小五奎山和大五奎山以南就位,掩护英军安装68磅重弹和两门28磅重弹的迫击炮以轰击定海土城。葛云飞指挥将士在土城发炮,射击敌人。清军火炮射程太短,对英军并没有构成多大的威胁。八月十六日(9月30日),英军从竹山东南吉祥门驶入,攻打县城东段东港浦,被清军击退。不久,英军对晓峰岭、竹山门发起进攻,遭到阻击。傍晚,英军用小船登陆,又遭清军炮击,死者不计其数。为此英军紧急调集舰队,舰船增至29艘,士兵4000多人。

八月十七日(10月1日)凌晨,大雾茫茫,英军乘机增兵强攻,分三路向晓峰岭、竹山门、东港浦进攻。坚守晓峰岭的守将王锡朋率领兵士拼死抵抗,连续9次击退英军进攻,"卒以众寡不敌,遇害"①。英军占晓峰岭后,由间道下攻竹山门。守军处于劣势地位,依然顽强战斗,65岁高龄的郑国鸿身受数枪,依旧挥刀杀敌,"手刃悍贼数人而死"②。舰上英军纷纷乘舢板蚁附登陆,攻破竹山门的一股英军则从侧

---

① 《清史列传》卷三九《王锡朋传》,中华书局1987年版。
② (清)李元度《国朝耆献类征初编》卷二三《处州镇总兵郑公传》,广陵书社2007年版。

翼夹击土城。葛云飞部腹背受敌,战斗更为激烈。他身先士卒,英勇杀敌,率领200余人与英军展开肉搏战,迎头痛击猛扑而来的敌人。当他持刀转战到竹山门时,突然被枪弹射中左眼,接着面部右半边也被敌人长刀劈去,后背遭炮击,胸前弹洞如碗口,血流如注,当即身依崖石,壮烈殉国。邵懿辰在他的著作中曾描绘过葛云飞浴血奋战的场面:"贼群蜂至,公(葛云飞)怀出敕信付小校,手刀大呼跳荡入贼中,转斗二里许,格杀勿论。浸及竹山麓,一酋自高阜以长刀砍去公首之半,公半面血淋漓,跃追之,酋愕避之。贼以火枪攒击,被四十余创,一酋以抬炮逆击,铅丸洞公背,穴巨如碗,公遂立竹山门崖石而卒。"①

定海保卫战,是整个鸦片战争期间少有的激战之一。葛云飞、王锡朋、郑国鸿三总兵以及所部官兵,表现了顽强的战斗意志和崇高的民族气节。

定海沦陷后,英军大肆抢劫烧掠,所获财物银元35738元。英军还发表了《伪示》6条,赤裸裸地宣布英国对舟山地区实行殖民主义的统治。

定海战役是整个鸦片战争中的几次激战之一。从英国侵华战争的时间、实战进程,定海之战的性质影响及英军实施首要攻击目标来看,定海是整个鸦片战争爆发的真正地点,六月初七(7月5日)的定海之战也是鸦片战争爆发的标志。

关于鸦片战争爆发的时间和地点,史学界一直认为是道光二十年五月(1840年6月)英军封锁珠江口岸。但近几年来,浙江的不少学者对这个结论已经提出了疑问②,并提出鸦片战争正式爆发的标志是

---

① (清)邵懿辰《半岩庐遗集》卷一《葛壮节公墓表》,上海古籍出版社1979年版。
② 关于"定海战役是鸦片战争爆发的标志"这一观点的提出,是近几年来浙江学者研究鸦片战争史的重要成果之一。这方面的研究成果最初在中国第一历史档案馆、宁波市社会科学界联合汇编的《浙江鸦片战争史料》(宁波出版社1997年版)"前言"中提出。炎明在《鸦片战争研究中几个值得商榷的问题》(见《浙江与鸦片战争新论》,宁波出版社2000年版)中详细阐述了这个观点。赵世培、郑云山在《浙江通史》清代卷(中)(浙江人民出版社2005年版)的"导论"中也持这个观点。

英军于道光二十年六月初七日(1840年7月5日)进攻时属宁波府的定海。笔者认同这个观点。其理由如下:

其一,把舟山作为英军发动侵略战争的首要目标。上面已经提到,鸦片战争前,英国政府始终把宁波、舟山作为侵略目标。即使在道光十九年秋季,英国内阁决定发动侵华战争时,也把攻占舟山作为重要目标。这年九月二十九日(11月4日),外交大臣巴麦尊(Henry John Temple Palmerston)致函海军部说:"……选择的岛屿应当是:能提供良好而安全的船舶锚地,能够防御中国方面的进攻,能根据形势需要加以永久占领。女王陛下政府认为舟山群岛的某个岛屿很适合此目的。舟山群岛的位置处于广州与北京的中间,接近有几条通航的大河河口,从许多方面来看,能给远征军设立司令部提供一个合适的据点。"①同一天,巴麦尊给驻华商务监督查理·义律(Charles Elliot)的信中又提到第一步行动是封锁珠江口岸,"下一步是占领舟山群岛,拦截沿海船只。最后一步是海军出现在渤海湾和白河河口。女王陛下政府意欲继续占领舟山群岛,直到中国政府妥善解决一切事务,令我方满意为止"②。巴麦尊把舟山的占领作为与清政府"解决一切事务"的筹码,表明英国政府看重攻占舟山的战略地位,把它作为英军侵略战争的首要目标。

其二,定海战役是英军按照英国政府制定的战略目标所发动的第一次大规模的武装进攻。它与宣布封锁珠江的行动,已有质的区别。懿律于道光二十年五月二十九日到达广东,宣布封锁珠江口岸,但与宣战是性质不同的。按照国际法,封锁别国港口是对一个主权国家的侵略行为,并不能说是战争行为,并不能说是战争的正式开始。其实,巴麦尊在道光十九年九月二十九日给义律训令中已指出:"第一步行

---

① 《巴麦尊子爵致海军部的信》,英国外交部档案 F.O. 881/75,《浙江鸦片战争史料》上册,第48页,宁波出版社1997年版。
② 《巴麦尊致商务监督义律的信》,英国外交部档案 F.O. 881/75,《浙江鸦片战争史料》上册,第47页。

动是封锁珠江口。当两广总督问及实行封锁的原因时,便把准备送到北京去的那封信件副本交给他……"①从巴麦尊的训令中可以看到英国政府封锁珠江口的目的是以战争相威胁,不能说是宣战书。而英国对定海发动战争,已不仅是威胁,而是封锁行动的延伸,即按照英国政府的既定目标所发动的大规模的武装进攻。它使中英双方真正进入了战争状态,标志着战争初期的开始。从此,中英双方围绕着战争的政治目的和战斗的具体目标进行部署和行动。从英军方面看,在占领定海以后,以舟山为据点进一步扩大其战略行动。道光二十年六月十二日(1840年7月10日),英舰封锁宁波港和长江口;六月二十四日,英舰侵入乍浦西山嘴、天后宫一带,开炮打死打伤满汉士兵19名;七月二日,英炮舰5艘,武装轮船1艘和运输艇2艘离舟山北犯,于七月十四日到达大沽口,对清政府进行威胁。战争事态的发展符合英国的战略意图。

英军进攻定海,遭到了守军的抵抗。守军的武器装备质量低劣,很快被英军击溃。但是,中国士兵和民众进行了顽强抵抗。清政府也随之被迫应战。道光二十年六月二十二日,道光帝接到浙江巡抚乌尔恭额奏报英军至定海递书并围城已亲自赶往筹防折,朱批道:"区区小丑,胆敢如此披猖,文武大吏即张皇失措,平日岂竟知养尊处优耶!"②这个朱批说明英军入侵定海,使道光帝受到了极大的震动,不仅触犯了天国的尊严,而且使他看到文武大吏的"张皇失措",随即调兵遣将积极筹防,准备收复失地。对于定海,道光帝即派兵增援,谕令余步云"即酌带牟兵,星夜驰赴该处剿办夷匪"③;宁波、镇海等处要口,"著即

---

① 《巴麦尊致商务监督义律的信》,英国外交部档案 F. O. 881/75,《浙江鸦片战争史料》上册,第47页,宁波出版社1997年版。
② 浙江巡抚乌尔恭额奏报英军至定海递书并围城已亲自赶赴筹防折(道光二十六年六月初十日)军录,《浙江鸦片战争史料》上册,第91页。
③ 著福建提督余步云驰赴定海剿办英人事上谕(道光二十年六月二十二日)剿捕档,《浙江鸦片战争史料》上册,第97页。

派委将弁分路严防,无许夷匪窜入"①。接着又谕令沿海各省认真操练巡察,会同浙江水师迅速驰往应援,合兵会剿,改命四川布政使刘韵珂为浙江巡抚,并派伊里布为钦差大臣赴浙江筹划收复定海,两江总督由江苏巡抚裕谦兼署。据炎明统计,仅道光二十年(1840年)正月至定海被占领前的5个月时间里,各地奏报和清廷下达的上谕,总共有111件,平均1.4天就有1件;在定海被占领以后,自六月初八至七月初十(7月6日至8月7日)短短的一个月时间内,这类奏折也达111件,平均每日达3.3件多,最多时一天达7件,其中有一天内连下6道上谕。② 从统计数字中可以看出定海被占领以后,清政府为对付这场战争所进行的频繁的活动。而这种态势在定海战役前的6月下旬没有出现过,当然,也不可能出现。这表明清政府已进入对英作战的战争状态。从上面中英双方在定海战役后的紧急而频繁的活动看,应该说定海战争发生,是中英双方战争开始,这就有力地说明定海战役是鸦片战争爆发的正式标志。

总之,从定海之战的性质及其影响等方面来看,英军用武力实施它首要攻击的战略目标,标志着鸦片战争才正式爆发,这一论断,比较合理。浙江学者提出这个观点有其一定道理。

二、英军进犯镇海和宁波

(一)林则徐在镇海的布防

林则徐是中国近代爱国主义者,主张严禁鸦片,抵抗侵略者的入侵。他在广东禁烟、销烟遭到琦善等人的反对,被道光帝革职查办。道光二十一年闰三月十一日(5月1日),林则徐按照道光帝的命令赴

---

① 著浙江巡抚乌尔恭额派委将弁分路严防英人窜入事上谕(道光二十年六月二十二日)剿捕档,《浙江鸦片战争史料》上册,第97页,宁波出版社1997年版。
② 炎明《鸦片战争研究中几个值得商榷的问题》,《浙江与鸦片战争新论》,第16~17页,宁波出版社2000年版。

浙候旨。他从广州出发,水路昼夜兼程,于四月十八日(6月7日)到达萧山县的义桥坝。道光二十一年四月二十一日(1841年6月10日)上午到达宁波。他向地炮局委员汤俊、王鼎勋及宁波府教授冯登府询问前线铸炮备战情况,并委托冯登府代为搜集火炮文献材料。下午三四点钟坐船到镇海,他在梓荫山北麓的蛟川书院安顿下来。

  林则徐期望能得到明确的任用谕旨,但从刘韵珂口中得知,"未经续奉谕旨,一时尚无责任"①。道光二十一年四月二十五日(6月13日)午后,刘韵珂到蛟川书院,把裕谦请旨给林则徐差使的奏稿交给他阅看。裕谦奏稿中提议:"今林则徐仰蒙皇上……饬赴浙江……该员向为兵民所悦服,逆夷所畏惮,其一切设施,亦能体用兼备,奴才素所深知,如蒙圣慈,饬令林则徐驻扎镇海军营,更替刘韵珂回省,即由该员会同浙江提督余步云率镇将妥为筹办,仍不时往来定海,巡查弹压,该员必能激发天良,仰副委任。"②

  林则徐在镇海军营仅仅34天,他依靠镇海军民,进行实地考察和军事武器的研究、铸造,加强了镇海的防务。具体是:

  首先,制订守御方略(措施)。他经常与刘韵珂等外出考察,前后达51次之多。林则徐非常重视炮台的建设。道光二十一年四月二十三日(6月11日),他到镇海的第二天,就与刘韵珂等登上招宝山,"观山海形势,察看新旧炮位"③。五月一日,林则徐与刘韵珂、余步云等议事以后,遂往东岳宫前安炮,又过江至金鸡山下观排列沙袋靶,再到山上观察修理炮垛。次日早晨,与余步云、李廷扬同至北城,到东岳宫观演炮位。后又冒着倾盆大雨上招宝山观试炮。因雨,试炮改期。第二天,林则徐与余步云同赴招宝山试炮。在短短的几天中,林则徐任劳任怨,不避艰险,四上招宝山,五至金鸡山,登高涉险,着重考察各炮台

---

① (清)林则徐《致冯柳东手札》,见杨国桢《林则徐传》,第425页,人民出版社1995年版。
② 《裕谦奏请派林则徐差使并拟驻扎嘉兴居中策应折》,《筹办夷务始末》道光朝,卷二九,上海古籍出版社2008年版。
③ 《林则徐日记》,第400页,中华书局1962年版。

地理形势,检查添筑防御工事,为制订正确的守御方略搜集材料。五月十日上午,他偕宁绍台道鹿春如(泽长)、镇海炮局委员汪少海同乘钓船赴海口望金鸡山形势,直到下午三四点遇大雨才返回。

林则徐经过对镇海口内外情形的实地调查勘察和反复研究,制定了守御镇海的方略。金鸡山筑两层炮台;东北埂上,铲平地基,修筑长厚土堡,内树排桩,安设大炮,并用泥块、沙袋加固口外各石、土炮台,以防敌炮轰击;在北城城垛、招宝山威远城后面墙内,堆积沙袋,以抵御敌炮并遮庇兵丁;招宝山、金鸡山之间江面上,沉石钉桩,将口门束窄。这样既可防英舰直接闯入,又有利隔港炮台会攻,从而为加强镇海防务提供了可靠依据。

其次,研制钢铁大炮。林则徐抵达镇海以前,镇海已有各类大小炮115位,但是,要铸造更大的铜铁大炮,在技术上还无法实现。林则徐到镇海后,到镇海炮局与局员商议铸炮事情,和他们一道悉心探求,不断改进铸造技术,并把他从广东带来的《炮书》提供给镇海炮局,以资参考。这部《炮书》系明末崇祯年间由焦勖所刻,"所论铸炮等事,皆是西法"①,"铸法练法,皆与外洋相同,精之则不患无以制敌"②。焦氏根据西方传教士汤若望口述撰成《火攻挈要》3卷,对筑砌炮台、大炮构造、制法、配料、装放等均详列图说。这对于正在摸索研铸铜铁大炮而又缺乏参考资料的镇海炮局来说,无疑提供了帮助。为尽快铸成有一定杀伤力的大炮,林则徐悉心钻研各种火炮制造知识。当冯登府搜集到《焦氏兵法》的抄本,林则徐高兴地请冯登府赶快把抄本寄来镇海,以便和焦氏《炮书》对校,并表示准备亲自到宁波天一阁查阅所藏兵家著作。

他不但在技术上给炮局提供方便,而且还亲临炮局进行指导。在林则徐悉心指导下,在热心铸炮技术的原余姚知县汪仲洋和精通西洋算法、巧于设计的嘉兴县丞龚振麟的直接主持下,经过闽浙工匠的通

---

① (清)林则徐《致冯柳东手札》,见杨国桢《林则徐传》,第426页,人民出版社1995年版。
② (清)林则徐《致姚春木王冬寿书》,见杨国桢《林则徐传》,第426页。

力合作,终于突破技术难关,在道光二十一年五月初三(1841年6月21日)首先铸成8000斤重的大铁炮。龚振麟根据林则徐的设想,造出了枢机新式炮架,解决了旧式炮架笨重的问题。新式炮架吸收了西方四轮炮车的长处进行再创造,使用起来比四轮鸭蛋车更为灵便,并准备依式制造推广。镇海铸炮局由于掌握了制炮技术,很快制造出百余门大炮,为抗击英国侵略者,保卫舟山和镇海作出了重要的贡献。镇海炮局研制出的大炮在我国军工发展史上占有重要地位。

第三,仿造车轮战船。林则徐还与汪仲洋、龚振麟商讨制造战船技术,并"检箧中绘存图式以摇,计凡八种"[①]。汪少海(汪仲洋,字少海)、龚振麟根据这些船图,陆续造出安南战船和车轮战船。这种车轮船,是参考了林则徐提供的《车轮船图》,又依照英军火轮船的形式造的,它以人力代替火力推动旋轮激水,是中西造船技术结合的产物。英军伯纳德说,当"复仇女神"号进犯镇海时,发现中国人制造这种用以推动他们的帆船,类似蹼轮;"还有一些结实的木制嵌齿轮,近于完工。这些是打算在船内由人力操作的。虽然它们还没有安装到船上,但是中国人这种首次尝试独创才能,不由令人钦佩,因为远在北方的镇海,只有在以前我们占领舟山时,他们才可能看到我们偶然在这个岛逗留的轮船"[②]。车轮船尚未最后完工,镇海就陷落了。这种战船虽然没有能够参加镇海的保卫战,但是,过了9个月,5艘新造的车轮战船却参加了江南水师保卫吴淞口炮台的海战,为抗击英国侵略者,保卫国家疆土作出了应有的贡献。

英国侵略者威逼昏庸的道光皇帝,以妥协投降来代替抵抗。道光皇帝为此颠倒黑白,把奕山在广东的失利强加在林则徐、邓廷桢的头上,终于下达将林则徐、邓廷桢流放新疆伊犁的谕旨:"……邓廷桢业经革职,林则徐著革去四品卿衔,均从重发往伊犁,效力赎罪。即由各

---

① (清)汪仲洋《安南战船说》,《海国图志》卷八四。
② 杨国桢《林则徐传》,第429页,人民出版社1995年版。

该处起解,以为废弛营务者戒。"①这对于正在浙海前线备战的爱国军民是个晴天霹雳。

道光二十一年五月二十三日(1841年7月11日),裕谦刚从江苏回到镇海,听说道光皇帝下了将林则徐流放伊犁的谕旨。他为林则徐的悲惨遭遇痛感惋惜,为自己"失谋主"而心怀惆怅。② 老百姓也群情激奋,怨声不绝。林则徐献身无路,报国无门,于道光二十一年五月二十四日(7月12日)怀着极其悲愤的心情离开镇海、宁波,前往新疆。

林则徐在镇海军营的日子是短暂的。他为了镇海的防务,默默无闻地工作,为抵御外侮探求西方知识,进行技术改革,做了不少有益于宁波人民和镇海人民的事。尽管他的真诚、愿望和可贵的努力最后不能完全实现,但宁波人民永远怀念这位爱国者。

(二)镇海爱国官兵的抗英斗争

镇海以招宝、金鸡两山为门户,而尤以金鸡山为重要。英国侵略者在占领定海以后,就要掠取宁波,为此他们必须先占宁波门户镇海。道光二十一年八月十七日(10月1日),定海再陷于英军。裕谦据实奏报,并请已调离之江西兵星夜来浙应援,恐或不及,招募水勇、团练、乡民协同防御。他派狼山镇总兵谢朝恩、江苏候补知府黄冕统兵1000余守金鸡山,委游击张从龙率兵驻招宝山威远城,命提督余步云率兵1000余驻招宝山下东岳宫,形成金鸡、招宝两山掎角之势;命衢州镇总兵李廷扬守东岳宫西侧拦江炮台,移左营游击驻穿山,沿江两岸密泊火攻船只,伏水勇。为防敌人登陆袭击,裕谦在招宝山、金鸡山挖掘暗沟,密布蒺藜,分驻兵勇以备。时镇海守兵加上定海被陷后三镇退兵,仅4000余人,火炮157门。

定海陷落之前,裕谦召集官兵对神立誓:"城存俱存,乃尽臣职,断

---

① 《邓廷桢、林则徐发往伊犁效力赎罪》,《筹办夷务始末》道光朝,卷二九,上海古籍出版社2008年版。
② (清)梁廷枏《夷氛闻记》卷三,第94页,中华书局1959年版。

不肯以退守为辞,离却镇海县一步,尤不肯以保全民为辞,接受英人片纸。"提督余步云则推托足有疾不肯起誓。定海失陷后,余步云又以"保全数百万生灵"为词,向裕谦建议撤离镇海,但裕谦大义凛然,给以怒斥,认为"苟且日夕,有伤国体";"儿女情长,英雄不免,但忠义事大,此志断不可夺"。① 两位大员由于不能很好地配合,影响了守军的战斗力。

道光二十一年八月二十四日(1841年10月8日),英舰开始集合于镇海口外20公里的黄牛礁。水、陆两司令及璞鼎查乘坐汽船驰近笠山、虎蹲一带侦察军情。次日,英舰30余艘载兵2000余名,结集外游山东。八月二十六日黎明,英舰发炮向镇海口猛轰,继以"复仇女神"号军舰载第二纵队,由陆军中校马利斯率领第49团步炮兵440人,榴弹炮2门,野战炮2门,在"巡洋"号军舰的掩护下,于笠山前抢渡登陆;费莱吉森号军舰载第一纵队,由陆军少将司令卧乌古率第55团、第18团步炮兵1040人,山炮4门,臼炮2门,从钳口门登陆,越小浃江经义成桥到达沙蟹岭,向金鸡山营垒夹击。守御金鸡山之狼山总兵谢朝恩中炮,落海牺牲。副将钟祥、游击托云保等也因为腹背受敌,大都阵亡。金鸡山被英军攻占。在镇海金鸡山守卫战中,清军将士"许多人奋起决战,显然有不战胜即战死决心"②。11时,英舰"威厘士厘"号、"伯兰汉"号发炮猛轰招宝山炮台及威远城防御工事。英军第三纵队由上尉舰长荷伯达率700余人,臼炮2门,在巾子山侧钩金塘登陆;另一路在招宝山东侧登陆,并从小径向山巅仰攻威远城,不少官兵殉难。

金鸡、招宝两山失守,英军从山巅炮轰县城,掩护步兵从东门攻入,守城兵溃退,兵民由西门退出。裕谦见情势急变,于是嘱副将丰申泰携钦差大臣印送巡抚刘韵珂,并将预立之遗嘱交亲兵送家属,至文庙整衣拜阙,投池尽节。后被副将丰申泰救出,到余姚,气绝。在这次

---

① (清)夏燮《海疆殉难记》,《鸦片战争》(四),第660页,上海人民出版社1957年版。
② [英]宾汉《英军在华作战》,《鸦片战争》(五),第273页。

战役中殉难的,除裕谦外,还有镇海县丞李向阳、守备王万隆、把总汪宗宾、解天培,外委林庚、吴廷江。

鄞县人陈康祺在他的《燕下乡脞录》(即《郎潜纪闻》二笔)中曾提到,鸦片战争中,坚决抵御外侮的高级文职官员中,除了林则徐,其次便是裕谦。清廷以尚书例赐恤,加赠太子太保,谥"靖节"。裕谦殉职后,宁波人民对他十分敬仰,后来在镇海为他建立了专祠,以永久纪念这位抗英的爱国之士。在裕谦壮烈战斗的地方立下石碑,碑上镌刻着"流芳"两个大字,刚劲有力,表示对这位英雄的崇敬和爱戴。

(三) 英军侵占宁波

镇海陷落,英军溯甬江西进。道光二十一年八月二十九日(1841年10月13日),4艘敌舰驶至三江口,城内官员已逃之一空。当时,余步云"自镇海逃回郡中,㐲寝入郡城,又与宁波知府邓廷彩、鄞县知县王鼎勋,同奔上虞。于是一郡之文武弁员及提镇二营溃散一空。八月之晦,夷兵泊郡城灵桥门下,登岸劫掠,城门洞开,直入无人之境"①。没有经过任何战斗,英军轻而易举进占了宁波,并对宁波进行劫掠。

英军攻陷宁波以后,立即任命双手沾满中国人民鲜血的德籍传教士郭士立为"宁波知事"。贝青乔的《咄咄吟》说:"郭士立伪摄宁波府,卢卜旦伪摄镇海县事,巴麦尊(即巴吉)伪摄定海县事","府学大成殿为其巢窟,郭士立日练夷兵于此"。② 当时就有人愤怒地指出他们的统治是"汉官体制夷官装"。

英国殖民者扶植起来的政权作恶多端。他们"发伪谕,安抚居民,而淫掠不甚戢,往诉者索牛羊鸡鹜为谢。甬江市肆积钱数万缗,银数万两,尽取之。掠大户守舍仆,赎以金赀,资累巨万。开常平仓,粜诸民,谷一石易番银一饼。城中衙署及祠庙、寺观,拆毁殆尽"③。宁波城

---

① (清)夏燮《海疆殉难记》,《鸦片战争》(四),第664页,上海人民出版社1957年版。
② (清)贝青乔《咄咄吟》,《鸦片战争》(三),第184页。
③ (清)董沛《明州系年录》卷七《清二》,当代中国出版社2001年版。

内大批妇女,被掳走,"载入澳门夷楼,作长夜饮","妇女啼哭,声彻楼下"。① 并且"开列廛市,公售鸦片"②。

英军占领镇海、宁波期间,大肆搜掠。英军在镇海一天劫掠,就夺得社仓谷、粮储、焦炭、油、柴火,合计 14760 英镑,劫夺财物值银元 65534 元。攻陷宁波后,在宁波府库中抢走了 120000 银元,变卖财物值银元 157860 元,掠走铜元值 160000 银元。英国侵略者在宁波殖民统治期间,又向各典铺钱庄勒索现款 250000 元洋银。③ 此外还向市民强收了一笔巨额"犒军费"120 万银元。④ 当时流传着这样一首民谣:"笑歌街市中,饱掠牛羊肉。库中百万钱,搜尽昼以烛。"⑤英军狂歌于街市,劫掠钱财以后,又放火烧毁房屋与仓库,充分暴露了英军对宁波掠夺的罪行。侵略军武装占领镇海后,对手无寸铁的镇海人民进行灭绝人性的"激烈的轰击,在这个人口稠密的近郊连续达两小时,大家……看见许多惨景。……在一处,有四个孩子被一颗炮弹打死了……父亲时时去拥抱他们的尸体"⑥。

此后,英军先后占领余姚、慈溪、奉化等地,对当地人民进行野蛮的屠杀和掠夺。比如,道光二十一年十一月十五日(1841 年 12 月 27 日),英军第二次进犯余姚。700 多名侵略军行至蜀山,看见乡勇打桩塞河,当即开炮轰击,乡勇役夫皆被击毙。

三、奕经"五虎制敌"计划的失败

清军在定海、镇海、宁波接连遭到失败,伤亡很重。为挽回天威,道光皇帝于道光二十一年九月四日任命皇侄、协办大学士、吏部尚书

---

① (清)梁廷枏《夷氛闻记》卷五,第 137 页,中华书局 1959 年版。
② (清)光绪《鄞县志》卷一六《大事记》。
③ 彭泽益《论鸦片战争赔款》,《经济研究》1962 年第 12 期。
④ 丁名楠《帝国主义侵华史》,第 1 卷,第 47 页,人民出版社 1957 年版。
⑤ 阿英《鸦片战争文学集》下册,第 900 页,古籍出版社 1957 年版。
⑥ [英]宾汉《英军在华作战》,《鸦片战争》(五),第 273 页,上海人民出版社 1957 年版。

奕经为扬威将军,派户部左侍郎文蔚、副都统特依顺为参赞大臣,并且从苏、皖、赣、鄂、川、陕、甘等省调集1.1万军队,再次组织讨夷大军,赴浙予英人以痛击。

奕经所带随员,不是他的亲朋故友,便是王公大臣推荐的阔老阔少,只会整天沉湎在花天酒地之中,他于九月二十七日(10月30日)离京南下,十一月一日到达江苏。奕经的随员6人,这些京官此时以"小钦差"自居,提镇以下官员,进见必长跪,相称必曰大人。奕经所网罗投效人士纷纷仿效,呼为"小星使"①,还有数百名京营兵弁骄横跋扈。这些人一路上游山玩水,吃喝玩乐,军纪废弛,所到之处敲诈勒索,为非作歹,"在苏数十日,淫娼酗酒,索财贪贿,每日吴县供给八十余席,用费数百元,稍不如意,侍卫、京兵等即掷击杯盘,辱骂县令,吴县(令)竟被逼勒呕血而死"②。由于谤议纷起,奕经只得移营百余里,最后于道光二十一年十二月十一日(1842年1月21日)到达浙江嘉兴。与此同时,被奕经称为劲旅的川、陕军于2月13日来到浙江。这些军队也是军纪无存,"沿途掳丁壮,掠板扉,以四民抬一兵,卧而入城"③。这些所谓劲旅其实已经没有多少的战斗力。

道光二十一年十二月十五日(1月25日),奕经与参赞大臣文蔚同时梦见英军"弃陆登舟,联帆出海,宁波三城已绝夷迹",以为这是"佳兆昭著"④。侦探来报,果有运械归船之事。奕经在杭州还向西湖关帝庙求签。签语中有"不遇虎头人一唤,全家谁汝保平安"的句子。3天以后,四川的援军大金川士兵开到,兵弁都带虎皮帽,奕经更以为"收功当在此时"⑤。为此,奕经选定进攻的时间为"四寅",这就是道光二十二年正月二十九日四更,即壬寅年壬寅月戊寅日甲寅时。同

---

① (清)贝青乔《咄咄吟》,《鸦片战争》(三),第179~180页,上海人民出版社1957年版。
② 刘长华《鸦片战争史料》,《鸦片战争》(三),第155页。
③ 范城《质言》卷上,《近代史资料》1955年第3期。
④ (清)梁廷枏《夷氛闻记》卷四,第102页,中华书局1959年版。
⑤ (清)贝青乔《咄咄吟》,《鸦片战争》(三),第179~180页。

时,又以寅年(虎年)出生的贵州安义总兵段永福为进攻宁波的主将。因为虎能吃羊(洋),此战必胜。

道光二十二年正月二十五日(1842年3月6日),奕经上了4000余字的奏折,详细报告浙东反攻的计划,并附呈了兵勇的清单和作战地图。道光看过奕经计划后,很快作了朱批:"嘉卿等布置妥密,仰仗天祖默佑,必能成此大攻。朕引领东南,敬待捷音,立颂懋赏。"①

奕经反攻的部署是:道光二十二年正月二十九日凌晨,从绍兴三路出兵反攻。一路由总兵段永福等率兵勇1600余人担任主攻,另有四川兵600人、余丁200人为辅攻,从余姚大隐山进攻宁波,与先期潜入城内的雇勇17队内外配合;余步云率军近2000人驻奉化、嵊县以为支应。一路由慈溪大宝山(今江北区慈城镇)进攻镇海,由副将朱贵,游击刘天保、谢天贵率兵1400名担任主攻,另有陕甘兵500余名为辅攻,与先期潜入镇海的雇甬11队内外配合。再一路,以殉难定海总兵郑国鸿的儿子郑鼎臣为先锋,率崇明、川沙、定海等处水勇5000名,由乍浦潜渡岱山进击定海。

奕经认为其部署万无一失,结果没有得到预想的效果,都遭到惨败。清军先遣队一度进入宁波,遇到英军伏击,损失十分严重,伤亡不下五六百人。刘天保率清军进攻镇海,由于侵略军早有准备,还没入城就败退。天保右臂中一枪子,晕坠马下,旗鼓既失,队伍遂乱。朱贵因取道慈溪,昏夜不辨路径,误走入凤浦岙,翌日亭午,始至骆驼桥,而前军业已败归。定海郑鼎臣率水勇从乍浦潜渡岱山,但在没有发起攻势前便为英军击败,死伤505人,饷银2000元也被夺去。英军乘机进行疯狂反扑。奕经不但没有收复宁波、镇海、定海三城,反而丢了慈溪,仓皇逃回杭州。至此,经过4个多月反攻准备的清军,全部瓦解。奕经"五虎制敌"计划失败后,英军乘势追击,直逼慈溪,朱贵率爱国官兵和当地人民殊死抵抗,勇卫大宝山,给侵略者以沉重打击。

---

① 《扬威将军奕经等奏报各路兵勇到齐调拨已定克期进攻折》,《鸦片战争档案史料》第5册,第61页,上海人民出版社1987年版。

道光二十二年二月四日(1842年3月15日),英军陆军总司令郭富和海军总司令巴加,率领陆海军1203人,分乘"皇后"号、"复仇女神"号、"费莱吉森"号及舢板小船,由宁波向慈城(时为慈溪县城,今属宁波市江北区)进发。午前,英军在离大宝山3里的大西霸登陆,集中兵力猛攻清军驻地大宝山。朱贵身先士卒,指挥清军奋勇迎击,击毙敌人400多名。英军不断发起攻势,朱贵孤军与敌激战,多次靠肉搏打退敌人。从早到晚,朱贵竖旗于垒,坚守阵地,岿然不动。在密集的炮火中,右臂被炸断,血流如注,他依然顽强战斗,拍马直冲,杀敌数十人,直至殉国。他的儿子朱昭南以身障父,格死数夷,同时阵亡。朱贵麾下死者有甘肃西宁镇左营游击黄泰、陕甘督标下马关营守备陈芝兰、陕西提标隆德营守备徐宦等20余人。大宝山战役中有400多名将领、兵勇阵亡。史料中有过许多描述。夏燮说朱贵"亲执大旗,麾所部迎击,枪炮并发,夷再进,更番迭战,我兵士无不一以当百,自辰至申,饥不得食,喝不得饮,誓死格斗"①。"迨火药既竭,贵右臂为夷炮击断,犹以左臂掣红旗,招其下以短兵接战,及咽喉为火箭所中,始坠马而亡。其子昭南、昹南,复取其旗,指挥众军,旋亦中夷炮死。计贵部下阵亡者四百三十六人。"②但在朱贵父子与英军激战时,屯兵长溪岭的文蔚,不仅没有支援,反而弃军逍遁。

大宝山保卫战是可歌可泣的。对于朱贵父子在抗击英国侵略者的战斗中,英勇顽强的壮烈情景,史料都有记载。朱贵的大宝山保卫战,是五个月来浙东战场最为激烈的一次,表明了宁波人民反抗侵略的决心。当地人民为纪念朱贵及其部下抗英业绩,于道光二十三年募资在大宝山西麓兴建朱贵祠,背倚青山,面临慈江。道光二十七年,礼部侍郎吴骏撰书庙碑以及慈溪大宝山武显朱将军之碑。民国时期重修朱将军碑记,均嵌于壁下。另有阵亡将士之墓,是朱贵及部下遗骸埋葬处,原在大宝山麓山腰,1984年迁建于朱贵祠东侧。

---

① 《朱绪曾武显朱将军庙碑记》,《浙江鸦片战争史料》下册,第77页,宁波出版社1997年版。
② (清)贝青乔《咄咄吟》,《鸦片战争》(三),第197页,上海人民出版社1957年版。

四、宁波开埠及其影响

鸦片战争和《南京条约》等一系列不平等条约的签订,使中国的主权遭到了严重的破坏,资本主义各国在宁波取得种种特权,使宁波社会开始半殖民地半封建化,经济、政治和社会关系出现了变化。

第一,列强攫取领事裁判权和协定关税权

《南京条约》第 2 款规定,"自今以后,大皇帝恩准英国人民带同所属家眷,寄居大清沿海之广州、福州、厦门、宁波、上海等五处港口,贸易通商无碍;且大英君主派设领事、管事等官住该五处城邑,专理商贾事宜"①。西方资本主义国家以这一条款为依据,在宁波设立领事、管事。依此条款,英国首先在宁波取得设有领事馆之权。道光二十三年(1843 年)十月,英国首任驻华公使璞鼎查同罗伯聃(Robert Thom)对定海、宁波进行实地考察。道光二十三年十月二十八日,英国驻宁波领事罗伯聃率领兵舰和大小轮船各 1 艘,随带通事两人、随员十四五人到达宁波,并决定在江北岸租赁民房设领事署,大门前所挂馆署为"宁波大英钦命领事署"。道光二十三年十一月十二日,宁波正式对外开埠。法、美等国援引英国例,来宁波设立领事和副领事。普鲁士、荷兰、挪威、瑞典、日本等国也先后援引英国例,在宁波设立领事和副领事。各国领事馆不仅取得了英国领事在宁波享受的全部特权,并扩大了领事裁判权。

《五口通商章程》第 13 款规定,凡在通商口岸,中国人和英国人"交涉词讼","其英人如何科罪(即定罪),由英国议定章程、法律,发给管事官(即领事官)照办"。② 这就表明,英国侵略者在宁波犯罪,当地政府无权根据中国的法律制裁,而只能由英国在宁波的领事署根据英国法律来定罪,在宁波发生与英国有关的商务、教会、侨民等交涉事

---

① 《南京条约》,参见《近代中外条约选析》,第 8 页,中国法制出版社 1998 年版。
② 《中英五口通商章程及海洋税则》,《近代中外条约选析》,第 152 页。

务必须报北京英国公使,实际上是保护英国侵略者在宁波的不法行为。这完全侵犯了中国主权。

一个独立自主的国家有权根据自己的需要制定各种税率,外人无权干涉。鸦片战争以前,清政府在各地的政权对海关税收都有独立的主权,一切来自外国的船舶都要接受检查和监督。《南京条约》的签订,规定五口之处不能根据中国利益制定关税政策,对于进口、出口货税,只能和英国共同来"秉公议定"。在中英《五口通商章程》中,按照英国的意见,制定了第一个协定原则,规定"五口通商"地区大部分主要进口货物税定为5%左右,比清政府原来征收的税率低。《南京条约》还规定英国货物在征收海关关税以后,"所经过税关不得加重税率"①。这样就大大地便利了西方资本主义国家对宁波的商品倾销。

第二,外国人居留区

在半殖民地半封建的中国,不少城市里有所谓"租界"或"外人居留地"。在那里的统治多为外国人,设立法院、警察、市场管理和税收机关,成为外国资本主义对中国实行政治、经济侵略的重要阵地。

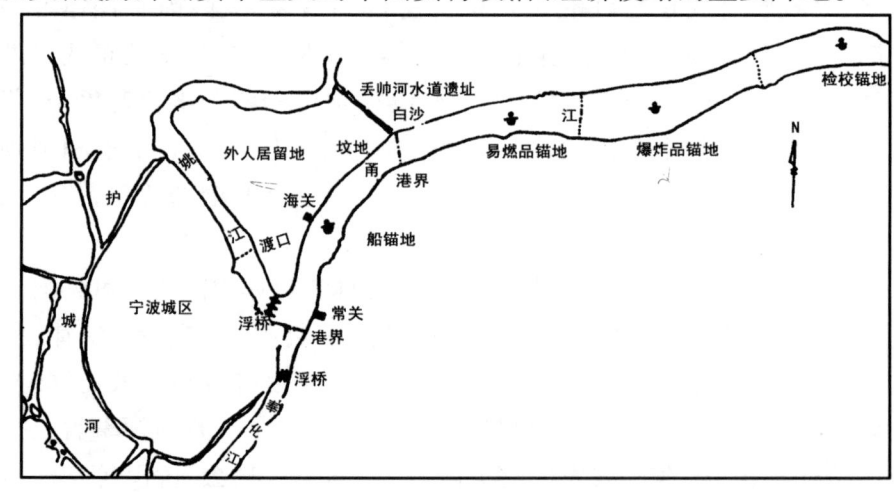

外人居留地方位图

---

① 《南京条约》,《近代中外条约选析》,第10页,中国法制出版社1998年版。

宁波江北岸不是"租界",而是"外人居留地"。宁波开埠后,并没有设立"租界",而只是指定一块外国人可以在里面居住的区域。这个区域就是在宁波江北岸。因为江北岸位于甬江沿岸,对外贸易极为便利,另外,甬江沿岸商业发达,又无城墙限制,有广阔的发展空间,外国商轮和军舰可以自由进出甬江。这样的地理位置引起外国人兴趣。《虎门条约》第7款允许外人在五个通商口岸租赁土地,建屋居住。"英国管事官每年以英人或建屋若干间,或租屋若干所,通报地方官。"①英国政府正是按照这个条款,于1843年12月,选中江北,作为英国人居留地,并建立英国领事馆。当然,罗伯聃指定江北岸为外国人通商居住地,并没有和宁波当局划定界址或订立协议章程,也没有经过省一级长官巡抚批准。但是,宁波当局是默认既成事实的。应当说,清廷对宁波一直使用"居留地"一词,充分表明与视为"国中之国"的"租界"是有区别的。此后,法、美等国先后在宁波设立领事和副领事。外国人只花费微不足道的一点租费,实际上可以享用江北岸这块"风水宝地"了。宁波开埠初仅有几名外国人,道光三十年(1850年),居住在江北岸的外国人已达到19人。到咸丰五年(1855年)为22人,其中14人是传教士(美国10名、英国4名),5个是商人,3个是使馆工作人员。咸丰九年为49人,大都具有外交官、商人和传教士的双重身份。虽然没有签订协议章程,但清政府默认了外人居留区的事实。

太平军攻占宁波后,大约有7万华人为躲避战火,进入江北岸外人居留地。咸丰十一年十二月十四日(1862年1月13日),英国领事夏福礼·何威(Frederick Harvey)、美国领事曼杰姆(W. P. Mangum)、法国领事里昂·奥伯雷(Le on Obry)进行会商。他们以保护外侨生命财产为借口,单方面规定江北岸外人居留地的界址,商定两条:

①江北岸居留地界址为东起甬江北,西至余姚江边,南

---

① 《虎门条约》,参见《近代中外条约选析》,第143~144页,中国法制出版社1998年版。

至三江口,北抵北沙河和寺庙一线,外国人自由居住,不受干涉。

②将来必要时,领事有制定地域内规则的权利,但所定规则,同中国所订条约规定内容一致。①

同年5月,英法侵略军配合清军夺回宁波府城,三国领事又召开第二次协商会议,再次确认上述两项约定。8月,法国领事埃丹(B. Edan)撤回原来的意见,提出在宁波建立上海法租界式的法国专管租界。这个主张当即遭到美国、英国、俄国驻华公使和清政府的反对,连新上任的法国公使也不赞成。②

江北岸外国人居留地的行政管理权,从表面看由中外共管,实际上完全由外国人控制。开埠不久即设立的巡捕,由宁绍台道拨绿营兵勇5名改任,驻扎江北岸,委任英人戈林监带,受税务司节制。同治以后,英人华生担任督捕,并设立巡捕房,巡捕增到40人,警察大权完全由英人掌握。根据规定,巡捕在界内逮捕华人和外国人,必须持有宁绍台道发给的逮捕状,并有巡捕房的签字方可执行。③

第三,浙海关新关的设立

宁波开埠以后,在江东常关的基础上,又在江北岸外人居留地设立浙海新关。按照《中英通商章程善后条例》,西方列强要求清政府仿照上海海关管理办法实行"统一管理"。咸丰九年三月(1859年4月),英人李泰国担任首任总税务司,他向清廷提出建立宁波、镇江等11个新关的书面建议,并要求概用外国人为税务司。凡各口所用之外国人,均责成李泰国选募。咸丰十年十一月二十九日设立新关,俗称"洋关"。十二月初二方收洋药税银。咸丰十一年二月初九,吴煦致宁

---

① 王铁崖《中外旧约章汇编》第1卷,三联书店1957年版。
② [日]植田捷雄《关于中国租界的研究》,第388~389页;转引张洪祥《近代中国通商口岸与租界》,第61~62页,天津人民出版社1993年版。
③ [日]植田捷雄《关于中国租界的研究》,第388~389页;转引张洪祥《近代中国通商口岸与租界》,第61~62页。

绍台道张景渠的信中也提到宁波海关人选。"已谕派英人李泰国为总司税,所有各关司税均责成李夷选募","宁关司税伊亦必选募前来"①。咸丰十一年(1861年)四月十一日,总税务司委任署理中国海关总税务司英人费士来(E. H. Fitzroy)兼宁波浙海关税务司,并委任英人华为士(W. W. Ward)为浙海关税务司。宁绍台道张景渠兼浙海关监督。

浙海新关设立后,原江东的旧浙海关改称"常关"。海关初建时,机构比较简单。在税务司以下,设坐办1人、文书课5人、总务课8人、会计课1人、统计课1人、监督课2人、港务课1人、验货课4人、缉私课15人。② 这些职员不但由洋人选拔,而且洋人在工作中占有重要地位。张景渠虽兼浙海关监督,其权限只限于江东常关,只管经营沿海贸易与国际贸易的中国帆船与货物,行政权、人事权、征税权都操在外国人手中。"别立新关,其运输出入之权,乃操诸客卿之手矣。"③

浙海关税务司公馆(选自哲夫主编《宁波旧影》,宁波出版社2004年版)

---

① (清)吴煦《吴煦档案选编》第6辑,第413页,江苏人民出版社1983年版。
② (民国)《鄞县通志·政教志乙编·现制行政·经政》,宁波出版社2006年版。
③ (民国)《鄞县通志·食货志戊编下·产销二·通商略史》。

关于浙海关新关设立时间，以往资料认为成立于咸丰十一年四月十三日（1861年5月22日），《宁波市志》和《宁波海关志》持这一观点。① 其根据是民国《鄞县通志》。该志提到浙海新关设立于咸丰十一年，并注说："咸丰十一年，即西历一千八百六十一年五月二十二日，由税务司费士来及华为士与巡道张景渠设立。"②《吴煦档案选编》刊载了《张景渠致吴煦函》及《马新贻奏报浙海关洋税收支折（抄件）》。前函时间为1861年1月。该函指出："惟宁波新关于十一月二十九日始设，十二月初二方收洋药税银。"③马新贻的奏报是同治五年五月二十五日（1866年7月7日）。他在奏报浙海关洋税收支时说，新关于咸丰十年十一月二十九日设立，起征洋税，"查浙海新关于咸丰十年十一月二十九日设关启征洋税，核计已在第二结期（内），（是）以第一结并无征收洋税，理合陈明"④。文中提到的吴煦、张景渠、史致谔都是当时的海关大员。吴煦在咸丰九年署理苏松太道并监督江海关，次年，兼江苏布政司，了解江海关情况。时浙海关有关事务由江海关管理。张景渠当时为宁绍台道，咸丰十一年二至三月为浙海关首任监督。史致谔是同治二年至同治五年的宁绍台道兼浙海关监督。上述几个人非常熟悉浙海关的情况。张景渠、史致谔都认为浙海新关设立时间为咸丰十年十一月二十九日，应该是可信的，也是最权威的说法。

总之，宁波开埠后，外国列强在宁波攫取了一系列特权，宁波迅速卷入世界资本主义市场。宁波被迫开埠后，通过外国人居留地吸收了大量的资本和先进技术，沟通了宁波与世界各国的联系，促进了宁波

---

① 《宁波市志》指出："（1861年）5月22日，江北岸浙海关（俗称'洋关'）建成，英人费士来、华为士为税务司，江东的海关改称'常关'。"（《宁波市志》，第62页，中华书局1995年版）《宁波海关志》说："清文宗咸丰十一年（1861年）5月22日，清政府在宁波江北岸外滩设置税务司，建立浙海新关，专征国际贸易税。"（《宁波海关志》，第15页，浙江科学技术出版社2000年版）
② （民国）《鄞县通志·政教志乙编·现制行政·经政》，宁波出版社2006年版。
③ 《张景渠致吴煦函》（1861年1月），《吴煦档案选编》第6辑，第391页，江苏人民出版社1983年版。
④ 《马新贻奏报浙海关洋税收支折（抄件）》（1866年7月17日），《吴煦档案选编》第6辑，第99页。

帮的壮大和形成。宁波的开埠也使宁波一步一步地沦为半殖民地半封建社会,宁波人民肩负着反帝反封建的任务。这些都表明鸦片战争和宁波的开埠成为宁波近代历史的起点。

第四节　太平天国政权在宁波的建立和丧失

19世纪中叶震惊中外的太平天国运动也波及宁波,太平军在宁波建立长达半年之久的农民政权,对宁波近代历史进程产生很大的影响。

一、太平军进军宁波

洪秀全领导的太平军早在咸丰十年(1860年)就打算在浙江开辟根据地。太平军用兵浙江是为了解除天京之围。因此,一些学者称它是"围魏救赵"之战。① 另外,浙江是富庶地区,攻占浙江可以为太平军提供重要物资。因此,太平天国决定用兵浙江是一个重要战略步骤,有利于整个太平天国的军事斗争。向宁波进军是太平军开辟浙江根据地的重要组成部分,更有其战略意义。因为宁波当时是浙江唯一的通商口岸,占领宁波可以打开茶丝出口的通道,夺回海关税收权。英国驻华领事也看到了这一点,认为太平军占领了宁波就会使清政府无法对生丝贸易征收任何关税。由于宁波经济发展中所处的战略的地位,太平军为此把它作为进军浙江、开辟根据地的一个重要步骤。

太平军攻克金华之后,兵分五支,分别由李世贤、黄呈忠、范汝增、陆顺德、李秀成、谭绍光率领,进军温州、宁波、绍兴、杭州、湖州。奉李世贤之命,宝天义黄呈忠、进天义范汝增率领10万太平军向浙东重镇

---

① 王兴福《浙江太平天国史论考》,第8页,浙江人民出版社2002年版。

宁波进军。

太平军的节节胜利,鼓舞了浙东人民,使外国侵略者非常惊慌。他们抛弃了向太平军多次许诺的"中立协定",勾结驻宁波的清军官兵,阻挠太平军向浙东挺进。咸丰十一年三月二十九日(1861年5月8日),英国驻华海军舰队司令何伯(James Hope),给英国皇家兵舰"遭遇"号舰长丢乐德(Roderick Dew)发出了命令:"你要进一步和叛军(指太平军)首领谈判,向他们指出他们占领并破坏宁波,会大大伤害英国及一般外国人贸易,因此你要求他们不要进攻这个城市……同时你必须采取一切办法,阻挠叛军攻占该城。"①同一天,他写信给英国公使普鲁斯,认为宁波对英国政府的贸易是重要的,"如果你认为为宁波的安全起见可以批准强制干涉的话,那么我请求你直接通知丢乐德舰长"②。何伯企图用"强制干涉"手段胁迫太平军不要进入宁波。

咸丰十一年五月初四(6月11日),何伯照会乍浦太平军首领,扬言要用武力阻止太平军进攻宁波。现将照会抄录如下:

英国驻华海军舰队司令副提督何伯爵士致乍浦太平军统帅的照会:

一、据悉阁下所率部最近已攻占乍浦,即将进军宁波。

二、鉴于攻占宁波将严重损害英国及其他外国人之间贸易,特请求阁下勿进入距该城两日行程之地区内。

三、倘本提督愿望被置之不顾(深信不致如此),则我国将不得不与太平军处于武力敌对地位,本提督将极感遗憾。我国本愿与太平军保持友谊,但一旦本提督被迫协助防守宁波,则阁下等不待多言,当可明白,将毫无获致成功之希望,去岁上海事件,阁下等定然记忆犹新。③

何伯的照会充满恫吓与讹诈,甚至用武力相威胁,正表明英国政

---

① [英]呤唎《太平天国革命亲历记》,第316页,上海人民出版社1997年版。
② [英]呤唎《太平天国革命亲历记》,第317页。
③ [英]呤唎《太平天国革命亲历记》,第318页。

府所说的"中立"、"友谊"是假的。根据何伯的指示,丢乐德舰长执行英国政府的政策,尽力协助清军防守宁波,他们不但给清军提供配有炮架的重炮12门,架置在城上,并拟出8项计划防守宁波,以抵抗太平军。同时,普鲁斯也照会清政府总理衙门"从速布置宁波、上海的防御",要求清政府派往宁波的带兵管饷之员"必须智勇兼全,中正廉明,方能得当"。清政府即刻指示浙江巡抚王有龄,"要求严饬宁波地方官认真防守"①。

英国侵略者还没有来得及加强宁波的布防,太平军便以破竹之势,所向披靡地向浙东进攻。攻克诸暨以后,太平军兵分三路围攻宁波。黄呈忠率部经上虞、余姚、慈溪,自北向宁波进攻;范汝增率另一部自南进攻;再一路太平军攻占镇海,自甬江西进宁波,对宁波形成了钳形攻势。太平军还发布一些招安劝降的告示。比如,太平军以进天义黄呈忠的名义发布了《殿左军主将天义招安余姚县四乡乡民示》,除揭露清政府"坏中国之制度"的种种罪行以外,还表明了太平军是"仁义之师",其立场是"专诛妖鞑(指清朝统治者)虏",让人民安居乐业,通商贸易,买卖公平,严明纪律,要求四乡乡民"一体周知,及早倾心向化,免遭焚戮事","切勿助妖团练,纠聚匪党"。②

咸丰十一年十月十九日(1861年11月21日),太平军左军主将黄呈忠以及阮士珍、何文庆占领上虞。十月二十二日兵克余姚。与此同时,太平军范汝增率兵数万自嵊县向奉化进发,十月二十二日在陈公岭打败清军守备周善初,进入奉化。六诏、跸驻、三石等地农民400多人加入了太平军。十月二十四日,太平军攻占奉化县城。十月二十六日,黄呈忠、何文庆与加入太平军的范维邦攻克慈溪县城。

面对太平军的凌厉攻势,英、美、法三国驻宁波领事只好以"保护外侨"为名,派代表侯雅芝去奉化、余姚见黄呈忠、范汝增,寻找借口再

---

① 郭廷以《太平天国史事日志》下册,第794页,商务印书馆1947年版。
② 中国社会科学院近代史研究所《太平天国文献史料集》,第13~14页,中国社会科学出版社1982年版。

一次阻挠太平军进攻宁波。黄呈忠、范汝增答应他们入城时保护外国侨民的生命财产,但不准外国人帮助清军,同时阐明了太平军的严正立场。咸丰十一年十月二十七日(1861年11月29日),在余姚的黄呈忠给夏福礼领事作了答复:"本主将奉命统率雄师,誓殄群丑,吊民伐罪,立祖国之基业,拯黎民于水火,出师以来,沿途百姓无不箪食壶浆,以迎王师。"他表示太平军攻占宁波以后维护外侨之生命财产安全,但也希望各国守法。"如各贵国人民有违命潜助满妖者,亦望贵领事查禁。彼此同守信约,同敦睦谊,所深望也。"①十一月一日(12月2日),范汝增在奉化也致夏福礼领事书,阐明了太平军要推翻清政府的目的和攻克宁波的决心,并且表示:"将奉命除暴安良,惩讨顽凶,以定祖国之基业。大军将入宁波,誓克此城,以为四民(士农工商)安居乐业之所。"他同时又明确指出,对于外国侨民的生命财产进行保护,"本主将已发布命令,不准士兵略有侵扰。商业亦可照常,且较前更为便利"②。

太平军本着与外国人友好相处的愿望,允许延缓一星期进攻,他们忠实地履行了这个约定。当7天期限满了以后,太平军对宁波发动攻势。十一月六日,黄呈忠、范维邦部攻占镇海,清参将李昌元、知县吴宝仁弃城逃跑。至此,黄呈忠、范汝增等人的军队已经从南、西、北三面包围宁波。许瑶光在《谈浙》中曾经评论:"不直走宁波,而先窜陷四围之邻邑属邑,大局包抄,计亦狡矣。"③咸丰十一年十一月八日凌晨,黄呈忠、范汝增南北两路合取宁波,仅用一个小时就攻占了这个港口城市。清政府的浙江提督陈世章、宁绍台道张景渠、知府林钧慌忙躲入英国领事馆,后在法国军舰的保护之下逃往定海。城中的文武官员和豪绅也躲入了江北岸外人居留地。于是,太平军未遇抵抗,未死一人,不流滴血,即克府城。封建统治者对此也发出悲叹:"宁波之事,

---

① [英]呤唎《太平天国革命亲历记》,第332页,上海人民出版社1997年版。
② [英]呤唎《太平天国革命亲历记》,第332页。
③ 许瑶光《谈浙》,《太平天国》六,第601页。

英国人领导的洋枪队(选自哲夫主编《宁波旧影》,宁波出版社2004年版)

竟决裂至此,道府航海而逃,不为一日之守,实令人发指。"①

与此同时,留守台州府的太平军李鸿钊派耿天义、潘飞熊攻打宁海。宁海县令黎廷攀、参将苏方拱闻风而逃,太平军顺利地进入了城关。时隔两日,黄呈忠的部将张得胜,由奉化入宁海黄溪口,并由两溪岭入屯泗洲头。十一月十五日(12月16日),击溃了象山保甲局乡勇,占领丹城,象山被克。宁波府除隔海的定海以外,鄞县、慈溪、镇海、奉化、象山以及余姚、宁海都被太平军所攻占。外国侵略者企图阻止太平军进攻宁波的阴谋破产了。

宁波是太平军占领的第一个沿海重要港口。太平军占领宁波给清政府以沉重打击,有力地促进了太平军浙江根据地的开辟和巩固。同时,它也是英国所谓的"中立"欺骗政策的终点。此后,英国就明目张胆地暴露出其武装干涉的面目了。

---

① (清)《薛焕致吴煦函》,《吴煦档案选编》第2辑,第176页,江苏人民出版社1983年版。

二、太平天国在宁波的政权及其制度

太平军攻占宁波以后,按照其政权的模式,实行乡官制度:改宁波府为宁波郡,由慈溪人陆心兰任总制,总理一郡的政事。改象山县为象珊县,并改慈溪为义县①。宁波郡辖鄞县、定海、奉化、镇海、象珊(山)、义县(慈溪)6个县。县设监军,负责全县政事,由乡人担任。奉化县监军戴明学,义县(慈溪)监军曹振华,象珊(山)监军欧景辰。董沛的《明州系年录》有记载:"改宁波府为宁波郡署。慈溪人陆心兰,为伪总制。县设伪监军。"②董沛站在清政府的立场上,因此称太平军的政权为"伪政权",但从一个侧面反映了太平天国在宁波建立了农民政权。县以下的基层政权,建立兵农合一的乡官制度,分两、卒、旅、师、军诸级,设军帅、师帅、旅帅、卒长、司马等官。当时的义县就设军帅5人,分辖东、南、西、北、中乡,每军统领师帅5人,每师帅统领旅帅5人。其下有卒长、司马等职。军旅帅罗布村镇③。象珊(山)县就有这种建置。太平军攻占象山后,即点欧(景辰)为监军,樊沛如为东乡军帅,史积城为南乡军帅,石天富为西乡军帅,陈庆安为北乡军帅。《辛壬胜录》亦记载:"十二月初五日,众乡官入城见张酋(太平军将领张得胜——引者),最尊者监军,次军师,乡一人,次师帅、旅帅,皆为官。下曰卒长,领二十五人;曰伍长,为五人之长。"④乡官的成分比较复杂,一般由殷实的富人担任。一些监军和军帅、旅帅"强富民为之"⑤。太平军为了巩固其在宁波的政权,采取了一系列巩固政权的措施和政策,主要是:

---

① 华强《太平天国浙江天省政区考》,《浙江师范大学学报》1989年第2期。
② (清)董沛《明州系年录》卷七《清二》,当代中国出版社2001年版。
③ (清)董沛《明州系年录》卷七《清二》。
④ (民国)陈汉章总纂民国《象山县志》卷九《史事考》。
⑤ (清)董沛《明州系年录》卷七《清二》。

第一,治理和整顿社会秩序

为了巩固政权,驻宁波的太平军对社会秩序作了治理和整顿,主要有四个方面的措施:

一是维持社会安定。太平军攻占宁波以前,宁波社会秩序混乱,流氓地痞横行街市,随时会出现抢劫、焚掠。太平军攻入宁波后,发布了安民告示,对社会秩序作了治理和整顿,使城内不再出现屠杀焚掠之事。奉化、鄞县、镇海等县志都有"谆谕安抚乡民"、"下伪令安民"的记载。《辛壬琐记》说:在慈溪的太平军"通衢辟壤,俱有伪示"①。光绪《慈溪县志》

慈城太平天国公馆台门上的铜钱图案

也有记载:"据守慈城之贼伪职文经政司沈珍武、经政司周申庸,出伪示安抚。"②这里所说的"伪令"、"伪示",都是指太平军所颁布的整顿社会治安的命令和法规,甚至连经常支持清政府的富商住宅也没有受到任何侵扰。"像宁波那样外国流氓和中国坏分子混杂的地方,在太平军占领不及一个月,已经秩序井然。再没有听到盗匪抢劫的事情。"张得胜占领象珊(山)城后,立即张贴告示:杀人烧房者斩。他"治军严整,御下甚严,无故不许一人出城,平居无事",他的兵士无一人一骑下乡喧扰,间有私出,不过三四里外,"过往行人渐不知避"。③

太平军对那些为非作歹、破坏社会秩序的人进行严厉的镇压。象山牌头赖大吉、西周蒋小麻抢劫村民,为此遭到太平军的严厉打击。参天豫顾廷菁迅速把他们拘捕,立即给予就地正法,为当地人民创造

---

① 见章士晋《太平军在宁绍台》,第94页,宁波出版社2001年版。
② (清)光绪《慈溪县志》卷五五《纪事》。
③ 象山县政协文史委《象山近百年史事胜录》,第6页,1988年12月。

了安居乐业的环境,"数十村同声称快"①。西乡"团练"600余人与太平军为敌,也被围歼于塔山。在太平军强有力的打击之下,反抗太平军的活动大大地减少,社会秩序开始安定下来。

二是清理户口和颁发门牌。门牌制度在天京(南京)以外的地区推行之初,有的地方是手抄门牌,后来逐渐在一个范围内统一印制门牌。文物资料表明,太平军在宁波是清理过户口的,也颁发过印刷门牌,同时收取门牌费。鄞县、奉化等地都有太平军颁发的门牌实物发现。奉化的《忠义乡志》有"编门牌,设户纳银一元五角,钱百文"②的记载。这表明,造户口,是要收费的。宁波发的门牌,由驻守宁波的统军将领宝天义黄呈忠、进天义范汝增联合颁发。③ 同治元年(太平天国壬戌十二年,1862年),太平军委派船工出身的文经政使萧湘云到鄞县编门牌。"门牌每纸洋一元五角"④,门牌上写有家庭成员的姓名,以便经常接受稽查。这类门牌由范汝增在宁波发放,原件长53厘米,宽47.5厘米,用墨笔填写,年月上盖有太平天国天朝九门御林开朝王宗讨逆主将范汝增"双龙大印"。宁海县乡官也编查户口和颁发门牌。门牌上写有全家姓名,每枚银一块或四两不等。户口和门牌的编制,目的是防奸,维持地方社会治安,有利于社会秩序的整顿。

三是发放"路凭"。所谓"路凭",其实是一种通行证,用以证明外出探亲访友以至作为经商凭证,也作为外国人进出宁波的出入证。这是对社会秩序进行治理和整顿的一项重要措施。由于清军奸细经常混入城内,进行破坏活动,太平军为此在宁波发放"路凭",规定出入宁波要凭"牌照"、"腰牌",并接受检查。"凡在进出者,都给有路凭,或限十日为满,或以半月为期,填注凭内,过次作废。"⑤在宁海,"乡民入

---

① 王庆祥主编《象山县志》第50章《知名人物·顾景渭》,浙江人民出版社1988年版。
② 中国社会科学院近代史研究所《太平天国文献史料集》,第13~14页,中国社会科学出版社1982年版。
③ 黄呈忠等所发门牌见《太平天国革命文物图录补编》,群联出版社1955年版。
④ 《忠义乡志》卷一六《大事记》。
⑤ (清)柯超《辛壬琐记》,《太平天国资料》,第181页,科学出版社1959年版。

城必由(乡官)局领票"①,经过稽查以后才可进入城关。对于外国人,只要不反对太平天国,也允许他们凭路凭出入。严中平曾经说,在占领宁波的半年中,太平军"允许欧洲人凭他们领袖的路条子至乡下任何地方去旅行"②。"有几个内地商人从绍兴来,凭叛军路条通行。"③同治元年四月二十五日(1862年5月23日),《北华捷报》登载了太平军的一封信:"当我军占领宁波时,我们曾同一切外国人保持友好关系……但到最后,由于我军要查对每日进城人数,我们就对英国人发出通行证,虽然对法国人及其他到宁波的外国人,我们一般是拒绝发给这种通行证的。"④

四是清除陋习恶俗。为整顿社会秩序,太平军对社会上腐朽的陋习恶俗进行取缔。1858年以后,由于鸦片贸易合法化,输入宁波的鸦片不断增长,每年达3000担之多,毒害无穷。针对宁波鸦片泛滥成灾现象,太平军根据《资政新篇》中"禁酒及一切生熟黄烟鸦片","走私者杀无赦",规定在宁波严禁鸦片。"禁吸洋烟……或偶见有烟具,不论事件之大小即重加谴责。"⑤对外商贩卖鸦片进行禁绝。当时在宁波经营鸦片贸易的英商怡和洋行受到了打击。这家鸦片贸易公司负责人格林给香港总行报告说:"过去两周,一箱鸦片没有卖得出去。中国人中间传说,叛党(太平军)领袖不准运鸦片到内地去。"⑥

第二,工商业的恢复和发展

太平天国定都天京之初,曾一度废除商业,"商贾资本,皆天父所有,全应解归圣库"⑦。事实上当时江南商品经济已经相当发达,废除

---

① 《台州咸同寇难记略》卷二。
② 严中平《太平天国侍王李世贤部宁波攻守纪实》,《严中平文集》,第351页,中国社会科学出版社1996年版。
③ [英]格林《致香港怡和公司》(1862年1月6日),《严中平文集》,第354页。
④ 《北华捷报》第669期,1863年5月23日,《太平军在上海》,第38页,上海人民出版社1983年版。
⑤ (清)柯超《辛壬琐记》,《太平天国资料》,第191页,科学出版社1959年版。
⑥ [英]格林《致香港怡和公司》(1862年2月7日),《严中平文集》,第355页。
⑦ 《剡源乡志》卷二四《大事记》;《忠义乡志》卷一六《大事记》。

商业只能是不切实际的幻想。太平天国到后期只好开放市场,允许商人进行自由贸易并适当加以管理。太平军占领宁波以后,十分注意恢复和发展工商业,反复强调士农工商回归原乡,各安恒业,照前营业,尤宜公平买卖。宁波的太平军像所有其他地方的太平军一样,正在认真遵守他们的诺言,竭力建立和外国人的友好关系和商务关系。正如格林所言:他们"对外国人好像非常急于培植友谊,保持信誉,所以只要我们当局不干涉太平军,我预料本国将有很好的生意做。这儿已到了一些生丝"①。塞克斯就提供外商在宁波收购丝茶的材料。他指出,1862年4月23日,在慈溪与余姚交界处的沙集,"买进大批生丝,可望更多"。"这里有几个叛军(太平军)兵站,他们曾来访并很友好。表示如我们提出要求,愿意给予帮助。"②

在太平军的管理之下,宁波的市场得到恢复,物资迅速畅通。占领宁波的太平军采取了一些有利于贸易的措施,吸引了福建、山东等地的货物到宁波交易,致使米价、糖价下跌,茶叶和蚕丝也运宁波销售。同治元年二月八日(1862年3月8日),格林给香港怡和洋行的报告中就介绍了宁波的贸易情况。"米价已经下跌了,有好些米船从南方来,日内就可以到达,今天的米价每石三元四角五分……因为有几条泉州船从乍浦开来,所以糖也落价了……有大批山东船正在装运北路货,北路市场对福州纸的需要正旺。"③亚朋德的《华尔传》也说:宁波的太平军"开始交涉掌握海关,企图与美国及欧洲各国进行贸易"④。

这一时期的对外贸易也有所发展。茶叶、蚕丝等产品都通过宁波向国外销售,丝、茶出口增长了许多。1859—1860年,宁波茶叶出口为

---

① [英]格林《致香港怡和公司》(1862年3月8日),《严中平文集》,第355页,中国社会科学出版社1996年版。
② 《怡和书简选》,王崇武等《太平天国史料译丛》第1辑,第78~80页,中华书局1985年版。
③ [英]格林《致香港怡和公司》(1862年3月8日),《严中平文集》,第355页。
④ [美]亚朋德《华尔传:有神自西方来》,《太平天国史料译丛》第3辑,第131页。

8593.8万磅,生丝出口为6.9137万包,到1861—1862年,茶叶出口10735.2万磅,生丝出口为7.3222万包。这表明,在太平军的管理下,宁波的对外贸易是有所发展的,"贸易一直在增长"①。

对往来的商人经营课税,其税种有营业税和船钞。简又文在《太平天国全史》中说:太平军在城(宁波)外建立买卖街,据外国人记,河这边正在建筑许多小屋子,地方拥挤,教堂和普通人都有,可是太平军也参与商议活动。营业税额一般是5%。②为了对往来的中外船商进行课税和管理,太平天国在宁波建立了海关,把设立在江东的原常关改为天宁关,改镇海关为太平关,"征收商税"。以衡天安潘起亮为天宁关监督,"任何通过海关的货物都付少量关税"③。天宁关公布了税则,建立了正常的进出口制度。同治元年二月七日(太平天国壬戌十二年二月七日,即1862年3月7日),天宁关发予船商李贤三纳税执照"天字第五百肆十号",盖有"出口"印戳。其中注明货物"净棉花三十包",毛量"二千八百八十斤",纳纱税"银二两三钱"。④按时价棉花每包28元计算,税率应为0.5%左右。这表明太平天国对来往宁波的货物已经征收商税,但税率较低。太平天国的税收机构与腐败不堪的清朝厘卡形成鲜明的对照,是公正的、正规的、简便的。在宁波境内进行贸易的各村各镇,一律只设有一个税卡。这种制度的最大优点就是只缴付一次税款,即发给一张凭照,直到目的地不再于他处纳税。太平天国税署所施行的简便有效的税制是应该大加赞扬的。

商业活动的正常进行,使货币成为商品交换的媒介,在宁波的市场上,广泛流通着太平天国的铜币,上铸"圣宝"。"圣宝"小平钱,黄铜铸造,直径2.1厘米,楷书钱文。此外,外国银圆和清朝制钱在市面

---

① 王崇武等《太平天国史料译丛》第1辑,第73页,中华书局1985年版。
② 章士晋《太平军在宁绍台》,第116页,宁波出版社2001年版。
③ [英]格林《致香港怡和公司》(1862年4月21日),《严中平文集》,第356页,中国社会科学出版社1996年版。
④ 《浙江太平天国革命文物图录选编》,第129号,浙江人民出版社1984年版。

上也有流通。当时的一枚墨西哥银圆就能换铜钱1375文。

第三,土地制度在宁波实行

太平军进入宁波前后,各路将帅先后发布了不少告谕,阐明了太平天国的田赋政策。按照《天朝田亩制度》,实行耕者有其田政策。但这种一切土地归公的政策不易被农民所接受。与此相适应的分配制度是余粮余资征收制。太平军要求每家按"大口一月一担,小口减半"的标准留下各家粮食,其他粮食、商贾资本都要交国库归公,政府不向农民征收粮食,但这种方法难以实行。咸丰六年(太平天国丙辰六年,1856年)杨秀清奏请洪秀全批准,实行"照旧交粮纳税"。征收田赋正是太平天国后期在宁波实行的一种征粮措施。它是"照旧交粮纳税"政策的具体体现。其做法是"造田册"、"计亩纳粟"。据奉化的《剡源乡志》、《忠义乡志》记载,太平军在鄞县、奉化征收田赋。"造田亩册,五亩以上起征。"5亩以上纳米2斗,5亩以下免征。[①] 宁海县也征收赋税、实物,在崇教寺竖起一杆大旗,书写着"奉旨收贡"。

这种田赋政策显然是进步的,它有利于减轻农民的负担,调动了农民的积极性,一定程度上遏制了地主的土地兼并。但是,太平天国不是新生产力的代表,不可能从根本上解决土地问题。

第四,实行独立自主的外交政策

洪仁玕的《资政新篇》,主张同资本主义国家通商和进行文化交流,但必须在外人不干涉太平天国的内政和"国法"的条件下进行往来,表达了太平天国坚持独立自主、反对外来干涉和侵犯的严正立场。宁波是太平军占领的重要港口城市,太平军在这一时期与英、法等西方资本主义国家有过一段直接接触,也有一定商贸关系,他们对外坚持了独立自主的外交政策。

当太平军向宁波进军时,外国侵略者企图对太平军施加压力,他们一面暗中帮助清军进行军事部署,另一方面派出代表与太平军谈

[①] 《剡源乡志》卷二四《大事记》;《忠义乡志》卷一六《大事记》。

判,进行政治讹诈,以"严重损害贸易"、"外国之利益将蒙受损失"为借口,对太平军进行干涉。殿左军主将黄呈忠、讨逆主将范汝增,为此发表书面照会,指出太平军"目的在于推翻现今清王朝",因此"不能让清军保有宁波"①,并表示:如果外人不帮助清军,太平军保护外人的生命财产。

但外国侵略者并没有珍视宁波太平军的友好态度,不仅公开支持清王朝在宁波的当局,而且不断制造事端阻碍太平军的活动,干涉中国内政。太平军攻克宁波以后,英法侵略者借口太平军欢迎范汝增鸣放礼炮,子弹流落到江北岸外人居留地,当即要求赔偿。"遭遇"号丢乐德舰长给范汝增发来照会说:"本舰长与此间负责官商量后,认为城外正在建筑的炮台严重地威胁了外国租界……因此请贵主将立即将该炮台拆毁,并将我租界(指江北岸外人居留地)对面的城上大炮一律撤走。"照会要求太平军24小时内拆除炮位和大炮,否则英军"将予以摧毁,并占领宁波"。②

面对外国侵略者的挑衅、威胁,太平军将领即刻回函拒绝这一无礼要求,并予以驳斥。黄呈忠、范汝增在复照中声明:"该处修建炮台,原系我军自卫所必需,与外国人并无妨碍。……城上枪炮亦不能撤走。"如果英军要强行拆除,"我军唯坚守自卫",但"决不首先启衅"。③外国侵略者利用在江北岸划定的外国人居留地,收容大批反对太平天国的敌对分子,故意挑起事端,妄图阻止太平天国在宁波行使管辖权。对于这种破坏中国主权的行为,太平军给予揭露和反击。范汝增宣布:"外国人居留地属于天朝,所以它应该像中国其他地方一样,绝对受太平军管辖。"④这种严正的立场,表达了中国人民维护民族尊严,捍卫国家主权,反对外国侵略者的坚强决心和信心,同当时的清朝统治

---

① [英]吟唎《太平天国革命亲历记》,第332页,上海人民出版社1997年版。
② [英]吟唎《太平天国革命亲历记》,第432页。
③ [英]吟唎《太平天国革命亲历记》,第433页。
④ 王崇武等《太平天国史料译丛》第1辑,第22页,中华书局1985年版。

者屈服于外国侵略势力的妥协投降的政策正好形成了鲜明的对比。

太平军在宁波执行独立自主的外交政策,其中一个重要内容,就是坚持了海关和关税的主权,在此前提下表示愿意同外国商人进行正当的、平等的贸易。"中外和顺,国之至宝,而商贾流通,亦属物阜民丰",对于来中国贸易的外国商人,只要遵守有关法令,也能"待以宾客之礼,妥为通商"①,坚决不允许有损害中华民族利益、破坏中国主权的行为。这在英商怡和洋行负责人格林给香港总行信中也有所反映:"目

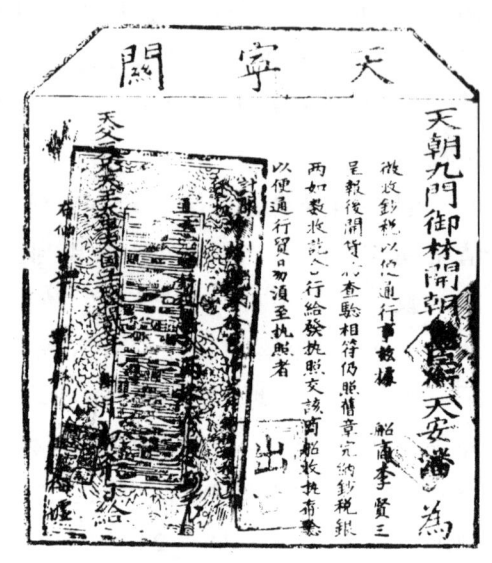

太平军在宁波的关牒

前太平军正掌握全省或其大部分,他们允许欧洲人凭他们的领袖的路条子到乡下任何地方去旅行,对外国人好像是非常急于培植友谊,保持信誉。所以只要我们当局不干涉太平军,我们预料本国将有很好的生意可做。"②

外国侵略者曾控制过宁波海关。太平军占领宁波不久,即设天宁关,代替原来的常关,夺回了海关和关税大权。按当时的规定,外国商船进出宁波,照例纳税,否则不准过关,外国船只经过天宁关,必须看船报税,一切手续符合后,才盖上"出口"字样。对于不服海关管理,对抗稽查、不纳税的洋商,太平军通过正常的外交途径加以处理。法国

---

① 《志天义何文庆致宁波法国领事命戒饬该国船商人等照会》,《太平天国文书汇编》,第322页,中华书局1979年版。
② [英]格林《致怡和公司》(1862年3月8日),《严中平文集》,第355页,中国社会科学出版社1996年版。

商船不服海关管理,擅自驶入镇海洋面。驻该地的太平军将领何文庆即给法国驻宁波领事发出照会说:"驶闯进关,既不容关卡稽查,又不容兵民平买,殊失同心之义。"①太平军还在宁波江北岸贴出布告,严正声明:凡是住在江北岸的所有居民同其他地区的居民一样,必须依照法令缴纳国税。当时甬江上有一艘英国轮,由于违背这一法令,被太平军没收货物。显而易见,海关和关税的主权是国家主权的象征。太平天国不允许外国商人在太平天国辖区内搞特权,正是为了维护中国的关税主权。这同清政府出卖海关权益的行径是截然不同的。

太平军占领宁波的时间仅仅半年。他们着力于发展宁波的工商业,是符合历史前进方向的。尽管他们提出的方案还不完备,一些措施在宁波也未很好地付诸实施,但他们的一系列实践活动毕竟提供了可供后人借鉴的经验,从而成为中国人民探索救国出路的一个重要组成部分。

三、太平军在宁波的保卫战

太平军占领宁波以后,清朝统治者非常震惊。外交上的失败,也使得英法政府更加仇视宁波的太平军。同治元年(1862年)初,清政府确定了"借师助剿"的方针。他们以洋人为靠山,与他们结成联盟,对宁波进行疯狂反扑。一场维护太平军权益的宁波保卫战在浙东激烈展开。

宁波被太平军攻克后,江浙官绅一片恐慌,他们为此就"借师助剿"问题呈江苏巡抚,引经据典,要求清廷联合外国侵略势力,镇压驻宁波太平军:"绅等考汉用浑邪,唐资回纥,皆借外国兵力成大功,于古有征,于今为便。""日前英国参赞大臣巴(夏礼)屡与绅士接触,倾谈之次,邀其调集西兵,助同中国官军保守上海,克复宁波。"只有这样,

---

① 《志天义何文庆致宁波法国领事命戒饬该国船商人等照会》,《太平天国文书汇编》,第322页,中华书局1979年版。

"恢复诸城,计日可待"①。曾国藩说得更明白:"宁波、上海皆通商码头,洋人与我同其利害,自当共争而夺之。"②这些都清楚地表明清政府为镇压宁波的太平军与外国侵略势力勾结的意向。

清廷命令浙江巡抚竭力商请英法洋兵"助剿",对驻宁波的太平军发动进攻。提督陈世章、宁绍台道张景渠等调兵遣将,筹计反攻宁波。张景渠致函英国领事夏福礼,要求英国参战镇压太平军,"惟期仰仗贵国兵威,帮同助剿","定期相机进攻",③公开乞求洋人协同,镇压宁波的太平军。

同治元年(1862年)三四月间,英国侵略者认为进攻宁波的时机已经成熟,于是精心策划进攻部署。他们参与清军的密谋,企图麻痹宁波的太平军。同治元年三月三十日(4月28日),"遭遇"号丢乐德舰长以英国代表的身份,给宁波的太平军发了公函,表示不愿亦不欲在宁波对清军与太平军进行干涉,若清军前来进攻,则英军完全"中立",甚至不准外国租界庇藏清军;另一面却提出拆除太平军炮位等无理要求,继续挑衅。同时调集海盗木船舰队停泊在甬江江面,准备进攻宁波。④ 吟唎在著作中揭露了英国侵略者卑劣的行径:"丢乐德舰长一再企图使太平军自行解除武装,并不顾自己曾于4月27日在写给太平军首领(黄呈忠)的信内已经接受了道歉,这显然证明英国早就有了向太平军开衅的预定的有组织的计划。"⑤

四月初,宁绍台道张景渠、海盗阿伯克、丢乐德舰长和英国领事夏福礼交往活动更加频繁。四月七日,陈世章、张景渠及布兴有兄弟的广济军1000人作为先锋,合海山、穿山、郭巨的清军攻打镇海。四月

---

① (清)吴煦《江浙绅士为借师助剿呈苏抚》,《吴煦档案选编》第2辑,第171页,江苏人民出版社1983年版。
② 《曾文正公全集》奏稿卷一五《议复供洋兵剿"贼"片》(1862年2月20日),吉林人民出版社1995年版。
③ 《张景渠致夏福礼函》,王崇武等《太平天国史料译丛》第1辑,第16页,中华书局1985年版。
④ [英]吟唎《太平天国革命亲历记》,第432~433页,上海人民出版社1997年版。
⑤ [英]吟唎《太平天国革命亲历记》,第434页。

九日,镇海监军何文庆率太平军拼力奋击,终因敌我力量悬殊被迫撤退。张景渠攻下镇海以后,在英国舰艇的掩护下,溯江而上,并宣称在四月十一日早上3点反攻宁波。

同治元年四月十日(1862年5月8日),丢乐德和法舰队司令耿尼配合清军向宁波进攻。他们声称在清军进攻宁波时,如果太平军自卫抵抗清军,向清军发起炮击,危及外国租界军民,英法即行"开火还击,炮轰城厢"①,并轰击宁波城。但太平军将领黄呈忠、范汝增不理会这种警告,并没有被这种威胁所吓退。他们当即复照,认为炮台、城墙、炮眼事关太平军的"性命",对于外国侵略者提出的拆毁炮台的无理要求绝不能"依从",并严正指出:清兵何处前来,我们自必何处开炮。太平军必将"有一份力自要尽其一分,如其与清妖争斗不胜,即弃之再为缓图,断不能自弃之也"②。这个照会浩气凌然,表明了太平军坚贞不屈坚守宁波的严正立场。

次日早晨,提督陈世章、台道张景渠、丢乐德舰长与英国驻宁波领事夏福礼聚集在宁波江北岸英国领事馆进行秘密策划,具体部署联合进攻宁波事宜。夏福礼当天向普鲁斯报告了军情,说海盗阿伯克所率舰队停泊在江北岸外滩外人居留地前面,准备进攻宁波。"张(景渠)道台和陈(世章)提督今天(9日)早晨秘密地来领事馆看我,他们向丢乐德舰长和我说,倘无意外事故发生,清军准于明晨破晓时向宁波发动进攻。"③同日,英法侵略头目在兵舰上举行军事会议,决定配合清军向太平军进犯。

同治元年四月十二日凌晨,按照预先约定的计划,布兴有的船队环绕英法兵舰周围行驶,随之发炮轰城,诱使太平军开炮还击。为防止侵略者以此为借口攻城,守城的太平军作了克制,并没有还击。许

---

① [英]呤唎《太平天国革命亲历记》,第437页,上海人民出版社1997年版。
② 《殿左军主将黄呈忠讨逆主将范汝增驳斥英法水师统将无理要求照会》,《太平天国文书汇编》,第323~324页,中华书局1979年版。
③ [英]呤唎《太平天国革命亲历记》,第436页。

多太平军战士被海盗船队炮火射击,倒在血泊之中,太平军已忍无可忍,被迫进行自卫反击。为避免危及外国船只,太平军只放射排枪。不意有两颗子弹射中英舰"茶隼"号的船尾。此时,停泊在甬江的英国军舰"遭遇"号、"伦道夫"号、"克斯垂尔"号、"勇敢"号,立即会同法军炮舰"明星"号、"孔夫子"号一齐向太平军炮台猛烈射击。宁波城内的太平军毫不畏惧,英勇奋战,进行了宁波保卫战,表现出血战到底的决心。当侵略者用云梯爬城时,太平军用长矛挑倒云梯,用粪罐、火弹、石头、砖块作武器,多次击退敌人。丢乐德率冲锋队再次登城,范汝增亲自指挥400余名战士迎战,开展短兵相接的肉搏战。"天地暗色,屋宇震荡。"① 从上午9时至下午5时,太平军英勇奋战,打死打伤英法侵略军数十人和大量的清军。英国军官戴维斯(Davis)、科诺华(William Cornwall)、卡农(Cannon)和法军参将耿民(Lieut Kenney)等人被击毙。战斗异常激烈。太平军在极端困难的条件下,进行了殊死搏斗,抵抗敌人的进攻。由于侵略军武器精良,炮火猛烈,城内太平军将士百余人阵亡,黄呈忠、范汝增也身负重伤,余下的太平军在黄呈忠、范汝增的带领下被迫突围,忍痛放弃了宁波,撤往余姚。外国侵略者随之对太平军将士进行灭绝人性的屠杀。《中国邮报》于1862年5月22日曾经报道说:"叛军(太平军——引者)由西门退去,于是海盗入城,他们于数小时内所破坏的较之叛军占领宁波的五个月内所破坏的要多得多。""星期日,复职的道台忙于砍下他所捉到的不幸叛军的头颅,要不然的话,就把他们处以酷刑。"次日,同样景象重演,屠杀并拷打太平军的"主要刽子手之一为英国领事的西崽或私用仆人阿福……在城内巡行,命令他们杀人,并且对英国兵士发号施令"②。

驻守在宁波的太平军在抗击外国侵略者和封建统治者的斗争中是非常英勇顽强的,连外国人也不得不称赞那种英勇:"叛军(太平军)作战非常坚定勇敢,'开斯屈尔'号曾开近炮台,用十英寸炮轰进

---

① (清)柯超《辛壬琐记》,《太平天国资料》,第183页,科学出版社1959年版。
② [英]呤唎《太平天国革命亲历记》,第439~440页,上海人民出版社1997年版。

台里去,然而那些人还是坚守他们的炮位,大炮一经被轰翻,立刻又重新安上炮座。"①太平军的炮手们就这样顽强地战斗着,一直到主力全部撤退才放弃,这是何等的英勇!

宁波失守后,在各县的太平军也被迫撤退。清军从海道、陆路抵达镇海浃口,强行登南北两岸,攻破城垒。何文庆率太平军出逃,守将范维邦投降清廷。同治元年四月十四日(1862年5月12日),那天义吕德林退出奉化。次日,太平军将领潘世忠撤出象山。浙江道员苏镜蓉乘机领兵进袭宁海,驻宁海的太平军因孤守得不到援助,突围退往宁波。四月十六日,驻宁波英法联军帮助张景渠克复慈溪。五月八日,英军水师丢乐德、法军水师勒伯勒东以及常捷军统带日意格、清军道台张景渠联合攻克余姚。

英法联军伙同封建统治者攻下宁波及其所属各县,这就从根本上破坏了太平军给养的战略根据地,对于太平天国来说是一个沉重的打击,从而导致浙江的完全失陷。

宁波是太平军占领的港口城市,从战略上说占有十分重要的地位。它不仅对于打开丝茶出口通道,夺回海关税收,增加太平军的财政收入具有重要意义,而且在军事上能开辟购买外国军火的途径,加强军事力量。太平军的宁波失守对浙东的战局产生很大影响,为此,太平军在同治元年秋天重新部署力量进行反攻,提出"两路出击、围攻宁波"的策略,使宁波处于两面夹击之中。根据这个策略,太平军兵分两路向宁波逼近。一路由黄呈忠、范汝增及何文庆率领,攻余姚、慈溪,自北向宁波进攻;另一路由梯王练业坤率领攻奉化,自南向宁波逼近,沿路进行了激烈的争夺战。

同治元年八月十八日(9月11日)黄呈忠、范汝增率部反攻余姚,由于遭到"常胜军"的阻击,初战失利,于是绕道直攻慈溪(慈城)。他们夜行昼伏,黎明抵慈城,即从西门、南门攻入。于八月二十五日攻取

---

① [英]格林《致香港怡和公司》(1862年5月15日),《严中平文集》,第357页,中国社会科学出版社1996年版。

慈溪。《上海新报》为此作过报道说："慈溪县于二十五日失守,贼离宁郡城五六里扎营,闻系广艇滋事,随即收复。镇海县都有失陷之说。"①太平军攻占慈城以后,乘胜进逼宁波,使固守宁波的宁绍台道史致谔十分惊慌,要求李鸿章派"洋枪队"来甬解围。

正当太平军对宁波进行反攻时,外国侵略者把常胜军头目华尔(Frederick Townsend Ward)调到宁波。华尔是美国流氓,双手沾满了中国人民的鲜血。华尔等来宁波后开始镇压太平军。同治元年八月二十八日(1862 年 9 月 21 日),华尔在英法侵略军的配合下共同进攻慈溪县城(今宁波市江北区慈城镇),对沿途的不少村庄进行劫掠和烧杀。华尔气焰嚣张,以新式枪械向慈城发起猛烈进攻,太平军开炮抵御。华尔中了一枚太平军的滑膛枪子弹,受到重伤,次日于宁波毙命。《上海新报》曾作了报道："二十三日宁波来信云:华副将在宁波慈溪地方剿贼,亲督队伍出仗被发贼开洋枪,正中胸膛,以致阵亡。"②这个杀人不眨眼的刽子手受到应得的惩罚。击毙华尔,振奋人心,但毕竟敌人武器装备精良,人员充足,在敌我力量对比悬殊的情况下,太平军被迫于 10 月初退出慈溪。

与此同时,在梯王练业坤率领下,南路太平军再克奉化。同治元年八月二十五日(9 月 18 日),练业坤率太平军 2 万从新昌、嵊县攻陈公岭,击毙清军百余人。八月二十八日,攻破奉化县城东、南两门,再克县城,知县屈水清弃城逃跑。同治元年闰八月初一,准备再攻宁波。新任宁绍台道史致谔与英法侵略军进行抵抗,太平军反攻宁波没有成功,退守奉化。闰八月初十,英法侵略军洋枪队进攻奉化,梯王练业坤率领太平军战士英勇反击,大败侵略军。次日,鉴于敌人力量过强,太平军最终弃城西走。奉化保卫战中,太平军打死了美国军官司那师及士兵 24 人。《上海新报》报道说:"英轮船昨日由宁波来云,目前英、法会同中国官兵前往凤(奉)化,攻打发逆。初次小败,嗣即合攻,将凤

---

① 《上海新报》1862 年 9 月 8 日。
② 《上海新报》1862 年 10 月 14 日。

(奉)化城收复。唯英兵官名博心克铁……又盖勿兰二员受伤。常胜军兵之外国人,死伤一员。"①从上述报道中我们可以看到太平军的确取得奉化战役的胜利,但由于敌我力量悬殊,太平军也付出了较大的代价。

太平军反攻浙东虽然没有成功,但他们在攻打慈溪、奉化中打得非常漂亮。外国侵略者控制的洋枪队连续遭到惨败,再次显示了民众反抗外国资本主义侵略的主力军作用。

第五节 光绪时期的宁波

19世纪晚期,资本主义发展进入一个新的阶段,这就是帝国主义阶段。资本主义列强在瓜分中国的过程中,向中国输出大量资本,并不断向海外扩张,是这一时期的新特点和新动向。中法战争、甲午战争及此后帝国主义瓜分中国的狂潮,对宁波社会产生了巨大冲击。与此同时,资产阶级改良派的维新运动在全国兴起,宁波也深受影响。

一、中法战争中的镇海战役

(一)薛福成与浙东筹防

光绪初,法国开始侵犯越南。中法关系亦趋于紧张。面对法国的武力进逼,清廷态度软弱,抵抗决心较少,致使法军逼近中越边界。光绪十年(1884年),中法战争爆发,其主战场在中越边境,但法国也派舰队对台湾、福建、浙江进行侵扰,而镇海是其重要的目标。

法国侵华对宁波经济发生了影响。《申报》曾有报道:"甬江诸钱庄因法事日亟,各行号所存之银纷纷起取,致现洋空乏,支度艰难,虽

---

① 《上海新报》1862年9月18日。

每日由沪运到英蚨不下数万,苦不够支销。刻下市侩居奇,谓如取现洋,每百元须扣四元。城厢内外各典铺亦于二十日为始,每至下午概不收质云。"①当铺接踵闭歇者计有公泰、生泰、致和、丰长4家。没有关闭的每日"止(只)开半日,贫民遇有急需,无可通融,大为不便"②。

面对吃紧的战事,清廷加强了浙东筹防,而设防的重点在镇海。因为镇海位于甬江口,为浙东的门户,战略地位十分重要。其实,在中法战争爆发前,清廷已经注意到这点。早在光绪三年(1877年),浙抚杨昌浚命提督黄少春、候补知府杜冠英在招宝山东麓建造第一座大炮台威远炮台。光绪六年,杜冠英在金鸡山、小港口筑靖远、镇运炮台。第二年,在南拦江炮台增建基层二座13间,安炮6座。但到光绪九年镇海招宝山在当时仅扎兵500人。为此,一些官吏主张增强防守兵力,建议"加练炮台兵二百名,眼法、手法务会纯熟,斯诚急务",并提出"择险设伏联络团引彼(敌)深入"。③

主持浙东筹防的主要是刘秉璋、欧阳利见和薛福成。刘秉璋(1826—1905年),字仲良,安徽庐津人。光绪九年十二月十五日(1月23日)任浙江巡抚,次年6月奉令部署浙东防务,刘秉璋令道员薛福成、宁波知府宗源翰、同知杜冠英等组成营务处,规划战守。欧阳利见(1824—1895年),字庚堂,湖南祁阳人,原属湘军。光绪八年八月任浙江提督。薛福成(1838—1894年),江苏无锡人,字叔耘。曾为曾国藩、李鸿章幕僚。

光绪十年正月初十,授薛福成为宁绍台道。这个官职务虽然不高,却使他结束了长达20多年的幕僚生涯,从此能够独立处理一方政事和外交大事。薛福成到宁波时,正是中法战争前夕,海防日紧。新任浙江巡抚刘秉璋素知薛福成的才干,立即委以宁防营务处重任,檄

---

① 《甬江诸钱庄现洋兑支艰难》,《申报》1884年8月14日。
② 《宁郡当铺接踵闭歇》,《申报》1884年10月8日。
③ (清)欧阳利见《金鸡谈荟》首卷,第2页,清光绪十五年刻本。

令"综理营务,尽护诸军"①。薛福成由此而成为直接指挥浙东筹防的一位重要人物。

在刘秉璋的支持下,薛福成在浙东筹防方面做了许多相关工作,具体如下:

首先,是物质上加强实战准备。为此,他与杜冠英等一方面"筹商遮护炮台之法",对炮台加固遮护;同时,学习西方国家阻拒敌舰的有效办法,采取钉桩、放水雷、载石沉船等防御措施。薛福成督杜冠英及宁波知府宗源瀚"买桩木三千余支,用机器排钉海口","又购大船三十六艘,督会二岸防勇满装石块排沉桩缝之内"。②当他估算出钉桩购料需用款"逾洋银七千数百元之数"时,立即"先饬宁波厘捐局拨给洋银千元,以购资料,其余俟接奉宪批后,陆续给领"。③光绪十年七月二十八(1884年9月17日),宁波知府宗源瀚至镇海督察治船。薛福成还上书刘秉璋,提出炮台、堵口、陆营三者相辅并行的防御策略,并且照会外国驻宁波领事:堵塞海口系为保卫地方,嗣后无论何时,敌船一到即行治船塞口,不再照会,以免贻误防务。为迅速了解军情,薛福成在宁波、镇海架设电线,沟通了杭州与镇海前线通信线路,从而做到了"军机无误"④。

民以食为天。粮食对于备战有着十分重要意义。薛福成等人都感问题严重,因此,必须"及早图度,以定民志而固军心"。他与宗源瀚等人商量后,"邀集绅董筹议招商贩运"⑤。

其次,确定镇海为浙东战略重点,牵制法军不敢进攻定海。浙东筹防的一个重要方面是必须确定设防的方针。镇海能不能成为浙东

---

① (清)薛福成《禀抚院刘镇海钉桩预备堵口办理情形》,《浙东筹防录》卷一,成文出版社1968年版。
② (清)欧阳利见《金鸡谈荟·刘中丞咨送浙江镇海口布置及战守情形图分说》,《中法战争镇海之役史料》,第5页,光明日报出版社1988年版。
③ (清)薛福成《禀抚院刘镇海钉桩预备堵口办理情形》,《浙东筹防录》卷一。
④ (清)薛福成《招宝山炮台再创法舰击伤法兵头》,《浙东筹防录》卷四。
⑤ (清)薛福成《浙东筹防录》卷一。

战略重点,这在浙省主要军政官员中存在着很大分歧。以提督欧阳利见为代表的一派主张分兵把守,要在宁波、镇海、定海设置重兵,甬江南岸"由象山循宁波、奉化沿边"和北岸"由慈溪以达余姚","此尤不得不防"①。这种"枝枝节节而为之"的做法,容易使力量分散。以刘秉璋为代表的另一派,则认为浙防"以宁波为重要,镇海为宁波口门,而定海孤悬海上,又为镇海外护"②。但薛福成到任后,并不是轻易地下结论,而是坚持调查研究,亲自到镇海和定海实地考察。他认为欧阳利见等人的主张不可取,但以刘秉璋所见,将宁波、镇海均确定为防御重点,也感到定海兵力单薄。薛福成深知,定海为浙江一省之藩篱,亦是海疆全局之关键。为此,他正式上书南洋大臣和督院提出了利用中英旧约,"使法人忌英而不犯定海"③的策略设想。这个设想若能实现,便可将镇海作为防御重点,即可将法舰拒之镇海口门之外。他并不知道,当时英、法就所谓英国保护定海旧约问题已暗中达成协议,即英国不愿助华攘法。他熟悉国际公法,认为英法两国签订了新约,如果没有声明将前约作废,是不能随便废止的。为此,他请南洋大臣正式照会英国公使,必须依法遵守旧约;又立即写出《英宜遵约保护舟山说》一文,将其译成英文,寄往伦敦各报发表,将此事大白于天下。此文一出,英国朝野舆论哗然,纷纷要求政府履行旧约。这样,薛福成确定的以镇海为防御战略重点的决策得以实现。

再次,化解各方矛盾,增长凝聚力。中法战争时期,清朝统治者派系复杂,斗争异常激烈,这些矛盾和斗争不可避免地会影响到浙东前线。当时在镇海的驻军主要是湘军、淮军,两军争权夺利,离心离德,互相牵制,内耗严重。尤其是刘秉璋和欧阳利见之间的矛盾更为尖锐。欧阳利见系曾国藩"之妻党远族"④,为湘军重要骨干,但不谙战

---

① (清)欧阳利见《金鸡谈荟》首卷,第2页,清光绪十五年刻本。
② 《刘秉璋片》,军机处录副档。
③ (清)薛福成《浙东筹防录》卷一,成文出版社1968年版。
④ 刘体仁《异辞录》,上海书店1984年版。

术,淮军著名将领刘秉璋对他轻视。刘秉璋赴浙抚任后,多次恳请朝廷从朝鲜调回淮军将领吴长庆,企图取代欧阳利见,但未被允准。在战略决策上两人也发生分歧。刘秉璋属下守备吴杰因不同意欧阳利见的"徙炮拆台"的错误主张,而"极言不可"。欧阳利见不听劝告,反而表示"志在必行,违者即行正法"。由此可见,淮军与湘军的矛盾已经达到十分尖锐的程度。参将郑鸿章与守备吴杰甚至发展到"几欲列队开枪决斗"。薛福成从大局出发,为增强守军的凝聚力、战斗力而积极化解矛盾,联络上下,团结对敌,他认为"强敌在门,将领不和最为大忌"①。因此,他要吴杰"力顾大局",并且派人"驰往和解"②。在他的耐心工作下,刘秉璋与欧阳利见的矛盾没有进一步扩大,基本上做到同心协力,"遇事相商,同心御敌"③。

(二)法国侵华与镇海抗法之役

法国侵略越南蓄谋已久。尤其是镇压巴黎公社最可耻的刽子手茹费理(Jules Ferry)出任内阁总理后,变本加厉地扩张,增兵越南,加紧侵略中国的步伐。

光绪十年(1884年)五月,法军侵略谅山。六月十四日(8月4日),法海军少将利士比(Lespès)率舰进犯我国台湾基隆。七月三日(8月23日),海军中将孤拔(Courbet)炮击福建水师,尽管有一些官兵誓死抵抗,但并没有挽回失败的命运,洋务派所苦心经营的福建水师在激烈的炮火中全军覆灭。

马尾失师后,在舆论的压力下,清政府被迫对法宣战,下令沿海各地要加强战略,"如有法船在口,即行轰击"④。光绪十年七月二十日

---

① (清)薛福成《上刘中丞书将领不和最为大忌》,《浙东筹防录》卷二,成文出版社1968年版。
② (清)薛福成《上刘中丞书将领不和最为大忌》,《浙东筹防录》卷二。
③ (清)曾国荃《镇海三船随同接仗奏稿》。
④ 《总理衙门电初六奉旨宣战》,《中法战争镇海之役史料》,第50~51页,光明日报出版社1988年版。

(1884年9月9日),清廷旨寄浙江巡抚刘秉璋:"有人奏闻有外国船六七艘驶至宁波江北岸,着刘秉璋饬属确查系何国船只,如系法船,即行攻击。"①

清政府宣战后,中法战争在中、越两地同时进行。越南战场进行的是陆战,而中国战场主要是进行海战,镇海战役是其中一场十分重要的战役。

镇海,是浙江海防的要冲,宁波的门户,与定海隔海相望。"招宝山扼其北,金鸡山峙其南,最具形胜。"②特别是招宝山更是镇海的门户。镇海军民有光荣的革命斗争历史,面对法国军舰闯入浙东,当地军民发扬前辈的光荣传统,陈兵布炮,组织地方武装,严阵以待,为反侵略战争做好了准备。

光绪十一年正月十四日(1885年2月28日)夜,法舰队司令孤拔率4艘法舰"纽回利"(Nielly)号、"答纳克"(Drac)号、"巴夏尔"号、"德利用方(Triomphante)"号到达镇海口外之七里屿洋面排泊,先后游弋蛟门外。提督欧阳利见先得警报,亲督南岸要隘,做好作战准备,并函商北岸统领提督扬岐珍,南洋水师三舰统领、总兵吴安康,营务处杜冠英和统领钱玉兴以及地方官进行临战部署,并亲驻金鸡山督师。

光绪十一年正月十五日上午9时半,法舰驶向游山。午后,以一小轮驶入虎蹲山北测量水道,向游山口暂泊之"江表"商轮探信,进行侦察活动,被招宝山清军开炮击退。下午3时,法军4舰攻招宝山炮台。杜冠英饬炮目周茂训开炮还击,"南琛"等南洋兵轮亦开炮接应,击伤法舰"纽回利"号。下午5时,受清军猛烈炮火射击,法舰受伤后逃窜。正如资料记载:"士卒踊跃,人人奋勇,'巴夏尔'等船见前船受创,均开排炮来击,我南北炮台也开排炮助威,自未至申,彼此各开数

---

① 《旨寄刘秉璋如有法船驶至宁波即行攻击电》,《清季外交史料》卷四六。
② (清)薛福成《笠山宏远炮台铭并序》,《庸庵文续编》,清光绪二十三年石印本。

炮,法船力竭败退。"①正月十六日晚7时至9时,法军用2艘鱼雷艇暗袭清军,遇水雷后撞到礁石上爆炸。岸上守军给予还击,将鱼雷艇击退。

正月十七日,法舰又增添2艘。上午七八时,薛福成、宗源瀚电杜冠英,说法军已添两船,告诫"日内必有大战,宜严备"②。九点钟,法舰"答纳克"驶入虎蹲北,向招宝山炮台进攻。扬岐珍、杜冠英督率吴杰亲开大炮,统领吴杰穿巡于各个炮台之间,要求大家抵御侵略,卫我山河。炮弹直射法舰,击中法船大烟筒,"再炮中其船桅,横木下坠,压伤其兵头。南琛、南瑞复从旁击中三炮,穿其后艄。法船创甚,急放黄烟,收旗轻轮,仅出险遁去"③。孤拔也在这次战斗争被清兵击伤。

敌舰败退以后,以一白舰泊游山,倚山为障,相牵制。下午1到2时,薛福成、宗源瀚电告三舰统领吴安康,"务宜逐夜严防"敌鱼雷船之偷袭,并且建议"潜伺该小船来,围击沉之,略示惩创"。④

薄暮,欧阳利见密派健左旗副将费金组带勇百名,执枪伏馒头山脚,暗防敌人再来。夜9时至10时,法小船两只,潜移而至,经排枪轰击,炮台轮船相机击退。⑤

光绪十一年正月十九日(1885年3月5日)夜9时至10时,法军又派黑白两舢板,乘风雨冥晦之机,从馒头山潜袭港口炮台,均被副将费金组所率的健左旗士兵用排枪击沉,船上兵士都被击毙。次日早晨,敌放小轮至虎蹲,又被炮台击回。从此以后,法舰来往镇海,但再也不敢逼近口门。

正月二十八日(3月14日),法舰攻击小港口炮台,该台系一座诱

---

① 《浙江镇海口海防布置战守情形图正图附说》,《中法战争镇海之役史料》,第3页,光明日报出版社1988年版。
② (清)薛福成《法添两船日内必有大战》,《浙东筹防录》卷四,成文出版社1968年版。
③ (清)薛福成《招宝山炮台再创法舰击伤法兵头》,《浙东筹防录》卷四。
④ (清)薛福成《请伺击鱼雷船》,《浙东筹防录》卷四。
⑤ (清)欧阳利见《金鸡谈荟·刘中丞咨送浙江镇海口布置及战守情形图分说》,《中法战争镇海之役史料》,第8页。

敌的空台,设有大炮。法军因开炮没有命中目标,于是将大炮高架,以便从高击下。因炮身沉重,绳断炮坠,压死了10余人。二月三日,孤拔乘兵轮离开镇海。二月四日,总兵钱玉兴率领敢死队员拉8尊后膛车轮炮在夜幕掩护下,埋伏在南岸青峙岭下,深夜射击停泊在游山的法国军舰,8门大炮同时喷出怒火,接连5发炮弹击中敌舰。这次战斗,中国守军没有受到损失。从此,法舰不敢再接近游山,清军摆脱了消极挨打的被动局面。

光绪十一年二月十九日(1885年4月4日),《中法停战撤兵草约》在巴黎签订。二月二十九日,法远东舰队副司令利士比致函欧阳利见,传达法国政府的命令,中法于三月一日停战。由于孤拔在镇海战役中被击伤,于光绪十一年四月二十九日死于澎湖。五月十七日(6月29日),最后一艘法舰离开镇海,镇海口启关通航。

法军在镇海战役中,多次遭到失败,但并不甘心。直到战争结束,虽"欲蹈瑕伺间,以图一逞,卒不可得"①,终于在中法和议达成后的3个月,从浙东海面退走。

(三)镇海抗法战争胜利的历史启示

镇海抗法作战的胜利,是继基隆、淡水抗法作战成功之后的一次重大胜利。这一历史事件,不但对中法战争结局有所影响,而且为中国人民反抗帝国主义的侵略提供了丰富的历史经验。镇海抗法战争胜利给我们许多历史启示。

第一,镇海抗法作战胜利的基础:战前准备

镇海战役之所以胜利,其中一条重要历史经验是战前充分地准备,在整个战区形成一个完整的防御体系,为战役胜利提供了较雄厚的物质基础。

为防止敌人的进犯,镇海建筑了水中障阻工事,如木桩、沉船、渔

---

① (清)薛福成《浙东筹防录序》,成文出版社1968年版。

网、水陆藏雷等;添建有线电报线路,完善通讯联络;火力部署十分严密。岸炮、舰炮、陆营、钉桩堵口配合,构成了坚固的防御体系。另外,经过薛福成的工作,驻在镇海的湘军、淮军,释前嫌,顾大局,从国家、民族利益出发,齐心协力,团结设防。这就表明,战前准备已经为镇海战役的胜利奠定了重要基础。

第二,镇海抗法战争胜利的根本:人民大众的支持

镇海战役的胜利与东南沿海人民大众的支援分不开。当法军侵犯我东南沿海以后,在全国掀起了抗法斗争的新高潮,浙江、福建等地人民捣毁法国的天主教堂,赶走法国传教士。当时镇海粮食困难,旅沪的镇海人怀着爱国卫乡情谊,于光绪十一年二月二十七日(1885年4月12日)在《申报》刊登《镇海募赈小启》和《镇海公信》,揭露法国侵略者给镇海人民造成的苦难,号召旅沪同乡要"各尽解之惠","极力劝募,救危扶困"。《申报》为此发表社论,称赞此举"不特为镇海一隅之计,实亦为中国大局计"①。在镇海之役,各乡积极组织民团,操练兵械,盘查奸细,看守法国传教士,英勇参战,支援或参加抗法登陆作战。奉化唐岙纸厂工人,聚集3000人,力图保卫家乡。镇海东西沿海各乡出兵丁,集中2万余人;镇海北乡,每10人立旗,每逢一、五日讲演武事,有事互相通报。人民大众轰轰烈烈的反侵略斗争,沉重地打击了法国侵略者的嚣张气焰,极大地鼓舞了广大爱国官兵的战斗士气,从而取得中法战争镇海之役的胜利。

第三,镇海抗法作战胜利的保证:正确的判断和指挥

镇海战役作战的胜利,一个非常重要的因素是当时浙江军、政官员刘秉璋、欧阳利见、薛福成等对敌情作出了正确的判断,并能进行正确的指挥。指挥员的正确部署来源于正确的决心,正确的决心来源于正确的判断,正确的判断来源于周到和必要的侦察。由于作战双方情况的复杂性、多变性,这就需要深入调查研究。欧阳利见、薛福成等人

---

① 《论镇海施赈之善》,《申报》1885年4月15日。

都注意深入实际,了解情况。薛福成受任综理宁波海防营务后,考察了镇海县城。欧阳利见也多次查看沿海情形。在镇海作战之前,巡抚刘秉璋和提督欧阳利见等指挥员,积极备战,严阵以待,并根据中法双方军事力量的对比及军事、政治形势,提出了"以静待动"、"以逸待劳"的战略战术。由于指挥员的正确判断和指挥,又能做到在战前定谋,战中运用神妙,不管法军采取昼间大编队排炮攻击,还是夜间小股偷袭,均被中国军队所击退。刘秉璋、欧阳利见,尤其是薛福成在中法战争镇海之役中的正确的判断和指挥为这一战役胜利提供了重要保证。

第四,镇海之役取得胜利的重要条件:爱国将领身先士卒

中法镇海之役中,爱国将领的模范行动,激励了广大士兵,这是保证镇海战役胜利的又一个重要原因。

镇海的官兵尽管进行了积极备战,但在武器方面与法军相比,还是比较落后的。为什么取得胜利?镇海战役结束后,欧阳利见在回答人们祝贺及询问"取胜之术"时说得很明白:"天子之福也,将帅之力也,三军之用命也。"[1]这里"天子之福"并没有实质性的东西,而真正的意义是"将帅之力","三军之用命"。驻守宁波、镇海的爱国将领不仅认真备战,而且亲临战场,指挥作战。欧阳利见"日督部下所有之兵,刻刻如对大敌,效力死守,无过雷池一步"[2]。在与法军作战中,欧阳利见"金鸡山督阵,炮弹掠顶挨衣而过者,不知凡凡",而他依然"擐甲裹衣,躬亲指点","眠食俱废,以与士卒同甘苦"。[3] 守备吴杰在镇海战役中统带炮兵督守两岸炮台,"何处紧急,立即亲督战守"[4],亲自发炮"击中法舰烟筒,再发击折头桅,横木下坠,伤其兵头,法不敢复

---

[1] (清)孙衣言《镇海防夷图记》,见阿英《中法战争文学集》,第439页,中华书局1957年版。
[2] (清)欧阳利见《复徐太史函》,《金鸡谈荟》卷二,清光绪十五年刻本。
[3] (清)欧阳利见《禀复曾九师》,《金鸡谈荟》卷八。
[4] (清)欧阳利见《咨报镇海口与法人接仗情形由》,《金鸡谈荟》卷七。

进"①。爱国将领在中法镇海战役中的临阵督战和身先士卒,成为镇海之役取得胜利的重要条件。

从军事的角度说,镇海之役对清军来说是打了一场防御战。由于宁波军民的积极配合和刘秉璋、欧阳利见及薛福成的精心指挥,清军取得了镇海保卫战的胜利。这场保卫战不仅拖住了法国的有限兵力,而且保住了"南瑞"、"南琛"、"开济"、"元凯"、"超武"5艘华舰,为中国人民反侵略斗争提供了成功的范例,在中国近代历史上有一定的地位。

二、宁波的资产阶级维新运动

1894年甲午战争的失败和屈辱的《马关条约》的签订,使得国势日危。作为新思潮的鼓吹者,资产阶级维新派为挽救民族的危亡,以西方资产阶级的进化论和社会学作为依据,对清王朝的封建专制加以激烈的抨击。康有为为挽救民族危亡联合13省举人进行"公车上书",提出"拒和、迁都、变法"主张。时隔不久,在北京设立强学会,并创办《中外纪闻》;此后,梁启超、严复在上海、天津等地创办报刊,建立学会,进行宣传组织活动。作为开风气之先的沿海开放城市宁波也深受其影响,尽管宁波的维新运动不及杭州、温州等地热烈,但这一期间也出现了一些学会、学堂、报刊,一些重要的变法成果也保留了下来。

(一)宣传维新,创办实业

宁波的维新思潮,不仅与中国的社会大环境有关,也与浙东的优秀文化传统有关。黄宗羲的《明夷待访录》对封建专制主义的批判和民主思想的提出,对近代的维新思想产生过一定的影响。梁启超在他的《中国近三百年学术史》中就称《明夷待访录》"实为刺激青年最有

---

① (民国)《镇海县志》卷一五《大事记》。

力之兴奋剂。我自己的政治运动,可以说是受这部书的影响最早最深"。梁启超、谭嗣同在提倡民权时,都曾将《明夷待访录》大量抄印。这种人文渊源为宁波的志士仁人接受维新思想提供了重要条件。甲午战争的炮声使严复从梦幻中惊醒,他密切关注国家的命运。为此,严复专心致力于研究和翻译西书,向人们敲响祖国危亡的警钟。他翻译的英国博物学家赫胥黎的《天演论》,在光绪二十一年(1895年)已完成译稿,但到光绪二十四年才出版。《天演论》是英国博物学家赫胥黎所著论文集《进化论与伦理学及其他》中的前两篇文章。严复的译文是意译,并且加了许多按语。严复介绍《天演论》,宣传了"物竞天择,适者生存"的达尔文进化论,旨在批判"天不变,道亦不变"的传统观念。这种理论在当时民族危机严重的情况下,对唤醒人人起来"保种"、保国而斗争,实现变法图强,曾起到了很大的推动作用。该书一出版就对宁波产生了很大影响,成为19世纪末风靡全国的最重要的译著。当时宁波创办的《德商甬报》已经对这本著作进行选载,分期进行介绍。从光绪二十五年三月二十日(4月29日)起,先后在主要版面上按期连载。与此同时,《德商通报》还不定期地转载了英国赫胥黎撰写的《论进化论》、《天演论》,在登载译著时还作了评论,使许多宁波人能够从中吸收新的思想。

  清末有人曾评论过梁启超任主笔的《时务报》说:"新党之议论盛行,始于《时务报》;新党之人心解亦始于《时务报》。"①这种评述是否恰当可以研究,但毕竟说明了《时务报》在当时的历史作用。《时务报》发行量最多时达到17000多份,发表了大量具有鲜明维新观点的文章,宣传维新变法,阐述西方自由、平等、民权、立宪、议院等资产阶级的东西,在当时对封建主义的上层建筑和伦理道德进行了猛烈的抨击。《时务报》是维新期间在全国影响最大的报刊之一。浙江巡抚廖寿丰曾称这份刊物是"议论切要,采择谨严,于一切舟车制造之源流,

---

① 胡思敬《戊戌履霜录》,上海古籍出版社1996年版。

兵农工商之政要,旁搜博纪,尤足以广见闻而资治理"①,并提出采购此报,分发各府、县阅读。由于《时务报》的鲜明的立场,深受宁波的一些血气方刚的青少年的青睐。他们不仅喜欢阅读,而且从中吸收新鲜的养料,武装自己,了解维新思想和变法情况。慈溪人陈训正、陈布雷兄弟就通过阅读《时务报》等报刊拓宽自己的思路。陈布雷后来回忆说:"是年有拳匪之乱(指1900年义和团运动),每闻大哥(陈训正)归家,与先考谈时事,始知中国国势之大概,亦常自大哥处得阅《时务报》等刊物,虽在可解不可解之间,顾独喜阅之。"②盛丕华在戊戌变法时,适逢17岁,"他受维新思潮影响,崇拜梁启超,多方谋阅梁的文章,从此,他开阔了视野,开始关心国家大事"③。

19世纪末的维新运动,是一场深刻的社会改革运动。维新派主张变法,对旧的体制进行改造。"观万国之势,能变则全,不变则亡;全变则强,小变仍亡。"④他们认为变法的根本"在变科举,而一切要其大成,在变官制"⑤。这就表明变法的本原或根本,就是要改变选拔人才的制度和改变官制。这些变法理论在宁波的知识界是有所反映的。《德商甬报》在评论中就提出了"变法"的问题,认为"穷则变,而变则通"。奉化的江北溟,在戊戌变法后,抛弃了科举,开始钻研数理化等,他说:"使百世之下,聪明杰魁之士沉溺于无用之学而不返,是儒生之耻。"⑥

宁波的知识界还就维新、发展民族资本主义、振兴商务、创办实业,作了议论,先后在当时的报刊中发表了《论商为四民之一当与士农工并重》等。这些文章列举西方、日本、印度发展农工商富国的事例,论证了发展民族资本主义的必要性和重要性。"今中国之所宜举者甚

---

① 徐和雍等《浙江近代史》,第179页,浙江人民出版社1982年版。
② 《陈布雷回忆录》(一),上海二十世纪出版社1949年版。
③ 《镇海文史资料》第4辑,第150页。
④ 康有为《应诏统筹全局折》,《戊戌变法资料》第2册,第197页,神州国光社1953年版。
⑤ 梁启超《变法通议》,《戊戌变法资料》第3册,第21页。
⑥ 胡元福主编《奉化市志》第27编《人物传·江北溟》,中华书局1994年版。

繁,而举之之责各有。在行政用人,君之责也;兴学、化民,整军经武之责也。农不讲,工不精,商不兴,无以为国;讲之,精之,兴之宜矣。讲农学,精工艺,兴商务,民之责也。各任其责,各变其责,则事易成。"这样会"百废举,新政成。不然,万绪千条将终无收效之一日"①。在《宁波宜讲蚕桑以开利源论》中更是为宁波发展经济提出了对策,不但阐述了宁波发展蚕桑的重要性,而且提出了一些措施。"今日则中西互市,丝为出口之货一大宗,策富国者,必权与兹焉。""宁波之家蚕桑厥风古矣。近岁人满为患,百货腾贵,而利源日枯,此宁人之阴忧也。为今之计首宜推广桑之得……""欲开宁郡之利源者,则心以讲求蚕桑为上策。"②同时提出在宁波开办蚕务学堂的对策。宁波知识界的这些论述与建议,应该说是很有见地的,反映了民族资产阶级发展资本主义的愿望。

事实上,宁波在这方面也有实际行动。光绪二十二年(1896年),鄞县监生王承维,用中国旧式器械纺织东洋织布获得了成功。所织布集土洋布优点,其质较洋布坚实,花色则大过土布。时任浙江巡抚的廖寿丰就下令对其进行嘉奖、授五品顶戴并准许获专利15年。他在奖状中说:"照得洋火充溢,利权被攘,果能有自出心机,制造各货,挽回外洋之利者,呈现验既实,允宜特予奖给,以示鼓励。"③王承淮仿造洋布的成功,是资产阶级改良派创办实业的具体体现。

(二)兴学育才,创办报刊

维新变法的一个重要内容是创办学堂、兴学育才。康有为、梁启超主张参照欧美和日本学制,提出一整套近代教育思想和规划,创办一批学堂。光绪在"诏定国是"时,也强调培养"通经济之才"和兴办学堂的重要性。兴学育才,洋务派和维新派没有根本的分歧。戊戌政

---

① 《论中国创办农工商局》,《德商甬报》1899年4月25日。
② 《宁波宜讲求蚕桑以开利源论》,《德商甬报》1898年12月24日。
③ 转引自金普森、陈剩勇主编《浙江通史》第9卷,第363页,浙江人民出版社2005年版。

变后,废除了新法,许多封疆大吏还提出"书院不必改,学堂不必停,兼收并蓄,以广造而育真才"①。

　　正是在这种思潮的影响下,新式教育在宁波出现了发展的好势头。储才学堂的创办,就是维新运动所结出的丰硕成果。光绪二十三年(1897年),宁波知府程稻村(云俶)与郡人严信厚、汤远崟、陈汉章等于湖西崇教寺(今偃学街小学址)筹建中西学堂,得到了张美翊、盛炳炜、包履吉、袁尧年等的支持。当时依照上海广方言馆章程,注重欧洲语言文字,并经严格程序招收学生。《申报》对此有记载:"崇教寺内建立中西格致学堂,经府尊程太守考取学生,申送宁波关道吴观察复试。旋示期本月十四日,所有录取各学生均于巳刻整肃衣冠,齐集学堂,听候点名送堂肄业,惟经理堂事,前派举人陈季台孝廉,因各学生多所訾议,遂改盛大史炳炜为经董矣。"②光绪二十四年,校舍初具规模,正式开学,定名为"储才学堂"。聘请慈溪名儒杨敏曾为首任监堂(校长)。学生多来自鄞县书香子弟。光绪三十年,改名为宁波府中学堂。光绪三十三年,宁绍台道喻兆藩拨南郊道厂(宁绍台道船厂)基地40亩、银6万余元建校舍110余间。1912年,改称浙江省立第四中学。储才学堂经过多次的变迁,成为新中国成立初的宁波一中,今为宁波中学。

　　今天宁波市所属的一些县,在维新运动中,注意人才培养,也创办了不少学堂。光绪二十四年,叶秉钧、史翊经在余姚办达善学堂,二十六年改称县立高等学堂,其宗旨是"乐育以人才"。奉化在光绪二十二年由知县周炳麟捐俸银200两购经史子集71种,藏锦溪书院。光绪二十六年,改锦溪书院为龙津学堂,先后购新书数百种。慈溪的许士远在维新思想影响下,邀请地方热心人士会商,建立校董会,将柯云书院改为柯云高等小学堂,聘请郁季任校长,亲自主持教务,还办起了洋文书馆。镇海便蒙小学的创建与维新运动也有着密切联系。在光绪

---

① (清)刘坤一《书院学堂并以户造就》,《刘坤一遗集》奏疏卷二八,中华书局1959年版。
② 《申报》1897年6月23日。

帝废科举、兴学校的诏书下达后不久,江南富商叶澄衷首先在上海虹口捐地30亩、银10万两,筹建澄衷蒙学堂,并聘请同乡樊棻为学校校董。在戊戌维新鼓舞下,他出资3万元于光绪二十八年(1902年)与同乡白季荪合作,创办了镇海便蒙小学。

　　新式教育的内容发生了很多变化。在世风变幻、西潮涌起的鼓荡下,宁波的各家学堂、书馆基本上开设了地理、算学、农学、格物、理化、外文写作等新式课程。储才学堂课程设经学、史学、文学、算学、舆地、译学(英语)等,绝大部分课程与近代化有关。规定修业年限为5年。从当时学堂的试题看,自然科学知识有所增多,许多学堂在招生广告中都把学习西方的科技知识和外文作为重要课程。坐落在宁波江北岸的华英书馆在光绪二十四年十一月初六日(12月18日)的招生广告中这样说:"余自幼随父出洋至美国读书,嗣回上海,在汇英书馆及英华书馆西人处帮教,后又在英大马路昌记弄内自开馆教读英文,历有七年,成学者众。自庚子上,迁移宁波江北岸槐树路卢氏医室内教授英文、算学、地舆、翻译等,并延请镇邑虞瑶翁明经教习中学。俾学者得以中西并习,庶无顾此失彼之虑。"①慈溪的"洋文书馆"在广告中也作了宣传:"饮红轩主人于今秋旋归梓里,英、俄、法三国言语文字颇精熟,造就子弟大有裨益,凡绅商士庶欲延为子侄师范者,函致慈溪大关帝殿成记宝号报名,幸勿观望,脩金从廉,教法详细,此启。"②

　　维新派认识到现代报刊的重要作用,明确地把报纸作为政治工具来使用。康有为说:"新报尤足以开拓心思,发越聪明,与铁路开通,实相表里。"③梁启超在《论报馆有益于国事》中也提到:"国之强弱,则于其通塞而已。"而"去塞求通,厥道非一,而报馆其导端也"。④ 两位维新派领袖在这里强调了报纸的作用,把报纸当作救国救民之手段。

---

① 《德商甬报》1898年12月18日。
② 《洋文书馆启》,《德商甬报》1898年12月17日。
③ 中国史学会主编《戊戌变法资料》第2册,第149页,神州国光社1953年版。
④ 梁启超《论报馆有益于国事》,《戊戌变法资料》第4册,第521页。

宁波的《德商甬报》就是在维新思潮影响下所创办的,对维新思想在宁波的传播起了重要的推动作用。光绪二十四年十月十五日(1898年11月28日),《德商甬报》在宁波创办,尽管在名义上发行人、社长为德国人白鼐斯,但总编辑署慈溪王恭寿、王永年,也就是说这家报纸的实际操作者是宁波人。报纸发行全国各地,包括北京、天津、保定、芜湖、厦门、汕头、广州、九江、上海、杭州、苏州以及甬属各县、台州、海门等地。

《德商甬报》创办的宗旨,与《中外新报》、《宁波日报》截然不同。它是在维新派的"百日维新"结束后两个月创办的。其办报的宗旨受到维新思想的影响。《德商甬报》的《缘起》中说,宁波商业繁华,客商如云,"洋商海贾,凡帆浪船出入于江涛","甬江据宁郡之中,四方之所聚,百货之所交,商务繁盛,为一都会"。① 诸多商人通过报纸,可以获得行情消息;侨居海外的宁波人众多,可以从报纸上了解家乡的情况,以慰游子之心。《德商甬报》的论政作用非常强烈。"论说"几乎每天都有一篇,千字左右,如文章较长,则分上下篇或分节连载。这些评论反映了在维新运动影响下面的宁波士人的革新思想。据现存各期的"论说"大体可分为下列几类:

(1)直接有关宁波经济、文化的,如《宁波宜讲求蚕桑以开利源论》、《宁波风俗利弊论》、《蛟门形势考》、《象山县境三门湾形势考》。

(2)有关国是的,如《东三省边防案》、《禁种罂粟议》、《中国宜习武备御外侮策》、《整顿丝茶议》、《垦荒当求实效条议》、《论商》、《论商为四民之一当与士农工并重》、《论中国创办农工商》等。从加强东北边防,习武以御外侮,禁种罂粟等内容来看,皆切中时弊。尤其是论述"商"的作用,宣传办农工商实业,这正是维新思想的直接反映,冲击了传统的闭关自守和轻商的观念。

(3)有关西方政治学的内容。维新派主张学习西方的治国治民的

---

① 《缘起》,《德商甬报》1898年11月28日。

制度和举措,这些在《德商甬报》上有反映。《西国铁路始末考》、《意国说略》、《意大利近政说》、《德意志皇帝传》、《论英国对清策》、《日本政党领袖论对清策》等,介绍西方政治、经济概况,使人们认识到在19世纪晚期民族危机严重的情况下,仅靠学习西方的长技是不够的,还必须学习西方的社会科学,中国真正富国强兵必须打破祖宗成法,改革政治体制。

（4）介绍西方先进科学理论。戊戌维新的精神资源包含着一个基本内核,那就是进化的观念。该报以不少篇幅介绍西方进化论观点,如对《论进化》、《天演论》作了节录,分期选载。

（5）市场信息。这也是《德商甬报》一个重要内容。"市价行情"占一栏以上,详细罗列南北货行情,油、米、豆、木材等行情,还有申银（上海汇丰银行等汇兑）和宁波银元行情；尤其以中药材行情为详尽,列举了140余种中药材的批发价格,反映出宁波是当时的中药材重要集散地之一。船期消息也刊登在"行情"栏内,天天都登进出船只。这些内容符合维新派发展经济的主张。

此外,有说古论今,介绍医学、农学等内容,还大量转载国内报纸或译载国外报纸,为读者提供不少新鲜内容,尤其是宣传重视商业和流通的作用。

当然,在当时封建主义思想还占统治地位的中国,该报不可能完全摆脱封建主义的束缚。在宣传资产阶级思想中,是拖着封建主义尾巴的。《德商甬报》在栏目中设有"上谕"、"论说"、"奏折"、"浙抚牌示"等栏目,以反映清廷的活动。报道中也提到了"太后圣安"、"躬圣万安"的内容。应该说资产阶级改良派在改革中是不彻底的。

（三）设立学会,编练新军

维新期间,资产阶级改良派,为了发动他们所能发动的群众,积极组织学会。学会的性质是多样的,既有纯政治性学会、兼学西方政治和技术的,又有专学西方技术的,有提倡改变社会风气的、讲求儿童教育的等等。虽有区别,其宗旨是以学习西方科学技术为主要内容的。在较短的时间内,各种名目的学会犹如雨后春笋,迅速发展。

在维新变法影响下,一些学会在宁波建立。光绪二十三年(1897年),陈训正和慈溪县中志同道合的朋友,先后组成了"石关算社"和"追群学会",以气节文章相砥砺。光绪十五年,虞辉祖、钟观光等人在镇海柴桥(今属宁波市北仑区)组织四明实学会。

当时宁波也进行新式练军,招募练丁300余名,各处设立分局,日夜操练,其经费由各店铺捐资解决。后因各店铺不愿输捐,经费无出,于是改为练丁付"押身洋"办法。章程规定,"愿来局充当练丁者,每人出押身洋五六元或七八元,嗣后照押款数,按月给付"。象山等处地方险要,也编练新军,调集操演。

总之,在维新运动期间,具有开放意识的宁波人,他们用不同的方式投身于这场自上而下的资产阶级改良运动,创办学堂、学会和报刊,宣传维新思想,培养有用之人。虽然是混杂着封建思想和不十分明确的资产阶级改良主义,但在当时沉闷的空气下,毕竟是新鲜的和富有生气的。这场运动激发起宁波人关心国家大事和忧国忧民的情怀,传播了西方的科学文化,使宁波当时的社会风气发生了变化,培育了不少宁波的志士仁人,为辛亥宁波的光复在思想上、人才上做了准备。

三、救亡思潮和反对意大利索取"三门湾"的斗争

甲午战争的失败和《马关条约》的签订,宣告了洋务运动的破产,助长了西方列强争夺中国的野心。一些侵略者代言人甚至公开叫嚣把"瓜分中华帝国"一事提上议事日程。帝国主义掠夺在华利权,强租海港和划分势力范围,使中国面临着被瓜分的危机。这一事实引起宁波志士仁人的忧虑。

（一）民族危亡的忧虑

帝国主义的一个重要的特点，是几个大国都想争夺霸权。英、法、俄、德以及日、美都是在华霸权的积极争夺者，以"三国干涉还辽"为开端企图侵占中国的领土，划分势力范围和租借地。

德国于光绪二十一年（1895年），取得在汉口、天津开辟租界的特权。光绪二十三年十月，德国又抓住山东曹州"巨野教案"，扩大事端，派兵袭据胶澳，夺取胶州湾。德国的强盗行径，激起国内报纸舆论和许多官吏的反对。宁波的《德商甬报》为此发表了《中国武备以御外侮策》，抨击了德国侵略者的罪恶，揭露了清政府的腐败，反映了宁波人民忧国忧民的心情。他们认为德国占据胶州所凭借的，不过是3艘兵舰，登岸的兵也只有数百，而清政府守备胶州兵不下数千，山东全省兵勇也超过数万。强于德军数百倍的清军，为什么不敌德军数百人，究其原因就是清政府吏治腐败，军事衰弱。一闻德军，"文臣惊心而动色，武臣束手而听命，全军引退，拱手让人，使敌人如入无人之境哉"①。

俄国向来对中国领土怀有野心。从19世纪70年代起，俄国在侵略政策中又提出了在远东地区取得不冻港的问题，企图霸占旅顺和大连。甲午战争以后，俄国更是变本加厉地对中国东北进行侵略，诱使清政府签订《东省中俄合办铁路公司合同章程》，使沙俄借此控制东北的交通运输。光绪二十三年，又签订了《中俄密约》，条约规定俄国在黑龙江、吉林省修建铁路，并直达海参崴。"平常无事，俄国亦可在此铁路运过境之兵、粮"，"当开战时，如遇紧要之事，中国所有口岸，均准俄国兵船驶入"。②光绪二十四年三月初六（3月27日），俄国强迫清政府签订了《旅大租地条约》，强占旅顺、大连，赤裸裸地暴露了沙俄政府侵占东北的狰狞面目。针对俄国对我国神圣领土东北的侵略，宁波人民义愤填膺，纷纷表示谴责和反对。《德商甬报》为此发表了《东三省边防策》一文，分析了当时俄国窥测东北的阴谋，指出了东北的战略

---

① 《中国武备以御外侮策》，《德商甬报》1898年12月4日。
② 中国社会科学院近代史研究所《中国近代史稿》第2册，第415页，人民出版社1984年版。

地位和形势。认为"东三省为肘腋重地,北控俄罗斯,南拱京师,东蔽朝鲜,西获蒙古科尔沁诸部,重关巨扃,弹压边陲,关系于国"①。文章还指出:"俄罗斯,大兴安岭而南与我中画(划)黑龙江南北分守,沿江上下所在皆险。又乌苏里江以东之地,既为俄所窃踞,而库叶一岛及混同江口屏蔽三省,亦辗转而归于俄,于是东路要隘在吃紧矣!夫吉林以黑龙江为外藩,以奉天为重蔽,奉黑警告,吉林声援,隔绝形如中断。"②于是,文章大声呼吁:"今就大势论之,黑(龙江)注意于江防,奉(天)宜注意于海防,吉林中处其间,则宜注意于珲春。"③东北三省的防务既然极为重要,因此"尤当选其骁健,分扎三岔口、珲春、宁古塔、三姓等处,仿屯田成法,广为开垦",朝廷必须派遣熟悉军事的大臣,"专办边防事务,重以事权"。④ 宁波人民怀着强烈义愤,要求抵抗沙皇俄国的侵略。这种情绪在《德商甬报》中充分表现出来。

  在帝国主义步步紧逼,妄图瓜分中国的民族危机面前,清政府却俯首听命,不惜出卖国家主权、民族利益,导致国家衰弱,落后挨打。富有正义感的宁波有识之士忧国忧民,对于清政府腐朽无能、妥协投降的罪行非常愤慨,加以揭露和鞭挞。他们总结了清政府甲午战争失败的原因,提出了除弊政,编练军队,加强国防,抵御外国侵略的主张。"甲午之役,兵败将亡,偿金、割地,全局为之震动者何哉!盖士大夫狃于所习,右文而左武,简阅兵大视为具。一旦有警,仓猝招募,以未练之兵而使之临敌,是犹驱群羊以御猛虎也。而事机稍定,则概行裁撤其留,而未裁者又付之庸劣偷惰之。将兵饷则任其侵蚀,兵械则任其朽败。故合计通省之兵、练勇不下数万人,而实不能得一兵一卒也。"⑤

  上述资料说明了两点:一是清政府官吏昏庸腐朽,机构臃肿,冗员

---

① 《东三省边防策》,《德商甬报》1898年12月18日。
② 《东三省边防策》,《德商甬报》1898年12月18日。
③ 《东三省边防策》,《德商甬报》1898年12月18日。
④ 《东三省边防策》,《德商甬报》1898年12月18日。
⑤ 中国社会科学院近代史研究所《中国近代史稿》第2册,第415页,人民出版社1984年版。

饱食终日,无所用心。二是与政治腐败联系的是清兵军备废弛,军力衰败,已失去了战斗力。这样的官兵,使之临敌只能是驱"群羊"以御"猛虎",对西方侵略无力抗拒。"戎政之不修,士卒之不练,使外人群起而谋,我是坐以待毙也。"为此,时人大声疾呼,"今五洲群雄互相角胜,有国家者,当朝夕孜孜讲求武备,以固我疆土,以保我人民"。因此,必须加强军备,编练军队,"此二十年中宜强其筋骨,练其手足,练其志气,一洗骄惰脆弱之积习,而后可驱之"。①

(二)反对意大利索取三门湾斗争

19世纪末,帝国主义掀起瓜分狂潮。在这个瓜分中国的狂潮中,除了英、法之外,德租胶州湾、俄租旅顺、大连,本身经济、军事力量都较薄弱的意大利,也趁火打劫,想在中国夺取一块地盘,企图通过扩大领土的办法来弥补经济力量的不足。为此,它派出军舰,于光绪二十五年(1899年)初来到中国沿海,停泊在浙江宁海、奉化交界的狮子口海面,不时游弋南北,进行勘测、窥伺和示威活动。与此相配合,意大利驻华公使马丁诺(Renat de Martino)也奉命于1899年3月向清政府正式提出"租借"浙江三门湾及其附近沿岸领土的要求,并要求清政府承认其在浙江筑路、开矿和设厂从事工艺制造等的特权。同年夏天,意大利公使萨尔瓦葛又向清政府提出三条要求,即"中国允许意国公署将指(置)之公司,开办宁波府所属奉化、宁海两县之矿,仍修铁路,以便运出矿产",并允许意大利大船驶到海边之外,"意国商人自听卸货口岸,绝无妨碍,仍可修造楼房存货后,以便铁路装运内地",②企图把富饶的三门湾攫为意大利的势力范围。

三门湾是浙江重要的港口和门户,位于象山港和台州湾之间,其北、西、南三面环山,东临浩瀚的东海,水深湾阔,口外又有许多小岛屿作屏障,中间有三道航路出入,俨然如三道门户,故名三门湾。三门湾

---

① 中国社会科学院近代史研究所《中国近代史稿》第2册,第415页,人民出版社1984年版。
② 《清总理衙门档案》,《中国近代铁路史资料》,第520页,中华书局1963年版。

在浙江战略上具有重要地位,是古代兵家争夺之地。明代为了抗击倭寇,曾在此设立巡检司。明末清初张煌言领导的抗清浙东义军,亦曾以此作为驻守之地。

意大利企图占领三门湾的消息一传出,宁波人民和全国人民一起立即起来反对。宁波的《德商甬报》接连登载了《象山县境三门湾形势考》、《意大利近政略述》、《西报论意索三门》、《意国说略》等文章。一方面介绍了意大利对三门湾蓄意掠夺的情况,同时,揭露了意大利等对三门湾侵略的罪行,认为"意之索地乃无端之索也","其意以为中国将分,捷足先得"。① 意大利欲租借中国三门湾,如果不加阻止,其他列强就会"接踵而起,意图效尤"②,加强对中国侵略。文章还分析了英、法、俄、日在意索三门湾问题上的矛盾。

英国支持意大利对三门湾的索取,因为英国为了保持长江流域作为其势力范围,迫使清政府宣布不将长江沿岸各省让与他国,希望"长江一带诸附近区作为英国保护之地"。为此英国"乐观意得利于中国",但又不想意大利与中国发生战争。英国的这一举动,遭到日本的反对。"意之坚索三门,并三门之南一带,必至激愤南洋,势必动兵,而俄、法均非二国之心腹,反乐其战,使鹬蚌相争得利。"③意大利垂涎三门湾,加剧了列强对中国的争夺。英、俄、法、日各有打算,互相利用,又加剧了列强瓜分和掠夺。

为了使宁波人民了解三门湾的形势,光绪二十五年三月十日(1899年4月19日),《德商甬报》刊登了《附送三门湾图告白》:"谨启者:三门湾一事,各报已书不胜书,惟该处之形势鲜有纪及之者。本馆既详为考,试弁诸报首,又特请名手绘成一图,随报分送,俾阅报诸君一目了然,识者谅之。"

清政府慑于舆论,不敢答应意大利索取三门湾的无理要求,于是,

---

① 《德商甬报》1899 年 4 月 16 日。
② 《德商甬报》1899 年 4 月 17 日。
③ 《德商甬报》1899 年 4 月 26 日。

一面派叶祖圭统率舰船南下,一面下令"南洋闽浙等省督抚接见该统带,面商一切机宜,即令会同各炮台统将,周察形势,讲求布置"。在做了官样文章之后,清政府又反复说明"朝廷不为遥制",把对付意大利侵略的责任推给地方①。

  光绪二十五年五月十七日(1899年6月24日),清廷令两江总督刘坤一、浙江巡抚刘澍棠拒绝意大利索租三门湾的要求,经过一番筹划,提出加强陆地防守、诱敌上岸陆战的"制敌"计划,意欲借此避免与意大利海军交锋,从而避免战败之责。但他在提到了陆战的好处时说:"我有民兵援助,既便侦探,又易增募。"②这也说明,连清朝的地方高级官吏也看到了广大人民群众是坚决反对意大利侵占三门湾的。"浙省因意人窥三门湾,各海口皆严行防堵,已布置完善,众健儿皆摩拳,准备开战,不似从前胶州旅士之畏葸也。"③广大人民群众和爱国官兵决心依靠自己的努力保卫祖国的大好河山,维护国家的主权。他们反侵略的旺盛斗志,不能不使中外反对势力有所顾忌。

  在中国人民的坚决反对下,清政府不得不加以拒绝,加上受到日本等国出于自身的利益对意大利的反对,意大利政府最后只得放弃侵占三门湾的企图,并撤回其驻华公使,清总理衙门档案曾记载了这件事:"畏事之所以多事也。如意大利始索三门,今索五款,无故生坡。""三门之议,若非深宫当机立断,掷还公使照会,稍一游移,三门湾之为意有也久矣。"④这件事说明了这样一个道理:对外国侵略者不能怕。清政府在人民的反对下,只能掷还照会,拒绝意大利的无理要求。

  为此,清廷在20世纪初加强海防,拟辟象山为军港。光绪三十二年七月,浙江巡抚张曾敭奏:近年,意国兵舰时往三门湾、象山港,请准象山港为军港。"惟创设军港,规模宏大,事体繁重。拟请饬下练兵处

---

① 《旨寄南洋闽浙督抚等意船图窥伺沿海着妥筹万全电》,《清季外交史料》光绪朝,卷一四一。
② 《敬陈防务情形折》,《清季外交史料》光绪朝,卷一四一。
③ 《德商甬报》1899年6月12日。
④ 《清总理衙门档案》,《中国近代铁路史资料》,第54页,中华书局1963年版。

商同南北洋大臣,派员详细勘度具奏,再为经营布置,以重戒备而固海防。"宣统元年(1909年)七月十八日,海军提督萨镇冰至象山高泥港,祭港兴工。十九日,全县官绅士商开欢迎会,敬献颂词并黄龙旗,并由知县胡远芬、贡生蒋辅承办建港事宜。宣统三年,清廷购高泥港田地、房屋以作建军港基地。不久,辛亥革命爆发,由于官吏携款出逃,建港事息。

第六节　辛亥革命时期的宁波

孙中山领导的辛亥革命,推翻了清朝的统治,打击了帝国主义在中国的侵略势力,建立了资产阶级共和政权,在中国近代史上具有广泛的影响。这场资产阶级民主革命也波及宁波。

一、抵制美货的斗争和收回路权运动

光绪晚期、宣统初年,约1901—1910年间,中国历史发展的一个显著特点,是群众自发的反帝反封建斗争蓬勃开展。由于帝国主义加紧对宁波的掠夺,清政府出卖主权和压榨百姓,迫使宁波民众起来反抗。最初出现的是抗捐抗税斗争、反饥饿抢米风潮及工人的自发抗暴斗争,最有影响的是抵制美货斗争和收回路权的爱国运动。这些斗争在宁波都有反映。随着宁波民族资本主义的发展,民族资产阶级力量不断壮大,民族资产阶级上层的经济力量发展较快,社会地位获得显著提高,中下层力量也有所发展。宁波民族资产阶级的中下层主要包括中小商人、由手工业工场主转型而来的中小资本家。他们经营的企业规模小、资金不足。比如宁波顺记机器厂创办人徐贵荣,铜匠出身;宁波永耀电力公司的周仰山,系普通商人出身;正大火柴厂创办人徐惠生商人出身,是日本留学生。他们与帝国主义、封建主义的联系比

较少,经济力量比较薄弱。这一部分人是民族资产阶级的中下层,有一定的革命要求。

随着宁波民族资产阶级力量的增大,他们的组织力量也随之加强。光绪三十一年(1905年),宁波商人王月亭、吴葭窗、汤仲盘等人,召集宁波有关行业发起并成立宁波总商会,这是近代中国的第一批商业社团。在抵制美货和收回路权的爱国运动中,宁波民族资产阶级更表现出它的力量,在与外国资本主义斗争中多抱积极态度,富有爱国思想。

光绪三十一年爆发的抵制美货运动,是中国人民为抗议美国政府中的一些人虐待华工、迫害华侨,拒不废除期满的限制华工条约而发动的一次规模较大的群众运动。光绪二十年,美国政府强迫清政府订立的《中美会订限禁来美华工、保护寓美华人条款》,对赴美华工作了种种苛刻的限制。"不论哪样中国人,要入美国的境界,总没有一人不受他苛待的了。"①光绪三十年,条约期满,海外华侨和国内人民纷纷要求废除这项苛刻的条约。在舆论的压力之下,清政府为修改条约与美国政府进行磋商,但美国政府蛮不讲理,一意孤行,激起中国人民的怒火。为抗议美国政府长期歧视凌辱旅美华工,表达祖国人民对海外侨胞的同情与支持,光绪三十一年四月七日(5月10日),上海《时报》刊登了《筹拒美国华工禁约公启》,号召人们"合群策群力以谋抵制"。与此同时,以宁波帮为主角的上海商务总会也应旅美华人之请,召集各帮商董集议对策,并提出抵制办法:大约以两个月为期,如美国不允许将苛例删改,而强我续约,则全国不运销美货以为抵制。并通电21个通商口岸。上海商务总会的总理严信厚,坐办周晋镳,议董谢纶辉、苏葆笙、李云书等宁波巨商,还与驻沪美总领事谈判。六月十八日(7月20日),两个月时间到期,上海商务总会召集各帮商董讨论正式实行抵制美货,决定向全国35个商埠发出通电。坐办周晋镳宣布"不订

---

① 和作辑《一九〇五年反美爱国运动》,《近代史资料》1956年第1期。

美货",火油业的丁钦斋、洋五金业的朱葆三、洋布业的苏葆笙等宁波商人当场签名。由于宁波商人在上海的地位,此举直接影响到上海及全国抵制美货运动的开展。

在家乡的宁波商人也支持上海商总会的指示,为抗议美国政府虐待华工、迫害华工,进行抵制美货的斗争。最早起来响应的是宁波的一些商号。光绪三十一年四月中旬(1905年5月中旬),鼎崇兴、谦泰、仁安、同丰、新茂德、成章和成兴等商号发函给上海商务总会,表示对抵制美货的支持,为了"立国体,救种类",宁波商人将协力坚持,抵制美货。一些商号还发动其他商号参加拒约活动。"美约一日不改,即抵制一日勿懈志。"①当时,商号、学界均成立抵制美约社,如城区的"不忍坐视社"、余姚的"姚江国民义务会"。在抵约社的推动下,人们召开各种拒约会,积极宣传抵制美货。宁波在"六月十八日以后,学界发起抵约,并刊送传单、调查表,组织既成,日形发达"②。不久,青年志士分赴城市、乡镇担任演说员,每日驰赴庙寺船埠闹市人众之处,演说文明抵制办法,环而听者达数百人,听者大为激动。

光绪三十一年六月二十七日(7月29日),商界、学界同人邀集洋货各商集会,妥商办法,参会诸君一致赞成不订美货。七月初一(8月1日),宁波商界和学界联合在城内孝廉堂召开抵制美货特别大会,著名小说家吴趼人和李毅轩乘船从北京专程赶来参加,大大推动了宁波的反美爱国运动。③ 在宁波的由广东、福建资本家开设的鼎崇兴等20多家商店,皆不用美货,表示坚持到底。连有名的洋布、洋货资本家王月亭、汤仲盘都表示不买卖美货。其他一些资本家也向"不忍坐视社"靠拢。"吾甬上等社会中人颇有感动者,刻下袁君履登、陆君士瑾、陈君苏来等与敝社联为一气。昨假本城辨志书院集议,到者四十八人,

---

① 苏绍柄《山钟集》,第32、56、51页,光绪三十二年油印本。
② 《时报》1905年8月1日。
③ 和作辑《一九〇五年反美爱国运动》,《近代史资料》1956年第1期。

均签允实行抵制美货。"①

七月十一日(8月11日),士商再借孝廉堂集会,立誓不用美货。

在宁波城区抵制美货运动中,各县民众也纷纷集会,抵制美货。六月初三(7月5日),奉化龙津学堂师生集会,发起成立"实行抵制美货大会";七月初一(8月1日),慈溪浒山三山蒙学堂师生集会拒约;七月十六日,定海士商借中学堂抵制美货;七月二十六日,余姚学界邀集各商开会,抵制美货;九月二十六日(10月24日),士商借文昌阁集会,坚拒美约。各县拒约集会此起彼伏,连续不断,在宁波形成了一定规模的拒约运动。②

此外,不少民众发函、演说,表示其爱国决心。宁波的郑世彬就给上海商务总会致函,揭露美国公使所谓"六个月自有商量之说,无百缓词以懈众心",希望各处爱国志士"万勿受愚,致贻后悔"。"望我诸公以得种竞争为怀,持之坚行之力,必达目的而后已。"③

光绪三十四年(1908年),在全国争路权爱国运动的影响下,宁波也掀起了保路运动。早在光绪二十四年,英商怡和洋行代表与清朝督办铁路大臣盛宣怀签订了一个苏杭甬铁路草约合同,将这条铁路权让给英国。英国政府以草约为理由,多次胁迫清政府改订正约。光绪三十三年九月,清政府下了"借款修筑"苏杭甬铁路谕旨,只准浙绅搭股,但必须以英国资本为主,决定向英国借款150万英镑,年利5厘,以路权作押。此事激起了江浙两省人民的抗议。宁波民众也参加了反对苏杭甬铁路借款的斗争,表达了强烈的爱国热情。

江浙收回路权的爱国运动震动全国各地。散居各地的宁波人都采取行动,加以支持。时任上海商务总会总经理的宁波巨商李云书,本身就是浙江铁路公司的股东,在争取商办铁路,反对清政府以"借款筑路"为名断送铁路主权的斗争中一直不遗余力。光绪三十三年十月

---

① 苏绍柄《山钟集》,第44页,光绪三十二年油印本。
② 苏绍柄《山钟集》中的"开会抵制"与"本埠及外埠来函"。
③ 金普森、陈剩勇主编《浙江通史》第10卷,清代卷(下),第68页,浙江人民出版社2005年版。

初八（1907年11月13日），他以上海商务总会总经理名义发出一份电报给外务部，详细叙述苏杭甬路权收回自办的斗争经过和农工商部批准在案的确凿事实。他说："外交首在立信，岂内政不妨失信；匹夫犹重然诺，岂谕旨转可反汗"；"自闻借款之耗，两月以来，无论江浙，无论股东，骇汗奔走，人人疑谕旨奏案旦夕无效，即旅沪各国之人亦罔不惊异，市面恐慌……凡营实业，人各自危，海外华侨，函电驰诘，不审今年之关，沪市作何景象？"①许多宁波商人纷纷投资入股。当年，浙江11个府的商人160人在上海讨论铁路问题时，会议的发起者就有宁波巨商严信厚、虞洽卿、李厚祐、周晋镳、朱葆三等。在实际认股时，慈溪人吴锦堂认购6.6万元，严信厚、李厚祐、虞洽卿、叶又新、樊时勋、苏葆笙等投资1万元以上，朱葆三、陈子琴投资5000元。投资5000元以上的大股东有133人，股金约300万元，占全部股金的30%，而宁波商人仅9人就投资13.6万元，可见在此次铁路修筑中的作用。当时，上海公开认购的路股已超过了2000股，而宁波府就认购了700股。在上海的宁波职工纷纷表示，清政府如果不接受拒款的建议，则"全体罢工"。两江总督端方在向朝廷报告中说："苏浙路事起后，两省人心嚣然不靖……上海宁波帮人最多，工商劳役皆有，向称强悍，屡有路事决裂，全体罢工之谣，尤属堪虞。"②

清政府决定向英国借款，以路作押的消息传到宁波后，宁波民众无比愤慨。他们纷纷集会表示反对。八月二十八日（10月5日），宁波教育界召开教育会常会，讨论了拒款事件，并形成如下决议："一、准下月初三日，再开绅商学界大会；二、派代表赴杭沪交通机关；三、集股：（甲）公产（教育会公款已决以十分之八贾股）；（乙）绅富；（丙）奇零股，拟一千元为一股；（丁）通俗演说。"③

---

① 《上海商务总会复外务部电》，《时报》1907年11月13日。
② 宓汝成编《中国近代铁路史资料》第2册，第74页，中华书局1963年版。
③ 浙江省辛亥革命史研究会、浙江省图书馆编《辛亥革命浙江史料选辑》，第231页，浙江人民出版社1981年版。

当天下午,宁波学生在师范学堂召开了第一次拒款会。法政、鄞高、崇正、育德、毓才、西成等17个学校共千余人参加会议。与会者情绪高昂,发言踊跃。为便于联络,选举了会长1人,副会长2人,以及访事员、书记员和会记员若干人。八月三十日(10月7日),宁波师范学堂及一些中学师生共97人,乘湖广轮至定海,参加定海商学两界发起的拒款公会。宁波教育会的何阆仙在会上作了演讲,介绍了杭州、上海、宁波的拒款情况,号召大家参加拒款斗争,得到与会定海人的支持。九月初一(10月9日),宁波各界召开了第二次拒款大会。商人、学生、士绅400多人齐集于商务总会,比第一次拒款会开得更为踊跃,宁波商会会长吴葭君宣布开会宗旨,然后议论拒款和筹款的具体办法,筹款归商界,拒款归学界,"凡事有专属,责列旁贷"[①]。

知识分子是拒款的激进派。宁海人邬纲为抗议清政府接受英国借款、出卖主权,进行绝食,呕血而死。他在绝命书中说:"不佞远家属,排众议,投身路校,原冀为浙路少尽微力。故入校之后,不敢一刻自逸,奉职以来,不以劳役为憾,扶病尽职,以致于惫,不料大祸猝发,外部逼我贷款,吾知国贼志在冒利,必曰无可转圜,款成而路去,浙江片土,为国贼断送。恨激无所泄,病日加剧,顷加热血潮涌,精神恍惚,此身将与浙路同尽。呜呼!吾身即死,吾心不死,吾愿吾浙人勉为其后,倘此路得有挽回,则鄙人虽死而无憾,呜呼已矣,诸君努力!九月十五日,宁海邬纲绝笔。"[②]

在反对借款的同时,宁波各界出于炽热的爱国热情踊跃认股,用集股会、抽股、认股等办法进行保路斗争。宁波府女学堂认股5000元,余姚邵氏合族认股10万元。在外地的宁波帮也纷纷到家乡认股,慈溪人周金箴认股700万元。这都充分表达了宁波各界人民强烈的爱国热情。

---

① 浙江省辛亥革命史研究会、浙江省图书馆编《辛亥革命浙江史料选辑》,第232页,浙江人民出版社1981年版。
② 《江浙铁路拒款风潮录》,清末石印本。

二、新政、预备立宪在宁波

八国联军的入侵和庚子赔款的耻辱,给中国人以深深的刺激,日益深重的民族灾难,不仅促进了资产阶级、小资产阶级及其知识分子的觉醒,也使摇摇欲坠的清王朝想通过变革来寻求生路。从光绪二十七年(1901年)起,清廷陆续推行新政,调整官制,整顿吏治,编练新军,奖励实业,兴办学校。这些措施尽管是"掩人耳目",但毕竟有利于资本主义经济文化的发展。光绪三十一年又颁布仿行立宪上谕,实行"三权分立"的政治体制,对行政系统进行改革,成立咨议局,建立与行政分立的地方审判厅、检察厅,开展城乡自治运动等。清廷的新政和预备立宪在宁波产生一定的影响。

(一)创办警政

警察是从西方传入的。在清廷新政中,创办"警政"已成为一项重要内容。早在光绪二十九年闰五月初一日(6月25日),浙江省巡警总局在杭州建立,由布政使、按察使兼任督办。光绪三十二年,时任浙江巡警总局督办的按察使颜钟骥通务各县仿办巡警。光绪三十四年十月,浙江巡抚增韫进一步在全省推广警察,并于次年设巡警道,从而推动全省警政工作的开展。宁波的近代警政和警务建设也在此时得到了快速发展。

宁波的近代警察制度应该追溯到鸦片战争以后的巡捕房。道光二十二年(1842年)底,为保护江北岸外国人的安全,宁绍台道拨绿营兵8名,称巡捕,驻江北岸,委英人哥林监带。咸丰间,华生继任,称为督捕,立巡捕房,巡捕增至40余名。宣统元年(1909年),华生去世,宁波官绅与英人交涉,收回巡捕房的管理权,并改巡捕房为警察局,以宁绍台道兼总办,鄞县县令兼会办。另外,委坐办1人。这是宁波"警察之嚆矢"①。

　　同年三月，宁波城内开办城关巡警，设总局于郡庙左首新桥侧面，以知县为总办，设正巡官、正副巡董、教司各1名。宣统二年（1910年），江北区警察局改坐办为正巡官、副督捕为副巡官，不久又改江北区警察局为江北岸警务长公所，正巡官改称警务长，副巡官改称西教练官。十一月，城区巡警总局改称警务长公所，正巡官改称警务长，副巡官改称区官。城区及鄞县的警察的主要职责是管理宁波城区的治安。六月，宁波还仿绍兴内河水师炮船式，添办内河巡船4艘，委巡警长，对内河治安进行管理。

　　随着宁波警察局的建立，各县的警政、警务建设也有所发展。宣统元年，慈溪县设巡警局，后改称警务长公所，由县知事兼所长，警务长掌管警务。② 象山县城区设立警察，"日夕站岗，以警佐领之"③。南乡石浦、西乡墙头设警佐。镇海县于宣统元年八月设警察所，置巡官1名、巡长4名、巡士40名。宣统二年，奉化设巡警教练所，有巡警30名。对此，民国《奉化新志》有记载："本县警察，于清宣统二年，由邑绅发起筹募经费，创设巡警教练所，招募巡警三十名，经三月之教练，于是年四月间开办巡警总局，举总副董共理其事，局内设巡官一员，巡长三名，巡警三十名，费由地方筹募，不足由其补助。"④至宣统三年，宁波府的6个县都设有警务公所（局），不少地方还设有分所（局）。比如，慈溪的周巷，象山的石浦、墙头都设有警察分所。

　　为了加强对警务人员的培养，在光绪三十二年（1906年）秋天，经浙江省批准，在宁波设立巡警学堂，仿照省城杭州的做法，学堂分为官班和普通班。官班学制为1年，主要培养警官；普通班培养巡士。

　　从国家学说的观点看，警察是统治阶级压迫的工具，清末的宁波

---

① （民国）《鄞县通志·政教志甲编·制度沿革》，宁波出版社2006年版。
② （民国）干人俊民国《慈溪新志稿》卷一二《警察》。
③ （民国）陈汉章总纂民国《象山县志》卷一〇《地治考·清警察所》。
④ （民国）《奉化新志》九《保卫》。

警政和警务,是为了巩固清廷的统治,但也应该看到,清末宁波警政的出现,有利于加强对城市的治安、交通、卫生等方面的管理,是宁波走向近代化的一个方面。

(二)改革行政机构

政府机构改革是清末宁波新政中一项重要内容。清代宁波的地方机构设置沿袭明代。府设知府、同知、巡检、儒学教授等。县设知县、县丞、典史、巡检、儒学教谕等。比如,鄞县就设知县、县丞、儒学教谕、训导各1员,设甬东、杖锡、巡检各1员,典史1员。象山县有知县、县丞、典史和赵岙、石浦巡检。余姚有知县、县丞、儒学教谕、训导各1员,另设三山、庙山、中林巡检各1员,典史1员。这是适应当时社会经济发展的。鸦片战争以后,西方的管理思想开始传入中国,尤其是戊戌维新后的"三权分立"学说对我国行政体制、组织机构的设置产生了很大的影响。为适应变化了的新形势,在清末"新政"中清廷开始对政府组织机构进行改革。光绪三十三年五月二十七日(1907年7月7日),清廷颁布了《各省官制通则》,规定对各省的地方行政机构进行改革。浙江省自光绪三十四年增韫提任浙江巡抚后就着手改革。宣统二年(1910年),浙江的行政机构改革向府及州县推行。据《浙江官报》记载,这年5月,由浙江省制定并颁发《浙江各府分科治事章程》,规定各府署设立办公处1所,下设总务科、刑名科、主计科、文牍科等管理机构并各设科员,皆统于知府,分设各事,以适应变化了的新环境。① 同时,各府、县裁去主簿、巡检等官以及各房典史,改设警务长、视学员、劝业员、典狱员、主计员、统计编纂。宁波府在宣统年间就裁去巡检司,设警务长公所,废除巡检,改为警务长。当时就有城区警务公所和江北警务长公所,各县的各房典史都被裁去,改为典狱员、劝业员等。

---

① 《浙江官报》1910年第20期。

清代的地方行政长官握有立法、行政、司法大权,知府、知县既有行政权力,又掌控司法大权。这样就容易导致政府官员独断独行,从而产生腐败现象。西方的"三权分立"原则,是立法权归议会,行政权归政府,司法权归法院,三者互不统辖,又互相制约,有利于防止个人或机关的独断专行。为此,清廷在清末按照西方"三权分立"的原则,对行政体制进行改革,省、府、县设立与行政分离的议会机构,选举议员、议长,由议长定期召集议员开会讨论有关事件,同时,设立审判机关和检察机关。这种改革打破了以往地方行政官吏以个人为中心的君、臣网络体系,形成了全新的近代地方行政机构,其组织结构更趋于合理和科学,职责分明,效率较高,既有利于地方行政机关的工作效能,也为建立立宪政体奠定重要基础。

按照规定,宁波在清末也进行议事会的选举。宣统三年(1911年)七月,鄞县遵章举行会议制,时城议会议场以万寿寺后殿拨充,公举张存禄为总董,励延豫为议长,郭景汾为副议长。① 选取政府官吏和缙绅人员充当议员。由议长召集议员开会讨论紧要事件。还设立1个地方审判厅和2个初级审判厅。

(三)参加省咨议局选举

戊戌维新期间,康有为、梁启超借鉴西方资产阶级国家的共和制,要求实施立法、司法、行政三权分立的制度。维新派的主张曾得到光绪皇帝的支持,但遭到顽固派的反对。20世纪初,资产阶级民主革命运动日益高涨,慈禧等顽固派在所谓"新政"基础上,以假立宪为掩护,企图达到消弭革命、维护封建统治的目的,于光绪三十三年(1907年)宣布预备立宪。这些活动在宁波都有影响。

推行代议制是预备立宪的一个重要内容。光绪皇帝于光绪三十三年下谕设立中央资政院和各省咨议局。资政院设在北京,是后来成

---

① (民国)《鄞县通志·政教志戊编·自治》,宁波出版社2006年版。

立的上、下议院的基础,而在各省设立咨议局。光绪三十四年(1908年)六月,清廷公布《各省咨议局并议员选举章程》,令各省筹设咨议局,并具体规定了各种筹办的事宜。光绪三十四年十月初一(10月25日),浙江成立咨议局筹办处,由藩司颜种骥任督办,江苏补用道董元亮、在籍翰林陈敬第分任总办、会办,聘各地士绅13人为参议员。下设法制科、司选科、编制科、审查所、检察所、调查所、文牍所、印刷所、收发所、会计所等三科七所。在筹备处的主持下,浙江咨议局的选举工作迅速在各府县展开。

按省咨议局筹备处的要求,宁波府及所属各县选举省咨议局的议员工作分三个阶段进行。自光绪三十四年十月起至年底,主要是宣传发动、推举一些热心公益人士担任宣讲员,到城乡各地进行宣传。

宣统元年四月十五日(1909年6月2日),浙江咨议局对议员进行了初选。根据《申报》记载,结合其他资料,对鄞县、慈溪、奉化、余姚初选投票情况整理如下:

表1—3 浙江咨议局议员鄞县、奉化、慈溪、余姚初选投票情况表

县别	所在复选区	人口总数	选民数	选民占人口百分比	投票人数	投票率
鄞县	宁波	517128	3322	0.64%	2227	67.0%
奉化	宁波	236967	925	0.39%	637	68.9%
慈溪	宁波	242719	1360	0.56%	697	51.3%
余姚	绍兴	91594	1355	1.48%	1115	82.3%

资料来源:《申报》1909年6月12日《各省筹办咨议局》之报道。

从上述统计数据看,除奉化只有51.3%以外,鄞县、慈溪、余姚三县的投票率都超过67%,还是比较高的。但从全省看,宣统元年参加选举的选民占人数的百分比为0.51%。只有鄞县、余姚、慈溪3县超过这个数,尤其是余姚达到1.48%,比例是相当高的。当时,宁波一府人口为1874503人,选举人数为8468人,选举人占人口的比例为

0.45%，低于全省的平均数 0.51%，尤其是奉化更低，只有 0.39%。这就表明，享有选举权的人只是少数，而多数宁波民众的选举权与被选举权还是被剥夺的。

按照清廷《咨议局议员选举章程》的规定，议员选举采取复式选举制，即先举行初选，由选举人投票选出十倍于议员的"复选人"，然后举行复选，由"复选人"选出议员。自宣统元年四月十五日(1909 年 6 月 2 日)起，全省各地进行初选。宣统元年五月三十日(7 月 17 日)进行复选，按额定选出议员。从记载的资料看，宁波的选举还是比较认真的。以奉化为例，初选时有投票人 637 人，按原额 12 名除之，以 27 票为及格，于 18 日在县治二堂内开柜。兹将名录如下：江迥、王序宾、邬纯侨、孙锵、庄景仲、宋蔚臣；次多数十二名：陈鸿瑞、赵文衡、江起鲲、沈一桂、竺磨祥、周曰军、王绍翰、严翼銮、缪其昌、宋士珍、萧湘、吴峤。由于江起鹏的票与吴峤的相同，为此由监督的知县掣签决定。到十一日，奉化按照章程再行投票，从多数的 12 名中选出 6 名以期足额。余姚初选投票的人数为 1318 人，以满 27 票为当选，并于 7 月 17 日开票。当选的议员 7 人，即张其光、许士远、谷营愚、谢元寿、陈棣棠、沈烈光、叶振铎。①

宁波的选举基本是成功的，尤其是鄞县籍的议员陈时夏还被选为浙江省咨议局副议长。从当选的议员看，他们的身份主要是有功名的人、留学生、商人、教育工作者等。奉化的孙锵出身科举进士，授内阁中书，江迥是熟读经史的学者；鄞县的陈时夏是留学生，张传保是教育工作者；余姚的谢全书是绅商。

宁波的士绅参加浙江咨议局的活动是有其意义的。咨议局是一个具有一定立法权的代议制机构，对清廷浙江地方当局的政治活动能起到一定的监督作用，宁波士绅参加选举也表明宁波近代民主化进程向前迈开了一大步。但应该看到，咨议局的选举是在清廷专制统治之

---

① 《申报》1909 年 6 月 12 日。

下进行的,是不可能真正发挥议会的作用,且省咨议局议员由各府、县选举产生,对议员的资格有种种限制,劳动人民是被排斥在外的。另外,清廷给士绅的民主权利是有限的,如与统治者的利益不合,就会罗织"紊乱政体"、"妨害治安"等罪名,加以治罪。但毕竟使一部分宁波民众开始享有选举权和被选举权,这是宁波民主化进程中可喜的一步。

(四)建立近代司法制度

预备立宪运动的一个重要内容,是司法制度的改革,仿照资产阶级国家三权分立的体制,改变司法与行政合一的体制为司法与行政分立的体制。

晚清以前,按察使掌握全省的刑名和钱谷,府、县一级的地方政治体制是行政司法合一,知府、知县总揽"钱谷"与"刑名",司法没有独立权。预备立宪后,司法机关发生重大的变化。在中央改刑部为法部,掌握全国司法行政,不再兼理审判。在地方,实行司法与行政分立的新体制。在州、县设初级审判厅,府(直隶州)设地方审判厅,省设高等审判厅。废除提刑按察使司,设提法使司来管理司法上的行政事务,与此相适应的是监察机关发生变化,在最高审判机关大理院和各级审判厅内设立检察厅,省设立高等检察厅,府设地方检察厅,县设初级检察厅来承担调查案件、提起公诉、监督审判责任,从而使行政与司法分离。

宁波是在浙江省内较早实施司法独立的。民国《鄞县通志》就有"司法独立之议起自清季"的说法。宣统二年(1910年),由于浙江省的杭州、宁波、温州是"商埠",设立了3个地方审判厅和12所初级审判厅。其中,宁波就有1个地方审判厅和2个初级审判厅。宁波地方审判厅在宣统二年十二月设立于湖西,与检察厅一起办公。宁波府府前设立鄞县初级审判厅暨检察厅。对此,民国《鄞县通志》有所记载:"清季变政,筹备立宪,于宣统二年十二月,在湖西设立宁波府地方审判厅暨检察厅。在府前设立鄞县初级审判厅暨检察厅。"①宁波府地方审判厅分设两个地方,第一地方审判厅设在定海,第二地方审判厅在象山。

据民国《鄞县通志》记载,宁波地方审判厅设厅长1人,处理全厅事务,兼任民庭庭长。刑庭庭长1员,管理全厅事务,兼办诉讼案件。设推事4人,分办民刑案件,典簿1人、主簿1人、录事若干人,办理司法行政及记录事务;地检厅设检察长1人、处理检察官2人、典簿1人、主簿1人、录事2人;初级审判厅各设推事2人(其中1人为监督推事)、录事1人;初级检察厅各设检察官1人、录事1人。这是宁波近代司法制度建立的开始,也是重要标志。

(五)清末的城乡自治活动

清末,资产阶级化的士绅、积累了资本的实业家和新型知识分子议政、参政热忱日益高涨,他们关注国家政治制度的改革,来实现他们参政、议政的愿望。这个时期,全国各地都有自治活动开展。浙江最早开展自治活动的是湖州。光绪三十二年四月(1906年5月)以前,湖州士绅沈谱琴邀集当地士绅,成立了地方会议公所,并拟订章程,选举产生了议员、议长等。鉴于各地自治活动的普遍开展和选民的吁请,清廷于光绪三十四年十月二十日(11月13日)颁布了《城乡地方自治章程》和《城乡地方自治选举章程》,对于地方自治的含义、宗旨、范围、选民、组织及其职责、自治经费、自治职员的任期、处罚等作了规定。宣统元年十二月二十七日(1910年2月7日),清廷又颁布了《府厅州县地方自治章程》,明确提出自治范围为府厅州县公益事务,自治机关为议事会和参事会。议事会议决策自治范围的应变革事件等,而参事会则议决议事会所决事件的执行方法,执行者为地方的行政长官,为各地开展自治活动提供了依据。

---

① (民国)《鄞县通志·政教志丁编·司法》,宁波出版社2006年版。

按照清廷的上述章程,浙江当局于宣统元年(1909年)开展这项工作,浙江巡抚增韫设立浙江地方自治筹办处,并在同年三月制定《浙江地方自治筹办处章程》。其主要内容为7章28条。第1章为总纲,余下2至6章,对自治的组织、职务权限、办法及顺序、会议、经费作了说明,第7章是附则。宁波正是以《浙江地方自治筹办处章程》为依据开展地方自治活动的。

第一,普遍设立自治研究所。按省《地方自治研究所招考简章》的规定,宁波府、县各招收学生4名,以3倍的人数招考,通过考试,招收府、县中具有选举资格的25岁以上的男子,学习时间为8个月,考试合格者,发给证书,分派到府、县办理自治研究所。这些学员毕业后成为宁波府及各县自治活动的骨干,不仅主持自治工作,而且成为自治研究所的讲员,宣传地方自治基本知识和有关法规。

由于培养了一批骨干,奉化、鄞县、慈溪、定海相继成立自治研究所。比如慈溪的陈谦夫就担任过自治研究所的所长,宣统二年二月,陈谦夫发现"毁学事"现象,进行了干涉,为此"毁家,财力两空",他向知县请求辞去所长职务,但没有被批准。

第二,进行宣传。除了宁波府、县通过不同形式宣传自治活动外,宁波的媒体也进行这方面工作。《四明日报》发表了《论宁波地方自治》、《关于自治之一斑》、《咨明自治会图记式样》等。尤其是《论宁波地方自治》一文,立场鲜明,观点正确,结合中国古代自治的经验和教训以及近代的实际,就自治的作用、内容及宁波实行自治的条件与基础作了充分的论述,认为宁波的自治,不同于中国古代,宁波未来的自治要做到事实上的自治、法律上的自治,由预备而至实行,发扬而光大之,希望达完全自治之目的。文章还论述了宁波开展自治活动的基础:一是自治思想发达;二是自治能力强;三是自治预备机关完备。有此三端,"实为吾宁自治过去之事实"[①]。

---

① 《论宁波地方自治》,《四明日报》1910年7月6日。

不仅如此,自治研究所的"讲员"也定期宣讲自治基本知识。《四明日报》"本郡通讯"栏目中就有记载:"宁波地方自治(所)毕业人员,目前全体发起组织一地方自治宣讲会,业经联名禀准当道。现由会长郭萍芷等当众选定,六月朔日在郡庙怀堂祠先行登台演说。近来担任宣讲诸君正在研究云云。"①

第三,建立府、县及城镇乡地方自治事务所。按照省自治筹备处颁发的《筹办城镇乡地方自治事务所章程》,宁波府及各县、城镇、乡一律设立自治事务所,作为各地筹办地方自治事务的机构。按照这一个章程,宁波府于宣统元年(1909年)夏天成立宁波自治预备公会。其任务是负责调查府、县城镇、乡人口、选民;划分各城镇乡自治区域;办理选举等事项。并且还召开年会。《四明日报》在周年纪念中曾做过报道:"宁波地方自治预备公会开办已届一期,查照章程,例有年会。日前开职员会,由会长刘楚芗、范仰乔二君暨会中职员议定,于六月十日午后一时,假府学明伦堂开第二次大会,商议一切办法,刻已刊印传单,通告宁属各团体会员矣。"②宁波所属各县及余姚、宁波也建立相应的地方自治事务所。

第四,成立城乡自治组织。资料显示,宁波对各县制定府县筹办自治的各种规则、章程,以规范当地的自治活动。同时,进行人口和选民的调查,划分自治区域。从宣统二年十月起,宁波各县按照程序选举产生城、镇、乡议事会和董事会。其实在此前,鄞县已设立过乡约会,这跟时任宁波知府喻兆藩有关。光绪三十二年(1906年)喻兆藩任宁波知府,他以江西萍乡乡约成规为文本,鄞县士绅也认为可仿行。于是鄞县士绅范翊镅、朱炳蕃、冯丙然、张传保等创议组织乡约会,设董事长。举范翊镅为总董,朱炳蕃为坐办,王世钊、郁桂芳、杨凤瑞、金学泗等先后任帮办,并设干事。宣统二年五月十二日(6月15日),鄞县分1城区18乡,即东乡为盐梅乡、鄞溪乡、渔源乡、大咸乡、高嘉乡、

---

① 《宣讲定期实行》,《四明日报》1910年5月26日。
② 《府自治公会周年大会》,《四明日报》1910年5月25日。

同姜乡、鸣凤乡;南乡为首界乡、塘界乡、丰和乡、永和乡、和益乡、天然乡;西乡为西成乡、同道乡、桃源乡、鄞江乡、章远乡。其中高嘉乡、同道乡二乡的乡议事会首先成立,到宣统三年,鄞县各乡议事会一律成立。依清廷规定,每乡设乡董1人,乡佐1人。为此民国《鄞县通志》说:"城乡自治者开始于清宣统元年。"①奉化自治公所于宣统三年四月二十一日(1911年5月19日)开会成立自治会。"以奉化乡分八乡,划为八区加城区共九区。奉化乡划出城区,地方太小,连山乡绵长一百里,地方太大尚须斟酌。"②经讨论,把原来的8乡改为9区,加城区,计10区。《东方杂志》报道,据当时奉化县自治会由士绅江迥召集众绅筹设,议定先由长寿乡办起,公举孙鋆等4人为乡董,并举乡董13人,村董156人,拟订自治宗旨,互相劝行,经费由各乡摊派。③宣统二年,镇海筹设县自治,建立城议事会,全县9乡各置乡董议长。宣统三年,余姚六仓地区21个自治乡议长、乡董及议员全部选出。详见下表:

表1—4　宣统三年余姚六仓二十一乡议员名录

姓名	乡名	乡自治职	姓名	乡名	乡自治职
余崧甫	林东	议长	张宝琛	云和	议长
余守志	林东	乡董	张振鹭	云和	乡董
岑选元	林西	议长	吕怀传	云塘	议长
宋晋升	林西	乡董	吕佑	云塘	乡董
茹吉甫	胜山	议长	吕榛美	义三	议长
陈吉孝	胜山	乡董	徐敬铭	义三	乡董
宋道	白沙	议长	吴召南	义四	议长
杨尧庆	白沙	乡董	黄承三	义四	乡董
陈奎章	浒山	议长	劳尔选	义五	议长
胡纪记	浒山	乡董	劳垕元	义五	乡董

---

① (民国)《鄞县通志·政教志戊编·自治》,宁波出版社2006年版。
② 《自治分割区域》,《四明日报》1910年5月29日。
③ 《东方杂志》卷三,第12期《内务》。

续上表

姓名	乡名	乡自治职	姓名	乡名	乡自治职
沈逢辰	保德	议长	高瞻	朗霞	议长
严咏笙	保德	乡董	童炜	朗霞	乡董
胡福耀	沐仁	乡董	谢葆濂	泗门	议长
陈永成	柯东	议长	谢维镛	泗门	乡董
马宗周	柯东	乡董	戚锦荣	湖堤	议长
张德海	云漾	议长	戚以藩	湖堤	乡董
张午炎	云漾	乡董	余乐纲	临山	议长
张镆	云潭	议长	阮性垕	临山	乡董
许士远	云潭	乡董	邵鸿磐	兰塘	议长
卢国珍	云城	议长	冯景周	兰塘	乡董
卢葭声	云城	乡董			

根据民国《余姚六仓志》卷一三《选举》整理。

上表表明,宣统三年(1911年)余姚六仓地21个乡的议员,经过选举产生39个议员。

到宣统三年三月以后,宁波各县自治会先后成立。同年四月,象山、奉化自治会成立;五月,鄞县自治会成立;六月,余姚、宁海自治会成立。府县及城、镇、乡的董事会成立后就开始行使自治权力,主要是学务、卫生、道路工程、农工商务及善举等。比如,鄞县各乡的自治组织就进行议事,主要是取缔花会及客民、禁烟等。既然议事会及董事会是选举产生的,对一些不称职的董事就可以加以罢免。同样,对于自治研究所的所长也采取同样的措施。比如,奉化自治研究所的所长王某,在任职以来包揽词讼,强夺民地,恃所长之势,要挟知县派兵差多名逮捕屋主。研究所的学员听到这个消息后,认为王某充任所长"如此不法,恐于自治前途大有窒碍",于宣统二年四月六日下午,在奉化城外封山寺开会集议,经到会者80余人投票,公举吴、卢两学员为代表,据实条陈所长王某的罪状,"禀请县主撤换所长,以保全自治名誉"。①

从上面的分析中我们可以看到,地方自治已成为各地的士绅们、商人和新型的知识分子的政治意向,并已经转化成自觉的政治实践。这种意向和实践在近代宁波形成了一股有一定声势的地方自治潮流,成为当时正在进行的立宪运动的有机组成部分。尽管在武昌起义以后,宁波进行了辛亥光复,城乡自治亦如昙花一现而退出历史舞台,但它在宁波近代历史上有一定意义。当然,清末宁波统治者倡导乡里自治,并不是真正站在民众的立场上,其政治动机和功利的目的也是清楚的,就是稳固其自身的统治。正如《剑桥中国晚清史》所说:"清末的地方自治是保守的清政府与同样保守的地方绅士互利而互相合作以期在一个正在变化的世界中保持他们的政治权力的企图。"②

三、光复会、同盟会在宁波的活动

民主革命思想的广泛传播和国内形势迅速发展,致使国内出现了许多革命团体,对浙江及宁波产生影响的主要是光复会、同盟会。这不仅有力地促进了浙江民主革命运动的发展,而且推进了宁波民主革命的进程。

光复会的成员主要是浙江人,活动的重点也在浙江。光绪三十年(1904年)九月,蔡元培、龚宝铨等联合江浙一带的知识分子四五十人,在上海组成光复会,蔡元培为会长,章炳麟在狱中也与闻此事。不久,陶成章、徐锡麟先后加入。光复会的主要成员陶成章、徐锡麟等对近代宁波的资产阶级民主革命产生过一定的影响。

陶成章(1878—1912年),浙江会稽(今绍兴)陶堰人。甲午战争

---

① 《不自治之自治研究所所长》,《四明日报》1910年5月28日。
② [美]费正清编《剑桥中国晚清史》(1800—1911)下卷,第463页,中国社会科学出版社1985年版。

惨败的消息激发起他的强烈爱国热情,光绪二十八年(1902年),他东渡日本,积极参加浙学会在日本组织的革命活动。当时,国内各地会党起义消息接连传到日本,引起陶成章的极大关注。当宁海王锡桐领导的伏虎会反教会起义的消息传到日本后,宁海留日学生祁文豹等建议陶成章前往联络,并为之介绍。陶成章立即赶往宁海,但到达时,王锡桐领导的起义已遭镇压,其本人也避居嵊县。陶成章没有遇见王锡桐,只能回到日本,继续联络会党。

光绪三十年九月,陶成章在上海与蔡元培策划,定于十月初十(11月16日)万寿节与黄兴在湘鄂两省同时起义,而以闽浙两省作为后援。为此,陶成章与魏兰、魏毓祥前往嘉兴、金华准备部署起义。"拟后长沙期约三日起事,先以计袭取金衢严三府,然后由严出皖以扼南京,由衢出赣以应长沙,而用金华之师,以堵塞杭城之来兵,且分道以扰绍兴、宁波、湖州之诸府,而震撼苏杭。"①可是等过了约期仍无湘鄂起义的消息。陶成章的上述活动虽然由于客观的原因没有实现,但却表明,资产阶级革命派已开始把宁波的群众斗争纳入资产阶级革命的轨道上了。

光复会的成立,推动了浙江革命形势的发展。在浙江的革命活动中,处于主要领导地位的是徐锡麟。他是浙江山阴(今绍兴)人,在反清过程中,联络会党,购买武器弹药,并创办武备学堂以训练会党骨干。1905年8月25日,绍兴大通学堂正式开学。学堂明确规定:"凡本学堂卒业者,即受本学校办事人之节制;本学校学生,咸为光复会会友。"②绍兴大通学堂成为光复会的领导中心。余姚人马宗汉前往大通学堂入学,并参加了光复会,积极参加反清革命斗争。

马宗汉(1884—1907年),原名马纯昌,字子畦,别名宗汉子。光绪十年三月初四日(3月30日),出生在余姚柯东乡(今慈溪市宗汉镇)马家路村。光绪二十一年,马宗汉年仅12岁,闻诵岳飞的《满江

---

① 陶成章《浙案纪略》,《辛亥革命》(三),第24页,上海人民出版社1957年版。
② 陶成章《浙案纪略》,《辛亥革命》(三),第28页。

红》词,欣欣即有所得。陶成章的《浙案纪略》就有记载:"宗汉少慧,闻人诵岳鄂王词,欣欣若有得,曰:'长大亦当如是。'及长,读史传,益感慨,以破虏自誓。潜结少年有志者数人。"这表明他小时候已立下反清之志。他16岁作诗言志:"世上英雄原不亏,雄才亦许常人为;如吾夙负平生志,当使声名千古垂!"寥寥28个字,已经清楚地展示了他的革命抱负。后在家乡三山高等小学堂任教,他常以"亡国之痛,异族之祸"①督教学生,还多次从外地购求革命书刊,散发乡里,为扩大革命影响,散布革命火种做了不少工作。光绪三十一年(1905年)十二月,他随徐锡麟、陈伯平等东渡日本,学习军事技术和广结同志。"时留东学界称志士网薮,君此游本不为求学,实欲广结同志,以达其目的。"②他回国后居住家乡,后与陈伯平一起参加反清起义。他曾在《与诸生书》中说:"吾此行不能灭虏,终不返矣。"③公开表达了以身许国的决心。

  光绪三十二年闰四月,随徐锡麟等返回。当时徐锡麟、秋瑾积极组织浙皖起义。这年冬天,马宗汉随徐锡麟捐官到安徽省安庆。次年春,秋瑾邀请徐锡麟、陈伯平、马宗汉等到大通学堂,讨论秋瑾草拟的《光复军军制》和《光复军起义檄稿》。后革命党人叶某被捕,因经不起敌人的威胁利诱和严刑拷打,叛变革命,供出了革命党人的暗号、别号,致使计划过早暴露,安徽当局为此搜捕革命党人。形势危急,必须先发制人,徐锡麟请马宗汉与陈伯平火速前往计议。徐锡麟决定趁安徽巡警学堂举行毕业典礼之时举行起义。马宗汉与陈伯平察看地形、熟悉人事,积极筹备。光绪三十三年五月二十五日(7月5日)晚上,徐锡麟和陈伯平、马宗汉制订行动计划,约定暗号,计划宴后阅操,杀死安徽巡抚恩铭。次日上午,安庆起义爆发。徐锡麟、陈伯平、马宗汉等革命志士趁举行毕业典礼之机,开枪击伤恩铭,宣布起义。后被清军包围。徐锡麟、陈伯平、马宗汉3人指挥学生与敌人苦战,自中午12

---

① 马元佐《先父马宗汉事略》,《慈溪文史》第1辑,2008年。
② 《马宗汉传》,《越铎日报》1912年1月17日。
③ 马元佐《先父马宗汉事略》,《慈溪文史》第1辑。

时一直持续到下午4时。在此期间,陈伯平曾准备炮轰抚台衙门,马宗汉也曾建议火烧军械所,以招引城外新军前来接应,但徐锡麟为防玉石俱毁,祸及百姓,坚决不同意。终因寡不敌众,陈伯平中弹英勇牺牲;徐锡麟与众学生因弹尽援绝,当场被捕;马宗汉虽然突围,并在群众掩护下,藏于一枯井中,由于清军搜捕甚急,眼看群众将受牵连,他从井中跃出,并挺身而出说:"我本为救民而来,岂可连累于民?"①从而被清军捕获。马宗汉"系狱五十日,备受诸苦"②。他受尽酷刑,但清政府未能从他口中得到任何信息。他在供词中说:"今既被捕,有杀而已,何必许多啰唆。"③七月十六日(8月24日)遇害,时年24岁。

辛亥革命后,马宗汉的忠骸被移葬杭州西湖孤山南麓,与徐锡麟、陈伯平合称"三烈士墓",受到万人瞻仰。1981年,"三烈士墓"迁至南天竺,前来凭吊者络绎不绝。为缅怀其革命业绩,他的家乡亦于1929年改称宗汉乡。1987年,慈溪县人民政府修复马宗汉故居,陈列烈士遗物及纪念照片,名曰"马宗汉烈士纪念室"。

宁海人童保喧(1886—1919年),20岁入浙江讲武学堂,他目睹清廷的腐败,列强蚕食,决心以兴武救国,后被选送入保定陆军速成学堂。光绪三十三年四月初一(1907年5月12日),在经沪途中结识吕公望、夏超,经吕介绍,在上海秋瑾所创办的《女报》社宣誓加入光复会。毕业后任军校副总办,不久任浙江陆军警察(党兵)执事官,与浙江新军中的朱瑞、顾乃斌交往甚深。武昌起义后,童保喧在省城积极筹划杭州光复,他"见义勇为,当仁不让,就挑起光复杭州的首难重任"④。11月4日,在童保喧的指挥下,82标兵分三路发起进攻,火烧抚署,活捉增韫,占领军械局。11月5日凌晨,杭州光复,到处贴有浙

---

① 马元佐《先父马宗汉事略》,《慈溪文史》第1辑,2008年。
② 《马宗汉传》,《越铎日报》1912年1月17日。
③ 《马宗汉被捕后的招供状》,《余姚文史资料》第5辑,1988年。
④ 徐良骥等《辛亥革命浙江临时都督童保喧》,《浙江文史集粹》政治军事卷下册,第248页,浙江人民出版社1996年版。

江临时都督童保喧的安民告示,宣告清王朝在浙江的统治就此结束。

同盟会对宁波资产阶级民主革命运动开展也有其重要影响。光绪三十一年七月二十日(1905年8月20日),孙中山联合兴中会、华兴会、光复会及其他革命团体,在日本东京正式成立中国同盟会。同盟会具备了近代资产阶级政党的规模,并成为当时领导全国革命运动的中心,标志着中国民族资产阶级领导的资产阶级民主革命进入高潮。在上海的甬商代表虞洽卿、朱葆三以及李云书、李薇庄、李征五兄弟支持同盟会会员陈其美等人的活动。当时在日本的宁波留学生周淡游、孙表卿、应梦卿、王正廷、冯君木、陈训正、洪兆麟、赵家蕃、赵家艺、魏伯祯、范贤方等人逐渐聚集在孙中山周围,并先后参加同盟会。这些人后来都成为宁波辛亥光复中的核心力量和骨干。

光绪三十四年,范贤方、魏伯祯、章述洨3人回国。由于范贤方、魏伯祯在日本学过法学,被安排在宁波政法学堂做教师。章述洨则担任宁波知府江畬经的幕僚。他们都是有识之士,而且与陈训正的交情很深。正是在振兴中华、推翻清朝专制统治这一共同目标的感召下,这些志士仁人逐步联合起来,成为组织宁波人民反清革命的骨干力量。随着革命形势的不断高涨、爱国运动的蓬勃发展,在宁波的同盟会会员着手筹建革命团体。宣统三年(1911年)夏天,上海同盟会会员宋教仁等发起成立中国国民总会,托词提倡尚武。赵家艺把这个信息带回宁波。魏伯祯、陈训正、林端辅、范贤方、章述洨等人仿照上海的尚武团体,联络当地士绅、各界领袖成立了"国民尚武会宁波分会",有会员60多人。分会推荐邵静山为会长,范贤方、林端辅为副会长,林端辅兼总干事,处理日常事务。它的宗旨是"提倡武风,挽救文弱,鼓吹革命,网罗人才"①。上海国民总会发来贺电:"宁波国民尚武分会成立,愿为奋励。"②另外,分会设立"国民体操团",征集团员,定期

---

① 林端辅《宁波光复亲历记》,《浙江文史集粹》政治军事卷上册,第51页,浙江人民出版社1996年版。
② 《宁波国民尚武分会旬报片断》,《辛亥革命资料》,第543页,中华书局1961年版。

操练。其宗旨为"提倡尚武精神,养成健全军国民"。学科有普通操、兵式操、国技、军事学、生理学大要。16岁以上的都可以参加。团员应守规则,必须崇本会名誉,服从教员指挥,不得戎装闲游,不得借势招摇。宁波尚武分会和国民体操团,名义上是发扬武风,实则是组织群众,扩大革命力量,为武装起义作准备。

为了向宁波人民宣传民族民主革命思想,国民尚武会宁波分会于宣统三年八月初一(1911年9月22日)创办了刊物《武风鼓歆》,由章叔言任总编辑,内容分论说、学术、记载、国内外大事记等。《武风鼓歆》以慷慨激昂的爱国热情,对帝国主义侵略中国的罪行作了揭露和谴责:"今者中国时局,益惊以点炱矣。俄要求于北,英占据于南,瓜分之说,洋溢口耳,片马之案未结,而西藏又见告矣。"①为保卫祖国独立自主和民族的生存权利,宁波尚武分会号召大家起来斗争,驱逐帝国主义,推翻清王朝的统治。"大而卫国,小而卫乡,公则保土地,私则保家乡。嗟!我宁波人可以投袂而起矣。"要求宁波同胞"毋忘国耻,追先民尚武之风,作壮士从军之气,庠有武士,田有武农,肆有武工,市有武商,各奋其爪,各磨其牙,结合大群,毅然以发愤为天下雄"②。《武风鼓歆》成为资产阶级革命派宣传革命的锐利的思想武器"以激动诸君子之雄心"③,它大大地鼓舞了宁波人民的爱国热情和革命积极性。刊出以后,数量日增,"宁波各界人士、青年,莫不争相订购,先阅为快,社会风气为之一变,于革命事业有所贡献"④。

宣统三年闰六月五日(7月30日),宋教仁、陈其美在上海筹组同盟会中部总会。为推进长江流域地区的革命活动,赵家艺回宁波发展同盟会组织,不久宁波正式成立同盟会支部。赵家艺为会长,陈训正

---

① 《武风鼓歆》发刊词,《辛亥革命资料》,第543页,中华书局1961年版。
② 《武风鼓歆》发刊词,《辛亥革命资料》,第543页。
③ 《武风鼓歆》发刊词,《辛亥革命资料》,第543页。
④ 林端辅《宁波光复亲历记》,《浙江文史集粹》政治军事卷上册,第51页,浙江人民出版社1996年版。

任副会长,受中部总会领导。支部成立时有会员数十人,多数为宁波尚武分会之会员。同时,各县亦先后成立支部,林端辅被派去组织慈溪支部。支部会长为钱保杭,副会长为胡良箴。镇海、奉化亦有组织成立。它的成立使宁波民主革命力量有了一个核心,资产阶级的各种革命势力,资产阶级、小资产阶级知识分子及各界人民群众在反清的共同目标之下联合起来,形成了一支革命力量。在赵家艺的联系和领导下,同盟会宁波支部正式纳入同盟会上海总部的活动轨道。沪甬两地互相支持,宁波的革命形势迅速发展起来。

四、辛亥宁波光复和军政分府的建立

武昌起义爆发后,各省望风响应,宁波也受到波及。同盟会宁波支部策划响应起事。他们以《武风鼓歊》为阵地,连续刊载湖北革命军胜利的消息,宣传民主革命思想,同时筹划组织"民团"、"商团"。陈训正、范贤方、魏伯祯、林端辅、章述冹等经常在赵家荪家中筹谋。当时,同盟会会员赵家艺正在上海跟随陈其美从事革命工作,每天给宁波发送信息,决定用"保地方治安"名义,成立民团这个合法组织,以此来掌握武装。

宣统三年八月二十三日(1911 年 10 月 14 日),魏伯祯、范贤方对当时宁波的形势作了分析,认为新军统领常荣清刚到任,与宁绍道台文溥意见不合,矛盾重重,主张利用矛盾,创办民团,作好起义准备。

八月二十六日,在宁波城北报德观召开了各界会议。学政夏启瑞、总商会会长费绍冠、和丰纱厂总经理顾元琛、宁波府教育会长冯丙然、鄞县教育会长张传保、宁波地方自治会长范贤方与副会长郭景汾、自治委员赵家荪,以及地方绅商数十人参加了会议。另有百来人到会。范贤方在会上作了发言。他说:武昌事变使宁波市面发生影响,逃难的有数千人,"须知宁波是我们宁波人的宁波,逃难是下策,共谋地方治安是上策",宁波人自己办民团才能保地方之治安。但组建民团需要经费和枪械。范贤方为此认为,解决困难的办法有两项:一是"经费应由省出,宁波房捐应向省方争回,拨充民团之用,不足再用富绅劝募"。二是拨借完械,"军械局的军械堆积如山,也可电省转令宁波军械局拨借,当无问题"①。到会绅商发言踊跃,当场认捐银元5000余元为经费,并推夏启瑞为宁波民团团董,范贤方、赵家荪为副团董,魏伯祯为团长,林端辅协助团长工作。九月初一(10月22日),宁波民团正式成立,招募团员480余人,以新军的陆军编制,编成8个分团,募集经费,朝夕练兵。他们还以宁波商会的名义,筹组了商团,吸收广大店员参加。

与此同时,范贤方、魏伯祯等人,对驻宁波的第42协统刘洵、巡防营统领常荣清做了工作。刘洵、常荣清"鉴于大势已去,无可挽回,不得不看风使舵,倾向革命"②,他们给民团提供了后膛枪40支,子弹4万发。

九月七日(10月28日),清政府宁绍道台文溥得知宁波民团成立的消息后,多次指使宁波知府摄鄞县知县江畬经逮捕范贤方、魏伯祯等。夏启瑞闻此消息,即避居上海。但革命形势的发展和宁波人民革命情绪的高涨,使科举出身的江畬经头脑有所清醒,他看到了清廷已岌岌可危,民心倾向革命,加之幕僚章述洨的劝说,江畬经渐渐转向革命,不愿再为清政府卖命。他对文溥说:"满城皆党人,何认捕?公其自为计。"③文溥见势不妙,当天晚上就弃印携眷逃往上海。新军协统刘洵、标统马志勋、巡防军统领常荣清,看到大势已去,在范贤方、魏伯祯的劝说下,也不得不见风使舵地倾向革命。

九月十一日,范贤方邀集当地的清军官员和各界代表开会,以保护地方安全为名,建立保安会。江畬经由于"同情光复",被推选为保

---

① 魏伯祯《辛亥宁波光复的回忆》,《浙江辛亥革命回忆录》,第206页,浙江人民出版社1981年版。
② 林端辅《宁波光复亲历记》,《浙江文史集粹》政治军事卷上册,第51页,浙江人民出版社1996年版。
③ 魏伯祯《辛亥宁波光复的回忆》,《浙江辛亥革命回忆录》,第213页。

安会会长,陈训正为副会长,新军协统刘洵、标统马志勋、巡防军统领常荣清以及范贤方、赵家荪、魏伯祯、励延豫、顾元琛、林钟崃、费绍冠、余承谊、屠用锡等12人为干事,由保安会掌管一切军政事务。

宣统三年九月十五日(1911年11月5日)上午,保安会举行第一次会议,范贤方建议"即日宣告独立",赵家荪坚持要等上海的消息后再行动,双方意见不一,最后"不决而散"。刚从上海来宁波的同盟会会员、英国留学生卢成章遵照同盟会上海总部"不为他人先入,防前功尽弃"的意见,采取果断行动,到西城育德学校,召集100多名学生,缠着白布,手中拿"保商安民"的旗子,从东门进城,沿街高呼"革命军来了",片刻之后民团出城,也参加了游行。"市民仓猝莫辨,咸相率缠白臂,树白旗,夹道欢迎。一时间全城白旗林立。"①

浙军出发往攻南京(选自哲夫主编《宁波旧影》,宁波出版社2004年版)

---

① 赵志勤《宁波光复前后的陈屺怀》,《浙江辛亥革命回忆录》续辑,第101页,浙江人民出版社1984年版。

卢成章假称"杭州光复"来电,要保安会采取新的行动。民团团长魏伯祯当即指挥尚武会会员及商团会等千余人,树起白旗,直接攻入道台衙门,并且以保安会的名义,发出安民告示。同时重新举行会议,一直到深夜,决议成立宁波军政分府。"保安会名义取消,准用军政分府名义,公推刘统领洵为都督,常统领荣清为副都督。"[①]同时发布军政府决议:议决军政府地址在道署,用民军旗号;应推部长1员,部员20人;明日以军政府名义出示晓谕,时在小校场合新军、巡防队、民团、团防,由都督宣布命令,白布2寸缠于左手;新关(海关)张旗由外交部交涉,嘱其改易,并且连夜赶制"中华民国宁波军政分府都督印"。

小校场庆祝宁波光复场景(选自哲夫主编《宁波旧影》,宁波出版社2004年版)

根据《军政分府之决议》,宣统三年九月十六日(1911年11月6日),革命党人在小校场召开誓师大会,正式宣布宁波独立。都督刘洵发布了《宣告宁波军政分府成立文》,阐述了宁波辛亥光复的背景、宗旨和意义,指出:"鄂兵举义,不匝月而长江上下游克期光复,义师所

---

① 《宁波之宣告独立》,《辛亥革命》(七),第161页,上海人民出版社1957年版。

指,箪壶争迎,天心人事,盖可知矣。本郡地滨海角,形势险要,人文声物,久称望邑,尤应早日规复,以慰先灵,此则光复大汉为本军政府不易之宗旨也。"他还揭露清政府吏治腐败、倒行逆施的罪行:"最近数岁,非伪朝所号为预备立宪之时代乎,而吾父老子弟所受之困虐何如?名为永不加赋,而苛税特捐,百倍增赋","大江南北,连岁饥馑水厄,本郡各属之灾荒,亦屡见告,伪(清)朝则且修葺颐和园,酣歌恒舞于大内矣。嗟嗟! 脂膏有限,卅求何餍,解同胞于倒悬,尚容片刻缓乎! 此则拯救同胞为本军政府不易之宗旨者二也"。①

宣统三年十一月七日(1911年12月26日),宁波军政分府举行新年招待会,招待在宁波的外国领事、副领事、主教、神父、牧师和外籍医生、船长等。整个会议大厅布置着图画、圣诞松柏、鲜花和丝绸等装饰品。军政分府的外交部长卢成章在招待会上作了讲话,再次抨击清政府的腐败和宁波辛亥光复的必然性。

此后,在各县代表会议基础上成立了参议部,经过选举,推赵家艺为参议部成员,余镜清为副部长,冯贞群、陈训正等10多人为参议员,从而形成了立法机关。至此,宁波历史上第一个资产阶级政权经过曲折的斗争终于诞生。

宁波光复后,所属各县也纷纷响应。当宁波军政分府成立的通电传到镇海后,军政当局和各界代表下决心改易旗帜。第二天早晨,即由张标统整队游行于城厢,内外宣布光复,商民惊喜交集。当晚,慈溪县钱吟苇、胡良箴等奉军政分府令,直入县衙收缴卫兵枪械,并令知县王兰芳缴出县印。宣统三年九月十七日(11月7日)上午,全城遍悬白旗,欢呼慈溪光复。与此同时,奉化光复。次日,宁波军政分府的代表范贤初、张晋等到达定海,受到各界人士的欢迎。晚上7点多,各届代表200多人,在定海厅署会议厅集会,宣告定海光复,人民群众欢欣鼓舞,兴高采烈。九月二十一日象山满城挂起白旗,宣布光复,知县周

---

① 《刘都督宣告宁波军政分府成立文》,《国风日报》1911年11月7日,转自《辛亥革命》(七),第178页,上海人民出版社1957年版。

传义早于前夕逃去。

余姚时属绍兴府,也于宣统三年九月十八日(1911年11月8日)宣布光复。县城各界悬挂白旗志庆,旗上书写着"光复大汉"四字,随即组成临时政府机构。第二年元旦,余姚县公署正式成立。宁海时属台州府,也于宣统三年九月二十宣布光复。时在省城的童保暄、华巨熔、叶颂清等宁海籍人士经常商讨革命事宜,关心家乡革命。当宁波光复的消息传到杭州后,当时刚卸下临时都督改任省政府参谋的童保暄,立即委派宁海籍军官华巨熔、华嘉祺、华嘉效等6人来到宁海。九月二十日,他们联络本县一些士绅,扣押了知县,清算钱粮,接管县署,废除清制,宣告宁海光复。

辛亥宁波光复和军政分府,尽管只持续了6个多月的时间,但毕竟是宁波近代史上的一件大事。它结束了清王朝在宁波的统治,使宁波人民受到了一次资产阶级共和思想的教育,在思想上得到一次解放,这不能不说是一次伟大的变革。

第二章

清代宁波的经济

- 农业与渔业
- 手工业
- 商业
- 宁波近代资本主义企业的产生和发展
- 宁波商帮
- 宁波的港口发展与海外贸易

清代宁波的社会经济在前代基础上得到重大发展,在农业、手工业、商业等方面发生了明显变化。嘉道以后,宁波近代资本主义的生产方式开始产生并发展,宁波港的发展以及海外贸易的兴盛推动了宁波近代化和城市化进程。不少宁波人开始在上海、汉口、天津等地经营新式企业,形成了富有影响的宁波帮。

第一节　农业与渔业

从清军入主浙东到康熙初中期,宁波基本处于战争迁界之中,劫后余烬未消,土地荒芜,满目疮痍,清初保护自耕农以及发展农业的政策在一定程度上发挥作用,推动着宁波农业经济的发展。乾嘉以后,农业产品商品化程度日益提高,农村自然经济加剧解体,生产经营方式发生了深刻的变化,宁波的传统农业向近代农业迈进。

一、清初的垦田政策

由于明末清初的战乱,农民大量死亡和外逃,耕地严重荒废。巡按卫周允曾经巡行全国各地,描述了当时荒凉景象,他说:"巡行各处,极目荒凉","地亩荒芜,百姓流亡十居六七"。① 宁波受到很大影响,李邺嗣记载了当时的惨景:"战垒村村见,愁云日日浓。乱骸争白草,旧鬼失青松。"②《海东逸史》说"北兵相谓曰:吾兵南下,所不易拔者江阴、泾县,合舟山而三耳"③。这表明舟山与江阴一样遭遇了杀戮。宁波田野荒凉,人民大批逃亡,土地也有荒芜。据雍正《浙江通志》记载:明万历三十八年(1610年),宁波府所属6县田、地、山、荡、河、蛤、浔等项共40991顷80亩,到雍正十三年(1735年)为39005顷93亩。④据此,雍正十三年的田、地、山、荡、河、浔等的面积为万历三十八年的95%,所减的1986顷的田、地、山、荡、河、蛤、浔中不少是荒土石田。

康熙以后,由于清政府的轻徭薄赋,宁波人口激增。雍正《宁波府志》记载了宁波在康熙四十年(1701年)的人口为103256户,214710人。到嘉庆二十五年(1820年),宁波府的人口为561809户,2354674人。人口的增多,要求消费更多的粮食,这就需要扩大垦耕的面积。

上述两个原因,迫使清政府采取垦殖政策。顺治六年(1649年)夏四月,清政府招民劝垦荒田。诏地方无主荒田,由州县官招徕逃亡民众,给以印信执照,开垦耕种,永准为业,满六年后,视察成熟亩数,方准奏议征收钱粮。清高宗"命开垦闲旷地土"。他指出:"从来野无旷土,则民食益裕。即使地属畸零,亦物产所资。民间多辟尺寸之地,即多收升斗之储。……向闻边省山多田少之区,其山头地角,闲土尚多,或宜禾稼,或宜杂植……而民夷随所得之多寡,皆足以资口食,即内地各省,似此未耕之土,不成丘段者,亦颇有之,皆听其闲弃,殊为可惜。"于是,他特降谕旨:"凡边省、内地零星地土,可以开垦者,嗣后,悉听该地民夷垦种。"⑤

---

① 《清世祖实录》卷一二。
② (清)李邺嗣《兵燹后野步哀甬东》,《杲堂诗续钞》卷四,《杲堂诗文集》,第224页,浙江古籍出版社1988年版。
③ (清)翁洲老民《海东逸史》卷二《监国纪下》。
④ (清)雍正《浙江通志》卷六八《田赋》二。
⑤ 《清高宗实录》卷一二三(乾隆五年七月)。

为鼓励农民垦辟土地，清政府提出了免其升科、对垦种劣种土地实行减免赋税、明确产权等。比如，乾隆五年（1740年），针对有些畸零之地，农民不致力开垦，主要是害怕"报垦则必升科"。清政府下令：凡边省、内地零星地土可以开垦者，"嗣后悉听该地民夷垦种，免其升科，并严禁豪强首告争夺"，并要求各省督抚对"何等以上仍令照例升科，何等以下免其升科之处"，"悉心定议具奏"。[①]闽浙等沿海省份由于开放海禁，大批"展界田亩"亟待垦复。政府对这些地区又采取特别政策，即宽限五年之后，按亩起种。宁波府、县地方官吏严格执行清政府的政策，实行了如下措施：

第一，招抚流民屯垦

要垦辟土地，首先需要一定的劳动力。清政府当时主要采用两种方式：一是地方政府的招抚。对招徕的流民和逃民给以荒地，让他们垦种，借给他们牛或种子，并予以资助。比如，宁海县康熙九年（1670年），招回成丁2443丁，第二年又招回15丁，镇海县在雍正、乾隆年间招回人丁1691丁。另一种方法是地方政府将无主的荒地分给招徕的垦民耕种。因清初的战乱，浙东不少地田荒芜，宁波府、县政府允许回到家乡或来甬的外地流亡人口对荒地进行耕种。

第二，缓征和豁免田赋

垦荒能否顺利进行，还取决于政府能否给垦民减免赋税与田赋。垦荒的头几年，清政府经常免除因灾荒歉收的垦户的赋税负担。比如，奉化在康熙六年因荒蠲田15顷23亩，地92顷17亩。康熙十二年，宁波府县因地丁正项钱粮拖欠，在灾民不能完纳的情况下，经过明察报上级批准，给予蠲免。康熙二十九年（1690年），余姚、慈溪等4县因灾免去田亩赋税银37901两。

第三，清丈土地及限期报隐垦地

康熙年间，宁波地方政府的清查工作取得一定的成就，清查出为

---

① 《清高宗实录》卷一二三（乾隆五年七月）。

数不少的隐占、隐报的垦地。康熙六年,鄞县丈出田 63 亩、地 7 顷 78 亩,慈溪清查出田 60 亩、地 2 顷 25 亩,象山清查出田 15 顷 67 亩、地 5 顷 8 亩。同时,限期申报隐瞒的垦地。康熙六年至雍正元年,奉化县的奉化、松林、金溪、长寿、禽孝 5 乡在当时续报田园为大水所淹蠲田 8 亩。奉化各乡镇僧田续报蠲田 19 亩。定海县康熙五十年至雍正七年(1729 年),陆续报升田、地、山涂荡共 98 顷 11 亩。①

第四,沿海地区的垦复

清初,为孤立和瓦解东南沿海的抗清力量,政府颁布了迁海令,强令舟山(今浙江省舟山市)、镇海的百姓迁至鄞县等地。比如顺治十八年(1661 年),清政府强迫定海(今镇海)的泰邱、海晏沿海 30 里居民迁于内地,并严禁出洋采捕,从而使镇海、定海的沿海乡镇的良田变成荒滩。宁海县居民也弃去民田 1150 顷,另有 221 顷余田也全部被弃。清政府收复台湾后,康熙批准浙江等地沿海地区的田地给民耕种,沿海出现了垦复的高潮。象山自康熙九年至六十一年,展界复业田 3113 顷 92 亩、地 200 顷 90 亩。雍正元年起至五年止,展界复业田 4 顷 65 亩、地 5 顷 14 亩。镇海县的崇崖乡在康熙十年开始展界,到康熙末年,垦复民田 343 顷 64 亩、灶地 67 顷 5 亩、屯田 26 顷 77 亩、山地 150 顷 33 亩、荡河 6 顷 62 亩,共计 594 顷。定海县的金塘、蓬莱、安期 3 乡,历年垦复田 430 顷 82 亩、地 248 顷 26 亩、山 186 顷 11 亩、荡 8 顷 72 亩,共计 873 顷 91 亩。②

在清政府出台的垦荒政策的激励下,宁波府所属各县出现了较好的效果。据《四明谈助》记载:乾隆初,举人李光天之后,率领乡人在镇海蛤吞新辟涂田,近年屡获成熟,四明地区的荒田逐渐被开垦出来。据《清实录》记载,雍正、乾隆年间,余姚、慈溪、鄞县、奉化、镇海、象山、定海、宁海各县都开垦了一批荒田。雍正十三年(1735 年),余姚、安吉等 7 县开垦地 153 顷。乾隆二年八月(1737 年 9 月),象山、定海等

---

① (清)雍正《宁波府志》卷一二《户赋》。
② (清)雍正《宁波府志》卷一二《户赋》。

9县垦复额内荒缺民灶田、地、山、荡63顷有余。乾隆十六年八月,宁海、昌化二县额外田、地、沙涂94顷80亩。乾隆二十五年九月,镇海、象山、定海等9县共报垦额内荒地81顷66亩。嘉庆二十四年(1819年),奉化、定海、宁海、象山等6县开垦沙地280顷32亩。尤其是余姚的垦田面积总额增加很快,顺治年间有田5958顷9亩,康熙初为5958顷79亩,到乾隆间为6082顷80亩,100多年增加了34顷71亩。慈溪自乾隆十四年到道光九年(1829年)的76年中开垦土地6613亩。

在农业生产技术不发达的情况下,要促进农业经济和社会发展的一个重要途径是扩大耕地面积。清初,宁波垦田政策的实施对扩大耕地面积有一定的作用,主要有以下几点:

首先,造就了大批的自耕农。经过明末清初的战乱,宁波地区地荒人亡,百姓流离失所。但在清政府的招垦政策鼓励之下,这些逃亡在外的农民重新回到家乡,获取土地产权,成为自耕农。比如,康熙五十五年(1716年)镇海县增益乡民人丁894人,康熙六十年增益乡民人丁144人,雍正四年增益乡民人丁148人。乡民人丁一般是指承担赋役的农村成年男子,其中包括不少自耕农。

其次,促进山区经济的发展。清初的垦荒政策除了使原有的荒地得到垦复外,也使原来人口稀少的山区得到了开垦,促进了山区经济的发展。比如,南田山地处象山县南端,自明以来一直封禁,在清政府垦荒政策鼓励下,很快进行了大规模的开发。嘉庆年间,山内十一岙,共垦户1574家,男女共4098口。道光初,计有十八岙,垦户2400多,开垦田16700余亩。

再次,缓解了新增人口对粮食需求的压力。清初,宁波与全国各地一样,经过休养生息,人口激增。浙东是缺粮区,这个问题显得更突出。近百余年,人口增长近10倍,从而对粮食的需求随之增加。在这种压力下,除了推广良种、改进农业技术外,还要开垦土地。正因为如此,宁波府、县的官吏十分重视加大对土地的垦辟力度。

另外,还促进了经济作物的种植,增加了地方财政的收入。

二、水利设施的兴修

清初宁波时常发生水灾。据《浙江灾异简志》记载,仅雍正朝(1723—1735年)短短的13年中,宁波地区遭受水灾多达13次,平均每年一次。其中雍正三年(1725年)七月十八日、十九日两天,余姚、定海、鄞县、慈溪、奉化、象山6个县同时发大水。

洪涝灾害造成了宁波的人口和财产的损失,也影响着国家财赋的收入。康熙三年(1664年)七月,慈溪东乡顾家弄于当日午时,风雨骤至,林石俱拔,一村庐舍顷刻而尽。① 雍正元年,余姚海啸飓风坏堤,"漂庐舍万家"②。慈溪由于飓风驾潮,"堤决,平地水深三丈,屋舍、禾、棉、竹木尽毁,浮棺满地,尸横遍野",潮塘南北居民得生者仅有十分之一。③ 嘉庆二十五年(1820年),余姚咸潮达通明堰,后又遭大风

南门水关(选自哲夫主编《宁波旧影》,宁波出版社2004年版)

---

① (清)康熙《宁波府志》卷三〇《祥祲》。
② (清)光绪《余姚县志》卷七《祥异》。
③ 徐惠利主编《慈溪水利志》,第6页,浙江人民出版社1991年版。

雨,堤决水及邑境,"晚禾尽没"①。尽管清政府对宁波各县沿海地区人民给予救抚,比如,雍正二年八月二十四日(1724年10日10日),户部奉旨对该年七月十八日、十九日两天因海潮冲击的宁波沿海受灾的农民"着即动仓库钱粮速行赈济,应免钱粮、田亩,察明蠲免"②,但真正解决问题还是要靠水利的兴修。

人类抵抗自然灾害的能力会受到科学技术和生产力发展水平的制约,同时也会受到政治情况和吏治好坏的影响。一定条件下,政府的政策和官吏的管理水平甚至会起到十分重要的作用。因此,水利建设问题,不单单是一个经济问题,而且也反映了政府的政策是否合理和官吏是否勤政、廉政。

清初,政府对沿海地区的水利建设是十分重视的,尤其是对作为江南财税收入重要地区的宁波。康熙四十六年(1707年)十一月,康熙在乾清宫召集江南、浙江两省大学士以下、翰林科道以上官员到乾清门外,命大学士张玉书等对群臣发表关于江南农田水利问题的上谕:"江浙农功,全资灌溉,今见其河渠荡俱浅者,皆由素无潴蓄所致。雨泽偶愆,滨河低田尤可戽水济用,高燥之地,力无所施,往往三农坐困。朕兹为民生再三筹划,经久计之,无如兴水利,建闸座,蓄水灌田之为善也。"③雍正二年(1724年)发大水以后,清政府更是重视对水利的兴修,制定了相关的政策。

正因为如此,清政府宁波地方官吏把兴修水利看做是发展农业、富国利民的要务。宁绍道台孙诏曾说:"国家以农事为重,而农事以水利为先,宁波为滨海重镇,鄞则附郡之首邑……水发源于四明,其间名山大川,绵亘数百里,阻咸蓄淡,以资灌溉,设塘堤,设碶堰者,所在多有。""余思筑碶截水,运石砌塘,自是经久之谋,农田水利固应如

---

① (清)光绪《余姚县志》卷七《祥异》。
② (清)雍正《浙江通志》卷七六《蠲恤》。
③ 《清圣祖实录》卷二三一(康熙四十六年十一月己亥)。

宁波城外河道（选自哲夫主编《宁波旧影》，宁波出版社2004年版）

此。"①镇海县令王元士也认为"重农莫如治水，国家所以考牧守之绩必先于此"②。光绪年间的奉化知县李前泮，在所修的光绪《奉化县志》卷六《水利》中亦说："水利重矣，而言水利，于吾奉则尤重。邑资农以生，而旱干、水溢，灌溉失时，常戚戚然。有饥荒之忧，益已水利不讲矣。"

　　宁波的水利建设在雍正以后发展更快，并于乾（隆）嘉（庆）之际出现高潮。据《鄞县志》统计，清朝前期鄞县重修水利29处，创建137处，远远超过了明代。其中顺治到雍正的91年中，鄞县重修水利2处，创建27处，每年修0.32处，而乾嘉间的84年中重修19处，创修118处，每年修1.51处。③ 以上数据已经表明，鄞县在清代的水利设

---

① （清）雍正《宁波府志》卷三五。
② （清）光绪《镇海县志》卷七《山川》下。
③ 周时奋主编《鄞县志》第24编《水利》，中华书局1996年版。

大嵩河(选自《鄞东重镇咸祥》,宁波出版社2008年版)

施建设发展很快。雍正六年(1728年),鄞县知县杨懿开浚大嵩河,建闸、碶,共计工料银6481两。乾隆二年(1737年)重修梅墟塘。乾隆十六年,宋鉴纡以以工代赈之法,兴筑北土塘、南土塘和万金塘,计11786丈。乾隆三十一年,张又泰疏浚江东河。乾隆四十年,周樽重修杨树堰。乾隆五十年,钱维乔浚护城河。嘉庆九年(1804年),里人史积兰把乌丰碶由泥堰改为石碶,为里塘河东流出口。嘉庆二十四年(1819年),陈中孚搜访故址,再次疏浚城河。道光二十四年(1844年)重修杨树堰。①

其他各乡镇也修筑了不少水利设施,并对现有的农田水利设施进行修复和增筑。慈溪在顺治十二年(1655年)开浚淤塞的慈湖,康熙二十七年(1688年)创筑外杜湖石堤。雍正十二年(1734年),石堰、鸣鹤两场民灶,按丁捐筑利济塘,到乾隆十六年(1751年)以工代赈清帑进一步对利济塘兴修。道光十五年,里人沈启遥在位于县东北65里的宝山浦闸下里许建五洞闸。光绪三十一年(1905年),旅日慈溪

---

① (清)周道遵《甬上水利志》卷二《东乡三塘河》,《四明丛书》第11册,第6343页,广陵社2006年版。

华侨吴锦堂捐7万余元修葺杜、白二湖湖堤和水闸,增设减水坝。

镇海于顺治十年浚河阔各1.5丈,深0.5丈,又于康熙六年、十年两次浚濠河,康熙十五年集民浚万弓塘河,"民得以灌溉"。康熙二十五年,县令周家齐浚前大河、中大河。雍正九年,知县赵应召浚治灵储各河。乾隆十一年,县令王梦弼浚濠河阔2丈,深4尺,并浚三河。乾隆四十三年,县令周樽劝民浚泰海二乡七大河。嘉庆十二年,乡人徐起南在小浃江东岗碶以下10里处凿岩为基,建燕山碶13孔,次年告成。嘉庆十八年,县令戴彝又令民浚中大河62000余丈。道光元年,灵岩王永肩等浚徐家浦碶、上地山洋傅门前支河漕500余丈,顾姓屋后支河漕300余丈。同治十三年(1874年),知县高桐偕里人杨鸿元捐资重修凤浦湖。道光九年,乡人胡钧、乐涵在小浃江筑15孔义成碶。光绪六年,里人郑钫建穿山新碶2孔。江南的大碶在康熙十年、四十四年重修,雍正十二年,邑令陈秉钧等又对此进行为期3年的修筑。①

奉化在顺治十一年(1654年)修青锦塘。康熙十一年(1672年),郑臻增筑。雍正二年(1724年),斗门堰改筑石坝。乾隆间修浚茭湖、黄辟堰、沙堰,再修青锦塘,并疏浚北溪1525丈,砌石护岸1470余丈。乾隆间由周廷彦等捐修的镇波堰。到同治初,沈超英等进行重修。同治十三年(1874年),举人周永年复捐款修筑。

象山县自乾隆至道光间,围塘规模日趋扩大,先后修筑了黄湾塘、田洋湖塘、青山头塘等17处,围垦大泥塘等12处,其中大泥塘最大,于嘉庆五年(1780年)兴工,历时5年才完成。光绪六年(1880年)修筑龙泉大塘,次年完工。光绪七年筑鹤浦大塘,两年告成。同时还修筑碶堰。乾隆二十二年(1757年),象山知县史鸣皋修灵长碶。道光五年(1825年),县令吴锡畴谕绅耆捐资金复修。贤昌碶开于明代,至清已湮废。乾隆二十三年知县史鸣皋重开。嘉庆十六年,县令葛建椿

---

① (清)光绪《镇海县志》卷八《水利》。

谕首事陈亨吉、蒋杰等筹资开港修造高平碶,接朝宗碶、倪家河水入海。宁海在光绪二十八年境内有碶(堰)55处。

浙东的海塘兴建也取得了不少成就。雍正二年,鄞县、慈溪、镇海、象山、余姚等8县海塘被海潮冲决。清政府拨工料银15074两作为修筑费用。鄞县大嵩,旧未有塘,雍正九年,修筑大嵩塘。康熙五十九年,绍兴郡守俞卿筑成百官至余姚界土塘11000丈,用银52000两。雍正四年,余姚修石塘1300丈,用银18200两,对浙东海塘全面培修。慈溪在雍正二年新筑榆柳塘,乾隆年间进一步增筑加固;雍正十二年,另作利济塘,乾隆九年及十三年,花库银17585两,捐款6000两,对塘加以复修,全长15533丈;乾隆十六年以工代赈请帑建筑,底宽5丈,面宽2丈,高1.5丈;乾隆二十七年,再次花银6244两进行培修加固;嘉庆后期,开始筑永清塘。

宁波镇海后海塘(选自哲夫主编《宁波旧影》,宁波出版社2004年版)

镇海在乾隆十三年至乾隆十六年,知县王梦弼主持兴修旧塘1100丈,将其中576.5丈改建为夹层堵缝镶榫石塘;修理次冲塘390丈;新建塘51丈。奉化村民在嘉庆年间捐资兴筑黄家滩大塘。宁海县在光绪二十八年(1902年)相继筑与子大塘、财赋塘、玄明塘、黄门塘;宣统三年(1911年)县人秀才杨桂钦筹资筑茅屿塘,茅屿始与内陆相连。

清代重视宁波水利整治和修筑,对于今天宁波地区的灌溉和航运是十分有利的。镇海浚前大河、中大河,便于沿河一带农田灌溉。时人周家齐作诗讴歌:"敢谓劳疏凿,民依重所天。艰难知稼穑,斥卤转桑田。故道行无事,春农卜有年。我私应遂及,灌溉有源泉。"①崇邱乡田地4万余亩,借东钱湖之水,以资灌溉。慈溪的利济塘修筑,"内留运河,便民舟楫,外留界河,防民侵削"②,提高了内河的运输能力。象山县的大河,在雍正二年(1724年)疏浚后,也能灌田6万余亩。余姚的浒山(今属慈溪市)塘北,由于有水泉,可备旱,沿海修御海潮塘,以障潮汐。这样,"塘北之地渐为沃壤,亩可万计。亩收一钟,则北乡民食,可望足矣"③。而鄞县大嵩塘的修筑更是使当地居民受益匪浅,"自是而嵩之斥卤尽为沃壤,嵩之士女岁歌大有,户蒙乐利之庥,世享升平之福"④。

三、农业的生产结构

清代,宁波农业的生产结构是以粮食作物生产为主,兼及经济作物的种植。

(一)粮食作物种植

以粮食作物生产为主,主要是以传统的水稻、麦的种植为主,还包

---

① (清)周家齐《渠成偶咏》,(清)乾隆《镇海县志》卷八《艺文》。
② 徐惠利主编《慈溪水利志》,第47页,浙江人民出版社1991年版。
③ (清)道光《浒山志》卷二《海地》。
④ (清)李卫《大嵩塘工碑记》,雍正《浙江通志》卷五六《水利》五。

括黍、粟、高粱、玉米、番薯等。

水稻在宁波普遍种植。《四明谈助》卷一五引全祖望的《湖语》说："南有大坂,土膏最浓;不须一易,岁致千钟。布谷原头,黄云朦胧;牛鞭初动,坛壝所祟。"全祖望在他的《双湖竹枝词》中也有"大坂秧田曲子嘉"之句,从中可以看到鄞西的水稻种植情况。与前代相比,宁波在清代的水稻品种增多了不少。鄞县种植的水稻品种在明代仅有7种,到清代进一步扩大,发展到37种。清代的糯稻是制酒的原料。清初诗人李邺嗣的《鄮东竹枝词》中就说"糯黄燕嘴不须赊,新酿今年味更佳",并有注释说:"燕嘴糯以为酒,味佳。"①他在竹枝词中,还介绍了当时宁波地区不少水稻的品种:"早谷可红六十日,晚禾犹自等西风。家家乌撒尝新饭,勒马看登新廪充。"并注说:"红六十日、等西风、乌撒米、勒马看,俱东乡早晚谷名。"②乾隆三十年(1766年)前,浒山一带都种黄岩早白。"早白稻从福建调入,原名占城稻,以耐旱著称。"③后改种"六十日"。道光《浒山志》卷六《物产》说:"六十日,早禾也。自插秧后六十日熟,故名六十日,取其成之速也。前此,浒山一带俱种黄岩早白,岁比不登。乾隆三十余年间获此种,竟得常稔。"据光绪《慈溪县志》卷五三《物产》上记载,慈溪在光绪年间有水稻品种59种,其中糯稻就有早糯、黄糯、白糯、丁香糯、赤糯、鼠牙糯、虎皮糯、麻糯、杭州糯、九月糯、青秆糯、晚糯、红糯、雉鸡糯、乌籼糯、朱口糯、铁糯、铁秆糯、矮黄糯、黄香糯、黄扁糯、桂花糯、火烧糯23种。光绪《奉化县志》卷三六《物产·稻之属》也记载24种糯稻,即早糯、黄扁糯、红稻糯、虎皮糯、黄糯、乌籼糯、晚糯、黄香糯、青秆糯、白糯、赤糯、丁香糯、雉鸡糯、红嘴糯、桂花糯、乌节糯、余壇糯、矮糯、䊢糯、芝麻糯、冷水糯、儒糯、乌嘴糯、铁秆糯。到晚清,慈溪的杜白二湖周围的水稻田已达10.8万亩。

---

① (清)李邺嗣《鄮东竹枝词》,见《杲堂诗文集》,第767页,浙江古籍出版社1988年版。
② (清)李邺嗣《鄮东竹枝词》,见《杲堂诗文集》,第762页,浙江古籍出版社1988年版。
③ 胡百孚主编《慈溪农业志》,第187页,上海科技出版社1991年版。

麦也普遍种植。宁波的品种依然是大麦和小麦,还有荞麦。万斯同的《鄞西竹枝词》中有"叹息农家辛苦多,四时不放一时过。已栽大麦连荞麦,更插晚禾接早禾"①。倪象占在《鄞南杂句》中也有"陇麦分茎晓翠含,池莲并蒂晚红酣"②之句。这说明乾隆年间鄞县也种植大麦、荞麦。乾隆间,余姚有麦的种植,其品种有大麦、小麦、糯麦、六棱麦、娜麦等品种。光绪《慈溪县志》提到慈溪在清代有麦8种,即小麦、米麦、大麦、稞麦、荞麦、御麦、雀麦、瞿麦。③ 光绪《奉化县志》记载奉化也有麦的种植,有大麦、米麦、御麦、小麦、荞麦等品种。④

自明代中后期起,番薯、玉米等新作物的引进,对宁波农作物结构产生一定的影响。清代中后期番薯、玉米在宁波得到了广泛的种植。

番薯抗干旱,耐贫瘠,适应性强,种植方法简单,且产量也高。因此,清代的粮食作物中,番薯在宁波得到传播和种植。在浙江,宁波是最早从国外引入番薯的,早在明代万历年间已在普陀山种植番薯。编纂于万历三十五年(1607年)的《普陀山志》卷二《物产》记载:"番薯,种来自日本,味甚甘美。"到清初在宁波广泛推广。康熙初,陈振龙的后人到鄞县推广种植。"初犹疑与土宜不协,经秋成即大逾闽地",获得意外的成功。⑤ 到乾隆年间,鄞县、镇海、慈溪、奉化等地种植已相当普遍。这在乾隆《鄞县志》、乾隆《镇海县志》和乾隆《奉化县志》中都有记载。乾隆《鄞县志》指出:"番薯,《本草》亦名山芋,有黄、白二种。今明、越诸郡多于山中种之。蔓生易熟,甘而肥美,大可为救荒之助。其叶类何首乌叶,南方草木状。所云叶如芋者,恐是别种。"⑥乾隆《奉化县志》卷六《版籍志·物产》也说:"番芋,种来自日本。"

---

① (清)万斯同《石园文集》卷二《鄞西竹枝词》,《四明丛书》第14册,第8383页,广陵书社2006年版。
② (清)倪象占《鄞南杂句》,(民国)《鄞县通志·文献志己编·礼俗》,宁波出版社2006年版。
③ (清)光绪《慈溪县志》卷五三《物产》上《谷之属》。
④ (清)光绪《奉化县志》卷三六《物产·麦》。
⑤ (清)陈世元《金薯传习录》卷上,第24页,农业出版社1982年版。
⑥ (清)乾隆《鄞县志》卷二八《物产》。

番薯的品种有红皮、白皮二种。《剡源乡志》载：甘薯"有红皮、白皮二色，红皮者心黄而味甜，白皮者心白而味淡"，并且可以制成"番薯烧（酒）"。①《余姚六仓志》卷一七《物产·白番茹》中说："番茹，一名甘薯。有红白二种。海地多产白种，自象山传入，繁殖亚于山谷。"②

由于番薯有易种、产量高的优点，雍正八年（1730年）二月，定海总兵林君升还给皇帝上了奏章，建议山东、直隶等省种植番薯。乾隆十三年（1748年），时任浙江巡抚的方观承对种植番薯也有一定兴趣。第二年升直隶总督，他雇用宁波等地善种番薯者20人，到直隶所属各州帮助当地农民种植番薯。可见宁波番薯的种植已取得相当经验，而且还涌现出不少种植能手。

与番薯一样，宁波也是玉米传播和推广种植的主要地区。玉米又名六谷、包米、包谷、苞芦，通称玉蜀黍，在清代也传入宁波，并进行种植，主要在乾隆、嘉庆年间。乾隆《鄞县志》卷二八《物产》载："御麦，俗呼六谷，土人谓五谷之外又一种也。其实黄，亦有斑者，旧志皆失载。"慈溪在乾隆间有玉米种植的记载，晚清更为普及，在逍林以西大古塘以北地区栽植。道光年间，奉化"六谷随处俱有，奉化徐凫岩一带特广种，胜于此处"。光绪《奉化县志》卷三六《物产》引《剡源志》说："《鄞志》作六谷，谓五谷之外又一种，其说无据。盖陆乃陆地之陆，此种多产于山，故名陆谷。"民国《象山县志》卷一二《物产·谷类》亦云："六谷当作陆谷，言其大也，亦言陆地之谷也。"

（二）经济作物的种植

清初，宁波的桑树种植迅速推广。鄞县、奉化、象山等地桑树成荫。奉化的泉口长寿乡桑木蓊郁一片。鄞县的鄞江桥、桃源乡遍植桑树。"寻壑风光好，桃源即此乡。有田惟种秫，余地便栽桑。"③李邺嗣

---

① 胡元福主编《奉化市志》第4篇《农业》，中华书局1994年版。
② （民国）杨积芳总纂民国《余姚六仓志》卷一七《物产·白番薯》。
③ （清）周臣《李斯年先生园居》，《四明清诗略》卷四。

的《鄞东竹枝词》也有"相逢邻叟归何处,新种东田五亩桑"的诗句,鄞县东乡"不废桑木"。《四明清诗略》卷五载康熙年间鄞人柯之任的《舟泊钱湖阻雨》,就有"最喜桑麻滋雨露,绿荫深处系渔舟"的诗句,表明鄞县东乡钱湖畔栽有桑树。鄞西的林村(今鄞县横街镇)明时蚕利大兴,清初依然不废,栽种大量桑树。鄞县、慈溪、奉化、镇海在康熙年间各有桑树13302株。象山在道光四年(1824年),全县普遍栽桑柘。

余姚、慈溪也遍地植桑。"桑产塘北蚕地,有低桑、高桑二种。低桑叶小而瘠,属本产。高桑俗曰海北桑,叶大而肥,栽植园宅及河堤。自蚕利兴,腴地亦间种桑。"① 一些诗中有"种桑复种枣"、"桑枝更袅袅"之句。"桑叶价昂"②,种桑收入可观。慈溪、余姚在康熙五十八年(1719年)桑价腾涌,贫不能买叶者,甚至弃蚕满地。占地少的养蚕人家不种桑,花钱购买桑叶,占地很多的富户,却广种桑树,出售桑叶。余姚的周行(今属慈溪市)也种植桑树,出售桑叶,取得好的经济效益。谢秀岚在《周行杂咏》中说:"种得桑秧赛种鱼,三春活计赖蚕纡。明年要娶新媳妇,屋后添栽五十株。"桑木成为致富的经济作物,栽桑已属商业性质的农业经营。嘉道年间的任荃更认识到这一点。任荃在《蚕桑要术》的自序中说:"邑(慈溪)山多田少,民终岁力农,不给半年之粮,妇女无事,竞事樵采,日仆仆于荒崖,穷苦劳苦备至,获利甚微。余目击而心伤之。夫山多则限于农,不限于桑,况南方地气温和,野宜桑,山亦宜桑,其在野者为家桑,在山者为山桑,即禹贡压丝是也。凡可以种杂木之处俱可种桑也,与其种无用之杂木,何如种有用之桑树?但使一家种桑五十株,三年之后,树成叶茂,即可收买蚕种,依法养之,以丝帛以助男耕,不十年而瘠土变膏腴,贫户拥高资矣。"③

棉花的种植面积进一步扩大。余姚、慈溪、镇海遍植棉花。据《余

---

① (民国)杨积芳总纂民国《余姚六仓志》卷一七《物产》。
② (民国)杨积芳总纂民国《余姚六仓志》卷一七《物产》。
③ (清)光绪《慈溪县志》卷四九《艺文》。

姚六仓志》卷一七记载：乾隆时，"姚邑北乡沿海百四十余里，皆植木棉。每至秋收，贾集如云，东通闽粤，西达吴楚，其息岁百万计。邑民资是以为生者十之六七"。自乾隆至光绪的百余年，"滨海沙地日涨，（棉花）种植益广，即塘南民田亦往往种之，较前所产又增益矣"。浙海关税务司墨贤里的《浙海关十年报告（1882—1891）》也指出："绍兴府余姚地区以棉花著名。"余姚泗门当时就出产优质棉花。棉花有不少品种。浒山（今属慈溪市）所植木棉有乌子、红穿紫花、绿树、槿柰花数种。不仅大塘的北面海地种植棉花，而且"塘内民田亦有种者，盖工省而利倍也"①。嘉道年间的高杲专门写了《吉贝花叹》，描绘余姚、慈溪木棉的种植："吉贝花，吉贝花，利普海疆胜丝麻。四月始下种，七月花开陇。白露一零雪球拥，松江淮北棉不重。浙花出余姚，群芳谱中特选挑，只怕秋风带雨潮。今年绿树红穿好，乌子种太早。开手才提筐，忽焉狂澜倒。狂澜虽倒未尽损，累月连旬雨师很，家家户户睡不稳。"②这首歌谣反映了棉花已成为三北人民重要的经济作物。道光年间，镇海梅山岛开始种植棉花。咸丰、同治以后，湾塘海甸一带也植棉。咸丰十年（1860年），由于美国内战，导致棉花价格上升，对宁波棉花的种植是一个刺激，棉花栽培面积超过了50万亩。

在棉花种植过程中，还出现了不少植棉专业户。光绪《慈溪县志》引《句章土物志》说："吾邑沿海居民种（棉花）以为业。"余姚地多田少，民亦以种棉为业。植棉专业户把棉花卖给称之为棉行的棉商，而这些棉行又转手卖给宁波棉商称之为"棉庄"者。

由于宁波棉花色泽洁白，纤维坚韧、疏松而有弹性，出口销售量大。仅光绪二年（1876年），出口欧洲7715担，第二年14249担。到光绪十年，宁波出口棉花为9575担，货值76834关平银两。穆和德的《光绪六年浙海关贸易报告》中记载："1880年，棉花收成特好，广州、汉口棉花市场上，宁波棉花畅销，获利丰厚。"

---

① （民国）杨积芳总纂民国《余姚六仓志》卷一七《物产》。
② （民国）杨积芳总纂民国《余姚六仓志》卷一七《物产》。

茶以余姚、慈溪、鄞县、象山、宁海为多。太白茶、仙茗、十二雷都很有名。李笂的《采茶曲》就有"石竹园边毛竹遮,二茶才过又三茶。如何城里垂髫女,晓起妆成但采茶"、"阿婆昨日天童去,茶味何如太白山"之句。① 李邺嗣的诗中有"太白尖茶晚发枪,霏霏云气过兰香。里人那得轻尝味,只许山僧自在尝"②的说法。万斯同的《鄮西竹枝词》也说:"天井山茶味自长,它泉烹酌淡而香。并论太白谁优劣,一任闲人肆抑扬。"③鄞县的太白茶在晚清很有名气,成为贡茶进献朝廷。光绪《鄞县志》载:"鄞之太白茶为近山,然考舒嬾堂天童虎跑泉诗'灵山不与江心比,谁为茶仙补北经',则宋时已有赏之者。至今山村多缭园以植茶,晚收者曰茗曰荈,以太白山为上,凤溪次之,西山又次之。太白出者,每岁采制充方物入贡。"④光绪《余姚县志》卷六《物产》引康熙志:"茶产瀑布岭、建峒岙者佳,并称四明茶,化安山次之,童家岙又次之。""山在双雁乡,其茶,邑人称南黄茶。"宁波各县在康熙期间有茶树106株。余姚在乾隆年间产茶3400担,比南宋时产量增加24倍之多。到晚清宁波茶叶生产更多。由于宁波茶叶质量好以及较高制茶技术,致使俄国人波波夫于光绪十三年(1887年)到宁波茶厂考察,购去大批茶籽茶苗,又邀请一批茶业技术人员在格鲁吉亚开辟茶园,宁波茶厂厂长刘竣周到那里种茶,传播栽种技术达30年之久。

应该看到,茶的生产已经普遍具有商品性质。乾隆《余姚县志》录黄宗羲《南雷诗·制新茶》曰:"檐溜松风方扫尽,轻阴正是采茶天。相邀直上孤峰顶,出市俱争谷雨前。两筥东西分梗叶,一灯儿女共团圆。炒青已到更阑后,犹试新烹瀑布泉。"⑤这是一幅四明山乡民采茶、制茶图,生动具体地描写了瀑布茶采摘、制造过程,证实当时的制茶技

---

① (清)李笂《采茶曲》,《四明清诗略》卷二四。
② (清)李邺嗣《鄮东竹枝词》,《杲堂诗文集》,第767页,浙江古籍出版社1988年版。
③ (清)万斯同《石园文集》卷二,《鄮西竹枝词》,《四明丛书》第14册,第8383页,广陵书社2006年版。
④ 周时奋主编《鄞县志》第6篇《林业特产》,中华书局1996年版。
⑤ (清)黄宗羲《制新茶》,《黄宗羲全集》第11册,第236页,浙江古籍出版社2005年版。

术已经由蒸青发展为炒青,而且表明四明的茶叶已作为货物上市出售。

光绪初,由于茶叶需求的增长,宁波茶园面积逐渐扩大。宁波府所属的鄞县、慈溪、奉化、象山、镇海都产茶,并且作为货物出售。仅镇海柴桥茶市,盛时销售额可达20到30万缗。制茶业成为宁波的新产业,估计当时烘茶、拣茶的男女工人约9540人。光绪三年(1877年),宁波本地茶叶上市。一位广州人在宁波办起两家烤茶作坊,制成茶叶3795担。茶叶经过加工运销国外。光绪八年,宁波出口绿茶140171担;到光绪十一年,宁波茶叶出口已达166604担。短短的3年,茶叶出口增加到26433担,即1321.65吨。

麻、苎所织的夏布在清代有较大销路。四明产苎麻和夏布的地区不少。宁波府的奉化县产苎麻、苎布、黄麻等。镇海、象山、慈溪产苎麻、苎布和葛布,宁海也种苎麻,尤其是西乡桑洲种植尤多。

蓝靛、烟草在宁波有所种植。在国外染料大量进口前,蓝靛一直是宁波的重要染料。为此,入清以来,宁波也种植靛。奉化的剡源乡,"自嘉庆初,福建、台州棚民相率来剡,开山种靛",到了清代后期,"则土著亦种矣,且多有种于田者"。① 浙海关税务司包腊在《同治八年浙海关贸易报告》中说:"宁波之奉化也产靛。靛,一名靛青,旧称蓝淀,为古来所用天然染料之一,由蓼蓝、松蓝等叶发酵制成,故名。""在浙江宁波,蓝淀装入竹筐,每筐计重80市斤。"光绪《慈溪县志》卷五三《物产上》中《服食之属》之下,也有"蓝靛"的记载,表明慈溪在光绪年间有蓝靛的种植。

烟草于明代中叶自海外传入中国。到清代,由于吸烟之人日多,烟草种植在宁波迅速推广。《四明谈助》曾节录乾隆《鄞县志》的一段话:"烟草一名'淡巴菰',闽、广产者佳。今各处皆植之,利过于茶。然闻种烟数年,易种他物,土不甘。亦蔬谷之善也。"②光绪《镇海县

---

① 《剡源乡志》卷一、卷二三。
② (清)徐兆昺《四明谈助》卷二九《东城内外》下,第946页,宁波出版社2000年版。

志》载:"烟草本闽产,今土人亦多种以为业,利过于茶。"①

除经济作物桑树、茶树的栽种外,还种不少果树。余姚、慈溪的杨梅,奉化的水蜜桃,宁海的柑橘,镇海的金柑及象山的枇杷等,在国内很有影响。慈溪杨梅荸荠种,果形大,刺尖密,色赤,核微扁,味极甜美,为我国杨梅之优良品种。清代叶炜在《与友人说杨梅》诗中说:"此果曾夸梅市西,烛溪总不及慈溪,紫霞万壑金家岙,龙尾今堪共品题。"并注云:"孙文恪有'烛溪佳品更堪夸'句,我邑杨梅向推金家岙,近年我乡龙尾山亦佳。"光绪《余姚县志》卷六《物产》也引康熙志说:"荔枝为上,湖南次之,早酸为下。"②奉化溪口、沙堤、西坞、白杜、大桥、长汀以及萧王庙、江口、棠岙、亭下等地的水蜜桃也成为佳品,品种有玉露、圆桃、红桃、黄露、蟠桃、早生水蜜桃、五月桃、寿星桃等10多种。镇海金柑在清初已成片栽培。雍正《浙江通志》记载:"金柑出马岙沙峧者佳,不能多得。"③马岙沙峧,雍正年间属镇海县(今北仑区大榭岛)。镇海的金柑当时已在杭州、上海、苏州销售,而且远销日本。乾隆年间,象山新桥乡高湾村双龙禅寺式仁和尚引进实生枇杷苗600株,植于寺院周围,年产约1300担。

四、农业生产力的提高

清代农业生产力可从农业生产工具、农业生产技术和农业劳动者三个方面加以考察。

宁波在清代生产工具较前代有了改进和革新,各种生产工具较为齐备。清代前期,宁波已经有不少先进工具;到晚清,耕作、灌溉工具有了进一步发展,农业生产力出现了一些重要变化,农业生产中已经应用近代机械农具。

---

① (清)光绪《镇海县志》卷三八《物产》。
② (清)光绪《慈溪县志》卷五三《物产上·果之属》。
③ (清)雍正《浙江通志》卷一〇三《物产》。

清代宁波农业生产力的提高还表现在先进的农业生产技术普遍的推广。主要表现有以下三点：

一是栽培技术的提高。明代中期以后，浙东双季稻栽培技术有所提高。到了清代，宁波双季稻栽培，有了进一步发展，双季稻分连作和间作两种。连作是早稻收获后接种晚稻；间作即在早稻田中插入晚稻，种收都有一定间隔，在清代已应用此法。乾隆《鄞县志》中说："鄞地稻收再熟，以清明前下种，芒种莳苗，稀行密莳，先莳早苗，旬日后复莳稻苗于行间，俟立秋熟，刈去早禾，乃锄理培壅其晚者，盛茂秀实，然后收其再熟。"①类似记载，在清代浙东的很多文献中都可见到。康熙《余姚志》也记载："蚤（早）稻后再种者谓之翻（晚）稻。"李邺嗣说："好风好雨不须祈，新谷垂垂眼看肥。常是西村迟半月，东田早得救公饥。""救公饥"，即早谷名称。"最是宜兴晚稻良，东吴水䉕饭尤香。溪鱼活活新笋好，合住阳堂第七乡。"李邺嗣在诗文后作注说："'宜兴晚'最为佳谷。"②万斯同的《鄞西竹枝词》有"更插晚禾接早禾"③的诗句。这清楚地表明，在清初，鄞县东乡、西乡双季稻的种植已经很普遍。在康熙年间（1662—1722 年），余姚的马渚、泗门、临山等地也种双季稻，早稻有"六十日"、"早白"、"黄岩稻"、"细秆红"等品种，糯稻有 20 多个品种。慈溪在光绪间还出现三季稻的种植。光绪《慈溪县志》卷五三《物产》上"谷之属"记载："稻，有早禾，有中禾，有晚禾。早禾以立秋成，中禾以处暑成，中最富，早次之，晚禾以八月成，视早益罕矣。"

二是良种的选择培育在宁波的普遍实行。清代，宁波在明代的基础上引进了不少粮食新品种。具体情况见下表：

---

① （清）乾隆《鄞县志》卷二八《物产·谷之属》。
② （清）李邺嗣《鄞东竹枝词》，《杲堂诗文集》，第 761、763 页，浙江古籍出版社 1988 年版。
③ （清）万斯同《石园文集》卷二，《鄞西竹枝词》，《四明丛书》第 14 册，第 8383 页，广陵书社 2006 年版。

表 2—1　明清宁波水稻品种表

时　代	品　　种	资料来源
成化年间	早黄、大白、细白、乌穋、细穋、占城、金城、大赤、赤穋、矮白、晚青、光糯、细秆、冷水红、太仓白、霜下白、雁来乌、湖州晚、早雪、早糯、晚糯、黄糯、赤糯、青秆糯、九日糯、白糯、丁香糯、麻糯、乌穋糯、朱口糯、铁糯、虎皮糯、黄香糯、乌糯、雉鸡糯	成化《宁波郡志》卷四《土产》
康熙年间	早黄、黄岩、细秆、雁来红、晚青、太仓红、矮白、大白、细、霜下白、宜兴晚、杭州白、乌含糯、早白、黄粘、白粘、戤八石、金裹银、救公饥、大粒白、细白、早雪、茅叶齐、早糯、黄香糯、铁秆糯、虎皮糯、黄扁糯、白糯、丁香糯、雉鸡糯、水鲜糯、乌尖糯、火烧糯、粘糯、桂花糯、乌节糯	康熙《宁波府志》卷二《物产》

从资料看，浒山在乾隆间引进优良稻种"六十日熟"，产量较高，"竟得常稔"①。奉化引进早白、沙鲜白、湖广白等籼稻，太仓红等粳稻；同治间引入早籼黄岩稻和中籼斜八石、大秆白等；光绪间，引进江山早、处州早等早籼稻，湖州晚、金坛晚糯稻和淮白等中籼稻。

对新的粮食作物品种的引进，宁波在清代也有进展。原产于美洲的番薯、玉米和马铃薯等粮食作物在明代被引进后，到清代在宁波普遍种植。

三是耕地整治合理施肥。宁波人民还注意春耕秋翻和农田施肥。鄞县东乡农民深耕十分努力。"山居耕田苦，力深土渐肥，辍耕之垄上，日暮始得归"；"一犁春雨看深耕，花间醉酒蛙鸣鼓"。他们还勤于施肥，"一字田中稻叶稀，水仙祠畔蓼花肥"。② 这些都为农作物的生长发育创造了良好的条件。

在清代，宁波还用紫云英作为早稻的当家肥。为此，宁波各县普

---

① （清）道光《浒山志》卷六《物产·植物》。
② 乐承耀《宁波古代史纲》，第364页，宁波出版社1999年版。

遍种植紫云英。乾隆《鄞县志》卷二八《物产》载:"苜宿即今四乡所种草子也。深秋撒之,三月开花,似荷,极小。结实如同州蒺藜。有二种,开紫花者,一茎数朵,开黄花者,一茎一朵。割后水浸淹之,用以肥田,甚至其利。"这表明鄞县农民在乾隆年间已经懂得用紫云英施肥。

四是农业产品的加工技术提高。这在晚清表现尤为明显。以棉花说,传统的木制轧花车,用木凳置铁、木制作滚筒各一,凳另一端立铁杆,以脚踏或手摇驱动铁、木滚作背向旋转,轧去棉籽成皮棉。在光绪十年(1884年)后,宁波出现了机器轧棉。当时创办了通久源轧花厂、隆茂泰轧花厂、福泰花庄等厂,对农业经济作物棉花进行加工。光绪十三年,通久源轧花厂成立,引进日本产轧花车,"雇佣女工一千二百人,分昼夜两班……另有女工三百五十人,在清花部协助工作"①。隆茂泰花厂,也使用机器轧花,"专运龙山、余姚等处上白籽花,购办新式机器,自轧花衣"②。光绪二十三年,慈溪周巷福泰花庄也有机器轧花出现。

五是用近代农具进行生产。光绪二十三年,镇海已经引进抽水机进行机灌。这反映了宁波的农业生产工具逐步向机械化和半机械化过渡。③ 当时的一些报纸也竭力介绍西方资本主义国家农业工具发明和农业科学技术知识。《德商甬报》中明确提出"精工艺"是"民之责也",认为"农器新制保其专利"。④

五、发达的渔业

由于宁波近海,渔业十分发达,到清代依然很兴盛。象山的爵溪、石浦,舟山的沈家门、洋山、岱山、陈(嵊)山都为我国著名的渔场。康

---

① 《关册·宁波》,第35页,1895年中文版。
② 《德商甬报》1898年12月28日。
③ 《灌田公司》,见《农学报》第17卷,光绪二十三年(1897年)。
④ 《论中国创办农工商总局》,《德商甬报》1899年4月25日。

熙年间,爵溪的大目洋渔汛开发。乾隆时,爵溪渐成渔港。乾隆《象山县志·文征》载有陈策的《雨夜宿爵溪寓楼》诗。该诗云:"暮潮随雨涨河汀,剪烛楼头放眼青。到枕涛声天地头,落滩渔艇海岚腥。"即使像鄞县也是"乡民力田者什六七,渔于海者什二三"①。鄞县渔业可分东乡、南乡两处。东乡多捕黄鱼,南乡则捕墨鱼。东乡的陶公山殷家等处的大对船,每对 2 艘,一为"喂船",二曰"网船"。渔船的出洋日期每年在夏天八月白露节时,回洋在次年端午节时,船至沈家门后,先驶至嵊山捕带鱼等。至十二月小寒期间,回沈家门捕杂鱼。春分期近,又到嵊山、北余山捕小黄鱼,至立夏后,捕墨鱼、大黄鱼、鳓鱼等。所捕鱼类,随捕随卖,名谓"过鲜"。每对渔船一般可得银 2500 两。据民国《鄞县通志》记载,鄞县在晚清出洋捕鱼达 230 对,约大船 60 对、短船 120 对、短春船 70 对。其时,渔业帮兴盛。咸丰间,鄞县形成东钱湖、姜山和大嵩三大渔帮,其中以东钱湖的"湖帮"势力最盛。据沈家门《羊府殿碑记》记载,光绪二十六(1900 年),鄞县有对船 300 对,墨鱼拖船合姜山帮约 2000 余只。

镇海、慈溪、奉化从事渔业的人口的比例也比较高。嘉道年间,镇海澥浦有 300 余艘鱼船,作业渔场北起东石岛,南至台州、温州外侧海域。光绪三十二年,宁波渔团局曾作过统计,当时宁波府有渔民 7019 人。具体情况见下表:

表2—2　光绪三十二年宁波府渔民统计表

县名	组织	渔民人数	县名	组织	渔民人数
鄞县	25 甲	2435 人	象山	7 甲	562 人
镇海	15 甲	1312 人	定海	25 甲	2038 人
奉化	8 甲	672 人	慈溪	—	—

资料来源:周时奋主编《鄞县志》,第 431 页,中华书局 1996 年版。

---

① (清)光绪《鄞县志》卷二《风俗》。

其时有不少渔业帮,多以地区为纽带,由同种渔船组成。若干渔帮组成"公所"。光绪二年,爵溪渔业公所在宁波江厦街成立,就销售渔货、筹办抚恤、议定价格、劝教、投保、投解、护洋等,共商事宜。乐清、玉环等地渔帮也在爵溪设立渔业公所。从雍正年间到道光二十年(1840年),宁波至少有8个公所。光绪二十七年(1901年),爵溪有渔船200余艘,年捕鱼1万吨。宁波府共有大小渔船和运输船1万艘,年产鲜、咸、干鱼20万担。

清代宁波渔业资源丰富。康熙《宁波府志》卷二《物产》"鳞之属"中就记载了石首鱼、勒鱼等水产品53种。雍正年间有水产品49种。光绪年间,慈溪有水产品46种。正因为如此,宁波水产品的交易也很兴盛。嘉道年间,定海渔民捕获的渔货运销宁波,城区三江口一带渔船麇集。半边街沿江岸有数十家鱼行。江东的后塘街也布满鱼摊。康熙间李邺嗣的《鄮东竹枝词》说:"千万鱼鲜叠水涯,常行怕到后塘街,腥风一市人吹惯,夹路都将水族排。"①清光绪年间,慈溪的新浦市,每日开市,主要是水产品交易。坎墩市,鱼虾早晚两市。鸣鹤场市,鲜鱼买卖兴旺。《白湖竹枝词》说:"语作葫芦集运河,今朝水市价如何。白虾青蟹一时贵,小艇迎来贩客多。"②镇海澥浦晚清有新公泰等11家鱼行。

渔业生产发展,也促进了宁波的对外贸易。宁波渔民所收的鱼货,大约一半销往上海、杭州,另外通过加工,经宁波港转运全国各地。据浙海关记载,同治九年(1870年),宁波出口上海、汉口、九江、香港、厦门的墨鱼分别为12237担、6779.71担、5550.83担、230.60担和276担。即使这样,上海、汉口、九江的市场还不能满足。浙海关税务司惠达在《同治九年浙海关贸易报告》中说:"墨鱼——宁波捕鱼队每年春、秋两季护航到舟山群岛之渔场,但收益甚薄,也不够充分供应上

---

① (清)李邺嗣《鄮东竹枝词》,《杲堂诗文集》,第767页,浙江古籍出版社1988年版。
② (清)叶声闻《白湖竹枝词》,光绪《慈溪县志》卷三《建置》二《市镇》。

海、汉口和九江之市场。"①"宁波墨鱼四成运温州、福建和浙江其他地方,二成去江西省河口,四成即由洋轮外运出口,主要是运销长江各口岸。"②同治十二年(1873年),宁波运往上海的墨鱼为50481.69担,运往汉口3585.50担,运往九江2039.40担,运往厦门764.85担,运往广州271.60担,运往香港675.70担,合计出口上述6个城市的墨鱼为57818.74担。

同治十三年至光绪四年(1878年),宁波出口的墨鱼为220639担,价值白银1038170两,占宁波贸易总额的1.6%。具体情况如下:

表2—3　同治十三年至光绪四年宁波出口的墨鱼数量

年份	同治十三年	光绪元年	光绪二年	光绪三年	光绪四年
数量(担)	86688	37245	56667	17270	22769
价值(银两)	260064	174586	258292	140882	204346

资料来源:《近代浙江通商口岸经济社会概况》,第202页,浙江人民出版社2002年版。

正因为如此,宁波商人在汉口开办渔行,经营海味业。同治十三年,甬商在汉口合资开办同春海味行,陆续出现不少海味店。"宁波帮……或合绍兴称宁绍帮。凡汉口之海产物及金银细工业,大多为此帮所占。"③据统计,在清末,宁波在汉口有30多家海味行,营业额达白银300万两,著名的如大东阳、立昌生、万泰隆、源大、同福昌、裕源山海珍行号,资本都在10万两以上,年营业额可达三四十万两。宣统二年(1910年),"浙宁海味同业公会"在汉口永升平河街成立。

---

① [英]惠达《同治九年浙海关贸易报告》,《近代浙江通商口岸经济社会概况》,第132页,浙江人民出版社2002年版。
② [英]杜德维《光绪四年浙海关贸易报告》,《近代浙江通商口岸经济社会概况》,第203页。
③ (民国)《夏口县志》卷一二《商务志》。

第二节 手工业

宁波在清代,官营手工业逐步衰落,民间手工业发展。嘉道以后,民间手工业也逐步衰落,并逐步向机器工业过渡,形成了宁波近代工业。

一、纺织业

清政府提倡"纺织之利",这对宁波纺织业的发展起到一定作用。无论是棉纺织业,还是丝织业,在清代都有进一步发展。

宁波在清代仍是浙江最主要的产棉区,民间手工业在棉织业中占相当大的比重,出现了一批与农业分离、专事棉织的手工业者。

同治以后,外国资本主义商品的大量输入,使宁波的手工纺纱逐步衰落,洋纱迅速增多。光绪十一年(1885年),宁波港进口英国纱为21担,光绪十七年骤增至3006担。到光绪十八年宁波进口洋纱达16932担,比上年骤增4倍。甲午战争后,日本纱也开始在宁波销售。"自光绪十余年,东洋日本国棉纱进口,纱细而匀,价亦较廉,因此乡人纺纱者渐少"[①],而纷纷采用洋纱。

洋纱代替土纱,造成宁波各地手工纺纱业大批破产。与此同时,一些地主、官僚和商人开始用西方的机器来从事棉纺业,使宁波城乡出现机器梳棉、轧花和纺棉。光绪十一年九月,一日商与大阪棉纺厂合营在宁波创办一家机器梳棉厂,并从日本运来日制美式梳棉机30台,在宁波日夜开工。引进的梳棉机速度快、产量高,且效果好,与土

---

① 徐和雍等《浙江近代史》,第139页,浙江人民出版社1982年版。

法分离棉籽的手工操作形成鲜明的对比。①

光绪十一年（1885年），慈溪周巷输入日本制造的轧花车加工皮棉，初为脚踏，后改为牛力车。光绪十三年，严信厚等集资白银5万两，在城北姚江畔湾头创办通久源机器轧花厂，为浙江省内首家近代工业企业。光绪十七年，轧花3万担。光绪十九年，轧花6万余担。这是手工业作坊转型为工业的典型。在通久源机器轧花厂的基础上，严信厚又建通久源纺纱厂，是为省内最早的纱厂。10年以后，该厂年产纱达38000担。"纱厂生意甚佳，纱厂中统年昼夜工作。"②光绪末，城区盐仓门外，还创办了隆茂泰花厂，进行机器轧花，并以"雪绵"作为商标。所轧的棉花由于优质，使"雪绵牌"棉花"四远驰名"，③销往国内外。光绪三十一年，戴瑞卿、顾元琛在宁波冰厂弄开办和丰纱厂，资本150万，"生产出用手工织成的极漂亮细工织成品。该棉制品是用洋纱混合土纱蓝直条，24英寸宽，每段为17码长，零售价每节（段）为银元2.5元"④。光绪三十三年，宁波本地纱厂所出机器棉纱在宁波所出口大宗货物中列第三位，出口棉纱5395担，值关平银1823两。次年出口20316担，值关平银713701两。

宁波在清代前中期主要是手工织布，产量一般也少。农户除了自给自足外，所产布匹也会拿到市场出售，个别的甚至全赖织布维持生活。顺治间，奉化剡源乡农民宋樊荣家里贫穷，他的妻子"纺织以佐其夫"。雍正时，慈溪人沈周行母亲"集邻妪里媪，出纺织之套，得布若干丈，命周行出贸山县"⑤。乾隆间，农民德成以织梭衣为业，不久去世。

---

① ［英］葛显礼《光绪十一年宁波口华洋贸易情形论略》，《近代浙江通商口岸经济社会概况》，第256页，浙江人民出版社2002年版。
② ［英］辛盛《光绪三十一年宁波口华洋贸易情况论略》，《近代浙江通商口岸经济社会概况》，第319页。
③ 《德商甬报》1898年12月28日。
④ ［英］佘德《光绪二十七年宁波口岸华洋贸易情形论略》，《近代浙江通商口岸经济社会概况》，第307页。
⑤ （清）尹元炜《溪上遗闻集录》卷八，《慈溪地方文献集成》第2辑，西泠印社出版社2005年版。

家中生活困难，其妻日夜不离机杼，"以谋糊口，卒以是长育遗孤，俾有家室"①。光绪《余姚县志》也记载：棉花"产海壖，以为絮，或纺之作布，民尤大利之"②。余姚彭桥（今属慈溪市）的小江布当时就很有名。慈溪的逍林、鸣鹤和鄞县的小溪都有布市设立。这些地区的妇女织布出售，支付日用所需，已经成为靠织布为生的手工业者。

在晚清，手工纺纱业衰落的同时，手工织布业也逐步衰落。其主要原因是洋布大量涌入宁波市场。谢元寿的《泗门竹枝词》中说："洋商布匹逐年增，姚布时闻买客憎。苦煞民间机上妇，暗挥寒泪对寒灯。"同治十年（1871年），宁波进口棉匹头为645700件，1872年为674029匹，1873年为751469匹。"洋漂布主要流行于本省（浙江）贫瘠和人口稀少的区域，如衢州、姚州（余姚）、金华便是。"③但应该看到，同治及光绪初，所输入的洋布"花色尤少，惟光滑为土布所不及，故其时民俗多好土布，以其质坚耐用也"。一些镇市有不少机户，织不同色泽的花布。光绪《鄞县志·物产志》载："农家自织者谓之女机，匠织者谓之腰机，黑白相间成五色者谓之花布。"光绪《镇海县志·物产志》也记载："货之属有紫花布"，"布之名不一。农家自织者谓之女机，匠织者谓之腰机"。④ 光绪十年（1884年）以后，各种膏布输入，从而使土布受到打击。"至今日，则巡行百里，不闻机声。"⑤

正因为如此，光绪十年后，宁波商人模仿西方投资企业，开始出现机器织布。光绪十一年，鄞县三桥建纬成布局，手拉织机20台。这是近代宁波最早的棉织布。光绪二十二年，鄞县人王承维仿制织造洋布的机械，并应用于生产，所织的布料，其质量较"洋布"坚实，而且花色超过土布，深受消费者的欢迎。

---

① （清）尹元炜《溪上遗闻集录》卷一〇，《慈溪地方文献集成》第2辑，西泠印社出版社2005年版。
② （清）光绪《余姚县志》卷六《物产志》。
③ 《关册》(1871—1872)，第133~134页。
④ （清）光绪《镇海县志》卷三八《物产志》。
⑤ （民国）《鄞县通志·博物志乙编·工艺制造品·土布》，宁波出版社2006年版。

由于宁波的纺织品质量较好,所生产的苎布、葛布、白布、花布、紫布通过市铺贩运到全国各地及海外市场。慈溪彭桥一带生产的"小江布"最有名,所产的白布、花布经宁波、绍兴、台州市铺售至闽、皖及全国各地。松江地区不产夏布,布匹多自慈溪贩运而来。《阅世篇》记载说:"葛布有数种,出于浙之慈溪、广(东)之雷州者为最精。"镇海、象山的苎布和葛布销路很旺。仅同治十年(1871年),宁波就有本色棉布536担运往全国各地及海外。

随着纺织业的扩大,棉布加工业随之发展,到清代宁波棉布加工业逐渐与棉纺织业分离,形成独立的行业。棉布加工主要是指棉布的染色。余姚有店铺雇佣专业的染工。余起贤在龚维能染店做工,每月工资800文。这不仅说明有染坊存在,而且表明余起贤完全与生产资料脱离,靠出卖自己的劳动力为生。当然,清代宁波的资本主义萌芽是非常微弱的,发展非常缓慢。手工染布作坊产毛蓝、双蓝、玄色、漂白、蓝底白花棉布。光绪二十四年(1898年)前,染料土靛青(分秆、茎两种)年需用量15万担,出自台州、绍兴、新昌、嵊县诸地的占25%,产于奉化、宁海的占75%。后德国产靛青染料倾销,土染料受排挤被淘汰,改为外国进口靛青染料加工。

二、丝织业

清代丝织业是封建王朝控制较严的行业,尤其对江南丝织业的控制更严。即使在这种情况下,宁波的丝织业也有一定的发展,但主要是民间丝织业的发展。宁波府城除了隶于官局的机产,民间还集中了大批分散的机户和机匠。城内的机户、机匠多居住在城中月湖纺丝巷一带。宋元以后,宁波的丝织业主要集中在这里。入清以后,这里依然是宁波的丝织中心。全祖望的《湖语》说:"纺丝巷中,中宵兀兀。

拟之蜀中,文君缣帛。"①说的虽是唐代甬上的丝织品,但也反映清代中期宁波丝织业的发展盛况。据资料记载,清朝乾隆年间宁波有丝织机850台,产丝、绫、绸、缎、绢等。全祖望的《再叠双湖竹枝词》云:"新纱织就过吴绫,缓带桥东百练轻。尚有弓衣为郎贮,乌丝且待櫂歌成。"②作者注释说,南湖有织纱巷,缓带桥为练帛地。可见,即使到晚清,手工丝织业还存在。光绪六年(1880年),宁波城乡亦有织绸机848具,大部分在夏季开工,年产绸约8400匹。

嘉道以后,宁波的丝织业有所发展。如果说清代前中期宁波的织丝业以官办为主,那么到了近代前期,宁波的丝织业已有商人经营。咸丰、同治年间,宁波城区已经有专门经营织绢的地方。海关税务司裴式楷在《光绪元年浙海关贸易报告》中记载:"宁波城里还有几家专制绢丝薄绸地方,雇员也只是寥寥几人,而且都是太平军作乱时从本省其他地方逃来避难者。"③

宁波府所属各县民营丝织业也比较发达。雍正时,鄞县"妇勤蚕织"④。光绪《慈溪县志》亦云:"近日种桑者多,诸村妇女咸事蚕织。"⑤出产的货物有绢。奉化、镇海两县也产丝,只是象山县"少蚕绩"。

宁波在清代丝织业发展的一个表现,是丝织业专业化发展,社会分工进一步扩大。首先是地域分工发展,丝织业向少数蚕桑业发达的地方集中。在城区,集中在纺丝巷,在农村主要在鄞县的林村、小溪、鄞江桥一带。这些地方有着优越的蚕桑条件与悠久的丝织历史。万斯同在《鄞西竹枝词》中描写过林村妇女丝织的情形:"独喜林村蚕事修,一村妇女几家休。织成广幅生丝绢,不数嘉禾濮院绸。"他自己作

---

① (清)徐兆昺《四明谈助》卷二五《南城诸迹》,《纺丝局》,第802页,宁波出版社2000年版。
② (清)全祖望《再叠双湖竹枝词》,见《全祖望集汇校集注》下册,第2422页,上海古籍出版社2000年版。
③ [英]裴式楷《光绪元年浙海关贸易报告》,《近代浙江通商口岸经济社会概况》,第164页,浙江人民出版社2002年版。
④ (清)雍正《宁波府志》卷七《风俗·鄞县》。
⑤ (清)光绪《慈溪县志》卷五五《风俗》。

注说:"明时蚕利大兴,今唯林村不废。"①这里明确表明,鄞县林村的妇女在清初都从事蚕织,所织生丝及其成品绢质量高,可以和湖州濮院镇的绸织品比美。小溪、鄞江桥在光绪年间也是丝织集中的地方。光绪《鄞县志》记载:"养蚕纺丝,向惟小溪、鄞江桥一带为盛,近日种桑者多,诸村妇女咸事蚕织。"②丝织业生产的专业性加强,促进了丝织品在地区间的商品流通。小溪妇女咸事蚕织,"出售于市,率以五鼓往,日大明而散"③。

丝织业的发展在清代又一个表现是出现机器丝织。这主要在晚清。随着外国丝织生产技术的传入,宁波在晚清开始用机器从事丝织。光绪二十一年(1895年),宁波九个商人合股筹库银1.5万两,创办永源丝厂,置缫丝机208台,日产生丝1担。"初创二年中获利尚厚。"④光绪二十六年,城区华泰绸厂在博文记弄(今博文巷)建立,从业人员200余人,织机120余台,年产塔夫绸、花素缎10000余担,价值50至60万元。次年,永源丝厂因所筹股银返还,拆股停产。

清初,宁波所产丝绸品种多,且有一定名声。乾隆《鄞县志》称宁波生产的生绢甚佳。鄞县林村生产的绸,可与嘉湖地区的濮院镇的绸缎相比。当然,嘉道以后,宁波的蚕丝业与丝织业命运迥异。由于资本主义国家丝织技术提高,有力地促进了丝织业的发展,西方各国开始把输入丝织成品转为输入蚕丝,从而导致宁波蚕丝出口的扩大,而丝织品出口减少。光绪元年,生丝出口为717担,次年出口为1321担,比上年增加604担。另外,丝织品出口受到影响,绸缎出口数量都较往年减少。墨贤理在给英国政府的报告中提到:"绸缎之质量比前几年就赶不上了,而且需求也日落,因此价格比去年下降50银两一

---

① (清)万斯同《石园文集》卷二,《鄞西竹枝词》,《四明丛书》第14册,第8383页,广陵书社2006年版。
② (清)光绪《鄞县志·风俗志》。
③ (清)光绪《鄞县志·风俗志》。
④ 浙江省政协文史委编《浙江籍资本家的兴起》,《浙江文史资料选辑》第32辑,第69页,浙江人民出版社1986年版。

担,而出口数量比平均年高,绸缎商赚不到多少钱。"①同治年间,宁波每年出口绸缎100多担,最高数为光绪元年(1875年)270担,到光绪五年,绸缎出口更少,仅达96担,计58000海关两。但总体上丝织品生产还是发展的。到光绪十七年,增加到362.35担,货值224659关平两。

三、造纸与印刷出版业

造纸需要接近原料丰富、水利便利的地方。清代前中期,宁波手工造纸业有所发展。余姚在清代是产纸的重点地区。所造纸张既要满足本地的需要,还要出售到全国各地。同治八年(1869年),宁波出口的纸、酒、药材等,共计90000银两。光绪二十八年,宁波就有纸张出口。"往北路者纸与瓷器、毛竹;往长江等处者锡箔、纸、草席、陈酒。"②

嘉道以前宁波造纸主要是手工作坊,只是到了光绪年间才有造纸厂的出现,宁波的造纸业逐步向近代机器生产过渡。光绪三十一年,赵家荃集资创办通益造纸厂于宁波城区北门外。

清代,宁波的雕版印刷日益趋于繁荣。官刻以方志为主,私刻以诗文为主。道光初,在宁波城区日新街有书坊汲绠书局,该书局采用石印、木刻技术刻字,出版儒家经典及医药等日常用书。主要出版有《百家姓》、《三字经》、《大学》、《中庸》、《论语》、《孟子》、《左传》、《幼学琼林》、《康熙字典》、《古文观止》、《唐诗三百首》及《伤寒全书本义》等书。徐时栋烟屿楼刻印《宋元四明六志》是私人刻印的代表。天一阁在清代虽没有刻书,但也有清刻残版,一件是嘉庆十三年(1808

---

① [英]墨贤理《光绪十八年宁波口华洋贸易情形论》,《近代浙江通商口岸经济社会概况》,第279页,浙江人民出版社2002年版。
② [英]佘德《光绪二十八年宁波口华洋贸易情形论略》,《近代浙江通商口岸经济社会概况》,第311页。

年)阮元主持编制的《天一阁书目》,由宁波府学教授汪本校刻;另一件为光绪十年(1884年)薛福成主持编制的《重编天一阁书存书目》。

在晚清,宁波创办了多家刊行报纸及书籍的机器印刷企业。道光二十五年六月十五日(1845年7月19日),美国长老会传教士柯理夫妇将原澳门的印刷所迁至宁波,定名为华花圣经书房,后改名为美华印书馆。同年9月1日,正式投入使用。印刷机器主要购自美国。从道光二十五年至咸丰十年(1860年),华花圣经书房印刷出版的书籍有1330686册,其印刷数量仅次于上海的书房所印刷的,远远超过广州、福州、厦门的,使宁波成为外国教会印刷出版中文书刊的一个中心。所印的西书有106种,其中有关基督教义、教礼、教史、教诗的书籍有86种,占总数的81%,天文、地理、历史、经济、风俗、道德、语言等方面的书籍有20种,占总数的9%。① 咸丰九年采用电镀铜板,首印《乡洲》7000册,所印的天文、地理方面的书籍有《日食图说》、《航海指针》、《地球图说》等。不久迁上海。光绪三十二年,宁波商人开办钧和印刷公司,购铅石印机10余台,铅字数十副,承印商标、书刊、中式簿记等。宣统二年五月二十五日(1910年6月1日)《四明日报》刊登过钧和印刷公司的广告:"本公司开设在宁波江北岸英领事署西侧,已历四年之久。早蒙绅商学界的欢迎。今迁移至洋船弄开张,比前精益求精。备有五彩油墨,大小机器各号铅字、铅版,新式花边,铸造照相铜板,代印五彩,石印书籍、表册。"

咸丰四年由美国长老会玛高温创办的《中外新报》,是宁波近代第一张报纸。同治九年,基督教传教士福特莱尔的《宁波日报》问世,但不久停刊。光绪七年,英国人阚斐迪、李小池在江北岸创办《甬报》。光绪二十四年,德国人白鼐斯创办《德商甬报》,由德丰洋印主办,地址在江北岸傅家道头。继起者有光绪三十二年袁荷龄创办的《宁波新报》,光绪三十四年张让三创办的《甬报》。宣统二年,王东园、张申之

---

① 张仲礼主编《东南沿海城市与中国近代化》,第765页,上海人民出版社1996年版。

等创办《四明日报》,为日刊,发行达 17 年之久。宣统三年(1911 年),宁波还创办过《新佛报》、《塑望报》和《武风鼓欹》。前两张报纸为半月刊,后者为旬刊。

上述报刊和印刷所,一般采用石印和铅印技术,雇用工人,有相当的规模。

四、制盐业

清代宁波的制盐业基本沿袭明代,但也有一定程度的发展。顺治十八年(1661 年),颁迁界令,宁波所属盐场受到严重摧残。"场灶既废,引地空悬","灶无煎办,商无买补"。① 到康熙三年(1664 年)后,各盐场渐渐恢复,嘉道以后,由于晒盐技术的改进,发展更快。

清初,浙江 32 个盐场,在今天宁波市域内的有 9 个盐场。据雍正《浙江通志》,所属盐场列表如下②:

表 2—4　清初宁波府及余姚、宁海盐场

所属分司	盐场名	盐场所在县	团灶数	备注
杭宁绍温台分司	石堰场	余姚	5 团 28 灶	
	鸣鹤场	慈溪、余姚	6 团 40 灶	
	清泉场	镇海、鄞县	15 团 257 灶	
	龙头场	镇海	13 团 77 灶	后并入清泉
	穿山场	镇海	4 团 33 灶	
	长山场	镇海	7 团 67 灶	后并入穿山
	大嵩场	鄞县	4 团 29 灶	
	玉泉场	象山	3 团 16 灶	合并入大嵩
	长亭场	宁海	4 团 16 灶	

上表表明,宁波府在雍正年间,有鸣鹤、清泉、龙头、穿山、长山、大

---

① 《敕修两浙盐法志》卷一一《奏议》。
② (清)雍正《浙江通志》卷八五《盐法》下。

嵩、玉泉7个盐场，计52团519煎灶。另外，余姚有石堰场，5团28灶，宁海有长亭盐场，4团16灶。

据雍正《宁波府志》卷一三记载，宁波有煎盐户9294丁，其中鸣鹤场灶丁2215，清泉场灶丁3881，龙头场灶丁1711，穿山场灶丁402，长山场灶丁437，大嵩场灶丁648，玉泉场灶丁496。

宁波所属各盐场及余姚、宁海的盐场是两浙最重要的晒盐仓，尤其是余姚盐场后来发展为全省最大的盐场。在晚清，余姚与岱山的盐场很有影响。《清朝续文献通考》云："两浙产盐首推余姚、岱山，次则松江之袁浦、青村、横浦等场"，而盐务注重在余姚。因为"余姚海滩辽阔，距场甚远"。① 据《慈溪盐政志》记载，清末，余姚盐田应为96490.74亩。②

不仅如此，余姚的石堰场为浙江有关盐场煎盐提供卤料。"杭嘉湖、宁绍所属煎盐各场，其卤料亦大率购自余姚。"③

清代的晒盐方法和技术在明代的基础上有所改进，清初制盐依然用铁盘，或者用篾盘煎盐。雍正二年（1724年）后筑厂烧盐，慈溪、余姚沿海塘有45处盐舍，咸丰后有大盐舍36家，小盐舍无数。但咸（丰）同（治）后主要采用板晒法。这在国内也是首创的。为适应浙江多雨的气候，乾隆末及嘉庆初，岱山人王金邦用门板晒盐成功，迅速在余姚、慈溪、镇海等地推广。盐板用杉木制成，四围加边，缝隙涂以石灰，注入卤水晒盐，不仅收晒灵活，而且比煎制简便易行，"更省柴火费用，盐本既轻，卖价亦贱，民间贪贱食私，遂致行销日广"④。《余姚六仓志》记载："晒盐始于咸丰壬子年（1852年），用泥板，咸丰末，岱山盐板夹潮水冲来，依式改用木板。"板晒兴起，煎盐渐减。如果说余姚、慈溪在咸丰间有盐舍36家煎盐的话，那么到光绪初只有驿亭路、谢家

---

① 《清朝续文献通考》卷三九《征榷十一·盐法》。
② 慈溪市盐务管理局编《慈溪盐政志》，第31页，中国展望出版社1989年版。
③ 《清朝续文献通考》卷三九《征榷十一·盐法》。
④ 《清盐法志》卷一六三《两浙四·场产门》。

路、仓沙、直塘头、周家路、韩厦大7处盐舍,煎盐迅速减少。各盐场普遍实行板晒,至同治六年(1867年),余姚石堰场有晒板6至7万块,至同治十年则不下10余万块。到光绪四年(1878年)已增至225665块。慈溪的鸣鹤场4120块,镇海的清泉场8989块。①《盐法通志》也对此有记载:"板晒之法,创于乾嘉年间,初仅岱山一处,既而余姚之石堰场、松江之袁浦等场相继仿造。"②随着板晒法的推广,宁波各盐场普遍以晒板法晒盐。"宁绍所属煎盐各场,其卤料亦大率购自余姚。近年卤贵薪昂,煎盐成本加重,较诸晒盐相形见绌,商家既舍煎而取,晒灶户亦废灶而停煎盐。"③宁波府所属各盐场到清末都用晒板晒盐。

正因为清政府鼓励民营晒盐,采用晒板法,因此,在清代,宁波盐的产量和质量不断提高。尽管在光绪六年,清政府实行"计丁授板法",毁二留八发给板照,但未能阻止盐业的发展。明代万历二十六年(1598年),余姚石堰场(今属慈溪)产盐6509400斤,计43400担。宣统二年(1910年),石堰场煎盐8313担,晒盐585472担,共计593785担,增加了数十倍。④

食盐运销的方式,主要是官督商销、官运官销与商运商销为主。前两种是政府直接经营食盐,后一种是商人贩运。雍正六年(1728年),李卫以浙江总督兼理盐政事身份,提出以武弁行销币盐,宁波、台州等府一体实施。比如,岱山、定海的余盐,就由武弁海运到乍浦,并编有官号,以与商盐相区别。武员官运币盐,有利于官盐运销。

商人运销的范围主要是在辖区内。清初,由商人在场收盐,运绍兴过掣后转运上江各路行销;鄞县、镇海等则领取商引在盐场买盐,盐运抵宁波府过掣后,运往各地设店住卖。镇海龙头场在县内主要是肩贩赴坊支盐行销。肩贩自镇邑清水浦、五里畈等处担盐入城,由"盐仓

---

① 《清盐法志》卷一六四《两浙五·场产门》;《盐法通志》卷三五《场产十一》。
② 周庆云辑《盐法通志》卷三五《场产十一》。
③ 《清朝续文献通考》卷三九《征榷十一·盐法》。
④ 慈溪市盐务管理局编《慈溪盐政志》,第78页,中国展望出版社1989年版。

门"进。肩引商家设局于此验引,百无一漏。乾隆元年(1736年)拨发银2000两收买余盐,分给滨海近灶的贫、难、老、少肩贩挑卖,持木筹为凭领盐20—40斤,只许在场灶附近10里之内挑卖。雍正元年(1723年),鸣鹤场配销慈溪县2400引。康熙十七年(1678年)增614引,余由商人运抵绍兴批验所过掣转运上江各路行销。石堰场内销余姚1540引,余销至江苏之苏州、松江、常州、镇江、太仓及上海,安徽徽州、广德8州县,江西广信等7县。雍正十三年,宁波府年销票引14078引,其中鄞县年销票引4364引,慈溪3014引,奉化6100引,镇海400引,象山200引。嘉道以后,由于晒盐兴盛,成本低,质量好,为此设廒收运,开始由廒商运至各自引地行销盐。长亭场设丰、亨、豫、大、益、利6廒。光绪六年(1880年),庵东开办浙西五属公廒,运销苏州、松江、镇江、太仓、常州5地。随后,相继设立源泰、玉顺、晋益、余济等廒。实行廒商制度后,所有的原盐都归廒商收购。廒商为了办事便利,又任用一批篷长。篷长起初为廒商所雇用的秤手,属中卖的性质,后来凭借廒商所赋予的特权与熟悉盐场情况以及经手盐板的特权,直接对盐民进行盘剥。

五、酿酒业和榨油业

宁波境内有许多清溪甘泉,促进了酿酒业的发展。宋元已有贡酒,到清代,酿酒业进一步发展,在城区及乡村都有酒坊。乾隆七年,城区开设楼茂记酱酒坊。镇海在嘉道年间开办李泉昌酱园、盛滋妃记酱园和元记官酱园。鄞县创办仁记酒坊和泉生酒坊,其中泉生酒坊取太白山大堰江源头的水酿酒。同治元年(1862年),城南段塘有醇德酒楼开办。同治三年,慈溪(今宁波市江北区慈城)建立冯恒大酱园。清末,象山有石浦润和、裕和酒坊和丹城李聚源酒坊。

余姚在清代也开办致和、鼎和、贝美、新号、同润、恒利、美丰、衍和酿造酒坊,产销旺盛。城乡8个酿坊酿造酱油、黄酒,仅致和酿坊每年就酿酒千缸以上。清初,宁海的东仓、项岙、紫溪、黄坛、桑洲、东岙、塘下、铁场、石林等地都有酒坊,酿酒业很盛。

酒坊的生产工艺为手工操作,经营的方式是前店后场。有些酒坊还雇工生产。比如,创办于道光三十年(1850年)的鄞县泉生酒坊就有一定的规模,从业人员有10多人。

宁波的酒除了本地销售外,也行销其他地方。烧酒、黄酒运销长江沿岸。光绪年间,烧酒运销4745担,到光绪三十二年(1906年),烧酒增之出口数量空前,已经达到13516担。

当然,清代的酿酒业是在政府禁酒政策的夹缝中求发展的,从总体上说,宁波的酿酒业还是分散的,以手工作坊为其主要形式。

油品作为民生日用的重要物品,在清代各地都有生产,但作为一个行业的榨油业,在浙江已经成为重要的加工业,经济发达的宁波是榨油业较为发达的地方。

清代前期,宁波的榨油业已形成家庭手工业。一般是"一磨、一车、一灶",妇烧夫打,代客加工,后来发展到独资或合资雇工经营,规模逐渐扩大,成为油坊。

道光元年,慈溪周巷创办恒利油坊。道光五年至光绪二十六年,余姚、慈溪在浒山、泗门、横河、周巷、长河、白沙、坎墩等乡镇,先后开设同元、崧盛、老永盛、正裕、二和、三和、广和、承昌、源顺、长源等10余家油坊。咸丰六年(1856年),鄞县姜山西店桥开办正和油车,奉化大桥创办大昌油坊。同治九年(1870年),镇海贵驷开设源茂油坊。光绪二十六年,宁海王志成等4人合股办枧头油坊,用撞车生产柏油、菜油。

到清末,宁波开始用机器榨油。光绪三十二年,宁波城区濠河头开办通利源榨油厂,开始用机器榨油,资本为8万元,购买蒸汽机、柴油机各1台,发电机1台,锅炉4台,磨粉机2台,榨床5台,专产棉油,每年所需的原料棉籽15万担,大都从余姚、慈溪、镇海、绍兴、上虞购得。副产品为花衣、花谷。该厂所产油行销本外埠,是当时浙江省内最大的榨油厂。

六、席草编织业

席草又名灯心草、蔺草。宁波是全国席草主要产区之一。宋时，鄞县西乡普遍种植席草，手工编织草席、草帽。清代，鄞县的黄古林、栎社、石碶成为全国著名的席草之乡。由于席草的广泛种植，自古以来，宁波民众以织席为业，清代有所发展。嘉庆三年（1798年）鄞县织席者18万人，有席行20余家。鸦片战争以后，随着洋纱、洋布的大量输入，家庭棉纺织手工业破产，宁波妇女不得不以更多的精力从事席草编织业。民国《鄞县通志》记载："自洋纱输入，家庭纺织破产以后，吾甬最普遍之妇女家庭工业厥维编帽与织席。"①

席草制品种类繁多，主要有草席、枕席、草帽等。手工草席有选面平直，编织紧密，硬郎挺括，吸汗力强等特点，为人们所喜欢。林纳在《同治六年浙海关贸易报告》中说："草席是宁波城里有名的手工业，已逐年增长。其原材料种在近郊，每担为10文铜钱，当编成草席后，每百张重2担，可售得7两银。"②

根据草席的制作方法，可分为土席、改良席、软席3种。土席的原材料来自鄞县西乡栎社、石碶、黄古林一带，用木机制造，每机两人，一人司机，一人加草，机皆就地自制，仅需工料费四五元，每日每机约出一两条。改良席又称花席，原料在宁波出产，俗称三棱草，又有龙须草，以机制造，分枕席、床席两种。宁波近郊主要生产土席和改良席。

宁波草席输出的市场在国内，也有部分外销，主要销往欧美。包腊在《同治七年浙海关贸易报告》中说："宁波1868年草席出口比1867年多达近5000张。每张长6尺，100张为1捆。9/10乃是经上

---

① （民国）《鄞县通志·食货志丙编·工业》，宁波出版社2006年版。
② [英]林纳《同治六年浙海关贸易报告》，《近代浙江通商口岸经济社会概况》，第105页，浙江人民出版社2002年版。

海运广州。那些席子都是供上述两地之用。"①[英]惠达的《同治十一年浙海关贸易报告》中亦说："上海是主要销地,1871年419796张,1872年438881张,广州为122790张及75510张,香港为98500张及56660张。"②宁波草席的产量很大,在宁波对外贸易中占有重要地位,1870年、1871年、1872年分别出口草席601913张、712176张、661191张。③

  草帽业也是宁波妇女所从事的手工业。民国《鄞县通志》记载："草帽业之兴迄今凡三十余年,妇女以编织为生者不下十万口,行商数十家,贩户三千余人,运销外洋值千余万元。"④这说明在清末,宁波的草帽业已十分兴盛。

  草帽的编织方法及花色有规定。妇女练习旬日就可以学会编织。因为编草帽没有时间约束,不妨碍家事,为此妇女多喜欢从事草帽业。草帽业以鄞县西乡为盛,南乡次之。原料一般由帽商或贩户提供,约期收帽,按编织精粗付给工钱,后经帽商漂、剪、熨、磨后出售,贩至欧美,每顶草帽价值20美金。

  从同治晚期开始,宁波编织的草帽大量出口。浙海关税务司裴式楷说："宁波之手编草帽是项很有外销前途之产品,行销美国、新加坡、澳洲等地,颇受欢迎。想一想草帽只卖两分零些钱,简直与赠送一样哩,怎么不吸引买主呢?"⑤德璀琳也说："本地出口之草帽系由妇孺在农村之副业产品,按质分为三种,第一种独根草编成,第二种则用两根草编成,第三种则用三根编成。""是项手工产品绝大部分由夹板船先运往上海以后,远涉重洋运往美国加利福尼亚州、纽约以及英国之伦

---

① [英]包腊《同治七年浙海关贸易报告》,《近代浙江通商口岸经济社会概况》,第114页,浙江人民出版社2002年版。
② [英]惠达《同治十一年浙海关贸易报告》,《近代浙江通商口岸经济社会概况》,第142页。
③ [英]惠达《同治十一年浙海关贸易报告》,《近代浙江通商口岸经济社会概况》,第142页。
④ (民国)《鄞县通志·食货志丙编·工业》,宁波出版社2006年版。
⑤ [英]裴式楷《光绪元年浙海关贸易报告》,《近代浙江通商口岸经济社会概况》,第164页。

敦。这项产品,价廉物美,前途无量。"① 从同治十二年(1873年)至光绪三年(1877年)宁波出口的草帽分别为1239100顶、2612950顶、4098000顶、3444400顶、13725000顶,其出口货值为12395海关两、25982海关两、51000海关两、46000海关两、183000海关两,5年合计出口草帽2519450顶,出口货值318377海关两。到宣统年间,宁波出口的草帽分别为4077461顶、3950368顶、3895635顶,三年合计出口草帽11923464顶。

鸦片战争以后,随着资本主义国家对宁波洋货输入的增多以及投资项目的激增,加之民族资本企业的开办和发展,宁波的手工业也出现新的变化,与清朝的前期相比,呈现出一些特征。

一是一些旧的手工业部门中手工工场增多,并采用一些新式机器进行生产。到晚清,织布业、榨油业都有发展。比如,光绪十一年慈溪周巷有轧花厂,鄞县有纬成布局,这是晚清开办的棉织手工工场。但都采用一些新式机器。另外,油坊也有发展。余姚在晚清有10多家油坊。

二是一些家庭手工业者成为手工工场或者一些工厂坊外的手工工人,计件劳动,领取酬金。宁波草席的编织就是例证。仅鄞县就有席行20多家,数十万人织席,有商贩3000多人。

三是手工工场逐渐向机器大工业过渡。在光绪以后,宁波的一些手工工场逐渐向机器工厂过渡,严信厚于光绪十三年创办的通久源机器轧花厂就是代表。该厂创办后,宁波的轧花厂开始使用机器,购置蒸汽机引擎和锅炉,用日本制造的新式轧花机。到清末,宁波有数十家企业使用机器生产。

---

① [英]德璀琳《同治十三年浙海关贸易报告》,《近代浙江通商口岸经济社会概况》,第158页,浙江人民出版社2002年版。

第三节 商业

康熙执政后,随着全国政局日趋稳定,社会生产迅速发展,宁波商业也逐步兴盛。到了乾隆年间,商业已十分繁荣。嘉庆、道光以后,外国资本主义的"洋货"不断输入,使宁波市场发生了一些变化,城乡人民的生活与商品市场的关系更加密切,商业出现持续繁荣的景象。

宁波商业繁荣的主要表现是城区商业的发达、集市的发展和钱庄、典当、银行业的崛起。

一、城区商业发达

英国人爱德华在道光年间曾来宁波,他在日记中对宁波城区的商街这样描绘:"我登岸遍游主要大街。这条街是我在中国各城市中所见到的最好的,街上一片繁华景象,商店的招牌都是精工细雕的,漆上金边或以朱漆涂写,店铺售卖丝绸、扇子、陶瓷等。街道以透明的贝壳铺成。"[①]从爱德华的记述中,我们可以看到清代宁波商街的繁华景象。

据雍正《宁波府志》卷八《城隍》记载,当时宁波城区的主要商街以鼓楼为中心展开,形成三条主要商街。鼓楼的东边为东直街,由鼓楼至东渡门;鼓楼的西边为西直街,由鼓楼至西门;鼓楼往南方向为前直街,至南门止。另外,有开明桥北横街、贯桥北街、贯桥南街、三法卿东直街、紫薇街东横街,还有车桥南横街、永丰街、东横街和西横街、三角地横街等。

东直街(今中山东路)和西直街(今中山西路)是宁波的主要商街,以经营百货、南北货为主。清中期前,百货业被称为川广杂货业,东直街和西直街百货林立。宁波开埠后,洋货输入改称洋广业,经营

---

① 哲夫主编《宁波旧影》,第4页,宁波出版社2004年版。

华洋各类货物。同治年间（1862—1874年）在东门外有舒天成德记百货店。这是宁波最早的一家百货店，资本5000元。在东直街还有大有丰洋广货店、查二妙堂文具店、老三进鞋店等。大有丰洋广货店，资本1万元。查二妙堂文具店，资本8800元。光绪年间开设在东门大街的老三进鞋店，资本也达4800元。另外，寿全斋国药号、同福昌帽扇店、源康布店都在东门口营业。

道光以后在东直街开设的董生阳、昇阳泰南货店生意兴隆。昇阳泰南货铺，前店后场，现做现卖，以经营南北货为其特色。其中苔生片、豆酥糖、水绿豆糕、胡桃、茯苓糕、椒桃片具有地方风味。董生阳经营的食品不仅味道可口，而且生意繁忙，天天要开到深更半夜才歇手。《申报》曾报道过宁波光绪七年（1881年）年关的饮食业情况。《申报》载："故街道往来者愈行挨挤，或肩挑，或手携，无不采办年货。吃食店生意更觉忙碌，买客如蜂屯蚁聚，拦其槛门。其中，如大同、董生阳、同方和、方怡和四家，生意似较别店更胜，每至二鼓后，尚不能释手，则市面之繁盛可知矣。"①可以看到晚清宁波东直街的饮食业是比较兴隆的。

除东直街（东大街）和西直街（西大街）外，比较著名的商业区有江厦街、灵桥门、药行街、半边街、江北岸，经营南北货业、典当业、钱庄业、药业、渔业等。咸丰、同治年间，城区较大的店铺有数百家，其中钱业五六十家，南货北货批发商号20余家。其商业区分布如下：

江厦商业区。北至新江桥南堍，南起灵桥西堍，东傍奉化江西岸，西为东渡路及和义路东端，因古有江下寺，谐音得名江厦。沿着河岸是停靠航海帆船、航船和舢板的码头，其后有东门口、半边街、双街、钱行街、糖行街、灵桥门、东渡路。清代客商如云，有"走遍天下，不及宁波江厦"的说法。在这里集中有钱庄，现兑店，以及南北货、粮油、鲜咸货水产号，糖号和木材、麻、谷物等商店，还有专营南北沿海贸易的商

---

① 《申报》1881年1月26日。

号。开埠以后,江厦商业区更是十分兴盛。区内有钱庄、现兑店数十家,南北货、粮油、饮食及鲜咸货水产号鳞次栉比。当然,这里的商业发展带有明显的西洋印记,主要表现在输入商品的种类结构上。比如鸦片、棉布、洋火、煤油等消费品,占有相当大比重,百货商店经营的商品绝大多数依赖进口。时髦的西服、香水、洋绒、马蹄钟、西洋丝巾充塞店堂;饮食方面,西式的糕点、洋酒也在江厦商业区出现。

  灵桥商业区。这一带唐朝始建,宋元后逐渐繁荣,到清代店铺林立。这里以销售药材、木器、篾器、漆器、水产品、南北货为主。比如,康熙初,冯存仁堂在灵桥门又新街创立,采办各省药材、精制丸散膏丹、门市饮片销售。大有南货茶叶店、大同南货店也在道光、咸丰年间开办。灵桥西侧,停靠各种海船,十分繁荣。康熙年间李邺嗣的《鄮东竹枝词》中就有"鄮地原因贸易名,灵桥彻夜有人行"的记载。

  江北商业区。嘉道以后,随着宁波的开埠,江北成为近代宁波的商业中心,集中了洋行、仓库、银行、邮政局等。其商业活动主要是进出口贸易,邮政、报关、银行、洋行、仓库是为其服务的。光绪二十二年(1896年)开办大清邮政,次年1月在江北岸外马路成立邮局,由海关税务局兼管,对外营业。洋行有旗昌、逊昌、源昌、太古、怡和、永兴、宝隆多家。至同治三年(1864年)已有洋行24家,从事金融、保险、外贸各业。逊昌洋行在宁波的办事机构专保房产栈货及中西各国水险、火险、平安险,并经营日本、美国的人寿险。"其保费照大市,一律格外从廉公道,倘有不测,赔款迅速。"① 太古洋行宁波分行于光绪五年在江北岸外马路设立,专代理企业经营业务,尤其是轮船业务。光绪元年,保险招商局宁波分局在江北开办业务,经营范围为招商局和货物运输保险。这是由国人在宁波集资创办的保险公司。

  江北还是消费和服务的地方,主要服务往来的船商和从事海运、外贸的流动人员,有饭店、酒楼、诊所、药行、娱乐场所、小百货等,商业

---

① 《德商甬报》1898年12月14日。

活动主要是餐饮业和服务性行业。西式的点心、洋酒在宁波江北出售。这些点心是"西国机器制,佳制荤素茶食,四时点心,馒头饼干,各种洋酒"①。

药行街商业区。药行街,东起灵桥门,西至城隍庙,主要经营药材。同业分布在泥桥街、君子街、车轿街、怀家巷、沙井巷等地区。元代以来,随着宁波海外交通的发展,城区逐渐成为药材集散地,贩运长江南北药材。清代因交通便捷,实为全国药材"输运枢纽之地"②。康熙四十七年(1708年),药材业集资在咸塘街冲虚观建药皇殿。咸丰间,长江一带在太平军控制范围之中,而药材多产于山区丘陵,川广药材从山道转运到宁波,为此,宁波成为全国重要药材集散地之一。除本地的宁波商人外,还有川西、津北等药材帮。清初,宁波有药店20余家,到道光十年(1830年)前后,药材行增加到50多家,其中冯存仁堂、周介寿、存济堂、裘卫生堂等药店十分著名。因药业的发达,同治年间,在咸塘街集资置产,重建药皇殿,称之为"连山会馆"。当时,药业以冯氏、董氏占重要地位,从业人员以慈城冯氏和三七市董氏故乡人士为多。全国各地采购推销的主庄,多在药行街一带设庄。其中四川庄6家、广东庄4家、陕西庄6家、汉口庄6家、云南庄3家,共约30家,资金达60余万。

药行分为"长路"、"山药"、"零拆"三类。长路行专做川广药材。有26家;山药行以经营浙产药材和本地草药为主,有20多家;零拆铺专营乡下城镇店铺的零拆业务,有80多家,其中有影响的4家。光绪三十二年(1906年)到宣统三年(1911年),药行街药材收购、交易十分兴盛。全街的年营业总额达千万余元。当时药业从业人员达800余人,栈工700余人,在药行街拣药的女工数以百计。灵桥西塊的介子道头,专门装卸药材。药业的兴旺亦带动钱业、麻袋、竹器、木器以及运输搬挑行业的发展。当时的钱业界,以药行街的药行为主要放贷

---

① 《德商甬报》1898年12月18日。
② (民国)《鄞县通志·食货志丁编上·商业(一)》,宁波出版社2006年版。

对象,药业中的业主与钱业往来的有六七十家。①

开埠以后,西药业也得到了发展。道光二十三年(1843年),美国基督教传教士玛高温在北门开诊所兼售西药。同治九年(1870年),英国商人开设屈臣氏药房,出售宝塔糖、十滴水、外敷药膏等成药。随后又有"天一信孚堂"等药房开设,逐渐形成西药业。

半边街、后塘街商业区。其特色是水产品交易十分兴旺。在清代,半边街、后塘街大都是鱼行和水产品交易场所。道光年间,城区三江口一带渔船云集。半边街沿江数里有数十家鱼行。民国《鄞县通志》称:"宁波为国内著名鱼场,故市内半边街一带星罗棋布,皆为鱼类、鱼行,分为鲜咸两类。"②渔帮运来水产,有鲜的、咸的,分别交鱼行代售,20日后取款。后塘街鱼货交易品种多。李邺嗣《鄮东竹枝词》说:"千万鱼鲑叠水涯,常行怕到后塘街。腥风一市人吹惯,夹路都将水族排。"③据时人估计,宁波府有大小渔船和运输船约1万艘,年产鲜、咸、干鱼20万担,其中通过宁波加工和半边街、后塘街鱼行销售约占50%以上。④ 为了水产品保鲜,江东有不少冰厂。清初"甬东滨江之民藏冰为业,谓之冰厂;初夏凿取,以佐海鱼行远"。光绪八年(1882年),宁波出口鱼13458担,货值关平银98442两。到光绪十七年,出口鱼82568担,货值关平银330272两,水产品的出口额大幅度增长。

宁波商业在清代经历了从传统商业到近代商业的转变。主要是:

第一,经营内容发生变化。清代前中期,传统的商业主要经营农副产品及手工业产品。鸦片战争后,宁波商业从单纯的农产品交易渐渐转为以经营机器工业品为主。比如,江北商业区和江厦商业区,机制产品占很大的比重,各种香水、洋绒、钟表、西药、丝巾和西洋糕点比比皆是。东渡门的锦兴绸缎庄,销售的绸缎品种多,花色新,不少是机

---

① 张午卿《宁波药行街和药业》,宁波市政协文史委《宁波文史资料存稿选编》,第288页。
② (民国)《鄞县通志·食货志丁编上·商业(一)》,宁波出版社2006年版。
③ (清)李邺嗣《鄮东竹枝词》,《杲堂诗文集》,第767页,浙江古籍出版社1988年版。
④ 郑绍昌主编《宁波港史》,第40页,人民交通出版社1989年版。

制品,"兼绫罗纱绉,既可批发,又可零剪","货真价实,格外公道"。①

第二,资本筹集方式发生变化。股份制企业在近代出现。宁波传统的商业一般是独资经营,晚清期间,开始出现合伙制和股份制,比如,镇海方氏家族办在东渡门内的银楼方聚元就是采取股份制形式,邀请上海银楼大同行公所总董、南京路方九霞成记银楼经理桂增元和上海某银楼职员裘清甫联合入股,集股3.2万银元,合16万股,并采取经理制管理,聘请裘清甫为方聚元银楼经理。

二、集市贸易的发展

集市是一个综合性的社会经济文化载体,它是社会经济发展到一定阶段的产物。宁波集市形成于宋,到清普遍勃兴。

首先,集市数量增多。到了清代,随着商品生产的发展,宁波集市越来越多。有的地方发展成为具有一定影响的商品市场。根据宁波的有关方志,对明清两代宁波"市"的变化作一统计,可以看到其中的变化。今根据资料列表如下:

表2—5 明清宁波集市统计表

朝代	年 代	市数	资料来源
明	天顺六年(1462年)	33	《宁波府简要志》卷三《墟场志》
	成化四年(1468年)	33	成化《四明郡志》卷四《市镇坊卷》
	嘉靖三十八年(1559年)	45	嘉靖《宁波府志》卷九《经制志·都鄙》
清	康熙二十二年(1683年)	72	康熙《宁波府志》卷五《市》
	雍正十一年(1733年)	77	雍正《宁波府志》卷八《市》

---

① 《德商甬报》1899年4月8日。

表2—6 鄞县、慈溪、奉化三县明清集市统计表

年　代	鄞县集市数	慈溪集市数	奉化集市数	资料来源
天顺六年（1462年）	大市 中市 后市 东郭墟 西郭墟 南郭墟 甬东市 宝幢市 小白市 东吴市 下山市 韩岭市 横溪市 小溪市 林村市 凤岙市	车厩市 黄墓市 大隐市 文溪市 蓝溪市 渔溪市	泉口市 白杜市 南渡市 袁村市 公棠市 江南市 大桥墟	《宁波府简要志》卷三《墟场志》
嘉靖三十八年（1559年）	小溪市 西郭八市 南郭三市 甬东市 东津四九市 后市 宝幢市 小白市 东吴市 下水市 韩岭市 横溪市 栎社市 林村市 凤岙市 石塘市	文溪市 大隐市 黄墓市 车厩市 渔溪市 蓝溪市 鸣鹤市	奉化市 江口市 蔡桥市 尚田市 溪口市 南渡市 泉口市 白渡市 袁村市 公棠市	嘉靖《宁波府志》卷九《经制志·都鄙》
康熙二十二年（1683年）	小溪市 西郭八市 南郭三市 宝幢市 东津四九市 小白市 东吴市 下水市 韩岭市 横溪市 栎社市 林村市 凤岙市 石塘市 大市 中市 后市 大庙前市 三角地头市 西门内早市 陈婆渡市 莫枝堰市 石碶市 望春桥市 卖面桥市 高桥市 十字港市 黄姑林市	上横街市 下横街市 洪家塘市 长石桥市 河头市 骆驼桥市 庄桥市 湖塘下市 三七市 褚山市 陆家埠市 东埠头市 裘市 横山市 青林市	奉化市 江口市 蔡桥市 尚田市 溪口市 南渡市 泉口市 白渡市 袁村市 公棠市 莼湖市 坊桥市 吴家埠市 庙山市	康熙《宁波府志》卷五《市》

表2—5清楚地表明,宁波在清代的集市在比明代有较多的增长。明代的集市嘉靖三十八年(1559年)为最多,当时仅45个市,到康熙二十二年(1683年)增加到72个市,平均约5年增加1个市。

表2—6也清楚地表明,鄞县、慈溪、奉化3个县增加幅度更大。天顺六年(1462年),鄞县、慈溪、奉化分别有集市17个、6个、7个,嘉靖三十八年为16个、7个、10个,到康熙二十二年为29个、15个、14个。这里可以看到,从嘉靖三十八年到康熙二十二年的124年中,鄞县增加不到1倍外,慈溪、奉化集市都增加1倍。

时属绍兴府的余姚县,明代的集市遍及城乡,有临山、浒山、姚家店、蓝溪(陆埠)、新坎、梁弄、马渚、周巷、天华、方桥、垫桥、黄清堰、埋马、石人山、匡堰15个市。清初,随着经济发展,集市增多。康熙时增皇封桥、沈塘饼桥、大塘新市、庙山、泗门、湖堤、低仰堰、塘堰桥、朗霞、天中、彭桥、蔡家堰、石婆桥13个市,计28处。乾隆时增宝藏、悦来、天元、长河、百两桥、回龙桥、上塘、五车堰8个,计36个集市。

其次,开市日期增加。集市开市频率反映集市发展的水平。随着商品经济的发展,到清代宁波形成了定期市。清初宁波的集市发展为"五日一市"。小西门市、慈溪上横街市、象山的附郭市,逢一、六有市。象山的南堡市,逢五、九日有市;泗洲头市,三日有市。慈溪的下横街市,每逢四、八日有市。奉化的溪口市,三、八日有市。

道光以后,集市由定期市转化为经常市。经常市称为常市,一般为双日市和每日市。它们大多是间日一市。这是比较发达的集市贸易形式。比如,道光年间,象山县新开了三叉路、新桥、田洋湖、西山下、涂茨等市,"逢日开市,百货俱集"[1],甚见兴盛。慈溪的日市也很经常。形成于咸丰间的高王市、马家路市、高兴市、尺六市(现为拆落市)、庵东市是日市。光绪年间新增的新浦市、水云浦市为日市。坎墩市甚至有"早、晚二市"[2]。鄞县也出现了双日市和日市。民国《鄞县

---

[1] (民国)陈汉章总纂《象山县志》卷一三《实业考》。
[2] 徐长源主编《慈溪县志》第7章《集市贸易》,浙江人民出版社1992年版。

通志》记载清末鄞县集市的日期,逢一、三、五、七、九日有市,有的逢二、四、六、八日有市。这是间日一市。宁海县常市常见,是"一月之中靡日无市"①。

再次,不同类型的集市。从商品与流通的关系看,宁波在清代的集市可以分成三类:

第一类是行业集市。在清代,宁波出现了不少行业特色明显的商品集市。由于宁波地区拥有一大批较为发达的手工业城镇,迅速增长的人口需求刺激了这些城镇及其周围农村的手工业商品生产,并且在周围辐射构成交易网络,从而形成专门的集市。这类具有鲜明行业特色的集市其交易内容包括棉花、丝织、粮食、水产品、竹木山货等。棉花集市有慈溪的彭桥、逍林,余姚的周巷(今属慈溪市)、泗门;水产品集市有慈溪的新浦、蓝溪、坎墩,象山的弦歌(丹城)、爵溪、昌国、石浦,舟山的沈家门、岱山等;山货竹木集市有鄞县的凤岙、韩岭、小白,慈溪的文溪、车厩、黄墓、大隐;丝织品集市有鄞县的小溪、林村,奉化的泉口等。这些行业集市十分兴盛。比如,小溪妇女在清初都从事蚕织,桑树的种植与丝织生产都已实现专业化生产,丝织品织成后,到专门的丝织市场出售。宁波府城后塘街市的水产品市场品种多,市场繁荣。

慈溪、余姚是宁波府棉花的主要产区。当地棉布业市场比较兴盛,妇女多以织布维持生计。清初,余姚的彭桥(今属慈溪市)有专业的棉布业集市,每逢农历二、五、七、十日,各地乡民和商贾来此交易棉花和布匹。嘉庆五年(1800年)以后,逍林、浒山等产棉区,也出现棉布集市。

第二类是综合集市。一些集市因交通方便,地域适中,逐步形成交易粮食、棉花、油料、山货、禽肉、瓜果、鲜鱼、蔬菜、丝织品及生产资料等物的综合市场。比如,余姚的浒山(今属慈溪)等市在清初就有鱼

---

① 苏其德主编《宁海县志》第11编《商业》第5节《集市贸易》,浙江人民出版社1993年版。

行、果行、柴炭行、木棉行、米行、鸡鹅行、猪行、羊行、布行等,分为大集、小集。大集定期为市,小集为"半天集",一般为凌晨上市,近午散市。这就说明浒山市在道光年间,商品贸易兴隆。道光《浒山志》就记载说:"浒山市自所城东门到西门,百货丛集。单日,鱼虾、蔬果陈列街巷,自东门外至城内板桥为止。"①

第三类转运集市。这是以交通枢纽或河埠港口的地位构成纯粹的原料或商品交易市场。在宁波一些水陆交通要道之处,逐渐形成了交易市场和商品中转市场。繁密的水道和便利的陆路交通,将四邻丰富的农副产品运到这些地方加工成手工业商品并转销各地。全国各地的商贩也从这里贩去所需的商品,于是,逐渐形成了商品的转运市场。鄞县的横溪市,河道由南向北,沟通鄞县东南及奉化、"三北"(指慈溪、余姚、镇海北面)地区的水网,水陆交通便利。到清代,该地商业十分繁荣,每逢农历一、六,来自奉化、象山、镇海、宁波等地的商人云集,不少商贩到这里贩运。余姚县周巷(今属慈溪),距浒山11公里,东临云城,西接朗霞、曹娥,南与低塘毗邻,主街临河,为慈溪、余姚的交通要道,明初形成集市,到清初更加繁荣,是余姚、慈溪物资集散地。

集市因其交易商品、交易对象的不同,经济功能有所不同。清代宁波集市的功能是明显的,主要体现在三个方面。

一是满足农民生活和生产需求。农村集市是初级市场,既是生产资料市场,又是生活资料市场,与农民生产和生活有着密切联系。集市自身的商业功能将彼此分散的乡村农民联结在一起,成为市场网络体系的基本网结,调节宁波乡村农民的日常生活。绝大多数的集市由商贩参加,商贾数量不是很多,主要从事农产品、畜牧品、生产工具的交易。光绪《鄞县志》说:"诸村妇女咸事蚕织。东乡或织革,西乡或织席;亦各织布,出售于市。率以五鼓往,日大明而散。"这类集市靠近山区、边远地区较多。诸如鄞县的东吴市、凤岙市,慈溪的大隐市(今

---

① (清)道光《浒山志》卷二《镇市》。

属余姚)、黄墓市(今属余姚),奉化的尚田市、蔡桥市等。

二是把相对孤立的分散的集市联系起来。一些较大的综合性商业集市或行业集市,以其更强的经济功能,把相对较小的、分散的集市联系起来,从而将宁波区域经济连为一体,推动宁波区域经济发展。这些集市一方面将比较小的集市的产品不断输入中心城市,同时不断将中心城市中的各种经济信息反馈到分散的较小的集市中去,成为集市与外界联系的中转站。余姚的浒山(今属慈溪),慈溪的鸣鹤,鄞县的横溪、鄞江桥,奉化的大桥、溪口,象山的丹城、石浦、南田,镇海的澥浦、小港(今属北仑区)等都是这类集市。这些大市镇的集市可算作一级市场。随着小农出售的农产品和手工业品的数量不断增加,粮、棉、丝、茶、棉布、药材都成为集市中大宗商品,商人赴集收买,从而形成繁盛的集市贸易。鄞县的横溪市有130家商店。慈溪的鸣鹤市,南为白洋湖,接双河,位于慈溪、余姚接界之处,每适一、三、五、八日有市,贸易兴隆。《白湖竹枝词》就有记载:"水接双河潋滟开,分疆两邑只山隈,天明塘上声喧起,趋市姚人续续来。""语作葫芦集运河,今朝水产价如河。白虾青蟹一时贵,小艇迎来贩客多。"①

三是沟通宁波与全国及海外市场的商品流通。一些集市本地并没有更多的商品,由于其位于交通枢纽地区,各地的商品通过集市而得以云集,从而沟通了全国商品市场,甚至与海外国际市场接轨。这些集市主要是在宁波市区。市区的甬东市、灵桥门市、后塘市就很有影响。比如灵桥门集市是主要商业区。这里以经销药材、木器、篾器、漆器为主,还有南北货、海产等。灵桥西侧,停靠各种海船,十分繁荣。嘉庆、道光年间,甬江沿岸一片繁华。"鄞之商贾,聚于甬江,嘉道以来,云集辐辏,闽人最多,粤人、吴人次之。"②"巨艘帆樯高插天,桅楼簇簇见朝烟",③正是甬江贸易繁盛的真实写照。

---

① (清)叶声闻《白湖竹枝词》,光绪《慈溪县志》卷三《建置》二《市镇》。
② (清)光绪《鄞县志》卷七四《土风》。
③ (清)光绪《鄞县志》卷七四《土风》。

清代宁波集市的发展有其明显的作用。主要体现在：

第一，推动浙东及全省、全国商品经济的发展

市镇是商品经济发展的产物，反之又促进农产品和手工业品商品化程度的不断提高。鄞县、慈溪、镇海、奉化等县农民，纷纷从事商品经营，所种的桑、棉、茶、烟草等，并非自给，而是"出售于市"，明显具有商品生产和商品交换的性质。

宁波所属各县的市镇，已与外地发生经济联系。商人、小贩到市镇贩卖商品，沟通府属各县和邻近地区。清初，慈溪的下横街市（今江北区慈城镇），每逢四、八有市集，鄞县、定海（今镇海区、北仑区）、余姚各乡都来贸易，物物具备。坎墩市，为慈北平原重要集市，清时有"十里长街坎墩"之誉，邻近的余姚等县商人常来此贸易。鄞县的横溪市，每逢农历一、六，来自奉化、象山、镇海、宁波等地的乡民和商人便聚集于此。镇海的一些集市，也与杭州、绍兴、嘉兴、台州、温州、处州等地有经济联系。

随着贩运贸易的发展，宁波的市镇经济已冲破区域范围，商品流通不仅在本地府、县之间和邻近地区进行，而且经过商人长途贩运，把集市中的农副产品和土特产品远销各地。雪里蕻咸菜产于鄞县东乡、邱隘、盛垫一带，久负盛名，通过集市转运，贩卖到苏州等地。雍正、乾隆年间台湾市场上经常可见"宁波之雪里蕻"[①]。

第二，促进宁波港的发展

清代，宁波市镇数量增多和规模扩大，必将促进专业分工的扩大，生产更多的手工业品和农副产品，使商品流通和商品生产的范围增大。单个集市与府城及各县之间的贸易，已不能适应商品经济发展的要求。这显然要扩大国内市场和国际市场。从资料看，宁波市镇以及附近农民生产的丝、茶、棉、海产、药材等大宗货物正是通过甬江和镇海口运往海内外各地的。"凡民间米、面、麦、豆、油、烛、花布……悉仰

---

① 林仁川《大陆与台湾的历史渊源》，第138页，文汇出版社1991年版。

郡城,肩挑背负,聚集镇海,附搭航船出口。"①从而促进宁波港口经济的发展。

第三,促进宁波帮的形成

集市中,由于丝、棉、药材、水产品等手工业品和农副产品的贩运,使一部分宁波商人很快掌握了经商本领,成为贸易经纪人。他们中的许多人因经营得当而迅速致富,并进一步扩大经营范围,到海内外经商,逐渐积累了巨额资本。比如,乾隆年间,慈溪三七市的董杏芳"鬻财吴门,积资至数十万"②;秦兆槐为"京兆大贾,工计然术,富致万金"③。尤其在嘉道以后,有一批出生在市镇的宁波商人经营贩运。比如嘉庆时慈溪三七市董棣林,往来东北、上海,采办参药,积累了资财。其子董耿轩和董友梅开设大生船号,往来南北洋,装运土产,在上海销售,遂积巨金。其后代开设钱庄,成为钱业资本家。镇海江南市(今戚家山街道)的李也亭也以经营沙船起家,他独资开设久大沙船号,拥有沙船10余艘,往来南北洋,每船值银数万两,后买进浦滩码头,因经营沙船顺手,成为巨富,曾开设钱庄多家。宁波的一些商人还充当"买办"。比如,出身镇海龙山(今属慈溪市)的虞洽卿,先后担任过德商鲁麟洋行、华俄道胜银行、荷兰银行买办。他还发起组织四明银行,创办"宁绍"、"三北"轮船公司,曾任上海总商会会长。这些宁波商人后来都成为宁波帮的代表人物。

三、钱庄、典当与银行

钱庄、典当与银行都是商品经济发展到一定阶段的产物。清代宁波是商业繁华的城市,商品货币经济发达,钱庄、典当和银行在市区及各县已经普遍开设。如果没有自己的金融机构,就难以形成一个贸易

---

① (清)黄以周等纂光绪《定海厅志》。
② 《慈溪董氏宗谱》卷二〇《董君心泉家传》。
③ 《慈溪秦氏宗谱》卷二七《艺文·序》。

体系,难以为商业活动提供后援力量,也无法维持商业的长期繁荣,对宁波这样的港口城市来说更是如此。

明中叶后,随着宁波商品经济的逐步发展,钱庄业开始兴起。由于宁波商人涉足全国各地,这就需要递解银洋、赍送信札,加上国内银钱并用和外国银元的流入,又使货币兑换业得到发展,需要有钱庄解决这些问题。《宁波钱业会馆碑记》称:"吾闻之故老,距今百年前,俗纤俭,工废,著拥巨资者,率起家于商人,习踔远营,运遍诸路。钱重不可赍,有钱肆以为周转。"[1]得益于商品经济的发展和宁波商人资本运作的需要,宁波钱庄在清代得到快速发展。乾隆十五年(1750年)以后,宁波钱庄业集中开设在江厦街一带。乾隆三十五年至五十三年,江厦街一带连续三次发生火灾,原有房屋几度重建,商号也有迁移。嘉道以后,宁波钱庄业在原来的基础上进一步发展。"鄞之商贾,聚于甬江,嘉道以来,云集辐辏……转运既灵,市易愈广,滨江列屋皆钱肆矣。"[2]钱行街的名称,也随之在宁波出现。后来滨江庙毁于战火,不少宁波钱庄停业,但宁波绅商决不言败。同治三年(1864年),重建滨江庙,修订钱庄业规,各家钱庄又纷纷开业。市区及鄞县有源和、养和、恒丰、益康等钱庄36家,到同治六年,又增加祥元、义生、谦和、永康、谦尊等7家,共43家。光绪二年(1876年),钱庄业开大洋拆,利率提高到一分以上,存款骤增,各业依靠钱庄支持而相应发展,到宣统末共有大小钱庄67家,钱庄业开始进入全盛时期。此后,尽管受到战争的影响和上海"贴票风潮"、"橡皮风潮"的波及,宁波钱庄受到挫折,但总的来说,宁波的钱庄半开半停,安稳如故,比上海等地的平稳。宣统年间先后开设和恢复营业的有晋恒、慎裕、元益、元亨、安泰、恒裕、宝源、通源、泰涵、源源、裕源、巨康、慎康、瑞余、彝生15家钱庄。《四明日报》曾提到了这一点:"钱商者,尤各业之领袖,而握金融之机关者也。其审势也恒精;其察事也又周,具高掌远拓之才能,而有审机观变

---

[1] 忻江明《宁波钱业会馆碑记》,《宁波市志外编》,第864页,中华书局1998年版。
[2] (清)光绪《鄞县志》卷二《风俗》。

之识力。今日之商场,其情形若何,留心时事者当能熟知而了解矣!沪上之恐慌既如彼,而汉口、杭州之偾败又连绵而不绝。盖通国之中,商业较盛之区,殆无不受此次之影响矣。独吾宁风鹤无惊,安靖如故,入其市者几不知有绝大之风潮卷吾宁而东过,是岂它埠诸商所能及哉!"①宁波"风鹤无惊,安靖如故",正好说明宁波的钱庄审时度势、随机应变的能力。

宁波府所属各县及余姚、宁海在清代也有不少钱庄。光绪二年(1876年),余姚东门外东横街开设了升大钱庄,到清末发展到合元、全元、原亨、裕盛等31家。镇海在光绪二十一年于县城设同豫钱庄,资本1.2万元,至光绪三十一年,又增设通源、慎祥、瑞琛等钱庄。

为使钱庄正常运行,打击奸商卖空、买空,清政府宁波当局先后于同治十二年(1873年)五月、光绪十年八月发布《道府县会衔勒石禁止卖空、买空告示》和《禁革钱业空盘告示》,明确指出"凡有买卖银洋、货物,务须估价公平,认真交易,毋得凭空悬拟,赌赛输赢"②。光绪二十六年,宁波当局又照会钱业董事禁做空盘,对卖空买空者进行打击。

钱庄的形式比较简单。钱庄分大同行、小同行和现兑庄,沿用咸丰以前推行的"过账制度"。大同行钱庄平时不营货币兑换,重在划拨清算和存、放业务,把持同业公会,左右钱业市场,统揽过账制度。凡金融方针章规办法,一概由大同行议决后执行。初期,资本为1万元以上。小同行经营存款、放款,兼营货币兑换等业务,虽然上内牌,但入公会,进出钱业市场。在钱市交易买卖和实施过账办法中,须认定一二家大同行往来,委托办理。初期的资本为1万元以上未入公会的叫现兑庄,其资本多寡不一,少则数百元,多至上万元,专做银钱兑换和货币买卖,兼营他业,一般由烟杂店兼办,叫烟纸现兑。这是现兑庄中的最低层次。过账制度的实行,对于各商家之间的经济往来,交易

---

① (清)段光清《镜湖自撰年谱》,第122页,中华书局1960年版。
② 《道府县会衔勒石禁止卖空、买空告示》,(民国)《鄞县通志·食货志己编下·金融(二)》,宁波出版社2006年版。

收付以至个人生活收支都带来不少便利。大量资金周转在钱庄之间，为钱庄开展各项业务提供了便利。

宁波钱庄的管理人员一般为10人。内设阿大、副手（协理）、三肩（襄理）、账房、信房、跑街、银房、长头、学徒、栈司。阿大（又称经手）代表股东主持钱庄工作和对外交际；副手协助阿大负责钱庄的内部事务；三肩由股东的至亲充任，属于闲职；账房有内外之分，内账房经管"总清"账，权力比较大；信房主要是经办来往书信及函件；跑街的职责是揽存款和放贷款；银房是收付、保管现银；长头担任汇兑和现银的买卖与兑换；学徒为三年，做一些杂务工作，学习钱庄的有关业务；栈司负责现银的运送和投送信单等工作。

宁波钱庄的业务是存放款、汇款、同业拆借、货币兑换和规元买卖。存放款是钱庄的重要业务。咸丰年间（1851—1861年），鄞县知事段光清称："宁波殷商富室所开钱庄，凡有钱者皆愿存钱于庄上，随庄主略偿息钱，各业商贾向庄上借款，亦略纳息钱。"①这表明在清代宁波钱庄已经营存放款。

存款分浮存、长存和同业存款。浮存为活期存款，不分单位、个人，随存随取，其利率在"日拆"的基础上总减。"浮存"，不仅是存款，而且根据对象不同，可以透支，故又称往来款。长存为定期存款。它只是一种存期较长、金额较大、利息较高的存款，股东本人和宗祠存款占有一定比重。当时，宁波钱庄存款业务兴盛。光绪二年（1876年）以后，浮存和长存约有四五千万元，后有上升，鼎盛时仅祀会户和个人零星存款有两千多万元。各业往来和股东存款为数更大。鼓楼前迎凤桥陈家的"绵绵祀"公祭款有十多万元。柏墅方家开设的钱庄中，仅瑞康一家股东存款就有100万元。放款分长期和浮欠。长期放款实际上只有几个月时间，最长不超过半年，以"对月"（15月）计算到期，全额起点为500元。6个月的称"六对"，主要为外埠放款。"三对"、

---

① （清）段光清《镜湖自撰年谱》，第122页，中华书局1960年版。

"二对"属短期放款。咸丰、同治年间,宁波的各业商向钱庄借钱十分频繁,略付利息,各商号即可向钱庄借得贷款。外埠放款省内有杭州、温州、金华等地,省外主要有上海、天津、武汉等地。

汇款也是钱庄的一项业务。宁波的北帮客商与南帮客商大宗商品交易,有特定的交易场所,如钱行街、药行街、卖席桥、车轿街等行业市场。商品的交易带来了频繁的资金汇拨,宁波商人在各地设有商栈、铺号,全国各地客商在宁波设立办事机构。这就需要宁波的钱庄同外地同业建立汇划关系,由此而兴起的晚清宁波电信局和信客的主要业务,就是为钱庄业传递信函、票据和输送银钱。光绪八年,宁波本埠就有永利、正和、广大、福润、全盛、协兴、正大等信局。

同业拆借是钱庄的一项主要业务。同业间的汇划往来,每天清算,余缺调剂。同治三年(1864年)前的庄规明确规定:"多余者或行拆或收现,应听其便,缺家毋得强拆。"①体现了钱庄之间的互相协作。拆借的期限一般为5天,按日计息每千元为一二元。到期各自解交现金,偿还本息。过账制度实行后,各行各业资金,通过钱庄汇划。

公单,是钱庄之间用于冲销收付款项的一种凭单,是钱庄业内部的清算凭证。欠人发出公单,人欠收进公单,每晚在钱业公所集中清算。其金额起点原定500元,到宣统年间提高到5000元。当时的庄规曾规定:"同行拆单,溯自初言,原以五百元起码,载在庄簿。嗣以交通利便,百业皆推广经营,吾业乃汇兑机关,出入巨细,自必依为定向质之。近年以来,拆单自五千元起码,以至五万、十万,甚至二三十万不等……所有多缺流通,共相融和。"②至此,原规定的限额取消。

钱庄的另一项业务是货币兑换。开始以银元为单位,逐月记录同制钱的兑换价目,一月之中有变动十数次的。至道光十八年(1838年),浙江巡抚乌尔恭额在奏折中称:"宁波府属之鄞县,逼近海关,商贾辐辏,钱铺稍大。此外,各府贸易者少,钱铺亦无重本,专以制钱贸

---

① 《宁波金融志》第1卷,第112页,中华书局1996年版。
② (民国)《鄞县通志·食货志丁编上·商业(一)》,宁波出版社2006年版。

易洋钱、纹银,以备民间日用之需。"从乌尔恭额的奏折看,当时宁波的钱庄业已经把货币兑换作为钱庄的主要业务之一。时隔4年,又复加记银元与铜元的兑换价目。光绪二十八年(1902年),加列银元与银角的兑换。宣统二年(1910年),制钱兑换不复记录,改记现水行情。

钱庄的资本仅1—3万元,现兑钱庄则在1万元以下,少的仅千百元而已。光绪二十六年八月二十四日(9月17日),宁绍台道禀浙江巡抚文称:"查宁波钱庄长本不过3万元。"这里的"长本",是指股东按规定正式垫支的资本。

甬上的钱庄与他处有所不同。其他地方交易以现金为通货,而宁波则采用过账;内地及上海通用银两之际,而宁波早在嘉庆间即流行银元;内地的利率多以月计,而宁波由于钱庄多,独行日拆。当然,上述情况亦会发生现水空盘及呆板日拆的弊端,也引起甬人重视。

典当亦称当铺,早期称质库,是旧式收取押物进行放款的信用行业,以贫民、小生产者为主要对象,运用货币资本生息图利。宁波的典当早在宋朝就已设立,到清代对宁波社会经济和民众生活具有一定的调剂作用。

清初,为了缓和社会矛盾,清政府鼓励富室开设典当,并由户部颁布《则例》,收取年息1分至1分半。清朝中叶,许多宁波富商开始投资典当业,市区及各县都设有典当。道光十年(1830年),鄞县典当业资本达百万元以上。其中"惠安"、"丰长"两家当铺历史最长。"惠安"的前身为清中叶开设的"集义当",其老板的后裔在城乡各地开设惠安当、生泰当、惠生当、惠裕当、甡源当、惠元当。同治十年(1871年),城乡有典当23家。光绪三年,鄞县城乡有23家典当,共解缴税银115两。

宁波府所属各县及余姚、宁海在清代都有典当设立。余姚在咸丰初,由萧山富商陈以昌于金锁桥开设宝源当。这是余姚最早开设的典当业。固定资产为5万银元,生意好时营业额为30万元。光绪初,增设益源当。同治七年,浒山(今属慈溪市)开设"谦泰当"(一说光绪十七年),由镇海钱业集团小港李家与浒山胡建新合股投资12万银元合建,经理为冯登甫。同治九年(1870年),在逍路头(今逍林镇)设吉安典当。镇海在光绪元年(1875年)开设祥丰当,资本4万银元;不久又开设恒祥、豫成、宝成、阜成、洽元5家当铺,资本金各3万银元。

  典当的投资者多为官僚豪绅、巨富显贵,在社会上拥有一定势力。求当者多为贫民劳苦大众。当址多分布在水陆交通要口、埠头,有的也设在里弄僻静之处。旧中国内虞外侮,战乱频繁,在金融风潮袭击之下,典当多有停闭,宁波的典当业也是如此。光绪十年,爆发中法战争,镇海口外炮战频仍,形势严峻。各当多有停业,未停者,营业时间亦改为半日。所有铜、锡、木器及笨重物品概不收当,其余物资按常例减半价收当。宣统末年,原当业主彷徨顾虑,纷纷携资避居上海租界。

  明末清初,宁波已经通用银元,至咸丰年间,钱庄业从钱本位改为银元本,各业收付记录以银元为则,但宁波的典当业依然墨守成规,当赎货物用制钱,当票上填写钱数。而银元的价格以所能换到的制钱行情而定。光绪二十五年,鄞县知县就发布过通告:"各典出入如系市面通用洋元,无论当赎均照市价,不得任意增减、挑剔或贻水,不许赎货人借口拒用。"①光绪三十一年,同大当铺王月亭邀请同业讨论,准备改变原来的做法,由于习惯的影响,最终也没有成功。

  清政府对于当地的典当业也加以管理,对当期当息、满当处理及损失赔偿等都有具体规定。光绪七年十月,宁波府奉省传谕,命令各县当业在严寒冬天给贫民让利,规定当价在2000文以内的布棉袄、衫、被和棉絮四项,从这一年开始,系每逢农历十一月十六日起至十二月十五日止,一概免利赎取。上年典质的,免收次年利息,后来因情况变化,这个规定逐渐被废除。典当的利率,宁波府也有规定,一般是月息1分半至2分左右,即每千元月息15到20元,另收栈租、挂失、存箱等费。存箱费、挂失费约为当价的1%。利息以月为单位,不足1个月

---

① 贺师三主编《宁波金融志》第1卷,第70页,中华书局1996年版。

按1个月计算。

钱庄、典当是旧式的金融机构,只有银行是新式的金融机构。鸦片战争后,有外资银行输入。甲午战争后,为抵制西方资本主义列强的压力,缓解清政府的财政困难以及适应官办铁路的需要,一些有识之士呼吁开设银行。这些都对宁波产生了影响。

宁波的近代银行多为上海、汉口等地银行的分支。随着外资银行的开办,这些机构纷纷在宁波设置代理机构经营金融业务。同治三年(1864年),设在汉口的英国利生银行在上海设分行后,委托宁波洋行代理汇划业务。次年5月,英国汇丰银行在宁波沙逊洋行设办事处。至同治十三年,英国又在宁波设立宝隆和旗昌洋行。光绪十六年(1890年)增设太古、华顺洋行,在致力于推销洋货的同时,开展汇兑和保险业务。到20世纪初,美法德等国相继在宁波设立花旗、永兴、协和、正隆、谦和等洋行10多家,亦兼办保险和汇兑。1898年12月,英商逊昌洋行、泰和洋行在宁波经营保险业务,专保江北岸的房产栈货等类兼中西各国水险、火险、平安险,并经营日本、美国的人寿险,并在《德商甬报》做了广告:"保费照大市,一律格外从廉公道,倘有不测,赔款迅速。"①

光绪二十三年,由宁波人严信厚、朱葆三、叶澄衷、陈淦参与投资、经营的中国第一家民族资本银行中国通商银行在上海成立,并发行银两票与银元票等兑换券。次年,通商银行在宁波设兑换处,专司推广发行和兑换钞券,为宁波历史上最早出现的本国银行兑换券。光绪三十四年八月,四明银行在上海成立,次年在宁波设分行,这是宁波民族资本银行之始。继四明银行之后,宣统年间,大清银行和中华银行相继在宁波设立分支机构。

清末银行和保险机构的设立,有力地促进了宁波经济的发展。

---

① 《德商甬报》1998年12月14日。

第四节 宁波近代资本主义企业的产生和发展

鸦片战争以后,宁波开始出现外国资本经营的外资企业和清朝洋务派官营资本创办的近代企业。这些企业对宁波近代工业的出现起到过一定作用,但都不是影响宁波近代工业发展的决定力量。只是到19世纪80年代,宁波开始出现私人资本的民营企业,其标志是宁波北门严信厚的通久源机器轧花厂的创办。到20世纪初,宁波的民营企业达30多家,在浙江全省名列前茅。

一、外资企业的出现

宁波是"五口通商"口岸之一,按照《南京条约》及其他的一些条约规定,外国商人和传教师可以在宁波创办企业。道光二十五年(1845年),美国长老会华花圣经书房由澳门迁至宁波,改名为华英书馆。这是外国资本在宁波开办的第一家外资企业,也为浙江乃至全国的第一家外资印刷企业。当时,使用凸版印刷,俗称铅印。咸丰九年(1859年),采用电镀铜版,首印《乡洲》7000册,不久美华书馆迁至上海。贺圣鼐的《三十五年来中国之印刷术》中曾经作过记载:

> 道光十八年(1838年)……新加坡伦敦教会之台约尔教师(Rev. S. Dyer)研究中文,乃造字模大小两种,建屋曰华英书院。鸦片战争后,迁入香港,开局印刷。……道光二十四年(1844年),美国长老会设花华圣经书房于澳门,以美人谷玄(R. Cole)主其事。谷玄以印书之需要,乃以台约尔之字模继续镌刻,广印书籍,更作小字及数目等共数种。是时他处印书购开用华文铅字,悉于此取给。……因其制于香港,故又称之谓"香港字"。翌年,华花圣经书房迁至宁波,并改名为美华书馆。1858年美国长老会遣姜别利

(W. Gamble)来华主持宁波美华书馆印刷事务。……乃于1859年在宁波始创电镀华文字模。①

上述史料足以说明,美华书馆是近代宁波最早的外资企业。但真正意义上的近代外资企业,还是日本商人在宁波创办的机器轧花厂。创办时间是光绪十一年(1885年)10月,这是日本商人与大阪棉纺厂合资在宁波创办的外资企业。浙海关税务司葛显礼的《光绪十一年宁波口华洋贸易情形论略》中曾作过记述:"(1885年)年内10月份,一日商与大阪棉纺厂合营在宁波创办一家梳棉厂,很有可能会生意兴旺。迄今已从日本运来日制美式梳棉机30台在宁波日夜开工。据悉,厂主还准备再进口扩大生产。引进梳棉机确凿是对土法分离棉籽的手工操作又慢又贵,效果又差是个明显的对比。"②

这家外资企业是日本人所办,时间在严信厚的通久源机器轧花厂前。当时的报纸曾作过报道。1886年9月18日《捷报》载:"有一个轧花厂建立了……中国人如果感到需要,便肯于放弃他们旧日的制造方法,而采用机器。"③1888年7月13日该报载:"此间有四十台踏板轧花机,从事生产已逾三年。这种轧花机占地面积很小,约宽十八英寸,长三十英寸,都是日本造的铁制机器。"④《浙江通史》说:"这两则报道所指的是否同一个工厂,不详。开办时间应为1885年或1886年。但其中所说'机器',看来仍属手工机械,故该厂尚难划入近代工业。"⑤《浙江通史》的作者已经发现了问题,但没有明确答案。笔者认为这个答案有了,这就是1885年10月日商在宁波开办的外资机器轧

---

① 贺圣鼐《三十五年来中国之印刷术》,见张静庐《中国近代出版史料初编》,第259~260页,上海世纪出版集团、上海书店出版社2003年版。
② [英]葛显礼《光绪十一年宁波口华洋贸易情形论略》,《近代浙江通商口岸经济社会概况》,第256页,浙江人民出版社2002年版。
③ 孙毓棠编《中国近代工业史资料》,第1辑下册,第973页,生活·读书·新知三联书店1957年版。
④ 孙毓棠编《中国近代工业史资料》,第1辑下册,第973页。
⑤ 金普森、陈剩勇主编《浙江通史》第9卷,第273页,浙江人民出版社2005年版。

花厂。从资料看,我们认为这两个厂是同一个厂,即日本创办的机器轧花厂,从时间上看,两则报道是符合的。

1886年9月18日的报道,表明当时有机器轧花厂存在。而1888年7月13日的报道中明确提出"从事生产已逾三年",也就是这家企业应该创办于1885年。葛显礼的《光绪十一年宁波口华洋贸易情形论略》已明确指出1885年10月在宁波有日本的机器轧花厂。这正好证明《捷报》的两则报道的正确性。

外资企业在宁波的设立除创办工厂以外,还在航运、对外贸易等行业投资,从事航运及进出口贸易等业务。

洋行在宁波的设立约始于19世纪60年代,最早是美商旗昌洋行。同治四年(1865年),正式开辟上海至宁波的航线。除装载量为1086吨的"江西"号轮"定期航行于上海宁波线"①以外,还在宁波设立了专门的管理业务机构。《宁波港史》说:"最初在宁波和上海之间开辟定班轮船航运业务的是美商旗昌轮船公司(Shanghai Steam Navigation Company)。该公司大约创办于19世纪60年代后期。在相当长的时间内,美国轮船垄断了宁波港甬沪间的轮船交通。"②光绪三年(1877年),英国太古公司也如法炮制,在宁波设立分公司,并且用一艘3170吨级的轮船开辟申、甬、温定期航线,每月停靠宁波2次。公司地址在江北岸外马路43—45号,最初原为广源祥药栈,是经营鸦片的场所。后来这种交易逐渐移至上海,土行相继关门,广源祥的房产售于太古。其后太古公司又陆续购地新建房子。③ 此后,丹麦的宝隆洋行、英商怡和洋行、法国立兴航运公司也先后在宁波开展航运业务,并设立相应机构。

从工业、航运业开始,外国资本又在宁波投资金融业。同治三年,设在上海的英国利生银行在上海设立分行后,曾委托宁波洋行代理汇

---

① 聂宝璋编《中国近代航运史资料》,第1辑上册,第264页,上海人民出版社1983年版。
② 郑绍昌主编《宁波港史》,第211页,人民交通出版社1989年版。
③ 宁波市政协文史资料委员会、宁波港务局《宁波港史资料专辑》,第82页,1991年1月。

划业务。同治四年,英国的汇丰银行在上海设立,紧接着于同年 5 月在宁波洋行内设立办事处,但是宁波的办事处不仅没有像汉口、厦门、福州等地那样被升格为分行,相反,随着洋行的迁移而被撤销。

在宁波,外资企业所经营的航运、金融、对外贸易等业务,主要是由洋行来办理的。所谓洋行,是指外国人在我国开办的经营进出口贸易的商业机构。事实上它们除了经营外贸航运外,还涉足保险、烟草、日用品各个领域。外商在宁波设立或曾设立的各类洋行机构在辛亥革命前至少有 12 所,具体见下表:

表2—7　宁波外商洋行表(宣统三年前)

国别	企业名称	开设时间	闭歇	经营业务	初设地址
美	旗昌轮船公司	同治四年		轮船	江北岸
法	永兴洋行	同治八年	1929	草编织物	
丹麦	宝隆洋行	光绪元年		轮船	江北岸
英	太古洋行	光绪五年	1941	轮船、保险	江北岸外马路
美	大美烟草公司	光绪七年—光绪十六年	1905	卷烟	江北岸车站路
美	颐中烟草公司	同上	1905	卷烟	同上
美	怡和洋行	光绪七年		轮船	
	美孚火油公司	光绪七年—光绪十六年	1941	石油	江北岸桃渡路
英	亚细亚火油公司	光绪二十八年	1914	石油	宁绍北里
英、美	英美烟公司	光绪三十一年	1932	卷烟	江北岸外马路
法	立兴航运公司	光绪三十二年		轮船	江北岸
德	谦信洋行	宣统二年		颜料、西药	

根据张仲礼主编《东南沿海城市与中国近代化》,第 90 页,上海人民出版社 1996 年版。

外商开办的洋行,在宁波开埠初的发展及其垄断地位的确立,除了各业的各个重要环节外,也离不开以商务代理人身份出现的买办的帮助。随着洋行数量的不断增加,经营规模的扩大,洋行对买办的需求量也随之增加。

宁波买办是从鸦片战争时开始出现的,最早是定海穆炳元。尽管穆的主要活动区域是在上海,但他在舟山曾经有过一段买办经历。"当英军占领浙江定海时,他们雇了一个年轻的本地人穆炳元当买办,并带他随同北进。"①鄞县人杨坊曾经进过教会学校学习英语,因为欠赌债而浪迹上海,咸丰元年(1851年)出任怡和洋行买办后,主要在上海活动。咸丰四年,为保证北洋贸易的正常进行,杨坊与当地绅商张斯臧、俞斌等一起筹资七万银两向外商购买大轮船一艘,命名为"宝顺"号,设庆成局,延鄞县卢以瑛主持。英美烟公司宁波分公司的第一位总经理丁忠茂,他在20世纪初"英美烟公司宁波分公司"中担任"顾问"。为了扩大"哈德门"香烟的销售,丁忠茂组织64家商店组成批发网络,垄断烟货的供应,并派人四出活动,在墙头绘制卷烟广告。由于他的努力,英美烟公司在宁波的业务有很大拓展。

二、洋务运动与宁波近代官办企业

从19世纪60年代开始,洋务派在"求强"口号之下,移植外国机器工业,以仿造枪炮、轮船为重点,兼及外交、教育等活动。同治末、光绪初,在"求富"的口号下,着手兴办民用企业,涉及工业、交通、通讯事业。此外,为了培养科学技术人才,洋务派设立新式学堂,向欧美国家派遣留学生。不论洋务派创办企业、兴办教育、派遣留学生的意图怎样,但毕竟是传播了西方科学文化,开阔了中国人的眼界,引进了先进机器设备、生产技术和管理经验,有利于中国近代企业的产生与发展。

洋务派在宁波的活动首先是创办军事工业,一个重要内容是制造火药枪炮。左宗棠于同治元年(1862年)正月到浙江,在浙时间达2

---

① [美]郝延平《19世纪的中国买办——东西间桥梁》,第237页,上海社会科学院出版社1988年版。

年半。时任浙江巡抚的左宗棠在宁波作过创办军事工业的尝试。当时清军于绍兴进攻太平军,三战三捷,可是洋火药却供应不上。陈其元赴上海商购火药,而上海亦以"剿贼药尽"。在无可奈何之际,左宗棠命陈其元自己仿造。回甬后,陈其元开局制配。没有机器,他用手舂当之,无洋硝,则以土硝炼净后抵之,无籐炭,亦以柳炭及杉炭相代。后来火药购到后,这件事才停止。当时曾是左宗棠下属的海宁人陈其元,在其著述中记述他自己做过的一件事:

"爵相(左宗棠)闻之,亦饬余在宁(波)局制造万斤(火药)。久之,洋人之药运到,遂止。……并仿造小火轮船二只,试之,均能合用。第以公费甚巨,无款可筹,且贼已将次剿灭,仍置之不讲。"[1]从陈其元的记述中可知,宁波在当时已经有火药局的创办。

正因为如此,左宗棠认为宁波的工匠中已经有制造军事工业的人才,他非常喜欢任用这批人。同治八年(1869年)正月,西安机器局成立。左宗棠打算招募宁波工匠到西安机器局工作,制造枪弹。当时,左宗棠委员购备机器,"招募宁波工匠,制造洋枪铜帽、开花炮弹等"[2]。

由于宁波近海,造船业发达,船工的造船技术较高,不少宁波人被征到福建,参与福州船政局的轮船修造。福州船政局制造的第一号轮船"万年清"号,就有不少宁波人参与其修造工作。《益闻录》指出:"至于船只,沈葆桢事先已领贝锦泉招募通晓轮机的中国舵工、水手八十余人。所以自管驾官以下,正副管轮、管队、舵工、水手、管水气表、头、二等升火各色等,均系浙江宁波府人居多。"[3]

洋务派于光绪初在宁波创办火药局和军械局。火药局于光绪六年十一月十六日(1880年12月17日),在宁波随喜庵开办。《甬报》第1期对此做过记载:"宁波于去年(1880年——引者)十一月十六日

---

[1] (清)陈其元《庸闲斋笔记》,第265页,中华书局1989年版。
[2] (清)左宗棠《请于陕甘饷项外敕拨实饷作为专款折》,同治八年正月三十日,转引自樊百川《清季的洋务新政》第2卷,第1292页,上海书店出版社2003年版。
[3] 《益闻录》,第3册,光绪七年三月十八日及五月二十二日,第140页。

在城北随喜庵设立火药局,旁有西人屋数所……如意欲中国迁移。闻已由领事官行文道宪,尚未知何究。"① 军械局由时任宁波知府的宗湘文创办。光绪七年,宗湘文在宁波城区观音寺创办宁波制造军械局,规模比较小,仅仅制造水雷,后来被浙江巡抚钟麟制止。② 对于宁波制造军械局的活动,《甬报》也有记载。《甬报》介绍说:光绪七年十二月初八(1882年1月27日),宁波城区观音寺新设机器局,制造开花铁弹、枪子、火箭,"熔铁炉暂用于摇,虽非汽机,而日出子弹子数亦甚多"③。"俟机件配件配齐,亦即开办,机器局前任浙抚梅中承购,存省城,今自省解来者。"④这年三月,制造局对所制的水雷、枪弹进行实地测试,富有成效。水雷经有关官员在局内空地用小样实药埋地数尺,令工匠引电发火,连试数次,具悉应手而燃,土石飞空,纵横数丈,后膛枪子弹在镇海试验,尤其合用,开花弹及大水雷试验后亦造用。⑤

洋务派在宁波创办的军事工业,完全采取官办的方式。经费主要来自海关关税、厘金和军饷。比如,观音寺的宁波制造军械局,其经费为白银3000两,由宁波府提供。这就决定其生产的水雷与枪炮并不是普通的商品,不参加市场交换,而是由清政府宁波当局拨给当地军队使用。就组织而言,并不是独立的企业单位,而是政府的一个分支部门,由浙江总督、巡抚监督。宁波制造军械局就由浙江巡抚谭文卿委托宁绍台道侯瑞发观察督理,而以宁波府知府宗湘文为会办。

从19世纪70年代起,在洋务派"求富"的口号下,开始创办民用企业。从同治十一年(1872年)到光绪二十一年,洋务派创办的企业主要有轮船招商局(同治十一年)、天津电报总局(光绪六年)、上海织器织布局(光绪八年)、华新机器纺织总厂(光绪二十年)等数十个企

---

① 《中外近事·设火药局》,《甬报》第1卷,光绪七年(1881年)正月。
② 樊百川《清季的洋务新政》第2卷,第1336、1440页,上海书店出版社2003年版。
③ 《中外近事·机局开制》,《甬报》第2卷,光绪七年二月。
④ 《中外近事·宁波防务》,《甬报》第1卷,光绪七年正月。
⑤ 《中外近事·试演利器》,《甬报》第3卷,光绪七年三月。

业。其中轮船招商局、天津电报总局、上海机器机布局和华新机器纺织局等不同程度地对宁波近代工业发展产生过影响。

轮船招商局,由李鸿章于同治十一年(1872年)在上海创建。这是洋务派经济活动由军用工业转向民用工业的开始,由官办转向官督商办形式的第一个企业。它以江轮运输和沿海运输为主,在国内19个重要商业城市设有分局。同治十二年,轮船招商局在宁波设立分局。第二年,招商局在宁波购置原英商广源洋行一所,栈房两处作为分局局址。光绪元年(1875年)在江北岸建造码头。

光绪六年四月六日(5月10日),轮船招商局的"大有"轮到达宁波,开始了甬沪两地定班轮航业。光绪三年二月,招商局购买了美国旗昌轮船公司的"江西"号,改为"海山"号,载运574吨;4月份又购买旗昌公司的"湖北"号载运1079吨,改名为"江天"号,代替原来的"大有"号。从这年4月底起直到年底,"海山"号和"江天"号轮流航行于沪甬两地,每月往来宁波有23到27班航次。光绪四年,招商局开甬沪定班航线共4条轮船,即"江天"轮、"海山"轮、"海安"轮、"平江"轮,两对对开,成为我国最早的定期定线客货轮。

到清末,轮船招商局开始由官督商办转为商办,为股份制,许多宁波巨商参股。光绪三十三年正月,上海招商局股东集议事。由宁波人沈仲礼宣布开会宗旨,通过章程6条,并提议举定注册办事人员。据光绪三十三年一月十七日《中外日报》记载,公举票数最多之注册员前五名为:盛宣怀103票,沈仲礼84票,周金箴79票,王子展76票,虞洽卿55票。其中沈仲礼、周金箴、虞洽卿为宁波人。后成立董事会,严义彬、周金箴、虞洽卿等宁波人都成为董事。

洋务派在近代通讯工业方面,主要是架设陆路电报线。19世纪70年代以后,外国政府纷纷向清政府提出在中国沿海和内地设立电讯机构的要求。洋务派看出经营电讯有利可图,提出设电报以抵制洋人。同治十三年,清政府正式批准设立电报线。光绪六年,李鸿章以防务为由,奏请敷设津沪电线,于次年建成。这是中国架设的第一条陆路电报干线。由于宁波的战略地位,清廷在宁波支应局亦设电报机,从《甬报》中可以看出其时间最迟不会晚于光绪七年(1881年)春天。《甬报》说:"宁波支应局亦有电机二具。华人初不识为何物……洋人往局查验,始知为电报机器。旋交巡捕房,洋人试演器,极精美。不知试演后若何办理? 愚谓此器如安置舟山以达郡城最为有用。盖舟山孤悬海外,军极尤易隔绝,非此断不能一气贯通也。"①光绪八年,设长江电线,通汉口,分别向李鸿章、左宗棠禀请添设,后再推广到浙江的杭嘉湖三府产丝的地方,然后及宁波、温州口岸。后经浙江商人和电报局盛宣怀、郑观应等人商议,决定由镇江溯江而上至汉口,由苏州经浙西至宁波,各设一线,遵照前章,官督商办,与津沪合为一局。

电报局的商董由于看到宁波的经济地位至关重要,认为宁波为徽茶集散口岸,准备专门铺设专线。光绪九年初,苏、浙、闽、粤4省长途线路动工,经过艰苦努力,于光绪九年六月二十四日(7月27日)成立官督商办宁波电报分局,起初有莫尔斯收发报机,通上海、杭州等24个市、县,限华文、英文两种。

中法战争期间,为了加强镇海海防,洋务派打算开通宁波至镇海的电报线路。宁波电报线的架设,虽由电报总局督办,但薛福成是起了不少作用的。光绪十年八月十三日(10月1日),时任宁绍道台的薛福成发出了《请于镇海添设电线以捷军报》:"窃查镇海距宁波水程六十里,陆路四十里。当此海氛不靖,驻扎重兵,军书旁午,遇有紧要消息,不能呼息相通,若快船又须乘潮上下,殊嫌迟缓","拟请于宁、镇设立电线一道"。他认为洋务派筹办防务,推广电报,除天津所设电报总局外,应多设分支线,这样才能"临敌应变,必可声息无阻,调度灵捷"。"宁郡为全浙之门户,而镇海口门,尤浙东锁钥,每至时机紧迫,间不容发,万一得信稍迟,恐滋贻误。"②薛福成与洋务委员李圭、浙海关税务司葛显礼商量,作出经费预算,邀请外国专家勘测。不久,清政

---

① 《中外近事·闽省推广电报》,《甬报》第5卷,光绪七年五月。
② (清)薛福成《请于镇海添设电线以捷军报由》,《浙东筹防录》卷一,成文出版社1968年版。

府有关部门批准这一项目:"据禀自宁(波)至镇(海)拟设立电线,便捷军情,准其照办,所需经费均可作正开销。"①经过宁波军民的努力,不久,架通了宁波新江桥堍至镇海西门外驻防军电报线路1条,立杆250根,全长39里,并且敷设新江桥过江水底电缆1000尺。是年正月初六正式通报。

李鸿章创办的民用企业,其中一个重要的内容是创办棉纺织业。早在光绪二年(1876年),李鸿章等洋务派就开始筹办上海机器织布局,但筹建工作几次因招股问题而陷于停顿。它的创设是为分洋商之利和解决清政府的财政困难。光绪八年,李鸿章提出"该局用机器织布,事局创举,自应酌定十年以内,只准华商附股搭办,不准另行设局"。经盛宣怀等人的努力,光绪十六年,织布局于上海杨树浦建成投产,享受减免税厘的特权。光绪十九年,上海机器织布局因火灾而焚毁,后在原来地方创办华盛纺织总厂。上海机器织布局是近代中国第一家机器纺织企业,在其创建及演变的过程中,宁波籍商人作出非常重要的贡献。

首先是参与上海机器织布局的投资。蔡鸿仪、邵友濂、卢洪昶、严信厚、叶澄衷、许春荣、朱志尧等宁波商人都有投资,成为股东,并为织布局招股奔走。光绪十年正月二十九日(2月25日),鄞县商人蔡鸿仪致函盛宣怀:"查织局同人前奉伯相札委办理,斯时公司风气未开,集股不易。弟等各竭心力,招股始得满额。"②余姚人邵友濂于光绪十一年十二月十五日(1月19日)致信盛宣怀:"昨据上海机器织布局工师丹科禀织布局一事,现拟招集新股二十万以图其成,合同八条,禀请鉴核等情,查此事究应如何办理为妥,兹将洋文禀及合同译出汉文一并照录,送请阁下酌定,示复为荷,专泐,敬请台安不一。"③原籍镇海的

---

① (清)薛福成《请于镇海添设电线以捷军报由》,《浙东筹防录》卷一,成文出版社1968年版。
② 《蔡鸿仪、李培松、经元善致盛宣怀函》(光绪十年正月二十九日),《上海机器织布局》,第68页,上海人民出版社2001年版。
③ 《邵友濂致盛宣怀函》(光绪十一年十二月十五日),《上海机器织布局》,第119页。

商人许春荣亦集股投资上海织布局。

通久源纺纱厂的创办与洋务派也密切相关。在纺织业厚利的引诱下,不仅一般商人要求改变"十年专利"的规定,连李鸿章周围的盛宣怀、严信厚等亦力图乘机设厂。时逢上海机器织布局被焚,为弥补织布局损失,于是以"出纱一包,捐银一两"作为一定范围内开禁的条件。光绪二十年(1894年)后,宁波通久源纺纱厂的筹建,是"十年专利"被突破的结果。

筹集资本是恢复上海织布局的关键所在。盛宣怀到上海以前,已敦促上海、宁波、苏州三地绅商认购新的织布局股份30万两。光绪十九年,盛宣怀按照李鸿章"建厂开工,俾昭迅速"的要求,即刻会同聂缉椝,提出了设厂的规划:准备集资100万两;除在上海织布局旧址建立纺织总厂外,另在上海、宁波、镇江等处,招集华商,设立10个分厂。在这一思想指导下,宁波人周晋镳、苏葆生、徐士恺、唐廉等人办起了华盛纺织新局。周晋镳等人不仅参股了上海织布局,在旧股纠纷没有解决之前,又另筹资本24万两,设立纺纱新局,专门纺纱。同时还向朝廷奏准:"定名总厂为华盛,另在上海及宁波、镇江等处,招集华资,分设十厂,官督商办。"由于盛宣怀筹资比较顺利,光绪二十年,华盛纺织总厂在创办之后,就迅速投入生产,出现了一派令人鼓舞的"复兴"局面。

其实,通久源纺纱厂是名副其实的华盛总厂的分厂。通久源纺纱厂的一些重大决定都是征得盛宣怀同意的。另外,通久源的文档格式、转口凭单、零件免税凭单都与华盛总厂一致,由华盛总厂所发。光绪二十一年闰五月初五日(6月7日),盛宣怀从天津发信给严信厚:"华盛厂现用凭单,因出纱时未设公所(指上海机器纺织公所——引者),是以发交本厂填用。即设公所以后,应由公所转发,以符定章。""至通久源厂立在外埠,凭单可以总办备用,俟核定办法,各自刊单送印可也。"①光绪二十一年八月十九日（1895年10月7日），严信厚致函盛宣怀，他在信中说："当月寄下正件转口凭单二百张，零件免税凭单二百张，早经收到，当即咨复在案。惟刻下各厂出纱日多，每样二百张不敷所用。新开之裕晋、大纯及宁波通久源亦将次第出纱，用场更大，若不预先多备，临时请颁发，恐有停顿之误，兹祈再发正件转口凭单三百张，零件免税凭单五百张，寄存公所备用。"②这充分表明，光绪二十年严信厚创办的通久源纺纱厂是华盛在宁波的分厂。该厂的创办与李鸿章、盛宣怀等洋务派直接有关。

综上所述，我们可以看到，李鸿章等洋务派创办的轮船招商局、电报局及上海机器织布厂等国内较大规模的民用企业对宁波是产生过影响的，有利于宁波近代企业的产生。

三、民族资本企业的产生和发展

宁波近代民营工业是在同治末、光绪初（约19世纪70年代）产生的，经过甲午战争又进一步发展。庚子赔款以后，民营资本发展更快，出现了宁波历史上兴办实业的高潮。

宁波民营资本企业的产生有其一定的历史条件。鸦片战争以后，作为"五口通商"口岸之一的宁波，由于外国资本主义的侵入，社会经济发生了深刻的变化，自给自足的自然经济遭到了破坏，但也促进宁波城乡商品经济的发展。因为自然经济的破坏，造成了商品的市场，而大量农民和手工业者破产，又给民营企业提供了劳动力。

此外，宁波民营资本企业的产生还需要一定的资本。宁波的少数地主、官僚、商贾和经营钱庄、典当业的高利贷者，通过各种经济手段积累了大量的货币财富。这些货币财富，为宁波民营资本企业的产生

---

① 《盛宣怀致严信厚函》（光绪二十一年闰五月初五日），《上海机器织布局》，第343页，上海人民出版社2001年版。
② 《严信厚致盛宣怀函》（光绪二十一年八月十九日），《上海机器织布局》，第358页。

和发展提供了客观条件。王槐山当上买办后,在几年之间积资数十万,人称"快发财"。怡和洋行买办杨坊、平和洋行买办朱葆三、华俄道胜银行和荷兰银行买办虞洽卿、德孚洋行买办周宗良等人都是以买办起家的。他们在进出口贸易,经手洋商贷款,代清政府购买军火以及经营银行、轮船、保险等活动中抽取各种佣金、回扣,获取利润,积累了资本,再投资于家乡的工矿、航运企业。

慈溪人严信厚经胡光墉介绍,成为直隶总督李鸿章的幕僚,先后出任驻沪襄办转运饷械,后由李委派担任督销长芦盐务河南官运事、天津盐务帮办等职务。通过经营盐业,设立源丰润票号,严信厚积累了大量财富。镇海人李也亭,出身贫寒,后到上海从事沙船业,开始时仅以少数钱带货物,由带货而投资,积资渐多遂独资开设久大沙船号,后投资宁波钱庄。镇海方氏家族,虽非洋行买办出身,但因久居沪上,通外语,以贩丝茶获利后,亦在家乡宁波投资创办方聚元等银楼。这就充分表明宁波籍企业家,通过经营活动逐步积累资金,从而为投资宁波近代民营工业、交通运输业、商贸业及金融业奠定了基础。

光绪中期,即19世纪90年代上半期,宁波先后出现了八九家企业,其中机器制造、轮船航运、棉纺、火柴、印刷是宁波民营资本企业最早从事的五个部门。而最有影响的是棉纺和火柴。

棉纺织业。光绪十一年(1885年)在鄞县三桥(今陈婆渡乡)建纬成布局,手拉织机20台,发纱轴给农户代织。纬成布局开办之初用"发机"的办法,把纱轴发给家庭妇女去加工。光绪十三年,宁波创办了通久源机器轧花厂,主要创办人为严信厚,厂址在宁波北门外湾头,资金5万两。这是浙江第一家具有一定规模的近代民营资本企业。这个工厂原是一个旧式的轧花厂,最初使用40台用踏板操纵的手摇轧花机,每台有1个工人操作。严信厚从日本运来蒸汽发动机和锅炉,还有40台新式轧花机,改建和扩建了厂房,雇佣工人300至400人,日夜开工,并聘请了日本工程师和技师。《捷报》1888年7月13日对此厂有详细报道:

1887年春成立了一家公司,修建厂房并装设了较大的用蒸汽发动的轧花机。厂房现已完工,距美国领事馆约二英里之遥,在河的对岸(西北岸)。厂房系洋式砖楼,约长三百英尺、宽二百英尺,截为各种不同的机器间:轧花间、打包间、晾干间,以及办事处等等。蒸汽机现正在安装中。在轧花间里,我看见四十台用踏板操纵的手摇轧花机,排成四行,每行十台,一个工人操纵一台。这项工作很吃重,工人时常得把全身力气都放在踏板上。他们每天操纵机器十八小时,每台用籽棉240磅,出产净花80磅。这些轧花机系在日本制造,是棉农用的小型踏板轧花机的一种改良品。……我看见这些小的机器竟由一些年方八岁的童工操管。

光绪十七年十二月初一(1891年12月31日),浙海关税务司墨贤理的《浙海关十年报告(1882—1891)》中也提到:"最重要的是在1887年,中国的资本家组织了一家公司,从事利用洋机器轧棉花的业务。公司取名'通久',以资本五万两银子开始运转。机器有蒸汽机和锅炉,带动40台最新改良型的轧花机,机器是由日本大阪制造于1887年10月运到。……自该厂建成之后,全年日夜开工,雇工300至400人之间,请的是日本人工程师和机械师。1891年销售皮棉3万担。"①通久源轧花厂的创办,揭开了宁波近代民营资本企业创办的序幕。

火柴制造业。光绪十五年正月十一日(2月10日),慈溪火柴厂开办。当时宁波道台批示慈溪县的仁乾及其他华商商号,允许宁波商人在慈溪开办火柴厂,制造火柴,雇佣日本工匠。据报道:"宁波道台已批示慈溪县的仁乾(译音)及其他华商商号,准其建立一个火柴厂制造火柴。他们准备暂时雇用日本工匠,直到中国工人学会了制造技艺为止。这是一个新的创举,可使中国在这种一向被外国进口货独占的行业中,今后也可分得一分利润。这工厂将设于偏僻的处所,不至于

---

① [英]墨贤理《浙海关十年报告(1882—1891)》,《近代浙江通商口岸经济社会概况》,第33页,浙江人民出版社2002年版。

使城市中人觉得讨厌或影响健康。"①《慈溪县志》也有记载:"至近代,新兴工业开始起步。清光绪十五年(1889年)建立之慈溪火柴厂,为浙江首家民营火柴厂。"②创办时资本约15000两,雇佣工人200人。

航运业。宁波是近代中国最早兴办民营航运业的地区之一。到19世纪70年代,大批手中握有余资的宁波商人,以其勇于开拓精神纷纷开始投资于轮船航运业。同治七年(1868年)前,有宁波商人打算购买轮船,进行沿海航运。③ 同治十一年,宁波华商就有人投资新制小轮船,打算每天载客来往上海。80年代,宁波商人要求当局批准举办轮船航运业的呼声更为迫切,"华商渴望自有轮船,这已是公开的秘密"。据《申报》记载,光绪十年,彭成丰开办宁波至定海航线,由兆昌轮施行。光绪十三年,韩山曦等又开通宁波到定海的航线。

其他企业。这一期间宁波出现了民营资本机器制造业。但开始时为手工作坊,实际上是修配小厂。据资料记载,光绪五年宁波的广德兴机器厂出现,这是宁波近代最早从事机器修造业的企业。这种机器修造厂,以零件修理和工厂部件加工为主。光绪十六年,镇海籍的王宝全在宁波江北岸开设广兴铜匠店,承接凡尔(阀门)单零件修理。宁波的近代印刷工业在同治末、光绪初(约19世纪70年代)出现。同治十三年,宁波创办印刷厂,已有印刷《宁波日报》。1887年2月,上海机器造纸总局申源分局在宁波成立。

宁波近代民营资本企业具有以下三个特点:

第一,从发展行业看,集中在轻纺工业。从同治末、光绪初到甲午战争,宁波的民族资本共创办了八九个企业,而大部分集中在轻纺工业,如纬成织布局、通久源机器轧花厂。

第二,从民营资本和洋务派的官僚资本、外国资本的关系看,它们

---

① 《捷报》1889年1月11日。
② 徐长源主编《慈溪县志》第10编《工业》,浙江人民出版社1993年版。
③ (清)翁同龢《翁同龢日记》,转引自汪敬虞《近代中国资本主义的总体考察和个案辨析》,第44页,中国社会科学出版社2004年版。

既存在着矛盾又存在着依赖关系,民营资本在夹缝中求生存。比如,通久源轧花厂不仅机器从外国进口,在技术上也要依靠外国。在创办过程中,与洋务派关系也密切。通久源的创办者和实际主持者严信厚就是当过李鸿章幕僚,他为企业争得官府的某些支持。严信厚曾为他的企业谋得一项特权,即每年向清政府缴纳7000元"厘税",免除了每担7钱的关税,无需领取"子口税单",直接通过浙海关出口。当然,通久源与外国资本主义与本国官僚资本还有着不少的矛盾,发展十分艰难。为了逃避重税和勒索,通久源厂企图寻求外资保护,虽然它完全是中国人办的,表面上却要依附于日本人。

第三,从力量看,宁波民营资本力量微弱。宁波的民营资本企业与洋务企业相比,投资少、规模小,其资本总额比同期的洋务企业和外资企业少得多。机器修造业在这一时期虽然也出现了,但其主要业务还是属于修配性质,投资比较少。通久源机器轧花厂有资本5万元,慈溪火柴厂仅有资本1.5万元。但在半殖民地半封建社会中,宁波民营资本企业的产生无疑是一种进步,是先进生产力的代表,标志着宁波近代工业的出现,对于浙江、宁波近代经济的发展起过一定作用。

甲午战争后,宁波民营企业进一步发展,主要是棉纺织业。其发展不仅在纺纱上,而且表现在织布上。

为使通久源从单纯轧花扩展成兼营纺纱,严信厚于光绪二十年(1894年)联合戴瑞卿、汤仰高等商人,筹款扩建纺纱车间。光绪二十二年五月建成投产,厂名改为通久源纱厂。墨贤理的《光绪二十年宁波口华洋贸易情形论略》指出:"年内春季,宁波创立一家棉纺织厂。资金定为45万元,由沪甬两地资本家合资经营。地址是在通久源轧花厂旁,于年内夏季建造至年底后竣工。年内仅运来一小部分机器,计纱锭18000枚、织机400台,开始仅只是来一半织机。从此,就轧、梳、纺、织都集中在一起之一条龙作业。"①

---

① [英]墨贤理《光绪二十年宁波口华洋贸易情形论略》,《近代浙江通商口岸经济社会概况》,第288页,浙江人民出版社2002年版。

《捷报》也载文报道通久源纱厂开工后的情形:"通久源纱厂已于1896年6月开工纺纱,一直日夜开工,很少中断。该厂雇有工人750人,主要是女工和童工,都是本地居民。另外还有监工和技工,机器则由一个外国人监理。据说每月出产10支、12支、14支及16支的棉纱25万磅。每捆10磅的棉纱在本地市场的现售价格为2.3元,以12支及16支的棉纱需求为最多。棉纱大部分为邻近地方所消纳,还有一定数量装木船运往福建。虽然最近棉价较高,但纺纱仍然极为有利,听说现在开工的11048枚纱锭,不久还要增加6000枚。该厂备有织布的厂房,但现在不打算利用。"①

上述情况表明,通久源纱厂初期的发展是相当快的。原拟招股45万元,后来交足30万两。开工前预估每星期出纱34525磅,折合每月约14万磅,而1897年据说实产为每月25万磅,应该说是超产的。一家民营资本企业,有如此成绩,严信厚等人的管理才能得到了充分展现。

为维护自己的权利,与外国资本进行抗争,光绪二十二年(1896年),鄞县人王承维曾试用改良布机,制作新式土布,仅一年,就生产出新样20余种,向清政府申请专利,获得批准。当时出版的报纸为此作过介绍:"本郡纬成布局王承维,独出心裁,置办机器,制造各样布匹,颇与专利新章相符。由邑绅蔡鸿仪禀请转详,已由邑尊毕大令详请抚宪核办在案。昨奉抚宪刘中丞来文,以该局创造织布,核与定章相符,应其专利二十年,别人不得冒揽云云。毕大令奉谕之下,遂于日前出示,晓谕矣。"②

这一期间,宁波还创办了隆茂泰花厂,其地点在宁波的盐仓门外江心寺。该厂从西方引进机器,用慈溪、余姚棉花当原料进行机器轧花。《德商甬报》对此作了报道:"本号开张在宁郡盐仓门江心寺跟,坐西朝东,石库门内,专运龙山、余姚等处上白籽花,购办新式机器,自轧花衣,拣选身骨干燥,颜色洁白,肥软匀净,令人生爱。"所轧棉花以

---

① 《捷报》1897年7月2日。
② 《德商甬报》1899年5月16日。

雪绵牌作为其商标,由于优质,"四远驰名,已蒙各邦贵客赏识"。因一些人作假,冒充雪绵牌商标,以次充好,"蒙客(商)渔利",该厂为维护其合法权益,在产品包装中,于雪绵牌商标旁边另用梅鹤仿贴为记,"俾免鱼目混珠",要求购买者注意商标,"祈留鉴察"。①

光绪二十一年(1895年),宁波9个商人合伙投资,在余姚五夫附近的白米堰创办宁波开永源丝厂。当地政府允许借库银1.5万两。有缫丝机208台,日产生丝1担。

除纺织外,轻工业在甲午战争后也有所发展。光绪二十三年,上海商务印书馆开业,宁波的汲绠斋书局,即刻派员工前往上海学习先进技术。由于铅印兴起,木刻、石印受到冷落。戊戌维新时期,维新思潮涌入宁波,为适应社会需要,孙铿、江起鲲等集资创办书局。他们以先进的铅印、彩印作为技术手段,相继出版了严复翻译的赫胥黎的《天演论》,林纾翻译的《黑奴吁天录》、《巴黎茶花女遗事》,此外还有《数学教科书》、《格致教科书》等书籍。

电灯业、机械业发展缓慢,但在宁波近代发展中有影响。光绪二十三年,宁波有人投资1.4万银元,在宁波战船街(今属宁波海曙区)创办了宁波电灯厂。宁波电灯厂以380/220伏线路直接向市中心的江厦街、东大路等处供电。由于后继实力不足,只开办了几个月就停歇了。孙衡甫创办的电灯厂,虽然开办的时间不长,但毕竟是宁波最早的电力企业。光绪二十七年,徐荣贵在江北岸投资5000银元,创办顺记机器厂,主要承接机器及锅炉修理业务。这是宁波最早从事机械业的企业,到1915年改为合伙经营。

从上述情况看,甲午战争以后宁波民营工业发展速度和规模都超过前期。新建的工厂超过了前期几倍,资本额大大超过了前期。严信厚创办通久源机器轧花厂仅投资5万元,甲午战争后,他投资通久源纺纱厂资金已达45万元,是通久源机器轧花厂的9倍。另外,甲午战

---

① 《德商甬报》1898年12月28日。

争以后,宁波的民族资本企业几乎都是商办。许多企业采取合股的办法。通久源纺纱厂就是严信厚与汤仰高等人合股开办的。尽管此厂一度成为华盛厂的分厂,得到盛宣怀等人的支持,但毕竟由宁波商人投资,并采取合股经营。这一现象反映出宁波民营资本投资于新式工业的积极性有很大的提高。与此同时,宁波的民营航运业也有发展。

同时,清政府允许商人自办轮船公司,宁波的各种华商小型轮船公司普遍兴起。光绪二十一年(1895年),由当地绅商创办的外海商轮局和永安商轮局成立。外海商轮局有资本3.8万元,购置一艘277吨的"海门"轮,航行宁波至定海、台州、海门等处,光绪十五年再延长航线至温州。永安商轮局有资本4.8万元,购置两艘小轮,航行宁波至余姚、绍兴内河。光绪二十二年,宁波设志澄商轮局,购轮船一艘航行宁波至象山、石浦等处。光绪二十三年,士绅陶祝华集资3万元,在宁波创设永宁商轮局,购置261吨的"永宁"号轮船一艘,航行宁波至海门间各海港,后将航线延长至温州。对此,《中外日报》有记载:"前

沪甬航线上的近代客轮(选自哲夫主编《宁波旧影》,宁波出版社2004年版)

次台郡陶绅在道署禀请设立小轮公司,由吴观察详禀抚台。现蒙准许。旋在江北太古码头设立永宁轮局,专来往宁波、台州、海门、舟山、石浦、玉环等处。目下船已购到,定于本月二十四日开行。闻格定装

货颇廉,生意颇为热闹。"①民营商轮42吨级的"海龙"轮首开甬(宁波)镇(海)客运航线,航程11海里。光绪二十四年(1898年),49吨级的"济安"轮行驶在宁波、舟山、海门。光绪二十五年,有一家挂着德商旗号的美益利记宁绍轮船公司成立,置有"镇新"轮和"镇南"轮两艘小轮,往来宁波至余姚、绍兴等处。同时,在宁波开设永裕祥小轮局,资本英洋1万元,航行于宁波、镇海间。光绪二十六年,有奉化籍轮船亦航行在宁波、奉化间。镇海商轮公司的69吨级的"镇海"轮取代了"海龙"轮,营运甬镇线。就这样,短短五六年间,宁波至附近各地包括沿海和内河的各主要航线上,皆有商办轮船开始穿梭往来,并不断有新的扩张。

《辛丑条约》签订后的十年间,宁波民营资本得到了进一步发展。自然经济加速解体以后,在宁波出现了更多的劳动力和商品市场,而且清廷也在一定程度上放宽了对民营资本投资工业的限制,在经济上采取了所谓"提倡"、"奖励"的措施。比如光绪二十九年,设立商部,制定奖励公司章程20条。紧接着颁布商律及公司注册试办章程和奖给商人勋章章程8条等。清廷采取这些措施主观上是为了巩固统治,但也不能否认这些措施对民营工业的发展多少有点积极作用。加之全国反帝爱国运动和收回利权运动的兴起,对民营工业的发展也有一定的影响。基于上述历史背景,宁波一些官僚、商人、地主开办了一些合股或独资进行的新企业,民营工业步入快速发展的轨道。

与甲午战争前后的设厂情况相比,这十年间所办的民营企业的实力较前增强许多。光绪二十七年创设通久源面粉厂。同年,宁波开设合伙经营的顺记铁工厂,有资本5000元,每年用铁约5万磅,大都为修配轮船上的机件。三十一年,宁波商人赵某等于北门外创设通益造纸厂。光绪三十二年,宁波开设通利源榨油厂,资本8万元,用余姚及三北等地的棉籽生产棉油和棉饼,副产品是花衣,产品行销本埠和外

---

① 《中外日报》1898年10月10日。

地。同时,姚芳亭设光明烛皂厂,资本6万元。蔡鸿仪在鄞县创设禾盛烟公司和禾盛碾米厂,资本各10万元。戴瑞卿、顾元琛在宁波设立和丰纱厂,有资本150万元,生产6、8、10、12、14、16和20支纱,行销本省及川、湘、鄂、桂等省。光绪三十三年(1907年),徐惠生开办宁波正大火柴厂,资本4万元。在短短十年间,宁波先后创设了27家工厂。自同治十三年(1874年)宁波印刷厂开办至宣统末已有近40家民营工厂。具体情况见下表:

表2—8 清末(1874—1911年)宁波民营工矿企业一览表

企业名称	创办时间	地点	创办人投资人	资本	备注	资料来源
宁波印刷厂	同治十三年	城区				Shanghai Evening Courier(《上海通信晚报》)1874年2月27日,第179页
上海机器造纸总局申源分局	光绪十三年				1892年停办	《申报》1887年2月4日、1892年9月4日
通久源机器轧花厂	光绪十三年	江北湾头	严信厚	5万两	工人300—400	《捷报》1888年7月13日
慈溪火柴厂	光绪十五年		慈溪商人	1.5万两	不久即停	《捷报》1889年1月10日
通久源纱厂	光绪二十年	城区	严信厚戴瑞卿汤仰高	40万元	商人、官僚	柯必达《浙海关十年报告(1902—1911)》,《近代浙江通商口岸经济社会概况》,第67页,浙江人民出版社2002年版
纬成布局	光绪二十二年		王承维		织造"洋布",机器生产	《德商甬报》1899年5月16日

续上表

企业名称	创办时间	地点	创办人投资人	资本	备注	资料来源
汲绠斋书局	光绪二十三年（1892年）	江北洋船弄				乐承耀《宁波近代史纲》，第181页，宁波出版社1999年版
宁波电灯厂	光绪二十三年			1.4万元		周时奋主编《鄞县志》，第471页，中华书局1996年版
奉化银山冈矿	光绪二十三年	奉化				《四明日报》1910年6月7日
隆茂泰花厂	光绪二十四年	盐仓门外江心寺				《德商甬报》1898年12月28日
华泰绸厂	光绪二十六年	卜文记弄				周时奋主编《鄞县志》，第545页
顺记机器厂	光绪二十七年	江北岸花墙弄	徐荣贵	0.5万元		民国《鄞县通志·食货志丙编·工业》
通久源面粉厂	光绪二十七年		汤仰高 严信厚	10万元	商人	柯必达《浙海关十年报告（1902—1911）》，《近代浙江通商口岸经济社会概况》，第67页
仁和镬厂	光绪三十年					金普森、陈剩勇主编《浙江通史》第10卷，第13页，浙江人民出版社2005年版
通益造纸厂	光绪三十一年		赵家荃		商人	《浙江通史》第10卷，第14页
汇昌机器厂	光绪三十一年	江北岸傅家道头	徐炳贵	0.4万元	手工业者	《宁波工人运动史》，第4页，中国工人出版社1994年版

续上表

企业名称	创办时间	地点	创办人投资人	资本	备注	资料来源
和丰纱厂	光绪三十二年（1906年）	江东冰厂路	戴瑞卿 顾元琛	150万元		民国《鄞县通志·食货志丙编·工业》
禾盛碾米厂	光绪三十二年		蔡鸿仪	10万元		张仲礼主编《东南沿海城市与中国近代化》，第99页，上海人民出版社1996年版
钧和印刷公司	光绪三十二年	江北岸洋船弄	宁波商人	1.5万元	备有五彩油墨大小机器，印五彩书籍、发票	《四明日报》1910年5月24日
通利源榨油厂	光绪三十二年		陈如生 汤仰高	8万元	道台、商人	民国《鄞县通志·食货志丙编·工业》
禾盛烟公司	光绪三十二年	鄞县	蔡鸿仪	10万元	商人	沈雨梧《浙江近代经济史稿》，第115页，人民出版社1990年版
光明烛皂公司	光绪三十二年	宁波	姚芳亭 王制泉	6万元	商人	柯必达《浙海关十年报告（1902—1911）》，《近代浙江通商口岸经济社会概况》，第67页
华兴机器厂	光绪三十二年	宁波	马鸿翔			张仲礼主编《东南沿海城市与中国近代化》，第99页

续上表

企业名称	创办时间	地点	创办人投资人	资本	备注	资料来源
罐诘公司	光绪三十三年(1907年)	宁波	叶永青 李如山	1万元	士绅	金普森、陈剩勇主编《浙江通史》第10卷,第15页
正大火柴厂	光绪三十三年	宁波江北	徐惠生	4万元	留日学生	柯必达《浙海关十年报告(1902—1911)》,《近代浙江通商口岸经济社会概况》,第67页
大茂肥皂公司	光绪三十三年	宁波	王汝翼		商人	《宣统元年宁波口华洋贸易情形论略》,《近代浙江通商口岸经济社会概况》,第329页
三益樟脑总公司	光绪三十三年	宁波	李葆恒	1万元		金普森、陈剩勇主编《浙江通史》第10卷,第15页
崇实工艺厂	光绪三十三年	宁波	林友梅		道台	金普森、陈剩勇主编《浙江通史》第10卷,第16页
濬余源轧花股份有限公司	光绪三十三年	余姚	谢元寿			金普森、陈剩勇主编《浙江通史》第10卷,第16页
宁波益泰文具厂	光绪三十三年	鄞东乡塘头街	施绪初 童立甫			《四明日报》1910年6月20日
镇益织布厂	宣统二年	镇海		3万元		甘福履《民国十年宁波口华洋贸易情形论略》,《近代浙江通商口岸经济社会概况》,第363页

续上表

企业名称	创办时间	地点	创办人投资人	资本	备注	资料来源
公益织布厂	宣统二年(1910年)	宁波		3万元		甘福履《民国十年宁波口华洋贸易情形论略》,《近代浙江通商口岸经济社会概况》,第363页
和丰电灯公司	宣统二年	江东冰厂路		10万元	和丰纱厂附设	中共和丰纱厂党委、杭州大学历史系《宁波和丰河厂史》(油印本),1964年1月
沙地铅矿	宣统二年	宁海	李厚礽 徐文斌		商人、士绅	金普森、陈剩勇主编《浙江通史》第10卷,第17页
泰记米厂	宣统三年	宁波		1万元		
永耀电灯厂	宣统三年	城区北门	周仰山 刘鸿生	15万元	商人	金普森、陈剩勇主编《浙江通史》第10卷,第17页
万有渔网公司	宣统三年	宁波	陈鸿盘	2万元	贡生	金普森、陈剩勇主编《浙江通史》第10卷,第17页

从上表可以明显看出三点:一是新办的工厂与19世纪晚期相比,工厂的数量远远超过后者。自同治十三年(1874年)年至光绪二十六年(1900年)的15年中仅创办11家,而光绪二十七年年至宣统三年(1911年)创办的企业有26家。二是规模上通久源轧花厂只有5万元资本,20世纪初的和丰纱厂的资本达到150万元。资本超过10万元的还有通久源面粉厂、通利源榨油厂、禾盛烟公司、禾盛碾米厂、和丰电灯公司等。三是从发展部门看,宁波民营资本企业的发展,轻纺

业依然占优势,尤其是轻纺和食品加工等行业。当时,从事轻纺、食品加工业的企业有30多家,从事机器修理的仅有6家,而且发展比较缓慢。从现有的资料来看,轻纺业的规模是不小的。比如,宁波和丰纱厂当时已有机器设备和一定的技术力量,聘请了日本技师,选用英国机械,设计规模远远超过通久源。其产量也可观,"头两个月,即用原棉18000担,出纱5千包。其所产'荷峰'、'金财神'牌棉纱,质量匀称,色泽洁白,堪与日本纱'兰鱼'相媲美,行销省内及天津、青岛、牛庄各埠"①,并拥有资本150万元。通利源榨油厂资本8万元,光明烛皂厂资本6万元,正大火柴厂资本4万元。相反,机电修理规模都比较小,比如顺记铁工厂,最初只有5名工人,资本也只有5000元,承担一些小型的机器修理业务。宁波顺记厂的资本仅占和丰纱厂资本额的三十分之一,这说明宁波民营资本的经济基础是脆弱的。

20世纪初宁波民营航运业是民营企业的重要组成部分,也得到快速发展。这一期间,宁绍、三北轮船公司还相继在宁波设立分公司。宁绍公司的"宁绍",三北公司的"宁兴"等轮,吨位均在3000吨左右,客位为1000,通过沪甬线、五山头线连接全国,沟通镇海、舟山、象山、海门、温州。各种商轮频繁进出宁波港,使得贸易有所发展。在10年间,先后有镇海商轮公司、永定小轮局、永川轮船公司、宁海商轮公司、利涉商轮公司、通济商轮公司、甬利汽船局、永安汽船局、中国商业轮船公司、宁象轮船公司、新宁海轮船公司、宁绍商轮公司、鄞奉公司等13家民营航运公司在宁波营业,开辟了10多条航线。其中新宁海轮船公司有2903吨运输能力。

但是,宁波的民营企业的发展还是曲折的。资金难筹、招股不易、价格波动、金融恐慌等都会使宁波的民营企业发生波折。宁波和丰纱厂因棉花价涨,其利息有损。通久源纱厂在宣统元年(1909年)只能勉强挣回开销,没有获利。到辛亥革命前夕,这两家工厂都由于生意

---

① 《中外日报》1903年5月4日。

不佳,棉花价昂,暂行停机,并在秋季停工。光明烛皂厂有资本6万余两,最初两年虽能付红息4%,却始终没有真正兴旺过,"状况不佳"①。"湾头通久源纱厂,据说今年(宣统二年)只能开销,未能获利。本口(宁波)之洋皂厂、洋烛厂、自来火厂,传云皆属亏本。"②

最突出的是宁波民营工业受到封建政权的严重束缚,要负担沉重的苛捐杂税。比如,尽管宁波和丰纱厂的股东顾元琛,署清内阁中书衔,但纱厂还是免不了繁多的苛捐杂税。在工厂未投产的前一年,就付出官息36600余元。光绪三十三年(1907年)年终结算亏了3182元,在前5年共付庄息295100元,占该厂原料总支出的30%,致使和丰纱厂发展十分缓慢。

第五节　宁波商帮

宁波商帮是指籍贯为清时宁波府所属的鄞县、慈溪、奉化、镇海、象山、定海6县以及时属台州府的宁海和绍兴府的余姚的商人群体。它形成于明末清初。到晚清,宁波商帮经济力量雄厚,人才众多,迅速崛起。它以上海为活动基地,在北京、天津、汉口、苏州、杭州有很大影响,且涉及全国有关地区,在近代中国经济发展中有积极的作用。

一、宁波商帮的形成和发展

大约在明末清初,宁波商帮开始形成,到乾嘉年间宁波商帮进一步发展,光绪以后,宁波商帮处于鼎盛,从中国十大商帮之中脱颖而

---

① [英]柯必达《浙海关十年报告(1902—1911)》,《近代浙江通商口岸经济社会概况》,第67页,浙江人民出版社2002年版。
② [英]殷尊森《宣统元年宁波口华洋贸易情形论略》,《近代浙江通商口岸经济社会概况》,第329页。

出,百年不衰。如果说乾嘉至晚清甬商还在晋商、徽商、粤商之后,那么到清末至民国却后来居上,已经成为中国第一大商帮。宁波商帮经历形成、发展、鼎盛三个阶段,有其历史原因和社会原因。这里既有区域条件,又有思想渊源。同时,又同特定的历史条件、社会环境紧密相连的。

作为东海明珠的宁波位于东海之滨,居全国大陆海岸线中段,长三角的南翼。境内地势,由西南向东北缓慢倾斜,西部有四明山、天台山诸山脉;中部和东北部有甬江、姚江、奉化江等构成的甬江水系。甬江全长130.1公里,流域面积5609平方公里。宁波有800公里的海岸线,有北仑港、镇海港、象山港、沈家门等优良港湾。这样的区域环境,使宁波自古以来水上交通发达、海外贸易兴盛。早在六朝时期,宁波便已经成为商品贸易的集散地。"东临巨海,往往无涯,泛船长驱,一举千里,北接青、徐,东洞交、广。"①这样的便利条件,致使宁波商人纷纷外出贸易。尤其是唐宋以来,宁波成为我国重要的对外贸易港口。在唐代,泛海兴贩的宁波商人,从明州出发,横渡东中国海,到达日本值嘉岛,再进入博多津,涌现出诸如李邻德、李延信等宁波巨商。宋元时期海外贸易更为兴盛,明州海外贸易之盛居于浙江的首位。《乾道四明图经》的作者在书中说:"南则闽、广,东则倭人,北则高句丽,商舶往来,物货丰衍。"②明清以来海外贸易发展进入一个新的阶段,出现了严翠梧、方子定、毛海峰、李也亭、方介堂、叶澄衷等巨商。比如,明代嘉靖年间(1522—1566年),鄞县商人毛海峰就参与国际贸易,经常"装载硝璜、丝棉等违禁诸物,抵日本、暹罗、西洋诸国互市"③。宁波的滨海环境,已经形成了宁波人长期经营商贸的习俗,铸就了宁波商人敢于冒险、开拓和热衷对外发展的性格。

宁波的区域环境,也决定了地少人多的宁波市情。地狭人稠促进

---

① (晋)陆云《答车茂安书》,《陆云集》卷一〇,中华书局1988年版。
② (宋)张津《乾道四明图经》卷一《分野》。
③ (明)傅维麟《明书》卷一六二《王直传》,《四库存目丛书》本。

宁波商人外出做生意。自清以来，宁波的人口不断增长。康熙四十一年（1702年），宁波人口为214710人；到嘉庆二十五年（1820年），宁波的人口已经达到了2354674人，增长10多倍。但是土地增加很少，康熙年间宁波的水田为2382500亩，旱地为444900亩，到雍正年间，人口增长了1倍，新垦的土地增加不多，这就形成了矛盾。乾隆以来，人口的密度不断上升。乾隆四十一年（1776年），宁波府的人口密度为每平方公里313.5人，到嘉庆二十五年增加到396.8人，太平天国农民战争爆发前夕为444.8人。而土地没有增多，人均耕地面积不断减少，粮食不能自给。人口与有限的自然资源矛盾日益突出，许多宁波人不得不离开世辈居住的乡土，外出经商谋生。"宁波之为郡，背山面海，地狭人稠，往往外出贸易，兼营航海之利。风帆浪舶，北之辽沈，南迄闽广，中入长江，而以上海为集市居货之地。"①宁波因"生齿日盛，地之所产不给于用，四出营生，商旅遍于天下"②。"四明襟山带海，地狭民稠，乡人耕读外，多出而营十一之利。"③定海县也是"其土地则沿海平壤类多斥卤，腹境处丛山中又硗瘠少水，俱不适种植，以故禾稼所出岁不足以自赡"④。宁波人由于地少人多，不得不去外埠经商。尤其是嘉道以后，不少沿海和内地城市开埠，宁波商人更是抓住机遇，纷纷外出经商。

宁波有着深厚的历史底蕴，自古以来人才辈出，思想丰富，他们符合时代要求的真知灼见，不仅在当时有其影响，而且超越时空的限制，对后代也发生影响。这是宁波帮形成和发展的重要思想渊源。

长期以来，宁波形成了比较浓厚的区域商贸文化传统，其显著特点是注重功利，讲究实际，重视工商。早在春秋末，就涌现出计然、范蠡等越国货殖家。他们按商品流通、商品供求规律考虑经营管理，对

---

① 张让三《上海四明公所档案》，《档案与史学》1996年第6期。
② 徐蔚南《上海四明公所研究》，《旧上海史料汇编》，第291页，北京图书馆出版社1998年版。
③ 《四明公所义冢碑》，《上海碑刻资料选集》，第259页，上海人民出版社1980年版。
④ （民国）《定海县志·风俗志》。

句章、鄞的商人有一定影响。唐宋以来,随着宁波商品经济进一步发展,浙东学者更是强调义利合一,理欲相容,注重工商,以公开的方式对重本抑末论进行批评。淳熙四先生之一的鄞县人袁燮,就提出"民以食货为本"①的论点,主张商品流通和发展商品经济,开始提出工商地位问题。明中叶以后,宁波的商品经济进一步发展,并出现了资本主义萌芽。在这一背景下,王阳明认为,工商业和农业一样,都是普通老百姓应该从事的职业。在《传习录》中,王阳明把许衡说的以治生为"先务"改成"以治生为先",也就是说把做商人定为首务。他在《顾东桥书》中还说:"其才质之下者,则按其农、工、商、贾之分,各勤其业以相生相养。"②明末清初余姚的启蒙思想家黄宗羲提出"工商皆本"的观点。他说:"世儒不察,以工商为末,妄议抑之。夫工固圣王之所欲来,商又使其愿出于途者,盖皆本也。"③这是对中国封建社会中长期占据统治地位的"重本抑末论"的公开批判,是一个富有见地的新思想。鄞县抗清秀才华夏也曾经指出:"国家不可病商以滋弱也。"商人所经营的商业"安百姓而利赖国家","几于治人之国者"。④ 华夏的观点已经说明,商人经商与士人治国同样重要,都是正当的做法。宁波思想家的重商意识与近代传入中国的西方工商文明结合起来,形成了一股强烈的崇尚经商的风气,推动了宁波商人在各种新旧工商行业中敢于奋进,善于拼搏。乾隆年间,慈溪人陈调元"学计然策,稍有赢余,遂往粤东参同邑俞氏泰隆号氏,十年辞归,积累不下十万金"⑤。嘉道年间,慈溪商人董承宽,"法计然策,游历四方,上瞿塘,溯巴峡,既望蜀道之难,复出山海关之辽阳、塞外"⑥。董尔琦也"仿计然策,跋涉数千里,

---

① (宋)袁燮《论足食通货疏》,杨士奇《历代名臣奏议》卷六〇,《四库全书》本。
② (明)王阳明《答顾东桥书》,《传习录》中,《王阳明全集》卷二,《语录二》,第54~55页,上海古籍出版社1992年版。
③ (清)黄宗羲《明夷待访录·财计三》,《黄宗羲全集》第1册,第41页,浙江古籍出版社2005年版。
④ (清)华夏《过宜言》卷三《惠商论》,《四明丛书》第4册,第2389页,广陵书社2006年版。
⑤ 《慈溪陈氏宗谱·祖履公传》。
⑥ 《慈溪董氏宗谱》卷二〇《董君汉凤家传》。

吴、楚、蜀、晋诸省靡不遍历"①。这里提到的"法计然策"和"仿计然策"都表明宁波思想家的经营思想对宁波帮实业家的影响,有力地推动了宁波商帮的形成和发展。

　　宁波学者主张与时俱进、开拓创新和对外开放。这些传统思想对宁波帮的形成也有影响。明代中叶以后,随着商品经济发展和资本主义萌芽的出现,宁波学者不是墨守成规,而是立足实践,力求新的发展。阳明心学对传统儒学进行改造,反对拘守经典,对陈旧的道学思想进行批判,极大地弘扬了人的主体精神,在儒学发展史上树立了新的里程碑。嵇文甫称王阳明"一扫二百余年蹈常袭故的积习,而另换一种清新自然的空气。打倒文化八股化的道学,而另倡一种鞭辟近里的新道学"②。黄宗羲力求突破当时思想界的惰性,反对我国封建社会中长期存在的"夫子云云,弟子诺诺"的僵化的一成不变的思想方法,强调独立思考,主张创新。他在《明夷待访录》中,对封建王朝的弊政及两千多年的君主政治进行了深刻的批判,对君臣、君民关系提出新的看法、新的观点,认为"为天下,非为君也"③。这一具有启蒙色彩的民主意识,是中国思想史上的一个创新。

　　浙东的海洋文化与开放环境,决定了宁波学者具有博纳兼容的理念,表现为兼容的开放主义。宁波学者不仅对各种学派博纳兼容,而且还表现在善于接受西方文明,学习西方的先进科学技术和文化知识。全祖望反对"门户"之见,不必定宗一家;黄宗羲寓居黄居中家,如饥似渴地阅读利玛窦、汤若望、庞迪我等耶稣会士与徐光启、李之藻、李天经等著译的西学著作。中西文化交融、兼容并包的思想,也势必对宁波帮的形成和发展发生影响。宁波帮走向全国,乃至世界,学习西方的先进科学技术和先进管理方法以及观念创新、制度创新和科技创新,正是对宁波学者上述思想的继承。

---

① 《慈溪董氏宗谱》卷二〇《汉杰公传》。
② 嵇文甫《晚明思想史》,第3页,东方出版社1996年版。
③ (清)黄宗羲《明夷待访录·原臣》,《黄宗羲全集》第1册,第4页,浙江古籍出版社2005年版。

宁波思想家的崇商意识、创新理念及开放思想必将对宁波商人发生极其深刻的影响。这必定会成为宁波帮形成和发展的重要思想渊源。

　　明清宁波商品经济发展,商品市场扩大,海外贸易兴盛,使越来越多的宁波商人外出经商,走向全国,乃至世界参与国际市场。不仅在长三角,而且在京津汉都有宁波商人的足迹。他们中的许多人因经营得当而迅速致富,并进一步扩大经营范围,到海内外经商,逐渐积累了巨额资本。比如,嘉靖年间,鄞县小溪镇的徐桂,经商有术,成为"姑苏大贾"①。万历年间,宁波商人"以数十金之货,得数百金而归,以百金之船,卖千金而归"②。孙春阳的南货铺生意兴隆,成为"天下闻名"的南货铺,在苏州300年不衰。③ 乾隆年间,镇海商人胡允差在苏州店铺众多,贸易兴隆。慈溪三七市的董杏芳"鬻财吴门,积资至数十万"④。嘉庆时,慈溪三七市董棣林,往来于东北、上海,采办参药、积累了资财。其子董耿轩开设大生船号,往来于南北洋,装运土产,在上海销售,遂积巨金。其后代开设钱庄,成为钱业资本家。道光间慈溪人童祥正"承父业服贾闽、乍间,十余年无少逸"⑤。镇海的李也亭也以经营沙船起家,他独资开设久大沙船号,拥有沙船10余艘,往来于南北洋,每船值银数万两,后买进浦滩码头,因经营沙船顺手,成为巨富,曾开设钱庄多家。

　　这里需要指出的是,宁波商帮的形成经历了从海商到内商的转变。甬商形成同明清政府的海禁政策密切相关,尤其是清初海禁十分严厉。但16世纪后,西欧已经进入资本主义时期,宁波商人为寻求商机,追求利润最大化,不得不进行反海禁的斗争,他们冲破清廷的闭关

---

① 《四明光溪桂林徐氏宗谱》卷五,徐志炳《句余子传》。
② (明)王在晋《越镌》卷二一《通番》,明万历三十九年刻本。
③ (清)钱泳《履园丛话》卷二四《杂记下·孙春阳》,第640页,中华书局1979年版。
④ 《慈溪董氏宗谱》卷二〇《心泉家传》。
⑤ 《慈东鸿门童氏宗谱》卷一七《童荇荪先墓碣铭》。

政策进行海外贸易。宁波府所属的鄞县、镇海、定海、象山石浦等地的对外贸易依然兴盛。此时,大多数的甬商逐渐向内商转变,他们加入从事国内商业活动的商人群体,在全国各地设立商号、会馆,从事国内埠际贸易。尤其是咸丰三年(1853年)后,甬商在沿海营运的作用更显著。仅咸丰三年四月初十日(5月10日),宁波北运天津的漕粮商船123艘,成为浙江漕运的中坚力量,涌现了李也亭、董棣林等沙船集团。通过海运积累了足够的资本后,大批的宁波商人开始投资近代工业、交通、金融及其他各项新兴产业,涉足全国,逐步完成了海商向内商的转变。

许多宁波商人在经商过程中,使商业资本得到快速增殖,为联络同乡,结帮经商,开始在客居地建立公所、会馆。这是宁波商人创立的以血缘家族为核心、以地缘关系为纽带的经济组织形式,对于抵御经营风险具有重要意义。四明公所和会馆作为宁波商人在异地的同乡团体组织,具有保卫同乡利益的职能和停柩运柩的社会职能。乡人足迹所至,辄有公所和会馆。明末清初,鄞县、慈溪的药材商和成衣商在北京兴建鄞县会馆和浙慈会馆。这是宁波商帮形成的主要标志。乾嘉期间,宁波商帮在各地的公所和会馆兴建起来。嘉庆二年(1797年),宁波旅沪商人在上海北门外(今人民路)购地30余亩建成寄柩殡舍,以作为义冢,嘉庆八年扩建正殿,正式建立四明公所。嘉庆二十四年,一批宁波商人又捐资置地,在上海创设浙宁会馆。这是旅居上海的宁波商帮形成的标志。乾隆三十六年(1771年),宁绍商人在常熟建宁绍会馆;乾隆四十五年,宁波商人在汉口建浙宁公所;嘉庆年间在省内湖州建立宁波会馆。公所、会馆的广泛兴建,标志宁波帮进入一个迅速发展的新阶段。

到了光绪、宣统年间,宁波商人在各地的势力越来越强,各地公所、会馆不仅普遍修建,而且对不少会馆进行重修。比如,宣统元年(1909年),在上海的慈溪人洪宝斋与宁波同乡数十人商议,在汉口路创建四明同乡会,次年改名为宁波旅沪同乡会。作为"八省通衢,九江巨镇"的汉口四明公所也重新修葺,并改名为宁波会馆。湖州南浔的宁绍会馆也先后重修两次。天津、苏州等在光绪年间都创立宁绍会馆。这标志着宁波商帮进入了鼎盛时期。

二、宁波商帮的地域分布

宁波商人精明活络,善于开拓市场。他们不仅在长三角和沿海港口活动,而且扩展到全国各地。宁波帮有丰富的经营经验,嘉道之间,发展甚速。其与上海、胶州、烟台、牛庄、天津等地通商者,名为北号;而与福州、厦门、广东等地贸易,则称南号。如果从历史地理的视角来研究宁波商帮的商贸区域,可以看到三条主线,划分为七个商贸区。三条主线是宁波商人向北的扩展、向南的扩展和向港台及海外的扩展。七个商贸区是:向北的以上海为中心的长三角商贸区,以京津为中心的环渤海商贸区,以西安为中心的西北商贸区;向南的以广州、厦门为中心的粤闽赣皖商贸区,以武汉为中心的鄂湘豫商贸区和以重庆为中心的川滇黔商贸区。另外是以香港为中心的港台和海外商贸区。在晚清,宁波帮主要活动地区是上海、北京、天津、汉口、苏州、杭州。

"沪地为宁商辏集之区。"富于经商传统的宁波商帮,深深认识到近代上海崛起的经济地位和作用,抓住上海开埠发展的机遇,抢滩大上海。如果说咸丰初,上海外籍人口最多是广东人,那么到咸丰后期,宁波人已成为"上海外来居民中影响较大的移民集团"[1]。宁波移民上海的人数已经超过广东。[2] 咸丰二年(1852年),在沪宁波人为6万多人,到光绪末达到30余万人。[3]

在上海的宁波商帮,先在沙船业、商业,后在金融、工业、交通、房地产、医药以至文化教育等领域,都有相当的影响,而在左右近代上海

---

[1] 李瑊《上海的宁波人》,第32页,上海人民出版社2000年版。
[2] 李瑊《上海的宁波人》,第32页。
[3] 陈伯熙《老上海》中册,第69页,上海泰东图书局1919年版。

经济的贸易、航运、金融业中更是独占鳌头。道光年间,方介堂、李也亭等人赴沪上经商,在上海糖业、沙船业、钱庄业有重要地位。据不完全统计,仅光绪、宣统年间,宁波商人在上海就创办近60家企业。比较有影响的有光绪八年(1882年)董秋根、何金泉等创建的永昌机器厂,光绪十五年黄楚九创设的中法药房,光绪十六年叶澄衷创办的燮昌火柴厂,光绪十八年创办的华伦缫丝厂,光绪十七年严信厚、周金箴投资创设的华新纺织局。

嘉道年间,宁波商人开始涉足沙船业,以上海、崇明为中心,逐渐占据沙船业的霸主地位。陈子彝的《上海百年史料初稿》指出:"当时,沙船号商有王信义、沈万裕、郭万丰、严同春、陈丰记等家,唯有李大是宁波帮之后起者,声势独盛。"①这一史料说明,宁波商人在嘉道年间沙船业的盛况。嘉庆二十四年(1819年),宁波商人联络在关外、山东等地经商的宁波沙船业主在上海小南门荷花弄集资建天后行宫。在上海,著名的沙船主是镇海小港(今属宁波市北仑区)李家和慈溪董家。慈溪董氏的大生沙船号和镇海李氏的久大沙船号,成为上海有名的沙船号。仅李也亭就拥有10余艘往来于南北洋的沙船,并开设了久大码头,形成了一条龙的航运体系。叶澄衷也拥有沙船100余艘,经营长江及沿海航运业务。咸丰、同治年间上海沙船业颇具规模,逐渐形成了以宁波商人为主的号帮,并且控制了上海商船会馆的大部分事务。

宁波商帮在上海的金融业也有绝对优势。上海开埠前,宁波人已开设钱庄。早在乾隆年间,上海第一个钱庄就是由苏州和宁波商人投资建立的,资金来源于进口和销售木炭获得的利润。②嘉道期间,镇海的方氏家族在上海南市设立钱庄。同治年间,宁波拥资数万可以直接

---

① 陈子彝《上海百年史料初稿》,《上海总商会组织史资料汇编》,第5页,上海古籍出版社2004年版。
② [美]林达·约翰逊主编、成一农译《帝国晚期的江南城市》,第222页,上海人民出版社2005年版。

过账的大钱庄有36家。光绪二十九年(1903年),上海南北市有钱庄82家,其中宁波人开设的22家,占26%。宁波商人赵朴斋、张宝楚、庄尔芗、冯泽、袁联清等成为钱业领袖。到光绪末,宁波帮所经营的钱庄执上海钱业之牛耳。当时在上海的九大著名钱庄资本家集团中,宁波帮就占2/3强,即镇海方家(方介堂)、李家(李也亭)、叶家(叶澄衷)、宁波秦家(秦君安),慈溪董家(董棣林),还有湖州许家(许春荣,原籍镇海)。而苏州程家钱庄集团的主要经营者是宁波商人秦润卿(慈溪)、李寿山(慈溪)、林韶斋(慈溪)、沈荔泉(余姚),其中秦润卿主持程家钱庄达数十年之久,起着举足轻重的作用。严信厚、叶澄衷、朱葆三等于光绪二十七年参与创办中国通商银行。光绪三十四年,宁波商人在上海创办四明银行,投资人为清一色的宁波商人,总董、总经理、协理及9名董事,集中了宁波旅沪的著名工商业者。

为了更好地开展经营活动,宁波商人在上海按行业划分建立各业会馆。慈溪罗秉衡、袁鎏等建上海北市钱业会馆,肉业帮创立诚仁堂,还有水产业的同善会,海味业的崇德会,酱油业的同义会,酒商组建的酒业公所,木工组建的木业公所,竹业商人组织的竹业公所等。随着同乡的增多,宁波商人还建立同乡组织。嘉庆二年(1797年),宁波商人筹建四明公所。嘉庆二十四年,宁波号商、船主建浙宁会馆。宣统元年(1909年),慈溪人洪宝斋与宁波同乡商议创建四明旅沪同乡会,第二年改名为宁波同乡会。

北京的宁波帮虽然没有上海的宁波帮那样强大的实力,但宁波人在北京的贡献同样令人瞩目。早在明末,鄞县商人就在北京建立鄞县会馆。康熙七年(1668年),宁波府慈水镇乐氏家族在北京开设同仁堂药铺,到雍正年间,乐家第十代孙乐平泉扩建同仁堂。如此历经数百年而不变,从而创造了北京中药行业的第一品牌。乾隆年间,慈溪人秦兆槐已经是"京兆大贾,工计然术,致富万金"[①]。乾隆十六年

---

① 《慈溪秦氏宗谱》卷二七。

(1751年)重建鄞县会馆时,在京经商的48位同乡,捐350两白金,其他宁波人"相率乐输",计白金千两,捐资在册的达680人。① 嘉庆年间的鄞县商人朱国光在北京经商已有40多年,"吾乡之来贸鬻于京者,急则通其财,疑则询其谋,难则解,纷则释"②。他的儿子朱士钧也"贸易京师"③。在京的宁波商人经营的范围不断扩大,既有传统的服装、钱庄、海外贸易、水产业,又有百货、盐业,并且涉足民信、牙行等。嘉道以后,北京的工商业,几乎完全掌握在地方行帮商人手里。如银号业、成衣业、药材业,都是清一色的浙东商人。④ 同治十年(1871年),宁波红帮裁缝汪天泰由上海到北京从事西服业。随后又有周天泰、顾同泰等西服店相继在北京开业。清末,王府井大街的东安市场已有一定规模,宁波的红帮裁缝在那里大显身手。"荣发祥"、"大陆"、"文信成"等西服店以精湛的手艺吸引顾客。光绪十六年(1890年),朱新年、冯桂心等73人发起重修浙慈会馆,使这座成衣商人会馆面目一新。宁波人在北京最早经营的钱庄就是于康熙年间开设的"四恒"号,即恒兴、恒利、恒和、恒源,达200余年,信用最著,流通亦广,在晚清是京师著名钱铺。宁波巨商严信厚的源丰润票号以及王铭槐开设的胜字银号在北京也设有分号。

天津是华北要冲,是近代中国北方的商贸中心,也是近代宁波商帮在北方的大本营。雍正九年(1731年),抵达津门的53只商船中就载着鄞县的商人。黄同春等22人,带着绍兴酒、纸、糖、姜、紫菜、白鲞、白标布、药材等数十种货物抵达天津贸易。乾嘉年间,宁波海商到天津从事贸易主要是通过宁船和沙船抵天津口。这些宁船与沙船称北头船,以6艘为一小队,10艘为一大队,频繁地往来于宁波、上海、天

---

① (清)董秉纯《春雨楼初删稿》卷一《创建鄞县会馆碑记》,《四明丛书》第14册,第8675页,广陵书社2006年版。
② 《四明藕桥朱氏宗谱》卷三《藕庄及周孺人七十寿记》。
③ 《四明藕桥朱氏宗谱》卷三《小庄先生五十赠言》。
④ 李华《明清以来北京工商会馆碑刻选编》,第18页,文物出版社1980年版。

津之间。嘉道时,宁波北头船停泊于天津各主要码头,北号的股东都是宁波海商,如鄞县秦氏、吴氏,慈溪三七市董氏、二六市孙氏、三斟童童氏、半浦郑氏,镇海小港李氏、乐氏等,资本雄厚,在天津有一定影响。道光五年(1825年),慈溪船商费三墀就独立承运"官粮"4万余石到天津。此外,甬商还涉足天津的芦盐生产与销售。鄞县人王世荣乾隆间为长芦盐商,每年将盐引30万包经天津贩到直隶大名府销售。慈溪严氏家族清初迁居天津,几代经营盐业,严克宽于同治九年被任命为长芦总盐商,并在任达十年之久。

到天津从事近代商贸业的首推严信厚。同治末,严信厚在李鸿章支持下开始拓展近代宁波商人在天津的基业。他设同德盐号,开办源丰润票号,进军金店、银号、绸缎庄,陆续开设了新泰银号、物华楼金店、老九章绸缎庄天津分号。他于光绪七年所创办的物华楼金店,打破了金店由天津本地商人垄断的局面,形成了宁波商与天津本地商人激烈竞争的格局。十余年间,积资以百万元计。

天津开埠以后,原在上海的许多宁波帮实业家捷足先登。他们以上海为依托,在天津当买办,从事进出口贸易和其他行业。据天津海关记载,咸丰十年(1860年)天津开埠以后,以捐客为业者,通常都是宁波人。其中不少人成为外商买办。他们大都投资近代企业。光绪四年(1878年),镇海人叶澄衷在天津开设老顺记分号,并附设信裕公司,专做军服,还兼营地产买卖,图得厚利。镇海严蕉铭于光绪八年到天津后开展进出口业务,并先后任金隆、禅臣、绵华、立兴等洋行买办,在天津很有声望。光绪二十二年,华俄道胜银行天津分行成立,王铭槐出任该行买办。在此基础上,王铭槐在天津不仅从事地产买卖,还从事军火、军服及机器生产,开设胜字银号于估衣街。尤其是镇海人叶星海,光绪十三年到天津,任德商兴隆洋行买办;不久开设兴隆西栈,代客销售羊毛、羊绒、皮张等货物,与内地产区客商交往甚广;后来,又创办天津打包公司、利济贸易公司等,其中利济贸易公司是天津第一家华商对外贸易行,基本左右天津羊毛进出口贸易,在天津有一定影响。光绪二十三年,荷兰在天津设立恒丰洋行,鄞县人徐企生成为该洋行的第一任买办,主要经营棉花、呢绒、布匹、纸张、颜料、西药及五金等进出口货物,并代理船运、保险等业务。他任职十年,为恒丰洋行在天津的客商中赢得了好的信誉,取得了好的经济效益。光绪年间,由严信厚、严蕉铭、王铭槐等人发起,将北门里户部街浙江乡贤祠扩充为以宁波商人为主的浙江会馆,使之成为在天津的宁波商人联络同乡、进行商务活动的重要场所。清末最后一任漕运局长为宁波人张友棠,他给天津的同乡不少方便,对甬商的北号船帮助很大。

汉口是近代甬商在华中地区的活动中心,也是近代宁波籍实业家相当活跃的地方。咸丰九年汉口开埠前,已有许多宁波人。开埠后,更多的宁波商人来到汉口。宁波商人把药材、水产品、棉花、棉纱等产品贩运到汉口,同时,把当地的杂糖、桐油等运回宁波。同治九年(1870年),宁波运往汉口的墨鱼为11227担,价值为40852海关两。同治十年和同治十一年,宁波销往汉口的棉花为7694担和4675担,两年合计12369担。同治十三年,宁波商人从汉口运往宁波的桐油为14927担,到第二年为15123担。对此,浙海关贸易报告就有记载:"桐油本年(1874年)从汉口运来15123担,比去年增长了200担,这项产品用以捻船之缝以及润滑机器之用。"汉口的近代民族企业的起步相对较晚,约在甲午战争前后,有宁波人投资办厂。光绪年间,许多宁波商人到汉口、汉阳开办工厂。光绪二十三年(1897年),由叶澄衷派遣,宋炜臣在汉口创办了燮昌火柴第二厂,资金42万元,工人1400人,日产火柴140箱。宋炜臣投资兴办扬子机器厂、富池口铜煤矿、华胜军服厂、五丰铜矿公司,尤其是集资300万元创办既济水电公司。这个公司于光绪三十二年开始建厂,历时3年,至宣统元年(1909年)发电,为当时国内著名的水电公司,从而使宋炜臣成为"汉口头号商人"。光绪三十一年,镇海商人阮雯衷投资28万元,创办元丰豆粕制造所,生产豆饼豆油。甬商沈祝三创办的汉协盛营造厂承揽武汉大批近代建筑,享誉武汉三镇。光绪三十三年,宁波商人在武汉创建顺丰榨油厂,生产豆油。从光绪二十年到宣统三年的十多年时间里,宁波商人在汉口开办企业9家。

宁波帮在汉口经营水产品的也是不少的,有30多家海味行,年营业额300万两,著名的如大东阳、立生昌、万泰隆、源大、同福昌、裕源、山海珍行号,资本都在10万两以上。

为了联络在汉口的宁波同乡,宁波商人在乾隆年间成立了浙宁会馆。宣统元年重加修葺,并改名为宁波会馆。

苏州在清代是一个商人辐辏、市肆喧阗的商业发达的城市。早在明代,孙春阳的南货店已经在苏州很有影响,在清代依然销售旺盛。乾隆年间,镇海商人胡引之"少贫以贾起家,身居吴门,列肆半天下"①。咸丰以后有更多的宁波人到苏州创办实业。比如,光绪二十三年,叶澄衷在苏州创办燮昌火柴厂苏州分厂。光绪三十年,镇海人黄梅贤投资7万银两,独资在苏州南濠街创办生生电灯公司,以其族人黄敏伯为经理,成为苏州首家电气公司。19世纪末,宁波商人戴玉书经营苏州运输业和信局业务。还有宁波人在苏州盛泽镇设全盛信局,业务遍及全国。宁波的煤炭商人曾设立坤震公所,丝绸商人创立宁绍会馆。苏州中药行有四大名店,其中沐泰山、童葆春药铺为慈溪人所开。此外,光绪十二年(1886年)在苏州观前街开设的叶受和茶食糖果号和宣统三年(1911年)开办的余昌钟表眼镜行都为宁波人所开。

宁波商人在省城杭州经商的人数也不少。他们在杭州收购丝、茶,推销进口洋货,开设钱庄。光绪年间,宁波商人在杭州开设钱庄近20家。此外,也有经营药材者。嘉庆十年(1805年),慈溪人张梅在杭州开茂昌药行,后迁孩儿巷,改名为张同泰药号。嘉庆十三年,慈溪人叶谱山创办叶种德堂,是杭州自制丸、散、膏、丹,开设最早、规模最大的中药店。宁波在杭州开办的杂货行业,虽然户数不多,但在杭州有相当大的影响。同治元年(1862年),宁波人在杭州清河坊创办的孔

---

① (民国)《镇海县志》卷七《胡引之谱传》。

凤春香粉店,专营化妆品。同治三年,宁波人开设万隆腌腊店。同治八年,慈溪商人宓庄晓创办宓大昌烟店。次年,宁波商人王尚荣开设状元楼面店。光绪七年,镇海人方仰峰在清河坊开设的方裕和南北杂货店,以及清末的张允升线帽百货庄、亨得利钟表店等在杭州有一定的影响。

此外,宁波商人还涉足营口、牛庄、奉天、大连、青岛、烟台、济南、南京、无锡、郑州、开封、沙市、宜昌、成都、重庆、九江、福州、厦门、长沙、广州、汕头等大中城市。

三、宁波商帮的经济地位

(一)创办近代工业、航运企业

宁波商帮在中国近代经济发展中的举足轻重的经济地位,首先表现在对近代资本主义企业形成、发展所起的促进作用。

要创办近代企业,除了劳动力以外,更重要的是资金。宁波商人正是运用积累的资本创办新式企业,在中国近代资本主义企业生产、发展中起到了显著的作用。

从投资数量看,宁波商帮资金雄厚,不仅单独创办企业,而且大量以合资、集股形式投资其他企业。下面我们把当时一批投资于多种企业的"大资本家"的占有资本情况估算列表如下:

表2—9　严信厚等14人创办资本主义企业数
和本人占有的投资额(1911年止)

姓名	本人创办的企业		参加投资的企业		合计	
	个数	本人占有投资额估计(万元)	个数	本人占有投资额估计(万元)	个数	本人占有投资额估计(万元)
严信厚	5	25.64	8	47.45	13	73.09
许鼎霖	4	18.75	6	33.60	11	52.35

续上表

姓名	本人创办的企业		参加投资的企业		合计	
	个数	本人占有投资额估计（万元）	个数	本人占有投资额估计（万元）	个数	本人占有投资额估计（万元）
沈云沛	7	82.40	6	32.35	13	114.75
祝大椿	8	212.25	1	2.00	9	214.75
庞元济	4	53.30	2	7.00	6	60.30
朱畴	4	53.05	3	19.55	7	72.60
朱志尧	3	72.50	3	16.10	6	88.60
楼景晖	3	45.00	—	—	3	45.00
曾铸	1	10.50	2	16.24	3	26.74
宋炜臣	3	53.50	—	—	3	53.50
周廷弼	3	51.20	—	—	3	51.20
朱葆三	2	28.00	11	57.84	13	35.84
周晋镳	—	—	4	29.54	4	29.54
李厚祐	2	12.20	3	19.55	5	31.75

资料来源：唐传泗、徐鼎新《对中国早期民族资产阶级若干问题的探讨》，《近代中国资产阶级研究》续辑，第261页，复旦大学出版社1986年版。

从上表可见，辛亥革命前，在上海出现较多的近代企业和大资本家，宁波帮占有重要地位。严信厚、朱志尧、宋炜臣、朱葆三、周晋镳、李厚祐6人创办企业合计15家，占企业总数49家的30.6%。资本191.84万元，占总数743.93万元的25.8%。投股企业29家，占企业总数49家的59%，资本170.48万元，占总数281.22万元的61%。宁波商帮中6个人共创办企业44家，占总数的43.4%，资本为362.32万元，占总资本1025.15万元的35%。当然，宁波商帮中一些实业家，诸如虞洽卿、方舜年、叶璋等人的资金还不包括在内。但这一组数字足以说明宁波商帮在上海乃至全国商界中资本的实力是相当雄厚的。

武汉近代民族企业的兴起比沿海开放城市相对较晚,一般在光绪二十一年(1895年)后。今根据资料,把辛亥革命前宁波商人在武汉创办的企业列表如下:

表2—10 清末宁波人在武汉开办的企业列表

编号	厂名	开办时间	创办人	籍贯	资本及工人数	地址	产品产值
1	明昌太木厂	光绪二十年	周昆裕	定海		汉口	
2	华胜呢绒军装皮件号	光绪二十二年	宋炜臣	镇海	资金25万两	汉口	
3	燮昌火柴厂	光绪二十三年	叶澄衷 宋炜臣	镇海	资金42万元 工人1400人	汉口	日产火柴140箱
4	明昌裕木厂	光绪二十四年	周昆裕	定海		汉口	
5	耀华玻璃厂	光绪三十年	蒋可赞	镇海		武昌	
6	汉丰面粉厂	光绪三十年	盛竹书(任总经理)	镇海		汉口	日产机制面粉1800包
7	元丰豆粕制造所	光绪三十一年	阮雯衷	镇海	资金28万元	汉口德租界	日产豆饼3000块、豆油1.2万斤
8	既济水电公司	光绪三十二年	宋炜臣	镇海	资金300万,工人396人	汉口	火力发电并经营自来水
9	金龙面粉厂	光绪三十二年	景庆云	宁波		汉口法租界	日产面粉300包
10	顺丰榨油厂	光绪三十三年	宁波商人	宁波	工人70人	汉阳	生产豆油、豆饼
11	宝华印染厂	宣统三年	贺宝庆	镇海			印染

根据陈真《中国近代工业史资料》第1辑及徐凯希《宁波商帮推动湖北近代工商业的发展》(载《百年辉煌》,第51～59页,宁波出版社2005年版)、皮明庥

的《武汉民族资本主义工业早期状况、特点及形成过程考察》(载《近代中国资产阶级研究续集》,第99~125页,复旦大学出版社1986年版)和《镇海县志》整理而成。

从上表可以看出,宁波商人在武汉的民族资本企业的兴建中起到重要作用。

从光绪三十年(1904年)起,武汉出现了办厂热潮。宁波商人抓住这一时机积极参与武汉近代工业的投资,发展很快。从光绪三十年到光绪三十三年的4年中,宁波商人办厂6家,超出光绪二十年至光绪二十四年5年的总和。

宁波商人在这一时期创办的企业有相当的规模。叶澄衷、宋炜臣创办的燮昌火柴厂就是例证。汪敬虞在他的《历年(1895—1913)设立的厂矿名录》中,列举了在辛亥革命前历年兴办的工厂21家,最早的为光绪二十三年由镇海人叶澄衷创办的燮昌火柴厂。皮明庥在他的《武汉民族资本主义工业早期状况、特点和考察》一文中提出,武汉在辛亥革命前所创办的民族资本主义工厂为81家,其中提到宁波商人创办的有6家,但他把燮昌火柴厂作为武汉第四家民族企业。无论是第一家还是第四家,都充分说明宁波商人在武汉的民族资本主义企业的发展中,有举足轻重的地位。燮昌火柴厂规模大,有工人1400人,创办资本42万元,年产双狮牌火柴1亿盒,在当时产量居全国首位,投资当年获利18万银两。

从投资的范围看,主要有工矿、航运等。宁波帮在晚清创办的工矿企业主要是棉纺织业、丝织业、轻工业、机电业和五金钢铁业。

棉纺织业。这是甲午战争前民族工业中投资规模最大的行业。光绪十三年(1887年),严信厚在宁波投资创办通久源机器轧花厂。时隔7年又投资创办通久源纱厂。上海最早的一家棉纺织厂是上海华盛纺织局,于光绪十七年创办。主要投资者是宁波巨商严信厚、周晋镳、苏葆生等。光绪三十二年,薛文泰创办益泰轧花厂,顾元琛、戴瑞卿投资150万创办和丰纱厂。贝润生是厚生纺纱厂的投资者。朱志尧投资同昌纺纱厂和同昌协纺纱厂。这些纺纱厂是近代中国最早的棉纺企业之一。

丝织业。宁波帮投资棉纺织业外,还投资丝织业。光绪十八年,叶澄衷投资40万两创办纶华丝厂,有职工1300多人,资本10万两,缫丝车800部,每到收茧的季节,该厂用100万元资金收购蚕茧。次年,鄞县人苏宝森创办信昌丝厂。李云书也在上海创办绢丝公司。宣统二年(1910年),宁波商人在上海投资兴办益昌缫丝厂和云龙丝织厂。

轻工业。宁波商帮所投资的火柴工业在近代中国是有影响的。从光绪十六年到光绪十九年,上海有3家火柴厂,其中稍具规模的一家是由宁波帮大实业家叶澄衷投资5万两创办的燮昌火柴公司,日产火柴50箱,为当时中国最大的火柴厂。到宣统末年,资本发展到20万元。由叶澄衷派遣,宋炜臣在汉口创办了燮昌火柴厂,资金42万元,工人1400人,日产火柴140箱,并在苏州创办燮昌火柴厂二分厂。光绪十五年,慈溪商人在家乡创办火柴厂。

此外,在印刷、面粉、榨油、造纸、食品等行业,宁波商帮都有投资。比如,光绪二十三年(1897年)鲍咸昌、夏瑞芳投资100万元,参与创办近代中国最著名的印刷机构——商务印书馆。清末,周晋镳、顾松泉、孙衡甫、朱志尧等宁波商人,分别投资元丰面粉厂、中兴面粉厂、申大面粉厂。龙章机器造纸厂、大德油厂、同昌油厂、顺昌油厂、通利源榨油厂、南阳烛皂厂、泰丰面粉厂、通久源面粉厂等也为宁波商人所投资。盛竹书、景庆云也在汉口创办汉丰面粉厂和金龙面粉厂。

机电业。宁波人投资机电业是不少的。孙衡甫在光绪二十三年在宁波创建电灯厂,投资1.4万元。光绪三十三年,镇海人黄梅贤投资7万元于苏州南濠街创设生生电灯公司。宋炜臣在武汉投资兴办扬子机器厂、富池口铜煤矿、华胜军服厂、五丰铜矿公司,尤其是集资300万元创办的既济水电公司,成为武汉近代工业的巨擘。光绪二十八年,严裕堂创办大隆机器厂。朱志尧①于光绪三十年投资 4 万元创办求新机器制造厂,厂址在南市黄浦江边。当时仅有大小车床 10 余台,牛头刨床、龙门刨床各一部,钻床 3 台,铣床 1 台。所谓"求新"就是取"器惟求新"之意,为此他创造了许多新产品,诸如小火轮、客货轮、铁船等。朱志尧在经营求新机器制造厂取得成功后,陆续创办同昌榨油厂、华商电气公司、上海同昌纱厂等。董秋根、何德顺、傅采芹也投资永昌机器厂、广德昌机器厂、大昌机器厂。

五金钢铁业。同治元年(1862 年),华商第一家五金什货号开设,它包揽了一些外国船上所需的五金器材,创办者是镇海商人叶澄衷。同治九年,叶澄衷盘下了德国人开设的可炽煤铁号,并另设南顺记洋货号,后在全国各城市设立分号和联号约几十处。到光绪末年,全年的利润高达 30 万两白银。当时,叶澄衷的五金业购销几乎可以左右国内同行。"不独五金事业之权利在其掌握,即他行之土货洋货欲销行内外各埠者,价值高下,无不视成(澄)忠(衷)为转移。"

航运业。宁波商帮中一些人善于经营航运业。镇海李也亭家族,在鸦片战争后涉足沙船业,独资开设久大沙船号,拥有沙船甚多,往来于南北洋。在沙船航运基础上,宁波商帮创办了近代民营的航运业。早在光绪初年,宁波商人就建立宁波轮船公司,有"平江"、"苏州"、"宝江"和"大裕丰"等轮,运营沪汉、沪甬航线,不久关闭。光绪十六年叶澄衷参与创办鸿安轮船公司。这是甲午战争前仅有的近代民营华资轮船公司。次年,镇海商人戴嗣源创办戴生昌轮船公司,以轮船拖带客货船号,往来于苏州、杭州、上海、嘉兴、湖州等地,是长三角地区开办最早的民营内河轮船公司。光绪二十一年(1895 年),宁波商人创办外海商轮局和永安商轮局,航行于宁波、定海、台州、余姚各埠。光绪二十八年,朱葆三建大生轮船公司,隔 2 年,李厚祐与张謇等创办大达轮船公司。在轮船招商局的创办和发展中,甬商朱葆三、周晋镳、

---

① 朱志尧,原籍浙江奉化,一说江苏青浦(今属上海市)。

严子钧、虞洽卿、朱志尧、沈仲礼、谢仲笙、傅筱庵、刘鸿生、李云书都有投资。上海招商局股东集议:"决定请将招商局目下办事人员转交下开之人员办理。查上海集议之股共有二万二千余股,所选之人系盛宫保、沈仲礼、周金箴、王子展、虞洽卿诸君,而粤商则不以此数员为然。"①沈仲礼、周金箴、虞洽卿为宁波商人,说明他们在招商局有股权,是投资人。不少宁波人还担任要职。光绪三十三年,沈仲礼为招商局协办。宣统元年(1909年),严子钧任董事。宣统三年,虞洽卿集资创设宁绍轮船公司,资本100万元,实收资本28万元,先后购置"宁绍"、"甬兴"、"新宁"三轮。宁绍轮船公司是我国当时重要的民营航运公司之一。

(二)雄厚的金融资本

鸦片战争后不久,宁波商人抓住开放的机遇,开始进行大规模的资本投入。除了前述投资工业以外,主要是创办钱庄。近代最早在上海开设钱庄的大概是方、李家族。道光十年(1830年)前后,方介堂之侄方润斋利用商业积累,开设履和钱庄(又称南履和),存放款仅六七万两。上海开埠后,方氏在北市设北履和钱庄,"专营钱庄业务,不再兼营他业"②。此后方性斋又陆续创办同裕、尔康、元康、义余等钱庄。李也亭在道光初年因经营沙船业的需要,与人合作,先后创办了慎余、崇余、立余三个钱庄。他去世后,李家后辈又继续开设同余、会余等钱庄。咸丰六年(1856年),上海城区和租界约有120家钱庄,资本3到5万两为大钱庄,仅8至10家,多为宁波商帮所开。继方、李家族之后,镇海叶家(澄衷)、慈溪董家(仰甫)、宁波泰家(君安)又相继开设钱庄,其中设立较早的有升大、晋大、会大、衍庆、泰吉、恒兴等钱庄。光绪二十九年,上海南北市钱庄共82家,其中由宁波籍商人开办的有22家,占26.8%。主要投资者是上述几个钱业家族集团。《上海钱庄

---

① 《中外日报》1907年3月11日。
② 中国人民银行上海市分行《上海钱庄史料》,第730页,上海人民出版社1960年版。

史料》除详细记载上海九大钱庄以外,还记录了其他方面的15个投资人,投资钱庄54家,其中宁波商人6人,投资22家,占40.74%,①涌现出秦润卿等钱业领袖。

宁波商帮不仅在上海拥有大量钱庄资本,在天津、汉口、北京也都拥有钱庄,投入不少资本。比如,在北京,宁波人开设的钱庄有一定影响。陈夔龙《梦蕉亭杂记》中曾有记述:光绪二十六年(1900年),八国联军进攻北京,不少银楼、钱庄大受影响。"京城内外大小钱庄、银号汇划不灵,大受影响。越日,东四牌楼著名钱庄'四恒'首先歇业。四恒者,恒兴、恒利、恒和、恒源,均系甬(宁波)商经纪,开设京都已二百余年,信用最著,流通亦最广,一旦停业,关系京师数十万人财产生计,举国惶惶……"②这就足以说明在光绪末年,宁波商帮在北京所设的钱庄不仅发达,而且拥资雄厚。北京的"四恒",对京城经济发展起着重要作用。慈溪董家除在上海设立钱庄外,又分别在汉口、杭州等地设立义生、同大、华生、阜源等钱庄。

与钱庄相联系的另一金融机构为票号。起先为山西帮商人垄断,到清末,宁波商帮也涉足票号,成为南帮票汇业的重要势力,与山西帮为代表的西帮分庭抗礼。其中在南帮票汇业中最具有声望的是源丰润银号,由宁波帮巨商严信厚所开设,资本银为100万两,总号设在上海,分号设于天津及江南各省,"全国各地共有分号十七处,其势力之雄厚,几与西号等",③严信厚凭借此票号,很快成为巨商。光绪三十三年(1907年),资本额达139.8万元。叶澄衷在天津有大庆元票号。

随着近代工业的兴起,社会对于通过银行获得大规模资金的需求也越来越迫切。对新兴事物素极敏感的宁波商人于是积极投身其中,开始主动投资近代银行业。光绪二十二年十二月初十(1月12日)和十二月十八日(1月20日),严信厚为中国通商银行两次拟订章程,较

---

① 中国人民银行上海市分行《上海钱庄史料》,第764~769页,上海人民出版社1960年版。
② 陈夔龙《梦蕉亭杂记》卷一,第22页,中华书局2007年版。
③ 《国风报》第1卷第25册《中国纪事》。

为详细地提出银行条议办法。光绪二十三年,中国历史上第一家银行——中国通商银行设立。这是洋务派显赫人物盛宣怀奏准后集资创办的。但在银行兴办、资金筹措及具体事务管理中宁波商人起了不少作用。成立时的8位总董,3位是宁波巨商,分别是严信厚、叶澄衷和朱葆三。① 他们是重要发起人和参股者。余姚人陈淦为第一任华大班(总经理),陈淦的继任者谢纶辉也是余姚人,后来不少总董都是宁波人。

光绪三十四年,宁波商人创办四明银行,资本150万两,实收50万两,这就大大增强了宁波帮的经济实力。这家银行的发起人、主要投资者和主要当权人物都为旅沪经商的宁波籍商人。开办时列名发起的有:袁鎏、周晋镳、朱佩珍、李厚垣、方舜年、严义彬、叶璋、李翊燕、吴传基、李云书、陈薰、虞洽卿12人,都为宁波商人。这是中国最早的民营银行。总董事为周晋镳,总经理为陈薰,协理为虞洽卿。担任这家银行的9名董事和2名总协理,集中了宁波旅沪的著名工商业者。他们之中有的担任上海总商会会长,有的开设五金号、糖行,经营沙船业、贸易业、航运业,还有银号、钱庄的股东和经理人。可见,宁波商帮在金融业中取得了一定的地位。

(三)执商会之牛耳

嘉道年间,中国行会组织已相当普遍,但原有的行会限于一行一业,互相缺少联系,势力单薄,在对外商战之中,不能形成统一行动。宁波巨商严信厚也说:"我华商和而不同,涣而不聚,商务利害未能专意讲求";"心志不齐,意见各殊……以致利权操纵尽入洋商之手。"②

---

① 关于中国通商银行初创时的总董人数,有不同说法。《中国通商银行大概章程》中提到10人,即张振勋、叶成忠、严信厚、杨文骏、刘学询、严潆、陈猷、杨廷杲、施则敬、朱佩珍。见《中国通商银行》,第60页,上海人民出版社2000年版。而《中国通商银行总董条例》则认为总董有8人,即张振勋、叶成忠、严信厚、施则敬、严潆、朱佩珍、杨廷杲、陈猷。见《中国通商银行》,第63页。这里采用后一种说法。
② 严廷桢《上海商务总会历次奏案禀定详细章程》,第5页,上海集成图书公司1907年版。

随着近代资本主义的产生、发展,尤其是近代企业的创办,资金需求多,技术要求高,信息量大,这不仅需要对传统的行会进行改造,而且需要建立一个统辖全国各商界的、有利于"商战"的新式工商团体。正是在这样的历史背景下,中国商会产生了。到宣统三年(1911年),江浙各地商会已达130所,其中最有影响的是上海商会。宁波商帮在上海商会的创建、发展过程中作出了杰出的贡献。

光绪二十八年(1902年),商约大臣盛宣怀曾饬令严信厚"仿照西人总会章程"组织商会。严信厚和同乡朱葆三与上海各帮绅商进行多次磋商,于光绪二十八年正月十五日(2月22日)成立上海商业会议公所,地址在上海大马路(今南京路)五昌里,有会员70余人。当时有5名总董,13名议董,推举严信厚为总理,周晋镳、毛祖谟为副总理,周晋镳兼坐办。从上海商业会议公所成员构成看,宁波商帮占有相当的比例。5名总董中,严信厚、朱葆三为宁波人,占总董的40%;13名议员中,宁波人为6名,占议员总数46%。且主持实际工作的总理严信厚和副总理兼坐办周晋镳,都是宁波籍实业家。

同年春,清政府派皇族成员载振赴欧美、日本考察,途经上海,受到上海商业会议公所领袖严信厚等人宴请。归国后,载振被任命为商部尚书,奏请"劝办商会",并颁布商会组织法规。遵照这一法规,上海商业会议公所于光绪三十年(1904年)四月正式改组为上海商务总会。领导层设总理1名,协理1名,坐办1名。经选举,严信厚任总理,徐润为协理,周晋镳任坐办,主持日常工作。但领导层实际权力,依然掌握在宁波商帮手中。根据有关材料,光绪三十一年十一月,上海商总会届期改选,公举曾铸为总理。尽管第二届的总理为曾铸,但协理为宁波人朱葆三。议董为宁波商人所控制。领导层内江浙籍议董有17名,占全部21名议董的81%,其中宁波籍人士占11名,占议董总数的52.4%。[①] 虞洽卿、周晋镳、李云书、苏宝森依然保持议董的

---

① 徐鼎新、钱小明《上海总商会史(1902—1929)》,第88页,上海社会科学院出版社1991年版。

席位,而且新增了袁联清、丁钦斋、陈子琴、袁泳笙、樊时勋等宁波籍商人作为议董。可见宁波帮在上海商会的力量。"所以在几乎'满朝'俱是以宁波帮为主体的江浙籍商董的上海商务总会领导层内,曾少卿如果不以宁波帮势力的意志为意志,就必然孤掌难鸣。离开了江浙两籍商帮特别是宁波帮商董的支持,他在上海商务总会总理任内是难以有所作为的。"① 在以后的第三、四、五、六届改选中,总理都是清一色的宁波籍商人。日本学者根岸佶指出:"宁波帮是上海商会的创立者,久执商会之牛耳,它并不是依靠传统的惰力,而是依靠具体的实力。"② 武汉的总商会也有宁波人任领导职务。比如,汉口首届商务总会中,宋炜臣是汉口首届商务总会董事,总理是鄞县人卢鸿昶。卢鸿昶还任汉口第三届商务总会总理,第二、四届议董,第七、八届会董。镇海人盛竹书任第五、六届协理,史晋生任第二、三、四、六届议董,第七、八届会董。余姚人张理耘任第二、三、四、五、六届议董,第七、八届会董。

第六节 宁波的港口发展与海外贸易

宁波港位于我国海岸中段,地理位置适中,江面宽阔,航道畅通,内河航运四通八达,具备海外贸易港的地理条件。正是这一优越的条件,使宁波港自唐宋以来成为我国对外贸易主要港口之一,海外贸易非常发达。但到清代,由于实行闭关锁国的政策,阻碍了宁波港口和海外贸易的发展,使宁波港口和海外贸易在清代前中期的发展殊为曲折。鸦片战争以后,古老的大门被打开,宁波港口的优势有了新的拓展,海外贸易得到长足发展。

---

① 徐鼎新、钱小明《上海总商会史(1902—1929)》,第59页,上海社会科学院出版社1991年版。
② 徐鼎新《中国商会研究综述》,《历史研究》1986年第6期。

一、清代前期的宁波港口与海外贸易

所谓"闭关政策",并非与外国完全断绝往来,而是对港口及海外贸易实行极严格的控制。清朝处在封建社会晚期,国势衰微,日趋没落。与此同时,西方欧美资本主义却非常迅速地发展起来。封建统治者为防范欧美殖民者对沿海地区的骚扰,开始实行"海禁",关闭通商口岸,推行闭关政策。尤其是清初,为了摧毁沿海的抗清力量,海禁更严厉。为对付抗清将领张煌言和郑成功,清政府禁令"寸板不许下海",严禁出洋贸易。顺治十三年(1656年)就发布"上谕":"今后凡有商民船只私自下海,如果将粮食货物等与逆贼(指抗清军队)贸易者,不论官民,俱闻处斩,货物入官;本犯家产,尽给告发之人。其该管地方文武各官不行盘辑,地方官吏皆革职从重治罪。地方保甲不行举首,皆处死。"①康熙初,宁波府所属各县的沿海地方,钉定界桩,再申禁令:"商舟、渔舟不许一舠下海。"②港口封闭,贸易窒息。康熙帝统一台湾后,宣布废止禁海规定,宁波又处于开放状态,但这种开放程度仍十分有限。从康熙三十九年(1700年)至康熙四十五年的短短六年中,英国来宁波的贸易商船达10艘之多。康熙五十六年又下令禁海,并作出一些具体规定。从此,清政府对外关系的圈子越来越小,也限制了宁波商人的活动范围。明代规定朝鲜贡道从陆,毋入海,后改为入海,也只准在登州上岸,以致有明一代,除日本勘合贸易船外,几乎不见别国的贡船来浙贸易。清政府规定,宁波港只能同以日本为主的东北亚国家通商,禁止商船往南洋吕宋、噶喇吧(印尼爪哇)等处贸易。当时的日本也实行锁国政策。康熙二十五年,清廷规定每年只准70艘中国商船到日本贸易,其中宁波船只许出航12艘,仅占17%。从康

---

① (清)《光绪大清会典则例》卷六三。
② 谢国桢《清初东南沿海迁界考》,见《明清之际党社运动考》,第212页,上海书店出版社2004年版。

熙五十六年到雍正十一年（1733年），中国去日本长崎港的商船总数为504艘，其中只有180艘宁波船，仅占35%。与宋元时期相比，宁波港口对日贸易已经大大缩小了。

清初实行闭关、海禁，尽管使沿海地区的海外贸易受到阻拦，但海外贸易的发展趋势是不可阻挡的。宁波商人通过种种方式，冲破清廷的海禁政策，千方百计地与海外进行走私贸易。比如，顺治初宁波商人就有去东南亚从事走私贸易。顺治十二年（1655年），被清政府抓获的从宁波鄞县出洋的船户朱云、朱盛、朱国臣、舒凤、舒茂峰等，每人都雇佣船工水手多人。其中朱云雇请了郑云、朱夏、郑君、朱和尚、郑念八、朱官、朱小和尚7人，驾驶艚网船出海贸易；朱盛雇请了舒三、朱振、朱四、朱五、朱六、朱寿、朱孟麟、朱邦茂等驾驶掘头船1只；朱国臣雇请钱十六、陈四十、朱四二、朱清宇、朱十等驾驶艚船1只；舒凤雇请了舒四、舒百四、舒增、舒二十等驾驶船1只。① 对于雇工，雇主都给他们作了明确的分工。

康熙帝统一台湾后，清廷对外政策作了调整，允许海外贸易。康熙二十三年（1684年）十月，清廷准浙江照福建、广东例，使用500石以下船只出海贸易，但必须申报地方官备案，船头烙印，登记人数后发印票，并由防守海口官员验实后才能放行。

康熙二十四年，清政府在宁波正式设立浙海关，行署在府治南董庙的西边。关口设在甬东七图，就是现在江东的包家道头。浙海关设监督1员，笔帖式1员，由宁波府知府、同知、通判及宁绍道台署理。海关笔帖式署设在原督粮馆，即府治西察院内署左边。据雍正《浙江通志》卷二六《榷税》记载，浙海关设宁波、乍浦、温州三大口，三大口下面设15个分口，分布于浙江沿海。其中在今天宁波沿海的有7口。具体是：大关口，在宁波江东，离关署2里；古窑口，在慈溪县，离关署150里；镇海口，在镇海县，离关署60里，另有澥浦和邱洋两个旁口；湖

---

① 林仁川《明末清初海上贸易》，第354页，华东师范大学出版社1987年版。

头渡,在鄞县、奉化县及时属台州府的宁海县地方,离关署150里;小港口,在镇海县,离关署90里,另有穿山、大碶两个旁口;象山口,在象山县,离关署360里,另有泗洲一个旁口;白峤口,在宁海县,离关署220里,属台州府的宁海、临海二县,另有健跳一个旁口。海关仓库,俗称海仓库,仍在灵桥门内,地点是宋市舶务和明市舶库的旧址。

定海时属宁波府。康熙年间英国商人经常到定海停泊。为了加强管理,浙江海关监督多次要求清廷在定海设关。康熙三十三年,监督常在具题谓:"初设海关时,定海尚未置县,故驻扎宁城。凡商船出洋、回洋出入镇海口,往还百四十里,报税给票,候潮守风,又蛟门虎蹲水急礁多,绕道陡险,外国番船至此,往往回帆而去,请移关定海,岁可增税银万余两。"①但户部没有同意。康熙三十五年,监督李雯再次请求户部同意"移关镇海县,照闽省设关厦门、粤省设关澳门之例设红毛馆一座,外国商船必闻风而至"②。可是户部再次否定浙海关监督的意见。其主要原因是考虑迁徙需建关署衙门。康熙三十七年,浙海关监督张圣诏对户部又一次提议,要求在定海设立分关:"定海岙门宽广,水势平缓,堪容外国大船,可通各省贸易,海关要区,无过于此。自愿设法捐造衙署一所,往来巡视,以就商船之便。另设红毛馆,安置红毛。夹板大船人众,可增税一万余两,府城廛市仍听客商贸易。"③这次户部同意了浙海关监督的建议,在定海城外道头街之西设立浙海关分关。这就表明,外国商船可以在定海验税。同年在定海县城外道头西新建红毛馆,作为外国商人及船只馆宿的地方。这样,来自荷兰、英吉利的西欧商船都云集宁波,进行贸易。

从资料看,在清代前期,宁波的国际市场主要是日本。康熙二十七年(1688年),是中日贸易船舶进入日本长崎数量最多的一年,计

---

① 缪燧《番舶贸易增课始末》,(清)雍正《浙江通志》卷八六《榷税》。
② 缪燧《番舶贸易增课始末》,(清)雍正《浙江通志》卷八六《榷税》。
③ 缪燧《番舶贸易增课始末》,(清)雍正《浙江通志》卷八六《榷税》。

193艘,其中宁波有32艘,普陀有5艘,计37艘,占19.2%。① 次年,日本实施《割符仕法》,制止金银外流,限定中国船舶的贸易额和船只数量。春夏二季,清朝对日本贸易的46艘船只,宁波有14艘(宁波11艘,普陀3艘)。尽管如此,宁波与日本的贸易还是照常进行。《华夷变态》卷二三记载,康熙三十五年,陈元庚为船头的65号厦门船先航宁波、普陀山采购生丝,然后驶往日本;许相官为船头的56号潮州船本已载有少量丝货,中途又在宁波加购,然后再航向长崎。另据《风说书》所记,该年春,福建、广东、浙江等处共有5艘商船去柬埔寨。其中一艘于正月离宁波驶往柬埔寨,六月十八日从柬出发,七月十二日进入长崎港。另一艘当从柬埔寨回本国宁波,添载生丝诸物后,再渡海来日。② 康熙中期(1688—1703年),是浙江丝织品物出口日本最盛的时期,其中宁波舟山成为对日的主要贸易港口。

康熙五十六年即有5艘粤船途经宁波载搭客、货,然后驶往日本长崎。其中第8号咬𠺕吧(今印尼雅加达)船四月九日从长崎返航回国,途中驶入宁波港。因"去年自宁波赴咬𠺕吧之商船有3艘,已于七月回宁波,故将此船载来之咬𠺕吧物产装入我船,并有唐人55人搭乘,于当月六日从宁波出船"③,再次驶往长崎。第14号厦门船也在由长崎返航途中驶入宁波停泊,然后借小船往厦门,在彼地备齐货物运往宁波,再装船驶来长崎。第20号广东船则先由船副徐舜佐驾船往广东置货,船头鲍允谅在宁波等候并采购当地货物。徐舜佐备齐货物后于八月朔日从广东出船,七日停靠普陀山,并通报鲍允谅。鲍再从宁波输运部分货物至普陀山,然后从普陀山启帆渡日。当年与上述3船相类似的还有第7号广东船、第15号厦门船,皆从宁波去日。④ 一名叫信公兴的宁波海商自康熙开禁以后,因从事与山东登州的沿海贸

---

① [日]大庭修《江户时代中国典籍流播之研究》,第22页,杭州大学出版社1998年版。
② 王慕民等《宁波与日本经济文化交流史》,第214页,海洋出版社2006年版。
③ 王慕民等《宁波与日本以济文化交流史》,第215页。
④ 王慕民等《宁波与日本经济文化交流史》,第215页。

易和咬𠺕吧等地的海外贸易而致富,并因此而"闻名宁波"。①

这一期间,宁波从日本进口的货物,主要是铜和金、银,还有海参、干鲍鱼、鱼翅、海带;向日本出口的货物有白丝、绉绸、绫子、绫织、纱绫、锦、南京缎子、金丝布、葛布、毛毯、棉罗、茶、纸、竹纸、扇子、笔墨、砚石、瓷器、药、漆、方竹、冬笋、南枣、黄精、笕实、竹鸡、红花、林犀、附子、药种、化妆用品等。

由于对赴日商船的限制,宁波商人逐渐转向南洋经商,与南洋贸易有所发展。到 18 世纪,宁波港与其他港口一样,"商人往东者十之一,往南洋者十之九"②。其通商范围以菲律宾、安南(今越南)、柬埔寨、暹罗(今泰国)为限。宁波近海洋,自设立海关以来,外洋诸货毕集,居民遂模仿为之。如漆器之类,虽不及洋制,而民间亦资之以获利。其他如纸、铜、砚、小刀之属亦如此。从宁波出海走南线的船只每年约 585 艘,从南洋进口的货物有大米、木材、糖、香料、象牙、珍珠、药材及机制毛棉织物。宁波出口有丝、茶、药材、瓷器、海产品、干果和各种土产品。比如,雍正年间(1723—1735 年),暹罗商人给宁波运来大米。从宁波驶往暹罗的商船主要有白银、丝、茶、土布,换取暹罗的蔗糖、苏木、海参、鱼翅、象牙等物。宁波商人措资结队往"南洋吕宋、新加坡,西洋苏门答腊、锡兰诸国开设廛肆,且有娶媳长子孙者"③。

当然,在清代前期,宁波与国内的埠际贸易也是活跃的。主要往来对象为天津、山东、奉天和台湾等地。随着康熙年间的"海禁"开放,国内的埠际贸易迅速发展。这为富有海上贸易传统的宁波商人提供了机会。鄞县海商谢占壬说:"自从康熙年间,大开海道,始有商贾经过登州海面直趋天津、奉天,万商辐辏之盛,亘古未有。""数十年前,江浙海船赴奉天贸易,岁止两次,近年则一年行运四回,凡北方所产粮、

---

① [日]松浦章《乾隆年间海上贸易商人的几件史料》,《历史档案》1989 年第 2 期。
② 《清朝文献通考》卷二九七《四裔考》,浙江古籍出版社 1998 年版。
③ (清)光绪《鄞县志》卷二《风俗》。

豆、枣、梨运来江浙,每年不下一千万石。"①雍正六年(1728年),鄞县张炳等人到山东胶州揽载货物。雍正九年抵津的53只商船中,就有宁波府鄞县的商船。甬台商船往来频繁。台湾一些港口,康熙、雍正年间已与宁波通商贸易,"近则福州、漳泉、厦门,远则宁波、上海、乍浦、天津以及广东。凡港路可通,争相贸易"②。糖已成为台湾贸易的重要商品,源源不断地运往全国各地。康熙年间,台湾地区蔗糖产量达1亿多斤,在宁波"拥有广阔市场"③。雍正年间,贸易商船有"糖船、横洋船,材坚而巨大者可载六七千石,南至南洋,北暨宁波、上海、天津、牛庄,贩运之利,颇操其益"④。台湾与宁波的通商贸易主要是官府的合法贸易,主持这一贸易的机构称"郊行"。约在雍正三年,台南的北郊、南郊、港郊相继成立"郊行"。台南三"郊行"中的"北郊"专门经营同宁波等地的贸易。当时"北郊"有二十余家商行。这些"郊行"的设立,促进了宁波与台湾贸易的发展。

由于埠际贸易的需要,雍正十二年,由各商业船帮共同集资,重修了宁波南门外的天后宫。

二、乾嘉时期的宁波港口与海外贸易

清初有限制地开放,致使宁波港口与海外贸易一度出现了活跃的景象,但好景不长,乾隆年间,一度开放的宁波港口和逐渐好转的海外贸易又出现了波折。乾隆元年(1736年),清廷下令凡康熙五十六年(1717年)实施海禁之后出国者,永远不准回国,把宁波在海外的侨民看成"背叛祖宗"的"天朝弃民"。乾隆二十二年,清政府下令关闭漳州、宁波、云台山三关,保留广州一口对外贸易。次年,关闭宁波浙海

---

① 《皇朝经世文编》卷四八《古今海运异同》。
② 沈茂荫纂修《苗栗县志》卷七,台北大通书局有限公司1995年版。
③ 林仁川《大陆与台湾的历史渊源》,第136页,文汇出版社1991年版。
④ (清)王必昌《台湾县志》柁序。

关。随着浙海关的关闭,定海的红毛馆遭废弃。乾隆五十九年,清廷对浙江嘉兴、宁波、台州、温州四府,并玉环厅所辖各岛进行清查。除一些岛屿让当地居民居住外,其余实现封禁。宁波的海外贸易急剧减少,宁波商品的国际市场也受到挫折。康熙二十八年,宁波开赴日本的商船为14艘。乾隆二十二年,宁波口岸关闭后,赴日的商船减少,到乾隆五十五年为10艘。到道光十年(1830年),宁波赴日商船依然为10艘。

乾嘉年间清廷对宁波港口及海外贸易采取以下措施:

第一,加征浙海关税收。18世纪中叶,清政府发现,自开辟宁波等四个通商口岸以后,外商"至宁波甚多,番舶云集",于是采取加重浙海关税收,以限制商贾之间贸易。乾隆年间,"浙关正税,视粤关则例,酌议加征一倍"①。此后,清政府一再加征正税,增加规礼和加耗,以限制外商来浙。清政府加征浙海关正税的目的并不是为了增加一点税收,而是为了限制外国商人来宁波经商。乾隆帝在他的谕旨上说得很明白:"洋船至宁波者多,将又成一粤省之澳门矣。于海疆重地、民风土俗,均有关系。是以更定章程,视粤稍重,以示限制。意并不在增税也。"清政府的本意也并不是多征收钱粮,"原在令其不来浙省而已,非为加钱粮也"。②

第二,对出口货物的品种和数量有严格限制。在清政府闭关政策下,当时的宁波当局对出口货物的品种和数量作了严格限制。诸如规定粮食、茶、丝、铁器、硫磺等严禁出口。比如,乾隆二十四年(1759年),"江浙等省丝价日昂,以该处船只滨海,不无私贩出洋之弊。令江浙各省督抚转饬滨海地方文武官员严行查禁"③。浙东是产茶区,由于清政府的限制,浙东各府所产茶叶都不能在宁波出口。清政府为了防止宁波的商船前往西欧从事远洋贸易,还按航行所需的时日和船只的

---

① 《清高宗实录》卷五八九。
② 《清高宗实录》卷五八九。
③ (清)《光绪大清会典则例》卷六三。

人数,严格限定了出海船舶携带的大米和其他必需品的数量,在进出口时作详细的清点登记,凡是超过规定者,都要受到严厉的处罚。

第三,禁止外商来宁波贸易。为了保护封建经济,防止危害其封建统治的外来因素,清政府一再拒绝外商来宁波开辟通商口岸。比如,乾隆二十四年东印度公司派英商洪任辉等,"欲赴宁波开港,既不得清,自海道驾船直入天津,仍乞通市宁波",对此,乾隆很不高兴,他不仅严加拒绝,而且把洪任辉从陆路"押赴澳门圈禁,三年满日,释逐回国"。[①] 乾隆五十八年,英国利用乾隆帝80寿辰的机会,以贺寿为名,派遣马戛尔尼为首的代表团来华,又提出开放宁波等地为通商口岸,减轻税则,放宽限制。这些要求,都遭到乾隆帝的拒绝。道光十二年(1832年),几艘英国船驶到镇海洋面,要求到宁波来贸易。当地官员以"市舶有定,不能窜越"为由,令商船回国。

清政府的闭关政策,直接阻碍了宁波港口的发展,海外贸易也逐渐衰微。自章程更定以来,外洋市舶知违行道之无利,不复收舶宁波。乾嘉时期宁波港口中衰,海外贸易受到抑制。

宁波港停止了对西方国家商船的开放。此后,直到鸦片战争前夕,宁波海关的主要任务是对进出宁波港的本国商船进行"稽征"。

宁波海关的"稽征",具体有以下几个方面:(1)制发和检验进出宁波港船只的执照。经核实无误,登记入册后放行。(2)缉私。船到宁波港或其他有关口址时,海关负责检查有否夹带禁品,并和守口官兵一起缉拿走私船只。对走私罪的处罚是相当严厉的。例如:私运大米出口超过50石的没收,超过100石的,除船货变价充公外,还要受到流放充军的重罚。(3)征税。宁波海关一般征三种税,即船钞(船税,也叫梁头税)、货税(正税)和规例(附加杂税)。税金是根据所载货物的总值按一定的税率来征收的。初时,国货的税率为4.6%,洋货为14%—16%。船税则是按船的梁头的尺寸,即船的大小来征收

---

① [英]肖令裕《英吉利记》(一),《鸦片战争》(一),第23页,上海人民出版社1957年版。

的。[1]

尽管官方的贸易有所减少，但民间贸易依然进行。比如，乾隆年间的鄞县海商王世荣，每年将盐引30万包经天津贩往直隶大名府销售。闽、广等地商人也把各地货物运到宁波。乾隆五十年（1785年）十月二十三日，受雇于福建兴化府莆田县的商人游华利等25人，至山东海丰县装枣子，运到宁波交卸。自乾隆四十九年闰三月二十二日至乾隆五十年十一月二十日，船户蒋隆顺一直从事海洋运输，往返于镇江、天津、登州、宁波等地。

到嘉（庆）道（光）年间，宁波港与国内沿海诸港间贸易取得了前所未有的发展，以内河为港口货物的集疏渠道而形成的转运贸易亦随之活跃起来。清廷在嘉庆年间开始放宽限制，商民置造船只，梁头丈尺，照前听民自便，免立禁限。道光初，宁波港的对外贸易又有新的发展。在宁波的各地商人帮会林立，较有影响的有福建帮15家，宁波帮北号9家、南号10家，山东帮数家，计30余家。同时，宁波与国内沿海各港口的贸易进入快速发展阶段，北至关东、天津、直隶，南至闽广，中到苏、湘、鄂，入川渝。嘉庆九年（1804年），仅在镇海、上海等地驻港的宁船达400艘。这些宁船主要是北上天津、营口，一年往返三次。比如，嘉庆十三年（1808年），宁波商人严信皮等18人就贩运关东特产到上海。道光初，宁波每年从事海运的船只，对山东、辽东的约670艘，对福建和海南的约560艘，对广州的约25艘。光绪《镇海县志》载："宁郡……外省通直隶、山东，本地通杭、绍、嘉、台、温、处（州）各处。如南船（按指闽、广船）常运糖、靛、板、果、白糖、胡椒、苏木、药材、海蜇、杉木、尺板；其船出台、温为艚艚，中为白艕，小为渔船、尖船，自南至沙埕，北抵定关（指浙海关镇海口）。如北船常运蜀、楚、山东，南直棉花、牛骨、桃、枣诸果、坑沙等货；其船系沙船、弹船，自北而南抵定关。又有台、温捕贩渔船。绍兴、余姚土产棉花。绍兴自内河至关。

---

[1] 郑绍昌主编《宁波港史》，第105页，人民交通出版社1989年版。

并宁波本地捕贩渔船及土产等货与诸番市舶,分征船货有定。"①从当时堆集在宁波江厦一带码头上的货物品类、产地与销路来看,亦可见其时宁波港贸易之盛。

嘉庆年间(1796—1820年),专营北方贸易的宁波贸易商在上海建立了浙宁会馆,并在会馆大厅里供立了一尊天后神龛。宁波府所属慈溪、镇海、鄞县的9个有势力的北号贸易商在宁波建立庆安会馆,并在东门外建造天后宫。

庆安会馆(选自哲夫主编《宁波旧影》,宁波出版社2004年版)

宁波的商业船帮往来于中国北方的营口、烟台、青岛,南方的广州、福州、厦门、泉州诸港,并且致力于东洋(日本)、南洋(吕宋、新加坡等地)、西洋(苏门答腊、锡兰等地)的远洋贸易。宁波商人从北方运来各种干果、大豆、豆饼、牛骨、食用油、药材、海味,又从宁波港运去棉花、竹、大米、糖、木材、海产品、纸和杂货;从南方运来糖、木材、干

---

① (清)光绪《镇海县志》卷九《关税》。

果、铁、麻布,又从宁波运去丝绸、纺织品、陶瓷、海产品;从海外运来进口木材、白藤、苏木、胡椒、铜、大米、糖、香料、药材、海味等,又把丝、丝织品、瓷器、海产品、干果、土布和各种土产运往海外各国。

资料显示,道光年间,宁波港口已经出现了繁荣的景象。虽然对英国等西方资本主义国家的船只停止了开放,但国内埠际贸易大为发展。光绪《鄞县志》卷二记载了嘉道间宁波港口繁忙的景象:"鄞之商贾,聚于甬江,嘉道以来,云集辐辏,闽人最多,粤人、吴人次之。""滨江庙左,今称大道头(江厦码头),凡番舶、商舟停泊,俱在来远亭至三江口一带。帆樯蠢竖,樯端各立凤鸟,青红相间,有时夜燃樯灯。每遇广船初到或初开,邻舟各鸣钲迎送,番货海错,俱聚于此。"因为海运的发展和海外贸易的需要,沿江两岸开辟了不少新的码头,致使江东的地价也攀升。胡德迈的《过甬东竹枝词》曾描绘三江口的情况:"巨艘帆樯高插天,桅楼簇簇见朝烟;江干昔日荒凉地,半亩如今值十千。"①

乾隆年间的宁波港,在封闭的整体经济结构中实行有限的开放,使宁波港的转运功能和港口的贸易有所发展,在一定程度内突破了自给自足的自然经济的制约。宁波的对外贸易对象除日本外,还有英国。然而,西方资本主义国家为攫取更多的利润,必定会用各种手段迫使宁波全面向西方开放,基本属于内向经济循环发展的宁波港,其开放程度会更高。

三、晚清的宁波港口和海外贸易

道光二十一年(1841年)的鸦片战争和《南京条约》的签订,使宁波作为第一批通商口岸被迫向西方开放。根据《南京条约》第二款中规定,英人可以在广州、福州、厦门、宁波、上海五个口岸通商、居住与设置领事、管事等官,以维护侵华利益。依此条款,英国首先在宁波取

---

① (清)光绪《鄞县志》卷七四。

得设有领事馆之权。此后,西方资本主义列强取得了英国领事在宁波所享受的全部特权,他们凭借特权企图扩大其贸易额。然而他们高兴得太早了。由于宁波在鸦片战争以后,其经济结构依然是小农业和家庭手工业相结合的自给自足的自然经济,这种结构对外国资本主义的商品特别是棉纺织品的侵袭具有顽强的抵抗力。宁波在洋纱洋布的倾轧后,其棉纺织业远远没有处于崩溃的境地。从棉花的产量和输出量来看,半数以上的棉花仍在本地加工。宁波开埠后,英国政府不仅难以打开宁波这个广阔市场,而且所看到的宁波贸易在明显下降。道光二十四年(1844年)宁波开埠后,当年贸易额为50万元,到了5年以后的道光二十九年却降到5万元。这在英国驻宁波领事罗伯聃、索里汪给英国驻华公司的报告中有所提到。1846年1月10日,罗伯聃说:"宁波的对外贸易似乎是不会繁荣起来了。"[1]1847年1月9日,索里汪报告说:"我很遗憾地报告,宁波的进出口贸易值比前一年减少了约三分之二。"1849年1月6日,索里汪又报告说:"我很遗憾地通知阁下,在去年下半年以内,这个港口的贸易没有增加。"[2]

在晚清,宁波港的基本特点是,在一系列不平等条约下,港口和港口贸易的演变发生了严重的扭曲,其原因是国家主权的丧失。咸丰十一年(1861年)后,西方资本主义国家在宁波取得越来越多的特权,控制了宁波海关权和对外贸易的权。

在第二次鸦片战争结束不久,此时的宁波港名义上还是清政府设在宁波的浙海关手里,但行政、人事等权力完全操纵在列强手中。外国侵略者以《中英通商章程善后条约》中"各口划一办理"规定为依据,要求清政府依照上海海关管理办法,实行"统一管理"。咸丰九年,英人李泰国担任首任总税务司。同治二年,赫德继任。他们开始考虑宁波海关行政用人大权。咸丰十年十一月二十九日,清政府在宁波江北岸成立了洋关。咸丰十一年二月九日,吴煦致宁绍道台张景渠的信

---

[1] 姚贤镐编《中国近代对外贸易史料》第1册,第619页,中华书局1962年版。
[2] 姚贤镐编《中国近代对外贸易史料》第1册,第620、623页。

中提到宁波海关的人选,由李泰国选募。

海关不仅负责征收进出口税,而且还掌管港口和航运业务,清政府每月拨给经费8000元。诸如,沿海内河、航标、航政、港务、引水及一切船舶检验、签证、登记、船员考核、进出口税和大宗税收都归所设的浙海关控制。比如,外国商船来宁波贸易,按理进出口牌照由清政府批准,但英国轮船的进出口牌照却由英国领事签发,不必由中国政府批准。宁波海关名为中国政府所有,实际上几乎完全落入外国人之手。"别立新关,其运输出入之权,乃操诸客卿之手矣。"① 宁波的"洋人管海关,海关管港口"的体制随之形成。

港口主权的一个重要体现是在引水权上。第二次鸦片战争后,外国侵略者胁迫清政府签订所谓浙海新关《宁波口引水专章》15款,使"洋关"控制了引水权。其中第3条就这样规定,"凡华民及有条约各国之民有欲充引水者均其一体充当"。事实上宁波港引水员全部是外国人。第4条规定,"备考者,其国领事官本人或派员均可在局从旁监同考试";第5条规定,凡是考试合格派充引水员的应赴税务司,由税务司代地方官引水字据。这充分表明,宁波海关税务司把持了宁波港的引水员选拔权,从而掌握了港口的引水权。宁波海关主权丧失了。此外,从19世纪中叶起,外国资本还控制了宁波的内河运输。

鸦片战争以后的宁波港口依照西方的管理理念和方法进行管理,开始从帆船港向轮船港转变。从宁波港的船舶来看,有三个显著的特点:(1)轮船成为出入港的主要船型。据同治十二年(1873年)统计,进港的帆船为376艘次,轮船为570艘次,轮船进入港口占船只的60.2%,帆船为39.7%。(2)外籍船舶占绝大多数,中国自己的船舶一般只占1/4,但后来逐步增长到1/3。(3)外籍船舶吨位大,技术条件好,因而单船营运效益好。当然,这仅仅是从不完整的统计资料中得到的印象。事实上,每年从事南北沿海诸港贸易的中国帆船约有

---

① (民国)《鄞县通志·食货志戊编下·产销(二)·通商略史》,宁波出版社2006年版。

1255艘，另有4000条小船从内河或杭甬运河来到宁波港。

从同治十二年的数据来看，轮船艘次超过在浙海关登记注册的帆船艘次，而且轮船运量超过帆船量10倍以上，轮船已成为出入宁波港的主导船型。出入宁波港的有英国、美国、德国、法国、丹麦、俄国、挪威、瑞典、荷兰、比利时、日本、葡萄牙、西班牙等十多个国家的船舶。其中艘次和吨位最多的是美国，第二位是英国，中国居第三；以下为德国、丹麦、法国、泰国；其他各国的船舶和吨位都很小。

停靠在宁波港的航海帆船（选自哲夫主编《宁波旧影》，宁波出版社2004年版）

随着轮船进出港口的增多，为轮船业配备的港口设置，包括码头、全球航标及其他港航设施同时发展起来。

最初确定为轮船作业的区域是在宁波江北岸三江口至下白沙一带。这里的河道水深均匀，平均为6.25米，有优越的港池和航道条件；江面平均宽度为290米，可以使3000至5000吨级的轮船出入。一般来说，港口的水深、岸线、陆域等自然条件，决定了它发展规模的极限，如果要继续发展，必须寻找新的港址，或者追加投资改造自然条件。宁波港的江北岸轮船码头，正是近代新的经济技术条件下的产物。

江北岸外滩旧影（选自哲夫主编《宁波旧影》，宁波出版社2004年版）

宁波开埠以后，江北岸一带修了一些仓库和小型石勘式码头，专供驳船和洋式帆船使用。货轮来港以后的作业方式，是水驳运上栈。同治六年（1867年），美商旗昌洋行开始建造船式浮码头，为开通定班货轮作准备。浮码头的建成，定班轮的通航，使进港卸货停留的时间大大缩短，最多不超过36小时。同治十三年，轮船招商局宁波分局筑成栈桥式铁木结构的船码头江天码头，靠泊能力约为1000吨级，后又继续维修扩建，达到3000吨级。光绪元年（1875年），宝隆洋行修建华顺码头。光绪三年，英商太古公司建太古码头。宣统元年（1909年），宁绍公司建宁绍码头。江北外滩沿江由北而来，先后有江天码头、北京码头、宁绍码头、外海商轮局码头、海门码头、镇海码头、永宁码头，至新江桥北堍有湖广码头。这一系列码头的建成标志着宁波港从江东帆船码头到江北轮船码头的转变演变完成。船泊的重心由江东转到江北，船舶的载重能力明显提升。

随着轮船往来的增加，对航道设施也提出了新的要求，同治四年，清政府的海关署和宁波道台就在甬江入口处修建两座主要的灯塔，即虎蹲山和七里屿。虎蹲山于同治十一年（1872年）五月改装完毕。照明器为透镜6级，发固定红光至地平线可见。离海平面148英尺，塔高17英尺，砖砌成八角形，远至5里内都可见到。七里屿亦于1872

年5月换上新的灯塔。灯塔之照明器为透镜5级,用固定白光射向地平线,离海平面123英里。天气晴朗时能见度达9里。灯塔的换新和装修为进入宁波港的轮船提供了不少方便。

宁波大关(选自哲夫主编《宁波旧影》,宁波出版社2004年版)

港口的一个重要职能是经济职能,港口的发展离不开海外贸易的扩大。同时,港口的发展也促进海外贸易的发展。道光、咸丰以后,宁波初步具备了近代轮船港口的面貌,从而有力地促进了宁波对外贸易的发展。

道咸以后,宁波的集市更趋于开放。市场汇集起来的商品,原来主要在区域内或国内流动,现在则汇聚通商口岸而进入国际市场。这样,宁波的商品纳入了以宁波口岸为中心的商品流通结构之中,成为国际商品流通体系的一个部分。以下是同治九年(1870年)至同治十一年的进出口货物列表:

表2—11　同治九年至十一年宁波海外贸易表

单位：海关两

国家和地区	同治九年		同治十年		同治十一年	
	进口	出口	进口	出口	进口	出口
澳大利亚	2728					
新加坡、海峡	151066		70778	487	17365	
马尼拉	6188	7655				
日本	2675	113669			7467	1143
暹罗	38358			7746	30070	10898
香港	649142	185901	575419	85641	1307095	318501

资料来源：《同治十年至十一年浙海关贸易报告》，《近代浙江通商口岸经济社会概况》，第140、143页，浙江人民出版社2002年版。

从上表可以看到，宁波商品进一步融入国际市场，贸易国家数量有所扩大，既有东南亚国家，也有大洋洲国家。当然，与欧洲也有贸易，主要有英、法、德、荷兰、丹麦、葡萄牙、瑞典、挪威等国。比如，德国在同治十年贸易值为493584银两，到次年为1016021银两，承运吨位同治十年为13984吨，到了第二年上升为23092吨；荷兰之贸易值同治十年为12653银两，次年为19275银两。丹麦自同治九年至同治十一年的三年之贸易值分别为68596银两、60705银两、25577银两。

姚贤镐的《中国近代对外贸易史资料》也记载了自同治六年至同治十三年宁波港直接从外洋进口贸易货值，总体上看是迅速上升的。今根据上述资料整理如下：

表2—12　同治六年至十三年宁波港直接从外洋进口贸易货值表

年　份	直接从外洋进口额（海关两）	占全国进口总额（％）	占本港进口额（％）
同治六年	675445	1	14

续上表

年　份	直接从外洋进口额（海关两）	占全国进口总额（%）	占本港进口额（%）
同治七年	537870	0.8	11
同治八年	101988	0.58	8
同治九年	765906	1.16	13.6
同治十年	579363	0.8	11
同治十一年	1225147	1.7	20
同治十二年	17866875	2.58	28
同治十三年	1977925	2.94	32.9

上表也表明，自同治六年（1867年）至同治十三年的8年中，宁波直接从外洋进口的贸易额有明显增长。同治六年，直接从外洋进口额为675445海关两，占全国进口总额的1%，占宁波港进口额的14%，而到同治十三年，宁波直接从外洋进口的贸易已达到1977925海关两，占全国进口总额的2.94%，占宁波港进口额的32.9%。

宁波从外洋进口的物品有棉制品（洋布、洋纱）、毛织品、铁钉、铅、锡、黑胡椒、白胡椒、丝绒、大米、乌木、檀香木、苏木、煤油、鸦片等，而出口的物品是铜钱、棉花、墨鱼干、纸扇、草席、药材、本色棉布、绸缎、生丝、绿茶、烟叶和小麦。

四、温州、杭州开埠后的宁波港口与海外贸易

咸（丰）同（治）以后，宁波的对外贸易曲折发展，其主要原因是温州与杭州的开埠。

光绪二年（1876年），英国侵略者以"马嘉理事件"为借口，强迫清政府签订《烟台条约》，其中一个内容是开放宜昌、芜湖、温州、北海为通商口岸。从此，温州、芜湖进口不需要再经宁波，而是可以自行采购

洋货,出口也可以从其他口岸进行。皖南盛产徽茶,宁波出口的茶叶3/5来自安徽。温州、芜湖开埠以前,宁波出口的土货中,最主要的就是绿茶,占全部出口额的一半以上。这一时期内,茶叶的出口增长了3倍。同治二年(1863年),宁波茶叶出口只有36438担,到同治十一年已达到176780担。但温州、芜湖开埠后,外商可以直接到那里收购茶叶,徽茶也可以直接由其他口岸出口。宁波的茶业出口为之减少,1876年为130394担,1877年为129720担,到1878年则降为103206担,严重影响了宁波的进出口贸易。《光绪三年浙海关贸易报告》中已经谈到了这一点,"温州无疑会对宁波起到限制作用,事实上已经如此"[1]。光绪二年(1876年),宁波运至温州的灰色衬布为39567锭,光绪三年为10552锭,到光绪四年为零。相反,在这一年从其他地方进口的灰色衬布却有24210锭。宁波海关在光绪十年的报告中也提到,由于温州开埠,宁波内地转口贸易已跌了400000多海关两。

随着《马关条约》的签订,光绪二十二年杭州开埠,给宁波对外贸易又一次投下阴影。安徽原来运往上海销售的茶叶,由于杭州税款沉重,一般"改为绕大圈取道宁波,再装外国沿海航船运到它的自然终点——上海"。杭州开埠后,徽州茶不需再经宁波,改由杭州运往上海。正如浙海关税务官员所分析的那样,由于杭州"撤去搪捐,由江西、安徽之货莫不由杭装运"。而曾经维系宁波出口贸易的徽州茶及部分平水茶数量锐减。徽茶出口一再下降,最后完全从本口岸消失,宁波出口贸易也受到影响。现根据资料列表如下:

表2—13 光绪十八年至二十七年宁波口徽茶出口数量表

年　　份	数量(担)	年　　份	数量(担)
光绪十八年	75235	光绪二十三年	12468
光绪十九年	73801	光绪二十四年	3561

---

① [英]杜德维《光绪三年浙海关贸易报告》,《近代浙江通商口岸经济社会概况》,第172页,浙江人民出版社2002年版。

续上表

年 份	数量（担）	年 份	数量（担）
光绪二十年	74345	光绪二十五年	299
光绪二十一年	90380	光绪二十六年	—
光绪二十二年	78660	光绪二十七年	—

纵观上述情况，可以清楚地看到，温州、杭州开埠后，宁波港口的幅地在缩小，宁波的对外贸易受到了冲击。

但从总体上说，宁波与国内其他城市的埠际贸易还在发展，主要是通商口岸贸易增多。到 20 世纪初，宁波除已经与上述沿海城市贸易外，还与苏州、重庆、沙市、岳州、镇江、芜湖等长江流域城市贸易。光绪二十七年（1901年）和宣统三年（1911年），宁波对全国主要城市贸易额所占百分比如下表：

表 2—14　清末宁波对全国各埠贸易额百分比表

地区 时间	上海	汉口	镇江	重庆	九江	宁波	芜湖	杭州	南京	宜昌	苏州	温州	沙市	长沙	岳州	其他口岸
光绪二十七年	17.70	9.30	4.09	3.63	2.52	2.54	1.99	1.81	0.69	0.39	0.35	0.22	0.17	0.06	0.06	54.54
宣统三年	17.39	10.40	2.07	2.57	3.06	1.96	1.89	1.56	0.80	0.42	0.61	0.23	0.25	1.56	0.35	54.88

资料来源：根据民国《鄞县通志·食货志丁编下·商业二》整理。

上表告诉我们，到 20 世纪，宁波埠际贸易口岸进一步扩大，往北方的贸易有所减少，与长江沿岸城市的贸易有所增多。在贸易口岸中，上海始终居第一位，汉口居第二位。

五、海外贸易对宁波经济的影响

宁波港口和海外贸易的发展，对宁波的商品市场及近代化产生了深远的影响。主要有四点：

第一,宁波的封建经济迅速地卷入世界资本主义的运行过程。开埠以后,宁波港口正确实施其经济职能,使宁波的商品市场更趋于开放。集市汇集起来的商品,原来主要在区域内或国内流动,现在则汇聚通商口岸而直接进入国际市场,与世界市场接轨。这样,经过海外贸易,宁波的商品市场被纳入到以宁波口岸为中心的商品流通结构之中,成为国际商品流通体系的一个部分。在宁波府所属市镇的集市上交易的粮食、丝、茶、棉、药材等货物,通过甬江和镇海口运往海外。宁波的货物不仅运销亚洲,而且远销欧美。比如,由宁波出口的浙东茶叶和徽茶直接运往英国,在首都伦敦交易。"在伦敦市场,茶叶愈好价愈高。因为汇率下降茶价就提高,而质差者就根本没人要。头上几批运英、美的茶叶都赚不到钱。到了八月底,主要是销美国,收购又开始,价格即回落。到季末,好茶需求就上升,价格也随之回升。"①

第二,集市的商品结构发生重大变化。开埠以后,宁波集市交易的货物,不再仅仅是农副产品及手工业品,也不再仅仅是农民之间或农民与手工业者之间的余缺调剂。外国商品,诸如洋纱、洋布、煤油及家用杂器开始充斥宁波市场。

由于海外贸易扩大,进出口贸易日益发展,宁波各县农民放弃自给性耕作生产,扩种棉花、桑树、蓝靛、烟草等经济作物。比如,棉花,由于世界市场价格高涨,咸丰十年(1860年),突然从每包9元涨至28元,使宁波的农民放弃了其他作物的种植。光绪十二年(1886年),宁波港出口的原棉达66万磅,第二年增加到138万磅,促进了宁波地区棉花种植进一步发展。当时的余姚"东至慈溪观海卫,西至上虞夏盖山一带,共百余里的农民、沿海百姓,名曰沙民,皆植木棉为业"②。

第三,促进了宁波近代工业的发展。随着港口和海外贸易的发展,宁波的商人逐步完成民族工业的资本积累,镇海的方氏家族、李氏

---

① [英]墨贤理《光绪十九年宁波口华洋贸易情形论略》,《近代浙江通商口岸社会概况》,第283页,浙江人民出版社2002年版。
② 彭泽益主编《中国近代手工业史资料》第2卷,第236页,中华书局1962年版。

家族、叶氏家族及虞洽卿、朱葆三等通过对外贸易,积累了资金,在家乡创办近代工业和商贸业、金融业。比如,严信厚于光绪十三年(1887年)创办通久源机器轧花厂,标志着宁波近代工业的创建。光绪十五年,宁波商人在慈溪开办火柴厂。

第四,促进宁波帮的形成和发展。在海外贸易中通过贩运丝、棉、药材、水产品等,一部分宁波商人很快掌握经商本领,成为贸易经纪人。他们中的许多人因经营得当而迅速致富,逐渐积累了巨额资本。到了光绪以后,上海的买办主要来自宁波。在生丝贸易方面宁波商人已经超过广东商人。进口洋货数十年来,为宁波人绝对独占,逐年有增长之势。比如,方家经商致富后,久居沪上,通西国语言文字,世以贩丝茶著信西商,同外国洋行有密切联系;先后在上海南北市及汉口、宁波等地开设大钱庄,积资至数百万两,成为"名闻中外"的买办商人。① 镇海龙山(今属慈溪市)的虞洽卿,也先后担任过德商鲁麟洋行、华俄道胜银行、荷兰银行的买办。这些人在参与国际市场过程中,成为巨富,从而成为近代宁波帮的代表人物。

---

① (民国)《镇海县志》卷二七《人物传》。

第三章

清代宁波的教育与文化

- 教育与科举
- 史学成就
- 文学成就
- 哲学与经学
- 宗教信仰
- 书画与戏曲
- 科学与技术

宁波文化发展到清代,开始向近代转型。作为开放城市的宁波,在中西文化的剧烈碰撞中,科学技术、文学艺术、史学等各个领域都涌现出一批富有自己特色的名家。尤其是以黄宗羲为开山鼻祖的浙东学派,在整个清代具有重要影响。

第一节 教育与科举

宁波在清代的教育与科举是比较发达的。清初府、县学与书院教育得到长足发展。晚清出现了近代教育,创办新式学堂,掀起了留学热潮。鸦片战争以后,随着新式学堂的出现,旧有官学衰落,清廷不得不于光绪三十一年(1905年)废除科举,沿袭一千多年的科举选士制度也被废除。应该看到,清代宁波的科学技术也有所发展,在数学、天文学、医学等领域取得了不少成就。黄宗羲等都是积极介绍、吸收西方科学思想的知名学者。晚清科技领域中,宁波籍的科技人才在普及和推广近代自然科学方面有一定的影响。

一、府、县学的设置与书院、义学的发展

清代由政府管辖的学校有中央官学和地方官学。地方官学主要指府(州)、县学。除此以外,还有书院、义学,尽管后者并不是正规学

校,但在传播文化与人才培养中起到重要作用。

(一)府、县学的设置

清代地方官学的设置基本沿用明代旧制,府设教授,州设学正,县设教谕,并各设训导。宁波府学设教授1人,训导1至2人。康熙三年(1664年)裁训导,仅留教授1人。康熙十五年复设训导1人。这些教官均为七至八品官,而且多为科举出身的举人,其中府学教授则为进士出身。

学生的来源是通过童试录取生员,称秀才。计划内录取的在额生员称廪生,由国家提供膳食和学资;计划外增加的称增广生和附学生,不享受国家资助,如果学习成绩优秀,可以升补为廪生。宁波府学的廪生为40人,由于士子的日益增多,复取增广生40人,附学生若干人。象山县学子弟入学,康熙元年停岁贡及廪膳,康熙十三年仅2名,到康熙二十九年增至7名,三十八年增至12名。

慈城孔庙(慈城镇人民政府提供)

宁波的府、县学馆到清代多次进行修筑。顺治八年(1651年),巡海道王尔禄重修宁波府学。康熙九年(1670年),知府崔维雅率属重建明伦堂,建两庑,葺泮宫门。康熙十一年,通判郭一凤重建启圣馆。十五年,教授葛衷钦倡修圣殿。以后又陆续多次修大成殿、学宫等。雍正二年(1724年),府学明伦堂毁于大风,学使彭维新捐俸禄重建。雍正五年,孙诏重建西庑及名宦、乡贤两祠。雍正六年重建文昌阁。雍正七年,道府各捐俸,增饰殿庑门墙。雍正八年至九年,知府曹秉仁捐俸多次重修府学先师庙、崇圣祠、名宦祠、乡贤祠等。乾隆年间,清廷重建明伦堂、启圣祠。

郡属各县也修建了县学、明伦堂、先师庙等。比如,鄞县在顺治四年修建县明伦堂及启圣祠,康熙三年重建了明伦堂、启圣祠,康熙五十二年,修先师庙和文昌阁。雍正五年,大成殿颓圮,宁波知府孙诏、鄞县县令杨懿捐俸百金,教谕沈廷桂协乡绅捐募银500两,修筑大成殿及两庑名宦、乡贤等祠;雍正八年又作了进一步修建。慈溪县学在康熙十年重修。奉化县学在清初也多次重修,尤其是雍正元年县学为飓风所坏,县令魏大德等劝助,重修大成殿及两庑。

宁波府、县学的教学,以科举考试为主要内容,始终把儒家经典作为教材,学习"四书"、"五经"。比如清廷给慈溪儒学颁发了《四书讲义》、《四书》、《五经》、《朱子》等儒家经典。按清廷规定,考试时,皇帝的"圣谕"是必须默写的内容。慈溪儒学就把康熙帝、雍正帝的"上谕"和御制碑文作为学生必读课文。象山县学也以《御制训士子文》、《御制圣谕万言广训》、《大义觉迷录》、《刺戴名世》等书籍为主要教学内容。

(二)书院与义学

宁波的书院始于唐代,到了清代,由于清初统治者担心书院讲学容易成为知识分子宣传反清思想的阵地,危及清廷的统治,于是抑制书院的发展。到康熙年间,禁令开始松动。雍正十一年,士绅相继办起了一些书院。皇帝上谕认为,"建立书院,择一省文行兼优之士读书其中,使之朝夕讲诵,整躬励行,有所成就,俾远近士子,观感奋发,亦兴贤育才之一道也","书院之设,于士习文风,有裨益而无流弊"。① 乾隆时对书院进一步提倡与整顿。由于朝廷的提倡,因而书院出现一些官学化的倾向。当然,也有民间兴办的。乾隆以后,宁波书院得到快速发展,书院的数量大大超过前代。据统计,清代宁波所属书院57所。

清代宁波书院最著名的当推甬上证人书院、姚江书院和辨志书院。

甬上证人书院在府城西管村白云庄,为明末清初儒学大师黄宗羲讲学的地方,是清代浙东学派的发祥地。康熙七年(1668年)始建,至康熙十四年关闭,甬上证人书院历时八年,培养了不少著名学子,在中国学术史上享有殊誉。

甬上证人书院的前身是策论之会。甬上学风在清初相当活跃,遗民子弟往往结文社以通风气,万斯大、万斯备、万斯同、万言等组成文会,董允瑫、陈芝紫、陈锡嘏、陈自舜等组成澹园社。康熙四年,文会和澹园社合并组成策论之会。康熙六年五月,黄宗羲首次来甬讲学,主要讲授蕺山之学。策论之会改名为证人之会,同年又改为五经讲会。范光阳《双云堂文稿》卷三《张有斯五十寿序》说:"蕺山刘忠正公之学,自吾姚江黄梨洲先生始传于甬上,其时郡中同志之士十余人,皆起而宗之,以为学不讲则不明,于是有证人之会,月必再集,初讲《圣学宗要》,即蕺山所辑《先儒粹言》也,同志之士得携其门人弟子向与质疑问难。其后为五经讲会,亦如之。"康熙七年三月,黄宗羲再次来甬讲学,与诸子大会于广济桥、延庆寺,于是以"证人名之"②。黄宗羲《董吴仲墓志铭》说:"甬上之闻风而兴者,一时多英伟高明之士,吴仲其一

---

① 《清朝文献通考》卷七〇《学校八》,第5504页,浙江古籍出版社1998年版。
② (清)全祖望《甬上证人书院记》,《鲒埼亭集外编》卷一六,《全祖望集汇校集注》中册,第1059页,上海古籍出版社2000年版。

也。明年,余至甬上,诸子大会于僧寺,亦遂以证人名之。"[1]甬上证人书院才正式确立下来。

甬上证人书院的教学,以学生自学为主,教师讲解为辅;教学采用个别研读、相互辩论和集众讲授相结合的方式;因材施教,独立思考。弟子们先从黄先生所授说经诸书,各研其义,然后集讲,强调先自学,黄宗羲对甬上弟子仅作阶段性的指导。至于日常的教学活动,则由甬上弟子自己组织会讲,一般一月两次,主持人轮流推定,讲经会一开始,先由司讲者就某一论题讲行阐述,而后与会诸生即可对所讲问题展开讨论与争辩,互相商榷与探讨的气氛十分热烈。

黄宗羲讲学具有明确的宗旨,以"经世致用"相号召,甬上证人书院一以贯之。教学内容以经学为主,其先后次序为《易》、《书》、《诗》、《礼》、《春秋》,是按古文经的路子学习的。在"经世致用"思想的指导下,甬上证人书院的学习内容得以大大拓展,开设了经学、哲学、史学、文学、数学和历算等课,培养了不少学子。在证人书院先后听讲的有100多人,其中有弟子66人,被黄宗羲推许者18人,经学方面富有造诣的有万斯大、万斯选、黄百家,长于史学的有万斯同、李邺嗣、全祖望、邵晋涵、郑梁、郑性。他们在文学上也有影响。继而形成了以甬上证人书院弟子为主体的清代浙东学派,开创了清代学术研究的新风,在中国学术史上占有重要地位,其学术精神和学风,一直影响到近代。

姚江书院位于余姚城南双雁里半霖。明崇祯十二年(1639年),余姚人沈国模、管宗圣、史孝咸讲学于半霖,从学苏元璞因建义学,祀先贤王阳明。后改名为姚江书院。顺治十三年(1656年)后,沈、史相继去世,书院停止讲学。康熙八年(1669年),韩孔当主院事,他严立规约,书院出现兴盛局面,有弟子70多人。韩孔当去世后,史显臣主持书院。康熙二十九年春,康如琏为余姚知县,他整修姚江书院,后捐资修先师堂。康熙三十三年,书院由邵廷采主持。康熙四十一年,知

---

[1] (清)黄宗羲《董吴仲墓志铭》,《黄宗羲全集》第10册,第466页,浙江古籍出版社2005年版。

县韦钟藻改建于南城东南巽水门内角声苑旧址。乾隆初开始衰落,但为时不长,不久再度衰落。到乾隆三十八年(1773年),邑人杨辉祖重修。乾隆五十八年,又增建了庑楼10楹,并添置膏火田36亩,书院再次出现兴盛景象。

书院的主要教学形式是讲学,每月小会,每季大会,形成了一套完善的讲会制度,并经常与其他书院互访,讲会授徒。康熙六年(1667年)至七年,邵廷采"月赴小会,归治经书"[1]。"康熙己酉间,韩氏讲学城隅,士气大振"[2]。黄宗羲也到姚江书院会讲。黄宗羲本人对此有过记载。他在《安邑马义云诗序》中说:"己巳元夕,会讲于姚江书院。康明府实来。讲毕,明府出其友人马君义云诗,俾余评定。"[3]"己巳元夕",指的是康熙二十八年正月初一。这一天,余姚知县康如琏与黄宗羲等人参加会讲活动,黄宗羲对县令的朋友马义云的诗作了评价。这说明黄宗羲参加了姚江书院会讲。书院此后由邵廷采主讲习,仍守王学,在当时影响较大。通过讲会制度,书院允许不同学派讲学争鸣,听讲者也不受地域和学派限制,体现了不同思想学派之间的学术交流,活跃了学术气氛。教学活动中,书院多采用问难对辩方式,使生徒受益匪浅,学问日益长进,同时也扩大了书院的影响,促进了浙东学术的繁荣。

辨志书院,是近代宁波有一定影响的书院。这家书院由宁波知府宗源瀚于光绪五年(1879年)在宁波城区创办。课程为国文、历史、经学等,但是为适应开埠后的经济发展,又开设舆地、天文、算学等新兴学科,成为近代宁波开设新兴学科之先导。辨志书院的学生除正常上课外,还要参加文会,进行探讨。课题由宗源瀚亲自拟定。光绪七年四月,辨志文会所拟课题的内容涉及史学、文学、天文、舆地、算学。这年七月的文会课题登在《申报》。《甬报》对此作过报道:"宁波府宗湘

---

[1] (清)万经《理学邵念鲁先生传》,《思复堂文集》,第535页,浙江古籍出版社1987年版。
[2] (清)邵廷采《姚江书院记》,《思复堂文集》卷四,第247页。
[3] (清)黄宗羲《安邑马义云诗序》,《黄宗羲全集》第10册,第69页,浙江古籍出版社2005年版。

文太守,于七月份办志会,课题已登明《申报》,无庸赘列矣。"①富有影响的黄以周曾主持辨志书院,为汉学斋长,弟子多达一千多人。陈汉章也到过辨志书院,抄过《辨志文会卷》3本。在书院,陈汉章上交的课艺文,得到过黄以周的赞赏。陈氏回忆说:"黄先生阅汉文学(经文学——引者)卷,初得批语:'象山有此士难得。'继批语曰:'吾郡有此隽才,惜未见面谈也。'"②辨志书院的开办,为宁波近代经济、文化的发展培养了人才。

　　清代最初的学校,是私人设立的学塾,俗称私塾。宁波的学塾,主要是"义塾"、"义学"。所谓"义塾"是某个家族出资在一个地方设塾,教育本家族的贫困子弟。比如,宁波各县都办有学塾。雍正年间,建育莪义学,道光年间建黄岳义学、柳汀义学、椿荫义学。咸丰、同治间,鄞县潘火桥人、江苏候补道台蔡筠,在家乡鄞县办蔡氏敦本义学,在城区办星荫义学、日湖义学。镇海县于乾隆十一年(1746年),由知县王梦弼拨昆池书院内傅家碶下田10亩与30亩,设南城义学和杨亭义学。道光十一年(1831年),里人方大品与其族人方城、方家盛在灵绪乡创建凤湖义学。其中方大品捐田30亩,方城捐田5亩,方家盛捐田15亩。镇海还有灵山义学和周氏义学。余姚清代有吕氏义学,在城内东北隅,光绪间有屋50间,田500亩,常有数百人到义学学习。余姚在道光二十一年于上林向头所城(今属慈溪市)建三管义塾。咸丰八年(1858年),牟山魏家村办镜宇义塾,开元乡开设何氏义塾。同治十年(1871年),泗门创办存著义塾,凤山创办凤山义学。奉化办有蔡氏义学。宁海县咸丰初建魏氏义塾,同治间设龙翔义塾、兴教义塾,光绪间置桃源家塾、幼义书塾、词林书塾、新隽书塾、健跳义塾、花屿义塾、大横渡义塾、浮溪义塾、香岩义塾、詹氏义塾、梅林义塾。据《宁波市教育志》统计,清代所办义学149所(包括余姚、宁海),其中鄞县46所、慈溪15所、镇海15所、奉化45所、象山2所、余姚12所、宁海14所。

---

① 《中外近事》,《甬报》第7卷,光绪七年(1881年)七月。
② 钱英才《国学大师陈汉章》,第51页,浙江文艺出版社2007年版。

义学的经费主要来源为田、地的租息，义学少的置田（地）几十亩、百余亩，多的置田五百亩至千亩，为塾师、膏火等费。比如，道光三十年（1850年）鄞县人林祥烈、林祥杰置田百亩办义塾，咸丰二年（1852年），象山南乡新塘人郑亨仲妻龚氏输资创建凤阳义塾，置田百亩为膏火资。余姚杜家团三管义塾有塾地797亩，凤山义塾有涂地526余亩。慈溪的董氏义塾、裘氏崇义堂义塾、宓氏禴经堂义塾、邱氏启文义塾、虞氏龙山义塾以及凤湖义塾、遗安义塾，兴建时，都有捐银，有的在万两以上。当然，外国教会在宁波也办义学。同治五年（1866年），教会在宁波创办2所义学，在校学生40人。

宁波学塾开始是识字，读《三字经》、《百家姓》、《千字文》。道光、咸丰后，一些义塾除读上述的诗书外，还读经史子集，兼习象纬、舆地、测算诸学。

二、科举制度在宁波

清代的科举考试，可以分为童试、乡试、会试、殿试四级。童试，又称童生试，或称小试、小考，是科举考试的第一级。县试日期多在二月。一般在县城或府城举行。按照当时习俗，童试前还要吃考饭。象山人陈汉章在光绪九年（1883年）参加童试，据他的《癸未日记》记载，当时，陈汉章20岁。按照象山习俗，童试前要吃考饭。"以酒食为馈，有状元糕及粽，取其高中也；有鳌头汤，取其有想头也。"[①]考试分正试、复试两场。正试试两文一诗，复试试一文一诗，并默写《圣谕广训》百数十字。光绪六年正月《申报》有记载："初六日，宁波府太守考试，鄞县文堂，正场四鼓点名，大门外先由教官开点，每人给一竹签，再由九曲文栏到二门缴签给卷，无签者不得闯入，鱼贯而进，并不拥挤。封门出题，众童见题纸上'腾'字缺一点，遂即喧哗，太守不得已，乃易纸委

---

① 钱英才《国学大师陈汉章》，第75页，浙江文艺出版社2007年版。

书,众童始归号作文,云首题'今腾',次题'然则子非食去也'。诗题'赋得人曰题寄草堂'(五言六韵)。并悉初八日考慈、奉、镇三县文童。"①

被县试录取的考生依据程序到府中进行府试,时间多在四月。府试通过后,便取得童生资格,可以参加正式科考即院试。经过院试,考中者称生员或称秀才,又称附生。光绪十七年(1891年),浙江省有2万童生考秀才,中榜者2187名。其中宁波府考中秀才的有182名。②余姚考生蒋梦麟曾经到绍兴参加过院试。清晨四点左右集中在试院,听候点名。几千位考生挤在院子里,每人戴着没有顶的红缨帽,手里提着灯笼和考篮。绍兴知府为监考官。经过唱名后,蒋梦麟进入考棚,找出自己的位置就座。考试范围是四书五经。至下午四点,炮声响了,吹鼓手吹奏乐曲,考生开始交卷,一直至六点钟。十天后公布考试结果,再隔几天,举行复试,还要淘汰一部分人。蒋梦麟正是经过这样的程序参加院试,顺利通过郡试和复试,考中了秀才。他在回忆清末考秀才时说:"放榜的那一天,一大群人挤在试院大门前一座高墙前面守候。放榜时鸣炮奏乐,仪式非常隆重,榜上写的是录取考生的号码,而非姓名。号码排成一圆圈,以免有先后次序的分别。我发现自己的号码也排入圆圈,列在墙上那张其大无比的长方形榜上,真是喜出望外。""几天之后,举行复试,复试要淘汰一部分人,所以被初试录取的还得捏一把汗。复试运气还算不错。发榜时,发现自己的名字列在居中的某一行上。……再过几天之后,我一大早就被窗外一阵当当小锣惊醒,原来是试差来报喜。我已经考取了附生,也就是平常所说的秀才。"当时试差给蒋梦麟带来一份捷报,是一张约6尺长、4尺宽的红纸,上面用宋楷大字写着:"贵府相公某蒙礼部侍郎提督浙江全省

---

① 转引自《甬报》第7卷,光绪七年(1881年)七月。
② [英]墨贤理《浙海关十年报告(1882—1891)》,《近代浙江通商口岸经济社会概况》,第29页,浙江人民出版社2002年版。

学政某考试录取余姚县学附生。"①

乡试,是科举考试的第二级,由皇帝钦派主考官和副主考官分赴各省,每三年一次,在省城举行。由主考官命题,地方学政官不得参与。参试人员是府州县官学生员,以及国子监贡生、监生和个别平民等。乡试前一年有科试,是资格考试。这是为乡试做准备,科试录取的名额一般是乡试录取名额的几十倍。陈汉章参加乡试时,经历了资格考试,获副贡生。各省在省城东南建立贡院,作为乡试的考坊。大门正中悬"贡院"两字大匾。浙江的贡院在今天的杭州高级中学附近。各省乡试在秋天举行,故称"秋试"、"秋榜"、"秋闱"或"桂榜"。乡试日期由全国统一定为农历八月初九、十二、十五日,连考三场。每场都于头一天,即初八、十一、十四日点名。考生经搜身后携带笔墨进入考场。每场后一日即初十、十三、十六日交卷出场。考试内容分别是,"四书"题文(即八股文)三篇,五言八韵律诗一首,经义题文五篇,策论五道。发榜日期一般在九月十五日以前的寅日或辰日,故又称虎榜或龙榜,通称龙虎榜。

中榜者称为举人,第一名称解元,第二名为亚元,第三、四、五名为经魁,第六名为亚魁,其余都称文魁。从资料看,宁波士子考中举人是不少的。据雍正《浙江通志》记载,从顺治二年(1645年)到顺治十七年的15年中,宁波境内的举人为92人。不少宁波人在乡试中夺得解元、经魁。雍正元年(1723年)癸卯恩科,余姚人陈本为经魁,任静海知县。雍正二年甲辰榜,余姚人谢宜相考了第一名,当了解元,任丰都知县。蒋梦麟的曾叔祖也到杭州参加乡试,中举人,并且成为解元。光绪二十九年(1903年)秋,慈溪人李思浩参加浙江乡试,试题为"食足货通然后国实民富而教化",李思浩学的是经济专业,以优异成绩考中举人。鄞县有清一代考中举人888名,其中考中8名解元。

当然,考中举人的士子即使不经会试中进士,也有了做官的资格。

---

① (民国)蒋梦麟《西潮与新潮》,第73~74页,东方出版社2006年版。

比如,顺治三年丙戌科,余姚王振孙中了举人,做了德清的教谕,其同乡许元孝中举人后担任知县。顺治八年辛卯科,余姚人陈祖法中举人后任晋州知州。康熙二十三年(1684年)甲子科,鄞县人袁宏益中举人后,任嘉定知县;宁波人左臣黄、李梦杰中举人,皆担任钱塘教谕。

为鼓励考生赶考,一些县还设立"科举田",为赶考士子提供经费。乾隆二十三年(1758年),象山县令史鸣皋以田洋湖塘田150亩详宪立案,"定为士子乡、会试路费,立户科举田";道光元年(1821年),县令孙廷松以马岙培水塘田203亩"饬收科举田户内",从而使"赴试之得其资斧者为不少矣"。①

同时,宁波各县在省城杭州设立试馆,以便为赴省参加乡试的秀才复习、生活提供方便。民国《象山县志》卷三二《文征外编上》载有俞樾所写的《象山试馆碑记》。碑记说:"宁波所属,如鄞、如慈、如镇海皆有试馆,然距贡院或稍远;而寓其馆者,大率萃居而聚食,不能自适。此馆(系象山试馆——引者)距贡院才数百步,又其制略仿贡院号舍之式,屋三间为一号,凡三十三,为屋九十九间,庖湢器用咸备。士有同志切磋之乐,而无他族逼处之嫌,尤多士之所便,而他试馆所莫及也。"俞樾的碑记不仅介绍了在杭州的象山试馆建筑的宏大规模及其对乡人赴省乡试的功能,也确证了宁波各县在杭州设试馆的事实。

会试,即集中会考之意,是由礼部主持的全国性考试,统一在京城举行,应试者是各省举人。每三年举行一次,称正科。如遇皇室重大庆典,则有特别加恩开科取士,称"恩科"。考试日期原在二月,乾隆后改在三月,均为春天,故又称"春闱"、"春试"。又因由朝廷礼部主持,也称"礼闱"。一般20名考生中录取1名。会试发榜定为四月十五日,这时正值杏花盛放,所以又称为"杏榜"。会试考三场,时间为三月初八日、十一日、十四日,但有时为三月初九日、十二日和十五日。象山的姜炳章与陈汉章、欧平叔参加会试的时间就差一天。姜炳章参加

---

① (民国)陈汉章总纂民国《象山县志》卷一四《教育考》。

乾隆十九年(1754年)的会试,其时间为三月初八日、三月十一日和十四日。而陈汉章、欧平叔参加光绪十五年(1889年)己丑会试,其时间为三月初九日、十二日、十五日。

当然,陈汉章落榜了,而其同乡欧平叔却荣登榜上。次年,陈汉章又参加会试,依然未中。自此,他不再应试科举。

会试考中者为贡士,第一名叫会元,再经过殿试后排定名次,称进士,作为清廷任命新官职位的主要依据。顺治五年(1648年)戊子,鄞县桃源乡水有岳、张越、张尚纲参加会试,考中贡士。其中水有岳官至经历,张越为海宁训导,张尚纲为孝丰教谕。康熙三十五年(1696年)丙子科,余姚人孙国器考中贡士。乾隆元年丙辰科,童俊考中贡士,授江南溧阳县丞。康熙二十七年戊辰科,鄞县人范光阳中会元。乾隆三十六年辛卯科,余姚人邵晋涵中会元。李元度的《国朝先正事略》卷三五《邵二云先生事略》中说邵晋涵"(乾隆)三十六年,会试第一,成进士,廷试二甲,归部铨选"。

会试还有副榜(副贡)。中副榜的人不算正式录取,也不得参加尔后的殿试,但是可以由吏部酌情授予低级官职。比如,康熙三十八年余姚谢司微为副贡。雍正元年(1723年)癸卯科,岑元亮中副贡,后任乐清教谕。鄞县在清代共有127人中副贡。

殿试,又叫廷试,由清朝皇帝亲自主持。考试内容为经史的务策,简称对策。会试考中者都可以参加殿试,并全部取中,成为进士。皇帝根据殿试的成绩,排定不同的名次。名次分为三甲:一甲为前三名,赐进士及第(其中第一名称状元,第二名称榜眼,第三名称探花);二甲若干名,赐进士出身(其中二甲第一名又称传胪);三甲若干名,赐同进士出身。名次排定后,金榜公布,国子监还要为新科进士立碑,将名单镌刻碑上,以资永存。

据《宁波市志》第38卷《教育》第4节《科举》记载,从顺治到光绪9朝,在今天的宁波市境内共考取进士308人。具体如下:

顺治年间共有54名,其中鄞县25名,慈溪11名,奉化1名,象山

2名,余姚15名。

康熙年间有62名,其中鄞县28名,慈溪15名,奉化2名,镇海1名,象山1名,余姚15名。

雍正年间有6名,其中鄞县2名,慈溪2名,镇海1名,余姚1名。

乾隆年间有43名,其中鄞县17名,慈溪5名,镇海6名,象山1名,余姚14名。

嘉庆年间有19名,其中鄞县7名,慈溪5名,奉化1名,镇海3名,余姚3名。

道光间有28名,其中鄞县12名,慈溪4名,镇海1名,余姚11名。

咸丰年间15名,其中鄞县8名,慈溪1名,镇海3名,余姚3名。

同治间有19名,其中鄞县10名,慈溪3名,镇海3名,余姚3名。

光绪间有62名,其中鄞县27名,慈溪10名,奉化2名,镇海11名,象山2名,余姚7名,宁海3名。

清代科举考试最后一次是光绪三十年(1904年)甲辰科,今宁波境内考中6名进士。他们是鄞县高振霄、忻江明,镇海吴晋夔,宁海章梫,余姚朱元树,奉化竺麐祥。

从上面考中进士的数据中看,居第一位的是鄞县,中进士136名,占全市的44.1%;居第二位的是余姚,中进士72名,占全市的23.3%;居第三位的是慈溪,中进士56名,占全市的18.1%。

有清一代宁波(含余姚)考中状元、榜眼、探花的为10人,列表如下:

表3—1　宁波府清代鼎甲名录表(含余姚)

年　份	姓名	籍贯	鼎甲名称或会元	年　份	姓名	籍贯	鼎甲名称或会元
顺治十二年(1659年)乙未	史大成	鄞县	状元	乾隆三十六年(1771年)辛卯	邵晋涵	余姚	会元
康熙二十七年(1688年)戊辰	范光阳	鄞县	会元	乾隆四十九年甲辰	邵瑛	余姚	榜眼

续上表

年　份	姓名	籍贯	鼎甲名称或会元	年　份	姓名	籍贯	鼎甲名称或会元
康熙三十六年（1697年）丁丑	姜宸英	慈溪	探花	嘉庆二十四年（1819年）己卯	杨九畹	慈溪	榜眼
乾隆十七年（1752年）壬申	卢文弨	余姚	榜眼	道光九年（1829年）己丑	朱兰	余姚	探花
乾隆二十五年庚辰	诸重光	余姚	榜眼	咸丰二年（1852年）壬子	章鋆	鄞县	状元

资料来源：《清代科举考试述录及有关著作》，第182～190页，百花文艺出版社2004年版；各县方志。

除文科考试外，朝廷还设有武科考试。清代武科也分童试、乡试、会试、殿试四级，考试内容分内、外两场，内场考默写武经，外场试马箭、步箭、硬弓、刀枪、掇石等。考取者分别称武生、武举人、武进士，并被授予各种武官之职。雍正《浙江通志》卷一四五《选举二十三》记载，自清初顺治六年（1649年）至雍正十三年（1735年），宁波府考取武进士的人数共有96名。位居第一的是鄞县，考中29名；居第二位的是慈溪，考中24名。考取武举人的人数也是不少的。据《余姚六仓志》卷一二《选举》记载，自顺治五年至同治九年（1870年），余姚、慈溪两地的林东乡、浒山乡、柯东乡、云和乡、泗门乡、临山乡等21个乡考中武举人37名。其中戚师塘（康熙五十二年）、杨廷秀（康熙五十三年）、吴大勇（乾隆二十四年）三人中武举解元。鄞县清代有武举人188名，其中2名为武解元。

清代还有由皇帝临时特诏举行的考试，称"制科"。慈溪人高士奇以制科为内廷供奉侍读学士。但主要是孝廉方正科和两次博学鸿词科。孝廉方正科，遇皇帝即位举行一次，由各地推荐孝廉方正之士，经考试录用为知县等职。比如余姚人谢应雷在乾隆十四年，由荐举录用。

首次博学鸿词科是康熙十七年。为挑选朝廷顾问和著作人员，诏选各地博学鸿儒进京,次年参加考试,皇帝亲自阅卷,取一等20人,二等30人,均直接授为翰林官,入史馆纂修《明史》。康熙十八年(1679年)的陈鸿绩、徐懋昭和雍正十三年(1735年)的万经、全祖望、陈撰等5人都被博学鸿词科录取。一些人还被授翰林官,比如,鄞县人陈鸿绩录取博学鸿词科,授翰林官。

为让家乡士人顺利参加北京的各种考试,宁波各县在京设有京都试馆。比如,慈溪县在北京就设有"京都慈溪试馆"。试馆位于东华门外小甜水井胡同,由慈溪人杨泰亨、赵家熏、洪九章等于同治七年(1868年)集赴京的慈溪举人所捐600余金购置,有各种房屋25间。同治八年增置南院厢房2间,称"枣红馆"。同治十三年复置西院1所,称"三鱼书屋",共设计28间,主要是为慈溪乡人在京城参加会试、殿试提供方便。

三、晚清的宁波教育

嘉道以后,随着宁波的开埠,西方的传教士在宁波创办了不少近代学校,欧美资本主义的现代教育制度和教育内容传到宁波,使近代宁波学校教育内容发生了变化。清末,国人兴起办学热潮,在宁波也有很大的影响。

(一)教会和传教士办学

中英《南京条约》的签订使得宁波成为五个通商口岸之一,外人可以在宁波经商、传教。从此,西方传教士纷至沓来。教会学校的办学宗旨是按照西方资本主义国家的需要培养中国社会各方面的人才,从而达到精神支配的目的,以"启迪中华教友之弟,俾将来任教会牧师助士馆师之职,以增益夫教会"[①]。西方的教会和传教士在宁波创办了不

---

① 夏明华主编《宁波市教育志》,第495页,浙江教育出版社1996年版。

创办于1903年的毓才学堂

少近代学校,宁波近代新式教育亦由此揭开序幕。

宁波最早的教会学校是宁波女子学塾。它的创办者就是爱尔德赛(M. A. Aldersey)。道光二十四年(1844年),英国基督教传教士、东方女子教育促进会传教士爱尔德赛到宁波传教,在城区祝都桥(尚书街东端),创办爱尔德赛女子学校(Aldersay Girl's School),这是浙江境内第一所教会学堂,也是中国第一所近代女子学校。由于国门初开,中西文化的冲突时有发生,国人对洋人的畏惧憎恨心理导致他们对传教士所办的学校怀有一种抵制情绪,而爱尔德赛的做法却很成功。她在宁波办学之初采用了种种方法笼络人心,以改变当地人对外国人的看法。比如,向愿意入学的女子供给饮食,施医施药,免收学费。这个女子学校最初招收的学生一般出身贫寒。学校开设圣经、国文、算术等课程,并组织女孩们学习缝纫、刺绣等技术,还经常让学生读书给她听。

对于爱尔德赛在宁波的办学,美国传教士丁韪良曾有记载。他在《花甲忆记》中说:"为了办学,她(爱尔德赛——引者)花费了一大笔钱在城市中心租赁了一套大房子,开办了女学。尽管这种尝试在中国显得为时过早,因而难以产生好的结果,但那依然是一个具有示范性的学校。"① 丁韪良也应爱尔德赛的邀请,在这所女校主持宗教事宜达

---

① [美]丁韪良《花甲忆记》,第139页,广西师范大学出版社2004年版。

三年之久。

道光二十五年（1845年），美国北长老会传教士、医生麦嘉缔（D. B. McCartee），在江北岸槐树路开设男生寄宿学校——崇信义塾，也称"圣经书房"，设施多模仿美国制度，有30名学生。该校中英文并用，也掺用宁波话授课，供食宿；同治六年（1867年）秋迁至杭州，更名育英义塾，后改名为育英书院，为之江大学之前身。道光二十七年，美国北长老会传教士柯夫人在槐树路设立另一女校。后因爱尔德赛返英，两所女校于咸丰七年（1857年）合并，归长老会承办，称崇德女校。咸丰元年，美国传教士丁韪良在南门外设男塾，很有影响，尤其是试行"汉字罗马拼音法"，并且将《圣经》用宁波方言翻译，在当时流行一时。另外，他还用宁波话刊印了兰金（H. V. Rankin）编纂的一部赞美诗集。后来，他在回忆录中曾这样写着："就在1851年1月这个令人难忘的一天结束之前，我们组成了一个学社，其宗旨就是为了确定一个用以把'宁波口语'写下来的拼音系统。其他的传教士也陆续加入到这一活动中来，最后，就连那位曾经对我冷嘲热讽的传教医师也以热情和富有成效的合作弥补了他先前的冷淡。"①

至同治五年（1866年），各国教会在宁波共创办学堂7所，学生共有84人。创办学校、所招学生人数位居香港、汕头、厦门、福州、宁波、上海、烟台、登州、天津、北京10个城市中第一位，占10个城市学生人数的19.6%。② 到光绪年间有23所学堂，其中中学堂15所、小学堂10所。教会小学大多系与中学合并办学，后留下的小学部分在原址单独设立而支持下来，比如四明、崇德、圣模、三一、崇信等。教会学校急剧发展的原因，是由于洋人在宁波开办的外资企业日益增多，以及外国控制的宁波海关、邮局及洋行急需人才。这对宁波教育的近代化无疑具有开风气之先的作用。

教会学校的主课是宗教。从课程设置看，天主教办的学校要学生

---

① ［美］丁韪良《花甲忆记》，第29页，广西师范大学出版社2004年版。
② 桑兵《晚清学堂》，第29页，学林出版社1995年版。

读《教义回答》，内容是讲述天主教的主要教义和教规；基督教分旧教与新教，新教又称耶稣教。耶稣教所办的学校读《圣经》，主要读有关"创世论"、"赎罪论"和耶稣生平等教义。比如崇信义塾，就有"圣经书房"。爱尔德赛的女子学校，一周开两节圣经课，也早晚做祷告，做礼拜，接受"洗礼"。相比于传统私塾而言，教会学校的学习内容大大丰富了，除了必不可少的宗教教育外，也学习中国传统的儒家经典。如爱尔德赛的女塾、美国长老会的崇信义塾等均开设"四书""五经"课，这样一方面可以适应当时中国科举考试的需要，另一方面也是为了学生

由四明中学、斐迪中学合并而成的浙东中学

毕业后能够与士大夫、地方官绅接触，适应中国的社会文化环境，不至于被传统知识分子歧视。

除了宗教教育和儒家经典教育，传教士在教会学校的课程设置还包括不少的西方现代科学知识，如数学、物理、化学、英语、世界历史、地理、心理学、逻辑学等课程。如三一学院开设了算学、地理等学科；崇信义塾开设算术、英语、天文、地理；宁波女塾开办时课程比较简单，主要是《圣经》、国文、算术等。至光绪十六年（1890年），除原有课程外，另又增加了作文、世界史地、格致、生理、数学、音乐、体操等。丁韪良的南门走读男塾更有不少西方自然科学课程。在当时清政府极少重视西方科学的情况下，这些课程的开设与一些科学实验机会的提供，使学生学到了在传统旧学中难以学到的近代科学知识，具有意义重大的启蒙作用。

事实证明,近代宁波的许多精英得益于此。宁波商帮中许多人从买办起家,他们的英语都是从教会学校中学来的。如颜料大王周宗良,幼年就读于斐迪书院,由于他在教会学校的英语基础,才得以进入德商爱礼司洋行设在宁波的经销行美益颜料号工作,从而在颜料业界大显身手。传教士在宁波创立的这些学校,传播了近代科学知识,培养了一批新式人才,对宁波走向近代化产生了一定的影响,给宁波各层面尤其是意识形态方面带来了巨大的变化。

(二)新式学堂的兴办

甲午战争前后,民族危机加剧,维新思潮涌进。举国上下要求举办新式学校的呼声日益高涨。在维新派倡议下,光绪帝发布了教育方面的诏令,筹办高、中、小等级学堂,兼习中学和西学。清廷一些官吏也主张各省、府、州、县皆设学堂,开设各国语言文字、天文、舆地、算学、格致、制造、农、工、商、兵、矿、时事等。

储才学堂讲堂

今宁波市境各县开办最早的小学堂是光绪二十年(1894年)慈溪观海卫胡氏尚义堂经塾改办的安定学堂。甲午战争后,为适应新形势,宁波知府程云俶与严信厚、汤远崟、陈汉章等集议于光绪二十三年（1897年）,在湖西崇教寺创立学堂。提议得到了绅商张美翊、盛炳炜、包履吉、袁尧年等人的支持。光绪二十四年,校舍初具规模,正式开学,定名为"储才学堂",以"革新图强,储备人才"为办学宗旨。余姚在维新运动中也办了达善学堂,其宗旨是"乐育以人才"。

《辛丑条约》签订后,清政府推行新政,兴学成为重要内容。国内舆论也竞相鼓吹,以发展教育为救亡图存的重要手段。光绪二十九年,清廷颁布"癸卯学制",提出了相当完备的从幼儿教育到高等教育的学校体系,明确规定全国学堂统一分为3段7级:第一段初等教育,有蒙养院、初等小学、高等小学;第二段中等教育,设立中学;第三段高等教育,包括各地的高等学堂、京师的大学堂、通儒院。宁波积极推行新学制,出现了兴学盛况。新式教育已经初具规模,学生队伍迅速扩大,师范、专业学校有所增加。当时出现了一批民办学堂、公立学堂,家道殷实者也出资创办私立学堂。光绪二十七年,清廷制定蒙学堂、小学堂章程。光绪三十二年,宁波知府高英创办东城、城南、西城、北城小学堂,聘请绅士为学堂董事,每校有学生20至30人,不收学费。江北玛瑙镇财神殿设崇敬小学堂。光绪三十一年,鄞县设时敏、箭金、开明小学堂,日湖义塾改为日湖小学堂。次年,鄞县知县高子勋借延庆寺僧舍办县立高等小学堂。星荫义塾改为蔡氏星荫初等小学堂。屠氏义塾改办竞进小学堂。江东冰厂跟开办爽本小学堂,忠介街东津义学改办东津小学堂,还有崇正小学堂。从光绪末到宣统三年（1911年）,和丰纱厂跟、余隘、朱桑、老庙跟又办了庶德第一、第二、第三、第四初等小学堂。至光绪三十三年,全县有高等小学堂1所,学生57人;两等小学堂15所,学生599人;初等小学堂62所,学生1944人;半日制学堂1所,学生15人。慈溪县的柯云书院改为柯云高等小学堂,聘请郁季任校长,亲自主持教务。浒山设三山高等小学堂,天元有开智学堂。慈湖书院改办慈湖中学堂（今属宁波市江北区）。光绪三十一年,宁波巨商吴锦堂于东山头辟地百余亩出资创办锦堂学校,并买田1200亩,捐浙江铁路优先股200股,计6.6万银元,另外用在建设校舍、购置教学设备6.527万元,两项合计13.127万银元。宣统元年(1909年)正月开学,招生120人,学校规模360人。慈溪在光绪三十三年(1907年)至宣统元年三年中开办高等小学堂、两等小学堂、初等小学堂、半日学堂、女学堂等94所,有学生3843人。镇海县城的樊氏便蒙两等小学堂、蒙养学堂,龙山(今属慈溪市)的演进学堂,大市堰的睿智学堂等相继开办。镇海到宣统三年学堂增至70所。奉化县龙津学堂改为奉化中学堂、奉化班溪乡建立剡源中学。到宣统元年,奉化有中学堂2所,小学堂79所,有教师180人,学生2784人。象山在宣统末也有学堂18所。

到光绪三十四年,宁波各县有中学堂5所,中等实业学堂6所。高等、两等、初等、半日等小学堂共有280所,学生10453人。到1912年,宁波各县共有高等、两等、初等小学校511所,学生22661人;其中鄞县130所,学生5668人;慈溪38所,学生1645人;奉化130所,学生5346人;镇海87所,学生5245人;象山35所,学生970人;余姚52所,学生2095人;宁海39所,学生1692人。

各类新式学堂除开设外语课外,还普遍加强了自然科学学科的设置。不少学堂有"算术"、"天文"、"地理"的记录,同"英文专科"相并列。甲午战争以后,由于外国列强加紧对中国进行资本输出,办工厂、筑铁路,这就需要大批的专业人才。因此,在宁波的教育中又增加不少的课程内容。各个学校都开设了舆地、算学、博物等学科。按照清廷颁布的"癸卯学制",初等小学堂的教学科目为修身、读经讲经、中国文字、算术、历史、地理、格致、体操等8科,图画、手工等为随意科。每周授课时间不得超过30小时,其中读经讲经为12小时。高等小学堂除改中国文字为中国文学外,比初等小学堂多了图画科,并根据实际加授手工、乐歌、商业、农业等随意科。市区的南城小学上午教国文、《纲鉴易知录》、《地球韵言》、作文;下午教授英语、算术、体操。爽本小学堂设修身与经学、史地、英文、算术、格致、图画、体操等科。《锦堂国民兼高等小学校改订章程》第三章第十二节关于学科及科目规定：高等小学设12门学科，有修身、经学、国文、英文、算术、历史、地理、理科、图书、手工、歌乐、体操；初等国民教育设8门学科，有修身、经学、国文、算术、图书、手工、歌乐、体操，充分体现了德智体美、传统文化与现代科学并重和体脑并重的教育思想。中学堂也开设数理化、外语等课。奉化的龙津学堂推行新学，革新课程，聘日籍教师讲授数理化及英语、日语，开体育课、理化课，每周达6至8节，其中算学就分算术、代数、几何、三角、解析几何、微积分等；而宁波府学堂的高中部则在数、理、化等必修课外，还增设了科学概论、矿物学、无线电等选修课。

除了中小学堂外，宁波当时还开办了不少专门学校，诸如宁波师范学堂、宁波法政学堂，另外还有不少职业学校创办，如汝湖农校、锦堂农业中学堂等。

光绪三十年（1904年），余姚士绅蒋怀清等在县城创设余姚师范讲习所。次年，由士绅张美翊、陈训正向知府喻兆藩建议，创办宁波府师范学堂。这是浙江省最早的一所师范学堂。学堂设完全科和简易科两种，完全科讲授修身、教育学、中国文学、算学、博物、理化、习字、图画和体操等，修业年限为五年；简易科减少读经讲经、习字等课，修业年限缩短为一年。学校不收学生学费，毕业后必须从事教书的工作，如若违反，则应赔偿在学时应缴的学费。光绪三十三年，宁波法政学堂创办，学校宗旨是"培养立宪人才"，课程有人伦道德、民法、刑法、宪法、商法、国际公法、世界史和算学等，学制三年。

为适应资本主义工商业的发展和顺应新学制的要求，一批宁波职业学校在20世纪初应运而生，主要是培养农业、教育、政法、金融、工商业技术管理等专业人才。光绪三十四年，余姚泗门镇谢宝书热心教育，为改变农业落后面貌援引河南荥阳县招股办蚕校的成例，邀集66人入股，共集银元13040元，创办了余姚汝湖农校，并自任堂长。学校办学方针是注重科学，发展农业，重视师资力量的培训，曾出资派遣教师陶善松到日本大阪农学院学习。学校以上海商务印书馆出版的《水产学大意》和上海新学会社出版的《农业经济法规》作为教材外,还自编了许多适合学校自身教学特色的教材《栽桑法》、《养蚕学讲义》等。学校还重视实践教育,专门辟出蚕房三间,供桑蚕科学生实习之用。蔡元培为之赞扬他们"牺私利以举公益"的品质。①

慈溪人吴锦堂于宣统二年(1910年)把锦堂学校高等办学部改为初等蚕科实业学校,添设四年简易科,增收蚕桑科学生128名,并为附近农村办起了3个月毕业的短期蚕桑训练班。宣统三年,锦堂学校改名为锦堂农业中学堂,聘请奉化前清廪贡生江起鲲为监督。设备堂10间,自修室11间、寝室33间、职教员室18间、食堂6间,其他用房67间,农事实验场、桑园约76亩,并把汉冶萍煤铁厂矿公司第二优先股1000股,计本银5万元捐给学校。设置农科、蚕科两个专业,学制为预科两年、本科三年,招收的规模为320名,第一年四个班共129名。聘请了学有专长的学者担任教师,阵容整齐,为国家培养了不少优秀农科专业人才。我国著名农学家卢守耕、童玉民、包容等都毕业于锦堂学校。

宁波的一些教育家,在清末思想较为开放,还开办女校,专招女生入学。甲午战争后,慈溪先后在观海卫、沈师桥、鸣鹤场建有4所女子学堂。宣统元年有浒山、三山两级女子学堂。镇海于光绪二十九年(1903年)开办务实女学堂。奉化人王慕兰办女子学堂的积极性更高,曾在宁海马岙、奉化大公岙和石门等地任教,光绪二十八年到奉化萧王庙孙锵家办学馆,专招女生。光绪三十二年,王慕兰任奉化县城作新女学堂堂长。宣统元年的《奉化学堂试验调查表》记载说:"此堂规模严肃,编制妥当……王女士家学渊源,以堂长而兼教员,实属四明之特色。"②

新式学堂是近代教育体系的主体,除此以外,还应有与之相配套的机构建设,这些在晚清宁波都已经开始。清末,中小学堂设堂长(监

---

① 蔡元培《余姚汝湖乙种农学校记》,《余姚文史资料》第5辑,第59页,1988年。
② 夏明华主编《宁波市教育志》第15章《人物》,第401页,浙江教育出版社1996年版。

督、监堂、总理)。南城、爽本等小学堂均设监督1人,主管全学堂教育,督率堂内教员及董事同事。宁波储才学堂设监堂(后改称监督)1人,主持堂务。慈溪人杨敏曾就担任过储才学堂首任监堂(校长)。民间教育团体普遍建立。光绪二十九年(1903年),奉化教育研究会建立。时隔二年以后,宁波知府喻兆藩与张美翊、陈训正等在孝廉堂成立宁波教育会。光绪年间(1875—1908年),士绅冯丙然等发起成立鄞县教育会。另外,各县劝学所也普遍建立。比如,光绪三十二年,陈汉章任象山劝学所总董,次年鄞县人张申之任鄞县劝学所总董。这些机构的建立,有力地推动了宁波教育事业的发展。

(三)留学热潮出现

晚清的留学肇始于同治十一年(1872年)。同治九年冬,清廷批准了曾国藩、李鸿章的奏折,随后曾、李制订了选派留学生出国的章程13条,明确提出挑选幼童120名,分4年派出,每年派30名;幼童选定后,分别注册,不准半途而废,不准入外国籍,学成后不准在华谋别的职业;由陈兰彬和容闳任留学生正副监督,并带翻译和汉文教习;江海关则税下指拨经费,在上海设局,刘翰清负责留学生事宜。同治十一年,第一批幼童赴美留学。从这年开始,清廷分4批派学生前往美国,每批30人,光绪七年八月后陆续撤回。《甬报》记述了这件事。该报在"幼童回华"标题下作了介绍:"中国派往美国肄业幼童计四班,共一百二十人。嗣以患病及别故回华者十数人,近年实仅百余人。现因当局需人差遣,饬将美国出洋总局裁撤诸童,一律遣归,分作三班陆续起程。第一班林联盛等二十一人,由委员容姓带回,已于八月初一抵上海,次日容君带之谒见道宪。遵饬拨交电报局总办郑陶斋观察分派各分局学习电报事宜。二班三十五人由驻美容副使之弟容君带回,中秋左右可到上海。三班四十余人,即由在美出洋局总办吴子登太史带回,冬间可到。"①据徐润的《徐愚斋自叙年谱》记载,在这 4 批官派留学生中,第 2 批、第 3 批、第 4 批都有选自浙江的学生,为 8 人,其中 6 人是宁波府人,占全省留学生的 75%。他们是:

> 第 2 批,同治十二年(1873 年):丁崇吉,定海人,14 岁;陈乾生,鄞县人,14 岁;王凤喈,慈溪人,14 岁;王良登,定海人,13 岁。第 4 批,光绪元年(1875 年):沈德耀,慈溪人,14 岁;沈德辉,慈溪人,12 岁。②

上述材料让我们清楚地看到,宁波的留学生不仅是全国最早出国留学的,而且数量也位居浙江省第一。

戊戌时期,清廷确定了留学生派遣制度,浙江地方政府开始选派留学生。庚子以后,清政府对出国留学采取了更积极的鼓励政策,再加上新政活动对各类新型人才需求的刺激,出国留学者急剧增加。宁波也有官费留学生。光绪二十八年(1902 年),浙江大学堂就遣送 28 人赴日本留学,慈溪人韩清泉名列其中。鄞县人范贤方于光绪三十二年,由宁绍道台喻兆藩保举,公费赴日留学。次年 4 月,浙江在日本的留学生为 119 名,宁波为 10 名,为全省第四。据吕顺长的《清末浙江留日学生的人数,生源组成及专业分布》统计,清末浙江在日本的留学生有明确籍贯的 570 人。杭州排序第一,为 133 人;绍兴第二,为 110 人;宁波与温州并列第三,分别为 87 人。其中鄞县 16 人、慈溪 24 人、奉化 16 人、镇海 20 人、象山 3 人、定海 2 人、宁波 6 人。从各县分布看,位居第一位的是仁和,有 53 人,海宁为第二位,有 36 人,慈溪名列全省第七位,镇海居第九位。

在清末除留学日本外,宁波学生还到欧美留学。周晋镳是宁波帮著名代表,时任上海商务总会总理,兼任浙江旅沪学会会长。他认为要学习外国的先进科学技术,留学不应只局限于日本,而应当向更为先进的美国派遣留学生。光绪三十三年,上海浙江旅沪学会在上海召

---

① 《甬报》第 9 卷,光绪七年(1881 年)八月。
② 李喜所《中国留学史论稿》,第 142~144 页,中华书局 2007 年版。

开会议，专门讨论了浙江派遣留学生的议题。他带头向清廷请求派遣浙籍学子赴欧美留学，得到政府批准，认为其所议 7 条"思虑周密，果能切实执行，自免糜财费时之弊"。对于游学欧美的 2 万银两经费，他认为亦可"照以前派遣游学日本师范生成案，自可奏请作正开支，但候奉旨交部议复，往返需时，缓不应急，准有司挪款暂垫，万一奏奉部谕，即于将来官钱局利息项下尽数抵拨，不足再于现在未动用之筹防丝捐项借支，另筹他款还"，并提出对来试者要"宁缺毋滥"。① 经汤寿潜与浙江巡抚多次洽谈，终于获准向欧美派遣留学生，从本省盐斤加价税项下每年拨款 3 万两作为经费，名额为 20 名，毕业回国后按额递补，并拟定了选派欧美留学生的办法。后经报名、考试，光绪三十四年（1908 年）录取了 20 名留学生。名单如下：

表3—2　光绪三十四年考取留学欧美各国官费学生姓名表

姓名	籍贯	年龄	考试成绩	派往国别	学习科目
蔡光	石门	20	92.6	美国	矿学
胡文耀	鄞县	24	90.3	比利时	工科
严鹤龄	余姚	29	77.5	美国	法科
徐新陆	钱塘	19	75.5	美国	造船学
孙显惠	仁和	22	75.2	美国	矿学
翁文灏	鄞县	20	74.7	比利时	铁路工科
沈慕曾	会稽	22	73	美国	铁路工科
韦以甫	归安	23	72.1	美国	工艺化学科
徐名材	鄞县	19	69.9	美国	工艺化学科
包光镛	鄞县	26	69.7	美国	工艺化学科
葛燮生	钱塘	19	69.5	美国	电器机械
张善扬	乌程	19	68.5	美国	电器机械
叶树梁	慈溪	24	67.5	美国	法科
钱宝琮	秀水	17	67.2	美国	铁路工科

① 《申报》1908 年 7 月 3 日。

续上表

姓名	籍贯	年龄	考试成绩	派往国别	学习科目
胡衡青	秀水	24	66.7	美国	铁路工科
孙文耀	嘉善	20	66.4	比利时	铁路工科
章祖纯	乌程	25	66.3	美国	应用化学科
胡祖同	鄞县	20	65.1	美国	商科
丁紫芳	山阴	22	64.6	美国	铁路工科

资料来源：沈飓民《记浙江第一次考选欧美留学生》，《浙江文史集粹》教育科技卷，第79页，浙江人民出版社1997年版。

名单表明，光绪三十四年（1908年），浙江省考取留学欧美各国官费学生19人，其中宁波籍的7人，占36.8%，鄞县5人，占26.3%，位居全省第一。

值得指出的是，考取欧洲比利时的三位官费留学生翁文灏、胡文耀、孙文耀是同窗好友，号称"震旦三文"，其中胡文耀、翁文灏都是鄞县人，年龄为20岁，发榜时分别位居第二、第六。

宣统元年（1909年）七月，全国举行了第一次赴美留学生考试，录取学生留学费用由美国提供。全国共录取43人，其中浙江有8人，宁波有3人，占浙江留学生总数的37.5%，他们的名字和所学的专业是：奉化人王士杰，文学哲学；慈溪人徐承宗，文科；镇海人陈庆尧，化学。

宣统二年六月，全国举行第二次赴美留学生考试，录取学生70人，浙江为14人，其中2人为宁波府学生，即鄞县的张漠实，机电专业；定海的徐志诚，教育学。

在这股出洋留学热潮中，自费出国留学的风气也逐渐兴盛。早在同治十一年（1872年）前已有宁波人赴美国留学。曾国藩报选送幼童留美事宜时已经提到："前此闽、粤、宁波子弟，亦时有赴美学习者，但止图识粗浅洋文洋话，以便与洋人交易为衣食计。"[①]这已经表明，早在

---

① （清）曾国藩、李鸿章《奏选派幼童赴美肄业办理章程折》，《约章成案汇览》乙篇卷三二上，上海点石斋光绪三十一年缩印本。

同治初已有宁波学子赴美留学。到光绪晚期,宁波出现了大批的自费留学生。留学教育突破了社会阶层、年龄、性别的限制,大量负有功名者、在职官员、亲贵子弟纷纷远游。留学国家也大为扩展,遍及英、法、德、日、美,尤以日本、美国为最。光绪二十七年(1901年)后,留学日本几乎成了知识阶层的一种时尚、潮流,留日学生学习的专业以商业、师范、法政居多,而留学欧美的学生学习的专业则偏向于自然科学。比如,奉化莼湖人应梦卿,谱名美松,以字行,自费留学日本,入大阪高等商业学校,加入中国同盟会。其同乡王正廷,字儒堂,号子白,光绪三十一年赴日本留学,次年加入中国同盟会,创办中国留学生基督教青年会,任总干事。光绪三十三年,王正廷又赴美国留学,入密歇根大学学习法律,次年转入耶鲁大学,宣统二年(1910年)毕业,升入文科研究院,宣统三年因父丧回国。奉化大桥人周淡游也于光绪三十二年东渡日本,入东京警监学校,与同学陈其美交往密切,得识孙中山,加入中国同盟会。鄞县人顾清廉、赵家艺、赵家蕃也在清末留学日本。

晚清宁波的留学生中不乏才俊。同治年间留学的慈溪人王凤喈毕业后充任中国政府驻伦敦使馆官员;定海人丁崇吉回国后在大沽炮台鱼雷队研究水雷战术达4年之久,光绪十一年充上海各级英文译员,并任海关办事员,光绪三十四年署理海关监督;陈时夏回国后任浙江咨议局副议长;王正廷成为外交家;蒋梦麟任北大校长,成为我国著名教育家;范贤方、赵家艺等人对辛亥宁波光复起到了极其重要的作用;翁文灏、胡文耀等人都成为我国近代著名的科学家。

四、藏书业的发展及贡献

宁波藏书业在清代有新的发展,涌现出不少著名的藏书家和藏书楼,并形成鲜明特色,对浙江乃至全国的藏书业发展作出了应有的贡献。

（一）清初宁波的藏书家与藏书楼

宁波的藏书家与藏书楼是不少的，有黄宗羲的续钞堂、李邺嗣的东皋草堂、胡德迈的宝墨斋、张宗瀚的瞿瞿堂、张天因的西郊草堂、万斯同的寒松斋、郑性的二老阁、董道权的之缶堂、高士奇的清吟堂、钱光绣的归来阁等，其中有一定影响的是黄宗羲的续钞堂与郑性的二老阁。

黄宗羲（1610—1695年），明末清初思想家、史学家，也是藏书家。其"于书无所不窥"，一面阅读家中的藏书，一面不断用抄书来增加家里的藏书。"不足，则抄之同里世学楼钮氏、澹生堂祁氏，南中则千顷斋黄氏，吴中则绛云楼钱氏，穷年搜讨。游屐所至，遍历通衢委巷，搜剔故书。薄暮，一童肩负而返，乘夜丹铅。次日复出，率以为常。"①比如，崇祯十四年（1641年），黄宗羲曾数度寓居南京黄居中家，将其千顷堂之藏书翻阅殆遍。顺治七年（1650年），他曾到常熟访问钱氏（牧斋）书房，"馆于绛云楼下，因得翻其书籍，凡余之所欲见者，无不在焉。"②黄宗羲的藏书楼称"续钞堂"。续钞堂的藏书总数在10万卷以上。黄宗羲曾经与许元溥、刘诚诸人相约建"钞书堂"，此楼藏书，又是黄宗羲一生辛勤抄录的成果，故名。

到了晚年，黄宗羲则益好聚书，所抄自鄞之天一阁范氏、歙之丛桂堂郑氏、禾中倦圃曹氏，最后则吴之传是楼徐氏。由于黄宗羲的旁搜遍采，他家所藏之书非常丰富，尤其是所藏宋元文集特别多，明代文集近五六千本，而且所藏之书多为精华，其中薛居正《旧五代史》最为珍贵。元明以来旧本几至湮没，乾隆年间修《四库全书》，大搜天下遗书，但仍未所见，邵晋涵只得从《永乐大典》中辑录。清人吴任臣写作《十国春秋》时曾经向黄宗羲借阅过。

续钞堂图书顺治七年徙书于老柳，十六年自老柳徙龙虎山堂。康

---

① （清）全祖望《梨洲先生神道碑》，《鲒埼亭集》卷一一《碑铭》六，《全祖望集汇校集注》上册，第214页，上海古籍出版社2000年版。
② （清）黄宗羲《天一阁藏书记》，《黄宗羲全集》第10册，第118页，浙江古籍出版社2005年版。

熙元年(1662年)山堂火焚,出书于烈焰之中,零落而散失。复徙归于老柳,秋徙于兰溪,未及一年复迁黄竹浦家中续钞堂。其间鼠残蠹啮,雨浥梅蒸,"盖十不能存其四五"。垂老遭大水,卷轴尽坏……黄宗羲死后十八年,续钞堂图书又遭一次火灾。康熙五十六年仅存3万卷书。黄氏续钞堂之书于水余、火余之后,归浙东又一藏书名楼郑氏二老阁。

郑性(1665—1743年),字义门,号南溪,慈溪鹳浦人(今属宁波市江北区)。郑性的二老阁建于清康熙六十年,竣工于雍正元年(1723年),是清初浙东著名藏书楼。建二老阁本来是他的父亲郑梁的夙愿。郑梁是黄宗羲的高足,他对恩师黄宗羲十分崇敬,去世前特意嘱咐儿子郑性建一阁。后来,郑性承其父遗志,果然建立一阁。对此,全祖望在他的《二老阁藏书记》中曾经说过:"郑氏自平子先生以来,家藏亦及其半,南溪乃于所居之旁筑二老阁以贮之。二老阁者,尊府君高州之命也。高州以平子先生为父,以太冲先生为师,因念当年二老交契之厚也,遗言欲为阁以并祀之。"①

郑性遵循父志,在郑宅东侧修建了一座两层三开间的小楼,楼上中间供奉黄宗羲及其祖父郑溱、父亲郑梁的神位,其余的辟为藏书之用。二老阁的藏书由两部分组成:黄宗羲遗存藏书,约3万卷,皮藏在二楼左右两间;郑氏家传藏书,约2万卷,贮藏于楼下三间。二老阁总计藏书5万余卷。郑性不仅保存了黄宗羲的遗书,而且还对其进行整理和勘误。"先生于黄氏之学,表章不遗余力,南雷一水一火之后,卷籍散乱佚失,乃理而出之。故城贾氏颠倒《明儒学案》之次第,正其误而重刊之。"②郑性以二老阁藏书为底本,刻印有黄宗羲的《明儒学案》62卷、《南溪偶刊》4卷和《寒村集》36卷。

二老阁藏书后来得到不断的发扬和光大。郑性之长子大节曾悉

---

① (清)全祖望《二老阁藏书记》,《鲒埼亭集外编》卷一七,《全祖望集汇校集注》中册,第1064页,上海古籍出版社2000年版。
② (清)全祖望《五岳游人穿中柱文》,《鲒埼亭集》卷二一,《全祖望集汇校集注》上册,第376页。

心校订黄宗羲遗著;次子中节将二老阁藏书"发而刊之",与杭世骏、全祖望等悉心研究;其曾孙郑勋(郑简香)对二老阁遗书也十分爱护。乾隆年间,郑勋因其高祖郑梁与朱彝尊关系甚深,曾经打算拟建"二老堂",以祀郑梁与朱彝尊。阮元为之题写匾额,并且作诗云:"别拟建堂尊二老,竹垞经义晓行诗",①可是后来并没有建成。经过郑氏几代人的不懈努力,二老阁成为浙东著名藏书楼。

(二)乾嘉年间宁波著名藏书家和藏书楼

乾嘉年间,宁波也有不少藏书家和藏书楼。较有影响的是全祖望的双韭山房、卢址的抱经楼。

乾嘉年间的宁波藏书家中,全祖望应该值得大书一笔。全祖望是一个典型的学者型藏书家。他不但在经史、文学诸方面有卓越成就,而且作为一个藏书家,全祖望也当之无愧。且不论其藏书丰富,更重要的是他的《小山堂祁氏遗书记》、《小山堂藏书记》、《二老阁藏书记》、《天一阁藏书记》、《双韭山房藏书记》、《胡梅涧藏书窨记》等,对于江浙藏书家的介绍及藏书楼兴建之由的叙述,为中国藏书史留下了极为珍贵的第一手史料。

全祖望的藏书楼名为"双韭山房"。双韭山房本是全祖望六世祖全元立别墅之名,在鄞县大雷群山中大皎和小皎双溪间。因山溪多野韭,故名双韭山房,早毁。全大程沿用此名为其书斋,到全祖望时仍沿用此名。作为藏书家,全祖望的藏书事业是十分艰辛的。他在《双韭山房藏书记》中称他的祖先藏书很多,"其中大半抄自城西丰氏",即所谓"阿育山房藏本",后书归宗人公,全祖望辈仅得十之一。② 全祖望一家经过数代的努力几复阿育山房之旧。其祖父无力购书,则手抄之,其父购书、抄书亦不少,其本人也从小抄书,至全祖望时藏书已达5

---

① 顾志兴《浙江藏书家藏书楼》,第157页,浙江人民出版社1987年版。
② (清)全祖望《双韭山房藏书记》,《鲒埼亭集外编》卷一七,《全祖望集汇校集注》中册,第1067页,上海古籍出版社2000年版。

万卷。

全祖望藏书中有南宋宝庆至明嘉靖间七种四明方志,以宋刊本开禧、宝庆《四明志》最为珍贵,在当时,可属世间仅有之书,是全祖望的镇库之宝。全祖望爱书到了极点,每次外出,他必从家中5万卷藏书中带2万卷为伴。

乾隆二十年(1755年),51岁的全祖望家境已十分困窘,他逝世后,竟无钱安葬,其家人只得将剩余的万余卷典籍出售,为全祖望办理后事。这万余卷典籍后来以200两白银尽归卢址抱经楼所有。

卢址(1725—1794年),字青崖,鄞县人,世代诗礼之家。卢址因科举连试不中,绝意进取。他一生博学嗜古,尤喜聚书。以其先祖遗藏数千卷作为基础,不惜重金悬求古籍。每得一书,一定细心校阅,往往至废寝忘食。遇有善本、秘本,总是出重价购买,或者辗转借抄,历30余年积聚,聚书至10万卷。乾隆四十二年建抱经楼贮之。楼名取自唐韩愈《寄卢仝》诗中"春秋三传束高阁,独抱遗经究始终"之句,意在表明他有独抱遗经之志。有《抱经楼藏书目录》12卷,47册,著录90144卷。无解题,间有注,撮要举纲,简而不陋。有藏书印"抱经楼"、"四明卢氏抱经楼藏书印"。

卢址对天一阁极为推重,因而在建造"抱经楼"时,式样完全模仿天一阁。楼分上下两层,朝南共六间房。楼下中间为大厅,靠西边一间有步梯可登楼,与天一阁略微不同的是,步梯为横装。楼上贮书,以书橱分间。东西两面靠墙处,各放单面大橱两只,当中是五排十只大橱,前后可开门,朝南空隙的地方分别放置十只小橱。

抱经楼的藏书中,有许多得自故家散出。除全祖望的双韭山房外,还有叶氏竹堂、黄氏千顷堂、丰氏万卷楼、毛氏汲古阁、祁氏澹生堂、曹氏倦圃、汪氏古香楼、金氏文端楼等故家藏书。卢址将藏书按经、史、子、集四部分类,依类排列,并自编书目四卷,藏书上印有"四明卢氏抱经楼藏书印"白文方印。计书47橱,可以与范氏天一阁和郑氏二老阁相比。

卢址藏书中宁波乡邦文献极为丰富,这是他藏书的一个重要特色,对于四明文献的保护和传承起到了十分重要的作用。《中国藏书家考略》对他做过这样的评述:"至清继范氏而起者,首推卢址,诗礼旧门,自小博雅嗜古,尤喜聚书,遇善本,不惜重价购之。闻明旧得异书,宛转借抄,晨夕雠校,搜罗三十年,得书十万卷,仿天一阁,为楼以贮之,名曰'抱经'。"[①]

浙东藏书楼中,留存时间最长的,除了宁波范氏天一阁以外,首推余姚梁弄黄澄量之五桂楼,也被誉为"浙东第二藏书楼"。

黄澄量,字式筌,号石泉,余姚梁弄人。平生不置产业,嗜求藏书,因梁弄地处山峦重叠的浙东偏僻山区,远离城邑,兵戈罕至,故选择在此筑楼藏书。嘉庆十二年(1807年)动工兴建,二年落成,取名"五桂楼"。民间传说是因为楼前有五株桂树而得名,事实上,黄氏在宋代有一远祖,兄弟五人皆学识渊博,同科中举,在当时很有名望,世称"五桂"。黄澄量为纪念他们,就把书楼命名"五桂楼"。

作为藏书家的黄澄量,很注意藏书目录的整理、编目。据胡芹《五桂楼藏书目录记》记载,黄澄量"得一书,添一目,即读一书,而十而百而千而万,记于目者记于心,是亦博闻强识之一助也"。他将收藏的5万余卷藏书编录成《五桂楼书目》4卷。

黄澄量死后,他的儿子黄肇震(字伯器,号药溪)继续搜集图书,使五桂楼的藏书在原藏5万卷的基础上,又陆续增添了1万余卷。

咸丰十一年(1861年),由于社会动荡,民不聊生,五桂楼部分藏书散失。黄澄量的曾孙黄安澜用5年的时间对原有藏书按照经、史、子、集进行整理,并且重新搜集散失了的图书,使五桂楼的藏书恢复原来的规模,并出版《五桂楼书目》。

[①] 金步瀛、杨立诚《中国藏书家考略》,第313页,上海古籍出版社1987年版。

(三)晚清的藏书家与藏书楼

晚清宁波的藏书业与清代初、中期相比有所衰落,但也出现一些藏书家,诸如沈德寿、陈邦瑞、陈励、徐时栋、董沛、曹辛、蔡鸿鉴等十多位,较有影响的是徐时栋的烟屿楼与董沛的六一山房。

徐时栋(1814—1873年),字定宇,号柳泉,学者称柳泉先生,鄞县人。道光二十六年(1846年)举人,两次举士不第,即不复应试。徐时栋自幼喜读书,也嗜藏书,自称"吾十龄外即喜聚书"[①]。

徐时栋藏书处称"烟屿楼"、"城西草堂"或"水北阁"。因徐时栋寓居于月湖西畔烟屿洲,藏书楼也因而取名为烟屿楼。徐家原有藏书千卷,徐时栋读完后犹嫌不足,又陆续增添许多新的图书。在其21岁所编的《新故书目录》中共著录书378部,12881卷,这反映了徐时栋早期的藏书情况。经过20余年的广采博览,孜孜以求,积书达6万卷,大多得自慈溪郑性二老阁、鄞县范峨亭及邱学敏、胡鹿亭等故家藏书之散出者。藏书来之不易,徐时栋倍加珍惜,亲订《烟屿楼藏书约》:"勿卷脑,勿折角,勿唾揭,勿抓伤,勿夹别纸,勿作枕头,勿巧式装潢,勿率意涂抹,勿出示俗子,勿久借他人。"规矩十分严格,印于每册藏书扉页。徐时栋爱书如命,书籍稍有残损,即命工人修补装订,甚至亲自整理补缺。对此,《烟屿楼文集》中曾有生动的记载:"余以廉值得之贾人,首尾稍漫漶,中亦多蠹蚀,又装订错乱不可读,道光己亥五月始为排比补缀重装之,涣然改观,足珍贵矣。"[②]

咸丰十年(1860年),太平军进攻宁波城时,烟屿楼未能幸免于难,所藏之书"尽为人窃掠",所存无几。但是,这次打击并没有使徐时栋灰心丧气。第二年,他迁居西门外的城西草堂,继续他的藏书事业,整理旧编,访求散佚,终至五六万卷。同治二年(1863年)又遭大火,数万卷藏书付之一炬。沉重的打击并没有击垮徐时栋,同治三年六月,他在城西草堂故址重建新宅,书楼在河之北,取名"水北阁",并继

[①] (清)葛祥熊《烟屿楼文集·序》,上海古籍出版社1996年版。
[②] (清)徐时栋《烟屿楼文集》卷三,清光绪三年刻本。

续搜求藏书。经过几年的苦心收聚,藏书30大橱,计798种,9815册,44205卷。编列经、史、子、集、丛书五部,渐渐恢复旧观。

徐时栋殁后不到四十年,即宣统三年(1911年),水北阁遗书尽售予上海书贾,少量流入近代宁波藏书家之手。

董沛(1828—1895年),字孟如,号觉轩。出生于世儒家庭,喜好读书。同治六年(1867年)举人,光绪三年(1877年)进士,以知县分发江西,历署清江、东乡、建昌、上饶等县及江西通志馆协辑官。光绪十一年(1885年)以疾辞官归故里,筑六一山房,聚书5万卷,坐卧其中,日日与书为伴。

董沛在年轻时就喜欢读书、藏书。他登遍浙江的著名藏书楼,遍读诸家藏书,复求书于同县烟屿楼徐氏、抱经楼卢氏、天一阁范氏,继而往杭州文澜阁处借书。其藏书处除六一山房外,还有正谊堂、晦暗斋,藏书印有"六一山房藏书"、"鄞六一山房董氏藏书"等。

董沛学识丰富,知识渊博,著作丰硕,著有《明州系年录》、《两浙令长考》、《甲丁乡试同年录》、《周官职方解》、《竹书记年拾遗》、《甬上宋元诗略》、《正谊堂文集》等数十余部。同治七年,徐时栋主纂《鄞县志》,未竟而卒,临殁执董沛手相托,由董沛踵成光绪《鄞县志》。

(四)藏书家、藏书楼的社会贡献

清代宁波藏书家不仅在保存、传播古籍及护藏乡邦文献中作出了贡献,而且为编纂大型丛书及各类史书提供了方便,也为造就浙东有清一代学人和浙东学派的形成起到十分重大的作用。

1. 保存、传播我国古籍及家乡文献作出贡献

对于这个问题,我们可从宁波藏书家编辑和刊刻的古籍来看。黄澄量所编的《今文类体》一书(又名《明文类体》)。仿黄宗羲《明文海》体例而编纂,全书不分卷,共138册,全部采用明刻本原书为材料,选辑明代诗文集、奏议等,分门别类,编辑汇录成册。全书分为:原书目录6册,墓志铭17册,行状5册,祭文6册,传5册,赞1册,解(附杂解）1册,策3册,记8册,议（附公移）3册,书14册,诗35册,题跋1册,墓表3册,碑4册,考（附杂考）1册,说1册。其中保留了明代四百多家文集奏议。该书所收明人文集,大部分为《四库全书》未收本,部分收入存目也多为罕见本,其中有30种是当时禁书,有的还是全毁本。在乾嘉年间,黄澄量冒着杀身甚至灭族的危险,收录、编辑这些文集奏议,保存了这些重要文献,为后人研究明代文献、研究明代版本目录学提供了宝贵史料。

卢址的藏书中保存了多种珍本秘籍,如宋刻本《开庆四明续志》12卷,宋乾道刻本《春秋经传集解》30卷,金刻本《经史类证大全本草》存23卷;抄本有《修文殿御览》360卷,《册府元龟》1000卷,以及洪武、永乐、洪熙、宣德、正统、景泰、天顺、成化、弘治、正德、嘉靖、隆庆、万历、天启十四朝实录;又有明丰坊《〈鲁诗〉世学》,文徵明稿本《宋儒粹语》等。

清代宁波的藏书家,对于家乡文献的护藏也是十分认真的。全祖望就是例证。他收藏的宁波方志很完备,无论是宋代的《宝庆四明志》、《开庆四明续志》,还是元代的《延祐四明志》、《至正四明续志》以及明代的永乐、成化、嘉靖等志,他都有收藏。《宁波府志》是全祖望入京中进士后,入庶常馆,以翰林身份借读皇家藏书《永乐大典》时所抄。他还从天一阁所藏《四明文献录》中抄得四明最早的方志《乾道四明志》。这些宁波地方文献的收藏已经成为双韭山房的镇库之宝。

鄞县的卢址注重地方文献的收藏,先后收藏《开庆四明续志》12卷及全祖望的《四明文献》32册140卷。还有其他四明地方文献,计数百种,对编纂宁波地方志出力不少。乾隆年间,鄞县令钱维乔修纂县志,内容多从抱经楼藏书中采集,得益颇多。同治十一年（1872年）,鄞县再次纂修县志,抱经楼中收藏的地方志"几六百种",为鄞县志选举表和人物传的编写提供了丰富的资料和素材,补益甚多。

晚清的徐时栋也注重地方文献的收集整理,用力尤深。他曾求得六本宋元时期的宁波方志,即《乾道四明图经》、《宝庆四明志》、《开庆四明续志》、《延祐四明志》、《至正四明续志》、《大德昌国州图志》,堪称善本。徐时栋对其进行了考订、校勘、补遗,合称《宋元四明六志》,于咸丰四年(1854年)重新刊刻,同时附刻宋人旧帙《四明它山水利备览》2卷。根据上述六种图书,徐时栋还著有《四明六志校勘记》一文,使珍贵的文献史料得以流传。

2. 对编纂丛书及史书的贡献

宁波清代藏书家在我国丛书及史书编纂中的贡献主要是为《四库全书》修编捐书和直接参与编修。

清乾隆三十七年(1772年),为了弘扬文治,扩充政府藏书,乾隆皇帝决定设立四库全书馆,修纂《四库全书》。为此他下旨令全国各省加意采访遗书,进呈备用。有清一代,文字之狱惨烈,乾隆此举,未始没有全国图书大清查的意味,因此各地疑虑重重。为了打消藏书家的顾虑,乾隆皇帝在谕旨中信誓旦旦,并多次表明即使有点问题,亦不过下诏访求遗籍,与藏书之人无涉,必不肯因此加罪。而且,乾隆还向各地藏书家保证:"所有各家进到之书,俟校办完竣日,仍行给还原献之家。"上谕中特别点了浙江的藏书名楼,"遗籍珍藏,固随地均有;而江浙人文渊薮,其流传较别省更多。果能切实搜寻,自无不渐臻美。闻东南从前藏书最富之家,如昆山徐氏之传是楼,常熟钱氏之述古堂,嘉兴项氏之天籁阁、朱氏之曝书亭,杭州赵氏之小山堂,宁波范氏之天一阁,皆其著名者。"[①]范氏天一阁赫然在列。

此时,范钦八世孙范懋柱当家,圣命难违,他奉献了当世罕见的大量旧藏珍本638种(一说602种),其中清初人的著作只有7部,后来被收录在《四库全书》里的有96种,列入存目的有374种。在《四库全书》的修纂过程中,天一阁向朝廷献书最多,总体品质最高,得到乾隆皇帝的嘉奖。

为奖励范氏进呈之功,乾隆皇帝特颁旨赏给天一阁武英殿铜活字

---

① 《纂修四库全书档案》"乾隆三十八年三月二十九日上谕",上海古籍出版社1997年版。

印本《古今图书集成》1部、《平定回部得胜图》16幅、《平定两金川战图》12幅,另外还嘉赐其亲笔题诗的珍藏宋魏了翁《周易要义》5卷及唐马总《意林》5卷。他在《周易要义》上题诗曰:"四库广搜罗,懋柱出珍藏……"次年,乾隆再次派杭州织造寅著查明天一阁藏书楼建筑格式,绘出图样。接着,宫廷、官府藏书阁按天一阁藏书楼式样仿造。

不少宁波藏书家还直接参与史书的编纂。余姚藏书家邵晋涵于乾隆三十八年(1773)被征进四库全书馆,参与编纂《四库全书》。钱大昕曾说:"自四库馆开,而士大夫始重经史之学,言经学则推戴吉士震,言史学则推君(邵晋涵——引者注)。"①《南江文钞》卷三载有邵晋涵为57种书籍撰写的提要,除其中《赵端肃奏议》21种没有被《四库全书总目》收录外,其余的36种都被《四库全书总目》收载。在这36种中,其中经部4种,史部27种,子部1种,集部4种。正史是史部书中最重要的书籍,而正史中的大部分正史提要由邵晋涵起草,仅《三国志》和《旧五代史》除外。万斯同带10万卷书去北京编纂《明史》,《明史稿》500卷皆由他手定。其他的宁波藏书家,诸如黄百家、万贞一等也以布衣身份不食朝廷俸禄而参加修史工作。

此外,在地方志的编纂方面,宁波藏书家的贡献是不小的。邵晋涵于乾隆四十二年参与《杭州府志》的编纂,第二年又修《余姚县志》;徐时栋、董沛编纂光绪《鄞县志》也不惜辛劳,全力以赴。

3.培养和造就学术人才

在清代的藏书家中,以浙东学术而闻名于世的人数众多,而其中有相当一部分人之所以成为思想家、史学家、文学家,明显得益于私家藏书。

从事学术研究,谁都离不开书,一代学派的形成也与书紧密关联。浙东学派的开山鼻祖黄宗羲,在中国学术思想史上占有十分重要的地位。他是清初最著名的三大学者之一,与顾炎武、王夫之并列为中国

---

① (清)钱大昕《潜研堂文集》卷四三《日讲起居注官翰林侍讲学士邵群墓志铭》,商务印书馆1935年版。

文化史中的一代巨匠。黄宗羲之所以成为我国清代的著名学者也离不开藏书。康熙十二年(1673年),黄宗羲登天一阁看书。黄宗羲正是利用宁波的天一阁等藏书楼,从而使自己视野开阔,成为清代的大学问家。著名学者蔡尚思先生在他所著的《中国文史要论》的增订本中说过这样一段话:"对活老师说,图书馆可算是死老师,死老师远远超过了活老师。前述马克思著《资本论》和他在英国的图书馆搜集资料是分不开的;中国的大学问家黄宗羲,也是和藏书著名的天一阁分不开的。""藏书的风气大盛,如钮氏世学楼、祁氏澹生堂、黄氏千顷堂、钱氏绛云楼、郑氏丛桂堂、徐氏传是楼,尤其是范尧卿的天一阁,藏书甚富;毛子晋父子的汲古阁,前后积书八万四千册。没有明末这批私人大图书馆,清初黄宗羲等人能博览群书,广搜史料吗?"①这里明确指出黄宗羲之所以成为大学问家,与藏书有密切的关系。天一阁等藏书楼为黄宗羲提供了丰富的养料,为他成为清初的著名学者提供了极其重要的条件。

蔡尚思所说的"清初黄宗羲等人",不单单是指黄宗羲及其弟子,应该是指整个浙东学派,包括黄宗羲及其高足万斯大、万斯同,他的私淑弟子全祖望和后来的邵晋涵等人。上述这些大家,学术成就卓著,这和宁波藏书业的发达是分不开的。而他们当中,许多人本身就是藏书家,万斯同、全祖望、邵晋涵皆然。

第二节 史学成就

清代,宁波史学有相当发展,私人著述非常丰富。具有较大影响的浙东学派,对清代史学的发展作出重要贡献。"浙东之学,言性命

---

① 转引自顾志兴《浙江藏书家藏书楼》,第296~297页,浙江人民出版社1987年版。

者,必究于史,此其所以卓也。"①"浙东学风,从梨洲、季野、谢山起以至章实斋,厘然自成一系统,而其贡献最大者实在史学。"②

一、清代前中期宁波史学家及其贡献

一般认为,清代浙东有三位史学大师:黄宗羲、万斯同、全祖望。

黄宗羲明崇祯元年(1628年)为父黄尊素讼冤。不久在南京加入复社,后与顾杲等发布声讨阉党余孽阮大铖罪行的《留都防乱公揭》。明亡从鲁王抗清,先后被任命为兵部职方司主事、左副都御史。后归故里隐居讲学,拒应清廷的博学鸿词科,并以年老多病为由,拒赴北京修《明史》。他博学多才,著述宏富,对天文、历算、经史百家以及释道书都有研究,尤精史学,被梁启超推崇为"清代史学开山之祖"③。其史学代表作有《明儒学案》、《宋元学案》、《明文海》、《南雷文定》、《弘光实录钞》、《行朝录》、《四明山志》等。

从资料看,黄宗羲还可能著有《明史案》。对于这一点,梁启超亦说过:"梨洲学问方面很多,所著《明史案》,今仅存其目,曾否成书盖未可知。"④

万斯同(1638—1702年),字季野,号石园,万泰第八子。黄宗羲弟子。康熙十七年(1678年)荐举博学鸿词科,不就。博通诸史,尤熟明史。《明史稿》500卷,皆为万斯同所手定。除《明史稿》外,万斯同尚有《历代纪元汇考》、《历代宰辅汇考》、《宋季忠义

万斯同像

---

① (清)章学诚《章氏遗书》卷二《浙东学术》,刘氏嘉业堂刻本。
② 梁启超《中国近三百年学术史》,第116页,东方出版社1996年版。
③ 梁启超《中国近三百年学术史》,第107页。
④ 梁启超《中国近三百年学术史》,第107页。

录》、《南宋六陵遗事》、《河渠考》、《两浙忠义录》、《明季两浙忠义考》、《群书疑辨》、《读礼通考》、《补历代史表》、《儒林宗派》等30余种。万斯同的《补历代史表》呈现其非凡的组织能力，《读礼通考》可以看出其学问之渊博和判断力之敏锐，《群书疑辨》则反映了他的考证精神。仅凭此三部书，可以确定其在清代学术界的地位。梁启超曾这样评价："清代史学极盛于浙，鄞县万斯同最称首出。"①"清代史学开拓于黄梨洲、万季野。"②

全祖望像

全祖望（1705—1755年），字绍衣，号谢山，鄞县人，世称谢山先生，被梁启超称为浙东第三位史学大师。私淑黄宗羲。雍正七年（1729年）选充贡生，入京师。由于对方苞所著的《丧礼或问》提出不同见解，声誉日著。乾隆元年（1736年），中进士，为翰林院庶吉士。次年，因得罪权贵，辞官归里。曾到绍兴蕺山书院讲学，赴粤主持东溪书院。他学识渊博，史学著作丰富。在翰林院时，从《永乐大典》中抄录佚书，续修《宋元学案》，七校《水经注》，成《困学纪闻三笺》，纂《续甬上耆旧诗》。诗文有《鲒埼亭集》50卷。其他著作尚有《经史问答》、《汉书地理志稽疑》、《古今通史年表》等十余种。其未成或已佚者，则有《读史通表》、《历朝人物世表》等。钱穆曾这样评价他在浙东史学的地位，说他上承黄宗羲、万斯同，下启邵晋涵、章学诚，"为浙东史学大柱"③。

此外，浙东史学大家尚有邵廷采、章学诚、邵晋涵等。除章学诚

---

① 梁启超《清代学术概论》，第18页，东方出版社1996年版。
② 梁启超《中国近三百年学术史》，第331页，东方出版社1996年版。
③ 钱穆《中国近三百年学术史》上册，第350页，商务印书馆1997年版。

外,邵廷采、邵晋涵皆为余姚人。

邵廷采(1648—1711年),字允斯,一字念鲁。诸生,余姚人。少时聪敏颖悟,勤奋好学,博览群书,曾于姚江书院讲学17年,为学重在经世,尤喜读史。仁和龚翔麟说他"尤究心史学,著史论,复访求宋、元以来遗民轶事,为纪传以传之"①。师事韩孔当,又亲承黄宗羲史学。邵廷采自己这样说:"十余年前,尝以《读史百则》呈正黄先生;后又蒙授《行朝》一编,殷勤提命,难忘是恩。"②其史学著作有《东南纪事》、《西南纪事》,是专门记载南明历史的著作。《明遗民所知录》、《宋遗民所知录》及不少墓表、墓志、传,是表彰宋明忠烈之士的。有《史略》6篇,是从治体、兵制、海防等6个方面评论明代得失的。另有《略》12篇,涉及田赋、户役、农政、关市、钱币、水利等12个方面的内容,为研究中国古代经济史提供了材料。《姚江书院志略》等多种,也是学术史的内容。《阅史提要》则是学习历史的方法。

邵晋涵(1743—1796年),字与桐,又字二云,以《禹贡》三江,其南江经余姚入海,又号南江。余姚人。乾隆三十六年(1771年)进士。次年,因荐入四库书馆,充纂修官,凡史部要籍皆由其最后校定。阮元说:"(邵晋涵)在四库馆与戴东原诸先生编辑载籍,史学诸书多由先生订其略,其提要亦多出先生之手。"③后历任翰林院编修、侍讲学士、文渊阁直阁事、日讲起居注官、咸安宫总裁、国史馆和三通馆纂修官,国史馆提调等职。其中任职国史馆达10多年之久。"数十年来名卿列传,多出其手。"④他的史学研究深受浙东刘宗周、黄宗羲等学者的影响,而邵廷采、邵向荣等祖辈治史也成为其渊源。参与纂修《万寿盛典》、《八旗通志》。总修《杭州府志》,协修《余姚县志》,从《永乐大

---

① (清)龚翔麟《文学邵念鲁先生墓志铭》,《思复堂文集》附录,第530页,浙江古籍出版社1987年版。
② (清)邵廷采《谢陈执斋先生》,《思复堂文集》卷七,第308页。
③ (清)邵晋涵《南江札记》卷首《南江邵氏遗书序》,上海古籍出版社1996年版。
④ (清)李元度《国朝耆献类征初编》卷一三〇《词臣》十六,广陵书社2007年版。

典》中辑录薛居正《旧五代史》，并采《册府元龟》、《太平御览》、《通鉴长编》诸书，进行考异补缺，使薛史与欧阳史并传于世。邵晋涵曾有志改修《宋史》，拟先作《南都事略》，以续宋王偁的《东都事略》。可惜稿佚不传，仅有儒学、文艺、隐逸三类列传的目录，保存在钱大昕《十驾斋养新录》中。《南江札记》是邵晋涵去世后，他的儿子邵秉华从其父亲的遗稿中辑出来的，并与所著《南江文钞》合刻，其中不少是史学的内容。卷四的《史记》、《汉书》、《后汉书》、《三国志》、《五代史》、《宋史》相关札记，大都标举异同，存而不断。这些笔记，本来是邵晋涵为著书所做的准备，也不是定稿，但是都涉及史学的内容。

邵晋涵是乾隆年间的学界巨子，尤其是史学界的一颗巨星。对于他在史学界的地位，清朝著名学者王昶在为邵晋涵撰写的墓表中这样写道："学士邵（晋涵）君之卒也，卿大夫相与悼于朝，汲古通经、博闻宏览之儒相与恸于野，而大臣之领国史者，迄今尤咨嗟太息，重惜其亡。"①

作为国史馆的官员，邵晋涵为人正派。在京城任职期间，"教授生徒以自给，足不诣权要之门"②。乾隆五十七年（1792年），乾隆的宠臣、大学士和珅为给其子、额驸丰绅殷德延请老师，因羡慕邵晋涵的名闻和学识，特地相请，但邵晋涵总是推辞，并以"乞休"的方式来表示不奉权贵的决心。和珅为此只好作罢，并且说："吾非必相强，邵君何为此悻悻！"③

清代前中期的宁波学者在史学方面知识渊博，著作宏富，影响深远，享有盛名。他们的史学主要成就是：

第一，开创学术史

梁启超论述学术史著述时指出，著学术史要有四个条件：即叙述一个时代的学术，须把那个时代重要的学派全数网罗，不可以爱憎为

---

① （清）李元度《国朝耆献类征初编》卷一三〇《词臣》十六，广陵书社2007年版。
② （清）江之屏《汉学师承记》卷六《邵晋涵传》，第96页，商务印书馆1937年版。
③ （清）李元度《国朝耆献类征初编》卷一〇二，姚莹撰《戴联奎墓志铭》。

去取；叙述某家学说，须将其特点提挈出来，让读者有明晰的观念；要忠实传写各家真相，勿以主观上下其手；要把各人的时代和他的一生经历大概叙述，并且认为黄宗羲的《明儒学案》具备上述条件。①《明儒学案》记载了明代二百余年学术思想的发展状况。它言行并载，支派各分，对一代学术源流，案主评传，及其生平、著作、学术思想和传授作扼要的评述；然后是学者著作的节选或语录辑录。《明儒学案》是我国第一部完备的学术史专著。梁启超称，"中国有完善的学术史，自梨洲之著学案始"②。

黄宗羲晚年编《宋元学案》，仅完成17卷就去世。其子黄百家继承父业，继续编纂，亦没完成。为继续黄宗羲的事业，全祖望花了大部分心血来完成这一部学术史著作。他自乾隆十年（1745年）起至十九年止，十年间没有停止过，但直至去世也未最后定稿。他自己曾说"予续南雷《宋儒学案》，旁搜不遗余力，盖有六百年来儒林所不及知，而予表而出之者"③。全祖望续成的《宋元学案》，内容丰富，材料翔实。该书与《明儒学案》比较，其特色有三点：一是不定一尊，各派各家乃至理学以外的学者，都平等看待。二是不轻下主观的批评。各家学术并时人及后人所批评者，都入附录，长短得失，令学者自己判断，作者很少评论。三是注意师友渊源及地方流派。案例一表，详举其师友、弟子，以明其思想渊源。这充分表明《宋元学案》比《明儒学案》更前进了一步。梁启超在《中国近三百年学术史》中对此作过评价："《宋元学案》这部书，虽属梨洲创始，而成之者实谢山。谢山之业，视梨洲盖难数倍。梨洲以晚明人述明学，取材甚易。谢山既生梨洲后数十年，而所叙述又为梨洲数百年前之学，所以极难。"④浙东史学家创立的学案体，

---

① 梁启超《中国近三百年学术史》，第58页，东方出版社1996年版。
② 梁启超《中国近三百年学术史》，第58页。
③ （清）全祖望《戢山相韩旧塾记》，《鲒埼亭集》卷三〇，《全祖望集汇校集注》上册，第580页，上海古籍出版社2000年版。
④ 梁启超《中国近三百年学术史》，第115页。

在中国史学发展史上有着重要地位。

第二，纂修明史的贡献

浙江史学家在明史纂修中起了不小作用。梁启超说："清初史学之发展，实由少数学者之有志创修明史，而明史馆之开设，亦间接助之。其志修明史者，首屈指亭林、梨洲，然以毕生精力赴之者，则潘力田、万季野、戴南山。"①这里明确指出黄宗羲在纂修明史中的地位。尤其是万斯同更是投入了毕生的精力。

黄宗羲谙熟明史，极意搜求明代，尤其是南明历朝史事。他除著《明儒学案》外，又历时8年选辑《明文案》217卷，继而用18年的时间，完成《明文海》482卷。所著《行朝录》、《思旧录》、《弘光实录钞》、《海外恸哭记》等书堪称南明实录。其中《弘光实录钞》、《行朝录》较为详细地记载了明末清初抗清斗争的过程，保留了大量宝贵的南明史料。《南雷文约》、《南雷文案》、《南雷文定》诸集，也为保存明末历史提供了不少史料。黄宗羲在《南雷文定》凡例中说："余多叙事之文。尝读姚牧庵、元明善集，宋元之兴废，有史书所未详者，于此可考见。然牧庵、明善皆在廊庙，所载多战功。余草野穷民，不得名公巨卿之事以述之，所载多亡国之大夫，地位不同耳，其有裨于史事之缺文一也。"②尽管他拒绝编修《明史》，但他支持学生万斯同参史局，以黄尊素所著的《大事记》和《三史钞》等重要史料送明史馆参考，派其子黄百家随带家藏明史资料赴史馆修史，并对修史遇到的疑难问题加以指点。

万斯同自幼年即以著明史为己任，康熙十八年（1679年）起，竭尽全力参加明史的修纂，他携书10万卷，为编明史提供大量材料，以布衣身份参与史局工作，不署衔，不受俸。当时史臣所撰的文稿，都送他审阅裁定，虽然没有担任总裁的名义，实际上做的是总裁的工作。明史馆总裁徐元文、徐乾学、张玉书、陈廷敬、王鸿绪都十分尊敬万斯同。《明史稿》500卷，皆为万斯同所手定。钱竹汀《潜研堂集·万季野传》

---

① 梁启超《中国近三百年学术史》，第333页，东方出版社1996年版。
② （清）黄宗羲《南雷文定凡例四则》，《黄宗羲全集》第11册，第83页，浙江古籍出版社2005年版。

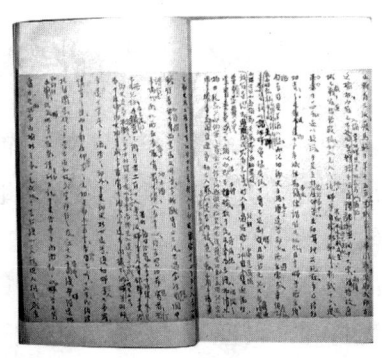

万斯同《明史稿》

中说:"乾隆初,大学士张公廷玉等奉诏刊定《明史》,以王公鸿绪《史稿》为本而增损之。王氏稿大半出先生手。"这里明确指出《明史》原来出自万斯同之手。梁启超亦说:《明史》之成,距万氏之死已四十年,史馆废弛已久,"然《明史》能有相当价值,微季野之力固不及此也";"关于此书之编纂,最主要人物为万季野,尽人皆知。"①这一评价是十分恰当的。当然,万斯同对于明亡教训的探究、对明代清廉官员的褒扬和对农民起义的赞美,以及提出撰修明史的"六点史法",即事信而言文、论世知人、平心、以《实录》为指归而参以野史、宁繁勿简和反对官局修史,②都有利于明史的纂修。

此外,全祖望搜集、整理了明季文献,写了大量明末历史人物的传记、墓志铭,其所记明末清初的掌故约居十之四五。邵廷采用《东南纪事》、《西南纪事》二书,记录了福建、浙江、云南、广西南明政权匡复始末,对于南明史的研究,提供了不少材料。其著作《思复堂文集》尤多明人传记,对于明代文献的征存,颇能起到上承黄宗羲、万斯同之作用。万经著《明史举要》,而万言在史馆独任《崇祯长编》,这表明,清代研究、撰写明史的,宁波人贡献尤多。

---

① 梁启超《中国近三百年学术史》,第 335、336 页,东方出版社 1996 年版。
② (清)方苞著,刘季高校点《方苞集》卷一二《万季野墓表》,上海古籍出版社 1983 年版。

第三,史学的考订和辑补

浙东史家对史学考订及对旧史补表、补志、补注工作取得较大成绩。黄宗羲重视补志、补表工作,"补志补表之业,实由太冲(黄宗羲)启之"①。万斯同撰有《补历代史表》、《纪元汇考》、《历代宰辅汇考》、《群书疑辨》等。这些都是考订的工具书。全祖望的《汉书地理志稽疑》,对于史书的注释和辨正也有参考价值。同时,他对宋遗民的考证,对南宋六陵遗事和对庚申君的考证都下了不少工夫。万斯同考证方法有5种,这就是以历史事实为标准,取证于前史,取证于史实,对所记史实的谬误而辨其伪,以年号不同或官职变迁而辨其伪,撰以事理而辨其伪。全祖望对一些史实也进行考证。梁启超说他的《鲒埼亭集》订正前史讹舛居十之二三。

值得一提的是邵晋涵在考证和辑补方面的贡献。他写《孟子述义》,对前人之失多有纠正,其《南江札记》载有考证《孟子》的札记386条,《春秋左氏传》札记225条。其《南江札记》亦是不可或缺的备料工序。其中就有独具一说的。比如,卷四辨《后出师表》之非伪,与时人伪作之说就有不同。近人卢弼的《三国志集解》引何焯的非伪之说,所用就是《南江札记》里的文章。四库全书馆开张,他充纂修官,负责史部,"史学诸书多由先生订其略,其提要亦多出先生之手"②。同时,他致力于辑佚,从《永乐大典》中辑出了早已湮没的薛居正的《旧五代史》,并加以编次,兼采《册府元龟》、《太平御览》诸书,以补其缺,参考《通鉴长编》诸史及宋人说部、碑碣辨正,进行详细考辨。凡所补的文字,又分行注明其书名、卷数的出处,使其"悉符原书卷数"③。经过邵晋涵的辑补和编校,湮没数百年之久的《旧五代史》散而复聚,成为正史之一。

---

① 谢国桢《黄梨洲学谱》二《学术述略》,第69页,商务印书馆1932年版。
② (清)邵晋涵《南江札记》卷首《南江邵氏遗书序》,上海古籍出版社1996年版。
③ (清)李元度《国朝耆献类征初编》卷一三〇《词臣》十六,广陵书社2007年版。

二、晚清的史学成就

宁波史学在清代前中期占有重要地位,到晚清也有一定的发展。这一时期的史学与当时的历史背景有紧密的联系。

鸦片战争期间,浙东是重要战场。面对英国殖民者对定海、镇海、宁波的侵略和劫掠,富有正义感的爱国人士撰写了不少作品。镇海人姚燮是名震东南的诗人,他的《复庄诗问》等著作既是文学作品,也是史学作品,真实地反映了鸦片战争时期人民的苦难、清政府的吏治腐败和英国殖民者的凶残,具有重要的史料价值。

徐时栋于道光二十六年(1846年)中举人,后两次考进士不第,即不复应试,后以输饷授内阁中书。他喜欢读书购书,故居烟屿楼,原藏书 6 万卷,20 余年来,亦购入书 10 万卷,爱不释手,孜孜读之,广采博览。他论史独推《史记》,班固、范晔以下则条举而纠之,许多议论为前人所未及。

徐时栋十分重视与现实联系密切的当代史的编写。为此他的史学著作观点鲜明,现实针对性强。比如,他对鸦片战争浙东情况有所记述,对浙东的一些出卖民族利益的人加以揭露,对坚持抗英的爱国将领和人民群众进行讴歌,对徐保的黑水党持肯定的态度。其《偷头记》不仅记载了黑水党神出鬼没地打击英国侵略者的事实,而且肯定其在收复宁波中的功劳。

光绪年间,宁波的史学又有发展,富有史学成就的是董沛、陈康祺。由于处于 19 世纪晚期,随着国际国内形势的变化,宁波学者开阔了视野,开始注意到外国历史的研究。

董沛的史学成就,除编纂方志外,就是于同治五年(1866 年)纂成编年体《明州系年录》,记载自周元王三年(公元前 473 年)至清同治二年(1863 年)明州(宁波)地方大事,涉及宁波历代农民抗暴斗争、对外交往等内容。尤其是记载了定海、镇海、宁波鸦片战争期间爱国将领的抗英斗争和黑水党抗英、收复宁波的业绩。对于太平天国期间宁波张潮清、洪世贤、史致芬的农民起义也有记载。咸丰十一年(1861年)太平军攻占宁波,建立长达半年之久的农民政权,在《明州系年录》中也有所反映。太平军在宁波的各项措施,该书也有所记述,黄呈忠、范汝增"下伪令:蓄发、易衣冠。冠用长巾,衣用短褂,以黄赤色别高下。改宁波府为宁波郡署。慈溪人陆心兰,为伪总制。县设伪监军。乡设伪军师、师帅,并给印,伪旅帅给旗,强富民为之,参以土豪,罗布村镇,假祠庙庵观,为公所。设座,列刑杖,如衙署。制造田册,编门牌。计亩纳粟,计户纳番银。要害之地,各设贼锋,以控扼之。兼收津税,船运肩担之物,取一二有差。郡属五县,遍受其害"①。董沛是站在清廷的立场上来描述太平军的,为此加上一个"伪"字,但却比较详细地记载了太平军在宁波建立农民政权以后所推行的各项措施。

董沛的《正谊堂文集》也记载了咸丰年间与宁波有关的史事。比如,关于宁波商人购买宝顺轮一事,董沛的《宝顺轮船始末》内容很详细。"咸丰初,赫寇乱东南,行省大吏注重于腹地,征调络绎,亟亟以防剿为重,而于缘海岁时之巡哨,膜外置之。于是海盗充斥,肆掠无忌惮,狙截商船,勒赎至千百金不止。时则黄河溃决,户部仿元人成法,以漕粮归海运,沙船、卫船咸出应命,而以宁波船为大宗。春夏之交,联帆北上,虽有兵船护行,盗不之畏也。每劫一舟,索费尤甚,至遣其党入关,公然登上座,争论价目,诸商人咸愤之。"②"费纶志与其友镇海李容(也亭)、同里盛植琯倡言于众,购泰西轮船出洋剿之。数月之中,沉盗船六十八艘,杀溺之者二千余人。盗回粤,无敢于一帆、一楫入浙洋者。商人捐船货之入以充经费,历岁不懈,费氏一门无虑,二十万金以功叙五品衔,赏戴孔雀翎。"③

---

① (清)董沛《明州系年录》卷七《清二》,第179页,当代中国出版社2001年版。
② (清)董沛《宝顺轮船始末》,(民国)《鄞县通志·食货志戊编下·产销·通商略史》,宁波出版社2006年版。
③ (清)董沛《正谊堂文集·奉政大夫费君墓碣记》,《续修四库全书》本。

陈康祺，字钧堂，鄞县迎凤街（今宁波市海曙区）人。同治十年（1871年）进士，官刑部员外郎，后改江苏昭文县（今常熟）知县。少时聪颖，人称奇才，工词章，尤熟甬上掌故，时称为"同光四才子"之一。在官善于公牍文字。罢官后侨居苏州，建别墅称"三舟园"，藏书非常丰富。

《郎潜纪闻》（初笔、二笔、三笔、四笔），由陈康祺所著。二笔即《燕下乡脞录》，三笔即《壬癸藏札记》，四笔即《判牍余沈》。清归安杨岘为《燕山乡脞录》所撰的序中，曾言及《郎潜纪闻》一书称："《郎潜纪闻》十四卷，于中外政治、当代典章、人事奇怪，条攈而件摭焉，盖史部载纪类也。"① 这就表明，这是一部清代比较著名的史料笔记，记有清一代之事。他的写作目的在序中讲得很清楚，是"寻讨利病，锐意世用"②。可见，陈康祺写作此书有备以经世致用的深意。其主要内容是可分五类。一记文苑士林之事，如顾炎武、姜宸英、厉鹗、全祖望、王士祯、李光地以及万氏八龙，或叙逸闻，或录诗文，剖析学术源流，记述典章制度，此类数量最多。二记宦海官场之事。陈康祺深恶晚清吏治腐败，对晚清吏治腐败、贪官污吏进行猛烈的抨击，如对鳌拜、隆科多及和珅等都有所述及；对比较刚正廉洁的官吏十分赞赏，如对关天培、林则徐、定海三总兵、裕谦、朱贵等爱国将领进行歌颂。他认为裕谦是"浩气忠肝"③，赞扬施世纶是"宋之包孝肃、明之海忠介"，是"一代名臣"④，揭露了庸官奕经、文蔚在浙东反攻中"张皇战功"⑤的无耻。这些都是可贵的史料。三记典章制度，如叙赐谥之例、科举之制、湘淮军

---

① （清）杨岘《郎潜纪闻》二笔序，见《郎潜纪闻初笔二笔三笔》下，第319页，中华书局1984年版。
② （清）陈康祺《郎潜纪闻》初笔序，见《郎潜纪闻初笔二笔三笔》上，第3页。
③ （清）陈康祺《裕靖节为余步云所陷》，《郎潜纪闻》二笔卷四，见《郎潜纪闻初笔二笔三笔》下，第382页。
④ （清）陈康祺《圣祖察施世纶处事之偏执》，《郎潜纪闻》三笔卷七，见《郎潜纪闻初笔二笔三笔》上，第777页。
⑤ （清）陈康祺《徐时栋〈偷头记〉》，《郎潜纪闻》三笔卷五，见《郎潜纪闻初笔二笔三笔》下，第737页。

志、翰林规则等。四记社会情况,如三笔卷四中记述清初废明末"三饷",按万历年间税额征税以缓和当时的矛盾;二笔卷十中康熙年间江东湖边人民无地交税等情况也是较为重要的经济社会史料。五记圣君隆治,此类内容不多。比如,初笔卷九光绪四年山西、河南大旱,"两宫皇太后率皇上,露祷长跽,至三四小时之久,仰望星月皎然,至于恸哭",并且阿谀说:"我圣母敬天恤民,侧身修行如此,真乃女中尧舜。"①

随着资产阶级改良运动的兴起,历史研究领域出现了一个新的景象,这就是开始介绍外国的历史。宁波学者自19世纪80年代起开始注意到对外国史的研究和介绍。光绪十八年(1892年)沈敦和出版《英法俄德四国志略》4卷,随后又出版《德国军制述要》、《日本师船考》等多种外国史的著作。徐稷臣翻译《俄史辑译》4卷,由益知书局出版,记述俄国于1862年统一后的历史,共有77章。张美翊精通历史地理,在随薛福成出使英、法、意、比四国之时,在所到地方考察风俗、政治,后著有《土耳其志》、《东南海岛图经》等介绍外国历史地理的著作。陈星庚在随薛福成出使时,留欧洲5年,归国以后,撰写《德国志》、《奥国志》、《缅甸志》等。光绪二十八年,章师濂、李国磐、胡余畴同译日本木寺柳次郎所编的《西洋历史》4编。另外,《甬报》与《德商甬报》也翻译一些外国历史著作。比如,光绪七年,《甬报》就翻译转载《俄国历代纪总略》、《俄史续译》等著作,比较系统地介绍了俄国的历史。

三、地方志的纂修

宁波方志源流长,成书多,早在宋代已有纂修,到了清代有进一步的发展。

---

① (清)陈康祺《光绪四年晋豫旱灾》,《郎潜纪闻》初笔卷九,见《郎潜纪闻初笔二笔三笔》上,第193页,中华书局1984年版。

清初的浙东学派擅长修志。他们积极参与家乡的府、县志的编纂。顺治十六年（1659年），纂修顺治《奉化县志》，有顺治十八年刊本，北京图书馆收藏。康熙十三年（1674年），万斯同、万斯选同纂康熙《宁波府志》，稿本未刊。乾隆《鄞县志》卷三〇云："此书未及刊行，其钞本郡中藏书家有之。"康熙二十二年，鄞县左臣黄、慈溪姚宗京纂康熙《宁波府志》，未付梓。但北京图书馆有抄本31卷，缺卷七、卷一三。鄞县张寿镛所藏抄本仅22卷。康熙六年定海知县王元士修康熙《定海县志》8卷。康熙二十一年，象山知县李郁纂修康熙《象山县志》，康熙二十二年，鄞县闻性道纂修康熙《鄞县志》24卷，奉化孙懋赏、刘鸿声等纂修康熙《奉化县志》。康熙五十四年，陈瑢纂修康熙《定海县志》8卷。

雍正年间，宁波的方志纂修也比较频繁。雍正八年（1730年）鄞县人万经等纂修雍正《宁波府志》，次年告成，北京图书馆、上海图书馆、南京图书馆、浙江图书馆都有收藏。各县都修县志。雍正七年，象山袁澄等纂雍正《象山县志》。慈溪人冯鸿模于雍正八年纂雍正《慈溪县志》，次年校订。该志由蔡云鹏、林梦麒任分纂，冯鸿模裁定，许炳校订。蔡、林二人曾参与雍正四年慈溪知县张淑郿修志，该志取材于张《志》初稿之处比较多。

盛世修志，到乾隆年间，宁波有更多的方志问世。清代著名史学家、考证学家钱大昕等人于乾隆五十年（1785年）纂修乾隆《鄞县志》，乾隆五十二年成书，翌年刊行，16册30卷，卷首1卷，有道光二十六年（1846年）重刊本，国内的著名图书馆都有藏本。该志取材有的据正史，或采地理书《元和郡县志》，或《乾道四明图经》等宁波的宋元明方志。对于公署、赋税、户口、兵制诸门，都以公文案牍、衙门来文、某科档册作为依据。对于"水利"的叙述，较前志更为详细，卷末有辨正，并对旧志进行考辨。本志由钱氏为总裁，因此，洪焕椿的《浙江方志考》

称其"清代方志之佳构"①。

由于参与编修乾隆《鄞县志》的蒋学镛与有关人员不合,独自编辑乾隆《鄞志稿》20卷,至1935年,被张寿镛辑入《四明丛书》第3集。全书有《甬上先贤传》19卷,《水利考》1卷。

另外,乾隆二十三年(1758年),象山姜炳璋等人纂《象山县志》,奉化知县曹膏等人于乾隆三十七年修《奉化县志》14卷。镇海有乾隆十七年的《镇海县志》8卷刻本。嘉庆、道光年间,还编纂了《蛟川备志》、《镇海卫志》和《四明谈助》等。

宁波学者在从事方志编纂的实践活动中,一丝不苟,治史严谨,方志学研究中具有一定水平。高士奇奉召赴史馆任《大清一统志》副总裁官。乾隆四十二年,邵晋涵参与《杭州府志》的编纂。第二年,他应余姚知县的聘请,纂修《余姚县志》,又亲自撰写《学校官田考》。乾隆四十九年,继续纂修《杭州府志》,他认真负责,依据原本,详细地进行审订,增所未备。

清初的宁波学者还纂修不少山水志、乡镇志、水利志、寺院志等。黄宗羲的《四明山志》9卷,对四明地区的名胜、山水、寺庙等作了描述,进行考订。《四库全书总目提要》云:"四明山旧称名胜,而岩壑幽邃,文士罕能周历,故记载多疏。宗羲家于北七十峰之下,尝扪萝越险,寻览匝月,得以考求古迹,订正伪传。乃博采诸书,辑为此志,凡九门。宗羲记诵淹通,叙述亦特详瞻。惟所收诗文过博,并以友朋唱和之作牵连附入,犹不出地志之习。"②慈溪人裘琏等也于康熙年间纂有《普陀山志》15卷。全祖望的《句余土音》、周道遵的《甬上水利志》和姚燮的《四明它山图经》、徐兆昺的《四明谈助》,内容十分丰富。此外,还有周道遵修校的《招宝山志》、谢起龙的《东山志》及石浦杨氏编录的《南田岛氽开垦图说》等。这些方志为后人了解清代前中期宁波政治、经济、农业、军事等,提供了珍贵的资料。

---

① 洪焕椿编著《浙江方志考》,第188页,浙江人民出版社1984年版。
② 洪焕椿编著《浙江方志考》,第510页。

清代前中期，宁波还有不少乡镇志。编纂于康熙二十七年（1688年）的《桃源乡志》就是一例。该志由臧麟炳、杜璋吉所纂，8卷。该志"以旧本为质，搜罗典故，访求逸事，其间或人或事，或里域古迹，或题咏文章，足以昭示来世而兴起斯人者，上自前朝，以迄今兹，无不一一详著于篇，盖三易稿而成焉"①。道光年间的《浒山志》，由高杲、沈煜编纂，道光三年（1823年）成书，十一年刻本，共有8卷，分别记述山水、城池、乡镇、津梁、驻防、仕宦、物产、灾异、庙寺等内容。高杲在自序中就说："物换星移，集载事之编，不能无遗笔也；求名胜之迹，不能无遗没也；述故旧之闻，不能无遗说也。志其难矣哉！"②

这一时期，寺院志的编纂也很多。主要有闻性道的《天童寺志》10卷、《大慈寺志略》2卷、《延福寺志略》2卷、《东寿昌寺志》2卷，洪昆纂修的《五磊寺志》10卷，余姚灝辑的《保国寺》2卷，戴明琮辑的《明州岳林寺志》6卷，严行恂纂修的《雪窦寺志》10卷及曾鲁辑的《鄞县锡宝严寺志》等。

咸丰到光绪年间，宁波普遍纂修方志。咸丰年间，宁海、鄞县修了县志。咸丰十一年（1861年），宁海钱翼衢纂修《宁海县志》14卷，稿成未刊，未见传本。光绪《宁海县志》王显谟序略云："咸丰间，邑人钱司训纂有《志稿》，家藏未梓。"钱翼衢在自序中也说："旧志缺略舛误为特甚。迄今一百八十余年，未有起而重辑者。……衢恐文献散佚，不揆固陋，辑为十四卷。"③

咸丰六年，鄞县知县张铣修，以及周道遵等纂修《鄞县志》32卷16册。段光清称其为："删繁补要，微隐皆阐，丽事见义，惩劝毕昭，信足为史家之翼也。"④

同治年间，宁波修了3部方志。同治《鄞县志》75卷，由知县戴枚

---

① （清）臧麟炳《重修桃源乡志序》，《桃源乡志》，第10页，中国档案出版社2006年版。
② （清）道光《浒山志序》，《慈溪文献集成》第1辑，第3页，杭州出版社2005年版。
③ （清）光绪《宁海县志》卷一六。
④ （清）段光清咸丰《鄞县志序》。

修,董沛、张恕、徐时栋纂。该志创修于同治七年(1868年),由徐时栋主其事。"发凡起例,总持大纲,编辑讨论,则属诸同事任之。"①次年,移局其家,益发藏书及借阅同里卢氏、杭州丁氏书,搜采至千数百种。仿国史馆列传之例,注所征引,排比成文。不久,徐时栋去世,董沛继续编纂。同治十三年,志书编成,"世称完作"②。今有光绪三年(1877年)刊本,24册。张恕在序言中说:"同治戊辰,戴侯斡庭设局校士馆,余与陈君子相、徐君同叔总之。延聘才彦,分任编校,而受其成于董君觉轩。"③

张恕、徐时栋、董沛皆乾嘉以后熟悉史学而精于考订之学者。其凡例云:"钱《志》征引旧籍,间有窜改失其本意,或原无此文而随手填注,或语出彼书而妄注此目。今各查取本书,一一核正。"又云:"钱《志》所收碑记之类,以诸家遗集,宋、元、明旧志及石刻拓本校之,多有舛误。今俱改正,发凡于每篇下,不复注也。"④

同治七年,象山知县秀山黄丙堃、象山马嗣澄等纂修《象山县志稿》,次年稿成,有24卷,末1卷。未刊。此书无序跋,仅有鄞县董沛识语,载于民国《象山县志》卷一八。据冯贞群编《宁属方志目》记载,鄞县图书馆藏有抄本,凡24卷,卷末1卷,不著撰人,有张美翊题记,即黄丙堃主修志稿。是稿今归宁波市图书馆珍藏,南京大学图书馆亦有此稿传抄本,16册。

周祖升于同治八年担任宁海县令。他与宁海人邬凯之等纂修同治《宁海志稿》14卷。志分地理、公署、学校(附祠祀)、秩官、名宦、庶政、军政、选举、人物、艺文、杂志等门。王显谟在光绪《宁海县志》序言中就提到:"同治间,周令祖升复倡修,王令燿斌踵之,先后重修。阅两

---

① (民国)《鄞县通志·文献志甲编上·人物(一)·徐时栋》,宁波出版社2006年版。
② (民国)《鄞县通志·文献志·甲编上·人物(一)·董沛》。
③ (清)同治《鄞县志序》。
④ 洪焕椿编著《浙江方志考》,第189页,浙江人民出版社1984年版。

政,以资困束阁者二十余年。"①但稿本未刊。

同治年间,俞樾、刘凤章等还编纂了《镇海县志》40卷,有光绪五年(1879年)鲲池书院刻本。

光绪期间,宁波各县普遍纂修县志。光绪五年,慈溪杨泰亨等纂修《慈溪县志》,光绪十四年完成。光绪二十三年,刘一桂校刻,至光绪二十五年刊成,56卷,共24册,传本尚多。台北成文出版社据光绪二十五年刊本影印,编入《中国方志丛书》。此书有附编一卷,系刘一桂所辑。

光绪二十八年,知县李前泮修《奉化县志》,鄞县张美翊等纂,光绪三十四年告成,同年出木活字本,40卷,首1卷,共12册,传本尚多。台北《中国方志丛书》影印光绪本。

光绪八年至三十四年间,镇海张锡钟重订《镇海县志稿》,系补正于万川修光绪《镇海县志》40卷。稿本未刊,未见传本,仅见民国《镇海县志》卷45著录。民国《镇海县志》多取材于此稿。

光绪十八年,宁海知县王瑞成与黄岩张浚等人修《宁海县志》。次年书成。有光绪二十八年刊本,16册。台北成文出版社据以影印,编入《中国方志丛书》。

光绪十九年,余姚知县周炳麟会同余姚邵友濂、会稽孙德祖同纂光绪《余姚县志》。光绪二十五年书成,有刊本,共16册。又有1935年铅印本。

张绎篇编辑的《疏浚郡河清册》有咸丰六年(1856年)河工局刊本。此书见于《宁属方志目》著录。上元人宗源瀚修纂《郡城浚河征信录》5卷,光绪七年已有河工局刊本。此书又著录有《宁属方志目》。还有《宁郡城河丈尺图志》2卷,作者不详。有光绪十四年河工局刊本。以上三种书,皆有关宁波府湖道疏浚事宜。

光绪年间还编纂不少乡镇志。鄞县柴望编《小溪志》8卷,分形

---

① (清)光绪《宁海县志序》。

胜、水利、祠庙、寺观、人物、列女、艺文、金石等8门。但此书稿成未刊。光绪二十三年(1897年),奉化吴文江编《忠义乡志》20卷。二十七年,奉化赵霈涛纂《剡源乡志》24卷。

此外,还有传记类著作,由镇海人虞琴绘图、刘慈孚撰传的《四明人鉴》有光绪二十八年石印本。

第三节 文学成就

清代是中国最后一个封建王朝,也是中国古代文学史上最后一个重要阶段。宁波在清代涌现出不少有成就的文学家,在诗、散文、小说各个方面取得了重要成就。

一、清代前期的文学成就

清初的宁波文人,不满统治者的专制统治,留恋故国,比较普遍地存在着反对清廷的思想。黍离之悲、沧桑之感,成为清代前期文学创作的主旋律。整个清代前期的浙东文学,都受到明清易代的历史震荡以及明清之际社会思潮变化的深刻影响,这种影响在诗、词、散文中表现得尤为直接。

(一)黄宗羲的诗文

黄宗羲不但是清初的著名思想家、史学家,而且也是富有成就的文学家。黄宗羲著作宏富。《明夷待访录》集中表现了他的进步思想,也鲜明地展现了其宏伟浑朴的散文风格。书中批判封建专制制度,揭露封建皇帝以天下为私产,提出"天下(人民)为主,君为客"带有鲜明的民主思想色彩。他对于八股取士的科举制度也进行了抨击。黄宗羲主张文章应该言之有物,他曾讥刺内容"空无一物"①的作品,也反对复古派专求"诗准盛唐,流于剽窃"的做法。

黄宗羲所撰的传、记、碑、墓志铭、行状,涉及的内容很广,从各种不同的视角反映了明清之际"天崩地陷"社会大变动的面貌。由于从事史学研究,他对明朝历史典故十分熟悉,所以对忠臣义士的坚定节操和壮烈行为的描述更为动人。张苍水坚持抗清19年,不幸被俘,从容就义。黄宗羲在他的《兵部左侍郎苍水张公墓志铭》中对张苍水的抗清作了详细描述,歌颂了张苍水的浩然正气,富有感染力;《陆周明墓志铭》中赞扬了陆宇燝12年保藏义士王翊头颅。明末遗民余若水隐姓埋名,"逃山中不出"②,清苦自持;周唯一投老穷荒,对于这些富有气节的人物,黄宗羲都为他们写墓志。在《子刘子行状》中,对刘宗周诤臣兼学者的形象,倔强耿直的性格,写得淋漓尽致,刻画得非常成功。明末东林、复社的反宦官斗争,南明政权内部抵抗派和投降派的斗争,在他的文章中都得到了深刻的反映。

黄宗羲不但是散文家,又是诗人,他的诗歌有自己的特色。他从少年起就开始创作诗歌,21岁时在南京参加"新秋七夕"诗会,兴致勃勃地"分韵赋诗"③,赴会的学子多为东林弟子,互相赠诗作勉。他的诗很多,到55岁时编成诗集9册。他在《南雷诗历》题辞中宣称:"余不学诗,然积数十年之久,亦近千篇。"④这个数字还不包括其晚年创作的诗歌。其诗集主要是《南雷诗历》,内容涉及国家政事、山水景物及学术思想等。如景物诗《制新茶》、《梅花》,景观诗《至龙虎山》、《看牡丹》、《海盐观海》等。

黄宗羲的诗有一个很大特色,这就是"以诗补史",他所创作的诗

---

① 《中国大百科全书》中国文学卷,"黄宗羲"条,中国大百科全书出版社1987年版。
② (清)黄宗羲《余若水周唯一两先生墓志铭》,《黄宗羲全集》第10册,第285页,浙江古籍出版社2005年版。
③ (清)黄宗羲《思旧录·何乔远》,《黄宗羲全集》第1册,第359页。
④ (清)黄宗羲《南雷诗历·题辞》,《黄宗羲全集》第11册,第205页。

大都反映了当时的"天崩地陷"的时代。他之所以将自己的诗稿取名为"诗历",也是以诗为史的意思。比如,《三月十九日闻杜鹃》就是怀念故国的:"江村漠漠竹枝雨,杜鹃上下声音苦。此鸟年年向寒食,何独今闻摧肺腑?"①他的《饮酒》诗中也有"六月正翻车,一哄走国破"②的诗句。这些诗句写的正是顺治二年(1645年)前后的"北兵"东渡的史实。黄宗羲的诗不事雕饰,多故国之悲,有怀旧之感。如《感旧》云:"南都防乱急鸥凫,余亦连章祸自邀。可怪江南营帝业,只为阮氏杀周镳。"③该诗讽刺了南明弘光朝的马士英、阮大铖的倒行逆施,充分表现诗人对抗逆境的顽强意志。

(二)沈光文与"东吟社"

沈光文(1612—1688年),字文开,号斯庵,晚年自称宁波野老。鄞县栎社人。以明经贡太学,曾官至南明永历朝的太仆寺少卿。清兵入关后,沈光文以明遗民身份为抗清复明四处奔波。顺治九年,因海上遇飓风,漂泊到台湾,遂定居,终老台湾。

沈光文一生坎坷,先有"亡国之恨",后又流亡海岛。抵台后的沈光文,一度与祖国失去联络,直到顺治十八年,郑成功收复台湾。郑成功获悉沈光文还活在台湾,大喜过望,以礼相待,并授予田宅。他去世后,其子郑经继位,在用人和为政方面一改其父做法,沈光文不满其施政理念与做法,险遭杀身之祸。为了躲避危险,沈光文削发为僧改名超光,结茅台北罗汉门(今内门乡)山中,

沈光文像

---

① (清)黄宗羲《三月十九日闻杜鹃》,《南雷诗历》卷一,《黄宗羲全集》第11册,第214页,浙江古籍出版社2005年版。
② (清)黄宗羲《饮酒》,《南雷诗历》卷一,《黄宗羲全集》第11册,第219页。
③ (清)黄宗羲《感旧》,《地雷诗历》卷一,《黄宗羲全集》第11册,第224页。

后移居加溜湾。在台湾的 36 年,沈光文于耳目所及,皆有记载,写下了许多有关台湾地形、风土民情的文章,如《台湾舆图考》、《草木杂记》、《流寓考》,为后代撰修台湾方志提供了弥足珍贵的资料。所以,全祖望推崇沈光文,并美誉为"海东文献,推为初祖"①。

沈光文在文学上的另一贡献是写下了不少有关台湾的诗和赋。他所写的《台湾赋》、《东海赋》、《檨赋》、《桐花赋》、《芳草赋》等,对于台湾历史、风土人情、地形地貌、物产进行讴歌。比如,在《台湾赋》中对于台湾的地理环境、人文、农作物作了赞美和介绍:"龙眼较庾岭尤佳,荔枝比清漳不足。桄榔孤树,莩荾丛株,槟榔木直干参天,筼筜竹到根生刺。夭桃四时皆灼,芳梅五腊咸香。沼浮荷而经年艳艳,菊绕径而累月芬芬。茉莉编篱,芙蓉插障。来麰早熟,番薯迟收。黍栽阳陆,稷植云畴;豆分夏白秋白,谷区埔黏快黏。蹲鸱掘以疗饥,黄梨熟以解渴。"②该赋共有 1770 字,堪称台湾简史。

沈光文的诗很有成就。有《古今体诗》和《文开诗集》2 卷。沈光文的诗多数反映了当时的历史。全祖望说:"大仆之诗,称情而出,不屑屑求工于词句之间,而要之原本忠孝,其所重,原不只在诗,即以诗言亦多关于旧史。"③由于身处明清易代之际,他的诗带有强烈的反清情绪和思明情怀。其作品多用隐喻,以"思月"、"听月"为思明的象征,比如《望月》、《中秋坐夜》等。其《葛衣吟》则是直接表达思明的心情:"岁月复相从,中原起战烽。难违昔日志,未能一时踪。故国山河远,他乡幽恨重。葛衣宁敢弃,有逊鲁家傭。"④

沈光文居台 30 余年,他的爱国爱乡之情,情真意切,在诗中常有表露。流传至今的有 104 首遗诗,不少反映出这位流寓他乡者的乡愁

---

① (清)全祖望《沈太仆传》,《鲒埼亭集》卷二七,《全祖望集汇校集注》上册,第 500 页,上海古籍出版社 2000 年版。
② (清)沈光文《台湾赋》,《沈光文斯庵先生专集》,第 94 页,台北宁波同乡月刊社 1977 年版。
③ (清)全祖望《明故大仆斯庵沈公诗集序》,《鲒埼亭集》卷三一,《全祖望集汇校集注》上册,第 595 页。
④ (清)沈光文《葛衣吟》,《沈光文斯庵先生专集》,第 85 页。

和思念家乡亲人的情感。他的《望月》、《怀乡》、《思归》、《归望》、《葛衣吟》等诗都流露出这种感情。"万里程何远,萦徊思不穷。安平江上水,汹涌海潮通。"①"望月家千里,怀人水一湾。"②沈光文的诗中也不乏励志之作。《思归六首》以蝉、鹤自喻,与渔樵共游,其心志之高洁表露无遗:"岁岁思归思不穷,泣岐无路更谁同。蝉鸣吸露高难饱,鹤去凌霄路自空。青海涛奔花浪雪,商飙夜动叶梢风。待看寒雁南飞至,问讯还应过越东。"③他的思想情感跃然纸上。

沈光文文学上另一个重要贡献是在台湾创办东吟社。清统一台湾以后,大陆的文化人在台湾建立各种诗社,最早的创建者是沈光文。康熙二十四年(1685年),年已74岁的沈光文,与诸罗知县季麒光,以及韩又琦、陈鸿猷、郑廷桂、韦渡、翁德昌、陈元图、林起元、屠士彦、何士凤、陈雄略、赵龙旋、华衮等人组织诗社,名曰"福台闲咏",后改为"东吟社",有《福台闲咏》诗集。关于诗社的缘起和宗旨,沈光文在《东吟社序》中作了阐述,明确指了诗社称"福台闲咏"是"合省郡而为言也",这就表明诗社是福建、台湾的诗社。他们订同心,联为诗社,是为了"拂抑未舒之气,郁结欲发之胸"。他们以"东山"为首题,是因为"台湾之山在东,极高峻,不特人迹罕到,且从古至今,绝无有题咏之者",更名"东吟社"是为了"扶掖后进"。④ 诗社中人互相唱和,咏歌寄意,著作丰盛,在台湾文学发展史上留下了光辉的一页。

东吟社的创设对后世有一定影响,为台湾文学结社作出先例,许多台湾文人在后来纷纷设立诗社,仅光绪年间,就设有竹梅吟社、斐亭吟社、荔谱吟社、浪吟诗社、牡丹诗社、海东吟社等。季麒光对沈光文在台湾的诗文贡献作了很高的评价:"从来台湾无人也,斯庵来而始有

---

① (清)沈光文《怀乡》,《沈光文斯庵先生专集》,第90页,台北宁波同乡月刊社1977年版。
② (清)沈光文《望月》,见范咸等《重修台湾府志》卷二三《艺文》四,中华书局1985年版。
③ (清)范咸等《重修台湾府志》卷二三《艺文》四。
④ (清)沈光文《东吟社序》,范咸等《重修台湾府志》卷二二《艺文》三。

人矣;台湾无文也,斯庵来而始有文矣。"①

(三)张苍水的文学成就

作为抗清志士,张苍水的诗文表现了一位坚贞不屈的英雄形象。他是大陆畿社成员,与徐孚远、芦若腾、沈佺期、曹从龙、陈士京合称为"海外畿社六君子"。他的诗文,都是有感而发,扣人心弦,大多反映清初浙东义军的情况。从某种意义上说,张苍水的诗是浙东义军的"诗史"。《翁洲行》、《闽南行》、《师次燕子矶》、《岛居八首》、《师次芜湖,时余所遣前军已受降》等,都与浙东义军有关。《翁洲行》一诗,凄楚悲壮,催人泪下。"南军鼓死将军擒,从此两军罢水战。孤城闻警早登陴,万骑压城城欲夷。炮声如雷矢如雨,城头甲士皆疮痍。云梯百道凌霄起,四顾援师无蝼蚁。"②该诗忠实地记述浙东义军抗清的史迹。从诗句中可以看到,清军进犯浙东,义军奋勇抗争的情景。

被捕以后,张苍水坚持名节,写了不少诗。其中《将入武陵二首》十分感人:"义帜纵横二十年,岂知闰位在于阗。桐江空系严光钓,震泽难回范蠡船。生比鸿毛犹负国,死留碧血欲支天。忠贞自是孤臣事,敢望千秋信史传!""国亡家破欲何之?西子湖头有我师。日月双悬于氏墓,乾坤半壁岳家祠。惭将素手分三席,敢为丹心借一枝。他日素车东浙路,怒涛岂必属鸱夷。"③诗人以岳飞、文天祥、于谦为榜样,充满以身报国,视死如归的精神,语言悲壮质朴,极为感人。

张苍水的散文也不少,主要是书、记、序、启、铭及文、论,集中在《冰槎集》与《文外编》,有分析形势的忧国建议,也有誓死北伐的雄伟檄文,还有坚持名节拒降书信。《祭延平王文》、《祭平夷侯周九苞文》、《张子房报韩论》、《答安抚书》等文章,观点鲜明,慷慨悲壮,富有气节。正因为如此,他的作品在清初被禁,仅有手稿抄本流传,清末才

---

① (清)季麒光《题沈斯庵杂记》,《诸罗县志》卷一一。
② (清)张煌言《翁洲行》,《张苍水全集》,第20页,宁波出版社2002年版。
③ (清)张煌言《将入武陵二首》,《张苍水全集》,第111页。

有人汇刻成《张苍水集》行世。

(四) 李邺嗣诗

李邺嗣(1622—1680年),名文胤,号杲堂,淼亭,以字行,鄞县人。曾私淑黄宗羲,诗文卓然成家,学者称杲堂先生。

李邺嗣13岁能作诗,一生创作四十年,以诗古文见长,其诗前后两三千首。李邺嗣生于明清易代之际,入清后,江山易代,经历了抗清斗争,生活的剧变给李邺嗣以丰富的创作才思,浙东士人富有节气的性格,使他的诗带有强烈的反清情绪和对故国的思念。"恸哭真无地,中原毕栗多。狂呼招白日,跣足走黄河。故苑朝驱豻,荒城夜占鼍,茫茫空负锤,难觅旧山河。"①"圣德应再兴,一旅望匡复。孝陵龙气蟠,天人眷旧箓。"②律诗《伤心》、《原野》、《恸哭》,古诗《定海县述怀》、《壮游五十韵》等,均是此种情绪的真实反映。以八位抗清殉国的乡贤陈良谟、钱肃乐、华夏、庄元辰、董志宁、杨文瓒、屠献宸、陆符为对象,写了歌颂抗清志士的《八哀诗》。"每公各赠二百字",③指其大节而略其文行,意在表彰明季忠烈,悼念亡者,激励后人。梁公狄称读其诗是"一字千泪,一行百拜",徐凤垣为此说"昔燕台梁公狄先生以诗豪自命,独叹服杲堂不置"。④

李杲堂像

如果说上述遗民心态体现在诗歌中主要是以厚重的内容、繁复的意象、沉郁凄涩为特点,那么,李邺嗣的田园诗,恬淡自然,新巧真切,反映的是故土乡间的风土人情,地方风韵十分浓郁。描写宁波和鄞县

---

① (清)李邺嗣《恸哭》,《杲堂诗文集》,第226页,浙江古籍出版社1988年版。
② (清)李邺嗣《定海县述怀》,《杲堂诗文集》,第196页。
③ (清)李邺嗣《八哀诗》,《杲堂诗文集》,第201页。
④ (清)徐凤垣《杲堂诗文集》序,《杲堂诗文集》,第6页。

东部风土人情的《鄞东竹枝词》79首,广为流传。他以饱满的热情,清新优美的语言进行了唱咏。"东津桥板跨江浮,一字平盛十六舟。千载人驱车马过,可知遗泽是应彪。"①"鄞地原因贸易名,灵桥彻夜有人行。虽然岁得渔盐利,不废桑麻本业耕。"②诗歌形象地描述了一度被称为"东津浮梁"的灵桥,在沟通宁绍平原与东海之滨的贸易往来及促进生产上的历史作用。又如"出郭先经东鄞桥,绿杨树下且逍遥。邻翁相约还乘兴,一号田头看插苗。"③"东钱山水秀堪图,不数城南日月湖。若使移来绕郭外,十洲三岛任人呼。"④语言清新,感情真挚,情趣盎然,亲切俏丽。

李杲堂还编有《甬上耆旧诗》,收集了浙东诗家尤其是明末到清初抗清和清统治确立之后不与统治者合作的遗民的诗,其意在表彰忠烈,宣传民族主义、爱国主义。全书共收录古今体诗3000首,编为40卷,作者430人。卷一至卷五为甲申(1644年)明灭亡以后士大夫诗,其中有些是正直、勇于和阉党权奸斗争的士大夫的诗。六卷以后则多为明末抗清民族英雄和清初顺治、康熙年间明遗民的作品,其著名者如卷八的《正气录》、卷一一的《殉难诸公诗》、卷一三的张煌言诗作、卷三八到卷四○为黄宗羲、黄宗炎、黄宗会等人的作品,这些作品中有不少是气贯长虹、富于战斗精神的诗篇。康熙十四年(1675年),李邺嗣为《甬上耆旧诗》作了序,另外,又编《甬上高僧诗》2卷,录古今甬上高僧21人、231首,法常、宗杲、正觉皆在其中。

(五)姜宸英的诗文

姜宸英(1628—1699年),字西溟,号湛园,慈溪人。明末诸生。康熙三十六年进士,授翰林院编修。后因事被劾,病死狱中。工诗善

---

① (清)李邺嗣《鄞东竹枝词》,《杲堂诗文集》,第768页,浙江古籍出版社1988年版。
② (清)李邺嗣《鄞东竹枝词》,《杲堂诗文集》,第763页。
③ (清)李邺嗣《鄞东竹枝词》,《杲堂诗文集》,第761页。
④ (清)李邺嗣《鄞东竹枝词》,《杲堂诗文集》,第762页。

文,和秀水朱彝尊、无锡严绳孙并称为"江南三布衣"①。著有《湛园集》、《苇间集》。

姜宸英深谙经史之学,善于通过史实阐发一些有意义的见解。如《楚子文论》中提到人才难得的问题;《二氏论》评述佛道二教源流,结尾抨击当世一些儒者。清初文人有强烈的民族思想,姜宸英为此用文讴歌明末的抗清志士。《奇零草》是张煌言的诗集,被清廷宣布为禁毁之书,严禁抄写。姜宸英过舟山,见《奇零草》,命人抄以携归。后抄本失落,他回忆其大概,将诗装订成册,并为之作序,追忆编集的经过,缅怀张煌言的忠贞志节,"呜呼!天地晦冥,风霾昼塞,山河失

姜宸英像

序,而沉星殒气于穷荒绝岛之间,犹能时出其光焰,以为有目者之悲喜而幸睹。虽其揜抑于一时,要以俟之百世,欲使之终晦焉,不可得也"②。姜宸英把清军入关看作"天地晦冥",张煌言的壮烈殉节是"沉星殒气",其充满节气的诗集《奇零草》是应世时文,皆为正气歌,寄寓了作者对张煌言的气节、英名必将重振的信念,这篇序反映出他反清复明的满腔热情。

姜宸英的文章还对朝廷的一些弊端加以揭露和抨击。比如,《张使君提调陕西乡试闱政记》,揭发科举考试的弊病;《明史刑法志总论拟稿》,历数明代刑法种种弊端;《江防总论拟稿》、《海防总论拟稿》论述了水域边防利害。这些政论文条析利弊,较为详尽,都有自己独特的见解,富有思想性。《五七言诗选序》论述诗体通变,明白贯通,成一家之言。当然,他也能赋诗词,如《赠陆翼王征君》、《偶题有讽》、《杂咏》等诗,多感世刺时。《姜先生全集》中尚存诗1100余首。诗法宗杜

---

① 《清史稿》卷四八四《姜宸英传》。
② (清)姜宸英《奇零草》序,《张苍水全集》附录一《序跋》,第385页,宁波出版社2002年版。

甫并参之苏东坡。词有《临江仙·秋柳》等，或抒愁怀，或感身世，颇有寄托。

此外，慈溪郑梁，鄞县的"万氏八龙"，在清初都是有影响的诗文家。郑梁有诗集《五丁诗稿》《高州诗集》《半生亭集》等，计2000余首，收入后人编的《寒村诗文选》中。万斯备著《深省堂诗集》，协助李邺嗣辑《甬上耆旧诗》。万斯同的《明乐府》则是一部诗体明史。

二、清代中期的文学成就

到了乾隆、嘉庆年间，资本主义萌芽缓慢发展。清廷夸耀其文治武功的同时，土地集中，官吏贪污，统治者奢侈腐化和穷兵黩武，又逐渐激化了社会矛盾。在文化上，文字狱的株连依然存在，许多学者不得不钻入考据之中，或以山水、歌舞、咏物、怀古为题进行创作，反映社会矛盾的内容比较少见。宁波在这一时期也出现了一些作家，主要代表为厉鹗、全祖望、倪象占。

（一）诗词巨匠厉鹗

清中叶，浙派诗在形式上趋向争奇斗巧，由康熙年间的朱彝尊、查慎行两派发展成为四个支派。而最有影响的是厉鹗。

厉鹗（1692—1752年），字太鸿，号樊榭，原籍慈溪，后迁居钱塘（今浙江杭州）。全祖望曾说："樊榭，姓厉氏，讳鹗，字太鸿，本吾乡之慈溪县人，今为钱塘县人。"①但厉鹗依然以四明山之樊榭名其居。康熙五十九年（1720年）举人。乾隆元年（1736年）应博学鸿词科试，误写诗于论前，没有入选。此后无意仕进，留意著述，以歌咏自娱。著作有《樊榭山房集》20卷、《宋诗纪事》100卷、《南宋院画录》8卷、《辽史拾遗》24卷、《东城杂记》2卷及《湖船录题辞》等。

---

① （清）全祖望《厉樊榭墓碣铭》，《鲒埼亭集》卷二〇，《全祖望集汇校集注》上册，第365页，上海古籍出版社2000年版。

厉鹗年轻时吟咏于杭州山水之间,他的足迹还遍及两浙、齐鲁、幽燕等地的名山大川。他的诗多为游览写景之作。诗宗南朝的谢灵运、谢朓和唐代的王孟韦柳一派,但主要取法宋人,是雍正、乾隆时期"宋诗派"的代表作家,为"浙派"诗领袖。他的诗词风格清秀、恬淡。全祖望说他"读书数年,即学为诗,有佳句。是后遂于书无所不窥,所得皆用之于诗。故其诗多有异闻轶事,为人所不及知"①。代表作如《秋夜宿葛岭涵青精舍》、《灵隐寺月夜》、《晓登韬光绝顶》、《春湖夜泛歌》、《秦淮怀古》、《芜城小春》、《山阴舟中》、《泛舟鉴湖》、《四照亭绝句》等。还有组诗《游仙百咏》,富于想象力。他的诗给人以清、静、空、远的感觉,一定程度上反映了厉鹗厌弃人世的情绪。这正是折射出惧怕文字狱的心态。正如全祖望所指出的:"其人孤瘦枯寒,于世事绝不谙,又卞急,不能随人曲折,率意而行,毕生以觅句为自得。"②

厉鹗精熟辽、宋史实,所著《宋诗纪事》,采集丰富的材料,对诗人的世系爵里、诗篇的本事等,叙述十分详细,为宋诗的研究提供重要参考。

清代词派以浙派影响为最大,而浙派中又以原籍慈溪的浙派巨子厉鹗最有影响。厉鹗词宗南宋的姜夔、张炎、史达祖、高观国等人。笔调清疏细巧,字句工炼,声调和谐,审音叶律。比如,他写于月夜《过桐庐七里泷》的百字令就有清俊纯雅的感觉:"秋光今夜,向桐江,为写当年高躅。风露皆非人世有,自坐船头吹竹。万籁生山,一星在水,鹤梦疑重续。筝声遥去,西岩渔父初宿。心忆汐社沉埋,清狂不见,使我形容独。寂寂冷萤三四点,穿过前湾茅屋。林净藏烟,峰危限月,帆影摇空绿。随风飘荡,百云还卧深谷。"陈廷焯的《白雨斋词话》评道:"樊榭拔帜于陈(维崧)、朱(彝尊)之外,窈曲幽深,自是高境。……色泽甚饶,而沉厚之味终不足也。"厉鹗的词多是怀古咏物,如《齐天乐·吴山望隔江霁雪》。《谒金门·七月既望湖上雨后作》等阕,都反映了厉

---

① (清)全祖望《厉樊榭墓碣铭》,《鲒埼亭集》卷二〇,《全祖望集汇校集注》上册,第364页,上海古籍出版社2000年版。

② (清)全祖望《厉樊榭墓碣铭》,《鲒埼亭集》卷二〇,《全祖望集汇校集注》上册,第364页。

鹗词的咏物抒怀的风格。全祖望对其评价很高,说厉鹗的词"冥搜象物,流连光景,清妙轶群。又深于言情,故其擅长尤在词,深入南宋诸家之胜"①。

(二)文学名家全祖望

清代中期,宁波的散文有较高成就。作为史学大柱的全祖望在文学领域也享有盛名。全祖望写了不少传记散文,充分体现了浙江文学融经史为一炉,重情致,主独创的精神。作品主要是碑铭、传论、记、状等。碑铭如《张公神道碑铭》、《梨洲先生神道碑文》、《忠介钱公第二碑铭》、《亭林先生神道表》、《祁六公子墓碣铭》、《前侍郎桐城方公神道碑铭》等,对清代重要人物和学者的重要文章作记叙,再现了明末清初抗清斗争的风雨历程。传论如《庄太常传》、《沈太仆传》、《明庄烈帝论》,记序如《浦阳江记》、《梨洲先生思旧录序》,以及其身后门人所编文集《外编》中的《中条陆白先生墓表》、《梅花岭记》、《华氏忠烈合状》、《屠董二君子合状》、《江浙两大狱记》等文,这些都不是寻常之作。通过这些碑铭、序、论、传对黄宗羲、顾炎武、方苞、张苍水、钱肃乐、祁班孙以及五君子(王石雁、屠献宸、董德钦、杨文琦、杨文琮)、六狂生(董志宁、王家勤、张梦锡、华夏、陆宇爃、毛聚奎)者发冤沉屈,以慰其灵于九泉。所以,全祖望的碑、传文,既有其史料价值,也有其文学价值。全祖望对于人物的描述也能恰如其分,对各式各样的人物,从不千篇一律地描述,而是突出每一个人的性格。同是为故国捐躯的浙东人物,张煌言、钱肃乐就不同于魏耕、陆宇爃,也不同于华夏、王翊,作者采用实事求是的方法,客观地对每一个人物进行描述。全祖望在《明故兵部右侍郎兼都察院右佥都御史王公墓碑》中,曾这样描写过王翊行刑的情况:"(顺治八年八月)十四日行刑,群帅愤其积年倔强,聚而射之,或中肩,或中颊,或中胁,公不稍动,如贯植木,洞胸者

---

① (清)全祖望《厉樊榭墓碣铭》,《鲒埼亭集》卷二〇,《全祖望集汇校集注》上册,第364页,上海古籍出版社2000年版。

三,尚不仆,刽额截耳终不仆,乃斧其首而下之,始仆。而从公者二人:其一曰石必正,扬州人;一曰明知,余姚人,皆不肯跪。掠之使跪,则跪而向公,并死公旁。大兵见之有泣下者。"①作者通过这一场面的描述,将王翊及其随从刚烈的性格作了淋漓尽致地刻画,但并不加任何的评述,只是在最后带上一笔:"大兵见之有泣下者。"仅这一句足以表达全祖望的情感。

全祖望的诗作也有很多。他的代表作是《鲒埼亭诗集》10卷,该诗集有诗799首。《句余土音》之中也有古风、绝句和律诗370多首。这1000多首诗诗风朴实,形象生动,多半是反映甬上的风土人情、历史典故和丰盛物产。

全祖望著作

全祖望对诗歌的另一个贡献是辑选《续甬上耆旧诗》120卷。该诗集上接李杲堂的《甬上耆旧诗》,补续明代万历、隆庆以至清初的四明人物,收宁波诗家近700人,辑选古今体诗15900余首,短文近百篇,约125万字。这部诗集保存最多的是有关浙东抗清的诗。清初,宁波有钱肃乐和"六狂生"的宁波城隍庙举旗抗清,王翊、冯京第等的四明山寨,直到张苍水被捕就义和魏耕被杀。这种史迹在《续甬上耆旧诗》中都有所反映。比如,慈溪人魏耕,"学为衣工",但能诗,既宗杜甫,也学李白。魏耕冀求反清复明,其诗多表现故土失陷的沉重心情和对人民疾苦的深切关怀,希望故国光复。《万历》诗含蓄地反映这

---

① (清)全祖望《明故兵部右侍郎兼都察院右佥都御史王公墓碑》上册,《鲒埼亭集外编》卷四,《全祖望集汇校集注》,第809页,上海古籍出版社2000年版。

一思想:"至今思万历,父老泪潸然。气象黄虞合,华夷日月悬。"①抒写故国之思的作品激越苍凉,感情强烈。屈大均在《怀魏子雪窦》的诗中说:"平生梁雪窦,是我最知音,一自斯人殁,三年不鼓琴。文章藏禹穴,涕泪满山阴,说起今朝事,魂应起壮心。"②屈大均引魏耕为知音,并不因为是他的诗,重要的是其气节和事业。全祖望的《续甬上耆旧诗》不仅辑录了魏耕的这首《万历》诗,还有《雪窦山人魏耕》的小传,并评论道:"先生所交,皆当世贤豪义侠,讲求大节。"③短短一句,表明魏耕的思想倾向。所谓"大节",在明清易代之际,当然是反清复明。对于魏耕在清初文学史上的地位,全祖望也作了评论,说:"粤人屈大均不可一世,独心折先生之诗。"④出生于广州的屈大均是清初岭南最有名的诗人,在中国文学史上有重要地位。全祖望的二句评论,点出了魏耕的人品、气节、政治态度,也肯定了他在清初文学的地位。

(三)倪象占的诗文

倪象占,初名承天,后以字行,更字九三,号韭山,象山丹城人。世业儒,受业于姜炳璋,乾隆二十一年(1756年)补诸生。象山知县把他招入县署,请他讲授诗、古文。乾隆三十年春天,清高宗南巡,学使钱维城选列迎銮,拔充优贡。不久,奉调分纂《大清一统志》。乾隆五十三年应鄞县县令钱维乔的聘请分纂《鄞县志》。第二年,补授嘉善训导,勤于督课。撰《周易索诂》,历时八年才成功。著有《蓬山清话》、《抱经楼藏书记》、《象山杂咏》1卷、《鄮南杂句》、《青棂馆集》4卷、《韭山诗文集》8卷、《兰因集》2卷。其中《蓬山清话》成于乾隆五十四年。此书未刻,所见者为稿本,或者是手抄本。陈汉章补其目次。共18卷,集象山的史事、掌故、人物、山水、物产等资料,保存了大量的古文

---

① (清)全祖望辑《续甬上耆旧诗》上卷,第314页,杭州出版社2003年版。
② (清)屈大均《怀魏子雪窦》,见《雪翁诗集》卷一七,第203页,浙江古籍出版社1985年版。
③ (清)全祖望《雪窦山人坟版文》,见《雪翁诗集》卷一七。
④ (清)全祖望辑《续甬上耆旧诗》上卷,第293页。

献。倪象占的诗有不少成就。据民国《象山县志》所载,就有54首,其中五言古诗3首,七言古诗1首;五言律诗12首,七言律诗1首;五言绝句15首,七言绝句22首。另外,有《鄞南杂句》40首,合计94首。倪象占的诗,揭示社会矛盾的内容比较少,以较多的笔触对宁波的鄞县、象山的历史典故、风土人情、丰盛物产进行描述。这些诗主要在《蒙顶山杂咏》、《象山杂咏》和《鄞南杂句》中。

《象山杂咏》,留传至今的有22首。诗作多描述象山的古迹遗存、地貌风物、历史典故,寄托自己的情思。南朝梁弘景,丹阳人,自号华阳隐居,也称真逸,不到十年辞官,访游名山,到过象山。乾隆《象山县志》说:"真隐,陶宏景号也,弘景尝从张少霞游,故往来于此。"①《明一统志》也说:"象山县西盖仓山,一名荼岩,上有'真逸'二字。陶宏(弘)景居此。"②倪象占熟悉象山历史和典故,在《象山杂咏》中就有反映。"山中真逸本华阳,翠壁双题錾盖苍。若解蓑衣岩上篆,真名今在应真乡。"③对于象山的一些岛名,《象山杂咏》说:"青苔湾外两模糊,叶叶风帆乍有无。小目洋过看大目,西殊山去到东殊。"④小目、大目皆是洋名,西殊、东殊为岛名,都在象山县东面沿海。可见这些诗是描述象山的地理环境的。

《鄞南杂句》是倪象占仿照李邺嗣的《鄞东竹枝词》和万斯同的《鄞西竹枝词》所作。倪象占在《鄞南杂句》序中说:"国初李杲堂先生有《鄞东竹枝》八十首,万石园先生以《鄞西》和之。余自渡海南来,客居兹城最久,近者浪游北归,应竹初明府之招,复栖泊小江里中,与袁君秉谷秋灯话雨,因举鄞南之词汰而存之得若干首。若异赏新闻,有裨牺轩者,尚俟土著诸君子陈焉,非羁旅所能详也。"⑤

---

① (民国)陈汉章总纂民国《象山县志》卷一九《金石考·摩崖真逸》。
② (民国)陈汉章总纂民国《象山县志》卷一九《金石考·摩崖真逸》。
③ (民国)陈汉章总纂民国《象山县志》卷三一《文征内编》下。
④ (民国)陈汉章总纂民国《象山县志》卷三一《文征内编》下。
⑤ (清)倪象占《鄞南杂句》,(民国)《鄞县通志·文献志己编·礼俗》,宁波出版社2006年版。

"鄮"是鄞县古代的称谓。鄞县文化底蕴深厚,《鄮南杂句》写的是鄞县南乡及宁波的风土、人物、历史掌故、山水胜景。"长春门外雨催耕,仲夏桥边水到城","陇麦分茎晓翠含,池莲并蒂晚红酣",①描绘了鄞县农民的农业生产情况。"嫩绿丸挪玉笋尖,微霜点上大嵩盐。一行通远乡中货,价到姑苏便不廉。"②这首诗描写鄞县的笋干销往苏州的情景,反映了清代中期宁波商品经济的发展情况。高则诚在鄞县栎社沈氏楼写《琵琶记》,他创作《琵琶记》的态度是认真的。嘉靖《宁波府志》记载说:"时清夜,按拍歌舞,几上蜡炬二支相隔,光忽交合,遂名瑞光楼云。"③金埴说:"时案前列烛,为之交光,遂名其处为'交光楼',今四明遗址在焉。"④并作《一唱千金》曲:"琵琶一曲烛交光,烛到交光曲断肠,只惜是非风刺谬,千秋冤杀蔡中郎。"⑤可见高则诚苦心孤诣,创作十分刻苦。现鄞县栎社瑞光楼建筑已毁,但遗址尚存。倪象占的"琵琶拍就烛交光,楼外天高月似霜。鸦轧一舟谁指点,才人旧寓曲辕坊"⑥的诗句,说的就是这一历史典故。

　　除厉鹗、全祖望、倪象占以外,清代中期,在文学领域有成就的宁波籍人士还有陈撰、董秉纯、陈梓、史荣等。鄞县人陈撰有《秋吟》90首,撰《玉几山房吟卷》,文有《绣铁集》。他的诗有愤世嫉俗之怀,以清逸瘦削见长。这种诗的风格,是甬上诗人中罕见的。董秉纯,鄞县人。受业于全祖望,文学功底厚实。著有《春雨楼初删稿》、《红雨楼文稿》、《困知录》等近30种。他为搜集全祖望的遗稿不遗余力,誊写编辑,多方筹资,刻成全祖望《经史问答》10卷,作《全祖望年谱》1卷。《鲒埼亭集》亦赖董秉纯之力得以传世。陈梓是余姚人,私淑张履祥,

---

① （清）倪象占《鄮南杂句》,（民国）《鄞县通志·文献志己编·礼俗》,宁波出版社2006年版。
② （清）倪象占《鄮南杂句》,（民国）《鄞县通志·文献志己编·礼俗》。
③ （清）嘉靖《宁波府志》卷一九《古迹》。
④ （清）金埴《杂缀兼诗话》,《不下带编》卷二,《不下带编·巾箱说》,第28页,中华书局1982年版。
⑤ （清）金埴《杂缀兼诗话》,《不下带编》卷二,《不下带编·巾箱说》,第28页。
⑥ （清）倪象占《鄮南杂句》,（民国）《鄞县通志·文献志己编·礼俗》。

其诗有强烈的反清气息。他的诗作《井心集》就反映这一类情况,诸如《题赵子昂马》《洋菊》《客馈胡羊肉戏作》等,都是借题发挥,以抒发其浩然之民族正气。史荣有《陶轩诗稿》10卷、《李长吉诗注》50卷。他的《暮秋感怀》,谢国桢认为是"怀抱不凡,冷眼热肠之志,不愧浙东的诗家"[①]。他主张不必学古,诗古文不一定流传,流品不必裁量,方言里谚可以成为诗材。他的这种惊世骇俗的观点,迎合了当时年轻人的想法,登门求教的很多,于是成为甬上的流行诗派。史荣还与张鲲、柳维新等人组织了同声诗社,互相唱和。

三、晚清的文学成就

宁波的晚清文学,有其自己独特的成就,主要表现为诗歌引人注目。这一时期的诗作带着中国近代社会的时代特征,在近代诗坛上开创一代诗风。主要代表是姚燮和王治本。

(一)著名文学家姚燮

姚燮(1805—1864年),字梅伯,号复庄,别署野桥、大梅山民、复道人、二石生,镇海(今北仑)小港姚墅岙人。徐时栋《烟屿楼文集·姚梅伯传》称他"自经传子史至传奇小说,以旁逮乎道藏空门者言,靡不览观",不仅戏曲书画有所造诣,而且精通诗词,是一位多才多艺的作家。除创作诗词、骈文、小说、散曲外,他还对戏曲、词学有所研究,涉猎广泛,一生勤于著述,编辑《蛟川诗系》,撰《蛟川先正小传》,有《疏影楼词》《复庄诗问》《西沪棹歌》《复庄骈骊文榷》等40余种。姚燮一生写诗12000余首,今存四分之一。其中《复庄诗问》34卷,收诗3488首,为道光十三年(1833年)至道光二十六年时的诗作。该诗集系姚燮手定,是他一生诗歌创作的精粹。

---

① 曹屯裕主编《浙东文化概论》,第147页,宁波出版社1997年版。

姚燮是晚清一位著名的现实主义诗人。他主张"诗以道性情",反对当时专事模仿唐宋名家韵律的诗坊颓风,主张直抒胸意,情文笃挚,用韵选词比较自由。姚燮更是一位爱国诗人。他的青年时期,正是清王朝的道光年间。英国资本主义的炮舰打开中国古老的大门,镇海、宁波相继陷落,浙东人民处在水深火热之中。姚燮的诗文最突出的特点是真实地反映了那个时代人民的苦难,揭露了清政府的昏庸无能以及英国殖民者的野蛮,闪耀着爱国主义的思想光辉。其内容是:

其一,反映社会黑暗和民间疾苦。《复庄诗问》中,《卖菜妇》、《谁家七岁儿》、《战城南》、《北风吟》、《哀鸿篇》等,从各个侧面描绘了人民的苦难。如《卖菜妇》:"棉衣已典,无钱不可赎,娇儿瑟缩抱娘哭。娘胸贴儿当儿衣,娘背风凄凄。"①《谁家七岁儿》:"蠕蠕尔何活?早死还匪伤。连村什佰户,迭岁遭疫荒。"②天灾、疾疫的侵袭,逼得下层人民忍饥挨饿,典衣卖儿。《南辕杂诗》是姚燮从北京南归途中所见:"三月粮艘来,四月南河浔。帆樯拥如茅,人语喧吴音。""五月尚难达,浅阻宁始今!偏闻两江歉,春种苦愁霖。胡为三齐旱,麦价逾兼金?"③北方干旱,南方水涝,粮食歉收,价格暴涨,而统治者的征敛却有增无减。这首诗的语意含蓄,但矛头却指向封建统治者。

姚燮还揭露官场腐败和吏治黑暗,《巡江卒》、《悲来行》、《迎大官》就是这类作品,但数量不多。姚燮的记述,揭露了封建统治者的罪行,填补史书的不足。这些记述诗既是感人的诗歌,也是珍贵的史料。

其二,揭露英国侵略者的暴行。姚燮以笔为武器,揭露英国殖民者的侵略罪行。《太守门》、《兵巡街》、《官家儿》、《毁神庙》、《捉夫谣》等诗,直接记述了侵略军犯下的罪行。如《兵巡街》写的是侵略军在城中穿街走巷,任意勒索、抢劫,"鬼兵率队来巡街,东街穿市门,西街入民户。穿门为狼入为虎,索钱一千充酒资……尔不随我还无钱,

---

① (清)姚燮《卖菜妇》,《复庄诗问》卷四,上海古籍出版社1988年版。
② (清)姚燮《谁家七岁儿》,《复庄诗问》卷一。
③ (清)姚燮《南辕杂诗》,《复庄诗问》卷一五。

尔不见邻儿,背受三百鞭,血肉狼藉城根眠"①。这是赤裸裸的强盗行径。

《捉夫谣》写道:"城鬼捉夫如捉囚,手裂大布蒙夫头。银铛锁禁钉室幽,铁钉插壁夫难逃。板床尘腻牛血臊,碧灯射隙闻鬼嗥。当官当夫给钱粟,鬼来捉夫要钱赎。朝出担水三千觔,暮缚囚床一杯粥。夫家无钱来赎夫,囚门顿首号妻孥。阴风掠衣头发乱,飞虫啮领刀割肤,谁来怜尔喉涎枯!"②侵略军不但强迫当地居民服劳役,而且把他们当做人质,索取巨额赎金。

其三,抨击封建统治者的卖国行为。鸦片战争期间,姚燮基本上都在镇海、宁波一带。家乡沦陷,亲人离散,侵略者凶残,可是封建统治者却十分昏庸,对于封建统治者屈膝投降的行径,姚燮加以深刻的揭露和抨击。《惊风行五章》之三,就记述了宁波战守无备、军心混乱的情况,"将吏无守心,眷属夜先遁。馁气由上萌,何从禁民乱。举郡为一空,白昼绝烟爨。弃饭荒城根,饿狗逐鸡窜。巡城虽有兵,逸者已过半。意谓军律疏,当无诛罚患"③。诗中指出"馁气由上萌",将帅的怯懦、畏死,正是军队没有战斗力的主要根源。针对清廷"钦差大臣"伊里布的乞降,姚燮在《诸将五章》中谴责道:"割地难言尺土轻,未闻犬马解输诚。""敢来内地窥天府,谁遣中官饷虏兵?""须防间隙供西突,莫听羁縻老北师。"④他警告当权者:侵略者豺狼之心不会改变,一味迁就,屈膝投降,他们必定会乘隙西犯,祸国殃民。姚燮的这类作品无疑富有现实意义和社会价值。

其四,赞美为国捐躯的爱国将士。姚燮的诗,记述了为国捐躯的爱国将士们,颂扬了他们敢于斗争、视死如归的爱国主义精神。他在《闻定海城陷五章》之中云:"蜃雨濡军帻,狞飙拉将旗。饮泥怜久饿,

---

① (清)姚燮《兵巡街》,《复庄诗问》卷二三,上海古籍出版社1988年版。
② (清)姚燮《捉夫谣》,《复庄诗问》卷二三。
③ (清)姚燮《惊风行五章》,《复庄诗问》卷二二。
④ (清)姚燮《诸将五章》,《复庄诗问》卷二一。

摩壁誓同危。路绝晨嘶马,云昏夕堕鸥。衔恩持死力,力尽死何辞!"①
这首诗写的是道光二十一年(1841年)秋天的定海保卫战。阴雨连绵,饥饿难忍,可是葛云飞、郑国鸿、王锡朋定海三总兵斗志昂扬,英勇奋斗,激战六天,终因兵力悬殊而失利,三总兵同日阵亡。姚燮在诗中着力渲染了悲壮的气氛,烘托出定海三总兵及爱国将士们不畏艰险、团结拼搏的精神和血战到底的决心,诗句中凝聚着诗人深切的哀悼和景仰之情。《金鸡山之战狼山镇总兵谢公朝恩死之》、《镇海县丞李公向阳殉节诗》等,都是以不同人物表现这个主题的,对于为国献身的烈士们的仰慕和怀念,表明诗人崇高的爱国情感。

姚燮对于文学的重要贡献还在于创立红樨馆诗社。王莳兰的父亲王立诚与姚燮是同年补博士弟子员,两家是世交。咸丰元年(1861年),王莳兰邀姚燮至家,长寓翠竹轩中。姚燮的名作《复庄骈俪文榷初编》,在翠竹轩中编纂定稿,并由王莳兰刻印问世。咸丰十年秋天,太平军入浙,宁波府城附近渔民、农民也有起义活动,姚燮为避战乱到象山。姚燮来到象山后,县里的名士欧景辰兄弟很兴奋,他们与王莳兰一起倡议举办红樨馆诗社,请姚燮为主持人。所谓"红樨"本是桂花的一个品种,宋高宗有"御题诗",象山的绅士便引以为自豪。欧景辰的寓室取名为"红樨馆",诗社也以此为名。据董沛《红樨馆诗课序》,"社之例,一月一举……始为社,议以二十四集",这就是每月举行一次集会,计划办两年。"首集之题,即红樨词",咏桂花。听说这一活动后,台州、绍兴、杭州、湖州等地青年"闻风而应"②,前来入社,使诗社的人数增到五十左右,姓名可考的有三十余人。诗社的骨干有欧景辰、欧景岱、王莳兰、王莳惠、邓克旬、孔广森等,经常参加社集的有马嗣澄、姜鸿维、伍芝昌、姚景皋等。赋诗拟古今体,每次活动由社友据题目拟稿,糊名易书,写成后让别人抄写,然后由姚燮来评定优劣,再揭出姓名。

---

① (清)姚燮《闻定海城陷五章》,《复庄诗问》卷二二,上海古籍出版社1988年版。
② (清)董沛《红樨馆诗课序》,转引洪克夷《姚燮评传》,第119页,浙江古籍出版社1987年版。

姚燮因居象山乡村,对于民间生活有新的体验。在红樨馆诗社活动期间,他写了120首《西沪棹歌》。第一首自注说:"咸丰庚申冬日,重客象山西沪,寓王氏翠竹轩二月余,选胜揽俗,恂韬潜之乐土也。同人耸为《棹歌》之作,拉杂成之,以消客况,采风者或有取焉。"①西沪是象山县城西的港湾,王氏指的是王莳兰,即他家绕宅种竹,因此取名"翠竹轩",环境幽雅,符合姚燮当时的心意,为此姚燮的《翠竹轩后记》,说在那里"情不就嚣,习不染俗,悠然会此中之意,而悠然得尘外之风"②。姚燮《西沪棹歌》120多首,被选录民国《象山县志》中。

姚燮隐居象山的时间并不长,仅一年时间,咸丰十一年(1861年)四月,太平军占领了浙江广大地区,其先头部队黄呈忠出击绍兴、台州等地。宁波一府即将被太平军攻占,象山一带渔民、农民也有小规模的暴动。六月,有起义者进攻爵溪,象山的官僚们纷纷逃窜外乡,姚燮主持的红樨馆诗社也维持不下去了。按红樨馆诗社社例,诗社在咸丰十一年六月,便草草收场。

王莳兰,并不是姚燮弟子中最著名的一位,但对姚燮一往情深,《复庄骈俪文榷》与《复庄骈俪文榷二编》都是由王莳兰编次、付刻的。咸丰三年秋天和十年秋天至十一年夏,姚燮两次到象山,都寓居王氏翠竹轩,《复庄骈俪文榷》有《翠竹轩后记》、《议叙邑训导王君墓表》,都表明晚年姚燮的生活、写作与王莳兰关系密切。王莳兰,字纫香,号渚山,弱冠入县学为秀才。著有《渚山诗草》、《渚山文集》各2卷,由于与姚燮的交往,他在浙东有一定名声。

(二)旅行诗人王治本

王治本(1835—1907年),慈城黄山村(今属宁波市江北区)人。字维能,号桼园,别号梦蝶道人。著有《桼园笔话》,现珍藏于日本早稻田大学图书馆。据王氏族谱记载,还有《食研斋文稿》2卷、《栖栖行馆

---

① (清)姚燮《西沪棹歌》第一首注,见(民国)《象山县志》卷三二《文征外编》下。
② (清)姚燮《翠竹轩后记》,《复庄骈俪文榷》卷六,上海古籍出版社1995年版。

存稿》8卷、《梦余随笔》和《春萍秋蒂轩随笔》,并有译著《高岛易断》。他在文学上的成就在于旅日期间所作的旅行诗,对于促进中日文化交流作出了重要贡献。

光绪初,除了政府派遣官员赴日考察外,一些没有官衔的民间人士亦东渡扶桑,漫游瀛岛,王治本就是其中一员。自光绪三年(1877年)开始至光绪三十三年的30年中,王治本4次旅行日本,周游了本州、四国、九州、北海道四大岛,写下了不少诗篇。

王治本像

王治本的堂弟、著名的慈溪商人王惕斋于明治年间在日本从事贸易,日本的文人墨客对惕斋很友好。正因为这层关系,王治本于光绪三年43岁时,应日本汉学家广部精的邀请来到日本。他先在广部精创办的日清社教授汉语,并为《日清新志》、《寰海新报》等中文报刊撰稿。而后在中村敬宇创办的同人社教中文,同时参加诗社"闻香社"的活动,与日本的汉学家、诗人交游唱和,结下友情。光绪三年五月二十七日(7月7日),王治本在日清社认识日本旧贵族世家源桂阁(大河内辉声)。源桂阁拜王治本为师,"邀他作讲求中国国文的友伴,所以他移住于源桂阁别邸"①。光绪六年至七年,在长达16个月的交往中,两人朝夕相处,互相切磋诗文,涉及社会、风俗、饮食、生活等中日两国文化的方方面面。王治本不仅点评、修改源桂阁的诗,并向其传授写诗的经验和心得:"诗要写情,太用心便拙了。""诗在得情得趣得景便落笔写去,惟句语须剪裁工稳。"②光绪六年,李筱圃东游日本时曾同他相见:"王惕斋来,言伊有族兄桼

---

① 实藤惠秀著,陈固亭译《明治时代中日文化的连系》,第61页,台北中华丛书1970年版。
② 王晓秋《漫步览胜蓬莱岛》,《近代中日文化交流史》,第231页,中华书局2000年版。

园(王治本号——引者注),现馆废蕃源辉声家,专论诗文。"①经王治本的引见,李筱圃会见了源桂阁。

源桂阁死于光绪八年(1882年)七月。正是这一年,王治本开始漫游日本本州中部,先后经过甲斐(今山梨县)、骏河(今静冈县)、远江等,于光绪八年七月五日到达日本文化名城金泽(今石川县)。两天后,原加贺藩的家老横山兰洲在兼六园设宴并举行诗会隆重欢迎王治本,当地的文化名人参加了这次盛会。王治本七月十三日(8月26日)离开金泽,八月初三(9月14日)再次到金泽。光绪九年二月十九日,王治本第三次到金泽。在金泽期间,王治本与日本文人墨客进行了文化交流,他题词写字,改削诗文。日本藩学明论堂教授山岸弘(号北洲)多次与王治本笔谈,并借阅王治本评论日本人文章的稿本《绝史存论》15册。光绪八年,王治本在福光还为松村卓堂的屏风题诗:"石黑当年旧典型,野人传说亦荒冥。城墟社屋无遗迹,尚有溪西一小亭。卓堂雅兄属,福光怀古之一,壬午秋,浙东王治本。"②

光绪九年至十年,王治本还两次到过北海道函馆市观光,并写了诗。明治十六年(光绪九年六月十二日),当时的《函馆新闻》在一篇题为《清客漫游》中对此作过报道:"在东京以诗文书画闻名的清客王藜园、王眢侯、王琴仙三氏昨日从新潟地方乘船来函。三氏在东京与文墨诸大家共游,诗书画均称绝妙,是清客中屈指可数之人。"③六月十四日(7月7日),王治本出席当地举行的书画会,在席上吟诗作画,并为友人修饰诗句和题写跋文。六月二十二日(7月25日),《函馆新闻》刊登了王治本所写的以描述函馆市风光为主要内容的《函馆八景》组诗。六月三十日(8月2日)离别函馆时,王治本写下了留别诗:"丈夫何事泪潸潸,话到分离襟已斑。非效伯夷居朔海,差如老子遇函关。写成恨诗难消恨,爱作闲游转不闲。八八烟波从此去,藉叹奇胜

---

① 李筱圃《日本纪游》,载《走向世界丛书》(日本卷),第174页,岳麓书社1985年版。
② 王晓秋《漫步览胜蓬莱岛》,《近代中日文化交流史》,第234页,中华书局2000年版。
③ 王晓秋《漫步览胜蓬莱岛》,《近代中日文化交流史》,第236页。

破愁颜。"①光绪十年(1884年)春天,王治本再次来到函馆,在寺田松轩所藏的江稼圃的花鸟图上题诗作跋,其中有这样几句:"余自到东,得赏观者多矣。曾有句云:'名士东来翰墨遗,今朝展卷我题诗。他年读到我题句,不识鉴评又属谁?'"②他离开函馆前夕,当地30多位文士名流出席了告别会,称扬他为"词宗"。面对如此盛况,王治本怀着留恋的心情即赋七绝诗二首:"重到蓬莱访众仙,一尊绿洒结前缘,来时杨柳归时雪,不觉飘零已隔年。""游迹如云逐雁过,欢情偏少别愁多。滔滔函水东流去,遮莫江头唱踏歌。"③诗中诉说了他对函馆依依不舍的心情。

此后,王治本三次漫游日本。光绪十一年至光绪十三年,王治本漫游了日本的本州西部、四国和九州。在与日本友人交往中,也写了一些诗。比如光绪十二年十二月,王治本在日本下关借阅《长门国志》后题了两首诗,其中一首是:"喜是同文气谊连,载将游笔纪山川。修成一卷长州志,传到于今三百年。"④他不久回国,旋即重返日本。光绪十八年至十九年,王治本第三次旅日,主要在日本东北地区旅行,先后到过仙台、气仙沼、登米町、一关、水泽町等地。他写了七律《壬辰新春志感》,这首诗抒发了王治本客游异国的感受。次年游历仙台。当他来到仙台时,当时的知事船越松窗,文士佐伯羽北、北条鸥所等对王治本热情款待。在仙台期间,王治本对友部铁轩、片野栗轩、今泉篁洲、毛利竹甫等仙台文士的诗文进行"添削",从而"使仙台文坛大得裨益"⑤。

12年后,王治本第四次漫游日本,重游福井、金泽,还到爱知县弥富町、桑名,历时两年多。其间,为日本著名汉诗人服部担风书匾题

---

① 《中外关系史论丛》第2辑,第45页,见陈抗《中国与日本北海道关系史话》,天津古籍出版社1994年版。
② 王晓秋《漫步览胜蓬莱岛》,《近代中日文化交流史》,第236页,中华书局2000年版。
③ 王晓秋《漫步览胜蓬莱岛》,《近代中日文化交流史》,第237页。
④ 王晓秋《漫步览胜蓬莱岛》,《近代中日文化交流史》,第234页。
⑤ 王晓秋《漫步览胜蓬莱岛》,《近代中日文化交流史》,第234页。

记,又赠近照,并题诗一首:"芦雪满头两鬓蓬,形容认识画图中。披裘不学江滨钓,自笑颓然一老翁。"①出游前,拜谒了朱舜水的墓,写了《登瑞龙山谒明征士朱舜水先生墓》诗二首:"寓卫黎臣感慨频,去虞百里总悲辛。乞授不获无还计,留作东藩入幕宾。""忠怀郁郁泪潸潸,望断吴山越水间。循迹扶桑拼一死,瑞龙山是首阳山。"②表达了对中日文化交流浙东先驱朱舜水的仰慕之情。

四、清末的小说

清代,到了中国古典小说艺术的最高峰,晚清小说所显现出的丰富及复杂局面,足以让人大开眼界。一般而论,晚清小说大致可分为四个文类:狎邪、侠义公案、丑怪谴责与科幻奇谈,宁波的小说开山作《狐狸缘》与《金台山》分别代表了其中的鬼怪类和侠义类。

《狐狸缘》是一部"妖狐化身美女"的志怪小说,始刊于光绪初。全书共分为22回,作者醉月山人在第一回"周太史隐居归仙阙,贤公子祭扫遇妖狐"中开宗明义宣布,"此书乃青石山一段故事",并指出青石山在"宁波县城外",可见该书又是以宁波当地故事为题材的一部乡土小说。③

《狐狸缘》故事来源于宁波古代传说,说部故事源自明代汪延讷的戏文《长生记》,作者醉月山人对其题材和思想予以彻底改造,进行艺术加工,二次创作,改戏文为说部,从叙事到立意对旧著全盘改变,彻底重塑。《狐狸缘》主要反映《长生记》中《关公斩妖》一折,但同时在一些情节里移入明代神话小说的人物和故事。在原有"妖狐化身美女"情节基础上,增加了大量内容,不仅着力渲染了玉面仙姑和周信许多谈情说爱的场景,而且又添加了二郎神与妖狐大战、玉面狐与哪吒

---

① 王晓秋《漫步览胜蓬莱岛》,《近代中日文化交流史》,第234页,中华书局2000年版。
② 张如安《天涯随处著游鞭》,《浙东文史论丛》,第182页,中国文联出版社2000年版。
③ 主要参考张颖、陈速《〈狐狸缘〉和〈金台传〉》,《宁波市行政学院学报》1999年第3期。

交手,增补了李天王将玉面狐问斩、吕祖放妖狐救活延寿儿的五六个新章回,丰富了作品的情节,完成了由写神到写人的转换。

《狐狸缘》将明清神话说部小说的优良传统发扬光大,描绘出异彩纷呈的幻奇故事。于个人创作中引进鬼怪巨作的一些故事和人物,努力写好前人未写过的斗法场面,是《狐狸缘》描写幻奇故事的两大艺术特色。小说中借助人物对话与情节交代的手法,述及《封神榜》、《西游记》、《东游记》之类的神话故事,这与传统并无二致,但难能可贵的是,作者加入了某些近代文学的元素和特色,对故事和人物进行了新的创作,从某种意义上说,使得作品可以看做是神话名著的后续或续书,因而可以借助这批名著的影响力和本身魅力,增强小说的可读性和感染力,轻而易举地达到吸引读者眼球的目的。更值得一提的是,《狐狸缘》中有关斗法场面的描写很是新颖,不同于一般的神话鬼怪小说,作者极尽想象之能事,刻画出一个个出乎意料、闻所未闻的场景,始终给读者以神秘感和新鲜感。在情爱描写上,《狐狸缘》亦将离奇的人狐恋情演绎得惊天地、泣鬼神,成功地塑造了玉面仙姑这样一个最终以人性战胜狐性的典型形象。作者如此广泛地吸取前代著名幻奇小说的优秀成果,把它巧妙地融合在自己创作的艺术形象里,增加了作品故事描写的传奇美和神话魅力,也正是因为如此,《狐狸缘》才能在精品百出的晚清小说界占有自己的一席之地。

继《狐狸缘》后近代宁波小说创作的高峰当属《金台传》。① 《金台传》是清末宁波本地版的唯一一部小说,于光绪二十一年(1895年)首先在上海出版,四年后在宁波王文正书局刊出。作者为瘦秋山人。书中多次运用宁波地方语言。比如,书的第8回、第34回不止一次地写了"小娘"等口语,这是地道的宁波话。书的第27回,接连两番使用"大头彭天"这样的土话。《金台传》在改编同名弹词曲本中较多保留苏州方言,但也偶尔冒出几句宁波话,瘦秋山人很可能原籍宁波或曾

---

① 张颖、陈速《〈狐狸缘〉和〈金台传〉》,《宁波市行政学院学报》1999年第3期。

经在甬城居住过。

《金台传》是一部典型的侠义小说,它描写的是宋代贝州捕快金台打抱不平、行侠仗义、行走江湖的个人英雄故事,是成功地改写了《平妖传》正本大部分神怪故事的一部新长篇。书中保留了一部分神魔鬼怪和人物,增加了许多全新的编排和描述,使其与《平妖传》的语怪风格区别开来,神魔描写虽少但颇有自己的特色。

《金台传》与同类侠义小说相比,成功地塑造出小霸王金台这个"江湖浪荡汉"的英雄形象。小说围绕金台"结交四海英雄"这条情节主线,从其奉命捉拿大盗张其、郑千开,到他与盗结拜,反被官府通缉,从而流浪各地,打遍各处擂台,无一不凸显出金台富有正义感、侠肝义胆的英雄形象,给读者留下深刻的印象。

值得一提的是,《金台传》还揭露了当时社会中的一些黑暗现象,比如"朝中奸佞弄权",地方上公子衙内为非作歹、称王称霸,文武百官贪生怕死,江洋大盗杀人越货,地痞流氓横行乡里等,也披露了金台一伙朋友原也是劫了人家的财帛来快活的"不法之徒",揭露了封建统治阶级的狠毒本性,在一定程度上暴露了社会的黑暗。《金台传》在思想艺术上的这些成果,意味着它的创作已经接近中国近代写实小说的某种萌芽。

《狐狸缘》和《金台传》揭开了近代宁波小说创作的第一页,对后来的小说创作产生了重大影响,其开创之功不可磨灭。

当然,到清末还出现长篇小说和短篇小说。宣统二年(1910年)的《四明日报》就登载过长篇小说《长蛇毒》以及短篇小说《培娄松》、《针神记》和《衣冠仆》。同时,《四明日报》还连载法国大仲马的长篇小说《蕹痕小传》,即《同命鸟》。

第四节 哲学与经学

17世纪是中国历史上阶级矛盾和民族矛盾十分尖锐的时代,"天崩地陷"的社会历史条件和瞬息万变的政治风云,使思想斗争出现了深刻的变化,在浙东涌现了黄宗羲、朱舜水等思想家,抒发了新颖的哲学观点和政治观点,形成了具有求真务实的新学风。清代,宁波思想家在哲学、经学方面取得了一定的成就。

一、哲学成就

在清代,宁波的不少思想家写了有关哲学方面的著作,仅鄞县有清一代就有哲学著作(不含佛学)28集162卷。① 涌现了黄宗羲、朱舜水、黄宗炎、潘平格等杰出代表。

浙东思想家的唯物主义倾向是鲜明的。黄宗羲就是一个代表。他的思想散见于《明儒学案》、《孟子师说》等书中。他坚持了唯物主义自然观的"气一元论"。黄宗羲所指的"气",就是指原始的物质。他认为宇宙世界的本原是物质的"气",是决定着一切事物的"主宰"。他在《明儒学案》卷六二《蕺山学案》中说:"盈天地间皆气也。"在《崇仁学案三》中又提出"天地间只有一气"的观点。他说:"理也,气也,心也,歧而为三,不知天地

黄宗羲像

---

① 周时奋主编《鄞县志》,第1656页,中华书局1996年版。

间只有一气。"①他认为气为"主宰",春夏秋冬之变化,草木之荣枯,寒暑的运行,地理之刚柔,象纬之顺逆,人物之生化,都是由于"气之自为主宰也"②,"天地间只有一气充周,生人生物"③。在《宋元学案》中,黄宗羲也说:"通天地,亘古今,无非一气而已。"④黄宗羲在这里把"气"说成是构成世界的基本物质,具有唯物主义的倾向。在"理"与"气"的关系上。黄宗羲认为"理"是依赖于物质的"气"而存在的。他坚持了张载、刘宗周等人的理气观,承认"理为气之理,无气则无理"⑤,而"理不能离气以为理"⑥,为此,黄宗羲认为,现实生活中的各种变化,正是因为"气"和"理"运动变化的具体表现。在本体论方面,黄宗羲吸收了张载、刘宗周的唯物主义思想,提出了"心无本体,工夫所至,即其本体"的观点。当然,黄宗羲的上述思想基本上还是在王阳明构筑的逻辑框架内提出的。他强调"天下之理,皆非心外之物"。他说:"自其分者而观之,天地万物各一理也","散殊者无非一本,吾心是也"。⑦ 在《明儒学案》序中也说:"盈天地间皆心也,变化不测,不能不万殊。"⑧当然,黄宗羲在《孟子师说》中认为"理气合一",那么"理"与"气"都为世界本原,从"本原"论的观点看黄宗羲哲学思想,确实有矛盾,难以作圆满解释。

　　黄宗羲的历史观主张"民本",惠民、爱民。由于黄氏是明亡的亲身经历者,他总结了明亡的教训,写成了《明夷待访录》,以"万民之忧

---

① （清）黄宗羲《恭简魏庄渠先生校》,《明儒学案》卷三《崇仁学案》三,《黄宗羲全集》第7册,第41~42页,浙江古籍出版社2005年版。
② （清）黄宗羲《恭简魏庄渠先生校》,《明儒学案》卷三《崇仁学案》三,《黄宗羲全集》第7册,第42页。
③ （清）黄宗羲《孟子师说》卷二《浩然》,《黄宗羲全集》第1册,第60页。
④ （清）黄宗羲《太极图说》,《宋元学案》卷一二《濂溪学案》下,《黄宗羲全集》第3册,第609页。
⑤ （清）黄宗羲《文清薛敬轩先生瑄》,《明儒学案》卷七《河东学案》上,《黄宗羲全集》第7册,第121页。
⑥ （清）黄宗羲《大仆吕巾石先生怀》,《明儒学案》卷三八《甘泉学案》二,《黄宗羲全集》第8册,第182页。
⑦ （清）黄宗羲《孟子师说》卷四《博学》,《黄宗羲全集》第1册,第110页。
⑧ （清）黄宗羲《明儒学案》自序,《黄宗羲全集》第7册,第3页。

白云庄

乐"对专制政体作了抨击。在君民、君臣关系中,他提出新的看法和新的观点,这就是谁为主、谁为客的问题。黄宗羲明确地提出"天下(人民)为主,君为客",认为"为天下,非为君也;为万民,非为一姓也","天下之治乱,不在一姓之兴亡,而在万民之忧乐"①。这里对于"为"与"被为"的关系很清楚,这就是君主只能"为天下",不能使天下"为君主"。

黄宗羲通过对历史经验的总结,认为君主颠倒了君与客的关系,侵犯了"天下人"。封建帝王把天下当作自己的产业,"以我之大私为天下之大公",为满足他的"大私","屠毒天下之肝脑,离散天下之子女,以博我一人之产业","敲剥天下之骨髓,离散天下之子女,以奉我一人之淫乐",②黄宗羲认为"为天下之大害者,君而已矣"③。

在君臣关系上,黄宗羲也认为,臣不是为君服务,他的职责与君一

---

① (清)黄宗羲《明夷待访录·原臣》,《黄宗羲全集》第1册,第4~5页,浙江古籍出版社2005年版。
② (清)黄宗羲《明夷待访录·原君》,《黄宗羲全集》第1册,第2页。
③ (清)黄宗羲《明夷待访录·原君》,《黄宗羲全集》第1册,第3页。

样,都应该为"天下"服务。他在《原臣》中说得很明白:"缘夫天下之大,非一人之所能治,而分治之以群工。故我之出而仕也,为天下,非为君也;为万民,非为一姓也。"①

朱舜水在认识论中注重"践履"。朱舜水是具有强烈民族意识、坚持抗清斗争的杰出代表。他在对"知和行"的关系上,承认"行"是主要的,学问并不在于空谈。他说:"学问之道,贵在实行"②,"圣贤之学,俱在践履"③。朱舜水从"实行"的思路出发,对程朱"知"与"行"相割裂的观点进行批判,反对先谈"知",后谈"行"。他在《答野节问三十一条》中说:"兼致知力行,方是学,方是习。若空空去学,学个甚底?习,又习个甚底?慎思明辨,即是此中事。"④朱舜水所说的"学"与"习"并不是单纯的"行",而包括"知"与"行"两个方面,两者是密切相连的,绝对不能分割。这里明确表明,作为认识的"知"与作为实践的"行"是统一的。"行"是"知"的来源,"知"是以"行"为基础。为此,他提出"实理实学"的主张,认为"实理"就是"明明白白",凡是能取得实际功用与事功的就是实理,理论要看它实际效果,有实际效果的,就有价值。"为学当有实功,有实用。"⑤"吾道之功,如布帛菽粟,衣之即不寒,食之即不饥,非如彼邪道,说玄说妙,说得天花乱坠,千年万年,总事无一

朱舜水像

---

① (清)黄宗羲《明夷待之访录·原臣》,《黄宗羲全集》第1册,第4页,浙江古籍出版社2005年版。
② (清)朱舜水《答安东守约问八条》,《朱舜水集》卷一〇《问答》二,上册,第369页,中华书局1981年版。
③ (清)朱舜水《答安东守约问八条》,《朱舜水集》卷一〇《问答》二,上册,第369页。
④ (清)朱舜水《答野节问三十一条》,《朱舜水集》卷一一《问答》三,上册,第387页。
⑤ (清)朱舜水《答小宅生顺问六十一条》,《朱舜水集》卷一一《问答》四,上册,第406页。

人得见。"①在这里，朱舜水的"实理"显而易见是看得见、摸得着的实际利益，也就是实实在在的具体事物之中。他的"实用"就是有益于自己身心，有益于社会。他在《答奥村庸礼书》中说："为学之道，在于近里著己，有益天下国家，不在乎纯弄虚脾，捕风捉影。"②

程颐、程颢将"天理"作为哲学的最高范畴提出后，经朱熹而臻于完善，几百年来束缚着人们的思想。朱舜水提出的"实理"，是对明清之际占统治地位的程朱理学的批判。他指出程朱理学是一种"纯弄虚脾，捕风捉影"③的学问，他说："宋儒辨析毫厘，终不曾做得一事，况又于其屋下架屋哉？"④反对空谈性命的唯心主义理学。对于朱舜水的"践履"、"实用"，近代大学问家梁启超十分赞赏，他在《中国近三百年学术史》中称朱舜水的这种学风是"主张实践，排斥谈玄"⑤。

朱舜水也主张"利民"、"爱民"的历史观。他说："治国有道，因民之所利而利之，岂在博施？《春秋传》曰：'小惠未遍，民弗怀也。'富民当以礼节之，贫民当以省耕省敛以补助之。但要万民免于饥寒，亦不必多历年所。若要更化善俗，非积义不可也。"⑥他在《中原阳九述略》中总结了明亡的教训，认为明王朝的官吏腐败招致民众的背离是重要原因。在官吏横征暴敛之下，"小民安得不被其害？""安得而不穷？既被其害，无从表白申诉，而又愁苦无聊，安得不愤懑切齿，为盗为乱？"⑦"崇祯末年，搢绅罪恶贯盈，百姓痛入骨髓，莫不有'时日曷丧，乃汝皆亡'之心，故流贼至而内外响应，逆虏入而迎刃破竹，或其邪说流言，竟有前途倒戈之势；一旦土崩瓦解，不可收拾耳。"⑧朱舜水对于

---

① （清）朱舜水《答小宅生顺问六十一条》，《朱舜水集》卷一一《问答》四，上册，第40页，中华书局1981年版。
② （清）朱舜水《答奥村庸礼书》十一，《朱舜水集》卷八《答奥村庸礼书十二首》，上册，第274页。
③ （清）朱舜水《答奥村庸礼书》十一，《朱舜水集》卷八，上册，第275页。
④ （清）朱舜水《与安东守约约书》十，《朱舜水集》卷七，上册，第160页。
⑤ （清）梁启超《中国近三百年学术史》，第102页，东方出版社1996年版。
⑥ （清）朱舜水《中原阳九述略·致虏之由》，《朱舜水集》卷一，上册，第1页。
⑦ （清）朱舜水《答野节问三十一条》，《朱舜水集》卷一一《问答》三，上册，第385页。
⑧ （清）朱舜水《中原阳九述略·致虏之由》，《朱舜水集》卷一，上册，第1页。

明亡于清原因的分析,归罪于官僚劣绅的腐败统治导致"民心"背离,人心丧失,这是很有说服力的。

黄宗炎(1616—1686年),字晦木,一字立溪,号鹧鸪,余姚人。他从学蕺山,主张重在"践履"。他认为,作为认知对象的"物",在具体的认知活动中就成为认知客体,而主体诸因素就形成认知主体从"物"中分离出来,与客体相对立。这样,主体成为认知活动中的"原动",其价值观念及其他人文观念直接决定万物人化世界的作用。但是黄宗炎认为,主体的素质不是先天产生的,主要是后天培养的,"今生知之人不多见,唯学而造于圣域者,人人可为,质美不学,究非令器"[①]。从这一观点出发,黄宗炎重视人在孩提时代的教育:"稚子昏昧无知,错杂无辨,蒙蒙然。锢闭而未经启发,其所含藏包蓄,无不具备。养善防恶在此时,端本慎习亦在此时也,圣人所以重教也。"[②]"知无不行,始无不终,其德日新月盛而不可遏。"[③]主体是在"躬行实践"中磨炼自身。

清代宁波学者还有朴素的辩证思想。黄宗炎就强调世界是在不断变化的。他说:"阴阳之屈伸往来,随时变易。自隐微而显著、而强壮、而盛满,而穷极则消败随之。天不能逃乎时,进不能逃乎屈伸往来之外。亘古亘今,未有进而不退、存而不亡、得而不丧者。进也,存也,得也,属阳;退也,亡也,丧也,属阴。"[④]这里清楚地表明,事物都是变化的,在内在机制的作用下,表现为"自隐微"、"而盛满"、"穷极则消败"的发展过程,在一定条件下,事物会走向反面。其事物变化的原则是"阴阳之屈伸往来"。

至于如何把握其"屈伸"之道,黄宗炎也有自己的见解:"处之得宜,时进而进,进则思迢;时存而存,存则思亡;时得而得,得则思丧。

---

① (清)黄宗炎《周易象辞》卷三。
② (清)黄宗炎《周易象辞》卷三。
③ (清)黄宗炎《周易象辞》卷二。
④ (清)黄宗炎《周易象辞》卷一。

是进、存、得不至于亢退而退、亡、丧。"①而作为圣人是能够把握好的,"圣人知进与存,阳之伸,阴之屈也;退与亡,阴之伸,阳之屈也。阴阳屈伸,何刻无亡,处之以正,其权在我,何有于亢乎,唯圣者能之"。②这里,黄宗炎明确指出,"阴阳屈伸,何刻无亡",但"处之以正,其权在我",事物在变化,会走向反面,但这并不可怕,我们应该像圣人一样要把握好。黄宗炎的这一思想是深刻的。

从事物发展观点出发,黄宗炎提出了"日变而日新"的观点。他说:"宇宙间之经纶事业,亦日变而日新,断非一人所能毕,断非一定而能改。前贤不得不让后贤,岂必君子之避小人哉。"③历史的发展也是渐进过程,不断地"日变而日新",我们要正视这个事实,作为"前贤"应该让"后贤",这是符合历史发展的进程。

潘平格(1610—1677年),字用微,慈溪文溪人,20岁从事程朱理学研究,越五年,又研习王守仁、罗洪先之学。他对宋明以来的道学传统持批评的态度,潘平格反对玄学的空想,认为致知在格物,是未尝悬空有致知工夫也,认为须触物,没有对象的认识,格物是空虚的。他对格物进行全新的解释,认为格者,通也。物即有本末之物:本是身,末是家国天下。格物是齐家、治国、平天下为一事。他提出要在人伦日用中困勉力行,才能格通人我。潘平格批判道学家不在日用实地去求真理,"而别求心",强调"真心见在日用",真理就在日用实际中,把宋明以来体用、理气、主敬、主静诸说,全都一起推翻,提出"浑然一体"、"见在真心"的理论。对于世界本原,潘平格接受气一元论的观点。潘平格指出:"夫人禀阴阳五行之气以有形体,有人之形体而性具焉。性岂不载于气?然气自气,性自性,并不相容。苟其灼然知性,自置气不言,盖气本非性,不足言也。"④在他看来,气在流行中产生人的形体,从

---

① (清)黄宗炎《周易象辞》卷一。
② (清)黄宗炎《周易象辞》卷一。
③ (清)黄宗炎《周易象辞》卷一〇。
④ (清)潘平格《求仁录辑要》卷一《辨清学脉》。

而产生人的本性，"气"与"性"而后分开。

二、经学的发展

（一）经学的发展

清代宁波经学发展与前代相比，作者人数与著作数量都超过前代。宁波的经学研究与教学，始于唐到北宋，"庆历五先生"的杨适、杜醇、楼郁、王致、王说收徒讲学，研究经学。宋、元、明三代宁波经学研究有所发展，涌现了"庆历五先生"、"淳熙四先生"、王应麟、袁桷、程端学、黄润玉、杨守陈、倪复等经学大家。到清代，宁波研究经学的学者更是群星璀璨，各类经学著作比比皆是，鄞县就是例证。今根据《鄞县志》整理如下：

表3—3　鄞县经学发展（唐至清）

朝代\项目		唐		宋		元		明		清		合计
		数量	%	数量	%	数量	%	数量	%	数量	%	
著作	集	1	0.1%	101	18%	23	4%	268	47%	167	29%	560
	卷	10	0.4%	853	40%	83	3%	457	21.9%	679	32.6%	2082
作者				25	33.3%	9	12%	15	20%	26	34.6%	75

根据周时奋主编《鄞县志》下，第1649~1650、1656页整理，中华书局1996年版。

根据上表，自唐至清鄞县有经学著作560集、2082卷，其中清代为167集、679卷，分别占总数的29.8%、32.6%。集数仅次于明代，位居第二，卷数比明代多10.7%，居第一位；作者人数为26人，居第一。

清代宁波学者在经学方面取得了一定成就，不少学者从事这方面研究。根据宋慈抱的《两浙著述考》等资料，我们发现清代宁波研究经学的著作不少，现列表如下：

表3—4　清代宁波经学著述表(含余姚、宁海)

分类	作者（人数）	地区分布							
		鄞县	慈溪	象山	奉化	镇海	定海	余姚	宁海
易类	26	4	3	5	/	2	3	6	2
尚书	11	/	2	/	/	4	3	2	/
诗类	22	3	10	2	/	3	2	2	/
礼类	12	4	2	1	/	2	1	2	/
春秋	27	3	7	3	/	8	/	6	1
四书类	25	2	11	1	/	3	2	6	/
孝经	1	/	1	/	/	/	/	/	/
经总类	17	1	5	1	/	1	5	4	/
合计	141	17	41	13	/	23	16	28	3

根据宋慈抱著,项士元审订《两浙著述考》,第63~553页整理,浙江人民出版社1985年版。

上表说明,清代宁波的经学研究是有一定水平的,不仅作者人数多,达141人,而且著作数量亦不少。其中数量居第一位的是慈溪,有41位作者,撰写41部经学著作。次之为余姚,有28位作者,撰写28部经学著作。

我们从宋慈抱的著作中可以看到宁波府的经学著作在全省有一定影响。《易》类、《尚书》仅次于杭州府、嘉兴府,居全省第三位,《春秋》居第二位,仅次于杭州府,"四书"类亦居第二位,仅次于台州府。

(二)万斯大、黄宗炎、姜炳章、黄式三的经学成就

在清代,宁波涌现出不少杰出经学家,较有影响的是清初的万斯大、黄宗炎,乾嘉年间的姜炳璋和嘉道年间的黄式三。

万斯大是清初浙东经学的主要代表。万斯大(1633—1683年),字充宗,别字褐夫。鄞县人,万泰第六子。少年从学于黄宗羲。他一生不追求科名,但他知识渊博,长于经学,"授徒自给,读书之外无他事","馆于武林,慨然以穷经自任"。①他对《春秋》及《三礼》进行深入研究,著有《学礼质疑》2卷、《礼记偶笺》3卷、《仪礼商》2卷、《周官辨非》1卷、《学春秋随笔》10卷,后由其子万经编为《经学五书》刊行。

万斯大治经的基本观点是:非通诸经不能通一经,非以经释经则亦无由悟传注之失。因此,他的经学研习也是遵循由博而精、循序渐进的方式。早年在讲经会时,他就系统地研读了各种经书,"首《礼经》、次《易》、次《春秋》,以及《诗》、《书》"②。万斯大读经特别认真,

万斯大像

于"诸儒之书,同仁之说"中选取他认为最恰当的,"条注本经",用笔记记录下来。讲经会时期的系统学习奠定了万斯大一生治经的学问基础。有了通诸经的基础,万斯大才开始着手搜集有关《春秋》的资料。他"采取极备,而又极严且正","冬龟遍手,夏汗如浆",最终辑成经学巨著。然而康熙十二年(1673年)的一场大火将万斯大数年之心血全部化为灰烬。康熙二十年,万斯大至海昌(今海宁)陈令升家中教授《春秋》,由此接触到了更多、更丰富的资料。于是,他决定重新辑纂《春秋》,条举件系,手不停书。因过于用功,心力耗尽,写至鲁昭公时,身体已经不行,于康熙二十二年七月二十六日午时去世。

万斯大的重要著作是《周官辨非》。他认为《周礼》是后人所伪托的书。"世称《周礼》周公所作。吾考鲁史克有言:'先君周公制《周礼》曰:则以观德,德以处事,事以度功,功以食民。'今观《周礼》无此言,则知周公之《周礼》已亡;而今之所传者,后人假托之书也",并指

---

① (清)郑梁《跛翁传》,万斯大《经学五书》卷后附。
② (清)郑梁《跛翁传》,万斯大《经学五书》卷后附。

出它伤国体、害民生,"周公之书,决不如此。故断然还其名曰《周官》"。① 这表明万斯大研究经学与其师黄宗羲一脉相承,是决不盲从的。他不轻信传注,扎扎实实研究的学风,对以后的训诂注疏产生很大的影响。

今所传《学春秋随笔》是万斯大在编纂《春秋》专著时所作的札记,有很多的心得和体会,反映出万斯大的思想倾向。因为《春秋》专著止于昭公,所以这本《学春秋随笔》也止于昭公。从《学春秋随笔》来看,万斯大研究《春秋》正是运用了上述三种方法,以经解经,以传证经,属辞比事,以探索孔子作《春秋》之义法。万斯大对孔子修《春秋》之用意深有体会,因而在《学春秋随笔》中时时能以直探圣人之微意而自许,经过他的阐释,孔子作《春秋》之义法,也愈加彰显。

作为清初经学的一个组成部分,《易》学在当时有一定影响。其中一个重要方面是表现为疑古,即批评与考辨宋易图书学、先天太极学之伪,以还《周易》本来面目。黄宗炎就是一个重要代表。

崇祯年间,黄宗炎以明经贡太学。明亡后,他看到时局已不可逆转,就一门心思地研究《易》学。"于象纬、律吕、轨革、壬遁之学,皆有密授。"②著有《周易象辞》21卷、《周易寻门余论》2卷、《图书辨惑》1卷。《四库全书总目提要》对其有较高评价,认为《周易象辞》是"力辟陈抟之学,故其解释爻象,一以义理为主"。《周易寻门余论》是"兼排释氏之说,未免曼衍于易外,其诋斥宋儒,词气亦伤太激。然其论四圣相传,不应文王、周公、孔子之外,别有伏羲之《易》为不传之秘"。而《图书辨惑》亦谓"陈抟之图书,乃道家养生之术,与陈应润之说合,谓周子《太极图说》,图杂以仙真,说冒以易道,亦与朱彝尊、毛奇龄所考略同,至谓朱子从而字析之,更流于释,则不免有意深文,存姚江朱陆

---

① (清)万斯大《周官辨非·自序》。
② (清)全祖望《鹪鸪先生神道表》,《鲒埼亭集》卷一三,《全祖望集汇校集注》上册,第248页,上海古籍出版社2000年版。

之门户矣"①。

　　清初浙江经学中涌现出一批疑古的学者。黄宗羲是清代浙江疑古的先驱。其弟黄宗炎亦是一员猛将,他们与陈确、胡渭、毛奇龄、姚际恒、朱彝尊一起,系统地考辨宋易图书学和先天太极说,促使清初易学学风有所转变。

　　姜炳璋(1736—1813年),象山人。16岁补博士弟子员,学使宁化雷称他为"东南一学者"。乾隆十八年(1753年),以选拔领乡荐。次年举进士,与纪昀、钱大昕等并称"八彦",选授四川石泉知县,不久改任江油知县,颇有政绩。解职归里后,他留心著作,于诸经史都有所得。知县曹盘、史鸣皋先后聘他主纂《象山县志》。史鸣皋在自序中称姜炳璋"有志于斯十数年矣,订讹补阙,读书涉志中语,辄书之,积楮日多,然鹿鹿未能编辑也"②。

　　姜炳璋学识渊博,著述丰富。所著书共24种185卷。然而其经学造诣更深,他"精于经学,兼长义理考据"③。晚年在金华、鄞县等地讲学。经学著作有《周易通旨》8卷、《诗序广义》24卷、《诗经提纲》1卷、《读左补义》50卷等。其中《诗序广义》、《读左补义》,收入《四库全书》。《四库全书总目提要》对《诗序补义》评述:"是编以诗序首句为国史所传,如苏辙之例。但辙于首句下申明之语,竟删除不论,炳璋仍则存原文,与首句中离一字书之,而一一订其疏舛,例又小殊。盖参用朱子《诗序辨说》之义,贯通两家也。"关于《读左补义》,《提要》也作略说:《春秋》无例,《左传》所言之例,皆史氏旧文。其凡有五:一曰西周旧典,二曰东迁后列国相沿之例,三曰鲁史自相传授之例,四曰霸国更定之例,五曰鲁君臣私定之例。杜预所谓凡例皆周公之礼经,变例皆圣人之新意者,未为定论。其援据颇典博,参考亦颇融贯。……然谓《春秋》全因五例之旧文,则圣人直录鲁史,不笔不削,何以云"其义

---

① 《四库全书总目提要》卷六《经部》一《易类》六。
② 王庆祥主编《象山县志·历代修志纪略》,第678页,浙江人民出版社1988年版。
③ 王庆祥主编《象山县志》第50章《知名人物·姜炳璋》,第637页。

窃取",何以云"知我罪我惟《春秋》"乎?①

黄式三(1789—1862年),字薇香,浙江定海人。道光十二年(1832年)贡生。鸦片战争爆发后,挈子黄以周徙居镇海县海晏乡之黄家桥。

黄式三"为学不立门户,博综群经,治《易》,治《春秋》,尤长'三礼'"②。治经既重汉儒的研究名物、训诂,又学宋儒的阐释经书义理。但他说经,又不拘泥于汉、宋,而是有选择地加以研究,并经常进行思索。他在《求世室记》中说:"天假我一日,即读一日之书,以求其是。"在《畏轩记》中又说:"读经而不治心,犹将百万之兵,而自乱之。"凡遇有大的疑义,必定加以考订厘正,他的《复礼说》、《崇礼说》、《约礼说》,阐述精赅绝伦,没有半点空浮,学者都给予很高的评价。

他的主要经学著作有《易释》4卷、《易传通解》、《尚书启蒙》。《易释》以程朱等对儒家学说的注释加以"翻阅讨论",融会象、爻、传之所以合,得其纲领,而后推各爻之所以变,略加去取而作。其子黄以周曾经广泛搜集《易注》,增删《易释》的原书,编为《十翼后录》。

三、经世致用与通经致用

清代宁波思想家的经学有丰富的内容,其中一个重要思想是"经世致用"。这一思想是宁波思想家在总结明亡教训和清算理学的斗争中形成的。

黄宗羲的经史之学中最能反映"经世致用"这一思想的是治学的实践精神与致用的价值取向。黄宗羲在甬上证人书院时,就提倡经史实学。"先生始谓:学必原本于经术而后不为蹈虚,必证明于史籍,而

---

① 宋慈抱著,项士元审订《两浙著述考》,第439页,浙江人民出版社1985年版。
② 《清史稿》卷四八三《黄式三传》。

后足以应务。"①经史应为表里,相须以行,相辅以用。以群经成其博,以治史通其变。李邺嗣为此这样说:"吾党之学二:一曰经学,一曰史学。是以学者先之经以得其源,后之史以尽其派,则其于文章之事可以极天地古今之变,波澜四溢,沛然而有余。"②这表明,黄宗羲为代表的浙东学派将经学、史学融为一体,融通经史以开物成务,经世致用,反对束书不观而高谈性命之"游谈"。

黄宗羲力主通经更以致用。他针对封建专制,提出民主启蒙思想。他对封建王朝的弊政及两千多年的君主政治进行了深刻批判和反省,矛头直指封建专制主义。

他在《明夷待访录》中深刻阐述了这一思想,字里行间已经闪耀着民主的启蒙思想。梁启超在《中国近三百年学术史》中就说过,《明夷待访录》中"这类话,的确含有民主主义的精神,虽然很幼稚,对于三千多年专制政治思想为极大胆的反抗。在三十年前,我们当学生时代,实为刺激青年最有力之兴奋剂"③。正因为如此,梁启超和谭嗣同在"倡民权共和之说"时,将《明夷待访录》一书抄印数万本。可见,黄宗羲的民主启蒙思想,对中国近代的革命者有很大的影响。

黄宗羲十分注意致用的价值取向,提出工商皆本的思想。明中叶以后,商品经济发达,出现了资本主义萌芽。黄宗羲提出:"世儒不察,以工商为末,妄议抑之,夫工固圣王之所欲来,商又使其愿出于途者,盖皆本也。"④他认为"本"、"末"不应该按农业和工商业来划分,而应按是否有利于社会财富的增长来划分,凡是有利于社会财富增长的都应是"本",工商业是社会、国家需要的,都是"本"。工商皆本思想,正是对浙东商品经济发展和工商业的社会作用的深刻总结,是对中国封

---

① (清)全祖望《甬上证人书院记》,《鲒埼亭集外编》卷一六,《全祖望集汇校集注》中册,第1059页,上海古籍出版社2000年版。
② (清)李邺嗣《万季野诗集序》,《杲堂诗文集》,第561页,浙江古籍出版社1988年版。
③ 梁启超《中国近三百年学术史》,第56页,东方出版社1996年版。
④ (清)黄宗羲《明夷诗访录·财计三》,《黄宗羲全集》第1册,第41页,浙江古籍出版社2005年版。

建社会中长期占据统治地位的"重本抑末"论的公开批判,是一种富有见地的新思想,适应当时工商业的发展和资本主义萌芽的要求。

与此同时,黄宗羲还揭示了税费改革怪圈。中国古代多次进行赋税改革,无论是唐的"两税法",还是明的"一条鞭法",在解决政府财政困难方面有一定作用,改革之初在某些方面也对人民有些好处。但这些税费改革的结果总是使农民税负越来越重。黄宗羲正是面对明朝败亡事实,深刻反思秦以来王朝灭亡的种种原因,尤其是他考察了魏晋以来各朝土地和赋税制度发展和演变的过程,提出税费改革思想。他说:"或问井田可复,既得闻命矣。若夫定税则如何而后可?曰:斯民之苦暴税久矣。"①"吾见天下之赋税日增,而后之为民者日困于前。""儒者曰:'井田不复,仁政不行,天下之民始敝矣。孰知魏晋之民又困于汉,唐宋之民又困于魏晋,则天下之害民者,宁独在井田之不复乎?'"②解决农民的负担问题,既要注意土地问题,也要注意赋税问题。历朝的土地和赋税制度存在"三害",即"积累莫返之害"、"所税非所出之害"和"田土无等第之害"③。这"三害"使中国百姓"苦暴税久矣"。历代赋税都有"税轻费重"的情况,为减轻农民负担,唐、宋、明等朝代做过"并税除费"的改革,试图用把杂费并入税收的办法来减轻对农民的乱征杂派,但这些改革仅最初几年见效,未几额外摊派有增无减,税外产生新的杂费。明代推行"一条鞭法",将力差、银差归并,与田赋一起折为银两合并征收,但过不了多时,"杂役仍复纷然"。不久,"三饷"又成为固定税收,农民的税负比以前更重。为此,黄宗羲慨叹说:"嗟乎!税额之积累至此,民之得有其生也亦无几矣。"④

---

① (清)黄宗羲《明夷待访录·田制三》,《黄宗羲全集》第 1 册,第 26 页,浙江古籍出版社 2005 年版。
② (清)黄宗羲《明夷待访录·田制一》,《黄宗羲全集》第 1 册,第 24 页。
③ (清)黄宗羲《明夷待访录·田制三》,《黄宗羲全集》第 1 册,第 26~28 页。
④ (清)黄宗羲《明夷待访录·田制三》,《黄宗羲全集》第 1 册,第 27 页。

针对"三害"的现实,黄宗羲就赋税制的改革提出了建议,这就是:"反积累以前而为之制";对"上授之田"与"自有之田"征收不同税率;"任土作贡",即按当地所产征收实物,反对田赋征银;"下下为则",即以最差田地的产量作为确定田赋的标准。

朱舜水以"经邦弘化,康济时艰"①为治学的主旨,主张封建君主在治国中应以民为本,惠民、养民、爱民、富民。朱舜水在《答小宅生顺书十九首》中说:"所以有国有家者,但当悉心抚字,民心苦固,内忧外患。"②朱舜水反对吏治败坏。他在《中原阳九述略》中总结了明朝灭亡的原因,他认为明代官吏"奔竞门开,廉耻道丧,官以钱得,政以贿成","坐沐猴于堂上,听赋租于吏胥,豪右之侵渔不闻,百姓之颠连无告。乡绅受赂,操有司狱讼之权;役隶为奸,广暮夜苞苴之路"③。在官吏横征暴敛之下,小民安得不被其害?"安得而不穷?既被其害,无从表白申诉,而又愁苦无聊,安得不懑切齿,为盗为乱?""崇祯末年,搢绅罪恶贯盈,百姓痛入骨髓,莫不有时日曷丧,及汝皆亡之心。故流贼至而内外响应,逆虏入而迎刃破竹。"④朱舜水把明亡于清的原因,归罪于官僚劣绅的腐败统治,这是很有说服力的。

万斯同的经学思想也十分丰富。万斯同富于独立思考精神,不是空谈是非,而是求证于经传注疏。汪廷珍说他论丧礼诸则"明先圣之制,砭流俗之失,酌古今之宜,洽情理之中,尤尽善可施用"⑤。万斯同认为经学研究的目的是为了"备他日经济之用"。他在《与从子贞一书》中说:"经世之学,实儒者之学要务,而不可不宿为讲求者。""夫吾之所为经世者,非因时补救,如今所谓经济云尔也,将尽取古今经国之大猷,而一一详究其始末,斟酌其确当,定为一代之规模,使今日坐而

---

① (清)朱舜水《答林春信问七条》,《朱舜水集》卷一一《问答》三,上册,第383页,中华书局1981年版。
② (清)朱舜水《答小宅生顺书十九首》三,《朱舜水集》卷九《书简》六,上册,第315页。
③ (清)朱舜水《中原阳九述略·致虏之由》,《朱舜水集》卷一,上册,第1页。
④ (清)朱舜水《中原阳九述略·致虏之由》,《朱舜水集》卷一,上册,第1~2页。
⑤ (清)万斯同《群书疑辨·汪廷珍序》。

言者,他日可以作而行耳。"①他发奋要以文章报国,欲拯民于水火,"吾窃不自揆,常欲讲求经世之学"②。为此,万斯同在《与从子贞一书》中就提出了"今天下民生何如哉"③的问题。他看到战乱后的经济衰败和民不聊生的景象,对百姓深表同情,并指出明王朝的灭亡是由于晚明的赋敛之重,"生民之苦极矣,国欲不亡得乎?"④他的爱民思想充分得到了反映。万斯同认为官吏清廉能赢得民心,官吏腐败,会人心丧失。成化中,鄞县丰公庆为河南布政使,有县令以蜡烛馈。丰公庆看也不看,命吏把它收藏。晚上取燃,发现是银子做成,立即派人还之。对于丰公庆拒贿的事,万斯同很受感触。他作诗说:"皛皛银蜡烛,可燃不可燃?县令虽巧计,长官不爱钱。廉不正名古来鲜,丰公还烛意诚善。但使吾心清若冰,何必暴扬他人短。寄语后来县令知,慎勿好行暮夜私。"⑤

第五节　宗教信仰

在清代,宁波的宗教有佛教、道教、基督教等,其中最有影响的是佛教和基督教。尤其是在晚清,宁波佛教界人士极为活跃,涌现出不少高僧。鸦片战争后,随着宁波的开埠,基督以更快的速度发展。传教士在传教布道的同时,创办学校、医院、报刊,客观上推动了宁波近代化的进程。

---

① （清）万斯同《与从子贞一书》,《石园文集》卷七,《四明丛书》第14册,第8433、8434页,广陵书社2006年版。
② （清）万斯同《与从子贞一书》,《石园文集》卷七,《四明丛书》第14册,第8434页。
③ （清）万斯同《与从子贞一书》,《石园文集》卷七,《四明丛书》第14册,第8433页。
④ （清）万斯同《讲经口授》。
⑤ （清）万斯同《新乐府词·银蜡烛》。

一、佛教

　　清初,统治者对佛教采取比较宽松的政策,并且十分敬重寺院的高僧。宁波历代为佛教胜地,而此处的名刹高僧也经常得到统治者的赏赐和殊遇。天童寺住持圆悟去世后,道忞由于精通佛、儒之学,声名远播,继任天童寺住持。顺治十六年(1659年)九月,道忞奉诏入京为清世祖福临说法。他谈论的内容除佛学外,还涉及孔孟、老庄之学,诗词书画,甚至朝政及世俗之事,为顺治帝释义解惑。道忞高深的佛学造诣和深厚的文化素养,深得福临的敬重,被赐"弘觉禅师"封号。民国《鄞县通志》有记载:"圆悟开法天童,弟子十二俱主诸方名刹……清初,圆信、道忞继之,为清廷所尊。"①道忞在京期间的语录及相关活动和杂著,由门人真朴整理为《弘觉禅师北游录》。这本书详细记述了道忞在京7个多月期间与顺治帝交谈的种种实况,有非常高的历史价值。全书分6卷,书首有顺治的敕书二,御札一;卷一为大内万善殿语录;卷二为奏对机缘;卷三与卷四为奏对别记;卷五为偈赞;卷六为杂著。书末附有《挽大行皇帝哀词》。约在顺治十八年春天出版。康熙十三年(1674年)六月,道忞圆寂,享年79岁。著有《弘觉禅师语录》、《奏对录》、《弘觉禅师北游录》、《山翁道忞随年自谱》、《历传祖图赞》、《禅灯世谱》、《密云和尚辟妄七书》、《圆悟禅师年谱》、《布水台文集》等。因道忞禅师奉敕入京,敕赐"弘法"为天童寺名,并获赐银印、药师佛及帑金千两。

　　除了高僧的佛教活动外,清初的一些学者也关注佛教,主要是鄞县人史大成和李邺嗣。史大成(1613—1676年),字及超,号立庵。顺治十二年状元,康熙时官至礼部左侍郎。他有净土信仰,曾经为宝莲居士俞行敏的《净土全书》作过序,盛赞慧远大师、中峰国师、莲池大师

---

① (民国)《鄞县通志·政教志壬编上·宗教(一)》,宁波出版社2006年版。

与王龙舒居士,主张禅净不二之说。史大成说:释迦如来"特说《弥陀》一经,单指念佛往生。前者如慧远首结莲社,中峰深怀净土,宣畅念佛法门,向慕西方极乐。大抵从凡夫所贪著处中,猛然善诱,解者不敢以为非,昧者深以为可喜,盖无智无愚大共极便之途也。奈何末法浸衰,本原渐晦,即知念佛可以往生,究不识所念何佛,遂令西方有万里之遥,苦海无回头之乐。岂知所谓念佛者非徒以齿舌也。念念是心,念念是佛,才一动念,西方即尔现前,才一现前,是名极乐世界。然则念佛往生之说,其诸即心即佛之谓欤! 以为提宗,离念何以寻宗?以为直证,舍佛将何作证? 是知祖列传灯,顿超生死,众生笃信,遂脱轮回,其归一也"①。史大成还写了《重修招宝山宝陀寺记》,谈到康熙十六年(1677年)重修招宝山宝陀寺的情况,认为宝陀寺从普陀山搬到这里,一定意义上有其军事目的,盖"以招宝郡境之咽喉,而宝陀又招来宾席之冠冕,使不崇丽炜煌,无经表兹土之胜,令观者有所竦息;且时与将佐循阑凭眺,则瞭望之远近,控制之疏密,运筹决策一览而得。此安不忘危之意也"②。

李邺嗣也有不少有关佛学的著作,诸如《大梅禅师诗序》、《慰弘禅师集天竺语诗序》、《天童西堂明介禅师塔铭》、《云门和尚语录序》、《募修明州补陀七塔寺疏》及《修天王庙文》等。这些作品不仅反映了李邺嗣与僧人们的交往,也显现了他对佛学的某些关注。作为一代名家,李邺嗣时常参礼七塔补陀寺,与常住僧众以及住持和尚也有交往,对寺院的历史、现状非常熟悉。他曾受方丈委托撰写《募修明州补陀七塔寺疏》,既具文采,又合教理,同时又对宁波普陀寺、宝陀寺与七塔补陀寺的历史地位、文化内涵作了挖掘整理,很有见地。他在《募修明州补陀七塔寺疏》中云:"南海名山无数,以洛伽小白华为第一,则以大士在焉。稍入内地,在蛟川则曰候涛山寺,在甬上则曰补陀七塔寺,俱大士之下院也。凡海内来礼是山,有远万里者,有远数千里者。至甬

---

① 许明《中国佛教经论序跋记集》第4册,第2098页,上海辞书出版社2002年版。
② (清)史大成《重修招宝山宝陀寺记》,雍正《浙江通志》卷二六二。

上七塔,则如入大士之门焉;上候涛遥望大海,则如造大士之庭焉;既上洛伽,则登大士之堂矣。是以补陀诸刹,在昔日为极盛也。至今则洛伽一区,已如三山金银台,可望不可即。盖海内来礼是山者,不登大士之堂三十年矣。于是至甬上七塔,即如造大士之庭焉,不复门之矣;上候涛遥望大海,即如登大士之堂焉,不复庭之矣。"[1]李杲堂在文中提到南海洛伽小白华山,举出其作为观音道场的重要性。洛伽小白华山即普陀山,又名补陀洛伽山,系梵语的音读,意译为小白华山。文中明确将"补陀"与"七塔"并提,说明普陀山宝陀寺自明初迁至宁波后,补陀寺作为观音道场的影响力一直延续至清初而不衰。

在这方面,李邺嗣还作《鄞东竹枝词》诗:"往年香客遍东家,万里来瞻小白华。七塔寺前先礼拜,鸟音已得听频伽。"并作注曰:"普陀山亦称小白华。七塔寺在江东,往年香客极盛。频伽,海外鸟名,东乡间有之。"[2]宁波地处东海畔,与舟山普陀山隔海相望,海内到普陀朝拜的香客,须先至宁波,然后乘船前往普陀山。特殊的地理位置使宁波成为普陀山的前站,地处江东的七塔补陀禅寺,由于其作为"小普陀"的特殊地位,自然成为朝礼普陀山观音道场的首选的地方。而镇海招宝山补陀寺也是人们所向往的。

此外,黄宗羲、全祖望的著作也涉及一些佛教内容。如黄宗羲《苏州三峰汉月藏禅师塔铭》、《空林禅师序》、《天岳禅师七十寿序》等都涉及明清之际僧人活动的情况。全祖望的《阿育王寺十二题考》、《南岳和尚退翁第二碑》和《定林寺》、《报恩寺》、《圣因寺》等,以及为《四明尊者教行录》等作的题跋,也提供了研究僧人的一些资料。

清代前中期,由于政府的支持和提倡,宁波的不少寺院得到修筑或重建。鄞县不少寺院作了修建。比如,江东的补陀寺于康熙二十二年(1683年)在寺前建浮图7座,故俗称七塔寺。延庆寺也得到扩建。

---

[1] (清)李邺嗣《募修明州补陀七塔寺疏》,《杲堂诗文集·杲堂文续钞》卷四,第702~703页,浙江古籍出版社1988年版。

[2] (清)李邺嗣《鄞东竹枝词》,《杲堂诗文集·杲堂诗辑补》,第766页,浙江古籍出版社1988年版。

顺治间,成德法师孙海容重建延庆寺大悲殿和钟楼,然罗云堂及山门却又废圮,康熙七年钟楼又圮。到十一年(1672年),由观堂的昭生法师予以重建。二十三年又建僧室。另外,大梁街的万寿寺、西郊的福德禅寺、药行街的广福禅寺、拗花巷附近的天宁禅寺、月湖的宝云讲寺等城区20多个寺院在清代前中期得到修缮或重建。江北的宝庆讲寺,康熙七年寺院焚毁,康熙二十年重兴,康熙三十年重建,并易名"普济"。雍正二年(1724年),住持僧一归建自在堂,收复寺产,复名"宝庆"。乾隆二十六年(1761年),僧人普照改造大殿、山门,培植荫木,铺砌通道,次年又重修观音殿。

在清代前期,宁波府各县的寺院也得到修建。乾隆十七年,镇海有寺院36座,不少是新修建的。慈溪一些寺院也重建了不少殿堂。顺治九年(1652年)至康熙十年,慈溪的五磊寺就重建、新建殿宇房舍200余间,遂成浙东名刹。金山寺在康熙年间得到扩建,洞山寺则于乾隆八年进行了重修。在康熙年间,宁海修建寿宁寺、明恩寺、集福寺。奉化雪窦寺因清初兵毁而日颓,顺治八年(1651年),僧人石奇重建殿阁、亭舍。石奇遂被后代僧众推为中兴之祖。大中岳林寺至顺治间寺圮,僧人他徙。康熙十二年,僧人楷庵建天王殿、方丈室和普同塔,寺复中兴。象山在乾隆时重建蓬莱禅寺,重修等慈禅寺、法王寺。

进入晚清后,由于战火,不少寺院被毁。太平军信奉的是受基督教影响的拜上帝会,对别的宗教实行排斥、毁灭的政策。据历史资料记载,太平军进入宁波前,城里有佛寺80余座;咸丰十一年(1861)攻入宁波以后,不少寺院被抢掠焚毁。七塔寺等佛寺建筑就是在这次战火中被毁掉的。但同治后,一些寺院进行了重建,得到了发展。咸丰时,临济名僧隆安至鄞县接待寺,又于同治十三年(1874年)至光绪三年(1877年)住持天童寺,扩建了一些建筑物,使天童寺有较快发展,与镇江金山寺、扬州高旻寺、常州天宁寺并称为"禅宗四大丛林"。光绪二十八年,敬安为天童寺住寺,他任贤用能,百废俱兴,使天童寺得到快速发展。

阿育王寺在光绪年间(1875—1908年)修建了普同塔院、养心堂、云水堂、灵菊轩、方丈室、天王殿等房舍90余间。宣统三年(1911年)又重修大殿,使阿育王寺的建筑得到改善。宝庆寺于同治元年(1862年)遭火,致使大殿被毁,寺产遭劫,寺院无存。光绪四年(1878年),慧修宏智住持宝庆,经营十余年,寺院得以恢复。光绪十五年,国史馆编纂杨泰亨建殿宇,并重书"宝庆讲寺"匾额。隔几年,住持益舟又对厢房、殿宇进行修建。

各县佛教也有发展,到清末镇海有寺65座、庵204座,仅寺院就比乾隆十七年(1752年)多了29座。咸丰年间,灵峰禅寺毁。光绪初年重建葛仙殿,招僧居住。光绪十四年建佛殿5间、客房14间,后又建方大殿、前进佛殿和峰曙楼等。山麓有灵峰下院,建有按指堂、云深轩。瑞岩禅寺曾毁于兵火,清末重建,光绪三十年清廷赐龙藏(经)紫衣及匾额,光绪三十二年建藏经阁。慈溪在清末也有寺庵336所,比清代前中期有所增多。在晚清,对五磊寺、金仙寺进行重修。奉化的大中岳林寺于光绪十四年寺崩垣毁,钟楼毁于火,僧文杲四方化缘,重兴弥勒道场,盛时有僧人百余人。

在晚清,宁波涌现出不少高僧。后人曾评述当时宁波佛教界有两位尊宿,一为寄禅(八指头陀),一为慈运,"方主天童、七塔两名刹,寄公以诗名,而慈公以道行"①,这里明确指出八指头陀与慈运并列,道行称名于佛教界,是晚清最主要的高僧。

寄禅(1851—1912年),俗姓黄,名读山,字福余,法名敬安,湖南湘潭人。光绪元年,寄禅开始游方参学,参访金山寺,历游杭州、宁波等地的名刹道场。在阿育王寺舍利塔前,他点燃左手两指并剜臂肉燃灯供佛,从此自号"八指头陀"。因爱好吴越山水,他在行脚参禅之余不废吟诗创作,至光绪七年时,诗稿渐丰,结集为《嚼梅吟》在宁波出版,于是闻名于诗坛。光绪二十八年,寄禅52岁,应请接宁波天童寺。

---

① 若严《岐昌和尚行述》,《海潮音》第1卷第2期1920年"杂记",第321页,上海古籍出版社2003年版。

在他住持期间,百废俱兴,夏讲冬禅,靡有虚岁;守护法度,整肃清规,树立道风,修建殿堂,多有建树。他根据《百丈清规》,制订了"万年规约"和"日行便览",凡上自方丈、下至各寮,均得奉以为法,严格遵守;并逐年建如意寮,整修佛殿,金装佛像,重建立雪轩、自得斋,修葺法堂,修铺伏虎亭至小白岭的道路。他数次为众僧开讲《楞严经》《禅林宝训》等典籍,以续佛慧命,绍隆佛种;带头领众参禅,开启学人智慧。光绪三十四年(1908年),为反对、抵制日本僧人插手干涉中国佛教事务,寄禅率先在宁波倡议兴学护教,将宁波僧学堂改组为宁波僧教育会,以推行佛教全面革新运动。这是全国最早成立的僧教育会组织,寄禅被推举为会长。①

寄禅像

慈运禅师,俗姓朱,字慈运,一字隆安,号皈依,湖南湘潭人。20岁后遍游江浙,参询名宿。咸丰间挂锡鄞西高桥接待寺,任香灯一职,后移锡镇海永宁寺。同治二年(1863年)迁镇海蛟川万善寺居住,进行寺庙建设,使殿宇重光。同治九年,他在鄞县云龙寺接续普浴英皓的祖灯,成为禅门临济宗第39世正传弟子。同治十三年,任天童寺住持。慈运临危受任,寺院香火渐渐转盛。他以身作则,带领常住僧众开始修复殿宇,重修佛像,取得了很好的成效。他还举行开光法会、度僧发放度牒、建立水陆道场等佛事活动,使天童寺重新恢复了生机。光绪三年,慈运在天童寺年任满,重新回到万善寺。他自出钵资,化募资金,将寺院再次整修一新。光绪十六年,应地方绅董礼请,慈运住持甬东丛林七塔寺。在住持七塔寺的20年间,慈运禅师率领僧人逐步进行寺院基础设施建设,改造天王殿、大雄宝殿、祖堂等,新建三圣殿、

---

① 贾汝臻主编《七塔寺人物志》,第191页,宗教文化出版社2008年版。

法堂及藏经楼,库房、禅堂、华严阁等,最终形成了完整的禅宗伽蓝七堂格局,成为四明地区继天童寺、阿育王寺之后的第三大丛林寺院。

慈运禅师在宁波享有崇高的威望,他"居甬五十余年,长幼尊卑、中外商贾,乃至劳动工役,无不知有皈依长老者。每一见之,顶礼、问讯、供养如活佛。然其恭敬、尊崇之心,发于中,形于外,不自知其膝自屈也。感化之诚,有如此者!且也人天密护,大用现前。开堂太白,戒徒万指;说法七塔,法众千僧"①。更难得者,他喜成人以德,济人之困,"其肚量宽宏,若太虚之广,不拒诸有;如大海之深,不拒众流。故能建大道场,作大佛事,福寿全归,唯德所至"②。由于其德化一方,影响深远,慈运长老为此被推为七塔寺中兴祖师。

除慈运禅师和八指头陀外,岐昌宏莲在甬上也有影响。岐昌宏莲,俗姓钱,法名宏莲,字岐昌,号水月,鄞县东乡人。8岁时于甬东永丰寺剃度出家,为庵主安法禅师的再传弟子。岐昌读书过目不忘,年纪稍长时,便开始学习诗词、书法。同治九年(1870年),岐昌从今铭律师受具足戒。后来与八指头陀等甬上高僧有所交往,常在一起研讨佛法,精于宗禅教理,尤擅音声佛事,深得教门同修认可与敬重。

光绪三十年(1904年),太虚法师初出家,于天童受戒。八指头陀为他修书将其介绍到永丰寺依岐昌法师受经学法,执弟子礼。太虚在岐昌法师处学习期间,受学《法华经》、《楞严经》等大乘经典,间阅《指月录》、《高僧传》等,太虚称赞岐昌法师是"无疾言,无遽色,温文尔雅、恭穆渊懿"③。岐昌的高尚品德和高深修养,为太虚法师所敬仰。

晚清光绪年间,岐昌遍历长江、黄河,近则天童、雪窦、普陀、天台、天目,远则峨眉、五台以及衡山、庐山、金山、焦山等名胜,遂使岐昌之名名满佛教界。当时佛教的僧俗大德若到达宁波,一定会专程前去拜

---

① 《慈运老和尚塔铭》,《七塔寺志》卷五"志僧谱",第12页,中华佛教出版社、百通(香港)出版社2004年联合出版。
② 八指头陀《又对灵小参法语》,《七塔寺志》卷六"志法要",第1~2页。
③ (清)光绪《慈溪县志》卷四一《旧迹一·寺观上》。

访岐昌法师，向其请教。宣统二年（1910），慈运长老圆寂，七塔禅寺一时陷入了迷茫失措的困境。德高望重的岐昌受大众之请，住持七塔禅寺，为临济宗第40世，七塔寺从此走上了新的征途。

二、道教

宁波道教以南宋和元朝为盛，但终不如佛教，至明代道观罕有新增，到清代道教衰颓。

在清代宁波管理道观的机构，府设道纪司，各县设道会司，俗称道官，清代前中期新建道观不多。城区仅新建2所，即雍正二年（1724年）建荧镇观，乾隆五十年（1785年）建蓬莱观，蓬莱观面临日湖，左临延庆古刹，在傍仓圣宫，云水道士结茅修行，立吕祖坛。鄞县于蜃蛟建青阳观（乾隆六十年），望春建宁德观（嘉庆二年，1797年）、集仕港建清宁观（嘉庆二十二年）。

但是，一些道观作了较大的修筑。位于城区西北街的佑圣观，顺治十六年（1659年），玉皇阁毁。康熙三十三年（1694年），全郡士民集资重修。自此起，至雍正八年多次进行重修，增建了真武殿、灵官殿、南天门外茶亭、迎真桥并池塘、直武殿、斗姥阁、大士阁、吕祖台亭、火神殿、山门等，乾隆五年重建玉皇阁。慈城（今江北区）清道观，建于唐代天宝八年（749年），历经千年，多次修复，到清代又多次维修。康熙二十年至康熙二十六年，道会张继祖重建大殿、云亭、官厅、文昌阁。雍正八年，他的徒孙冯守恒创建符官阁，重建灵官殿。乾隆三十二年，道士周启宗重修灵官殿。道光八年（1828年），道士王元任复修，并重建灵官殿。次年，慈溪人冯汝霖、冯汝震、冯汝霆3人重建文昌殿，匾额名曰"斯文在兹"[1]。

在晚清，新建的道观仅几所。同治间（1862—1874年），鄞县的栎

---

[1] 俞福海主编《宁波市志》下册，第2794页，中华书局1992年版。

社、望春分别建碧水观和永宁观。不少道观也作了修缮,城区的吕祖殿住持王成章在光绪间改建殿后余屋为栖鹤轩,供道士修养。鄞县樟水镇崇宁观于光绪十年(1884年)进行重修。慈城的清道观文昌殿于同治元年(1862年)毁于战火,到光绪十三年,由乡人冯翊廷、冯全塘集资重新修建。光绪年间(1875—1908年),宁波有道宫观56所,其中鄞县18所,余姚9所,慈溪6所,奉化9所,宁海3所,象山5所。①

考察清代宁波的道教发展,可以看到入清后,道教更趋衰落。其间虽有新建,但废弃的更多。以鄞县为例,清代虽然修建了荧镇、宁德、青阳、永宁等观(宫),可是毁弃的道观(宫)却有24座。仅乾隆年间就有开元宫、福顺宫、明真道院、旌德观、紫阳宫、盘福宫、冲虚真观7座道观(宫)遭废弃。宁波道观的衰落原因有的是经费困难,致使道士星散,信徒减少,比如,鄞县的一些道观信徒日少,只能靠卖符箓禄维持;也有的是因战乱,慈城的清道观是由于太平军的战火而毁坏的。

三、基督教(新教)

基督教在19世纪初传入中国,但发展不大。鸦片战争后,西方传教士通过不平等条约规定的传教权,迅速开展传教活动。宁波为全国基督教传入最早的城市之一。道光二十三年(1843年),美国浸礼会传教士来甬传教布道。次年,美国北长老会传入鄞县。道光二十八年和咸丰五年(1855年),英国圣公会和英国内地会相继传入,到清末的近70余年间,宁波基督教大小宗派有7个。今列表如下:

---

① (民国)《鄞县通志·政教志壬编下·宗教(二)·天主教》,宁波出版社2006年版。

表3—5　清代宁波基督教派一览表

教派	来甬时间	创办时间地点	传教士	备注
浸礼会	道光二十三年（1843年）	道光二十七年宁波西门	玛高温（D. J. Mar Gowan）	浸礼会是西方基督教传入宁波的第一个宗派。道光二十七年六月，罗尔悌牧师夫妇到宁波传教，十月在西门组织教会，这是华东最早的浸礼会。咸丰二年（1852年）在西门建成真神堂，为华东区浸礼会第一个礼拜堂。
长老会（中华基督教会）	道光二十四年	道光二十五年城区府侧街成立长老会宁波支会。道光二十九年成立宁波长老会	麦嘉缔（D. B. McCartee）	道光二十六年麦嘉缔在江北岸建"美华礼拜堂"。咸丰元年二月，宁波支会江北岸礼拜堂建成。
圣公会	道光二十五年	道光二十八年五月在城中贯桥头购民房一幢立堂传教	施美夫（Rev George Smith）麦理哲（Rev Mc-latchie）禄赐（Russel Land）	咸丰三年，在县学街建成仅恩堂。同治十一年（1872年），英国差会认为中国第一个传教区形成，按立驻鄞的禄赐为主教。

续上表

教派	来甬时间	创办时间地点	传教士	备注
内地会	咸丰四年（1854年）	同治四年（1865年）创立内地会于柳汀街	戴德生（James Hudson Taylor）	同治四年在城区湖桥头建教堂，为内地会第一个教堂。
循道公会	同治三年	光绪三年（1877年）在开明街建"福音殿"	傅氏夫妇和梅氏	光绪五年，该会第一座礼拜堂"开明堂"落成，慈溪人徐漪园为首任驻堂传道。光绪二十四年建成江北岸圣教堂。
基督徒公会	光绪十九年	光绪十九在江北"小瀛洲"（今桃渡路）租房设堂	华以利沙伯（C. A. Hopwood）华路依（L. H. Hopwood）和丁爱大（Bentinson）	华以利沙伯为首任会督。光绪二十四年在江东张斌桥附近购得住宅地基建成教堂和学校。宣统元年（1909年），华以利沙伯去世，由其妹华路依继任会督。
自立会	光绪三十二年	光绪三十二年	鄞县人俞国桢等共同发起	光绪二十八年俞国桢偕慈溪人谢洪赉、高翰卿等共同发起中华基督教会，俞任会长。光绪三十二年创立中国耶稣教自立会，主张中国教徒"自立、自养、自传"，不受西方教会管辖。

资料来源：民国《鄞县通志·政教志壬编下·宗教（二）》及周时奋主编的《鄞县志》第35编《宗教》。

基督教以城区为基地向宁波所属各县及余姚、宁海传道，并向上海及全国各地发展。比如,长老会成立后就向镇海、慈溪、奉化、余姚等地传道。咸丰十一年(1861年),长老会教师睦里逊驻姚传教,在浒山(今属慈溪市)成立三北支会,同治三年(1864年),宁波长老会余姚支会成立。鄞县南乡成立鲍家埠支会。有教徒50余人。长老会以宁波为传教活动中心,并向农村及全国拓展,咸丰九年传至杭州,咸丰十一年传至绍兴,并在鄞东、鄞西及慈溪相继建莫枝堂(咸丰元年)、莲花庵堂(同治三年)、庄桥堂(咸丰二年)与慈北堂(咸丰五年)。至清末,今天的宁波区域内长老会共建教堂18所。同治十一年,英国差会认为中国的第一个传教区已形成,驻鄞的赵保禄被赐为主教,总持浙江、江苏、山东、直隶等省教务。浸礼会在咸丰年间(1851—1861年),以宁波为据点,用"信徒移民"的办法,向金华、杭州、绍兴、湖州等地宣传基督教。

基督教各教派传入宁波后,由于利益的驱动,互争传教范围,在多次抵牾后订立口头或书面的所谓"睦谊条约",划定英国圣公会传教范围为孝闻街、双池头、白衣巷、李衙桥一带;江北岸盐仓门渡到浮石亭为美国长老会传教范围;英国循道公会传教范围为江北岸外马路、白沙路、泗洲塘一带。

在宁波的基督教的主要任务是培养传教士和传道。基督教各派在鄞县开设神道院、圣经学院,专收教徒及其子女入学。比如,光绪九年(1883年),英国圣公会传教士霍约瑟于三一书院内附设三一神道院;美国长老会办妇女学道馆,供妇女教慕徒学道;光绪三十一年,英国圣公会女教士慕德华夫人创办短期学道班,后改"仁爱女子圣经学院"。为了宣传基督教,传教士还出版了不少著作。美国长老会教师丁韪良于道光三十年(1850年)到宁波后,与该会教师兰显理以宁波话翻译《圣经问答》、《教会政治》、《礼拜模范》等书。

基督传教士在宁波所办的教会学校、医院、报刊及慈善事业,促进了宁波近代化。比如,基督教各派于晚清在宁波创办了甬江女子中学、浸会中学、斐迪中学、三一中学、崇信中学、华英学校6所中学和圣模小学、四明小学、三一小学、崇信小学等9所小学;同时,开办了华美医院、仁泽医院、体生医院和惠爱医院。实事求是地分析基督教会和传教士在宁波的活动,客观公正地评价其在宁波近代文化发展中的作用是十分必要的。

四、天主教

与明末相比,天主教在清代有所发展,宁波是其传教的重要地方。天主教是明末传入宁波的,早在明末邀请意大利传教士李利思来甬传教的鄞县人朱宗元,就著有《答客问》、《极世略说》等宣传天主教教义的读本。

顺治二年(1645年)时有教徒560人,内多为官吏。顺治五年,意大利传教士卫匡国(又名济泰,Martino Martini)来宁波城区传教,设天主教堂,不久被清兵所毁。

康熙对天主教采取宽容的态度。他对传教士尊重、宠遇有加,使得天主教在华发展比较顺利。康熙二十六年(1687年),法国国王路易十四应中国传教士南怀仁之请,向中国派遣第一批法国耶稣会士白晋(字明远)、李明(字复初)、洪若翰(字明登)、张诚(字格天)、刘应(字声闻),由暹罗(今泰国)搭乘广东商人王华士的商船来甬,"地方官甚优待之"[1]。他们为候赴京供职谕旨而在宁波逗留了4个月,白晋等人为此十分关心甬城的教务。康熙四十一年五月,法国耶稣会士郭中传(字怀义,又名高尚德)、利圣学到宁波传教,并且在城区药行街购地建造住宅和天主堂。但雍正即位后情况有所变化。清廷严禁天主教在华传播,"废教堂,刑戮教徒,国中天主教遂遭重大打击。乾隆、嘉庆间,宁波教务亦渐衰"[2]。

晚清,宁波开埠后,西方天主教会凭借种种不平等条约不断派遣

---

[1] (民国)《鄞县通志·政教志壬编下·宗教(二)·天主教》,宁波出版社2006年版。
[2] (民国)《鄞县通志·政教志壬编下·宗教(二)·天主教》。

传教士来华。道光二十二年(1842年),法国传教士顾芳济(Frangoia Xauier Daincourt)到甬。次年,江西浙江代牧主教、法国遣使会会士张芳济(原名穆导沅)来到宁波了解教务。这是天主教主教至甬之始。道光二十五年,鄞县光同乡周漕教徒周瑞甫在家乡建成天主堂。时隔两年后,顾济芳在药行街教堂旧址建楼5间,可容纳300人。咸丰元年(1851年),由于教务兴盛,教徒增多,教廷乃委派顾芳济任宁波主教,专司浙江教务。次年六月,首批法国仁爱会修女来甬。咸丰三年,顾芳济在药行街开工建筑天主堂,到第二年才建成,但一年后倒塌,直到同治四年(1865年)才重建,名"圣母升天堂"。法国传教士田嘉璧(Louis-Gabriel Delaplace)也于咸丰五年由江西调入宁波,担任浙江教区第三任代牧主教。当时,宁波城区有教徒150人。在咸丰期间,太平军曾对宁波发动攻势,并占据宁波,一些教堂、祈祷所被毁。为此外国的洋枪队对宁波的天主堂进行保护。

同治、光绪年间(1862—1908年),天主教不但在城区发展,而且涉足宁波各县。同治九年,法国传教士苏凤文(Edmond François Guierry)任宁波主教。次年,在江北岸中马路40号建天主堂,一年后建成,名"圣母七苦堂",占地面积4380平方米,哥特式的建筑风格。光绪二年(1876年)增建主教公署、藏经楼等,成为主教常驻堂。

赵保禄(Paul Marie Reynased)是来宁波时间长、影响大的一位法国天主教传教士。他于光绪五年到宁波,中法战争期间,担任浙江省代牧主教。他一任职就"降旨保护教堂"①。任职期间,权势显赫,民间就流传"道台一颗印,不及赵保禄一封信"的说法。光绪二十七年,清廷特赐赵保禄双龙二等宝星。

同光年间天主教在宁波各县的传播也非常快。同治九年,宁海凤潭首建天主堂。而后,相继在中湖(光绪六年)、县城(光绪二十三年)、前横(光绪二十六年)、黄坛(光绪三十四年)建造教堂,开展传教

---

① (民国)《鄞县通志·政教志壬编下·宗教(二)·天主教》,宁波出版社2006年版。

活动。其中城关天主堂有一定规模,占地面积1100平方米。后因王锡桐反教起义,致使部分房屋被毁。光绪三十二年(1906年)得到修缮。光绪二十二年,天主教宁波教区派员到慈溪东埠头传教,二十六年设母右聚心堂。次年在观海卫南门外设祈祷公所。象山在光绪二十九年建公所。光绪三十三年鹤浦建鱼山天主堂,建筑面积174.5平方米。

清末,宁波城区及各县也有天主堂建立,计3堂1所。宣统二年(1910年),慈溪下营街建冀站圣母堂,新浦设布道所。宣统三年,城区江北岸草马路建白沙天主堂,余姚于城关也建天主堂,名为"若瑟大堂",建筑面积976平方米。

天主教宁波教区掌教者有主教、司铎两级,全权代表罗马教廷统辖全省区公教,保管金钱、教会资产,筹措支配全区教会经济,核定各分区教务,进行方策及任免全区各教堂之司铎。司铎秉承主教的旨意,襄埋教务,宣传教化。其宣传内容有语言、文字、教育三种。语言由教中司铎女修士分赴各方开堂讲道;文字由教中编刊杂志,教育则创办学校普通科外,兼施宗教教育。奉教者必须恪遵"十戒"、"四规",虔奉"七圣事",力除"七罪亲"。

天主教的"祝祷"及"瞻礼"仪式,有"弥撒"、"追思"、"付洗"、"坚报"、"望降福"、"拜苦路"等,名目繁琐,只是"弥散"及"付洗"为人所习见,亦是教中所最重。

从材料看,天主教在宁波主要是设教会学校、办修道院和做慈善事业。比如,咸丰十年(1860年)天主教宁波教区在药行街办进行小学、育才中学。法国主教顾芳济创办的仁慈堂,由仁爱会的修女管理,专收孤儿。法籍主教苏凤文创办的江北小教堂则专收男孤儿。宣统二年主教赵保禄于江北岸建普济院,院内设育婴院、残疾院、孤儿院、施医所等。此外,还通过普济院、施医局来举办慈善事业。为培养慈善事业人才,天主教还于光绪十八年创办拯灵会于药行街仁爱堂。

第六节　书画与戏曲

在清代，宁波书画及戏曲取得了不少成就，能书善画者不胜枚举，分布于宁波各县，许多书画家在全省乃至全国都有一定影响。与此同时，地方戏剧也有发展。

一、书法的成就

清代前期宁波出现了一批书法家，有姜宸英、高士奇、万经、陈锡嘏等人。一般是书画兼擅，也精诗文。

姜宸英善诗文，经史的功底也非常深厚。康熙初年，他与朱彝尊、严绳孙同被誉为"江南三布衣"，又与侯方域、魏禧、汪琬等合称"古文四大家"。但他为科举所困，多次应考不中，一直到康熙三十六年（1697年），在他70岁高龄时才考中进士，授编修。后充任顺天乡试副考官，因科场案而牵连获罪，死于狱案。著有《湛园文稿》、《苇间诗集》等。姜宸英影响比较大的，在于其书法。他的书法宗晋唐，行书早年学米芾、董其昌，楷书效法虞世南、褚遂良、欧阳询，尤精小楷。光绪《慈溪县志》说他"书法得钟（繇）王（羲之）遗意，世颇重之"①。

姜宸英书法作品

---

① （清）光绪《慈溪县志》卷三一《列传八·清一》。

高士奇(1645—1704年),字澹人,号瓶庐,又号江村,赐号竹窗,余姚匡堰高家(今属慈溪市)人,后移居钱塘。幼年时好学能文,以监生就顺天乡试,后充书写序班。因工书法,尤其善钟繇、王羲之的小楷,后来经明珠的推荐,入内廷供奉,为康熙帝所礼遇。《山静居画论》称其"书法名于一时"①,民国《余姚六仓志》也说他"康熙辛亥,试书法第一"②。

万经(1659—1741年),字授一,号九沙、小跛翁。鄞县(今宁波)人,出生于广济街,后住尚书街,为万斯大之子。康熙四十二年(1703年)进士,官翰林院庶吉士,改授编修,参与编辑《康熙字典》。当时方苞以文字狱被株连入狱,朝廷官员明知其冤而不敢出保,而万经奋然出首送状,竭力为之辩诬,使方苞得以开释。万经自幼濡染家学,博通经史,亦好金石,工书法,尤善隶书,学《曹全碑》,去其娟秀,得其雄厚。后又效法郑簠,浑厚中有丽逸。梁同书《频罗庵书画跋》云:"其书如商彝周鼎,古色黝然;又如苍松老柏,可爱可敬。"③

陈锡嘏(1634—1687年),字介眉,学者称为怡庭先生。鄞县(今宁波市区)人,住月湖。他少年贫穷,以授徒自给。后应定海县令所聘。受学于甬上证人书院黄宗羲,集同志为讲经会。康熙十五年中进士,改庶吉士,授编修,康熙十八年充会试同考官,在京三年,过着朴素的生活。工书法,其楷书工整,一笔不苟,宗法晋唐;行书学董其昌,笔法流淳,秀逸挺拔。

陈选勋,清顺治年间人,余姚北乡(今属慈溪市)人,字硕公,号峡山。能诗,工草书,从容游衍,得晋唐人风格,而不沾染其狂怪之气。张之熊尝曰:"书要得趣晋人高致,即楷字亦运以篆隶行草笔意,故唐宋人不能及。"④家中珍藏宋拓智永千字文真迹,并有自书千字文手卷。

---

① 童心编著《慈溪古今书画家》,第21页,1992年铅印本。
② (民国)杨积芳总纂民国《余姚六仓志》卷三二《列传六》。
③ 洪可尧主编《四明书画家传》,第4页,宁波出版社2005年版。
④ 洪可尧主编《四明书画家传》,第176页。

其子陈梓,一字古铭。"工古文及诗,行、草直造晋人堂奥。尤善识别汉魏以来金石、彝器之属,足不至京师,而名动公卿。"①

生于康熙中期的万藻,是一个女书法家。万藻,字季斋,住宁波城区尚书街,为万经季女。幼年聪慧,工书法,父精汉隶,万藻善于记诵,尝侍几砚,得其隶法。会稽鲁曾煜题万藻书轴曰:"古隶书程邈始,谁真传者,万太史,太史经学兼隶字,传之男子又女子。"②一时有"才女"之誉。

此外,清代前期宁波还出现一些比较著名的书法家。鄞县人王孙旦,康熙年间人,字善孳,号菊溪,博通经史,尤善书法,各体俱佳,笔力遒劲。万承天,字石渠,号讷庵。居宁波尚书街,为万经长子。《万氏宗谱》称其"工书法,承父之教,尤以分隶结体坚苍,断缣尺素,人争宝之。有汉隶分韵及石刻千字文行世"③。慈溪人尹元炜"善行草,能画兰"④。王枚,顺治十五年(1658年)进士。光绪《慈溪县志》谓其"诗赋清丽、越俗,尤工书,尝缕竹丝为笔以书,苍郁盘硬,号四明书格"⑤。雍正年间的周天植善诗、古文,兼工小楷,"钩银画铁,法慈溪姜宸英"⑥。王士达,象山人,字日上、可轩。乾隆年间诸生。"书法赵松雪(赵孟𫖯),尤善行草。时邑中善书者三:柯履安应泰、赵迈山振和,士达其一也。"⑦

到乾嘉年间,宁波的刁戴高、王曰升、毛玉佩、万后贤的书法也名重一时。乾隆年间的刁戴高,字共辰,号约山,慈溪北乡人,后迁居常熟。他年少时问业于孙巨源,博通群籍,又尝受法于赵东溪,于是以工诗、能书,称名诸生。到了壮年,更是恣力于古诗,精于书法,初学苏长

---

① (民国)杨积芳总纂民国《余姚六仓志》卷三二《列传六》。
② 洪可尧主编《四明书画家传》,第5页,宁波出版社2005年版。
③ 洪可尧主编《四明书画家传》,第4页。
④ (清)光绪《慈溪县志》卷三二《列传九·清二》。
⑤ (清)光绪《慈溪县志》卷三一《列传八·清一》。
⑥ (民国)陈汉章总纂民国《象山县志》卷二五《先贤传四》。
⑦ (民国)陈汉章总纂民国《象山县志》卷二五《先贤传四》。

公,后宗韩孟。《蔚园遗稿》称其:"字法颜柳,结体劲正,腕力独健,尤善大书,索书者履填户,亦借润笔以佐药饵。终不显人署名,尝曰:吾书,五尺童子望而识之,奈何俾捉刀乎。遇亲故有求,欣然应之无吝色。晚年留心小学,考证形声之伪误。"①王曰升,字筠楷,一字忻竹,号筠叟,又号云阶、嫩竹,镇海人。廪贡生。喜欢饮酒作诗,善文,尤工书法,书学赵孟𫖯、董其昌,其行书、楷书尤为精妙。任杭州知府记室时,学士梁同书见其笔札,曾大加赞赏,由是书名益著,一时浙中守令先后聘其入幕府。精赏鉴,所购法帖、书画非常丰富。他曾经"集前辈名人小楷,刻石藏于家"②。毛玉佩,字孟迁,号石台,又号伴我山民,奉化剡源岩溪(今奉化市岩头村)人。嘉庆(1796—1820年)年间的诸生。幼年时好学书法,日取古人法帖临摹,于是成为名家,他的书法名闻两浙。毛玉佩喜作擘窠之字,其字愈大愈佳。他曾经作六尺龙虎大字题于奉化萧王庙。毛玉佩遍游名山,各有留题,曾经到过姑苏,求书者户牖为之穿,玉佩厌其烦,于是回到故里。他性喜名花奇石,见人有一花一石,呈书十余幅亦不受其直,辄携之以归,其风趣如此。今天的岩头村白象山脚下的石刻"石泉"及"石头"就是他的手迹。著有《学书略则》。③

晚清,宁波书法界更是人才辈出,并且出现了在国内有较大影响的书法人才。慈溪人杨聿燕"工书法"④,镇海人王堃亦"工诗词,又善书法"⑤。张家骧,生于道光初年,卒于光绪十年(1884年),字子腾,居鄞县城中郎官巷(今属宁波市海曙区)。他的老师陈劢,为同治元年(1862年)进士,曾为经筵讲官,入直南书房,教光绪皇帝书法。在陈劢的影响下,张家骧的书法有一定名气。他的书法以欧阳询、虞世南

---

① 童心编著《慈溪古今书画家》,第25页,1992年铅印本。
② (清)光绪《镇海县志》卷二四《人物五》。
③ 胡元福主编《奉化市志》第27编《人物》,中华书局1994年版。
④ (清)光绪《慈溪县志》卷三三《列传十·清三》。
⑤ (清)光绪《镇海县志》卷二四《人物五》。

为宗,晚年参以"二王",行书、草书尤佳。毛琅,生于清道光(1821—1850年)间,字伯璈,号溪芷。居鄞县西门外后河巷(今属宁波市海曙区)。同治元年(1862年)举人,工诗文,人们誉他为"甬上才子"。善书法,晚年法"二王",日以临摹,其字娟秀动人,苍劲秀逸。

同治年间的宁海人王于震,善书法,楷书端正平稳,工整齐秀,行书熟练。王锡惠,号舵湾。镇海海晏乡(今宁波市北仑区)人。光绪三年诸生。工书法,尤其精行书、隶书。鄞县人张恕"工书,勤学,临摹《兰亭》、《争坐位帖》各数百本"[1]。王翔鹤,字鸣世。镇海下梅林王家村(今属慈溪市)人。曾经学商于上海,有空就研习名家墨迹,尤其崇拜颜真卿、虞世南的碑帖,其书法落笔气势磅礴。

到了光绪年间,宁波巨商严信厚和近代著名书法家梅调鼎也很有影响。严信厚,字筱舫,一作小航,慈溪费市(今属宁波市江北区)人。严恒之子。他是晚清宁波巨商大贾,也是有一定影响的书法家。严信厚幼承家学,其书法学《淳化阁帖》,宗董其昌。他曾为著名书画家丁辅之作行书对联一副。此联为红色细金笺,长170厘米,宽36厘米,原装旧褙十分精致。此对联说:"琴余相鹤风生竹,雨过笼鹅水满溪。"上款"辅之仁兄大人雅致",落款"小航严信厚"。一些行家说该对联"书圆润敦厚,墨气如新,结字法度严谨,用笔挺秀自然。贵能寓流动于平正,藏精巧于古雅,字里行间书卷气盎然"[2]。

严信厚的"小长芦馆"蓄有书版很多,如《明人诗翰册》、《祝允明行书怡晚堂记册》、《傅青主书册》等。他编有《小长芦馆集帖》12卷行世。因此,他的书法也名重一时,具有大家风范。

梅调鼎(1829—1906年),字友竹,晚号赧翁。长期定居慈城(今属宁波市江北区),晚年迁居三北杜湖岭解家,是晚清名闻国内的著名书法家。

---

[1] (民国)《鄞县通志·文献志甲编上·人物(一)》,宁波出版社2006年版。
[2] 童衍方《严筱舫的行书对联》,见邬向东主编《20世纪宁波书坛回顾》,第94页,宁波出版社1999年版。

梅调鼎年轻时曾参加科举考试,由于其书法不合当时官场上的要求,被取消了考试资格。他愤怒地说:"富贵非吾愿,帝乡不可期。"梅调鼎自此绝意仕途,发愤作书而自勉,生活极为清苦。他早年以学习钟繇、王羲之为主,并且学习晋唐以来的诸家,长年累月地闭门练字。梅调鼎有句名言:"朝夕磨砺不离手,夏练三伏冬练九。"①他数十年如一日,经过勤学苦练,形成了自己的风格。

梅调鼎书法作品

梅调鼎学颜体,可以达到乱真的地步。在此基础上他刻意临摹"二王"(羲之、献之)书法,旁及诸家;并结合自己的实际,不断创新,笔势开放,气韵洒逸,独树一帜。后掺入欧阳询笔法,化圆为方,笔力挺拔。晚年潜心研究魏碑,笔势转浑雄。梅调鼎主张用笔在于"圆"、"断"二字。"圆"是指笔势在字的转弯处要圆转流畅,毫不勉强;"断"是说笔画在意连的基础上笔笔断开,干净利落。他的楷书笔力浑厚,逸而不浮;而行书潇洒自然,可谓出神入化。

同邑书法家钱罕(1882—1950年),本名钱富,少年时曾向梅先生学书。梅调鼎见其名流俗,对他说:"贪财思富,沽名钓誉者,岂能成大业乎?"钱罕领诲,即易富为罕,兢兢于书,并遵照梅先生的"内含情操,

---

① 童吟芳、余麟年《著名书法家梅调鼎》,《宁波文史资料》第2辑,第148页,1984年。

外发意气,可以心悟,难以言取"①的学书要求,改变以往专门摹拟造作、尝浅辄止的学习态度,经过勤学苦练,终于自创一体。壮年时,梅调鼎名噪浙东,声望日增。许多官吏、富商慕名而来,曾有"为求友竹字,愿出万两银"之说。但他对此深恶痛绝,在自家的大门口贴了一副对联:"谈笑无鸿儒,往来皆白丁。"②此联反用《陋室铭》之意,含义深刻,令求访者望而兴叹。从此,官僚富商等不再登门求字。

梅调鼎在世时,慨叹怀才不遇,常常愤世嫉俗,用研墨挥毫,以泄积郁。但他临池自娱,书艺日精。宁波阿育王寺整修时,梅调鼎写了许多匾额楹联,皆甚精致,已臻炉火纯青之境。早年,在慈溪县曾多次发现过梅调鼎的墨迹,大部分都是楹联、屏条、堂幅之类。李光亚在梅调鼎过世38年后,搜集他流散在社会上的书法作品,精印成册。全书60页,书高32.5厘米,宽17厘米,书体以楷书、行书为主,幅式条屏、横披、扇页、对联、壶铭、墓志种类齐备,入眼缤纷。③

梅调鼎的书法造诣之深,为后人所钦仰。特别是现代著名书法家沙孟海先生,在50年前的《东方杂志》上曾发表《近三百年的书学》一文,介绍了这位生前不很出名的杰出书法家,说他"不但当时没有人和他抗衡,怕清代二百六十年中也没有这样高逸的作品呢!"④光绪的老师翁同龢见到梅调鼎的书法也惊叹说:"三百年来所无,惜乎布衣,致声名寂寥。"⑤。

二、绘画人才辈出

清代在宁波涌现出许多绘画人才。在清初,陈撰等人的作品已经

---

① 童吟芳、余麟年《著名书法家梅调鼎》,《宁波文史资料》第2辑,第149页,1984年。
② 童吟芳、余麟年《著名书法家梅调鼎》,《宁波文史资料》第2辑,第150页。
③ 洪丕谟《梅调鼎作品集稀如星凤》,《20世纪宁波书坛回顾》,第83页,宁波出版社1999年版。
④ 洪丕谟《梅调鼎作品集稀如星凤》,《20世纪宁波书坛回顾》,第82页。
⑤ 郑学溥《梅开岭上香飘千里——梅调鼎及其书法艺术》,《20世纪宁波书坛回顾》,第86页。

有一定的影响。

陈撰(1678—1758年),字楞山,号玉几、玉几山人。鄞县人,初居钱塘(今杭州),后寓江都(今江苏扬州)。为毛奇龄的弟子,国子监生。乾隆元年(1736年)征举博学鸿词科,拒不参加。他工诗文、精书画,以鬻画卖字为生,后来被江都江鹤亭延入康山草堂。他以"书画游江淮",与"扬州八怪"之一的李鱓(号复堂)齐名,人称"复堂玉几"。他的画以水墨为主,多作花鸟翎禽,不拘泥于前人笔墨章法,绝摹仿,重写生,用笔若不经意,但萧疏简远,秀逸隽永。尤其精于画梅,自由挥洒,随意点染,墨趣天成。秦祖云评他的画说:"老笔粉披,豪迈之致,人莫能及。"①郑奇说陈撰属"扬州八怪"中有艺术成就的一家。郑奇说:"今观陈玉几诗画,一字一句,一点一画,在扬州八怪中实不敢说居于任何一家之下。"②著有《玉几山房画外录》等。

王应玘,字剡公。鄞县甲村人。康熙年间诸生。诗书画皆工,其诗逼汉魏,画尤工水墨山水。士大夫求其书画,虽加倍酬谢亦不与,而他的所作经常被村中人取去,有所收入就尽数接济宗人中之贫困者。

毛来宾,约顺治、康熙时鄞县人,字岐阳。自幼慧巧绝伦,成年后,恢奇自喜,好谈异书。工书画,尤精画像,据说曾遇一僧人传授异术,能摹画已故人像,他所画的闵太宪先父母之像,看到者都惊叹如生。

张宁永,字悦性,一作月性,号靓渊。住鄞县城中青石桥(今属宁波市海曙区)。他以书经补县学生,充增广生。善画,其山水画尤佳,层次分明,淡墨雅致,极有文人气韵。

象山人陈其璜,字尔璧,号鹤曜。乾隆元年贡生。工画,尤善画梅,他有《答郡中索画诸君》的诗,脍炙人口。这首诗说:"拙陋从来不自遮,惯拈画笔作生涯。酬柴酬衣亦酬酒,换鹅换书兼换花。只好称尊无佛处,那堪风笑大方家。况今百事都墉做,一炷清香一盏茶。"③

---

① 《四明丛书》第14册,第8563页,广陵书社2006年版。
② 洪可尧主编《四明书画家传》,第178~179页,宁波出版社2005年版。
③ 郑奇《陈玉几的诗与画》,《扬州师范学院学报》1986年第3期。

乾嘉年间，宁波的画家依然源源不绝。活动于乾隆年间的张志云，字际五，号甘泉，鄞县人，后居扬州。因出走寻父，他过吴中，渡钱塘，历天台、雁荡间，总是携笔墨素纸，见到山水、花树、鸟兽，就用手中之笔临摹，十分逼真，渐将所见的人貌稍异者，亦收之纸上。后来竟然成为写画的名家。

王会图，字香坪，宁海人。嘉庆中副贡生，善画蝴蝶。万裕恒，字倩驲，住宁波城区尚书街。工画，所作山水，笔墨雅洁，其文人逸趣溢于纸上。其继男万后贤辑《贮香小品》10卷，每卷均署"家先生倩驲公阅"，足见他的崇敬之意。

张烜，字熙春，号双湖。住宁波城区迎凤街。乾隆诸生，官贡县知县，嘉庆二十一年（1816年）卸甲归田。工绘事，善山水画，笔墨苍古奇崛，自成一家。尤其善于层峦叠嶂，老木飞泉，气魄雄壮，许多人向他求画。著有《双湖画史》①等。

邱兴龙，先居宁波，后定居余姚马渚，号四明山人。他精写像，亦善于壁上画戏曲人物，为嘉庆时期宁绍地区著名的画工。

晚清，宁波的画也是有成就的。邱光普，清同治、光绪时人，原籍宁波，后定居余姚马渚。邱兴龙之子。邱光普继父业，并在余姚、上虞一带成立邱兴龙画业行会。光绪二十一年（1895年）与朱是元、杨小玉、朱茂、朱三林、陈恩义、包兴陈等十三名画工，共订《四明邱兴龙画业同人行例》，奉吴道子为祖师。

生于清道光二十六年（1846年）的万维骐，字小亭，号铁仙、亦白居士、寿古斋主、铁道人、老铁长寿。住宁波尚书街。画承家学，又学画于同里董运，善作人物、翎毛、花卉，有青出于蓝之誉。他与镇海姚梅伯、同邑陈允升交往频繁。又向萧山名画家任熊兄弟学画，技艺大有进步。后临白阳山人笔法，清秀逸致。中年久居沪上，卖画自给。与任伯年有交往，互为过访，钻研艺事。

---

① 洪可尧主编《四明书画家传》，第150～151页，宁波出版社2005年版。

沈烜,字祖辉,号墨庄。余姚浒山(今属慈溪市)人。善画。他幼年随季父沈古愚旅黔南。涉历苗、瑶等少数民族地区,他的画多写当地的景物,雄峭独绝。山水画学习李唐;翎毛、花草师黄筌;人物画尤其工细,气韵生动。平时不轻易落笔,得其尺幅如获异珍。

杨建泰,字轩山,号柳溪、珊溪,余姚人。光绪年间流寓上海。《墨香居画识》称其:"工山水,尤善用青绿。"鄞县人何庚,字星甫。工画,花卉、山水俱佳,尤其善兰竹,笔法清秀、逼真。宁海人徐履谦,字抚九,城关小北门人,光绪秀才,曾任杭州育英书院(之江大学前身)院长。诗、书、画均有造诣,其画擅山水花鸟,著名画家潘天寿早年深受其影响。王禹襄,字兹公,又字渔湘,号养吾、养吾子,晚号惜庵、适安。鄞县人。光绪二十八年(1902年)副贡。他所结交的都是艺林名士,后定居上海,以鬻书画自给,并且与吴昌硕、汪洵、赵叔孺、王震等结社海上,题襟馆金石书画会。他的画直入宋元之室,尤其以山水兰竹见长,善用焦墨作巨幅山水,精于书画鉴赏。镇海人虞琴自幼酷爱绘画,后投任熊门下,山水、人物、花卉、翎毛样样精通,为当时海派名画家代表。光绪六年,与刘午亭合编《四明人鉴》。虞琴绘历史人物图像133名,历经13年,有工笔、写意,描摹毕肖,名声大振。

晚清宁波的画家,以姚燮、陈允升和赵叔孺为著名,他们对我国近代艺术发展作出了应有的贡献。

姚燮,镇海人。他多才多艺,不仅是近代中国的文学家、诗人,也是书画大家。除了创作诗、词、骈文,还擅长绘画。他在年轻时,便得到大学士阮元的赏识,阮元给他取了个字,叫"二石生",意思是词如南宋号白石的姜夔,画如元末明初号煮石山农的王冕。从道光二十七年(1847年)到咸丰五年(1855年)这九年间,姚燮经常在杭州、苏州、上海这一带活动,客居上海、苏州两地的时间尤其多,经常以作画撰文为生。"结交既广,流连吟咏,征歌游宴,放佚不羁。金尽则闭门作画,其画仕女花卉翎毛,意境奇特,尤工墨梅,淋漓尽致,款篆'还我原姿'、

'方寸千里'以示志。市人争购,称大梅先生。"①

在姚燮生前,画名似乎还掩过文名。王韬的《瀛壖杂志》也说,姚燮在上海尤其以书画著称,"工画梅,兴酣落墨,媚态横生,人物花卉,无不奇特。字尤古峭拔俗……所得润笔资,挥霍立尽。于卖画外,绝无求于人"②。

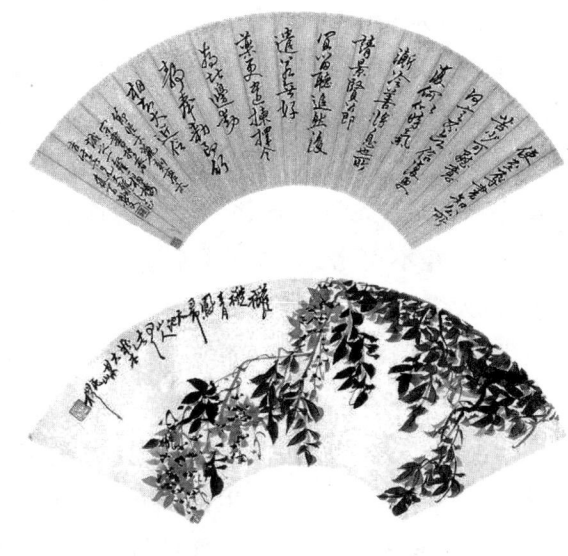

姚燮的扇面作品

许多学者在他的门下学画,得到姚燮关照。任熊,字不舍,一字渭长,号湘浦,浙江萧山人。咸丰四年(1854年)或六年,任熊曾寓居在姚燮门下学习诗画一年。他根据姚燮的诗意创作了《大梅山民诗意图》120幅,意匠独特,运笔潇洒。任熊还为姚燮的长子景皋画《宋元词句仕女册》,一共16幅。在《文榷二编》付刻时,他还为姚燮画五十岁肖像,笔法洗练,生动传神。任熊与姚燮经常联合作画,黄燮清《倚晴楼诗余》中有《清平乐·题姚梅伯梅花、任渭长美人合作》一首,从这首诗看,由姚燮画梅花而任熊画人物,两人各显自己的特长。影印传世的《姚梅伯题任渭长人物》共12幅。在姚燮晚年的著作里,提到任熊及其画作的也有,如《文榷》卷二有为任熊作的《铭雅》;《文榷二编》卷一有为追悼任熊而作的《任舍宋元词句画册赋》,卷四、卷七有为任熊画《蓬莱阁雅集图》、《晚晴楼七夕小图》作的记。这些都说明姚燮和任熊在咸丰年间交往甚深。后来任熊画名四扬,这与得到姚燮诗画的熏陶和姚燮的褒

---

① 陈兵主编《镇海县志》第28编《人物·姚燮》,第875页,中国大百科全书出版社1994年版。
② 洪克夷《姚燮评传》,第88页,浙江古籍出版社1987年版。

扬,应该说是有关的。

姚燮的画保存到今天的很少,已经散失而可以考知其画名的也不多。从有关资料看,他的画主要有《出门一笑图》、《丛梅大幅》、《禹亭听秋图》、《探梅图》、《松下仕女》、《忏绮图》、《铁壶图》、《墨梅轴》、《墨花卉屏》、《无量寿佛图》、《梅兰图》、《墨梅屏条》。这些画作的确切年份已经不可考,只知道《无量寿佛图》作于咸丰元年(1851年),其他的画大多是咸丰以后的作品。

陈允升(1820—1884年),字仲升,一字纫斋,号壶舟、壶州、金峨山樵,鄞县横泾村人,居城中月湖东岸(今属宁波市海曙区)。陈允升少时当过泥匠学徒,有志于绘画,经过刻苦学习,终于卓然成家。陈允升曾经一度寓居上海,因生活所困,只能靠卖画为生。陈允升的书画成就,使他成为前期"海上画派"的中坚人物。山阴任伯年初到上海时,曾经得到过陈允升的提携和帮助。陈允升的画尤善山水,法梅耦长、戴怀古,敷色独特,脱略凡宗,有拔俗之趣。光绪间,陈允升自署壶道人,隐居城中月湖之滨,"足不出户外,善画,创意立体极变化之妙"①。光绪四年(1878年),他将画作160幅汇编刊刻,名曰《纫斋画賸》,流传到日本、朝鲜、泰国,在国外有一定的影响。陈允升也精书法,行、草书学苏轼、米芾,尤工隶书。

赵叔孺(1874—1945年),名时棡,字献枕。清末宁波书画篆刻家。世居宁波,曾做过同知、通判小官。他毕生孜孜不倦于书、画、篆刻诸方面的创作和研究,颇负时誉。

赵叔孺的绘画造诣深,主要获益于其岳父林颖叔。林颖叔酷爱金石书画,收藏极富。翁婿二人志同道合,十分相得。他在岳父家见到许多古代文物藏庋,专心致志攻读三代古金文字、钻研唐宋元明古迹,苦学书画。宣统元年(1909年),赵叔孺36岁,他编拓出《二弩精舍印存》8卷,内集明、清名家篆刻,蔚为大观。

---

① (民国)《鄞县通志·文献志甲编上·人物(一)·陈允升》,宁波出版社2006年版。

赵叔孺是近代著名篆刻家、书法家,也是著名画家。他尤其擅长画马,有"一马黄金十笏"之称。他所绘的山水花卉、翎毛草虫,也是师法造化,饶有情趣。其用笔直追宋元,而意工兼长,不落窠臼,从实际出发,默识揣摩,从自然中得来。为此,他写作生物,注重形象,时人对赵叔孺绘画的评价是:"斟酌龙眠沤波,山水绝似元贤,花鸟则兼宋法,浑厚之气,敛入毫芒。"①作品有《三骏图》、《高柳饮马图》、《关山行旅图》、《桐荫高士图》、《新蚕上箔图》、《马嘶芳草图》、《五骏图》、《天马图轴》、《岁寒图轴》、《碧梧栖老图》、《八骏图》、《紫绡黄鸟图》、《春郊散马图》、《芙蕖双鸣图》、《春江水暖图》、《芭蕉白头图》等;摹本中有《临清湘小幅》、《李龙眠五马图》、《仿六如秋林觅句图》等。

三、戏曲的发展

清代时期,宁波的戏剧得到长足的发展,出现一些剧作家。

(一)清初的裘琏杂剧

清代杂剧作家的群体多由文人士大夫构成,这就促成了杂剧创作的雅化趋势。杂剧作者创作主要是为了写"心",从对人生的关切转向对内在自我的审视,更加在意个人的身世、际遇、心理状态的尽情表达,多借古代的历史故事抒发内心的情感。清初宁波戏曲家裘琏的作品明显带着这样的时代印记。

裘琏,字殷玉,号蔗村、永明子,别号废莪子,慈溪横山(今属宁波市江北区人)。学者称横山先生。裘氏家学渊源,玉壶楼藏书数千卷。裘琏自小才气过人,能为诗文词曲。光绪《慈溪县志》说他"生而孤露,天才过人,能为诗、古文及乐府、词,对客据几,立尽数纸"②。少时曾戏作《拟张良招四皓书》,老年得祸。86岁卒于京师狱中。

---

① 张念祖《近代宁波书画篆刻家赵叔孺》,《宁波文史资料》第4辑,第82页,1984年。
② (清)光绪《慈溪县志》卷三二《列传九·清二》。

裘琏一生著作颇丰，所作诗文被收入《横山文集》和《横山诗集》，还有不少史学著作。他致力于戏剧的创作，据有关记载，有戏曲作品17种，总名为《废莪传奇》（或称《玉湖楼传奇》），杂剧有《昆明池》、《集翠裘》、《鉴湖隐》、《旗亭馆》，合称《明翠湖亭四韵事》，传奇有《女昆仑》和《混元盒》。

《昆明池》本事出于《全唐诗话》，写上官婉容侍唐中宗于昆明池评事，自批判唐中宗、昭容、宋之问、沈佺期出发，从三方面批驳了昆明池之事；《集翠裘》事出《虞初集志》，写的是狄仁杰与张昌宗赌双陆，赢得集翠裘付与家奴的事，乃借集翠裘之事，凸显狄仁杰之贤侠，而贬武则天之宠男色、抑朝臣。《鉴湖隐》出于《唐书·贺知章传》，写贺知章归隐之事，评论其不迷恋于富贵，知急流勇退。《旗亭馆》事出《唐诗新话》，据唐代三位边塞诗人王昌龄、王之涣、高适旗亭饮雪之轶事而作，从而感叹自古才人不遇之无可奈何。上述四剧合称《四韵事》。

裘琏杂剧写的大都是文人偏爱的"文坛佳话"，以闲适的心情描写诗人和才女们的才情，是娱情遣兴的作品，与社会联系极少。

（二）甬剧的兴起

清中叶以后，地方戏兴盛起来。甬剧是宁波地区特有的地方戏曲剧种，发源于浙东农村，广泛流传于宁波、舟山、台州以及上海一带。

甬剧系在田头山歌、唱新闻等基础上，吸收马灯调、四明南词等民间曲调演变而来。清初宁波乡村的农民、手工业者，在劳动过程和劳动之后自我娱乐，或者是夏天乘凉、庙会祭神、喜庆堂会时应邀演唱，演唱的内容主要为新闻和民间生活故事，无表演动作，也无乐器伴奏。乾隆年间，受"苏滩"的影响，开始出现简单的表演和胡琴伴奏，称为"串客"。道光十年（1830年）后，出现了营业性演出的"串客班"。余治曾记载说："吴俗名滩簧，楚中名对对戏，宁波名串客班。"[①]串客的

---

① 余治《得一录》卷一一。

舞台表演,已经有初步的化装、行头和舞蹈。串客的伴奏,既有打击乐,也有管弦乐。其唱腔也出现固定的模式。最初的剧目有《阿增算命》、《摸蛳螺》等。串客和串客班的出现,标志着甬剧逐步完成从田头山歌、唱新闻的曲艺形式到滩簧的戏剧形式的过渡。到了光绪年间,串客班风行一时。其节目或改编苏滩,或取材新闻,反映市民的现实生活,表演动作,形成了自己的风格,深受城乡居民的喜爱。串客班演出时,人们"成群结队地去观看,做一日看一日,做一夜看一夜,全然不厌"①。

由于晚清处于封建社会,因此,那些宣传男女青年追求爱情和婚姻自由的,被清廷看作"大逆不道"。串客班的节目为此被视为"花鼓淫戏",演出屡遭查禁。道光十九年后,清廷出示"严禁九条足正人心以原风俗",宁波府所属六县也发布通令,捉拿"串客",并处以拘禁或罚款。同治七年(1868年),又提出查禁串客剧目,被禁演的有《卖草囤》、《拔兰花》、《捉垃圾》、《庵堂相会》、《双落发》等。从此,串客班在城里站不住脚,不得不转入山乡农村活动。②

光绪十六年(1890年),宁波串客艺人邬拾来、杜通尧等应上海茶馆老板之邀赴上海演唱。在小东门凤凰台、白鹤台两家茶楼献演,轰动一时。串客正式打出"宁波滩簧"的旗号,以后又一度称为"四明文戏"、"改良甬剧",直至1950年才正式定名为"甬剧"。

甬剧作为宁波地方戏曲,具有独特的艺术魅力和鲜明的地方特色。说白表演带有浓郁的宁波口音,唱腔曲调采用当地民歌曲调,常用曲调有基本调(新、老基本调与流水)、四明南词(词、平湖)、二五(倒板、散板、慢板、中板、快板等)、小调插曲(浙东山歌、马灯调)。由于唱词、对白通俗易懂,形象生动,朴素真挚,唱腔语言结合紧密、流畅,深受人民群众欢迎。曲牌有近100种。在晚清剧目有《打窗楼》、《庵堂相会》、《双玉蝉》、《卖草绳》、《卖橄榄》、《大闹沧州》、《拔兰

---

① 余治《得一录》卷一一。
② 李蔚波主编《宁波曲艺志》,第21页,宁波出版社1999年版。

花》、《双落发》、《还披风》等。①

（三）姚剧的发展

姚剧的前身为"余姚滩簧"，是由余姚、慈溪一带民间歌舞和说唱逐渐发展而成的一种民间小戏，盛行于浙东余姚、慈溪、上虞、绍兴一带。清代姚北地区的新界、高王，是姚剧的发源地。当地的农民、手工业者常常在业余时间组班演唱，逢庙会和春节闹元宵灯会时格外活跃，所以当地人又称为"灯班"、"灯戏"，常相邀客串演出。因有大段对白、清唱，巧嘴伶俐如鹦歌，亦称"鹦歌班"。节目有《王妈妈》、《卖花钱》等。

乾隆年间，开始出现职业性"灯班"。这些灯班在农闲季节搭组到附近作营业性演出，当时有十余个班。较有影响的是虞才华创办的"才华班"，这是姚剧有史可查的最早的职业班社，规模较大，角色齐全。姜枝先的《姚剧的诞生》记载："乾隆年间，'灯班'艺人才华先生组织'才华班'，这是姚剧可以考查的最早职业班社、规模较大，角色是四花旦齐备，演出四整本。"②虞才华去世以后，他的弟子邵秀丈、金名山、严丰盛等代代相传，始终保持四花四旦，人称"八勿拆"。这种结构模式一直保留下来。

当时演出的节目多是一生一旦的对子戏，如《打窗楼》、《双落发》、《十不许》等。后来，人员增多，节目也出现了《宝莲灯》、《两重恩》、《珍珠塔》、《双贵图》等"四整本"。19世纪初职业性灯班开始向江苏、上海等地扩演，徐珂《清稗类钞》中曾提到"余姚灯班"艺人陈桐香到达苏州、无锡等地演出。

清光绪初年，余姚一部分串客艺人由马楠本组班到上海演出。进入上海后的姚剧受到苏滩、申曲、常锡滩簧等兄弟剧种的影响，演出剧

---

① 参见张颖、陈速《甬剧史略》，《宁波文史资料》第6辑；李薇、白岩《甬剧今昔》，《浙江文史资料选辑》第25辑，第255~260页。
② 姜枝先《姚剧的诞生》，《浙江文史资料》第25辑，第262~263页。

目逐渐丰富,表演水平也有所提高,在广泛吸收其他地方剧种的音乐、唱腔和剧目的基础上,逐渐形成自己的特色。由于用余姚、慈溪地方方言演唱,故称"余姚滩簧",简称"姚滩"。此后,余姚滩簧逐渐脱离了串客阶段的曲艺形态,开始步入戏曲之列。在清末,有班社近50个,其中进入上海的就有杨春凤、德胜台、久道班、七六班、八勿拆等13个。经过精心改编的《秋香送茶》、《庵堂相会》和《打窗楼》等剧目在上海大世界演出时引起了轰动。1950年,余姚滩簧正式改名为姚剧。

(四)宁海平调

宁海平调,又称"本地班",是宁海县的一个地方剧种,主要流行于浙江宁海、象山、奉化、三门、天台、临海、温岭、黄岩一带。宁海平调约始于明末而盛于清,是浙江省现存较古老的戏曲剧种之一,因其活动中心在宁海,主要唱腔"平调",又比一般高腔要"平",故当地人俗称之为"平调班"。

宁海平调的唱腔特点、表演、伴奏手法都近似新昌调腔,声调高亢而婉约,一唱众帮,锣鼓助节,不托管弦。其语言除小丑苏白外,基本以宁海书面官话为主,吐词文雅。它的唱腔,应该属调腔的一个支派。唱腔以曲牌体为主,常用曲牌有三四十支,如"锁南枝"、"混江龙",演唱方法多为阴、阳两声结合。

宁海平调有戏班演出的时间少有文字记载,目前尚能推断的早期宁海平调戏班为咸丰三年(1853年)组织的"潘紫云"班,组班人为潘亚青,地点在宁海冠庄。这是第一个作商业性演出的宁海平调演出团体。"潘紫云"班演出频繁,一直到光绪三十年(1904年)。光绪十八年,宁海的邬其静又在义门组建了"老聚元"平调班。三年后,宁海县城南门的杨玉佩也组建了"新翔元"平调班。光绪三十三年,邬和恩又在义门组织"宁舞台"平调演出团体。清末,宁海已有潘紫云、老聚元、瓣翔元、宁舞台四个宁海平调班。[①]

在演技方面,宁海平调颇有一些绝招,这是为其他剧种所罕见的。耍牙是清末宁海平调艺人独创的一门"变口"技艺,演员含在口中的獠牙以舌为主要动力,齿、唇、气为辅助进行表演。据《宁海平调史》记载,至今已有一百多年的历史。它粗犷中不失细腻,野性中凸现灵动,其表演程序分一吮、二舔、三吞、四吐。表演时,根据剧情需要,时而快速弹吐,时而刺进鼻孔,时而上下左右歙动,当獠牙藏在口里时,演员要唱、念、做、打,动作变化多端。

宁海平调的角色行当旧时有"上四柱"和"下四柱"之分,后发展为"三花"、"五白"、"六旦"等行当。原均为男演员,20世纪50年代后始有男女合演。剧目主要有三十六本传统。其中传统平调戏又分"前十八本"和"后十八本"。"前十八本"主要有《双合缘》、《双巧缘》、《双龙锁》、《双玉佩》等,均为反映悲欢离合的家庭伦理戏。"后十八本"主要有《三星炉》、《忠岳传》、《小金钿》等,以忠奸斗争、为民请命为主要内容。其代表剧目《金莲斩妖》久演不衰。

(五)曲艺绚丽多彩

曲艺是中国最具民族特点和民间意味的一种表演艺术形式,它是各种说唱艺术的统称。宁波地方曲艺绚丽多彩,据《宁波曲艺志》记载,宁波土生土长、原汁原味的曲艺共有15种,即四明南词、宁波走书、蛟川走书、四明宣卷、宁波新闻、评话、宁波滩簧、余姚滩簧、雀冬冬、采茶篮、小热昏、奉化琴书、翁洲走书、平调鼓词、评弹。这些曲艺品种基本形成于清代,多在乾隆到光绪间。这里对有影响的曲艺品种作一下介绍。

四明南词俗称"宁波四明文书",属弹词类,是宁波地方曲艺中的一朵奇葩,主要流行于浙东地区。四明南词起源于明末清初类似票房

[①] 苏其德主编《宁海县志》第21编《文化》第2章《戏剧·宁海平调》,浙江人民出版社1993年版。

形式的诗词歌赋社和丝竹社。相传清代乾隆皇帝巡视江南时,在宁波白衣寺听过四明文书以后,称赞"南方词好",从此改称为"四明南词"。由于宁波、余姚、奉化等地都邻近四明山,为区别于其他地区的文书和苏州的"南词"而冠以"四明"二字。道光年间进入鼎盛时期,从艺人员达到280多人,并且出现了崇德社,光绪年间又出现南词艺人的行会组织引凤轩。

清末,宁波南词界涌现出五位艺术精湛的艺人,称"五公座"。他们是虞锡堂、陈金恩、滕云清、戴善宝与陈梅卿。后来,虞世堂去世,由何贵章补入。到民国中期逐渐衰落,到新中国建立后又得到恢复。后来由于种种原因,至今后继乏人。

四明南词是唱、奏、念、白、表相间的表演形式。主唱人要有"一白、二唱、三弦子"的硬功夫。唱词基本是七字句,流畅动听,加上优美悦耳的音乐伴奏烘托气氛,形成独具一格的曲艺艺术。四明南词的曲调丰富多彩,全部曲调有100多种,常用30多种,最基本的有词调、赋调、正赋、平湖、紧平湖五种,俗称"五柱头"。伴奏乐器主要为三弦、扬琴、琵琶、二胡、箫、笙等。最基本的为三弦、扬琴、琵琶三档,说唱者居中坐,操三弦,右座扬琴,左座琵琶。后来逐渐发展,增至五档(加二胡、凤箫)、七档(再加拉弦、双清),最多到十三档。

南词广泛流传的传统曲目有《双珠凤》、《珍珠塔》、《玉蜻蜓》、《雨雪亭》、《西厢记》、《白蚝传》等30余种。

宁波走书又称犁铧文书、莲花文书,主要流传于宁波、舟山、台州一带。最早系从上虞传入,产生于佃工在农作时的一唱一和中,由唱小曲发展到唱有故事情节的片段。约在同治、光绪年间,这种演唱形式在余姚农村相当流行。后来,余姚有一些农闲时从事曲艺演唱的农民、小贩和手工业者,成立一个叫"杭余社"的组织,交流演唱经验,研究曲艺书目。其中有位叫许生传的老先生,吸收了绍兴莲花落的曲调,率先采用月琴伴奏,自弹自唱。在他的影响下,许多艺人也纷纷采用各种乐器伴奏,并从四明南词、宁波滩簧、地方小调引进不少曲调,加以改造应用,出现了《四香缘》、《玉连环》、《双珠凤》等长篇。

宁波走书有说唱并重,文白兼用,辅以形体动作。唱词通俗易懂,曲调动听,艺人在演唱中,集"唱、做、念、白"于一身,分口饰演"生旦净末丑"各种角色。其表演形式可分三个阶段:开始时是一人自拉自唱的"坐唱";而后有简单的伴奏,演员坐在桌子中间后面,乐队坐在桌子横旁,演员限于在桌后唱、表演,动作幅度较小,称为"里走书";然后,演员与乐队相对各坐一旁,演员在台上有较大空间可作表演圈,称为"外走书"。由于莲花文书从坐唱发展到站起来表演、分口饰角色,这样演员在台上动作的幅度比较大了,"宁波走书"之名也由此得来。

宁波走书常用的基本曲调有四平调、马头调、赋调三种,俗称"老三门"。有时还有还魂调、二簧、三顿、三五七等。演唱伴奏的乐器,有四弦胡琴、二胡、月琴、扬琴、琵琶、三弦等。其中四弦胡琴是必不可少的主要乐器,也是宁波走书音乐具有的独特风格之处。

宁波走书的传统书目有《双连璧》、《白鹤图》、《胡必松》、《包公案》、《大红袍》、《雨雪亭》等数十部,其中不少是从四明南词的书目中移植过来的。

蛟川走书是镇海地方文化中土生土长的极具民间艺术特色的曲种,因创始人谢阿树(又名谢见鸿)所住的小南门城墙上刻着"蛟川"两字而得名。该曲种诞生于光绪年间。

早期的蛟川走书仅一人演唱,没有乐器伴奏,也无后场和唱。艺人用两只酒盅,一根竹筷,有节奏地敲打,自唱自和。以后逐渐演变成为一唱一和的形式,并开始用醒木、纸扇、手帕等作小道具。伴奏也改用竹板、竹鼓打出有板有眼的节奏,在落调时用清口和唱"哎哎哩啊……"的基本调,后又使用二胡、扬琴等乐器进行伴奏。

在曲调方面,蛟川走书常用的有20余种,如小起板、蛟川本调、赋调、杭调、词调、平湖、一字沙袋、五彩沙袋、三顿、清丝、二簧、流水、一根藤、五更调等。传统书目有《东汉》、《隋唐》、《杨家将》、《大明英烈传》、《平阳传》、《乾坤印》、《双珠球》等。

由于蛟川走书和宁波走书所处地域接近,艺人演唱交流机会较多,因此大同小异。所不同的是,宁波走书左位为演员座位,右位为伴奏员座位;若两人对唱,左位为主,右位为辅。而蛟川走书则相反,演员在右位,伴奏员在左位;对唱时右位为主,左位为辅。演唱伴奏的乐器也各有特色,宁波走书的主要乐器是四弦胡琴,而蛟川走书则是以扬琴为其必不可少的乐器。演唱书目中,宁波走书偏重于公案书,蛟川走书则偏重于演义书。

第七节 科学与技术

有清一代,在数学、天文、历法、医学等许多领域,宁波人都取得了令人瞩目的成绩,涌现出黄宗羲、黄百家、邵昂霄、陆士逵、柯琴、曹炳章等一大批名家。尤其在鸦片战争前后,由于船炮枪械的落后所导致的战败和屈辱,使一些志士仁人意识到科学技术的重要。他们在普及和推广近代自然科学中作出了重大的贡献。

一、数学研究

黄宗羲是兼通文理的大家,不但是清初著名的思想家、史学家和文学家,而且也是一位有影响的科学家。阮元所撰的《畴人传》将他列入科学家的行列,应该说是名副其实的。其子黄百家在《复陈言扬论勾股书》中亦说:"家大人于三十年前,空山推步,百凡数学,俱有成书。"黄宗羲在数学研究上有独到的见解。他认为所谓勾股之学,"其精为容圆、测圆、割圆,皆周公、商高之遗术,六艺之一也"[1],在中国古代早就有了。他通过对中西数学的比较研究,认为西方的矩度、八线、

---

[1] (清)黄宗羲《叙陈言扬勾股述》,《黄宗羲全集》第10册,第37页,浙江古籍出版社2005年版。

三角不外是对中国古代勾股算术的改造与发展,即"珠失深渊,罔象得之,于是西洋改容圆为矩度,测圆为八线,割圆为三角"①。全祖望在《梨洲先生神道碑文》中说:"公少有神悟,及在海岛,古松流水,布算簌簌。尝言:'勾股之术,乃周公、商高之遗,而后人失之,使西人得以窃其传。'"②黄宗羲明确指出西方的算学源头不过是中国古代的勾股术而已。

黄宗羲还论述过数学的作用,认为天文科学必须借助于数学研究去把握,如果不是这样,就很难揭示出其中的本质规律。黄宗羲关于数学与各学科之间关系的见解,反映出其极其深厚的科学素养。他关于数学的著作主要有《气运算法》、《勾股图说》、《开方命笔》、《测圆要义》、《割圆八线解》5部。可惜的是,这几部数学著作已经失传。

黄宗羲不但自己研究数学,而且也对其学生传授数学知识。他的学生陈訏就是其中一个。

陈訏(1650—1732年),字言扬,号宋斋,浙江海宁人,黄宗羲的弟子。对他的才能,黄宗羲非常欣赏,将自己的数学研究尽以相授,而陈訏也能引而申之,达到了黄宗羲"使西人归我汶阳之田"③的目的。他著有《勾股述》2卷,附《开方发明》1卷,《勾股引蒙》5卷,介绍了笔算、四则运算、开平方、开立方、勾股算术、平面三角学和三角函数等知识。黄宗羲为陈訏的《勾股述》作过序。据《勾股述》自序说:"余获侍梨洲黄先生门下,受筹算开方,因著开方发明,后因暇请卒业勾股。"④

黄百家精通历算,他对明史《历志》的修纂有所贡献。为编纂《历志》,他不惜心血,穷日连夜,修纂成《明史·历志》8卷,从改历的沿革到西法介绍,无所不包。诚如其在《黄竹农家耳逆草·秃篇赋》中所

---

① (清)黄宗羲《叙陈言扬勾股述》,《黄宗羲全集》第10册,第37页,浙江古籍出版社2005年版。
② (清)全祖望《梨洲先生神道碑文》,《鲒埼亭集》卷一一,《全祖望集汇校集注》上册,第222页,上海古籍出版社2000年版。
③ (清)黄宗羲《叙陈言扬勾股述》,《黄宗羲全集》第10册,第38页。
④ (清)阮元《畴人传》卷四一《陈訏》,商务印书馆1935年版。

言:"推测天文,旁通算数。用汝(按秃笔)定中西之三历,以吻合天行之分度"①,"中西历象,立法不同,惟我遗献,都能贯通。小子有志,拟将三历,勒成一编,和盘托出"②。他著有《勾股矩测解原》二卷,该书以中国传统方法讨论西法矩度测量问题,是黄百家会通中西的一种尝试,他对于矩度测量作较详细阐述,不仅有术文和解说,而且还有例题。《四库全书总目提要》评价云:"是书言勾股测望,并详绘矩度之形,与徐光启《天学初函》'矩度表说'大概相同,而此书专明一义,其说尤详。……是书虽仅具古法,亦足备测量之资焉。"

黄百家在《复陈言扬论勾股书》中还纠正了陈讦《勾股述》书中的两处错误,其一是倒影应为股,"不可为勾";其二是纠正陈讦计算方面的错误,即倒影10度不应变为直影144度,应该是14.4度。③

黄百家的可贵之处在于将数学应用于实际生活之中。为解决浙东水灾问题,黄百家实地测量绘制成图,给治水提供依据。黄宗羲《姜定庵先生小传》记载:"辛未(1691年),夏盖湖(上虞境内——引者)决,碱水下灌,虞、余、慈、鄞、镇海五邑,民无觅饮之处;若遇春耕,插禾无地,儿子百家测量画图,作议告先生;先生力陈利害,李郡守始筑海堤,民患稍息。"④

此外,数学方面的著作还有余姚黄炳垕的《测绘章程》,宁海王嘉玉的《九章要略》、《算法难题补遗》,镇海张校均的《勾股图说》12卷。

二、天文学的成就

考察黄宗羲的交友访学经历,可以了解其有关天文历算的知识曾得益于汤若望(Ad. Shall)、罗雅谷(Jac. Rho)等西方传教士。崇祯年

---

① (清)黄百家《黄竹农家耳逆草·秃篇赋》,中国科学院图书馆藏。
② (清)黄百家《黄竹农家耳逆草·眼镜颂》。
③ 杨小明《清代浙东学派与科学》,第316页,中国文联出版社2001年版。
④ (清)黄宗羲《姜定庵先生小传》,《黄宗羲全集》第10册,第626页,浙江古籍出版社2005年版。

间,徐光启、李天经与耶稣会士邓玉函(J. Terrenz)、罗雅谷、汤若望等编撰《崇祯历书》,共46种137卷。该书系统地介绍了以丹麦天文学家第谷(Tycho)的宇宙体系为基础的西方天文学,大量引用哥白尼的《天体运行论》内容。而《崇祯历书》于南京黄居中的千顷堂藏书楼收藏。黄宗羲从崇祯三年(1630年)至崇祯十四年的10年中,数次到黄居中家看书,将千顷堂的藏书"必借读之"①,使他有机会读到《崇祯历书》等西方天文学书,从中学到了不少西方天文学的知识。为此他十分熟悉该书的内容,认为这本书"关系一代之制作"②,建议将其写入《明史·历志》之中。

薛凤祚曾向波兰籍耶稣会士穆尼阁学习西洋历法,并协助穆氏翻译《天步真原》等著作,并运用西方历学写成《历学会通》。这是一部专门解说推算交食之法的著作。黄宗羲在深入学习薛凤祚《历学会通》基础上写成《西历假如》,分"日缠"、"月离"、"五纬"、"交食"4节。其中前三节以《崇祯历书》为依据,但又独立进行研算,第4节详细地阐述各数(查表)的来源、推法和演算。同时纠正了薛凤祚《天学会通》中的错误,比如"求太阳实会度"条,薛凤祚注为双女宫,黄宗羲则注:"当在人马宫,此必有误。今姑依薛本。"③

在全面了解西洋历书的基础上,黄宗羲以更多的精力致力于中国传统历法的研究,对"汉三统"、郭守敬的授时历、明代的大统历以及从西域传入的回回历等进行了深入的研究,取得了较高的成就。据《授时历故·刘承乾跋》记载,元代郭守敬所创平立定三差及弧矢割圆法正是因黄宗羲《授时历故》才得以留存。对黄宗羲的历学造诣,他自己本人也认为是开创新的成就:"予注律吕、象数、周髀、历算、勾股、开方、地理之书,颇得前人所未发。"④其天文历算书有《大统书法辩》4

---

① (清)黄宗羲《思旧录·黄居中》,《黄宗羲全集》第1册,第366页,浙江古籍出版社2005年版。
② (清)黄宗羲《答万贞一论明史历志书》,《黄宗羲全集》第10册,第214页。
③ (清)黄宗羲《西历假如》,《黄宗羲全集》第9册,第315页。
④ (清)黄宗羲《亡儿阿寿圹记》,《黄宗羲全集》第10册,第523页。

卷、《时宪书法解新推交蚀法》1卷、《圆解》1卷、《割圆八线解》1卷、《授时历法假如》1卷、《西洋历法假如》1卷、《回回历法假如》1卷，大部分历法书没有刻印，流传至今的仅仅是《南雷文约》中考证历算的几篇论文而已。

  黄百家博览群籍，学问极富，在天文历法方面有所建树。明史馆开局以后，征得黄宗羲的同意后，他入明史馆参与修《明史》，以他所学之长，写成《天文志》、《历法》等数种。黄百家天文学的研究涉及西方天文史、哥白尼日心地动说、伽利略望远镜测天新发现、光学仪器及其性能等。

  黄百家是我国公开介绍哥白尼日心地动学说的第一人。一般认为，哥白尼学说传入中国是在乾隆二十五年（1760年），其标志是法国传教士蒋友仁向乾隆皇帝进献《坤舆全图》。但从黄百家所著的《黄竹农家耳逆草·天旋篇》以及《宋元学案·横渠学案上》注看，我们可以推断，早在17世纪末18世纪初，黄百家已经完整地介绍了哥白尼日心地动学说。《黄竹农家耳逆草·天旋篇》云："至明正德间，而有歌白泥（尼）别创新图，自外而内作圈八重……中为太阳，如枢旋转不移他所"，"歌白泥则以太阳居中，而地球循旋于外。"① 哥白尼创立日心地动说是在正德九年（1514年），而明正德年间是1506年至1521年之间。两者在时间上是符合的。《宋元学案·横渠学案上》注中也说：百家谨案，"地转之说，西人歌白泥立法最奇，太阳居天地之正中，永古不动。地球循环转旋。太阴又附地球而行"②。黄百家一再提及哥白尼的日心地动说，正是反映了他对哥白尼的关注。黄百家《天旋篇》及《横渠学案》作于17世纪末18世纪初，上述所引文字是现知的哥白尼日心地动说在中国最早也是最详尽的介绍，比法国传教士蒋友仁乾隆二十五年的介绍要早60余年，填补了中西科学交流史上的一项空白。

---

① （清）黄百家《黄竹农家耳逆本·天旋篇》，中国科学院图书馆馆藏。
② （清）黄百家《宋元学案》卷一七《横渠学案》卷上注，《黄宗羲全集》第3册，第81页，浙江古籍出版社2005年版。

伽利略等人以黑子运动证明太阳存在自转这一新成果也是由黄百家介绍到中国来的。在《天旋篇》中，黄百家以大量篇幅详细介绍了西方用望远镜测天的新发现："及夫远镜出，诸耀之行益显。用以窥太阳，则本体非至圆，边如锯齿。中有黑点，浮游日面，大小多寡不一，相为隐显随从，必十四日方周经日面而出，前点出，后点入，迄无定期；以窥太阳，大于常规数十倍。"[①]对西人"地为圆体"的理论，黄百家作了启蒙式的解说。他在《眼镜颂》中，不但述及"水使锯纺，钟能自鸣，重学一缕，可引千钧"的机械，而且较完整地介绍了西方传入的望远镜、显微镜、摄影镜等九种光学仪器。在《横渠学案》中，黄百家通过注释，介绍了西方气象学关于云、雨、雷、电、霜、雪、雹等气象现象的成因以及气象与日月星辰的运动紧密关联的思想。在《明史·历志》中，黄百家详尽介绍了西方天文学中的"蒙气差"概念。可见黄百家在天文学研究中是富有独到的见解的。

邵昂霄（生卒年不详），字丽寰，一字子奭，号政甫，余姚人，是清朝前期著名天文学家。他长于天文历算，通中西术算。雍正三年（1725年），浙江充拔贡生，邵昂霄从算学原理阐述试题，成绩最为突出。他的著述很多，天文学方面的著作有《万青楼图编》、《中西历考》。其中《万青楼图编》，《四库全书总目》列于存目，称其专论天文、算数之术，分天体、仪象、宫度、二曜、五纬、云气、辉气、经星、历案、历理、历数、测景、测时、定时14目。援引自汉、晋以来诸家及西欧科学家的观点，并加以评述。

另外，余姚黄炳垕撰的《方平仪象》1卷、《测地志要》1卷、《两大捷算》2卷、《交食捷算》4卷、《五伟捷算》4卷、《历学南针》1卷、《麟史历准》1卷，等等。还有鄞县李藩所著的《中西历算溯源》，章宗型所著的《京师、武林及四明三景（影）合表》，推算各个节气太阳高弧圜景、正切侧景、余切直景在北京、杭州、宁波三地之间的差异，具有一定的

[①] （清）黄百家《黄竹农家耳逆本·天旋篇》，中国科学院图书馆馆藏。

科学价值。

三、医学发展

浙东精于医术者代不乏人，自唐以来，代有名家。清代知名的医生有陆士逵、柯琴、周文楷、曹炳章等。

陆士逵（生卒年不详），字玉如，清代顺治时人。他原籍慈溪，后迁至鄞县。拜王瑞伯为师，对按摩、捏拿等治伤手法，刻意揣摩，医术大有进步。后结交不少医术高明的人，获得秘方，于是创立伤科，医名甚隆，被誉为浙东第一伤科。他将生平治疗各科损伤的经验加以总结，写成《伤科》一书。该书记述了各种跌打损伤、头颅外伤、内脏挫伤、刀斧伤及皮伤缝合、骨折正复、夹板固定、脱臼手法复位等多种治疗技术，内容十分丰富。为消除患者复位时的痛苦，陆士逵创制"麻药水"。另外，他撰有《医经通考》一书，考证各种经典医籍条文。后来他的子孙代代相传，宁波陆氏伤科成为世家。

柯琴，字韵伯，号似峰，慈溪人。他博学多闻，弃科举，矢志医学，对《内经》与《伤寒论》精心研究，融贯《内经》于《伤寒论》之中。他根据临床实践，针对张仲景的医术提出了许多不同的见解，发扬了张仲景的医学思想。曾校正《内经》，著有《内经合璧》一书，可惜今已失传，又著《伤寒论注》4卷、《伤寒论翼》2卷、《伤寒附翼》2卷，合称《伤寒来苏集》，对后世医家影响深远。《清史稿》称上述二书"大有功于仲景"①。

汉代张仲景所著《伤寒杂病论》，以"六经辨证"为大纲，是其后来凡治伤寒之医者所必循之古训。研究注疏《伤寒论》者每代都有，但大都不是将张仲景之书融会贯通，而是随文敷衍，彼此矛盾。尤其是王叔和编次以后，有的内容被颠倒，某些部分前后矛盾。正是鉴于这一

---

① 《清史稿》卷五〇一《列传》二八九《艺术传一·柯琴》。

情况，柯琴决心重新注疏《伤寒论》，将条中有衍文的删去，有讹字者将其改正，有漏字者给以补充，逐条细勘，一丝不苟。柯琴穷其一生致力于《伤寒论》的注疏，使仲景心法得以流传。他力倡伤寒、杂病治无二理，对伤寒论在临床上的应用裨益甚多。时人曾盛赞其书"上下千载，驰骋百家，前无古，后无今，竭志谈心，穷晰至理"，"有如是之注疏，实阐先圣不传之秘，堪为后学指南"。

周文楷，字崇仁，号苏园，清代雍正、乾隆时在世，鄞县人。幼年时随名师学医，逐渐掌握医疗技术，尤其精通妇科。他的医术惠及乡里，求医者不绝。民国《鄞县通志》记载，周文楷"以善治带下，称于里中，妇女就视者，日必满座云"①。乾隆六年（1741年），因朋友邀请，乘船携药，欲赴台湾。船到途中，遇到风暴。翻船后，他漂泊到菲律宾的吕宋，于是留居行医。由于他的医术高明，菲人赖以全活者甚众，医名哗然。当时菲律宾国王对他很器重。后欲归故里，途中再次遇到风暴，船触礁落水，被吕宋商船所救，于是，他继续留居吕宋行医，名声大振。周文楷以他精湛的医术为菲律宾的医学发展作出了贡献，促进了中菲两国人民之间的友谊。

曹炳章（1878—1956年），又名彬章、琳笙，鄞县人。光绪二十二年（1892年）随父亲至绍兴，进中药铺习业。自光绪二十一年起，跟随名医方晓安学习《内经》、《伤寒杂病论》、《金匮要略》、《本草纲目》等中医名著达七年之久。他勤学好问，受益良多。后又问学越中名医何廉臣20余年。光绪二十八年在绍兴诸善弄口开业。光绪三十年以后在同义局施医9年，同善局施医8年。精内、妇、儿科，尤其擅喉证。他除门诊、出诊以外，专心著述。1913年在药界支持下，与何廉臣一起创和济药局，主持日常事务，刊行《医学卫生报》。其著述颇丰，有《喉痧证治要略》、《彩图辨舌指南》、《秋瘟证治要略》、《痰症膏丸说明书》等出版，后主编《中国医学大成》，选辑历代珍本、善本医药著作及自撰

---

① （民国）《鄞县通志·文献志甲编上·人物（一）》，宁波出版社2006年版。

医药论说计 365 种。所存手稿有 30 余种,是我国著名医学家。

此外,清代前期的宁波医家尚有象山的赖积忠、钱捷、李如珠,奉化的严瑞雯,余姚的徐慎斋、胡震和鄞县的许宋珏,他们皆精于医道,闻名远近。赖积忠,为人治病,药一帖即愈,时人称其为"赖一帖"。钱捷从实践经验出发,撰《山农药性解》4 卷,深受山农欢迎。李如珠精于治痘,著《医解》。严瑞雯专攻伤科,疗效显著,邑令盛赞其医术,赠予"秘授青囊"匾额。许宋珏精于医,尝注张仲景的《伤寒论》,辟王叔和拘守成例之非,正诸注家擅易旧章之谬误,积 20 年的研究,写成《伤寒全书本义》。徐慎斋世业眼科,富于经验,爱辑《审视瑶函》及各书验证治疗法,搜集 120 症,撰成《眼科证治歌诀》,成为眼科名家。胡震,余姚人,27 岁丧偶后,终身不娶,钻岐黄术,从学同邑眼科名家徐慎斋,得其内治心法,又从赵占元,获特效药秘方,医术精湛。55 岁至绍兴开设胡氏寿明斋眼科,每年使数百盲人复明,成为"越中眼科泰斗"[①]。

清初,宁波已经出现中药铺,冯存仁、寿全斋等中药铺先后创设。冯存仁开创于康熙元年(1662 年),寿全斋创建于乾隆二十五年(1760 年)。这些药店制药工艺精细,运用制、炙、煨、炝、炒、焙、煅等工艺,制成丸、散、膏、丹、片各种成药,久负声望,是宁波现存最早的药铺。

在传统医学发展的同时,西方医学也传入到宁波,尤其是嘉道以后,发展得很快。西方资本主义国家在宁波开办诊所和医院,业务逐渐展开。

最早在宁波开设诊所的是雒魏林。道光二十年(1840 年)六月,舟山被英军占领,随英军进入舟山的雒魏林就开办"舟山诊所"。他"走街穿巷,施医给药,企图取得他们的信任和好感"[②]。而宁波城区开办的第一家医院,是美国基督教浸礼会传教士玛高温于道光二十四年在城区北门佑圣观厢房开办的西式诊所,称"北门诊所"。由于开埠

[①] 沈钦荣《绍兴医药文化》,第 123 页,中华书局 2004 年版。
[②] 顾长声《从马礼逊到司徒雷登》,第 104 页,上海人民出版社 1985 年版。

不久,信奉西医的宁波人不多,曾一度关闭,不久又恢复,迁址于北门江边。道光二十八年(1848年),玛高温邀请白保罗医生主持诊所,设病床20张,业务得到快速发展。光绪六年(1880年)增建病床10张,光绪九年改为浸美医院,以兰雅谷为院长。该院自此成为宁波具有较高医疗水平的医院。后改名华美医院,寓中美合作之意。20世纪50年代,改名宁波市第二医院。光绪初,美国圣公会在宁波办仁泽医院。光绪晚期,英循道会燕乐拔在江北岸石板行创办体生医院,添置X光诊察机。宣统三年(1911年),鄞县建普仁医院。

历史较长、影响较大的是吴莲艇主持的保黎医院。这是宁波人最早的自办医院。吴莲艇,名欣璜,鄞县栎社路头街人。光绪三十三年毕业于嘉兴福音医院附设医药学校,获医学学士学位。宣统二年应名流陈夏常(谦夫)所邀,欣然赴慈溪县城(今江北区慈城镇)筹设医院,命名"保黎",为"保我黎民"之意。院长吴莲艇,有医生2人,病床10张。该院是当时浙江省内国人自办最早、设备和技术较好的一所医院。陈夏常在《吴君行述》中就保黎医院的艰苦创业及其在浙江省的地位作过评述。他这样写道:"清宣统二年二月,院成立,开诊匝月,声誉大起,求治者踵错于庭,日必百十人。先后招学徒若干人从之习,君则教师、医生、药剂、护士承之一肩。邑人感其勤劳,纷起为援。于是建院舍,购器械,年有布展,不遗余力,十年之间,成就卓著,为吾浙私立医院冠冕。"①

除此以外,民间也有不少私立诊所。尤其是光绪年间,西医已经普遍为宁波人所接受,不少留洋学生坐堂门诊。江北岸同星街李召南医师"西法全口镶牙","遄立止痛,精补蛀牙"。② 慈城有夏氏西医内外各科。一些病人在广告中感谢夏氏西医技术高明。光绪二十四年十一月二日的《德商甬报》就登载了《鸣谢良医》广告:"夏荣显先生,原名松桥,蛟川人氏。肆业杭省大英广济医院。经该医院梅西医及宁

---

① 桂信义《甬江名医吴莲艇》,《宁波文史资料》第4辑,第98页,1984年。
② 《德商甬报》1898年12月14日。

郡大英仁泽医局向薛西医逐科录取,求精内外。"病人称其医术是"着手成春,药到病除"①。到清末,宁波城区还有更多的诊所出现,仅牙科就有戎氏牙科专门医局、黄汉臣牙科医局、文敏士镶牙局、王景声牙局4家,如黄汉臣牙科医局在《四明日报》上做广告:"本局开设宁波江北岸大街新生号对面。本主人研究西法镶牙、镶眼,精益求精,不惜工本以是,一经试验,无不着手成春。"②

为与西医业相适应,宁波城区还办有西药房。东门口有中日大药房,江北岸洋船弄口有四明大药房。其中四明大药房有西医门诊,并销售西方各国上品药材以及药粉和各种医药器材等。上海的中法大药房、五洲药房在宁波设有门市部,销售艾罗补脑汁、艾罗疗肺药等西药,并成立宁波医学研究会,为民众义务送诊。宣统二年(1910年)六月上旬的《四明日报》登载医学研究会送诊义务员名单,就有内科、外科、眼科医生。③

四、近代自然科学的普及、推广和研究

在近代,随着宁波的开埠,西方的自然科学逐渐在宁波得到普及。尤其是甲午战争以后,宁波的先进知识分子开始认识到科学技术与社会各个领域是紧密相关的,向民众普及科学知识十分重要。镇海人虞辉祖指出,当今社会"学士大夫短于科学知识,因疏生惰,以实业为可缓。教科偏枯,报章零落,则社会无教育矣。故其人民畏进取,陷迷信,格路矿以风水,掷金帛于鬼神,则无普通之知识矣。以此立国,虽无外患,犹不自保"④。

宁波比较重视农学,在清末就已有农务会成立。我国农会创办于

---

① 《德商甬报》1898年12月14日。
② 《四明日报》1910年7月15日。
③ 《四月日报》1910年7月10日。
④ 虞辉祖《科学世界发刊词》,《镇海县志》,第877页,中国大百科全书出版社1994年版。

光绪二十三年（1897年）。次年，宁波建立农会，当时的《德商甬报》已经提出建立农会的呼声，主张建立农会，从事农业技术的改良，认为兴农会应该"奖之"。从当时报刊看，各县有农务分会，奉化在清末有农务分会设立，开办学校，普及农学知识。《四明日报》记载："奉化农务分会会长周啸云，热心公益，熟于农学，遵章创办半日学堂。因农夫日间无暇，现改为夜学堂，学徒已有四十名之多。其分会内无场所试验，植物亦有多种，值此火耨之际，夜学暂停课，秋收后再行开学。从此渐推渐广，农皆知书，抑亦文明进步之一助云。"[1]分会还开展农业科学研究和推出普及农学的书。奉化人庄崧甫于光绪三十一年在上海主持新学社期间编辑出版农业书籍。宣统二年（1910年）五月二十六日，《四明日报》登载新学社出版的农学书，主要有《农学新书》、《土壤学》、《肥料学》、《气象学》、《植物生理学》、《农业经济学》、《农艺化学》、《农业全书》、《蔬菜栽培新法》、《农业昆虫学》、《复农会杂志》等30多种，涉及农学、土壤、肥料、果木栽培、治虫、畜牧、蚕桑等。[2] 宣统二年庄崧甫开垦余杭荒地，创办杭北林牧公司。

镇海人钟观光矢志自学理化等自然科学。他读过由江南制造局翻译的化学、物理等书籍，掌握了一定的现代科学基础知识。他又专程赴沪学习日语，如饥似渴，不到数月，学识大增。光绪二十五年，在缺乏仪器、资料和资金的情况下，钟观光在柴桥虞宅设馆研究科学，与志同道合的虞辉祖、虞和钦等组织四明实学会，学习、介绍理化博物知识，后迁宁波湖西"辨志书院"。他们利用江南制造局所译出的理化诸书一一实验，实验急需的玻璃管、三酸等材料药品，由乡邻黄霖生乘太古轮到上海，辗转托外商购买。他们在实验过程中，衣服鞋袜"恒为酸类所溅，斑斑焦孔"，而泰然不顾。经过多次失败，他们终于试制成功黄磷。随即他又迁居到上海，向商务大臣盛宫保呈申专利，经派员考察，有"制造得法，不让外洋"等批语，准许专利15年。光绪二十六年，

---

[1]《农务分会设立学堂》，《四明日报》1910年7月11日。
[2]《四明日报》1910年7月2日。

他们在上海浦东组织灵光公司,筹建灵光造磷厂,这是我国自行设计、自筹资金的第一家造磷厂。但得不到政府的支持,终因缺乏必要的仪器和药品而告停办。钟观光的同乡虞和钦也于光绪二十六年,翻译介绍《化学周期律》,发表在上海出版的《亚泉杂志》第6期上,为国内最早介绍化学元素周期的文章。《积化学名》介绍近百个化学名词,《化学定名表》按中文定名,并分项列出英文名称和化学式,共收600多个化学定名。这对普及化学知识,统一化学名词的中译,促进我国化学科学的发展,起过开拓作用。

虞辉祖、钟观光、虞和钦等人创办的科学仪器馆和《科学世界》杂志在普及科学知识上作出了不少贡献。在学习和传播西方先进科学技术方面,虞辉祖、钟观光、虞和钦三人志同道合。他们在共同创办灵光造磷公司后,于光绪二十七年(1901年)在上海创办科学仪器馆,经销从外国进口的各种科学研究所需的实验仪器及药料。清末正是新式学堂大量出现的时期,科学仪器馆的建立正适应了当时社会的需要,两年后馆内附设仪器制作所,仿制一些理化仪器、测量用具、体育用品。同时又添设标本和模型制作所,制作鸟、兽、虫、鱼、贝类和各种植物标本,以及人体骨骼、脏腑模型等,以应科研和教学之需。光绪三十年,科学仪器馆在汉口、沈阳设立分馆。这一年,科学仪器馆又举办理科讲习所,由钟观光、虞和钦等讲授理化、博物知识。至光绪三十二年时,理科讲习所已举办5届。科学仪器馆还设有书籍部,出版过《化学实用分析术》、《最新化学理论》、《近世理化示教》、《生物学之过去与未来》等自然科学书籍。

光绪二十九年三月,虞祖辉、虞和钦、钟观光等人创办《科学世界》杂志。另一镇海人王本祥也参加了工作。该期刊有近百页的版面,内容丰富。按照其自定的"发明科学基础实业,使吾民之知识技能日益增进"的宗旨,杂志设图画、论说、原理、实习、拔萃、传记、教科、学事汇报、小说等栏目,以图文并茂的形式介绍自然科学知识,如《电信发明之历史及其发达》、《物质不灭之简易实验》、《太阳中之金属》、《近视眼预防法》、《人类与猿之比较》、《论岩石之成因》、《人造宝石》等科普文章,以及中外著名科学家的照片、传记等等。这些文章在当时起了"开民智"的作用,广泛地传播了近代科学知识。《科学世界》在光绪二十九年(1903年)至光绪三十年间共刊行了12期。

在普及科学技术知识同时,宁波学者还积极推广科学技术。在清末,许多宁波人即开始了科学技术的推广工作。慈溪人陈屺怀,热心于化学研究,经反复考究,知向日葵"为用极广",可避疫、榨油,秸及叶可烧灰制成肥皂,因此鼓励人们多种向日葵。鄞县人王启人,"精于织造之学"。他对乡村旧式织机加以改造,不仅能织出精美的洋布,且能提高产量,"约计一女工日能成布一丈五六尺"。鄞县的沈诏闻和奉化的庄崧甫也购地建立农业试验场,试种水果、花木。宁波人江金生,曾往法国巴斯锋学院学习蚕务,回国后,他参考西法,求养蚕之道,屡见成效。为推广他的经验,浙江省当局于光绪二十三年在省城杭州创办西法蚕学馆,招年轻子弟入局学习,聘江金生为蚕学馆总教习。这些都意味着近代科学技术开始推广和用于浙江及宁波的工农业生产。

不少的宁波留学生在国外从事自然科学学习和研究,并在各自的研究领域中取得了一些成果。杰出代表是何育杰与翁文灏。何育杰,慈溪县城钱家弄(今属宁波市江北区慈城镇)人。光绪二十九年毕业于京师大学堂师范馆,后即留学英国,又游历德国、法国。光绪三十三年在曼彻斯特大学获物理学硕士学位,成为中国第一位物理学硕士。宣统元年(1909年)回国,后任京师大学堂格致科教授,成为中国近代物理学的奠基者。鄞县人翁文灏,光绪三十四年官费赴比利时留学。次年顺利通过鲁汶大学艺术和制作、土木工程和矿业专科的入学考试,正式进校就读,所学专业为地质学。为此,其足迹遍涉比利时,经过详细的考察,收集了大量的比利时地质岩石、煤田构造等地质资料。1912年,他写成博士论文《勒辛地区的含碌玢岩研究》,并通过答辩,列最优等,在学校的地质学刊上发表。他成为中国历史上第一个地质学博士。在翁氏50周岁之际,他曾写诗回忆:"博士头衔著论文,火成岩石细研分。斑岩侵入无多处,葛纳之余有勒薰。实地探寻侦察细,镜光鉴别考研勤。非因绵力能新得,少有前工故出群。"①

　　无论是何育杰还是翁文灏,回国后都担任自然科学的研究和教学工作,他们的研究成果虽然在清末刚显现,但在民国期间的科学研究中起到十分重要的作用,为我国科学研究作出了杰出的贡献。

---

① 《翁文灏诗集》,第148页,团结出版社1999年版。

第四章

清代宁波的社会生活与风俗

- 社会阶级与阶层
- 农村、城镇与城市
- 清代宁波人口变迁
- 岁时节日风俗与民间娱乐活动
- 清代宁波的婚嫁习俗
- 社会救济体系

社会生活与风俗是一种社会文化现象。宁波政治、经济、文化的发展,也使人们的社会生活、风俗发生变化。生产力和生产关系的变革和开埠后思想观念的更新,不仅使阶级阶层关系发生变化,也使人口流动、婚姻制度、社会救济及社会习俗都打上了时代的印记。

第一节 社会阶级与阶层

经君健认为清代的社会等级分为7级,即皇帝、宗室贵族、官僚缙绅、绅衿、凡人、雇工、贱民。① 这大体反映了清代社会等级阶梯的实际情况。结合清代宁波的实际,笔者认为,在清代宁波存在官僚、士绅、地主、商人、自耕农、佃农、手工业者、雇工、贱民等等级。清律通过特殊条款严定了尊卑之分,维护等级制。鸦片战争后出现了新的阶级,即资产阶级与工人阶级。

一、官僚与士绅

州县地方官,所享有的权力(如封赠)与五六品多同。如在康熙元年(1662年)设水师提督1名,康熙八年又设提督1员。雍正四年

---

① 经君健《试论清代等级制度》,载《明清史国际学术讨论会论文集》,天津人民出版社1982年版。

(1726年)设宁绍道台1员,为正四品。宁波有知府1员、同知1员、通判2员。仅从顺治三年(1646年)到雍正十一年(1733年),就先后有韦克振、修廷献、曹秉仁等22人任宁波知府。另外,在宁波府还有推官、照磨、库大使、仓大吏、司狱司、学正、教谕、训导、巡检等八九品官组成第二等第。鄞县、慈溪等6县各设知县、县丞、典史、儒学教谕、训导、巡检、驿丞。河泊所大使,府州县的医学、阴阳学、僧、道官员,他们是政府的职员,因无品级,称为"未入流"。但他们也是官员,归入第三等第。上述的官吏在宁波形成了庞大的官僚组织。

官员由科举、捐纳、事功、恩荫等途径产生。汉人多经过科举步入官阶。比如,直隶保定崔维雅,通过中举人,于康熙元年(1662年)任宁波知府;蒋学攻,考中进士后,于康熙五十五年任宁波知府。余姚的胡邦翰在乾隆六年(1741年)中举人,但在乾隆十七年间,通过恩荫中进士。此外,清朝实行卖官和卖学历的捐纳制度,产生一些官员。

宁波的官员据其品级而享有以下特权:(1)司法上的权利。官员涉讼,司法机关不得自行决定对他们拘留提审,须先报告皇帝,革职后始能拿问;拟出处分意见,皇帝复审后方许判决。比如,鸦片战争期间驻宁波的官员余步云,在慈城的大宝山战役中弃军逃遁,他依法受到处分,道光帝复审后才得判决。即使在籍州同、县丞小官和职员犯法应行革职审讯的,督抚在审讯的同时,也要报告中央。官员犯徒刑以下的罪,可以交纳银钱赎罪。(2)优免权。根据清政府规定的在外官员减在京官员一半的做法,宁波的府县官有减免粮赋与徭役的权利。(3)恩荫权。官员子弟可以入国子监读书和出仕。清朝定例,在京文官四品、在外三品、武官二品以上,都可送一名子弟入国子监学习。荫生二十岁后,依其父祖官职加以录用。这些荫官都被视为正途出身,即同科举出身者一样,升官不受限制。李煦、甘国璧就是通过恩荫,成为荫生,分别于康熙二十三年和康熙四十一年出任宁波知府的。

在清代,官吏贪污现象严重,贪赃枉法,鱼肉百姓是普遍的现象。"三年清知府,十万雪花银",是吏治败坏的形象说明。清廷针对这一现象,亦曾经实行过养廉制度。雍正执政时,为制止官员的贪赃枉法,实行过"耗羡归功"和养廉银制度,将官府征收田赋时的附加损耗费"耗羡银"上缴国库,然后将其中大部分留给各级官吏用来赡养家族等。浙江在雍正六年(1728年)实行"耗羡归公"制度,每个知县的养廉银有1000—1200两,超过知县的俸银数十倍。鄞县在晚清缴"耗羡银"4930两,但并没有遏制腐败现象的产生。余姚人邵晋涵就十分感慨地抨击当时的官庸吏残情景:"州县之长,盛服坐堂皇,吏抱文书伍伯左右立,哆口叱呵,问以律则懵然莫能知,恫然以为不足知。其援律以定谳者,则为幕宾,引成案以上下其手者,则为吏胥,居其间颐指而气使者,则为奴仆,甚至奴仆、吏胥与幕宾连合为一心,钮文破律,戕虐民生,流弊靡究。呜呼,是曷能望其知律意以养人乎哉!"①应该看到,在宁波的官吏中也有一些富有爱国心的先知先觉者。在晚清,林则徐、裕谦、李向阳、姚怀祥等都是代表。林则徐在镇海研制大炮、仿造战船;镇海知县李向阳、定海知县姚怀祥面对英军进攻时,视死如归,英勇殉职;裕谦面对敌军大义凛然,针对余步云以"保全数百万生灵"为托词,"家中妻子儿女三十余口,实属可怜"为借口,给以驳斥,明确提出"儿女情长,英雄不免;但忠义事大,此志断不可夺"②,表现了矢志抵抗侵略的决心。

　　士大夫处于社会等级的上层,在籍者通常称其为"士",包括文武举人、监生、生员等。士居四民之首,因此又在"士"之后加上"绅"字,以表示对其尊重。

　　在清初,宁波的士是不少的,诸如"南湖五子"、"南湖九子"、"西湖七子"、"西湖八子"、"鹤山七子"等,这些都是清初有影响的士。比如,董沛的《鄞县志》卷一四《人物》中说:"林时跃,字遐举,号荔堂,雅负志节,受业于刘宗周,又受学于黄道周,归而与华夏、王家勤为讲社,所称鹤山七子也。"从董沛的记述看,林时跃就是一个受过教育的士。

---

① (清)邵晋涵《南江文钞》卷七《送汪焕曾之官宁远序》,清道光十二年刻本。
② (清)夏燮《海疆殉难记》,《鸦片战争》(四),第660页,上海人民出版社1957年版。

作为"南湖九子"之一的李邺嗣,其学术在浙东有很大影响,他以五经为本源,在文学、史学领域有一定造诣,但他也没有当过什么官。应该说也是列入士的队伍的。据《余姚六仓志》卷一二记载,康熙年间,余姚"六仓"考中进士3人,举人12人,贡生3人。这18人中17人应该属于士,他们没当什么官;只有一个叫王莘的人,康熙四十五年中进士后,授中书,迁登州教授。

鸦片战争以后,尤其在同治、光绪期间,宁波的士与中国其他的社会阶层一样发生了易位与变化。有的从事教育、文化、法政、行政、实业等,甚至还有人进入军队,以举人、秀才的身份效力沙场。比如,镇海人徐青甫,中过举人,于光绪二十五年(1899年)进浙江武备学堂任翻译、助教、教授达7年之久;庄禹梅,光绪三十年中秀才,任小学校长,后在上海从事文学创作;鄞县人范贤方,光绪二十八年中举人,后公费留学日本,光绪三十四年任浙江巡警道兼洋务总办王丰镐的秘书,兼任宁波法政学堂教师。其同乡张寿镛,光绪二十九年中举人,不久到杭州海关工作。不少士人还由此参加了辛亥革命,范贤方就是宁波辛亥光复的主要领导人。

二、地主、自耕农与佃农

地主与自耕农、佃农是对立的阶级。

从占有土地数量和经济状况看,宁波的地主占有土地一般在百亩及数百亩以上。宁海县在清末占田100—200亩的为1.8%,占田200亩以上的为1.3%。两者合占3.1%,这表明清末宁海的地主所占比例为3.1%。[①] 咸丰年间,余姚的谢敬有数百亩以上土地,地主出租土地,向自耕农及佃农收租。在经营方式方面,绝大多数地主仍采用租佃制,并且向佃农收取实物地租。征收货币地租的也有,但不普遍。

---

① 金普森、陈剩勇主编《浙江通史》第10卷,第399页,浙江人民出版社2005年版。

少数地主雇工经营,但规模小,成本高,所获利益不比出租多,很少有较大的发展。除了重租盘剥以外,地主还视佃户如仆役,任情使役,甚至对佃户肆行打骂和凌辱,拘禁以至于人身迫害。

自耕农是指占有土地不多,靠自己劳动,仅能勉强维持一家人温饱的农民。所占有的耕地,从几亩到几十亩不等。这类人的土地仅够自家耕种,有的尚不足,需要租进一部分,是半自耕农。这种人家经济状况不好,生活也不富裕。

农民应包括自耕农与佃农两部分。宁波的自耕农在清代大量存在。晚清宁海占田不足10亩的农民占70.6%,占田10—30亩的农民占16.6%。① 这表明,宁海的自耕农与半自耕农占农民的人数约为86%。有时候他们的耕地往往被地主兼并,破产为佃农,成为地主的劳动力。在清初,宁波的自耕农与半自耕农约占80%多,到晚清宁波的自耕农减少很多,但也有30%。

自耕农与佃农有许多相似之处,都是农业生产者,处于被剥削的地位。他们的生产规模都不大,为一家一户的个体生产,经济上也不富裕。自耕农有土地,与政府发生直接的关系,必须完成政府的赋役。雍正年间,清政府采取摊丁入亩的办法,把康熙五十年(1711年)固定下来的丁税银摊入田赋内。雍正四年(1726年),浙江各属丁银以通省的田亩均摊,每亩赋银1两均摊丁银1钱4厘5毫(0.1045两)。宁波按地赋银或粮派丁,如余姚县每地赋银10.47两、米0.38石,派市民1口;每地赋银1.23两、米0.045石,派乡民1口。慈溪、奉化、镇海、象山、定海按田亩派丁。如慈溪县每民户田地120亩派市民1口,每民户田地10.07亩派乡民1口,每民户田地27.28亩派民丁1口,每灶户田地39.89亩派灶工1口。只是到雍正四年才将各地不同的做法加以划一。如果不履行政府的义务将构成犯罪,而赋役较重、官吏横征暴敛时尤其影响自耕农的正常生活,自耕农不得不卖妻鬻子,出

---

① 金普森、陈剩勇主编《浙江通史》第10卷,第399页,浙江人民出版社2005年版。

售耕地。但自耕农在土地、财产、人身方面受到国家法律的保护。

宁波在清代还有佃农存在。佃农人数众多,约占宁波人口的25%左右。他们无土地,靠租赁地主田地耕作,交纳地租,过着极其贫困的生活。佃农与政府、地主两者都发生关系。光绪十九年(1893年)七月,余姚佃农黄宝富向罗子延租房田两丘16亩,每年抱租谷45石5斗,1亩抱租谷2.84石,倘遇天灾不测照依,并立"租田文契"。①

佃农生活贫困,所佃种的土地很少。鄞县某书院有佃户30余家,每家所租耕地,多则17亩,少则2亩,大多是四五亩。嘉道时各地方政府应地主的要求,树立了许多刻有《严禁顽佃抗租告示》的碑石,要求佃农及时交租。政府的钱粮由田主交纳,而田主要先收地租才能完粮,共同的利益使政府帮助田主催收地租,有的地方政府在开仓收粮以前先代业户催佃户交租。

由于政府与地主对佃农的残酷剥削迫使佃农起来反抗。比如,咸丰八年(1858年),余姚西乡,适逢歉收。佃农无力负担地租与团练费用,协议决定减租一半,向住在县城的地主谢敬提出要求,遭到拒绝,于是组织十八局,与谢敬等地主、土豪组成的团练展开斗争,"揭竿乌钞,众至数万"②。

三、新的阶级关系的产生

清代前期,真正意义上的工人还未产生,一般是手工业者。因为工人是伴随着大机器生产的出现而产生的。

清代废除了明代的匠籍制度,放宽了国家对手工业的垄断,使宁波的民间手工业者在更大的范围内进行自主经营。

小手工业者以制作为主,集中在丝织业、榨油业、盐业等,出售所得是其价值的体现。他们是劳动者,与以贩卖商品为生的小商人不

---

① 余姚市土地管理局编《余姚市土地志》,第48页,西安地图出版社1998年版。
② (清)光绪《余姚县志》卷一二《兵制》。

同,在清朝政府的编户中称之为"班匠"或"人匠",对政府有承担差役的义务,属工部管辖。比如,雍正年间,宁波就要征收匠班银 679 两 7 钱 8 分。①

还有一些手工工匠,并不在家制作产品,而是到雇主家工作,但他们是短期应雇,因而不同于一般的雇工。比如,余姚的某些店铺就雇佣专业的染工。据记载,余起贤在龚维能染店做工,每月工资 800 文。这不仅说明四明有染坊存在,而且还表明余起贤是完全与生产资料脱离,靠出卖自己的劳动力为生,是龚维能的雇工,他与龚维能的关系已经是商品货币关系。当然,清代宁波的资本主义萌芽是非常微弱的,发展非常缓慢。

盐场的手工业者称灶户。由于地处沿海,宁波从事盐业的手工业者很多。据《慈溪盐政志》记载,晚清,鸣鹤场有盐丁 2996 人。到宣统二年(1910 年),石堰场有盐丁 13906 人。但清政府对灶丁的控制是十分严格的,必须按规定产盐,不可私增煎舍,添置锅户,并且对灶户实行保甲连坐。雍正间(1723—1735 年),鸣鹤场岁办额盐 7443 引 187 斤 13 两,每丁岁产盐 745.35 斤。清初,石堰场岁办数引,到宣统二年石堰场岁产盐 593785 担,每丁产盐 4270 斤。②

真正意义上的工人是在道光以后才产生的。破产的农民和手工业者,失掉生产资料,变为一无所有的雇佣劳动者,成为宁波早期的工人阶级。道光五年(1845 年),美商在宁波设立美华书馆,招了工人。英、美等国先后在宁波开办了英国太古轮船公司宁波分公司,怡和洋行、宝顺洋行、旗昌洋行宁波分行等,旗昌轮船公司开辟沪甬航线中也招了不少工人。光绪十三年(1887 年),严信厚在宁波创办通久源机器轧花厂,仅有工人 300—400 人。而甲午战争以后,通久源纱厂创办后,宁波的工人也只有 1200 多人,光绪三十一年,和丰纱厂有工人 1785 人。到宣统末宁波的工人已达数千人之多。

---

① (清)雍正《浙江通志》卷六八《田赋二》。
② 慈溪市盐务管理局编《慈溪盐政志》,第 78 页,中国展望出版社 1989 年版。

宁波的工人阶级与国内其他地方的工人阶级一样,一产生就身受外国资本主义、国内封建主义的压迫,处境十分悲惨。工人劳动条件差,厂房狭小,机器陈旧,空气混浊,没有安全设备,工伤事故频发,职业病普遍;工作时间长,一般为12小时,有的为13至14小时,个别行业甚至18小时。在通久源机器轧花厂中,当时就有数百名女工在工作,而踏板轧花机器竟由一些年方八岁的童工操管。和丰纱厂的女工每天都劳动12小时,每逢"厂礼拜"工作时间还要延长二三小时和提早二三小时。"鸡叫出门,鬼叫进门"、"上班下班两头里",①就是当时工人长工时劳动的生活写照。但得到的工资却很低。通久源纱厂的女工年工资为50元到90元,每天为1角5分到2角5分。童工的工资更低,每天只有几分,最高为8分。而物价很高。光绪三十一年(1905年)前后每石米价约6元,普通工人每天工资只能买三四升米。随着物价上涨,工资贬值,宣统三年(1911年)的生活费用和绝大多数商品价格,比光绪二十七年大大提高,米价升至8.5元一石(150斤),而在光绪二十七年不超过5元,劈柴每担由0.5元上升到0.9元;猪肉每斤由0.1元涨至0.23元。而工资上升的幅度仅有60%—80%。很明显,一个工人的所得虽然比10年前多,但却不能买到同样多的食物和生活用品。②

  为维护最起码的生存权利,宁波早期工人不得不起来反抗。光绪三十年,宁波各染坊工人举行罢工,要求增加工资;光绪三十二年初,鄞县米铺舂米工人每天工资200文,为此停工索加,逼使资本家增加工资50%。光绪三十四年,宁波和丰纱厂工人为反对工头,发动罢工,造成全厂生产停工。但在清末,工人斗争还是处在自发的阶段。

  与工人阶级相对立的是资产阶级,亦产生在道光以后。它由地主、买办、商人转化而来。但不少是商人积累财富后投资近代企业产

---

① 中共和丰纱厂党委、杭州大学历史系《宁波和丰纱厂史》(油印本),1964年1月。
② 柯必达《浙海关十年报告(1902—1911)》,《近代浙江通商口岸经济社会概况》,第69页,浙江人民出版社2002年版。

生的。

　　商人是沟通生产者与消费者的重要桥梁。清代商人的概念,在前中期,一般是经行商品交易的小商小贩即坐商(铺商)、行商(贩商)。但也有手工业商品生产的专业经营者和兼营者。到晚清,商人的概念嬗变,已经不是传统意义上的铺商或贩商,而是新式商人,他们不单单出现在流通领域,而且投资生产和经营。有些商人也通过种种方式获取不同等级的功名和虚衔,或取得清政府的奖赏与封典,成为绅商。

　　宁波在清代前期就有不少行商或坐商。随着商品经济的发展,商人的人数迅速增加。鄞县宝幢在康熙年间商业十分繁荣。李邺嗣的《鄮东竹枝词》说:"璎珞河头船日开,宝幢街口贩夫回。"这里的"贩夫"就是行商。嘉庆、道光间,余姚浒山(今属慈溪市)行业增多,自城东门至西门百货丛集,已有木棉、子花、丝布、鸡鹅、猪、羊、豆麦、粮食、柴等行业。浒山所设的木棉、丝布、粮食等摊贩就是"坐商"。宁海郑增大于乾隆六十年(1795年)开设油行,专营白(柏)油,通过商人转销宁波等地;市门头方茂兴南货店也派人到闽、广采货,专营批发,把生产与销售、采购结合起来,已经成为"商号"。在晚清,宁波城区的摊贩就达3000人,占成年人口的1.76%。坐商也不少,有百货商号70余家,棉布商号70余家,药行64家,鱼行30家。

　　商品经济的发展必然刺激商人向外拓展,宁波与各个地区之间经济联系日益显著。一些商品经商人贩运而销往远处,近者横贯省内,远者跨越数省,以至全国。余姚的商贩把棉花贩运到黄岩、仙居等地销售。慈溪农民所制竹椅由小贩航海鬻沪。宁波商人还把盐笋等土特产贩至苏州。嘉庆年间,镇海的方介堂在贵驷开设粮食、杂货店,经过六至七年,"积累数百金",辗转到上海经营食糖买卖,开设义和糖行。到道光十年(1830年),方家兼营土布、杂货、钱庄业,存放款六七万两。尽管当时宁波出现了腰缠万贯的商人,但这还是旧式的商人。

　　19世纪70年代以后,宁波商人队伍不断壮大,地位不断上升。但这时候的商人不仅仅是坐商、行商,更多的是新式商人。他们与新的资本主义生产方式紧密相连,一般把生产与经营结合起来,投资新兴的行业,诸如工矿、出口加工、外贸、航运、金融等,涌现出严信厚、叶澄衷、朱葆三、虞洽卿、刘鸿生等巨商。他们不但在上海等地有投资,而且在宁波也有企业。严信厚在宁波就创办通久源机器轧花厂。有的宁波商人也用不同方式获取功名与虚衔,取得清政府的奖赏与封典,成为绅商。比如,严信厚有候补道的身份,叶澄衷受到清政府的嘉奖,赐"乐善好施"、"勇于乐善"匾额,吴锦堂也被清廷赐为花翎二品封典候选道衔。

在宁波商人群体中,还有不少全国各地来宁波的商人。他们在宁波从事经营活动,促进了宁波经济的繁荣。晋商在宁波就有经营活动,如介休县的候氏商人在甬开设"蔚"字商号。闽商在宁波很活跃,江东的木材行不少由福建人经营,正因为如此,福建人在宁波还有会馆。厦门、福州、兴化、漳州等地的商人在宁波都建有会馆。《宁波的兴化会馆》的绪言说:"我们从福建到宁波来是为了做生意。"[1]《宁波的厦门会馆》绪言也提到:"在繁荣的港口,利润可达三倍,为此,诚实与真挚却是必不可少的。我们从厦门循海道而来,已定居宁波有年,并与宁波的买主、卖家和睦相处。"[2]山东到宁波经商的也不少,为维护山东商人的利益,在宁波建立了"山东行会"[3]。

上述的新式商人群体,我们称之为民族资产阶级。主要是从一部分地主、官僚、买办、商人投资创办近代工矿、交通企业转化而来的。上面提到的宁波通久源机器轧花厂的创办者严信厚,曾是李鸿章慕僚,在天津经营盐业积累资本后,投资宁波机器轧花业。20世纪初,商人、手工业者和士绅开始创办企业。投资创办宁波电灯厂的孙衡甫是商人。和丰纱厂大股东戴瑞卿、顾元琛、郑岳生都是商人出身。戴瑞卿经营"北号"起家,顾元琛当过宁波招商局总办,郑岳生为永康纸行

---

[1] 玛高温《宁波的兴化会馆》,《中国工商行会史料集》上册,第15页,中华书局1995年版。
[2] 玛高温《宁波的厦门会馆》,《中国工商行会史料集》上册,第16页。
[3] 玛高温《宁波的山东行会》,《中国工商行会史料集》上册,第16页。

经理。到清末,宁波近代工业企业约有36家,轮船航运企业约有15家,还有商号70余家,药行60多家,棉花商号70余家。据不完全统计,宁波当时有各类企业商号数百家,再加上金融、航运等业的投资者,估计晚清宁波资产阶级人数约千余人。

宁波的民族资产阶级具有中国民族资产阶级的共性,是一个带两重性的阶级,受到外国资本家的压迫,又受到封建主义的束缚,具有一定的反帝反封建的积极性。宁波早期资产阶级都参加了抵制美货运动和收回利权运动,也能投身到反清斗争,支持孙中山的革命。但与外国资本主义与本国封建主义有千丝万缕的联系,所以不可能具有彻底的反帝反封建的勇气。比如严信厚为寻求保护,每年向清政府交7000元厘税。

鸦片战争以后,尽管外商获得了相当多的特权,但一些条约也对他们进行了限制。《虎门条约》第五款规定英商"均不可妄到乡间任意游行,更不可远入内地贸易",《烟台条约》中也载明外商"不准在内地开设行楼"。这就表明,外商要到内地推销洋货、收购土货,自然要依靠一些中国人来进行经营,买办已成了西方资本主义国家在华经济活动中不可缺少的依靠对象。这样的历史背景下,一批充当居间商人的买办也在宁波出现了。

宁波的买办是鸦片战争期间出现的。最早的买办是穆炳元。姚公鹤的《上海闲话》有记述:"穆于定海陷时为英人俘,暨英舰来上海,则穆已熟悉英语,受外人指挥矣。"① 郝延平在他的著作中也说:"当英军占领浙江定海时,他们雇了一个年轻的本地人穆炳元当买办,并带他随同北进。"②

同治以后,随着外国航运业、商业、金融业在宁波的发展,宁波的买办队伍有所扩大。美国旗昌轮船公司中不少是宁波人。《上海近代经济史》就提到过鸦片战争后宁波买办开始崛起。其原因很多,诸如

---

① 姚公鹤《上海闲话》,第66~68页,上海古籍出版社1986年版。
② [美]郝延平《19世纪中国买办——东西间桥梁》,第237页,上海社会科学院出版社1998年版。

宁波的地理位置、宁波人对钱庄的投资等,其中有一点是很重要的,即"由于宁波商人在生丝贸易中拥有长期经验,以及浙江是生丝的重要产地。此外,宁波和其他浙商控制着长江下游的区域性市场系统,这在收集、采购和重新分配的过程中帮助极大,由于生丝贸易的利润是在上升(1847年贸易额在100万英镑以上),外商同宁波商人的关系很自然地日趋接近"[1]。上海的一些外资银行在宁波有办事机构,外资航运业在宁波也有经营,这就需要不少宁波人为他们服务。旗昌洋行和旗昌轮船公司都在宁波进行开发,其中不少买办就是宁波人。

四、堕民及其解放

堕民,又称"丐户"、"惰民"、"惰贫"、"怯怜户"、"乐户"等,是宁波清代历史上地位非常低的社会阶层。据民国《鄞县通志》记载,堕民相传为宋代罪俘之遗,故摈之,分别安置在上海、江苏、浙江,杂处民间。元人名为怯怜户。明太祖定户籍,扁其门曰丐。[2] 这是以法律的形式确定堕民的地位。光绪《慈溪县志》卷五五也有记载:"堕民,谓之丐户,又名怯邻户。相传为宋罪俘之遗,故摈之。分置苏松浙省,杂处民间。"在浙江主要分布在浙东宁绍地区。宁波境内的鄞县、慈溪、象山、奉化、余姚等地都有。

在清代,宁波境内依然有堕民存在。鄞县堕民在乡者,多居寺庙,城区聚居城西盘诘坊、江东大河桥一带,自成一区,不与平民在一起,住房很简陋。慈溪县城(今宁波市江北区慈城镇)在雍正八年(1726年)于城东门外的天门下有堕民巷。到光绪三十一年(1905年),宁波的堕民约有2万户。

据清廷的官方记载:浙东的堕民,男子只许以捕蛙、卖饧、拗竹、灯檠、锻炉铁、逐鬼为业;妇女则习媒,或在良家新娶嫁时为人髻冠梳发,

---

[1] 丁日初主编《上海近代经济史》第1卷,第337页,上海人民出版社1997年版。
[2] 堕民起源另说:宋代南迁将卒背叛,乘机肆毒,后被剿捕,其余党焦光赞等遂被贬为堕民。

慈城东门外天门下的堕民巷全景(选自王静《中国的吉普赛人》,宁波出版社2006年版)

穿珠花,群走市巷,兼就所私。这就表明,堕民不得从事士农工商四民的职业,只能做与乐户相近的事情。在清代,宁波的堕民大体从事婚丧祭礼中吹唱演戏,鼓乐抬轿,为新娘换妆、梳发、扶拜、剃头等职业。政府举行一些活动,如迎春祭芒神、立夏献米糖、社火会参神等,堕民都要去装扮角色以应役。康熙年间,鄞县桃源乡的堕民就是这样。《桃源乡志》记载:"正月二日以后,女丐户往各家叩见,乞饭脯。元宵,男乞户往各宅,鼓吹闹堂。立夏日,女丐户往各家,乞立夏米。秋收告成,女丐户持米糖往各家馈献,以丐新谷,名曰'乞稻熟'。"[1]立冬,堕民头戴钟馗巾,红须持剑,至各家驱鬼,称"跳灶王"。乾隆年间的《蓬岛樵歌》对此有过记载:"是日丐头带钟馗巾,红须持剑,至街上驱鬼逐疫,向各铺敛钱,俗谓跳灶王,即古傩礼,又曰打野狐"[2]。

堕民不许捐官,不得与平民通婚,只能在其内部自相婚配,他们的服饰不同于四民,有官定的制度,男子戴狗头形帽子,女子穿青衣蓝裙,裙子要做横幅的,不卷袖,不穿红鞋,发髻稍高于良家妇女,簪子用

---

[1] (清)臧麟炳、杜璋吉《桃源乡志》卷一《风俗》。
[2] (民国)陈汉章总纂民国《象山县志》卷一六《风俗考》。

骨角的，不得戴耳环。① 光绪《镇海县志》明确记述："四民居业彼不得占，四民所籍彼不得籍，四民所常服彼亦不得服，所以辱且别之者也。"② 光绪《慈溪县志》卷五五《风俗》亦有"四民所常服彼不得服"的记载。堕民亦没有受教育的权利，他们不能读书识字，更不能参加科举考试。在清末，慈城半浦有一个剃头的堕民，固然熟读诗书、满腹经纶，但还是被拒在校士馆大门之外，不能参加科举考试。

雍正元年（1723年）与八年，清朝政府以丐户的贱业有伤风化，允许他们改业从良，削除丐籍，对国家纳税。

原堕民的居屋/晓草摄

但是社会并没有给他们提供改变职业的条件，致使大多数堕民不能从事新的职业，只得留在堕民之中。乾隆间又下诏削籍，并且明确提出堕民"本身改业下逮四世清白自守者准其报捐应试"③。但也没有很好解决堕民丐籍问题。到了清末，宁波绅商卢洪昶、高振霄、叶梧春、范贤方、邵遵南、孙祖烈等10人再次谋求堕民的解放，要求开办堕民学校。他们于光绪三十年九月初三（1904年10月11日），禀请捐建农工小学堂，收教堕民，削除贱籍。蒙商部宪核具奏光绪皇帝。光绪帝谕："商部奏《浙绅捐建农工小学堂收教堕民恳恩除籍》一折。浙江堕民雍正年间已准除籍。自乾隆年间议准。本身改业下逮四世清白自守者，准其报捐应试等语。现在该绅议'设农工小学堂，俾营实业以

---

① （清）乾隆《鄞县志》卷一《风俗》。
② （清）光绪《镇海县志》卷三《风俗》。
③ 《宁波府知府为堕民设立育德小学堂告示碑》,（民国）《鄞县通志·文献志戊编下·艺文（三）》,宁波出版社2006年版。

广造就',著照所请,至毕业后应如何一体给予出身之处,著学务大臣查照成案办理。钦此。"①光绪三十年(1904年)十月二十二日,清廷准商部奏浙绅捐建农工小学堂,收教堕民。光绪三十一年三月十七日宁波知府在城西公布《为堕民设立育德小学堂告示碑》,明确表示按照光绪帝的上谕办理,开办育德小学堂,议订学章,其一切课程遵照钦定学堂章程,"艺徒学堂"、"初等农工学堂"、"初等小学堂"各学章参酌拟订,指定卢洪昶等人先设学堂2所,筹措开办经费,延聘教员,购买仪器、图书。要求各县将原来堕籍姓名人数造册具报,亦要求各县堕民将年幼子弟报名送学,"毕业之后,即可出身",②这就等于使当地2万多户堕民除去贱籍。

卢洪昶、陈训正等在宁波城区西门盘诘坊办起了育德初等农工小学堂,招收堕民子弟。陈训正亲任校长,并撰写学堂校歌:"堂堂亚东,泱泱大风,四明佳气横青葱,闻越中子弟,谁人不是文明种?黑消红灭,何堪父老尚痴聋?撞破自由钟,责任如山压肩重,唤起一间梦。民权挽补天无功,愿同胞大家努力,一雪奴才痛。心肠菩萨胆英雄,福我众生众。"③后在江东设立育德小学,也招收堕民子弟入学。至宣统三年(1911年),育德农工小学堂毕业三届,有毕业生70余人,后停办。

削去堕民贱籍,开办堕民学校,具有重要意义,使社会最下层的劳动者正式改入民籍,从而在法律上废除了对他们的歧视,调动了这部分人的积极性,有利于社会生产力的解放。但在实际生活中,堕民要与其他百姓一样真正享有平等的权利还不可能。至民国,慈溪县境内依然有堕民2210多人,聚居在13个乡镇的17个自然村。鄞县有10多个村,镇海县有1316人,余姚为3813人。1949年中华人民共和国成立后,堕民才真正获得解放。

---

① 《堕民除籍兴学谕旨碑》,(民国)《鄞县通志·文献志戊编下·艺文(三)》,宁波出版社2006年版。
② 《宁波府知府为堕民设立育德小学堂告示碑》,(民国)《鄞县通志·文献志戊编下·艺文(三)》。
③ 俞福海主编《宁波市志》下册,第849页,中华书局1995年版。

第二节　农村、城镇与城市

农村、城镇与城市的变迁,是清代宁波社会变迁的一个内容。在晚清,不仅农村发生很大的变化,而且出现了中心城镇,宁波城市近代化进程加快。

一、农村的变迁

到清代,宁波的农村依然以农耕和手工纺织相结合的自给自足的自然经济为主要经济结构。但应该看到,清代前期,资本主义萌芽在宁波缓慢地发展着,尤其是鸦片战争后,随着外国资本主义经济侵略的加深和本国民族资本主义的发展,宁波农村的社会结构发生了迅速的变化。

(一)农村经济结构发生变化。

宁波开埠前,经济结构是自然经济占主导地位,农村的绝大多数人经营农林牧渔业。鄞县乡民力田者十之六七,经营渔业的为十分之二三。镇海、象山、奉化等地的渔业人口有较高的比例。宁波开埠初,外商与宁波对外贸易一直处于缓慢发展的状态。妨碍外国商品对宁波输出额增长的原因是自给自足的自然经济。

因为,自然经济的顽强抵抗,只能滞迟外国资本主义侵入宁波农村的进程,而不可能永远阻止这种侵入,外国资本主义的商品冲击着宁波的市场,使宁波农村的手工业遭到极大的破坏,自然经济也随之逐渐解体。"海通以来,洋布大销,呢羽之类,其来无穷,而花布尤盛,色样翻新,妇女多喜用之",为此原在台湾行销的紫花布受到了排挤,只能"销行于乡村"。同治三年(1864年)宁波第一次出现了入超。光绪初年,洋货充斥了宁波市场,英、美等国的商品像潮水般涌入宁波市场。据史料记载,光绪十一年(1885年),宁波进口棉纱仅21担,光绪十七年即为3006担,到第二年,进口棉纱骤增到16932担,不仅比上年增加4倍多,与光绪十一年相比,猛增了将近806倍,土纺纱业几乎全部停止。由于洋纱洋布的倾销,夺去了宁波土纱土布的市场,手工棉纺纱织业不得不宣告破产。《鄞县通志》记载了外国资本主义国家倾销棉布对宁波土布生产的严重影响:土布俗称结布,或称老布,"为民间家庭工艺之最普泛者,当清同(治)光(绪)之际,洋布输入,花色犹少,惟光滑为土布所不及,故其时民俗多好土布,以其质坚耐用也。……迨至光绪十年后,外人益谙吾国民嗜好,乃有各种膏布输入……而土布已受打击矣。至今日,则巡行百里,不闻机声。耕夫馌妇,周体洋货。"①

与此同时,宁波的茶叶、蚕丝、棉花等农产品更加商品化,出口数量不断上升。同治十一年(1872年),宁波有茶叶加工厂20余家,工人约9450人。镇海的瑞岩乡产茶兴盛,柴桥则有"茶市",外洋、邻省来这里设庄购茶,销售额可达二三十万缗。惠达在《光绪三年浙海关贸易报告》中有记载。他在谈到茶叶出口时提到:"1877年之出口数仅达1876年之半,此类茶之产地在宁波东面一地名曰'天童',毗邻'柴桥'和'寒林'(韩岭——引者),这种茶运往上海和日本来的茶叶掺混。"②杜德维在《光绪五年浙海关贸易报告》中也指出:"茶叶初登场时伦敦市场上卖得极高价格,以后到了九、十月大批茶叶充斥市场,格价就垮掉了。如今不论是伦敦还是纽约,市场十分萧条,而十月份那批茶叶就平均亏损25%至30%。"③这表明宁波农村的茶已与国际市场接轨,主要是出口美国和欧洲。蚕丝的出口也有增长,慈溪"近日种桑者多,诸村妇女咸事蚕织",鄞县的小溪鄞江桥,奉化的泉口都普

---

① (民国)《鄞县通志·博物志乙编·工艺制造品·棉织类》,宁波出版社2006年版。
② [英]惠达《光绪三年浙海关贸易报告》,《近代浙江通商口岸经济社会概况》,第186页,浙江人民出版社2002年版。
③ [英]杜德维《光绪五年浙海关贸易报告》,《近代浙江通商口岸经济社会概况》,第220页。

遍种桑养蚕。光绪四年（1878年），宁波的缫丝产量为1952公斤，到第二年猛增至3140公斤，增长61%。光绪中叶，宁波府产鲜茧为13000担。棉花出口猛增，光绪十二年，宁波出口原棉66万磅，到第二年增至138万磅，增加了1倍多。余姚、慈溪方圆近百里的农民皆植木棉为业。

据民国《鄞县通志·文献志》记载：在晚清，宁波农村旧有手工业者，如木工、石工、雕刻工、席工、漆工、船工等，"自海通以还，工人知墨守旧习不足与人相竞争，于是舍旧谋新，渐趋欧化，若成衣、若土木、若铜铁、若机械、若绘图（俗曰打样）等，（鄞县）东、南两乡业此者孔（恐）多，成衣、土木名之曰红帮裁缝、红帮作头"①。若干新的手工业的产生，这也是农村经济结构变化的一个方面。

上述情况表明，从同治年间起，宁波进出口的商品结构发生重要变化。一面洋货，诸如洋纱、洋布、煤油及家用电器充斥市场，另一面大量农产品出口，外国资本主义已经把宁波农村变为他们倾销商品、掠夺原料的市场。农民的种植业和手工业日益与国内、国际市场紧密相连，农副产品日益市场化，自给自足的自然经济加速瓦解，使得农民的生活再也离不开商品市场。

（二）传统农村中的聚族而居受到冲击

经济是基础，最终起决定作用，对政治、文化与社会生活产生影响。农村经济结构的变化对整个社会的政治、文化等方面会发生作用。作为农村社会结构中一个重要方面的宗族，在传统农村中是聚族而居。宗族制度的重要组成部分是祠堂。祠堂是宗族的象征，其中供奉着祖先的牌位，又是全族集会议事的场所，以增强宗族内的联系，加深族人对族长、家长的依附关系。镇海以敬宗收族为时俗所重。据民国《镇海县志》卷三四记载，自元明到清宣统间，镇海县各家族建置的

---

① （民国）《鄞县通志·文献志己编·礼俗·职业》，宁波出版社2006年版。

宗祠有290座。其中元为1座,明为8座,清为211座。尤其是光绪年间有62座,其中重建的为18座。① 鄞县其俗"最重家庙,即非巨族,亦莫不有宗祠,清明扫墓,冬至祭祖,皆有常经"②。宗祠的修建不仅仅是出于祭祖的需要,也是增强宗族秩序的重要因素之一。宗族组织除了对族中贫困人员进行帮助外,并鼓励族人参加科举考试。雍正《宁波府志》就提到,宗祠的公款"要皆能供祭祀而有余,更有乡、会试川资,其得俊者,例得钱若干,田若干亩"③。当然,族长也可以利用宗祠惩治违反族规的族人,维护家族的秩序。宁波开埠后,尤其经过太平天国战事的冲击以及人口的流动,宁波农村聚族而居的局面逐渐面临着挑战,祖姓独占或祖姓占多数的现象大为减少。如奉化县剡源乡,由于受到太平天国运动的影响,乡村"聚族而居"的现象急剧减少,多姓杂居的村数已经占全乡的42.33%。④ 为求生计,鄞县姜山镇周家棣村的周氏宗族、陈氏家族,奉化江口的江氏宗族也不惜背井离乡,到外地工作。在晚清,奉化江口镇的王溆浦村,全村500余户,过半为王姓。村人历来以务农为业,但到咸(丰)同(治)以后,王溆浦村的农民纷纷外出工作。道光后,族人王昌乾到上海以裁缝为业。同治九年(1870年),他的儿子王睿谟赴上海打杂工。光绪十年(1884年),王睿谟只身到日本学习西服制作技术;光绪二十六年与几位同乡在上海开设"王荣泰"洋服店。族人大量外出工作,致使祖姓独占或祖姓占多数的现象发生变化,以血缘、宗族为纽带的农村社会结构受到冲击。

(三)务农人口急剧减少

农村中务农人口减少是晚清宁波农村社会结构变化的另一个重要表现。出现这一变化的时间一般是在同(治)光(绪)年间。"五口

---

① (民国)《镇海县志》卷三四。
② (清)康熙《定海县志》卷三《形胜》。
③ (清)雍正《宁波府志》卷三〇《流寓》。
④ 《剡源乡志》卷四《族姓》。

通商"后,宁波农民纷纷出外经商,鄞县商人"四出经营,商旅遍天下。如杭州、苏州、上海、吴县、汉口、牛庄、胶州、闽广诸路,贸易甚多,岁或一归,或数岁一归",甚至"东洋日本,南洋吕宋、新加坡、苏门答腊、锡兰诸国,亦借资结队而往,开设廛肆"。① 至清末到上海的宁波人约占40余万,其中鄞县约占总数的三分之一。

慈溪农民在晚清也"四出营生,商旅遍于天下,如杭州、绍兴、苏州、吴城、汉口、牛庄、胶州、闽、粤,贸易甚多",县人以贩药为大宗,川湖等省亦无不至者,"或岁一归,或数岁一归"。②

时属宁波府的定海厅,"土瘠水艰,故用力颇勤,迩年则多趋沪、汉",或为侨商,"以上海、汉口为最多,当不下二万人";或务工,"海通以后,服务洋商,薪资较丰,故改习西式工作,若成衣、若土木、若铜铁、若机械、若造船、若绘图(俗曰打样)等,邑人业之者众多";或服务于航业,"为岛民之所特长";或"佣于西人住宅、旅馆、公司、机关及轮舶者,男曰西崽,亦作侍者;女曰大妈,其首领曰管事"。③

由于商品经济的发展,世代力田的宁波居民纷纷弃农而经商务工;或由于人口增多、土地不敷耕种的压力,农民们流向工商业较发达的地区。民国《鄞县通志》记载鄞县南乡"其地之边界毗连奉化,居民之风气、语音,往往有与奉化近者,平居生业,若横山、后蔡、郎桥、孙家庄、周家埭,姜山头与其邻乡之张华山、侯家、陈家团、孙家山等村,大率农服,先畴工习西帮裁缝。且有远赴日本而因以起家者。一人唱之,百人和之,相率而成风。沪汉各地凡为西帮裁缝者,不问而知为南乡人"④。他们进入城市,甚至向海外拓展。于是宁波农村社会结构发生了很大的变化。定海在1912年前后除老弱外共约13万人,其中从事各行业的人口所占比例为:从事渔业生产的占17%,从事农业生产

---

① (清)光绪《鄞县志》卷二《风俗》。
② (清)光绪《慈溪县志》卷五五《风俗》。
③ (民国)《定海县志》第5册《方俗志》。
④ (民国)《鄞县通志·文献志己编·礼俗》,宁波出版社2006年版。

的占26%,操舟贩盐的占8%,从事商业活动的占15%,从事工业生产的占9%,其他职业及出外经商的占25%。鄞县姜山镇周家埭村有630余人,在晚清从事手工艺为多,经商以呢绒为大宗。务工的占50%,经商和从学的占40%,只有约10%的人务农。

二、中心城镇的出现

在清代,由于商品经济的发展,宁波开始出现有一定规模的城镇,鄞县的横溪,镇海的城关,奉化的大桥镇,慈溪的慈城、浒山,象山的丹城,余姚的城关、临山以及舟山的定海、沈家门都有一定规模。尽管这些地区建置为镇的还不多,大都还是乡的建置,但已经完成了由市镇向中心城镇的过渡。这些地方不但经济发展,出现了近代工业、交通运输业,而且出现社会团体,人口也有明显增长。

完成市镇向中心城镇过渡的一个重要表现是市镇经济进一步趋于繁荣。为适应开埠以后中外互市的新形势,宁波原来的一些旧有的市镇继续得到发展,且日趋繁荣。比如,浒山市,道光年间,四周街道密布,市场兴隆。"浒山市,所自城东门到西门,百货丛集。单日鱼虾、蔬果陈列街巷,自东门外至城内板桥止。"①当时街上有木棉行、子花行、丝行、布行、鸡鹅行、猪行、羊行、豆麦行、粮食行、柴行、油坊、船埠等。在东门外的周家路还设有典当。沈莳的《浒山竹枝词》中就有"贸易人多十字街,鸡鹅巷口买山柴。逢单大市逢双小,食味无过海味佳"②诗句,说明浒山市的经济已经十分发达。

资料表明,许多市镇的街市有较多的增加、经济日趋繁荣。慈溪城关慈城镇(今属宁波市江北区慈城镇)在雍正时有5街31巷,到清末增至7街33巷。光绪二十五年(1899年),慈城镇已有大街市、上横街市、下横街市和永明寺前市4个市集。大街市月逢四、八日市。

---

① (清)道光《浒山志》卷二《镇市》。
② (清)沈莳《浒山竹枝词》,慈溪市地方志办公室编《浒山镇志》,第311页,1994年内部版。

上横街市远近居民,月逢一、六日,积货成市,无所不备,以便贸易。下横街市月逢四、八,鄞、定、余姚各乡俱来贸易,物物俱备。永明寺前市月逢四、八日市,器用服饰等俱备。① 奉化的大桥集市,在光绪七年(1881年)也成为浙东著名的"综合市场"。逢农历四、八为市日。大桥西岸设有新兴的土产代理行,交易兴盛,成交额为全县集市之最。

在清末,象山弦歌(丹城)等集市也有较大发展。商船渐开,市肆益增。城关镇有较大店铺,隆泰、通泰、聚泰等绸布庄,通生、隆润等南北货号。除"坐贾"外,尚有"行商",流动于城乡及县内外之间,主要经营粮、棉、麻、畜禽、鲜咸肉、竹木柴炭以及瓜果特产。石浦镇有宏章、瑞丰祥、祺昌、高贝龙等商店。

光绪末年,一些市镇逐步向城镇过渡,近代工业开始在这些市镇产生。比如镇海城关,光绪三十三年镇海城关创办三益樟脑公司,宣统二年(1910年)创办公益织布厂等。这些厂的开设使城镇的经济结构出现了根本上的改变。这些地方普遍设有小轮船埠头、邮政局或邮政代办所。鄞县横溪,镇海的新碶,慈溪慈城、观城、浒山,奉化大桥,象山丹城都有"大埠头"、"小埠头"。比如,浒山镇在清末民初就有内河航船码头"大埠头"。"大埠头常驻着以运输大户'金水老大'为代表的'长船帮',船大载重多,常年来往于宁波、余姚、百官等地。""大埠头还有开往观城的'盛宝'航船,开往坎墩、庵东、逍林等地的多次航班,人来货往十分繁忙。"②

一些市镇还开通电讯与邮局。光绪四年十月,宁波海关书信馆开辟上海轮船邮路及沿海、沿江各通商口岸邮路。光绪二十三年,宁波设邮政局,开通全国沿海、沿江邮路。光绪二十九年,宁波邮政总局开辟兰溪干线,全程650里,途经余姚、曹娥、绍兴、诸暨、浦江。光绪三十三年,开通宁波至杭州、衢州、东阳、台州等地的邮路,并开通宁波府境内邮路。光绪三十四年五月,宁波邮界除总局外,设有分局12处,

---

① (清)光绪《慈溪县志》卷三《建置》二《市镇》。
② 童银舫、胡岳鹏主编《浒山风情》,第19~20页,黑龙江人民出版社2004年版。

代办邮政37处，乡村信柜108处。这就使宁波府内的一些市镇普遍设立邮局。比如，奉化大桥镇于光绪二十八年（1902年）九月设邮政局。镇海城关镇于光绪二十五年二月初六日设邮政局，局址在南门外永安街。慈城镇于光绪二十八年四月二十日开展邮政业务。宣统元年（1909年）五月五日，浒山镇设邮政代办处。宣统二年三月三十一日、六月七日，周巷、沈师桥亦先后设立邮政代办所，当时的实寄封片就是例证。光绪二十九年六月十九日（8月3日），镇海城关镇邮寄往青岛的信封这样写着："内封要信，烦寄青岛送交大生洋行，内呈邓友亭先生收拆。"① 1907年6月25日，大桥镇的奉化邮政支局，寄明信片去英国，加贴蟠龙邮票1分三枚，计资4分，为当时寄外洋明信片资费。② 这些都是中心城镇出现的标志。

清末，在宁波的一些市镇活跃着一批资产阶级化的绅士们。他们在清末新政与预备立宪中，发起成立了新的政治团体和社会团体。鄞县、慈溪、镇海、奉化等成立地方自治团体。光绪三十三年，鄞县的范清笙成立鄞邑自治会。光绪三十四年，慈溪的骆驼桥（今属宁波市镇海区）成立乡约局；镇海东管镇、西管区、崇丘区成立乡约会；象山丹城镇成立乡约会；奉化江㟃设立自治会。这些地方自治组织参与一些政治活动和社会活动。鄞县的鄞邑自治会订立章程6条，即禁赌、防淫、戒烟、正俗、弭盗、劝学。慈溪骆驼桥由士绅翁标邀集市镇各商号的商人集议，成立乡约局后，拟定了16条章程。这些市镇自治团体的组织，反映了政治民主化潮流已经深入到市镇，活跃在宁波一些市镇中的士绅们已经具有政治上的要求，是市镇城市化和近代化的重要表现。资料显示，宁波一些市镇还设有议事会和董事会。据民国《鄞县通志》记载，鄞县的高嘉、同道两乡镇首先成立议事会。第二年春天，该县其他各城镇议事会也相继成立。

在光绪末，宁波一些市镇还成立绅商发起的保卫团和警察分所。

---

① 张玉生《大清浙江实寄封片》，第169页，浙江大学出版社2005年版。
② 张玉生《大清浙江实寄封片》，第171页。

据民国《慈溪新志稿》记载,慈溪县城慈城在清末由地方自行筹设警局。宣统末改为警务长公所,所长一职由县知事兼任,另设警佐以佐之。鄞县、奉化、象山的一些市镇也设立警务长公所。

此外,还有商会、教学会及农会等新社会团体,清末宁波府各界都有此类团体。比如宣统二年四月十六日(1910年5月24日)《四明日报》记载大桥镇选举奉化商务分会消息:商务分会总理邬星桥因事务纷繁决意辞职。5月,奉化绅商、学界100多人在大桥岳林寺开会,接受邬星桥辞职,并选举新的商务分会总理。各县教育会也普遍建立。宣统二年四月十八日,镇海城关镇选举教育会。按照选举章程选出评议员12人,其中刘崇照当选会长,金伟庠任副会长。徐腾远、白兆璜、郑飞、陈译、邬霄鹏、刘邢、童之道、刘郇陶、邵锡燕10人当评议员。

人口城镇化也是中心城镇出现的标志。清代前期宁波各县的城镇规模有了较大发展,一些市镇人口猛增,城镇人口比例达到10%以上。据雍正《浙江通志》卷七二记载,雍正九年(1731年)宁波府所属的象山县城镇市市民为2847人,镇市人口超过21.3%,余姚镇市市民为6660人,超过总人口10.57%。进入晚清,宁波的一些市镇由于商品经济的发展,周边及不少外地的农业人口向这些市镇迁移。除了农业人口减少外,从事商品交易的人口增多,不但有行商,更有坐商。宣统二年浒山设自治乡,调查户口16245人,比清代前期有所增多,主要是附近及外地的农业人口和商人,到清末还有兵丁。《浒山镇志》记载:"清初撤卫所,始有商贾入城经营,来自绍兴、温州等地的绅商、手工业者、贫苦农民先后入境定居,或经营,或劳工,或围垦屯地,或盐渔为业。清末招募之'绿营兵'也以一人在伍、全家编入兵籍,以兵为生傲居。"①这一记载表明进入浒山镇的外地人口以及守卫的兵士是导致浒山人口增多的原因。镇海城关镇在宣统二年(1910年)人口达到18637人。②

---

① 慈溪市地方志办公室编《浒山镇志》,第251页,1994年内部版。
② 《镇海自治区域划定》,《四明日报》1910年7月11日。

三、城市近代化进程加快

清代前中期,宁波城区已有相当发展,人口集中,手工业、商业比较繁荣。其主要表现是经济结构的变化和城市功能的加强。

首先是商业发展。对外贸易已在城区商品流通中占有十分重要的地位。同治六年(1867年),宁波直接从外洋进口的商品额为675445海关两,成为近代宁波进口额中最好的年景。当然,随着温州、杭州开埠,外贸有所衰落,但在清末又有回升。总体上,宁波对外贸易在宁波商业发展所占地位十分重要。在对外贸易的刺激下,城市商业变得繁荣,又使钱庄发展很快。同治三年,宁波已有和源、恒丰、养和等36家大钱庄,同治五年、六年又分别新开三家。光绪晚期,宁波"滨江列屋皆廛肆",各种贸易"盛极一时"。[①] 东门口、江厦街、江北岸崛起了新兴的洋广百货业。同治元年,宁波东门口开办舒天成德记百货店,这是宁波乃至浙江最早的一家商店。光绪年间,在江东、海曙湖桥头、江北岸,新的五金店、眼镜店、钟表店相继创办。光绪二年(1876年),鄞县人孙延源在宁波东门街、百丈街开设鸿仪斋钟表店。江北岸有四明大药房、钧和印刷公司、华通水火保险公司等。江厦街有商店100多家,光绪十六年,发大火毁店铺130余家,房屋300余间。同治九年,宁波创设屈臣氏药房,随后又有天一信孚堂、积善堂等西药房相继设立。光绪末,中外合资的中日大药房在东门口创办,出售大和胃气散、夏天秘宝等西药。宣统二年(1910年)四明大药房在宁波江北岸建立。该药房在《四明日报》做了广告:"本药房开张在宁波江北岸洋船弄口,坐西朝东,高大洋房,石库门内,特请中西名医,自运各国上品药材,不惜工本自制灵验丸散膏丹、各种药酒、药水、药粉。"[②] 钧和印刷公司于同年创办于江北岸英领署西侧,后迁至洋船弄内开张营业。

---

① (清)光绪《鄞县志》卷二《风俗》。
② 《新开四明大药房广告》,《四明日报》1910年7月3日。

久丰洋广货抄庄在崔衙街营,聘请名师精造各国旗帜、学士体操衣帽、中西男女衣服、床帏、靴鞋、西方各种丝、挂纱边裙及冬、夏卫生衣裤等,"各色广洋货无不俱全,定价划一,童叟无欺"①。

除了外资企业、洋务派创办的军用企业和民用企业外,有更多的民族资本主义工业在兴起,至宣统末,宁波有通久源机器轧花厂、隆茂泰花厂、顺记机器厂、和丰纱厂、正大火柴厂、文具石板盖泰厂、钧和印刷公司等30多家。与此同时,近代金融业也在宁波城区创办,光绪二十四年(1898年),中国通商银行在甬设兑换处,发行和兑换该行钞票。宣统元年(1909年)四明商业储蓄银行宁波分行开业,次年大清银行在甬设立分号。一些保险公司在宁波先后设立,主要有上海保险招商局在宁波设立分局,开办船舶和运货保险,华商先施保险公司、华通保险公司以及英商扬子保险公司逊昌洋行、泰和洋行和美国的永安保险公司在江北设立机构,专保江北岸的房产货栈,兼中西各国水险、火险和平安险。一些洋行也开展保险业务。宣统元年,日本的三井洋行宁波分行创办保险业务。该行在《四明日报》做广告说:"本行在沪经理明治日本共同火险公司数十余年。办理妥协,赔款迅速,中外绅商深所共知。去年分设宁波江东树行街厉又新南号内,托施叶封、陈桂堂二君经理,专保市房、厂栈、货物,其价格外公道。"②此外,在晚清宁波又兴起一种新的服务性商业行业——报关行,其主要业务为客商代理进出口货物报关、纳税等。近代工业和金融业产生并集中于宁波城区,是宁波城市经济结构的主要变化。

随着宁波开辟为通商口岸,宁波近代交通业得到快速的发展。同治元年(1862年),美国旗昌轮船公司在宁波修建轮船码头,3年后又在宁波江北岸开设了分公司。咸丰四年(1854年),宁波船商董事召集"南北号"商议,慈溪费纶志、盛植琯,镇海李也亭三人倡议,自购轮船武装护航,以重新开通北洋航线。宁波商人向广东外商购得一艘轮

---

① 《久丰洋广抄庄声明》,《四明日报》1910年7月3日。
② 《日商三井洋行》,《四明日报》1910年7月3日。

船,命名"宝顺"号。同治十二年(1873年),招商局宁波分公司成立,并在宁波建造轮船码头。从这开始,宁波城市的近代民族航运业得到了较快的发展。到宣统末,宁波有12家轮船航运企业,外滩自北向南,先后有江天码头、北京码头、宁绍码头、外海商轮局码头、海门码头、宁海码头、镇海码头、永号码头,至新江桥北塊有湖广码头。"巨艘帆樯高插天,桅楼簇簇见朝烟。"①这正是晚清宁波江北外滩贸易繁盛的真实写照。同治十年至十一年,怀特先生有文记载:"甬江轮船犹如众星之月,前后鸭尾船、左右夹板船层层排列在甬江之一边,好繁荣热闹贸易盛景。"②宣统元年(1909年),沪杭铁路通车并开筑杭甬铁路。轮船、铁路等近代交通事业在宁波的发展,构建了一个以城市为中心的交通网络,进而加强了宁波城区在政治、经济、文化等方面的辐射功能,进一步推动了城市的繁荣。轮船通航后不久,在江北岸外滩逐渐形成了一个以轮船码头为中心的五洋杂处的洋场。在新筑的几条街道上洋楼林立,有外国领事馆、海关、教堂、邮政局、招商局、洋广局以及众多的外国洋行、公司等。江北岸近代建筑群的形成,使城市的传统风貌发生了很大的变化。

随着宁波城市经济结构的变化,近代文化事业在城区得到了发展。在晚清,宁波先后出现了《中外新报》(咸丰四年)、《甬报》(光绪七年,即1881年)、《德商甬报》(光绪二十四年)、《四明日报》(宣统二年)。城市文化的发展还表现在图书馆的创办。光绪十年,宁绍台道薛福成于官署西边辟地建"后乐园"为课士场所,园内设藏书楼揽秀堂,用洋药(鸦片)税余款购置入藏书籍,供士人阅读,这是宁波第一所具有公共图书馆性质的藏书楼。

图书出版和书刊也是城市文化发展的重要内容。开埠不久,美国长老会在宁波创办华花圣经书房,用铅字印刷。道光二十五年(1845

---

① (清)光绪《鄞县志》卷七四《土风》。
② [英]杜德维《光绪三年浙海关贸易报告》,《近代浙江通商口岸经济社会概况》,第173页,浙江人民出版社2002年版。

年)至咸丰十年(1860年),在宁波出版的书籍确切可考的有103种,其中属于基督教教义、教礼、教史、教诗的85种,占总数的82.5%;属于天文、理地、物理、历史、旅游、经济、风俗、道德、语言等方面的有18种,占总数的17.5%。而同期上海出版165种、福州42种、广州41种、厦门13种。到了清末,汲绠斋出版古今书籍,有黄宗羲的《明儒学案》、《南雷文定》、《南雷文约》,全祖望的《水经注》、《鲒埼亭集》、《全谢山文钞》,姜宸英的《湛园未定稿》以及《唐寅文集》、《范文正公全集》等。钧和印刷公司亦用铜版彩印书籍。

  城市经济的发展还促进了娱乐业的兴旺。不仅旧式的茶馆、酒肆增多,而且由于市民对戏曲的喜爱,出现新式的戏曲演出场所并逐渐增多。光绪年间宁波建起兰馥戏院、幻仙戏院等剧场。墨贤理在《浙海关十年报告(1882—1891)》提到了这一点:"1889年3月,在宁波外国租界(外人居留地——引者)开设一家剧场,执照虽发给居住在上海的一位美国侨民,是由于他的姓名为该企业获得美国领事的保护,然而这种保护未有效获得。因为于次年秋天,该剧场经历一段时间的周折后,被道台下令关闭。"后来"道台同意续发执照,但收费甚高。剧场重开后,在新情况下营业时好时坏,直到1891年4月演出了最后一台戏后关闭"①。到清末,宁波城区内已有群英聚乐公司、幻仙影戏公司、文明影戏馆、万胜影戏公司等营业单位。据《四明日报》记载,宣统二年(1910年)六月初十(1910年7月16日),江北桃花渡开设群英聚乐公司,新开特别影戏。该公司在广告中说:"本公司开设在甬北桃花渡头,由上海英界大马路泥城桥幻仙戏馆分来,择于月之初十开演,务望官、商、学、女诸界早光为盼。"②并指出"机器影片鲜明活泼、出人意表,五色电光,万花齐放,使目睹者不知其身入娜嬛,不可言状"③。戏

---

① [英]墨贤理《浙海关十年报告(1882—1891)》,《近代浙江通商口岸经济社会概况》,第7页,浙江人民出版社2002年版。
② 《新开群英聚乐公司特别影戏》,《四明日报》1910年7月16日。
③ 《新开群英聚乐公司特别影戏》,《四明日报》1910年7月16日。

院每晚8点开演,11点结束。戏院的出现,是城市文化进一步繁荣的一个标志。幻仙影戏公司亦在晚上放映影片,有《慈禧太后出殡仪》、《英皇马队》、《日俄战争》、《旅顺大战》、《申江异样新奇十景》、《琼楼仙界》等。宣统二年六月初八日,在江北岸财神殿对面开了一家影戏院。这天的"本埠琐闻"以"又多一看影戏之处"为题对此作了介绍:"赵善泉、张湘波纠合同人,在江北岸财神殿对面方姓地基内,开设幻仙影戏,从此商场热闹,又当倍蓰于前矣。"①

据《浙江通史》记载,清末宁波城区已经有政治、经济、文化教育等机构,具体如下②:

旧道、府、县署	城议事会
商埠地方审判厅	初级审判厅
商埠地方检查厅	初级检查厅
巡警总局	江北工程处
(下辖4个分局)	(商埠市政管理)
近代工业企业约24家	轮船航运企业约12家
轮船码头9个	手工业作坊、工场约400家
商会(入会商号834家)	银行分行4家
典当行23家	钱庄67家
银楼10余家	百货商号70余家
棉布商号70余家	药行64家
木行37家	鱼行30家
五金化工行10余家	北货批发行30余家
桂圆行10余家	南北茶食铺90余家
蔬菜行19家	饮食糕点店421家
理发店4家	浴室2家
洗染坊5家	照相馆1家

---

① 《本埠琐闻》,《四明日报》1910年7月14日。
② 金普森、陈剩勇主编《浙江通史》第10卷,清代卷(下),第434页,浙江人民出版社2005年版。

电报分局	邮界邮政局
民信局 125 家	海关
外国洋行约 30 余家	外国银行分支机构 4 家
劝学所,教育会	教会学校约 20 所（小学 16,中学 4）
专门、实业、师范学堂 5 所	中学堂 3 所
小学堂 25 所	简易识字学塾 16 所
学塾 6 所	戏园 2 家
影戏馆 4 家	群英聚乐公司
报刊 12 家	揽秀堂藏书楼（公共图书馆）
书坊 10 余家	公安会（消防组织）
教堂、寺庙庵观等	医院（西医）5 家
中医师公会	

上述机构表明了宁波城市近代化的方向。呈现在我们面前的已经不是一个封建政治中心的府城,而是一个政治、经济、文化、社会结构都已经发生了根本性变化的,且初具规模的近代化工商业城市。

清末宁波城市近代化的再一个重要标志是市政建设和城市管理逐步近代化。

宁波开埠后,英、法、美即在江北地区划定居留地,并设立巡捕房,掌管城市治安。光绪二十四年（1898 年）又设立工程局,该局是在原宁波清道局的基础上改组而成的,负责市政建设和管理。工程局的市政建设和管理模式来自西方,适应市场经济的要求。比如,工程局修码头,对沿江堤岸进行小规模的修建就采用市场运作的方式,向社会公开招标来承包这个码头建设。光绪二十四年十月二十二日（12 月 5 日）工程局在《德商甬报》刊登文告:"为出示招人包造码头事,照得本局拟造码头一段,计新江桥至济安轮船局上。招商局至太古止中间一段码头,必须工坚料固,按期竣工。如有人包造此段工程者,闰出之示,限本月二十九日为止,务于期限之内,遵照后开格式,估价清账并须注明姓名、住址,坚固封好呈候本局核办。如有逾限违式等情,概从摈弃,尔等切勿自误。此示。"同时,宁波加强市政建设,诸如建电厂,使商铺用上电灯;巡警巡查街巷,维持治安;设"清道局",由清道夫打扫城市卫生,并在城区成立消防队。宣统二年(1910年),宁波开始城市防疫,派专人清理厕所。

此外,城市区域扩大和人口激增。清初,城区范围与明时相同。乾隆时城区扩大,把原属鄞县老界乡赤城里的甬东隅及清道乡横山里的城西隅划归东安乡白檀里,宁波城区设武康、东安两乡,下辖东南隅、东北隅、西南隅、西北隅、城西隅、甬东隅6个隅。光绪二十六年(1900年),宁波城区人口达30万。城区占地30.3平方千米,原来属鄞县的武康、东安两乡全境,清道乡的50都3图、5图、9图及51都的1图都划入城区的版图,城区的范围从宋、元、明时代的老城(今宁波市海曙区)扩大到姚江以北(今江北区)、甬江以东(今江东区)。

从上面分析中,可以看到宁波城市近代化的进程加快。

第三节　清代宁波人口变迁

清代宁波人口曲折发展。顺治年间,宁波人口急剧减少。康熙时期由于政府采取鼓励垦荒、减免赋役等措施,人口数量回升。到乾嘉年间,宁波人口发展进入高峰,大大超过以往历代人口。道光以后,由于外国侵略、太平天国战事以及自然灾害的频发,人口急剧减少。光绪后的数十年,宁波人口数量不断增长,出现了回升。清代宁波的人口快速增长,一方面促进了宁波经济的发展,但是也引发了一些社会矛盾和社会问题。

一、清初的宁波人口持续减少

清代人口统计有不同的方法,自顺治八年(1651年)至雍正十二年(1734年),采取人丁的统计法,只统计16岁至60岁的男性;乾隆六年(1741年)以后,按保甲"排门点灶",编查户口,所统计的人口为全部人口,即所谓的"大小男妇"。

清代顺治年间及康熙初中期,宁波人口相对于明代减少很多,其原因有二:

一是东南沿海的战争及迁界。顺治年间,清政府为统一全国,镇压反清力量,对东南沿海进行大肆杀戮。宁波也深受其害,出现父子、兄弟、翁婿相继死国的现象。仅舟山屠城死亡人口就达5万人。

清初东南沿海还实施"迁界",主要是闽、粤、江、浙四省。由于清廷害怕郑成功、张煌言的抗清力量和明季遗民通海,因此,清初在东南沿海实行"迁界"和"海禁"。顺治十八年八月,清廷派出官员前往各省视察,"立界移民",各地迁界相继展开。宁波府所属的舟山、镇海、象山以及宁海等地都迁界数十里。比如,宁海县弃去民田1150顷66亩,另有221顷33亩涂田全部放弃。①

二是"三藩之乱"的影响。在"三藩之乱"中,耿精忠对浙东有所影响。宁波府所属的鄞县、慈溪、奉化、象山以及余姚、宁海都遭其焚掠。康熙十三年(1674年),耿精忠的左翼总兵曾养性,率兵万余犯浙江。这年六月,宁海、象山、余姚等地亦受其害。乾隆《象山县志》载:"康熙十三年三月,耿精忠叛,以曾养性为左将军,寇我浙境。十四年,曾养性至旄头洋,我师失利,都司赵焘、千总王天才死之。八月,贼围城,副将军罗万里降。执令马鲲,胁降,不从,缚之去。明年,万里以伪都统并五镇兵再至,城陷,守备张秉乾死之。以太平武生邱梦龙署令

---

① (清)康熙《台州府志》卷四《屯赋》。

事,大掠三日,官民积储皆空,男妇被掠三四百人。周觐光妻吴氏、史龙锡妻谢氏、俞伯允(元)妻妾皆不屈死。"①

由于清初浙东的战乱、迁界和"三藩之乱",致使宁波在顺治、康熙初期人口迅速下降,镇海、奉化两县的人口减少就是例证。今根据资料列表如下:

表4—1 清初镇海、奉化人口表

	嘉靖四十一年(1562年)		顺治九年(1652年)		康熙元年(1662年)		备注	资料来源
镇海县	户	口	户	口(丁)	户	口	顺治十二年迁入昌国1118户、5221口。康熙六年清出口户490户、1332人。九年至十一年招复都户658户、1778人	雍正《宁波府志》卷一二《户赋》;《镇海县志》第4编《人口》,中国大百科全书出版社1994年版
	14017	38748	14018	37848	11957	30081		
奉化县	嘉靖十一年		顺治四年至十八年		康熙元年			雍正《宁波府志》卷一二《户赋》;《奉化市志》第3编《人口》,中华书局1994年版
	户	口	户	口	户	口		
	18865	60334	17844	46696	11547	40193		

上表清楚表明,由于浙东的战争、迁界和"三藩之乱"等因素,宁波人口数量明显下降。镇海、奉化两县的人口数量经过清初战争急剧减少。明代中叶,镇海(定海)县的人口为14017户,38748口,奉化的人口为18865户、60334口,但到康熙元年分别为11957户、30081口和11547户、40193口。其中镇海人口减少2060户、8667口,奉化减少7318户、20141口。而奉化仅顺治元年到康熙元年的18年中,就减少

---

① (民国)陈汉章总纂民国《象山县志》卷九《史事考》。

了 6297 户、6503 口。当然,奉化康熙元年的人口是不确切的。赵冈在《中国历史上人口压力的问题》中提到清初人口统计问题,认为每户平均为 1.43 丁。按此推算,奉化减少的人口应为 9005 人。舟山在顺治八年(1651 年)破城后被杀的和自杀的明将士臣民万余人。

二、乾嘉时期的人口高峰

清军入关后,为了恢复战争对生产所造成的破坏,清廷实行了一系列有利于生产发展和人口增殖的措施,诸如整顿赋役制度,减轻人民负担,奖励垦荒种田,招抚逃亡人口。特别是康熙五十一年(1712年),下令以康熙五十年的人丁为征收丁税的固定数,盛世兹生人丁,永不加赋。雍正二年(1724 年)又实行"摊丁入亩"的办法,改革"人丁税"制度。这些措施都有利于人口的增长。

"滋生人丁,永不加赋"和"摊丁入亩"政策在宁波的实施,不仅有利于清代前期宁波经济的发展,也有利于宁波人口的增长。雍正四年,镇海县盛世滋生增益土著市民人丁 25 丁;乡民人丁 148 口,人口 86 口。慈溪县增益土著市民 203 口,土著乡民 1372 口,土著民丁 1263 口,土著人丁 248 口,"钦奉恩诏,永不加赋"[①]。雍正九年(1731 年),宁波府滋生人丁 15513 人,不再加赋。其中鄞县 6774 人丁,慈溪县 3791 人丁,奉化县 1790 人丁,镇海县 1655 人丁,象山县 681 人丁,定海县 822 人丁。[②] 另外,宁海县不加赋税 1654 人丁,余姚县 3188 人丁。一些乡、镇的人口也有增多。镇海江南小港(今北仑区小港镇)在雍正年间的"摊丁入亩"政策下,取消人丁税,使原来隐匿人口得到公开,"人口增两倍以上"[③],致使在短短的半个世纪内宁波人口增长很快。根据资料对康熙、雍正年间人口作一统计,并列表如下:

---

① (清)雍正《宁波府志》卷一二《赋役》。
② (清)雍正《浙江通志》卷七三《户口》。
③ 葛子和主编《小港镇志》,第 99 页,上海科学技术文献出版社 2000 年版。

表4—2 宁波府康熙、雍正年间人口表

人口地区	康熙二十年(1681年)实在人丁	雍正九年(1731年)实在人丁	新增
鄞县	214710	221526	6816
慈溪	63184	66975	3791
奉化	61996	64177	2181
镇海县	33277	35357	2080
象山县	11315	13361	2046
定海县	7913(康熙六十年)	8292	379
余姚县	59819	63007	3188
宁海县	29845	31767	1922

根据雍正《浙江通志》卷七二《户口》二、卷七三《户口》三整理。

从上表我们可以看到,由于康熙年间的"永不加赋",致使宁波人口有较大的发展。宁波府在康熙二十年的人口为3844482人丁。到雍正九年,宁波府人丁已经是401396丁,增了16914丁。如果按赵冈的计算,清初每户1.43丁,那么康熙二十年、四十年、雍正九年宁波府有268869户、273521户和286495户。① 乾隆五十一年(1786年),鄞县户均所占人口4.9口,由此推算,康熙二十年,康熙四十年和雍正九年宁波府的人口分别为1317458人、1340256人和1403826人。自康熙二十年到雍正九年的半个世纪里,宁波府人口增加了86368人,年均增1727人。

正是由于"滋生人丁,永不加赋"和"摊丁入亩"政策在宁波的实施,到乾嘉年间宁波的农业生产和工商业得到快速发展,而人口的发展也到了高峰时期。这里有一个问题是值得关注的,也就是说,自康

---

① 赵冈在《中国历史上人口压力的问题》中提到清初统计人只计丁不计口,每户平均1.43丁。见赵冈《农业经济史论集》,第71页,中国农业出版社2001年版。

熙至乾隆,宁波人口发展惊人,除了生殖率增加、隐匿的人口被查外,主要是一个统计方法的问题。《清史稿》卷一二〇《户口》记载,清代男曰"丁",女曰"口",男年16岁以上为"丁",未成丁曰"口",丁口系于户。康熙、雍正年间,人口是以"丁"为纳税单位,朝廷所关心的是赋税的收入,其统计口径只能是16岁至60岁的"男丁",并不是全部的人口。康熙《宁波府志》、雍正《宁波府志》及这一时期的宁波府所属的各县县志所记载的是人丁,主要是男子的数据,不包括妇女、老幼及隐匿的人口。后来取消了丁税,人丁统计没有多大意义,清廷对此也不感兴趣,致使雍正末年停止了人丁的统计。只有到了乾隆六年（1741年）以后所做的统计,才是真正的人口统计,因为此时的人口是"大小男妇"。民国《鄞县通志》记载,乾隆五十一年鄞县户数为125019户,口数为607749①,户均4.9口。余姚在乾隆五十六年为101384户,口472916②,户均人口数4.7口。这是清代的标准家庭人口。但曹树基却认为这样的估计不反映实际,他认为余姚在乾隆五十六年的人口应该为约60万。③按照曹树基的推算,乾隆四十一年宁波府的人口约186.1万,时隔10年,宁波人口增到约为196.3万。到嘉庆二十五年（1820年）,宁波府的人口为235.6万。从乾隆五十一年至嘉庆二十五年,宁波的人口年平均增长率为5.4‰。④

三、开埠初的人口发展与挫折

乾嘉期间,宁波人口的发展处于顶峰,但鸦片战争以后,宁波的人口又迅速减少了。造成宁波人口急剧减少的原因是战争的影响和开埠后宁波人的外出。

---

① （民国）《鄞县通志·舆地志壬编·户口》,宁波出版社2006年版。
② （清）乾隆《绍兴府志》卷一三《户口》。
③ 曹树基《中国人口史》第5卷《清时朝》,第109页,复旦大学出版社2001年版。
④ 曹树基《中国人口史》第5卷《清时期》,第110页。

首先是战争的影响。这主要指鸦片战争和太平天国在浙东的战事。道光二十年(1840年),鸦片战争爆发,给宁波人民带来灾难,英国殖民者大肆劫掠,肆意屠杀宁波人民。虽然没有宁波人被杀的确切数据,但居民被杀害的事例是不少的。英军第二次侵犯余姚,700多名侵略军行至蜀山,看见乡勇们正在打桩塞河,当即开炮轰击,乡勇夫役皆被击毙。侵略军武装占领镇海后,对手无寸铁的镇海人民进行灭绝人性的轰击,在这个人口稠密的近郊连续炮轰两小时,不少无辜民众被炸死。慈城的大宝山战役中,为抗击英军,清军将士朱贵等436人阵亡。这在晚清浙东著名诗人姚燮的诗中也有所反映。姚燮是镇海人,定海、镇海、宁波三城沦陷时,他正在家乡,目睹英军杀人暴行,义愤填膺,写下了《速速去去》《惊风行五章》《后倪村》《冬日杂诗八章》等诗,淋漓尽致地揭露了英国殖民者的罪行。"冢碣森乱松,夹路互眠倒"。"城下民所居,十户九遭毁。沙土如坏岗,当路积累累。高者新死坟,下者废余垒。""可怜东西邻,延颈伺沟壑。"①从这些累累白骨之中,我们可以看到英国殖民者屠杀宁波人民的罪行,也表明战争导致宁波人口减少。

当然,外国殖民者还贩卖人口。英军攻占宁波城后,掳走大批妇女"载入澳门夷楼,作长夜饮","妇女啼哭,声彻楼下"。② 美军还在镇海、鄞县等地用拐骗和武装绑架的手段,诱拐和掠捕青少年,运往美洲卖为奴隶以获得巨额利润。咸丰四年(1854年),英船"茵格伍德(Inglewood)"号在宁波一次就掠拐了44名女孩,最大的仅8岁,统统塞进一间小舱,贩卖到美洲。③

太平军在浙东的战事也影响宁波人口升降。咸丰十一年十一月,太平军攻占了宁波,这给外国殖民者和清政府在宁波的统治以打击,纷飞的战火使一大批宁波的富商和人民离开家乡,四出逃难,不少涌

---

① 转引自洪克夷《姚燮评传》,第77~78页,浙江古籍出版社1987年版。
② (清)梁廷枏《夷氛闻记》卷五,中华书局1985年版。
③ 严中平《"浮动地狱"里的滔天罪行》,《严中平文集》,第108页,中国社会科学出版社1996年版。

入上海。当时外电报告:"上海已成为安全的城,这声名正广为传播。"他们还预见:"倘若杭州真为叛军(太平军——引者)所攻占,那将有大批的人从宁波涌到上海,上海将有人满之患。"①"钱庄和商人都已离开宁波,不是去上海与舟山,就是逃下乡。"②时在宁波担任职务的段光清也说:"时宁波殷户,皆在上海逃难未回。"③随着宁波民众避难上海等地,宁波的人口迅速减少。据资料记载,咸丰五年(1855年)上海租界人口为2万人,到同治元年(1862年)则增到50万人,其中不少是宁波人。他们在战乱后不再回甬,而是寓居沪上。鄞县人何宝林的父亲是宁波裁缝,就是在太平天国军队占领宁波期间迁居上海,于百老汇路开设何锦丰西服店。

其次是宁波人出外经商、务工。宁波开埠以后,伴随外国资本主义的不断侵入和洋货在宁波市场的充斥,宁波家庭手工业加速破产,自给自足的自然经济解体,给当时外资企业和民营企业的产生和发展提供了劳动力来源。宁波农村的破产手工业者和农民纷纷外出务工和经商。比如,鄞县姜山镇周家棣村有630人,其中50%左右出外务工,约40%经商,"奉帮裁缝"中不少人定居日本、香港、东南亚等地。

尤其是上海的迅速崛起对宁波人有更大的吸引力。上海于道光二十三年(1843年)下半年开埠后,迅速地卷入世界资本主义市场的运行体系,开始从主要依靠国内的埠际贸易转向国际贸易,对外贸易迅速得到发展,遥居五个通商口岸之首,成为中国对外贸易的中心。到咸丰二年,上海输往英国的出口值已等于广州1.7倍,次年从英国进口的货值也超过了广州,占全国进口货值的59.7%。上海的迅速发展,直接吸引着宁波人赴沪打工或经商,使一大批宁波商人纷纷到上海开辟新的市场。《1882—1891年上海海关十年报告》说:在上海的中国人中有许多是外地人。买办、仆役、船员、木匠、裁缝、男洗衣工、

---

① 上海社会科学院历史所编译《太平军在上海》,第190页,上海人民出版社1983年版。
② 《致香港怡和公司》,《严中平文集》,第354页,中国社会科学出版社1996年版。
③ (清)段光清《镜湖自撰年谱》,第189页,中华书局1960年版。

店员则主要来自宁波。一些宁波人远离家乡到上海打工。上海祥生船厂有数百个宁波人做工,不少人做了领班。比如,宁波人包连椿,上海开埠后到莫海德船厂学习打样,祥生厂设立后,即转为领班。

由于战争因素和宁波人的外出务工经商,致使宁波在咸(丰)同(治)年间的人口下降很快。按曹树基的推算,宁波府在咸丰元年(1851年)人口为264.1万,但咸丰八年为274.2万,太平天国运动失败后的同治四年(1865年)降到174万,仅7年时间里宁波人口减少100万。[①] 其中鄞县在咸丰九年人口数为860182人,到同治九年为355245人,其间年均人口减耗率为77‰。慈溪县同治九年编审户58920,丁口249225,平均每户4.2人。民国《象山县志》也记载了嘉庆二十一年(1816年)该县士农工商人口为32079户,大小人丁90845人,口76723,合计167568丁口。[②] 从嘉庆二十一年到道光十年(1830年),户的年平均增长率为6.4‰,口的年平均增长率为5.3‰,按照此基数,可以推算出咸丰八年象山人口为21万,到同治七年,应该为41142户,大小丁口211955人,平均每户5.2人。[③] 这表明象山县在咸丰、同治年间的人口减少不多,既表明象山受到战争影响少,也说明象山人出去经商、务工的不多。

四、清末人口回升

同治以后,宁波人口数量逐步回升,到清末接近嘉庆二十五年的数据。造成人口上升的原因与经济发展、社会稳定有关。

考察清代晚期宁波情况,我们可以发现,自光绪元年(1875年)以后,宁波民族资本发展迅速,一方面是自然经济解体,给宁波民族资本企业发展提供了劳动力的来源和商品市场;另一方面,在外务工、经商

---

① 曹树基《中国人口史》第5卷《清时期》,第489页,复旦大学出版社2001年版。
② (民国)陈汉章总纂民国《象山县志》卷一一《赋税考·户口赋》。
③ 曹树基《中国人口史》第5卷《清时期》,第486~487页。

的宁波实业家已经完成了资本原始积累,开始投资新式企业。严信厚、汤仰高、戴瑞卿等人先后创办了通久源机器轧花厂、通久源纱厂、和丰纱厂。至宣统末年(1911年),宁波先后办起近40家民族资本企业,涉及纺织、机械、轻工、航运等行业。企业的工人和管理人员来自宁波府所属各县及周边地区。通久源纱厂创办时有工人1200多名,来自宁波府所属的鄞县、镇海及邻近的台州、绍兴地区的破产手工业者和农民。和丰纱厂的早期工人不但来自宁波各县及邻近地区,而且来自杭州及省外的苏州、无锡等地。《宁波和丰纱厂史》记载:"和丰的早期,有工人1785人,大都来自宁波附近的鄞县、镇海、慈溪、象山等地的农村。此外,在杭州的通益公、苏州的苏纶以及宁波本埠的通久源等纱厂中,通过挖墙脚,也招来一批熟练工人。稍后,又从湖北、无锡一带招来一批。这些早期的工人,大都是破产的农民和手工业者。"[1]比如,工人卢纪毛、何鲁仪分别来自余姚、象山,粗纱间工人多半从杭州通益公纱厂招来。到光绪末宁波有1万工人,这是清末人口回升的一个原因。

宁波是一个港城,对外贸易的发展,吸引全国各地的商人到宁波贸易。汉口、福州、泉州、厦门、九江以及北方的山东、奉天等地的商人都来宁波经营。他们在宁波设行庄,经营企业、钱业、商贸、航运。尤其是福建、山东、东北的商人长期在宁波从事实业,为维其权益,这些商人在宁波成立行会或会馆。"在宁波行会中,资历最深,且堪称主要的行会,是福建人的。"[2]福建商人在宁波建立行会、会馆有宁波福建行会、宁波福建分会馆、宁波厦门—福建分会馆、宁波兴化分会馆、宁波厦门会馆、宁波漳州会馆6个会馆。山东人在宁波也有行会。宁波的山东行会,"在垄断和保护的平静日子内,北方行会(通常称之为'山

---

[1] 中共和丰纱厂党委、杭州大学历史系《宁波和丰纱厂史》第1章《早期的和丰纱厂》(油印本),1964年1月。
[2] 玛高温《中国的行会》,1886年《亚洲文会杂志》,见彭泽益主编《中国工商行会史料集》上册,第14页,中华书局1995年版。

东行会')是全中国最为重要的商业团体。它的行会成员拥有约一百四十只木船,特别适用于北方航行,但不适合于南方。宁波是其出发港,它们也回到此,一年里有两到四个往来航次"①。上述表明,北方的山东商人在宁波经营海运,已经成为宁波人的一员。山东商人在宁波常驻140只木船,如果以每只木船6—10人计算,那么在宁波的山东商人达640—1400人。湖北人刘长荫在15岁时随父来宁波,在宁波经营致富,后投资长兴煤矿。全国各地来宁波的商人不仅为宁波经济发展作出贡献,而且也成为宁波人。清末宁波人口之所以回升,与这些来宁波经商的外地人也有很大关系。

当然,光绪至宣统的30多年中,浙东社会稳定,几乎没有受到战争的影响,这为人口的增长提供了条件,从而导致清末宁波人口的回升。为此,柯必达在《浙海关十年报告(1902—1911)》中说:"宁波已享受10年和平,人口正常年增长未受遏止,未发生灾荒或传染病并且宁波人虽遍布中国,总体上不爱移居外地,总人口今日远比前10年末要大许多。"②宁波府在嘉庆二十五年(1820年)人口为235万,咸丰元年(1851年)为264.1万,咸丰八年增到274.2万。经过太平军在宁波的战事,人口迅速下降,到同治四年(1865年)宁波人口为174万。由于光绪以后宁波经济的快速发展和企业的普遍兴办,各地人员陆续不断地来宁波务工和经营,从而导致清末人口回升。光绪十五年(1889年)宁波府人口为183.6万,宣统二年(1910年)达到204.4万。③

随着清末人口的回升,宁波人口密度发生很大的变化,逐渐成为人口密集地区之一。乾隆四十一年(1776年),宁波府每平方公里的人口密度为313人,嘉庆二十五年为396人,咸丰元年444.8人,太平

---

① 玛高温《中国的行会》,1886年《亚洲文会杂志》,见彭泽益主编《中国工商行会史料集》上册,第17页,中华书局1995年版。
② [英]柯必达《浙海关十年报告(1902—1911)》,《近代浙江通商口岸经济社会概况》,第69页,浙江人民出版社2002年版。
③ 曹树基《中国人口史》第5卷《清时期》,第489页,复旦大学出版社2001年版。

天国战事后,宁波府人口密度锐减,每平方公里为309人。光绪十年(1884年)后,因宁波民族资本企业的发展,人口密度相对增大,到宣统二年(1910年),每平方公里为344人,在当时的中国属于人口密集地区。

由于城市经济、文化、政治等方面的结构性变化,宁波城市人口结构亦发生了质的变化,形成了新的人口职业结构。宣统三年,城区人口65万人,其中居住在宁波江东、江北、海曙三区的几近一半,达29万人。如果按照当时浙江人口年龄结构计算,17—60岁的成年人约占总人口的55%—60%,即17万人左右,他们分布于宁波城区数百个政治、经济、文化、教育等机构中。《浙江通史》对清末宁波城区人口职业结构作过估算,今摘录如下:①

(1) 资本家(包括近代工业、交通、金融、商业店铺及各作坊等行业的企业主和投资者)约3000人,占成年人口的1.76%;

(2) 工人(包括近代工业、沿海和内河航运、码头、电信、邮政、市政和商业、金融、服务业及磨、酱、酒作坊等行业工人)约68000人,占成年人口的40%;

(3) 手工业者(包括丝织、泥、木、竹、成衣、打铁等行业的个体劳动者)约3000人,占成年人口的1.76%;

(4) 摊贩约3000人,占成年人口的1.76%;

(5) 文化教育(包括各学校教师、出版和新闻业、医生、科技、文艺和娱乐业等)工作者约3000人,占成年人口的1.76%;

(6) 学生(中学和专门、师范、实业学堂学生)约1500人,占成年人口的0.88%;

(7) 政府公职人员(衙门的官员、幕宾、书吏、衙役、警

---

① 金普森、陈剩勇主编《浙江通史》第10卷,清代卷(下),第435~436页,浙江人民出版社2005年版。

察等)约 1000 人,占成年人口的 0.59%;

(8)农、渔、船户等约 5000 人,占成年人口的 2.94%;

(9)各种杂役(包括轿夫、挑水及一些机构和私家的各种苦力和杂役人员)约 6000 人,占成年人口的 3.53%;

(10)宗教、医疗和慈善机构工作人员约 1000 人,占成年人口的 0.59%;

(11)洋行等外国机构从业人员约 500 人,占成年人口的 0.29%;

(12)无业人员约 3000 人,占成年人口的 1.76%;

(13)其他城市行业约 4000 人,占成年人口的 2.35%;

(14)家庭妇女约 68000 人,占成年人口的 40%。

这种估算不一定很精确,但在找不到更精确的史料的情况下,我们可以以此为基础来看。上面分析表明,晚清在宁波人口中占主体地位的是农民、渔民、企业家、工人、近代知识分子、新型政治机构的公职人员;那些旧式衙门的官员、吏役、旧式商人及手工业者等已经退居次要的地位。其中工人 65000 人,占成年人口的 40%,已经成为城市人口的主体。由此可见,晚清宁波的人口结构已发生根本性的变化。

五、人口流动

胡杏生在光绪《余姚烛溪胡氏宗谱》之《迁徙传》中说得很明白:"人情莫不故土是安,迁于他所者,必各有不容已之情,与不得已之势。或宦而迁,或贾而迁,或因业而迁,或因山水风土之美而迁,或失其基业流离播越而迁,甚或遭成从军挈妻子负羽书而迁。"从胡杏生的说法中,可以看到清代宁波移民是有其原因的,主要是:

第一,战乱和迁界。清初,浙东由于战乱和迁界,以及后来"三藩之乱"给宁波的影响都会造成大规模的人口迁移。比如,舟山、象山、宁海就有不少人口迁至内地。顺治十二年(1655 年),昌国的 1118

户、5221口迁入镇海。顺治十八年（1661年），因海禁，宁海的长街、力洋、一市等地部分村庄的居民内迁，共民户折实成丁8714.5丁，妇女5760口，灶户折实成丁2131丁，迁往县境内地及天台、仙居等县。咸丰年间的太平军对宁波进攻，也导致部分人逃到上海和舟山。

第二，政治上的因素。清初，许多甬上遗民出于对明王朝的怀念，不愿忍受清朝的统治，往往离开家乡，逃往他乡。比如沈光文渡海至台湾，朱舜水亡命到日本。但这些移民一般在清初，持续时间不是很长。

第三，出外为官。宁波中进士、中举人的多，不少在外地为官。姜宸英于康熙三十六年（1697年）中进士，殿试为探花，授编修，在京为官。裘琏亦以修《大清一统志》而入京。鄞县的陈氏家族就有不少人出外为官。陈政为江苏即补知州；同治进士陈兆翰赴京任刑部主事；同治进士陈康祺任刑部员外郎，知江苏昭文县；光绪翰林陈受颐知福建永春及直隶州。民国《象山县志·先贤传》四记载，顺治其间就有10位象山人在外地为官。

第四，寻求生存和发展。这是宁波清代人口流动的最主要因素。由于宁波地少人多，致使人们出外谋求生存和发展。开埠后，有更多的宁波人为求生存，到上海及全国各地经商或打工。慈溪人到各地创办药行，经销药材。康熙四年，慈溪人叶心培在温州创建叶同仁中药店。乾隆二十四年（1759年），药商沐尚玉到苏州创办沐泰山药铺。乾隆四十八年，童善长在上海创办童涵春国药号。乾隆五十年，钱树田在广州创办敬修堂制药作坊。乾隆五十八年，药商杜景湘于绍兴开办震元堂药铺。嘉庆十年，慈溪人张梅在杭州创办茂昌药号，次年，鸣鹤人方庆禄在临海创办万盛药号。嘉庆十三年（1808年），慈溪人叶谱山在杭州开办叶种德堂。同治元年（1862年），冯氏在上海开办冯存仁堂分店。光绪四年（1878年），慈溪宓家埭韩梅轩在湖州彩凤坊接收慕韩斋药房。数以万计的宁波人在鸦片战争后，"挈子携妻，游申者更难悉数"①。葛元煦的《沪游杂记》就有描述:"沿江数里,皆船厂、货栈、轮舟码头、洋商住宅,粤东、宁波人在此计工度日者甚众。"②仅咸丰二年(1852年)在上海谋食的宁波人就达6万多人。此外,甬商还在天津、北京、武汉、苏州、杭州、南京、青岛、广州、厦门等全国各地,"奔走驰逐,自二十一行省至东南洋群岛,凡商贾所萃,皆有甬人之车辙马迹焉"③。民国《定海县志》载:"光宣以来商于外者尤众,迩年侨外人数几达十万家,资累巨万者亦既有人,均平计之,人岁赡家二百金,十万侨民岁得二千万,故风习于焉丕变。"④偏僻的定海县尚且有10万人出外务工、经商,整个宁波的侨外人数由此可见一斑。

另外,航运业的发展,也有力地促进了宁波人口流动。开埠前,宁波航运业发达,是重要的木船运输中心。开埠后,宁波的轮船运输业得到快速发展。同光年间,旗昌、太古先后开通沪甬航线。到清末,民营航运业又蓬勃发展。便利的交通条件,大大方便了宁波人口向外流动。

光绪二十八年(1902年),宁波赴上海的为193247人次,光绪二十九年为185230人次,光绪三十年为225119人次。仅三年时间里,宁波往沪的就有603596人次。

在宁波人向外发展的同时,亦有不少外地人移民来宁波。宁波的人口绝大多数分布在农村,不过随着社会经济的发展,旧城市的扩大和新城镇的兴起,镇乡人口和市区人口在不断增加。不少外地人移民到宁波。其原因亦有三:一是到宁波当官。宁波的知府和驻军将领不少是外省籍的。顺治三年(1646年)至雍正十一年(1733年),有22人任宁波知府,都是外省籍人。首任宁波知府韦克振,顺治三年到任,

---

① 《四明公所年庆会会规碑》,《上海碑刻资料选辑》,第273页,上海人民出版社1980年版。
② (清)葛元煦《沪游杂记》卷一,第1页,上海古籍出版社1989年版。
③ (清)盛炳纬《勤稼别墅记》,《养园剩稿》卷一,《四明丛书》第25册,第15464页,广陵书社2006年版。
④ (民国)《定海县志》第2册《方俗志》。

是湖广黄冈人,第二任知府佟廷献,顺治四年上任,山东济宁人。二是到宁波经商或打工。康熙七年(1668年),号称万顷的汝仇湖(《东山志》载为97163亩)全部垦湖为田,绍兴、上虞等地农民率眷迁姚定居,筑草舍,置添农具,从事农业生产,人口有所增长。道光以后有更多的外地人到宁波经商。咸丰年间,晋商、徽商、山东商人及福建商人都来宁波经商。清季,山阴、会稽的农民来到慈溪煮盐为业。外地移民入境对宁波的经济文化的开发无疑起到重要的作用。

镇海小港(今宁波市北仑区),清代占籍安家者不少,主要是经商、打工或植棉种菜。43个大姓中,其中枫林李家、鲍家、任家及石门前贳、后贳、孔墅胡家、下邵叶家、姚家、小港唐家,江南山下宋家都是在清代迁入小港。民国《象山县志》卷七《氏族表》统计了自唐至清迁入象山城区的102个姓氏,如下表:

表4—3　象山城区氏族表(唐至清)

时代	姓氏	所占比例	时代	姓氏	所占比例
唐、五代	4	3%	明	14	13.7%
宋	11	10.7%	清	73	71.56%

上表统计数据表明,象山城区从外地迁入的人口是不少的,尤其以清代为最多,有73个姓氏,占象山城区古代迁入的102个姓氏的71.56%。另外,我们也可以看到,迁入象山丹城的人口中有的来自福建、广东、安徽、陕西等省,也有的来自本省的温州、绍兴、台州,但更多的来自本府所属的鄞县、慈溪、奉化、镇海和象山本地的乡村。这些外地人除了个别是到象山任职的,大部分是经商和打工的。

人口流动包括两个方面:一种是地区的流动,一种是职业的流动。这两者有一定的区别,也有一定的联系。农村人口流向城市,这是地区内的流动,但其中也包含着职业的变化。通久源机器轧花厂的女工主要来自绍兴及宁波府所属各县。这里既有地区的流动,即农村人口流向城市,绍兴人口流向宁波,也有职业的变化。这些工人,原来都是农村的破产农民或手工业者,到通久源机器轧花厂就变成了轧花厂的工人。当然,地区间的流动既有宁波府内的、边际地区的,也有跨省区或跨国的迁移。鄞县南乡的孙张漕村(今属鄞州区茅山镇)是有名的红帮村。通过考察《东张张氏宗谱》,我们发现,张家祖籍河南。先祖自唐末迁至鄞县。张尚文乾隆三十八年(1773年)生于鄞县,有有舜、有木、要梅三子,当地称福、禄、寿三房。张有舜嘉庆八年(1803年)出生,生方朝、方芸、方昌、方城4子。方城生于道光二十六年(1846年)。张家世代从事裁缝业。开埠以后,许多欧美洋人穿各色西装,西装价格骤涨。张有舜到日本横滨开设同义昌西服店,后又到上海静安寺边设西服店,由于经营得法,招有学徒一二百人。其子张方诚、张方标亦在上海外白渡桥边和威海路开设东昌西服店,专做外轮船员服务。

开埠后,宁波人口流动更是频繁,既有流向外地的,也有外地迁移到宁波的。仅光绪十五年(1889年)到宣统三年(1911年)就有数百万人口迁移,今根据资料列表如下:

表4—4 光绪十五年至宣统三年宁波流动人口统计表

年 份	进入人数	外出人数	总数
光绪十五年	92000	94000	186000
光绪十六年	/	/	2437000
光绪十七年	177000	181000	358000
光绪十八年	116000	117000	233000
光绪十九年	111977	116438	228415
光绪二十年	105461	109408	214869
光绪二十一年	101575	133647	215222
光绪二十二年	127397	139975	267872
光绪二十三年	133078	135466	268544

续上表

年份	进入人数	外出人数	总数
光绪二十四年	140388	141276	281664
光绪二十五年	138205	142970	281175
光绪二十六年	137765	149622	337387
光绪二十七年	119238	107349	226587
光绪二十八年	202216	193247	395463
光绪二十九年	174519	185230	359749
光绪三十年	215236	225119	440355
光绪三十一年	196389	198597	394986
光绪三十二年	411813	405859	817672
光绪三十三年	520949	522515	1043464
光绪三十四年	539977	538891	1078868
宣统元年	564830	571880	1136710
宣统二年	795881	799137	1595018
宣统三年	772791	817735	1590526

根据竺菊英《论近代宁波人口流动及其社会意义》整理,《江海学刊》1994年第5期。

上表表明,宁波在晚清人口流动相当频繁。仅光绪十九年(1893年)至宣统三年(1911年)的18年中,宁波进入人口5509685人,外出人口5634361人,宁波流动人口总数达到11921046人。

宁波人向外移民,或者外省籍人士移民来宁波,固然有不少原因,但最主要的是经济原因,这是宁波出现人口流动的最根本原因。

宁波清代人口的流动,特别是道光以后的人口流动,有着十分重大的意义:一方面推动了宁波近代化的进程和近代宁波城市的形成和发展,另一方面也有利于宁波人摆脱传统的农耕生活方式的约束,增长见识,开阔视野,还有利于宁波帮的形成。

六、人口的压力

封建社会经济能否发展与人口是否增加密切相关。清代宁波人口持续增长,致使劳动力人口的大幅度增加,不仅直接推动了垦荒与大型水利事业的兴修,有力地促进了山区的开发,使土地得到合理利用,引进高产新作物,尽量提高土地的单位面积产量;而且有力地促进了手工业和商业的发展,在一定程度上刺激了蚕桑业、丝织业等需要投入较多人力的商品经济的发展,亦有利于宁波商业界、各地商帮的力量发生变化和宁波城市居民籍贯构成的变化。

但是,人口增长过快,在促进经济发展、社会进步的同时,也给土地的利用和资源配置带来影响,出现一些社会问题。人口的增长与耕地不足的矛盾日益突出,显然影响到人们的生活质量,人们已普遍感到生存的压力。由此而产生的社会问题,也会威胁到清统治者在宁波政权的稳固。

人口的过快增加会引起耕地的不足,在乾隆以后这个问题非常突出。从下面两个表中可以看出。

表4—5 清代宁波府人口统计表

时间	人口 户	人口 口	资料来源
康熙四十年(1701年)	103256	214710	雍正《宁波府志》卷一二《户口》
雍正九年(1731年)		409688	雍正《浙江通志》卷七二《户口》
乾隆五十一年(1820年)		1963000	曹树基《中国人口史》第5卷,第170页,复旦大学出版社2001年版
嘉庆二十五年(1820年)	561809	2356157	嘉庆《重修一统志》
宣统二年(1910年)		2044000	柯必达《浙海关十年报告(1902—1911)》,《近代浙江通商口岸经济社会概况》,第69页,浙江人民出版社2002年版

表4—6　嘉庆二十五年浙江各府州人口密度表

府	面积(平方公里)	人口	密度
杭州府	6300	3189838	506.32
嘉兴府	3900	280512	719.26
湖州府	5400	2566137	475.21
宁波府	4500	2354674	523.26
绍兴府	9300	5389830	579.55
台州府	11700	2763407	236.19
金华府	6900	2549446	369.48
衢州府	8400	150936	17.97
严州府	9000	1457146	161.91
温州府	9900	1933655	195.32
处州府	15000	1150088	76.67

资料来源：梁方仲《中国历代户口、田地、田赋统计》，第273页，《清嘉庆二十五年各府州人口密度》，上海人民出版社1980年版。

表4—5表明，自清以来，宁波有人口是不断增长的。康熙四十年（1701年）宁波人口为214710人，到嘉庆二十五年（1820年），宁波人口已经达到了2354674人，人口增长了10多倍。但是土地却增加不多，康熙年间宁波的田2382500亩，地444900亩，到雍正年间，人口增长了1倍，新垦土地数量增加不多。这就形成了矛盾。

表4—6表明，嘉庆二十五年，在浙江的11个府中，宁波的人口密度是每平方公里523.26人，位居第3位，仅次于嘉兴府每平方公里719.26人和绍兴府的579.55人，远远高于浙江全省每平方公里282人的密度。但从宁波府本身看，自乾隆以来，人口的密度在不断上升。乾隆四十一年（1776年），宁波府的人口密度为每平方公里313.5人，到1820年增加到396.8人，太平军占领宁波前夕为444.8人。宁波府

的土地面积没有变化,但人口在不断增加,必定带来一定影响,人均耕地面积不断减少。镇海县(今宁波市北仑区、镇海区)在明代嘉靖十一年(1562年)人均耕地面积为15.7亩,到乾隆六年(1741年)丁均耕地为15.46亩。清初人口统计只计丁不计口。如果按照平均每户1.43丁、每户5.8口计算,可求得镇海县在乾隆六年的人均耕地为3.8亩,到宣统二年(1910年)人均只有1.79亩。① 余姚在嘉靖四十二年有耕地672536亩,人口158364人,人均耕地4.246亩。入清以后,由于人口增加,人均耕地减少,乾隆五十六年,余姚有耕地701203亩,人口增至472916人,人均耕地为1.482亩,至宣统年间(1909—1911年),人均耕地也只有1亩以上。②

人口的增长,会引起粮食的严重不足与粮价的上升。乾隆时,由于人口压力而引起粮食不足的问题已经引起乾隆皇帝的担心。《清高宗实录》载其言:"生齿日繁,百物价值不能不较前增贵。即如从前一人之食,今且二十人食之;其土地所产,仍不能有增加。是以市集侳,不能不随时增长。"又指出:"目今生齿益众,民食愈艰,使猝遇旱干水溢,其将何以计,我君臣不及时筹划,又将何待?"③

宁波虽盛产稻谷,但人口稠密,粮食不足以自给,常年需向闽、湘、皖、苏及温、台等地购入粮食。鄞县清代每年向外地购入粮食约100万石,歉收年更多。为鼓励外商贩粮入境,朝廷制定了非常优惠的措施。康熙六十一年(1722年),钦批进口暹罗米30万石,销往闽、粤、宁波。乾隆八年颁布上谕规定:免除各海关的米税,其米按市场价公平买卖。致使东南亚暹罗、安南等国的大米源源流入中国。由于地少人多,粮食严重不足,乾隆以后,宁波不断从暹罗(泰国)进口大米。同治三年(1864年),宁波有商船从暹罗曼谷装运大米来宁波。"只要暹罗湾的粮荒不把中国粮商的计划打乱,明年宁波港的粮食进口量可望

---

① 陈兵主编《镇海县土地志》,第47页,上海辞书出版社1999年版。
② 童志龙主编《余姚市土地志》,第35页,西安地图出版社1998年版。
③ 《清高宗实录》卷一六二(乾隆七年三月庚申)。

有大幅度增加。"①另外，宁波也从安徽及江苏的苏州盛泽镇、扬州仙女庙购买粮食。

人多地少，粮食缺乏，必定造成粮价上涨。民国《浙江续通志稿·田赋四》记载，宋元浙江米价每石2至3钱，明代中期为3钱，清代雍正、乾隆年间为1两2钱，但到道光以后为2两5钱。宁波在光绪二十七年（1901年）每石米价为5银元多，到清末宣统三年（1911年）每石大米为8.5银元。②

为此，清政府注意粮食储备，要求宁波当局加强官办的粮食仓库常平仓的管理。据雍正《浙江通志》所载，宁波在此期间市区就有粮仓4所。各县有各类粮仓121所。余姚在清初有常丰仓5所，预备仓1所，雍正年间又建仓廒41所，并提高粮食储存的质量。③

由于人口快速增多，江南住宅土地也日益紧张，导致地价上涨。顺治初，好田不过银二三两，到康熙年间也只有四五两，至乾隆初年，田价渐长，亦不过七八两，上等土地为十余两。但乾隆后期人口增多，致使土地价格上涨幅度越来越大。从乾隆至道光期间，从七八两猛涨到50余两，④增长了5倍至6倍。乾隆三十五年（1770年），鄞县人周振飞将10.6亩田以215两银子的价格卖给何氏，平均每亩价格为20.28两，比乾隆初年的土地价格上涨了2倍多。⑤

人口的猛增与土地面积的减少，导致粮价上涨，从而引发社会问题。清代宁波农民的抗租、抗粮斗争正是社会矛盾尖锐化的反映。

---

① ［英］日意格《同治三年浙海关贸易报告》，《近代浙江通商口岸经济社会概况》，第97页，浙江人民出版社2002年版。
② ［英］柯必达《浙海关十年报告（1902—1911）》，《近代浙江通商口岸经济社会概况》，第69页。
③ （清）雍正《浙江通志》卷七九《积贮》。
④ （清）钱泳《履园丛活》（上）丛话一，《旧闻·田价》，第27页，中华书局1979年版。
⑤ 金普森、陈剩勇主编《浙江通史》第8卷，清代卷（上），第124页，浙江人民出版社2005年版。

第四节　岁时节日风俗与民间娱乐活动

清代宁波民间的岁时节日较多,它反映了当时宁波人的社会生活,一般分为时令八节与四时节气两种,再加上其他民间娱乐活动,从而构成了绚丽多姿的人文景观。

一、时令八节

在清代,宁波当时有时令八节,即春节、元宵、端午、七夕、中元、中秋、重阳、除夕八个节日。

春节。一般是指农历正月第一天,即正月初一,清代称"元日"或"元旦",是所有节日之首。雍正《宁波府志》说:"四时之序,首重元日。"①这里既表明清代称大年初一为元日,也表明它是一年节日中的第一个节日。雍正《慈溪县志》记载:"四时之序,首重元日。晨兴设香烛。男女礼服,拜上下神祇,陈果饼,悬遗像,以奉其祖先,往来庆贺,五日乃止,家各具春盘以相延与。"②这是雍正年间的元日活动。

宁波在清代的元日活动要持续数日。主要是从子时起,放炮仗,称"开门炮",说是避疫疠,祀神祭祖,幼者依序拜尊长,吃汤团(汤圆)、年糕,寓意团团圆圆,年年有余。贺元日,亲戚、邻里互相拜年,相互请客吃饭。光绪《镇海县志》亦记载:"元日先夕,洒扫室堂门庭,五鼓而兴,设香烛,男女礼拜上下神祇,陈果饵酒馔以祀其先。悬遗像于堂,序拜尊长。男子则出拜宗族亲戚,谓之贺岁,每家各具酒席以相延款。"③

余姚、宁海的风俗也是如此。光绪《余姚县志》记载:"元旦先夕,

---

① (清)雍正《宁波府志》卷一六《风俗》。
② (清)雍正《慈溪县志》卷六《风俗》。
③ (清)光绪《镇海县志》卷三《风俗》。

洒扫堂室,五鼓而兴,远近爆竹相应,焚香烛,拜上下神祇,次拜其夙所设先人主及遗像,次男女序拜,次卑幼交拜。男子则出拜宗族亲友。"①翁忠锡的《姚江竹枝词》反映了余姚人民过元日的忙碌情况:"拜岁衣冠类转蓬,门题粉字姓名通。年来年例都更改,墨印鲜明片纸红。东厨从未荐黄羊,买断街坊祭灶糖。醉司命过除夕近,家家打点送礼忙。"②沈松的《丙年元旦》亦说:"晓日曈曈律转春,一年喜事志元辰。桃符偏向门前著,椒酒先从长老巡。村妇竟争涂粉艳,儿童欢道着衣新。闲身翻觉匆忙甚,勉作寻常贺岁人。"③宁海过春节的风俗则是凌晨早起,放"开门炮"。中堂或庭前摆起八仙桌,设香案供品,多为净茶、净饭、粽子、五色果品等,阖家老少穿新衣、新鞋,朝天叩拜,称"拜天地"。早餐用净饭、豆腐等素食,或喝红枣汤。亲友见面互相"拜岁"。这一天不出工、不扫地、不索债,禁哭泣、谩骂、殴人、杀生等不祥行为。晚餐吃泡饭,晚上不点灯,早睡眠,有"正月初一同鸟宿"之说。自初二起,亲戚间相互携糖果、白鲞等拜岁包上门"拜岁"。受贺一方设酒馔款待,并赠客中幼童"压岁钱"。④

赫德曾在宁波待过,他在日记中记述了咸丰五年(1855年)宁波人过春节的情况:"今天是中国新年的第一天——'咸丰五年正月初一'。昨晚四面八方都响着放不完的鞭炮;大约今晨4点,我听到几声炮响,是迎接新年的礼炮。今天所有的仆人都穿上最好的衣服,到处都在说着'请、请'。"⑤

元宵。正月十五日,又称"上元节"、"上灯节"。这是宁波民间最重要的节日之一。在清代,宁波把正月十三称为"上灯",正月十八称为"落灯"。在这几天,祖堂悬挂着祖宗的画像以祭祀。主要活动是张

---

① (清)光绪《余姚县志》卷五《风俗》。
② (清)翁忠锡《姚江竹枝词》,(清)光绪《余姚县志》卷五《风俗》。
③ 《岁时节令古风存》,见《姚江风情》,第244页,中华书局2001年版。
④ 应可均《宁海民俗》,第16页,浙江摄影出版社2005年版。
⑤ 《赫德日记》1855年2月17日,见《步入中国清廷仕途——赫德日记(1854—1863)》,第147页,中国海关出版社2003年版。

灯结彩,吃汤圆。雍正《宁波府志》卷一六《风俗》记载:"元宵自十三夜起,各设竹棚彩障,悬灯于上,祠庙皆张灯,游观达曙,或以火药为锦树之戏,至十八日乃止。"慈溪的元宵也热闹非凡。自元月十三日起,"街设竹棚,悬灯灿烂。神庙张灯,尤极研丽。衢歌巷舞,往来如昼。至十八日,乃止。"①到晚清,甬人的元宵节依就如前。光绪《镇海县志》卷三称,"自十三夜起,四衢悬彩张灯,为火树烟花之戏,至十八日乃止,为元宵节"。光绪《奉化县志》则说:"正月十三日起,四街设竹棚彩障,悬灯其上,或为鳌山锦树之戏,各祠庙皆设张灯,游观达晓,至十八日乃止,谓之贺元宵。"②

此外是吃汤圆。这是过元宵节的重要内容。汤圆,又称圆子。吃汤圆或圆子是表示合家团圆之意思。关于清代宁波吃汤圆,一般是正月十四日。当时的文献有记载:"元宵十四夜,各家以秫粉作圆子,如豆大谓之灯圆,享祖先毕,即少长共食之,取团圆意"③。慈溪民间各家也以秫粉作团如豆大,称圆子,"享祖先毕,少长咸食之,取团圆意。"④这在(清)康熙《宁波府志》中也得到反映:"正月十四夜,各家以秫粉作圆子,如豆大,谓之灯圆。享祖先毕,即少长共食之,取团圆意。"⑤姚燮在《西沪棹歌》诗中记述过咸丰、同治年间象山妇女元宵吃汤圆、"掸油肩"的习俗。诗歌说:"女郎吃罢上灯圆,踏月张田到李田。争要肌肤如雪白,打来菜麦满油肩。"并注说:"元宵夜,俗以粉作圆子曰上灯圆。是夕,妇女各成群出外,必取张家菜、李家麦,拂肩相祝云'张家菜、李家麦,打打油肩雪样白','俗称'掸油肩'。"⑥

宁海以正月十四日为元宵,俗称"十四夜"。是日,各家折樟树枝插门口辟邪,晚上则烧樟树枝叶,称"燀址界",以压"瘴气",图吉利。

---

① (清)雍正《慈溪县志》卷六《风俗》。
② (清)光绪《奉化县志》卷一《风俗》。
③ (清)雍正《宁波府志》卷一六《风俗》。
④ (清)光绪《慈溪县志》卷五五《岁时记》。
⑤ (清)康熙《宁波府志》卷二《风俗》。
⑥ (清)姚燮《西沪棹歌》,(民国)《象山县志》卷三二《文征外编》下。

晚餐有吃汤包、糊辣羹、米饺筒等习惯。但从清人所作的诗歌看，宁海也有正月十五日过元宵的记载。如清代诗人王吉人就写过《日吟小草》诗："元宵增得畅怀无，游兴将阑复共娱。一阵衣香人似蚁，倩谁绘出太平图。"①他所题的日期为正月十五日。

端午。五月初五，是端午节，是清代宁波民间最重要的节日之一。每逢这一天，宁波的家家户户在家门口悬插菖蒲、艾，以辟邪驱祟，俗称"蒲剑斩千妖，艾旗招百福"。喝雄黄酒，用雄黄末和酒，有时还要加一些朱砂。饮毕，要将酒洒在屋中角落，以避虫蛇。在孩子头上用雄黄写"王"字，在臂上涂点雄黄以辟邪等。为解百毒，人们还采集草药。

在端午节，宁波还有赠悬香袋的习俗。每年节前，妇女们往往剪取小块绸缎，精心绣香袋，有状如荷花菱角的，也有形似鸡心的，大都小巧精致可爱。袋内装入药用木香、沉香、乳香、藿香、麝香等香粉。节日那天，姑娘、妇女则把香袋送给孩子或亲人，让他们悬挂在胸前，叫做"挂香袋"。香袋既是精巧的工艺品，内中的香粉，多具行气、止痛、健胃、化湿等功用，悬于胸前，其香味易通过嗅闻进入体内，有益健康。

对于宁波人过端午节的习俗，不少地方文献有所记载。康熙年间，鄞县西乡的桃源乡则是这样过端午："夏五月端午，贴门符，悬艾虎，采百药，家人酌雄黄菖蒲酒，食角黍，亲戚以物相馈遗，行送节礼。儿童簪系健人，细绢为之，雄黄蒲龙茧虎。"②慈溪民众则"取菖蒲及艾插门户，且杂菖蒲和酒饮之，以辟邪禳毒。为角黍、骆驼蹄糕祀其先"③。光绪年间，镇海人这样过端午节："取菖蒲及艾插门户或系以绶胜佩于身。女子作茧虎、艾人、簪首，或削蒲根作葫芦状，染雄黄，系于臂，画虎贴床上，更掺雄黄、菖蒲和酒饮之，以辟邪禳毒，为角黍、骆驼

---

① 应可均《宁海民俗》，第28页，浙江摄影出版社2005年版。
② （清）臧麟炳、杜璋吉《桃源乡志》卷一《风俗》。
③ （清）雍正《慈溪县志》卷六《风俗》。

蹄糕祀其先,亲戚各相馈遗。"①《余姚六仓志》对余姚、慈溪一带在清代"端午"的活动有这样的记载:"五月端午,其节物,为艾旗蒲剑;其饮食,为花糕、巧粽、雄黄酒、烧麦冬,须除秽恶,妇女手扎健线,儿童佩香袋。"②

端午节,宁波各县还有赛龙舟、采药草、制纸花插头的风俗。雍正年间,慈溪有端午"龙舟竞渡"的记载。③ 乾隆年间,鄞县也有赛龙舟习俗。为避毒、祛病,鄞县的端午节有采百药的风俗。《桃源乡志》卷一《风俗》描述了康熙年间鄞县西乡桃源村民"兢采百草"、"采百药以除毒气"的习俗。象山妇女都有制纸花插头的习惯。民国《象山县志》收录镇海晚清诗人姚燮有关象山这一习俗的诗:"今朝佳节遇天中,早起梳头倚翠栊。五色蛮笺缠绛胜,鬓边不插石榴红。"并且作注说:"俗于端午日妇女制纸花插头。"④

七夕。农历七月初七日。相传,农历这一天是牛郎织女在天上银河相会的日子。宁波民间也有姑娘、童女乞巧的风俗。因此,这一天称"七夕"或乞巧节。

宁波流传着不少有关乞巧的风俗。从资料看,这一天,宁波姑娘有许多风俗活动。慈溪逢"七夕",每家"妇女陈瓜果乞巧。月下以线穿针,穿过者为得巧"⑤。七夕在余姚,"小女子穿耳,其大者绣绷,意取乞巧故事"⑥。至于鄞县过七夕也有其自己的特色:康熙间,"秋七月七日,晒书、曝衣、沐发。新谷既登,望日用祭先祖妣"⑦。乾隆时"妇女陈瓜果乞巧"⑧。象山"俗无穿针乞巧事,用槿叶汁燂汤梳节,沐

---

① (清)光绪《镇海县志》卷三《风俗》。
② (民国)杨积芳总纂民国《余姚六仓志》卷一八《风俗·岁时》。
③ (清)雍正《慈溪县志》卷六《风俗》。
④ (民国)陈汉章总纂民国《象山县志》卷三二《文征外编》下。
⑤ (清)雍正《慈溪县志》卷六《风俗》。
⑥ (民国)杨积芳总纂《余姚六仓志》卷一八《风俗·岁时》。
⑦ (清)臧麟炳、杜璋吉《桃源乡志》卷一《风俗》。
⑧ (清)乾隆《鄞县志》卷一《风俗》。

发,祝偕老。无乞巧风"①。

中元。七月十五日是中元节,宁波民间称"鬼节",为人们祭祀祖先、怀念亡灵的日子。在清代,宁波地区所属各县祭祖做"七月半羹饭",或者称为放"焰口",为野鬼安魂。俗传阴司自七月初一"放饿鬼",居民请祭司诵经念咒,并且沿街设祭,焚冥锭、纸衣、车柜、纸马,也有做"兰盆会"。奉化,逢中元节,家家做羹饭,祭祀先人,也有做"兰盆会",请众僧拜忏,放焰口,追祭亡人,或烧纸钱,接济孤魂野鬼。象山,在清初,各家以牲礼羹饭祀其祖先,缁黄之流诵经供佛,称之为"兰盆会",俗称放"焰口",超度游魂。到晚清,象山过中元节的内容又有变化。道光年间(1820—1850年),除做羹饭、放焰口以外,又"以新米粉为麦果(蜜果),供佛及祭祖先,谓之荐新。亲戚各相馈遗"。但到同治间(1862—1874年),"凡新谷既登,及瓜蔬等初上,必先供神与祖先,乃食"②。鄞县逢中元节,"各家以牲礼羹饭,祀其先,缁黄之流诵经供佛,谓之兰盆会"③。余姚、慈溪,逢每年七月十五日,贫富各家,必设馔祭祖,并斋孤坟。乡村醵资放焰口,名曰兰盆会。乡人胡德辉为此作了《兰盆会歌》。

中秋节。八月十五是中秋节。中秋时节阖家团聚。中秋节是宁波的重要节日之一,主要是吃月饼、拜月和赏月。节前亲朋互赠月饼,晚上阖家团聚,拜月或赏月,饮酒尝月饼。雍正《宁波府志》说:"中秋,各家皆置酒玩月,以月饼相馈。"④光绪《慈溪县志》记载:"中秋,士人家置酒酣燕,玩月为乐,每至夜分乃止。以月饼相馈。"⑤胡德辉有《中秋对月诗》:"儿女说些些,深宵望月华。炷香千万斛,未敌客愁赊。"⑥余姚的商铺在中秋还有结账的习惯。

---

① (民国)陈汉章总纂民国《象山县志》卷一六《风俗考·岁时俗尚》。
② (民国)陈汉章总纂民国《象山县志》卷一六《风俗考·岁时俗尚》。
③ (清)乾隆《鄞县志》卷一《风俗》。
④ (清)雍正《宁波府志》卷一六《风俗》。
⑤ (清)光绪《慈溪县志》卷五五《岁时记》。
⑥ (民国)杨积芳总纂民国《余姚六仓志》卷一八《风俗·岁时》。

余姚的中秋节是八月十五日,而鄞县、镇海、奉化与宁海的中秋为八月十六日。鄞县、镇海、奉化之所以以八月十六日为中秋节,相传与南宋宰相史浩有关。当然,关于史浩的传说,也有两种说法。一种说法是:每年中秋节,史浩从都城临安(今杭州)赶回家乡明州(今宁波)过节。有一年,他回家欢度中秋时因骑马受伤,中途留宿绍兴,次日才赶到明州,百姓等史浩到后才过中秋节。① 另一种说法是南宋宰相史浩,其母以八月十六日为寿诞,为此把中秋节改为八月十六日。族风蔚成乡风,相沿成习。鄞县、镇海、奉化的方志对此有过记载。光绪《镇海县志》就说:"八月十五日中秋,天下皆然,惟四明则以十六为中秋。相传史越王母夫人以十六日生,故易是日为佳节,俗因之不改。"② 光绪《奉化县志》卷一也说:"八月十六中秋,置酒玩月,以月饼相馈。"并作注说:"十五日中秋,天下皆然,宁郡属邑以十六日,相传宋宗藩所更,或谓易自史越王。"对于第二种说法,不少甬上学者都表示赞同。袁钧在他的《鄞北杂诗》中这样说:"鄮峰寿母易中秋,七百年中俗尚留。从此非时来竞渡,家家十六看龙舟。"并且作注说:"吾乡以十六为中秋,始于史忠定。《闻志》以为弥远,非也。"③ 全祖望在他的《甬上中秋改日诗》中也有"吾乡佳话此所独,普天中秋无此豪"之句,并作注说:"甬上中秋独在望后一日,或云史真隐翁所改,然亦有谓魏王判府时所改者。"④"望"指的是十五日,"望"后一日,即八月十六日。这表明宁波的中秋节是八月十六日。乾隆《鄞县志》及乾隆《象山县志》也有这样记载:"八月十五之中秋,全国皆然,惟宁郡属邑以十六日。相传为宋宗藩所更,或谓易自史越王,以越王母夫人十六日生,故易是日为佳节。"⑤

---

① 叶大兵、乌丙安主编《中国风俗辞典》"八月十六日"条目,上海辞书出版社1990年版。
② (清)光绪《镇海县志》卷三《风俗》。
③ (清)袁钧《鄞北杂诗》,(民国)《鄞县通志·文献志己编·礼俗》,宁波出版社2006年版。
④ (清)全祖望《甬上中秋改日诗》,《句余土音》卷中,《全祖望集汇校集注》下册,第2380页,上海古籍出版社2000年版。
⑤ (民国)陈汉章总纂民国《象山县志》卷一六《风俗考·岁时俗尚》。

从地方文献看,鄞县在中秋还有赛龙舟的风俗。乾隆《鄞县志》记载:"八月十五之中秋,天下皆然,惟四明则以十六为中秋,以中秋竞龙舟。相传史越王母夫人,以十六日生,故易是日为佳节。遂以龙舟娱,其俗竟因之不改。"①这一史料表明,在清鄞县以八月十六日为中秋节,并且把"竞龙舟"作为过中秋的重要内容。

宁海也以八月十六为中秋节。传说此习俗起源于元朝末年,汉人利用面饼夹上一张纸条为标记,于八月十五这一天一起暴动,推翻元朝政府的残暴统治,而宁海地处山区,号令晚到一天,到八月十六才知道这个情况,相沿成习,于是把八月十六定为中秋节。②

重阳。农历九月初九为重阳节。清时,一般新谷登场,宁波各县农家捣馍糍,祭"田公田婆",后饮新酒,以庆丰收。士人佩茱萸、携美酒,结伴登高赋诗,吃重阳糕和牡丹糕,寓步步登高之意。余姚"九月九日,不插茱萸,唯士大夫间有作登高之想者"③。

在重阳节,还有吃粽子、送粽子的习惯。雍正《宁波府志》记载:"重阳各家置酒,亦用角黍相馈遗。"④雍正《慈溪县志》记载:"重阳,士人登高燕赏,以茱萸泛酒饮之。各家制牡丹糕、方粽,亲戚转相馈遗。"⑤

除夕。大年初一的前一天,叫做除夕,俗称"过年",和翌年春节连在一起,为一年中最隆重繁忙之节日。除夕前,各家掸扫蓬尘,清洗物具,购买年货,杀鸡宰鸭,煎饴糖,烧老酒,炒花色,打糖划糕,捣年糕,裹粽子等。其实,早在腊月二十三日,各家开始祭灶神,是灶王节。因为这一天,灶王爷要升天汇报人间的善恶,所以人们为他送行,让他吃好东西。满水缸米缸,称"缸缸满,甏甏满"。在除夕还要接"灶神"回

---

① (清)乾隆《鄞县志》卷一《风俗》。
② 应可均《宁海民俗》,第22页,浙江摄影出版社2005年版。
③ (民国)杨积芳总纂民国《余姚六仓志》卷一八《风俗·岁时》。
④ (清)雍正《宁波府志》卷一六《风俗》。
⑤ (清)雍正《慈溪县志》卷六《风俗》。

家。如果灶神是贴上去的,需换一张新的。

此月如有三十日,则称"三十年夜",如无三十日,则称"廿九夜"。到这天,换桃符、更春联、门神,放爆竹辟邪。门神画有秦叔宝、尉迟敬德之像,也有画钟馗的。各户在堂中供牺牲祭礼,礼谢神明,祭祖宗,称"谢年"。书写春联,贴在大门两侧,有条件的,还会悬挂灯笼或纱灯。除此之外,许多人家还喜爱在客厅、书房或卧室里挂贴年画。有的在院子里或门外点燃柴草,焚苍术避瘟丹,或爆竹辟邪。

除夕夜,许多在异乡的人要赶回家乡,阖家团聚,丰盛的饭菜摆满一桌,几代人在一起分享美食,称吃"年夜饭"。饭后,长辈还给子孙们分赠"压岁钱"。清代的压岁钱,是以彩绳穿铜钱,置于床脚,待年过后方可用掉。压岁钱据说可以辟邪,象征压住了年岁的交替。是夕,室内灯火通明,也有人通宵不眠,称作"守岁"。到了接近子时,放鞭炮,谓之"关门炮"。

二、四时节气

从农历看,一年之中还有节气,与农业生产有着密切关系。从清代的文献看,宁波民间的四时节气有立春、清明、立夏、立秋、冬至等。

立春。在清代,立春这个节气,也是一个节日,节令无定期,一般在正月。立春是以地方政府为主进行的节日。"各省会府州县卫遵制鞭春",①宁波府与各县的官员于立春前日迎春。立春日吏员执仗彩,县官扶犁耙,先祭芒神、土牛,后下田试耕。农家凌晨起用牲酒爆竹祭神,称"接春",并且用荠菜、艾草做春盘、春饼,饮春酒。清代宁波民间基本传承明代的习俗。道光年间,象山县是这样过立春的:"立春先一日,邑令以仗迎春于东郊。至日,祭勾芒神,试耕种,各家作春盘、春饼,饮春酒。至日,鞭土牛,颁春于士大夫。"②光绪《慈溪县志》这样记

---

① 潘荣陛《帝京岁时纪胜》,第8页,北京古籍出版社1983年版。
② (清)道光《象山县志》卷一《风俗·岁时俗尚》。

载:"立春日,县官先日以彩仗迎春,至日祭芒神,出土牛,行籍田礼于先农坛。"①光绪《奉化县志》卷一《风俗》也说:"立春前一日,邑会同各官以彩仗迎春于东郊。次日,祭芒神,鞭土牛,各家祀太岁作春盘,饮春酒,谓之接春。"除"鞭春"外,鄞县、慈溪各家还做春盘、春饼,饮春酒。

关于"短春"与"长春",乾隆年间的钱沃臣在《蓬岛樵歌》注中有过说明:"俗以立春在十二月中为短春,在正月中为长春。盖以新年为限,推农事之缓急也。"②

清明。清明节是农历三月的一个全国性的民间节日,它是寒食节的第三天。宁波人在清明节的主要内容是每家每户制作各种"祭食",人们焚香烛,以祭扫祖先的坟墓。

墓祭也叫扫墓,俗称"上坟",即荷担携篮,去祖先坟上祭奠,将青糍、黑饭等供品及酒菜置石桌上,点烛焚香,跪拜,烧锡箔纸锭。鄞县西乡康熙年间已有"男女祭墓挂纸钱"③的习俗。镇海在乾隆时,每逢清明,"各家于前十日扫墓封土、插竹、挂纸钱于颠,门户皆插柳,或簪于首,为青糍、黑饭、牲礼祭墓,各具辛盘"④。象山人道光年间这样过清明节:"家为青糍、黑饭、牲礼,预期祭墓,封土挂纸钱。""清明前后十余日,墓祭以白纸书死者名讳,以纸钱悬诸墓上,谓之标坟。"⑤光绪年间(1875—1908年),慈溪每逢"清明,各家为青糍、黑饭、牲礼祭墓,封上插竹,挂纸钱于颠"⑥。乾隆《鄞县志》还说:"鄞俗清明祭墓,以鼓乐前导,祭品用鹅。"⑦这表明,鄞县人清明扫墓时,要用鼓乐做前导,用鹅做祭品。

---

① (清)光绪《慈溪县志》卷五五《岁时记》。
② (民国)陈汉章总纂民国《象山县志》卷一六《风俗考·岁时俗尚》。
③ (清)臧麟炳、杜璋吉《桃源乡志》卷一《风俗》。
④ (清)光绪《镇海县志》卷三《风俗》。
⑤ (清)道光《象山县志》卷一《风俗》。
⑥ (清)光绪《慈溪县志》卷五五《岁时记》。
⑦ (清)乾隆《鄞县志》卷一《风俗》。

同治九年（1870年）修撰的《慈水干溪章氏重修宗谱》称："本氏每岁元旦一祭，清明一祭，冬至一祭。"《姚江叶氏续谱·续定祠规》称："清明、冬至祠祭，向例赞唱一人，中堂执事二人，读祝二人，昭穆执事四人，兼司鼓点，率以生监承值。届期辰刻，衣冠齐集祠内，次第进谒。"有的还宣读祭文。比如，宁海《白鲤塘汪氏宗谱》就载有清明墓祭祭文："清明佳节，草木咸生。顾兹丘墓，莫睹先灵。中心悲忆，忾乎闻声。短词来奠，来格来听。"

清明插杨柳之俗，形成于南朝，至宋代宁波已有这种风俗，到清代这个俗习依然存在。是日，妇女头发簪柳梢，小孩头上戴柳圈，有思青（亲）的意思。插柳的另一个用意是御鬼祟、辟邪恶，还有明目、延寿命、红颜不老等。《桃源乡志》就记载过清初鄞县的清明"插柳于门的习俗"①。余姚、慈溪在清明也"缘门插柳"，镇海门户都插柳。戴柳有所差异，或男女皆戴，或儿童戴，所戴柳为柳尖柳。道光年间象山过清明节，"凡门户皆插柳枝或簪柳于首"②。慈溪坎镇人胡杰人的《坎镇竹枝词》中还有"清明时节雨如丝，门外家家插柳枝"③的诗句。

清明，也是年轻人踏青的好日子，尤其是难得出门的妇女，亦三五成群地携伴出游。鄞县桃源乡人"诸人出游，曰踏青"④。余姚的"士女又喜踏青"⑤。到晚清，余姚人于清明日"踏青，食艾青、麦果，农家浸秧子"⑥。劳琛作《踏青诗》："出门凭两足，迷路过三叉。巷口青帘酒，池塘碧草蛙。放晴牛带犊，争暖荣齐花。喧聚墦间祭，纷飞纸蝶斜。"又写七律"寒食清明暖气融，踏青人逐放青童。石泉溪路松林外，桃柳江村霁日中。好鸟嘤嘤偏自得，荒坟累累竟谁雄。何人解觉槐根

---

① （清）臧麟炳、杜璋吉《桃源乡志》卷一《风俗》。
② （清）道光《象山县志》卷一《风俗》。
③ （清）胡杰人《坎镇竹枝词》，见方柏令主编《十里长街坎墩》，第176页，新华出版社2006年版。
④ （清）臧麟炳、杜璋吉《桃源乡志》卷一《风俗》。
⑤ （民国）杨积芳总纂民国《余姚六仓志》卷一八《风俗·岁时》。
⑥ （清）光绪《余姚县志》卷五《风俗》。

梦,领略春光趁晚风。"①写出了余姚、慈溪城乡民众清明春游的情景。

立夏。宁波民间习俗沿袭前代。各家用赤豆、黄豆、黑豆、青豆、绿豆等豆伴白米煮饭,称"五色饭",又称"立夏饭"。雍正《宁波府志》说:"立夏以赤小豆和米煮立夏饭。"②鄞县在乾隆年间有吃"立夏饭"的风俗。乾隆《鄞县志》卷一《风俗》就有记载:"立夏,以赤小豆和米煮立夏饭。"至于立夏吃"五色饭"的记载更多。慈溪、象山的方志都有记载。比如,乾隆《象山县志》说:"立夏日,炊五色米饭。"③光绪《慈溪县志》也说:"立夏,炊五色米为立夏饭。"④为什么要吃"五色饭",因为"造赤豆饭以逐疫"⑤。

立夏,要吃"脚骨笋",说是吃了脚骨笋,顺溜脚骨,腿脚健朗,能胜任各种艰苦的劳作。所谓脚骨笋,是一种小竹笋,笋长10厘米左右。慈溪在立夏"用樱笋祭先祖,笋截三四寸许,谓之脚骨笋"⑥。脚骨笋制作简便,将这种笋用油煸炒后,放上酱、糖、酒、醋等佐料烧熟即成。习俗以为,吃脚骨笋必须成双作对地吃,意为脚骨是成双的,这样吃才会起到腿脚健朗的效果。道光《象山县志》记载:"食笋肴,不切断,谓能健步,曰掌(撑)脚骨。"⑦寄托人们身强体壮的美好愿望。因为过了立夏,紧接着是农忙季节,要忙于夏收夏种,需强壮的体质。

在立夏,宁波人除吃脚骨笋外,还吃蛋、青梅、樱桃、红枣等。比如,象山人喜欢吃青梅,"食青梅子,为暑日止渴"⑧。余姚立夏"食樱桃"⑨。

立夏节称小孩,其意思是不疰夏,快长大。道光《象山县志》说:

---

① (民国)杨积芳总纂民国《余姚六仓志》卷一八《风俗·岁时》。
② (清)雍正《宁波府志》卷一六《风俗》。
③ (民国)陈汉章总纂民国《象山县志》卷一六《风俗考·岁时俗尚》。
④ (清)光绪《慈溪县志》卷五五《岁时记》。
⑤ (民国)陈汉章总纂民国《象山县志》卷一六《风俗考·岁时俗尚》。
⑥ (清)光绪《慈溪县志》卷五五《岁时记》。
⑦ (清)道光《象山县志》卷一《风俗》。
⑧ (清)道光《象山县志》卷一《风俗》。
⑨ (清)光绪《余姚县志》卷五《风俗》。

"称人,令人不疰夏。"①《余姚六仓志》记载:"立夏,煨麦、烧燕笋,秤人轻重。"高杲为此写了《秤人诗》:"论斤莫过晋王保,充盈博大内无心。甘罗项橐为童雅,满腹经纶贯古今。"②

立秋。立秋日,宁波民间的习俗是吃西瓜,称"拔秋",给小孩吃萝卜子、蓼曲伴炒米粉和西瓜,意味小孩长很快、长得健壮。光绪《慈溪县志》就说:"立秋日,儿童食蓼曲、莱菔子,谓之拔秋。"③宁海县也主张立秋吃西瓜。

冬至。清代,宁波民间每逢冬至节到来时,则盛行作节令食品,主要是"冬至汤果",即用糯米粉搓成的圆子。小辈送长辈,邻里互送。民间有"要嬉夏至日,要吃冬至夜"之说。过了冬至,阳气上升,白昼一天比一天长,俗谓过了冬至即人增一岁。儿童吃圆子后,表示年纪大了一岁。民国《象山县志》记载了清代乾隆年间象山过冬至吃圆子的情况:"各家屑米为丸,谓之冬至圆。造赤豆糜浮丸子荐先。亲戚互相馈遗,以祝团圆之意,儿童谓吃丸子即添一岁。"④当然,冬至也有祀神祭祖习俗。比如慈溪干溪章氏就有冬至祭祀习俗。据乾隆《鄞县志》卷一《风俗》所载,乾隆年间,鄞县"各家具香烛,以礼神祇及先祖",而仕宦之家"以牲礼祀其先者"。

三、民间娱乐活动

清代,宁波人的民间娱乐活动是比较多的,主要表现在两个方面,一方面是岁时节令民间娱乐,诸如元宵、端午、中秋、冬至、除夕等;另一方面,也有宁波地方的习俗特色,如庙会社火和民间演戏等。

以元宵节为例。宁波的元宵节在清代很热闹。从正月十三到正

---

① (清)道光《象山县志》卷一《风俗》。
② (民国)杨积芳总纂民国《余姚六仓志》卷一八《岁时记》。
③ (清)光绪《慈溪县志》卷五五《岁时记》。
④ (民国)陈汉章总纂民国《象山县志》卷一六《风俗考·岁时俗尚》。

月十八日,主要活动有闹元宵、观灯、踩高跷、演戏敬神。

元宵节,又称灯节,家家做彩灯悬挂,小孩携灯串街走巷,并有舞龙灯、耍狮子、走船灯。街道两旁的灯都由两旁商店自愿出资,不分贫富贵贱,都在门前沿街架棚,悬挂彩灯。同时,祠庙也挂彩灯。城区"自十三日夜起,四街各设竹棚彩障,悬灯于上,祠庙皆张灯,游观达曙,或以火药为锦树之戏,到十八日乃止"①。慈溪的胜山"彩灯不绝于道"②。鄞县的桃源乡的两旁街道以及西乡的昭惠、灵波、诚应、鲁氏、丰惠诸庙,"俱架灯以祈谷"③。余姚的泗门在正月十五、十六夜灯火辉煌,颇为热闹。灯的品种五花八门,各呈风采,有杨梅灯、荔枝灯、鹭灯、荷榴灯、马灯、龙灯、鼓灯、台阁灯、鸟兽灯数十种。城内及各大村祠庙,正月十三或十四有祭祀活动,或购置物具。在慈溪,"各坊乡之民轮年为会,集众祀里社祠,设醮诵经祈福,名雨水会"④。余姚的孝义乡有"万寿寺聚社,凡农具、厨物、购置咸备,妇女烧香尤众"⑤。象山在康熙期间,每逢元宵节,"里社户集众祀户于里祠,设醮祈年"⑥。

除此以外,在元宵节,还有唱歌、演戏等娱乐活动。慈溪,自正月十三开始,每天晚上,儿童们黏五色灯,"唱歌,谓之闹秧歌",第二天,"遍照门墙户灶",唱"蛇虫去,金银来"的歌,谓之照"五谷",而在街上是"百戏并作,衢歌巷舞往来如昼"。⑦

宁海在正月十四夜,除放花灯外,载歌载舞,演出百戏。清代诗人王梦赍的《宁海竹枝词》写道:"元宵演剧到春残,乘兴何妨日日看,共道经年辛苦甚,三时工作一时欢。"⑧光绪《宁海县志》卷二三《风俗》也

---

① (清)乾隆《鄞县志》卷一《风俗》。
② (民国)杨积芳总纂民国《余姚六仓志》卷一八《风俗·岁时》。
③ (清)臧麟炳、杜璋吉《桃源乡志》卷一《风俗》。
④ (清)光绪《慈溪县志》卷五五《岁时记》。
⑤ (民国)杨积芳总纂民国《余姚六仓志》卷一八《风俗·岁时》。
⑥ (民国)陈汉章总纂民国《象山县志》卷一六《风俗考》。
⑦ (清)光绪《慈溪县志》卷五五《岁时记》。
⑧ 应可均《宁海民俗》,第28页,浙江摄影出版社2005年版。

有记载:"元宵,燔桑柴,谓之'燀址界',市庙里社结彩张灯,演剧敬神,至二十乃止。"并注曰:"元宵,城中演剧十四起,乡间十三起。"看来,演出及居民观剧也是元宵节主要的民间娱乐活动。

除了元宵节以外,宁波民间在端午、中秋也多以龙舟竞渡。鄞县的黄古林、望春山,每逢中秋"以龙舟迎神,压标竞渡"①。慈溪也"以龙舟竞渡,谓之报赛"②。慈溪在清明节,除出郊游玩以外,也有不少文娱活动,"管弦喧杂,又有簇下花篮,挑闹竿,舞斋郎,麻婆,耍孩儿,耍和尚等类,不可数计。又有秋千、蹴鞠、斗草、赛花、选官仙等戏"③。

在其他日子里,宁波民间有不少娱乐活动,诸如赛神会、社火、庙会中的戏剧演出等。镇海民间有"青黄会"、"稻花会"、"都神会"等娱乐活动。象山乾隆年间二月春祈,"凡土谷神祠及街巷桥道,皆演剧赛会"④。慈溪在四月有"赛都神会"。光绪《慈溪县志》就有记载:"赛都神会,以望后至月尽日止。卜日舁神像,导以仪仗、金鼓台阁,巡城及近城乡里,谓之四月半会。所经由盛设牲礼,张灯,召优人逆祭,谓之酹献。各乡则以二月望至三月望赛社会。北乡有龙神会,台阁尤盛,有高至三丈者,谓之高台阁。率十年一会,会以秋冬之交。"⑤

宁波民间通过"社火"进行娱乐活动,时间一般在九月。康熙《宁波府志》记载,"九月中,在城各坊隅祠庙皆迎社火,灯烛辉煌,鼓吹喧阗,悬灯竹竿之上,谓之高招,或用龙灯角逐,凡五六日"⑥。那时,慈溪城关各坊舆祠庙神像游行街市,"导以兵仗、彩亭、金鼓、杂剧,各相竞赛,观者塞路,谓之社火"⑦。鄞县"社火"也热闹非凡。乾隆间,每年

---

① (清)臧麟炳、杜璋吉《桃源乡志》卷一《风俗》。
② (清)光绪《慈溪县志》卷五五《岁时记》。
③ (清)光绪《慈溪县志》卷五五《岁时记》。
④ (民国)陈汉章总纂民国《象山县志》卷一六《风俗考·岁时俗尚》。
⑤ (清)光绪《慈溪县志》卷五五《岁时记》。
⑥ (清)康熙《宁波府志》卷二《风俗》。
⑦ (清)光绪《慈溪县志》卷五五《岁时记》。

九月,"在城各坊祠庙与神像,游行街市"①。袁钧的《鄞北杂诗》对此作过记载:"暮秋胜事在中旬,奔走城乡各赛神。吾里赛神兼赛富,年年社火闹江滨。"并且作注说:"九月中旬,城乡秋报为灯会,名社火。""吾里社火最盛。"②余姚从九月至十月"村镇演剧,曰花熟,曰演街,与古者报赛方社先农之意殆无以异。十一月冬至前后,各族祠祭祖,亦多演剧"③。

儿童还有放风筝、舞龙、七巧板等娱乐活动。风筝,又称鹞子、纸鸢等,在清代民间娱乐中占有特殊地位,大致在岁首初春之间以线系纸鸢,乘风纵之,一般在清明前郊外放鸢。清代宁波民间就盛行放风筝。象山在二月间有放风筝的习俗。"糊纸为鹞,作种种形状,临风放之。鹞即纸鸢,又名风筝,引丝而上,令儿童张口望,以泄内热。"④余姚儿童在正月、二月间放纸鸢。雍正年间,原籍余姚临山的陈梓作《纸鸢诗》,描述家乡儿童放鹞子的事。该诗云:"一线通天任所之,青雪得路日迟迟。何难放手真痴汉,不惜抬头是小儿。暮雨渐浓应早计,春风虽好不长吹。君看劲翻摩宵鹄,尚有焊毛下鼎时。"⑤道光年间的高杲曾写诗,对慈溪、余姚人放风筝作过描述:"是真是赝送飞鸢,偶借春风也到天。只道青云骤得路,谁知肘腋被人牵。"⑥

宁波民间的舞龙历史非常悠久,到清代依然十分兴盛,成为逢年过节赛会的重头戏。表演时按全身节数,每节一人持棍,由执"龙头"者领舞,余皆随势翻滚。宁海、奉化、镇海、鄞县都有这种娱乐活动。传教士丁韪良在咸丰年间曾来宁波,看到过宁波舞龙的表演。他在《花甲忆记》中曾这样写道:"在宁波,最受人们欢迎的游行就数舞龙的表演了。一个用彩绸扎成的模拟的巨龙,由把头藏在鳞光闪亮的龙

---

① (清)乾隆《鄞县志》卷一《风俗》。
② (清)袁钧《鄞北杂诗》,(民国)《鄞县通志·文献志己编·礼俗》,宁波出版社2006年版。
③ (民国)杨积芳总纂民国《余姚六仓志》卷一八《风俗·岁时》。
④ (民国)陈汉章总纂民国《象山县志》卷一六《风俗考·岁时俗尚》。
⑤ (民国)杨积芳总纂民国《余姚六仓志》卷一八《风俗·岁时》。
⑥ (民国)杨积芳总纂民国《余姚六仓志》卷一八《风俗·岁时》。

肚子里的数百个男子举着,串街走巷,匍匐而行,其模样更像是一只巨大的百脚蜈蚣,而非传说中的飞行怪物。在龙的后面跟着一大群飘在空中的仙女,每一位仙女都是由一个衣着鲜艳、容貌出众的年轻女子扮演,用细得几乎看不见的金属丝网吊在半空中。再跟在后面的就是各种少见的和奇异的物品。"①

七巧板是民间传统的儿童益智玩具,在清代也很流行,宁波的不少儿童喜欢玩。咸丰时,慈溪的严笠舫创造了七巧书法,突破了以往多拼接人物、花鸟图案的传统,翻新出别具一格的七巧行草字,遂称一时之奇,在宁波很盛行。

第五节　清代宁波的婚嫁习俗

婚姻风俗,是清代社会风俗的重要组成部分。由于生活在"落日余晖"的清代等级社会中,宁波民间的婚姻习俗也打上了等级印记。

一、特殊的婚嫁形式

礼制是等级制的重要内容,清代的婚嫁形式是反映了这个时期等级的礼制。宁波在清代的婚姻形式除一夫一妻制外,还有一夫多妻、童养媳、交换婚、典婚等特殊的婚姻形式,这些婚姻形式既是清代人们婚姻观念的产物,也是传统的、落后的婚姻形态的"遗物"。

一夫多妻。这是清代的一种婚姻形式。所谓多妻,有嫡从、正侧之分。嫡、正者称妻,只能有一个(包括继配);侧、从者称妾,可以有多个。妾对丈夫在性关系上充当妻子的角色,但其身份低下,只能与奴婢归于一等。清廷规定政府官吏可以纳妾,并且按爵位高低,封赐各

---

① [美]丁韪良《花甲忆记》,第42页,广西师范大学出版社2004年版。

种名号。另外,婚后数年无子,丈夫可将妻子休弃,或者纳妾续嗣。从一些文献材料看,这两个方面在宁波都存在,尤其在后一方面表现尤为突出。纳妾习俗在宁波十分普遍。民国《鄞县通志·文献志己编·礼俗·婚嫁》记载:"娶妾蓄婢之风,至今未泯。然邑中妇女虽极贫寒,罕有愿为婢、妾者,故多购自温、台及苏、沪。"比如,鄞县人蔡天石于乾隆年间游幕吴门,纳苏州人陈蕙芳为妾,不到三年,蔡天石去世,陈氏守寡,"时年二十二,誓死不嫁,著《十孤诗》以见志明"[1]。定海一带"娶妾蓄婢之风"也较为常见,由于一些城镇妇女不愿为人婢妾,当地的男人只能到温州、台州及其他地方娶妾。

至于富家大户纳妾是不少的。明末清初的慈溪人冯京第,官至明兵部侍郎。据尹元炜的《溪上遗闻集录》记载,冯京第有1个妻子、2个小妾。因抗清,冯京第被杀,他的妻子叶氏自缢,两个小妾被拘后,帅欲留之,皆以首触阶。一妾赋诗曰:"青山深处有春秋,分外冰霜不用愁。"另一个小妾续之说:"可是梦魂留不住,飞来飞去岳阳楼。"[2]

在一家一户小农分散型的社会里,由于"养儿防老"的思想有着深厚的社会根源,有的男子结婚数年后无子,公姑就会劝说该男子纳妾。妻子怕丈夫无后,惧怕家门子孙不旺,也会主动地劝丈夫纳妾。据民国《余姚六仓志》记载,道(光)咸(丰)间,余姚人胡汉光娶妻茅氏,但茅氏"自是不妊者十年,劝夫纳婢陈为妾,生一女,两有殇,陈亦病卒"。附贡生周家骏无子,又纳妾萧山何氏,年仅十四。王佩玖元配范氏,"结婚数载竟不育,娶谢"。监生谢烦妾俞氏,"遭大妇妒"。[3]

童养媳。这是指女孩出生不久或在年少时期就被未来的公婆家领养,待到成年时,再举行结婚仪式。它是清代普遍流行的一种婚嫁形式。童养媳小时候到婆家,等于出卖了劳动力,一般要从事做饭、缝纫等家务。宁波童养媳的主要形式是养生媳、养小媳和养小姑。民国

---

[1] (清)乾隆《鄞县志》卷一九《列女》。
[2] (清)尹元炜《溪上遗闻集录》卷七,《慈溪地方文献集成》第2辑,西泠印社出版社2005年版。
[3] (民国)杨积芳总纂民国《余姚六仓志》卷三九《列女传》四。

《镇海县志》对清代养生媳与养小媳有记载。镇海"贫家力不能娶,往往抱养幼女以待年,谓之'养生媳'"①。

乾隆《鄞县志》卷一九载:"王贞女杨氏,养媳也。年十六,未婚。杨氏子死,女哭之哀,愿终事舅姑。"这一事例说明,乾隆年间,鄞县存在着童养媳。民国《象山县志》载:道光年间的象山陈氏,"骆昌蛟妻。初为童养媳,小娶过骆"②。胡氏年少,"为吴门童养媳。婉娩听从,天性异人。年十七与夫瑞和合卺"③。清代宁波民俗,男子三五岁便招来十三四岁的童养媳,由她来服侍未来的丈夫。宁波民谚说:"十八女儿九岁郎,晚上抢郎上牙床;若非公婆双双在,你作儿来我作娘。"光绪《奉化县志》记载,有一个姓朱的女子,因家贫,年少时嫁给陈正涵,其实是童养媳,等到朱氏年长时,陈正涵的母亲以正涵年龄偏大,与朱氏不相配为理由,由婆婆做主,决定将朱氏改配正涵弟弟为妻。④

交换婚。这也是古老的婚嫁形式之一,在清代宁波地区也盛行。主要有"姑舅婚",就是姑家的女儿,需优先嫁给舅家的儿子,这种所谓的"亲上加亲"的婚习,便是"交换婚"的表现形式之一。

传教士丁韪良曾到过宁波奉化。他描述过交换婚的婚姻形式。他说:"从奉化我又前往西邬(坞),这是一个没有围墙,约有两千五百居民的城镇。这些居民全都姓邬,意为棕色(brown)。由于中国法律要比美国法律更为严格,同姓的男女之间严禁通婚,无论他们之间的血缘有多远,所以邬镇的人家都把女儿们嫁到邻近的林镇去,同时邬镇的男子也娶林镇的姑娘作为交换。一个因子女结婚而产生分支,但又不想跟父母分离的家庭体系,显然需要这样一个法律。为了增添一个更高层的认可,习俗还规定姑表亲的兄弟姐妹之间的区别可多达四

---

① (民国)《镇海县志》卷四一。
② (民国)陈汉章总纂民国《象山县志》卷二八《列女传》下。
③ (民国)陈汉章总纂民国《象山县志》卷二八《列女传》下。
④ (清)光绪《奉化县志》卷二九。

十种。"①

典妻婚。典妻婚是一种畸形婚嫁风俗。它主要是丈夫与人相约，限定年月时日，将妻子有偿租借给他人，或者是雇者将雇他人的妻、女作为自己"典雇"的"妻子"，以达到生育子嗣、繁衍后代的目的。这里有两种情况，一是男子丧妻，无力续弦，二是有妻不能生育。尽管《大清律例》卷一〇〇的《户律·婚姻》中，对于"典雇妻女"明令禁止且加以刑惩，但在宁波此种婚习还是比较流行。《清稗类钞》一书，在"风俗类"的"宁绍典妻"条下，对此婚习作过记述："浙江宁（波）、绍（兴）、台（州）各属，常有典妻之风。以妻典与人，期以十年、五年，满期则纳资取赎。为之妻者，或生育男女于外，几不明其孰为本夫也。"在晚清，鄞县就有"典妻"现象，"男子妻亡，无力续娶，或妻久不育，在外别谋一妻，订立契约，限以岁月，时期久者谓之典妻，暂者谓之租妻。期至各离，所生子女则归男子"②。时属宁波府的定海县，男子妻亡无力续娶，常在外别谋一妻，订立契约，限以岁月，时期久者谓之典妻。契约期满，男女分开，妻归原夫。③

二、婚嫁程序

清代的婚嫁程序，更趋礼制化、法规化、传统化，主要包括行聘订婚、结婚礼俗两方面内容，前者是为了确定其婚姻关系，后者则为正式实施婚姻的活动仪程。清代宁波民间正是按照这种传统的风俗进行婚嫁活动的运作的。

首先，是行聘订婚。清代，行聘订婚从程序上说有两个方面，一是通过父母之命、媒妁之约的所谓"明媒"；二是要有聘约、聘礼，即所谓"正娶"。另外还要按照礼书规定的婚礼仪式进行，这就是"明婚"。

---

① ［美］丁韪良《花甲忆记》，第71页，广西师范大学出版社2004年版。
② （民国）《鄞县通志·文献志己编·礼俗·婚嫁》，宁波出版社2006年版。
③ （民国）《定海县志》卷一《风俗》。

按照清代的法律,只有做到"聘娶婚"程序的婚姻,才称得上合法婚姻,并且用法律的形式予以保护。对此,《大清律例》这样规定:"凡男女订婚之初,若(或)有残(废)疾病、老幼、庶出、过房(同宗)乞养(异姓)者,务要两家明白通知,各从所愿,不愿即止(愿者同媒妁)写立婚书,依礼聘嫁。"①

其次是结婚及婚后礼仪,主要是送嫁妆、迎亲、拜天地、入洞房、闹洞房、开脸等仪式。婚后礼仪,包括贺喜、上拜、认大小、拜祖宗、回门等礼仪程序。

具体的行聘订婚仪程,基本上是按《仪礼》一书提出的程序做的,对男女行聘订婚到完婚的过程,按"六礼"礼仪程序进行。具体是:①纳彩。即男家请媒人至女家提亲,如女方同意议婚,那么,男家再去女家求婚,携带活鲜礼物。媒人在传统婚姻上发挥很大的作用,可以主动揽活,为男女双方牵线搭桥,也可以是受人之托,成全好事。媒人不管婚姻是否成功,只要一经操办,双方都要拿出谢媒礼。②问名。男家托媒人询问女方名字与出生年月日,准备合婚的仪式。问名后,占卜男女双方生辰八字阴阳,以定婚姻吉凶,如果八字相合,就能够成婚。③纳吉。男家卜得吉兆后,备礼复至女家决定婚约。这是订婚阶段的主要仪礼。经过议婚到婚定,进入"小聘"阶段,俗称下定、过定、定聘等。其礼品多为首饰、彩绸、礼饼、礼烛等物。④纳征。又称为纳币、大聘,男女两家缔结婚姻后,男家将聘礼送往女家的仪礼。这种礼仪繁缛,通常是备有礼单、礼品,取吉祥语,一般用双数不用单数,装置箱笼,派人抬着杠箱,伴以鼓乐,在媒人、押礼人的护送下来到女家。女家受礼后,进行回礼,一般是将聘礼中食品的一部分退回男方,有的将女家给男方准备的衣帽鞋袜等物,送与男家。⑤请期。男方择定婚期并备礼告知女家。⑥迎亲。这是迎娶新娘的仪式。从宁波地方资料看,主要是用花轿或用船载迎亲队伍,至男家时,由门外进入室内的

---

① 《大清律例》卷一〇《户律·婚姻》第101条《男女婚姻》。

整个过程,有迎轿、下轿、祭拜天地、行合卺礼、入洞房等多道程序。

文献材料显示,宁波在清代的结婚议程基本上是上述六个方面。

乾隆《象山县志》载:"凭媒议婚,既问名,以女庚帖予媒。男家卜之,吉。女家许诺,男家钗、环及币致礼,谓之攀亲。越日纳币,谓之定亲,又曰行聘。聘仪随家丰俭,计较者共诋斥之。将娶,遇节有馈仪,曰致节,请期曰送日。娶之日,綵舆及昏始至,取阳往阴来之义。婿摄盛用命服,庶人用儒服。惟亲迎礼少行之者。今士大夫志复古礼,行奠雁以家雁代。婿揖妇,行妇从之,登肩舆,婿以手捧舆者三,以代御轮。婿先归。妇至,揖以入。交拜毕,行合卺礼。三日,见舅姑,舅姑率妇庙见。"①

花轿

对于婚后的礼仪,《余姚六仓志》也有记载:"妇入门三日,始通称谓。奉贽于舅姑及各尊长,用女红,先以茶如莲枣之类,婚三日后,主人为新妇具蒸豚,往问女家,谓之望娘盘。越数日,女家亦遣使馈,遗以供茶事,谓之点茶盘。满一月,复行馈问,曰满月盘。"②

宁波清代婚礼基本是按这个程序进行的,虽然各县略有差异,但娶婚礼俗的主体构成和程序基本是一致的。

---

① (民国)陈汉章总纂民国《象山县志》卷一五《典礼考·婚礼》。
② (民国)杨积芳总纂民国《余姚六仓志》卷一八《风俗·婚嫁》。

三、因婚嫁而产生的社会问题

清代宁波的婚姻习俗和婚姻实践,产生种种社会问题,不利于婚姻的和谐。而这些现象的出现,与清代封建等级制是紧密相连的。

(一)包办婚姻与婚姻铺张奢华

在清代,宁波民间的婚姻,并不是由男女青年自由选择,而是由父母及其长辈所定。父母双方从家庭的利益出发来议论婚事,往往对子女的利益和愿望没有很好地考虑,而子女也只好屈从,奉家长、家庭、家族的意愿行事。其实,清廷从巩固封建统治出发,为强化封建礼制,也通过法律来维护父母决定子女婚姻的权力。这种包办婚姻是不利于男女青年的生活的。

宁波的方志材料表明,清代宁波民间婚嫁比较铺张。据康熙《定海县志》记载,时属宁波府的定海县,在清初,人们很穷,婚嫁比较简单,"乡客贫民往往年至四十、五十始图配偶,老夫少妇,年龄相悬数十载。更有男女两家各图省便,即于孩提时过门,亲为鞠保。至长大而成婚者,大都竭毕生勤苦之资,甫能得妇,谓之'老来本'"①。但到了清代中后期,定海县的婚俗已有所改变,娶亲结婚的各种礼节繁琐,男方的聘礼少则四五十金,多至百余金;男方给女方的聘礼要十余种,多属珠翠金银。鄞县的女方嫁妆,在清初十分简朴,中等人家不过略备衣服箱笼,仅有日常用的衣服和生活用品,不超过二三百金,乾隆年间的婚嫁之具"移业产之半"②。到晚清已经是"一女出嫁,动辄数千金","甚至割产举债而不惜"③。镇海县的婚娶在清初"俱崇俭约,不以金币相炫",女方的嫁妆也"不以纨绮珠玉相耀",可是到了光绪年

---

① (清)康熙《定海县志》卷五。
② (清)乾隆《鄞县志》卷一《风俗》。
③ (民国)《鄞县通志·文献志己编·礼俗·婚嫁》,宁波出版社2006年版。

间风气大变,"未递庚帖,先论聘金","陈设华丽相夸"。① 慈溪在男方"下定"时,"具簪、珥、钗、钏或加彩帛牲牲礼、果饵送女氏",②余姚娶亲要送不少钱财。陈古民说:"吾乡俗尚,初缔姻问名之时,主人致名帖于女氏,并遍及其宗党族,繁者至费数万钱。"③男方为求体面,"迎娶以彩舆,导以鼓乐,虽昼日必张灯",以致形成了铺张浪费的社会风气。

婚嫁的铺张奢华,不但使社会上出现奢侈之风,而且给贫苦人家带来沉重负担,为了婚娶不得不卖去家产。比如,在乾隆年间,镇海一般"士庶之家,凡遇婚丧必邀合族宴饮以为豪举","无力者每致鬻产以从事"。④

(二)严等第、明良贱的婚嫁观念日趋强化

清政府为巩固封建礼制与强化封建礼教,对婚嫁、妻妾失序、居丧嫁娶、娶亲属妻妾、尊卑为婚者等均有明文限制。在封建的等级制度下,由于各自社会政治地位的不同,造成权力和财富上的种种差异,从而使人们在选择婚姻时存在着不少限制。因此,婚姻关系的建立,家长首先考虑的是家庭利益,而不是子女的幸福。当家长为子女议婚时只是考虑到门第的高低、财富的多少,婚姻的当事人男女双方都没有权力选择自己的配偶,不管他们愿意与否,均得服从家长及宗长的安排,从而形成家长在为子女择定配偶时所遵循的两个原则:一是论门第,二是论贫富。

清代社会封建等级制度森严,人们的联姻也同其他社交一样,直接受等级制的制约。如雍正《浙江通志》卷一〇〇《风俗》记载,宁海

---

① (清)光绪《镇海县志》卷三《风俗》。
② (清)光绪《慈溪县志》卷五五《风俗·婚礼》。
③ 转引自金普森、陈剩勇主编《浙江通史》第8卷,清代卷(上),第191页,浙江人民出版社2005年版。
④ (清)光绪《镇海县志》卷三《风俗》。

县"婚姻择,先门第";门第不当,继不敬合。光绪《镇海县志》也说:"士大夫家缔姻多重门第。"①新娘乘的花轿有二人轿、四人轿、八人轿之分,这种大小之分也与新娘家里的身份、地位直接有关。

另外,人们还把婚嫁看作敛财的重要工具。他们看重的不是对方人品,而是钱财,聘礼要30种,多为"珠翠金银"、"簪珥钗钏",少则四五十金,多则百余金。这种女方"争聘金"、男方"需嫁妆"的现象考虑的只是财产。婚前三日,女家送妆奁于男家。为了获得钱财,甚至强迫孀妇改嫁。咸丰年间,宁波有一个姓冯的妇女,丈夫去世后,公婆就要把她卖掉,后被一个叫阿尔德赛的外国小姐买了。丁韪良在他的《花甲忆记》中讲了这件事:"和别处相比,在中国的婚姻市场上,寡妇尤其是一件贬值的商品。那些给公婆的彩礼,说得更直接一些,价钱,不能让他们满意。他们可以不通过婚姻这种体面的方式把她卖掉,从而获得更多的金钱。在他们正要这么做的时候,这件事传到了阿尔德赛小姐的耳中,为了挽救这可怜的女孩,她决定成为她的买主,虽然违背了英国法律的字面规定,但这正是为了体现它的精神。"②

(三)落后的溺女习俗

溺女是指人们将初生的女婴置入水桶、水盆等器皿中淹杀至毙的行为。溺女习俗古来有之。到了清代,溺女习俗继续存在,尤其在晚清,这一习俗依然如故。宁波在清代也存在着这个习俗。

从有关文献和资料看,鄞县、奉化、慈溪、定海都有溺婴情况的记载。光绪《慈溪县志》就说"其俗多溺女"③。奉化也有"溺女"现象。鄞县西乡鄞江一带也很普遍,"弑婴风气盛行"。丁韪良对于鄞县西部鄞江镇的溺婴做法作过记述:"在这个狭窄的山谷中到处都是熙熙攘攘的人群,而我从众多规劝人们不要伤害女婴的传单中看到了弑婴风

---

① (清)光绪《镇海县志》卷三《风俗》。
② [美]丁韪良《花甲忆记》,第140页,广西师范大学出版社2004年版。
③ (清)光绪《慈溪县志》卷五五《风俗》。

气盛行的惨痛证据。当我就这个话题询问别人时,有一位男子玩世不恭地表示,之所以要打发掉那些女婴,是因为怕她们长大以后会给父母带来羞辱。"①

许多人溺婴后,还把死婴放在郊外。对于这一点丁韪良在他的《花甲忆记》中也说过:"在城镇的郊外往往可以看到一座低矮的塔台,它令人产生的联想要比孟买帕西人的'死寂塔台'更为悲哀。这就是死婴塔台,即放置那些没棺材下葬的死婴的贮藏所。没有人去询问那些婴儿的死因,也没有任何祭奠的仪式。骇人听闻的迷信也加剧了这种父母疏忽子女的残忍性。"②"当一个孩子还没能报答父母养育之恩前就夭折时,这个死婴便被视为一个债主的化身,即死婴的父母前世欠债未还。在婴儿生病之时,父母对其百般呵护,但一旦他去世,父母的看法就改变了。他们将婴儿的尸体视作无情债主的假面具,而且当死婴被用粗糙的草席裹住抱出门去时,人们要用刀斧在门槛上砍一下,表示已经恩断义绝,死婴的灵魂不可以再回来进入另一个人的身体。"③

在清代,宁波有溺女现象,主要是受重男轻女思想的影响。男人是家族延续的重要条件,而女儿是要出嫁的,早晚是人家的人。为此,许多人宁肯穷得叮当响,也要养活一个男孩,以便承传"香火",而不喜欢女孩,尤其是已生有多个女孩时,总是要把女孩溺死。鄞县西乡鄞江桥就是如此。对此,传教士丁韪良有过记载,当他问鄞江镇农民为什么要溺女时,"一个人则坦白说他有好几个女儿(我忘了究竟是几个)一生下来就被扼杀。当我告诫他杀婴是重罪时,他就把责任全都推给了邻居,说是后者替他干了那些不光彩的事"④。但是,我们也要看到深刻的经济背景,由于贫穷,致使抚养艰难,女儿出嫁陪嫁品多,

---

① [美]丁韪良《花甲忆记》,第69页,广西师范大学出版社2004年版。
② [美]丁韪良《花甲忆记》,第70页。
③ [美]丁韪良《花甲忆记》,第70页。
④ [美]丁韪良《花甲忆记》,第69页。

贫困人家难以接受这个事实,不得不狠心地把刚出生的女婴溺死。

清代宁波溺女习俗的兴盛,给社会带来了严重危害,直接导致晚清宁波人口结构出现"男多女少"畸形发展的反常状况。据清末的海关统计,宣统二年(1910年),宁波府有人口4651667人,其中男性为2650015人,女性应为2001652人,男女性的比例为57∶43。鄞县为2642075人,其中男性为1534156人,女性为1107919人,男女性的比例为58∶42。[①] 这就是说,晚清宁波女子人数总体上比男子少15%—20%,也就是100个男性与女性相比,其中将有15至20个男人不能与女性匹配。

另外,溺女还助长了宁波民间收养童养媳、早婚、典妻、买卖婚姻等陋习广泛流行。

正是因为溺女习俗会给社会带来不良影响,清代的宁波官吏和有识之士采取各种措施加以禁止。同治四年(1868年),宁波就建有保婴会。当时宁波民间溺女恶俗较多,穷人因无力抚养子女,只能将子女尤其是女孩溺死,为此宁波当局建立了保婴会,并颁布《严禁溺女恶俗告示碑》,提出要严禁溺女恶俗,"劝谕富绅,广设育婴处所,妥为收养,俾无力贫民,不致因生计艰难,再蹈恶习。倘仍不知悛改,即治以应得之罪,毋稍姑贷"[②]。当时,宁波及奉化等地捐资设会,收养贫穷出身的女孩。一般为每名给养5个月,给钱3000。光绪晚期,这一慈善活动继续进行。许多市民及工商人士捐资捐物,设保婴会、育婴堂。光绪二十二年(1896年),奉化8乡捐田千余亩,助钱设会,重议堂规。各乡普遍设会,而贫户生女,不致再溺,业已取得一定成效。比如,塔山保婴会于光绪二十二年设立,由乡人助田3亩,董事收花存放生息。凡生女孩,贫不能养育的,每个女孩给钱3000。保婴会作为慈善事业,深得人们赞扬。时人曾为此作了《留别婴堂诗》两首:"凤维溺女气培

---

① [英]柯必达《浙海关十年报告(1902—1911)》,《近代浙江通商口岸经济社会概况》,第64页,浙江人民出版社2002年版。
② 《严禁溺女恶俗告示碑》,(民国)《鄞县通志·文献志·碑碣》,宁波出版社2006年版。

之,思活群婴敢惮烦。何事可为民父母,当前都是我儿孙。诸君造福真无量,若辈重业已有门。幸甚众心同集腋,裘成冰窖亦春暖。""假如心血可为乳,不惜一腔分众婴,忍使呱呱多失养,方欣幼幼有同情。膏田保赤千胜割,铁券为山一篑争。寄语八乡真善士,斯言洒泪嘱临行。"①

辛亥革命时期,宁波资产阶级革命派掀起了维护女权的移风易俗的活动,是对溺女陋俗的又一次冲击。但这个恶习直到中华人民共和国成立后才最终得到根除。

第六节 社会救济体系

社会救济和慈善事业是有益于社会和公众的社会公益事业。当发生天灾人祸、危机动乱、民生困苦的时候,这就需要政府、社会团体与个人捐款捐物、相互帮助、扶贫济困、救死扶伤。社会救济和慈善事业对于促使社会和个人走出困境并在逆境中恢复与再度发展,推进社会和谐具有重大作用。清代宁波社会救济与慈善事业也有所发展。

一、灾荒与抗粮、抢米

据《宁波市志》记载,在清代的268年中,宁波有各种灾害211次,其中旱灾65次、洪涝49次、台风潮54次、风雹13次、暴雪15次、虫灾5次,其他10次,而旱涝最为频繁,达114次之多。《浙江灾异简志》亦记载,在清初的顺治、康熙年间(1644—1722年),宁波各县包括余姚、宁海等地,遇到各种灾荒达36次。② 鄞县、慈溪在乾隆年间多次发

---

① (清)杨国翰《留别婴堂诗》,光绪《奉化县志》卷三。
② 陈桥驿编《浙江灾异简志》,第237~253页,浙江人民出版社1991年版。

生灾荒,其中鄞县5次、慈溪19次。比如,乾隆十六年(1751年),慈溪"饥旱成灾,米价昂贵";二十三年八月十六日,"大雨三昼夜,水暴涨,千溪冲决,章氏族居少完宇者";五十六年秋,"飓风水发,淹没禾稼。冬,饥,斗米三百钱"。① 鄞县在乾隆十九年八月下大雨,山水暴涨,横溪发洪水,淹田20余顷,冲毁房屋百余舍。到了晚清,宁波的灾害依然连年不断,仅在咸丰年间就达40多次。

天灾发生后,农业歉收或颗粒无收,本来缺粮的农民只好以草根树皮充饥。天灾不绝,加上封建统治者勒索成风,横征暴敛,在重税压榨之下的宁波人民再也无力抵抗各种自然灾害,生活十分凄惨。他们只能揭竿而起,进行抢米抗粮斗争,在灾荒中"吃大户"。

早在清初就有抗粮斗争。顺治年间的山民俞抒素率众围宁海县城,慈溪云柯乡乡民2000余人拒官抗粮。到晚清,斗争更激烈,仅在咸丰年间,就爆发了张潮清、俞能贵、洪世贤、史致芬及余姚十八局的抗粮斗争。

《辛丑条约》签订后,宁波农村普遍发生了抢米风潮。这充分表明了宁波农村的经济破坏情况和农民生活的极端痛苦状态。收成歉薄,受灾严重,钱荒米贵,民心惶忧。饥民为了生活,被迫抢米,多次发生暴动。光绪二十八年六月(1902年7月),奉化的地主、商人囤积居奇,使得米价暴涨,农民在忍无可忍的情况之下,棠岙的"麻骨党"数百人抢夺绅富米谷,"吃大户,抢米店"。② 光绪三十三年二月初三(3月9日),象山米价腾贵,饥饿的群众成群结队,"抢义仓的积谷"。③ 浙江巡抚在奏报中提到象山抢米的情形说:"象山匪徒借米贵,纠众向教堂滋闹拒敌,官兵击斩多人,始行溃散。"④ 二月十七日(3月30日),奉化

---

① (清)光绪《慈溪县志》卷五五《祥异》。
② 《中外日报》1902年7月7日。
③ 《时报》1907年3月16日。
④ 《浙江巡抚张曾敭为米缺价昂民情不靖请漕济急事致军机处电》,《辛亥革命前十年民变档案史料》上册,第371页,中华书局1985年版。

松岙发生饥荒,数百贫民抢米。宣统三年五月(1911 年 6 月),鄞县也发生抢粮事件,全家湾农民数千人"捣毁米店"①。鄞江镇米店老板因囤积居奇,导致农民抢夺米谷。八月初,慈溪县"农民抢米"②。政府和乡绅正是看到了灾民的反抗斗争,希望消弭荒政,社会救济和慈善事业随之产生。

二、常平仓、社仓与义仓

为了赈灾,清政府采取蠲免政策,减免受灾地区的田赋与钱粮,另外,清廷宁波当局在各县办起了常平仓,通过建贮仓,存放粮食,以应付突然来临的各种灾难。康熙二十九年(1690 年)十二月十八日,清政府对因灾造成巨大损失的余姚、慈溪、上虞、诸暨 4 县民众蠲免,免银 37901 两。康熙三十九年正月,复准鄞县、诸暨、青田 3 县上年被灾田亩免钱粮 6483 两。同年,余姚也得到赈济。雍正元年(1723 年)继续对浙东灾民蠲免。对于灾情已经查勘、蠲免赋役的地方,如果当地政府不按规定进行减免赋税和粮食,甚至"仍行滥派,及但免有力之家,致穷民不沾实惠的,事发决不饶恕"。雍正四年冬至次年春,阴雨连绵,麦无收,清廷赈宁海银 1000 两。光绪七年(1881 年)七月,宁波遭台风袭击,灾情十分严重,清廷派员赴宁海灾区"设粥厂,济灾民"。据光绪《镇海县志》记载,镇海县当局在光绪间接济孤贫 67 名,粮食、柴布计 24 银两,系由所征地丁银开支。③

为了济贫,宁波府及各县当局还建贮仓,以赈济灾民,主要是常平仓和社仓。常平仓顺治年间所设,雍正四年,清政府浙江当局动用库银 27600 两分给浙江 195 县建贮仓,每县各 1000 两。宁波的鄞县、慈溪、奉化、镇海以及宁海均得到了建贮仓的 1000 银两。宁波府城建永

---

① 《时报》1911 年 6 月 1 日。
② 《时报》1911 年 9 月 24 日。
③ (清)光绪《镇海县志》卷九《户赋》。

宁西仓(月湖)、广盈西仓(月湖西)、永宁南仓(月湖前)、广盈南仓(莲桥西)。鄞县有预备仓4所,雍正五年(1727年)添建4间,七年添建6间,八年添建13间。慈溪有济留仓1所、义仓2所、预备仓4所,雍正五年添建仓廒6间,每间贮谷600石,七年添建13间,八年添建13间,到乾隆二十年(1755年)改名为常平仓,廒舍共43间、官厅3间、仪门3间。另添建仓廒42间、大门1间。乾隆四十二年,建廒屋4间。奉化有预备仓4所、存留仓1所,雍正五年添建仓廒2间,每间贮谷600石雍正,七年添建5间,雍正八年添建9间。镇海县在县治西有惠民仓,县治北建广安仓,还有常盈仓5所、预备仓2所,雍正五年添建仓廒5间,七年添建8间,八年添建9间;象山县有广积仓4所、预备仓2所,雍正七年,添建仓廒1间,八年添建4间,乾隆二十二年、三十七年两次添建,共88间,道光以后多次修理。定海县,县北设广安仓,另有常盈仓5所,雍正八年添建仓廒8间。余姚的常平仓在县东侧,雍正七年建仓廒40间,乾隆七年县令李瑛添建25间,乾隆二十六年县令王栾又添建40间,共105间,另有仓厅3间、守宿房3间、楄门1座,积储仓谷5万石。这些仓储的设立,有利于消弭灾荒和开展社会救济。光绪年间,镇海新建常平仓6间,加上原有的,计10间。

　　社仓。雍正二年所设。时颁行社仓法:县令遴选里中绅衿,给以印簿,听愿输者不拘升斗。10石以上者给花红,30石以上给匾额,50石以上报上司奖励,历年乐输多至三四百石的奖以八品顶戴。其米谷暂存公所,等数量多的时候造仓廒贮存。每年春夏之交,借给缺粮的贫困者,供谷1石,来年加利2斗,稍微歉收减半,大歉仅仅收谷本,秋成还仓。但对于游手好闲者不给予供谷。据乾隆《鄞县志》卷五《公署》记载,鄞县社仓在湖西小仓前,系县仓旧址。乾隆二十六年所建,有仓7间。乾隆二十九年,又添建仓6间、大门3间。① 光绪四年五月(1878年6月),象山全县有社仓140余所,积谷160余万斤,"每当春

---

① (清)乾隆《鄞县志》卷五《公署》。

夏之交,借与乏食之民,至秋后加利还仓"①。光绪六年(1880年),象山城乡有131余所社仓,仓各有所,所各有号。丹城有10仓,以"大有"为号。外西乡36仓,以"孝友睦姻任恤"6字为号;里西乡19仓,以"人语中含乐岁声"7字为号;东乡22仓,以"正德利用厚生"6字为号;上南乡15仓,以"以介我稷黍"5字为号;下南乡29仓,以"政在养民食货金木土谷惟修"12字为号。社仓的修建,其目的是济贫帮困,有利于缓解社会矛盾。

三、设义庄与公所

除了设常平仓、社仓和义仓来救济灾民外,社团和乡绅个人还注意设义庄与公所。设置义庄、公所是宁波社会救济和慈善事业的一个方面。义庄以庄屋、田租的收入来救济同族内的贫苦者。

在清代,宁波所属各县都有义庄设立,这些义庄由商人出资。据民国《鄞县通志》记载,鄞县在清代设有义庄10处,具体见下表:

表4—7 清代鄞县义庄表

名称	创办时间	地点	创办人	事业内容	拥有田产数目
徐氏固本义庄	嘉庆二十四年(1819年)	县东一都一图大墩	徐桂林	赡养族内孤寡,办有敦本义学,后改为大墩初级小学	不详
朱氏义庄	道光十三年(1833年)	鄞西南二十五都五图它山庙	朱孝铨	赡养族内孤寡,办有义学,后改为养正小学	置田300余亩

---

① (民国)陈汉章总纂民国《象山县志》卷一三《实业考》十一《积贮》。

续上表

名称	创办时间	地点	创办人	事业内容	拥有田产数目
冯氏敦本义庄	道光十七年（1837年）	鄞西后仓	冯一桂及其子冯善任、冯信健	赡养族内孤寡、废疾及老而无依靠者	置田400余亩
吴氏义庄	道光十九年	甬东四图张斌桥	吴楠	赡养族内孤寡，办有义塾，后改为初级小学	置田260余亩，市廛6所
蔡氏树德堂义庄	咸丰六年（1856年）	县东十九都本一图潘火桥	蔡筠	按季赡养鳏寡孤独，办有义塾，后改初级小学	置田2102余亩，市屋若干
西城杨氏义庄	同治六年（1867年）	县西西城桥杨陈弄	杨葆镛	以所入赡之孤寡，资助贫寒者婚娶丧葬和子弟就读，办有义塾	置田440余亩及涂地1方，市屋若干
屠氏乔荫堂义庄	同治七年	城东北竹林巷	屠继烈	赡族之穷而无告者，设有义塾2所，后分别改为竞进小学和竞进第二初级小学	建屋44间，置田1000余亩
郑氏思本堂义庄	同治七年	十六都三图殷家湾	郑怀亨	以恤族之孤寡	置田80亩
李氏义庄	光绪十三年（1887年）	鄞南共和乡三里	李正射及其子李振电等6人	按季赡给族之孤寡、设有义塾，后改为三里初级小学	置田500余亩
石氏余庆义庄	光绪三十三年	鄞南石家乡	石铸湘	赡族之孤寡，设存义学校，后改为初级小学	置田700余亩，灰街、百丈街、后塘街有市屋若干

根据民国《鄞县通志·政教志子编·救济事业》整理。

慈溪的郑氏,由于经商致富,于嘉庆二十年(1815年)捐银5749两,在家乡创办郑氏义庄,购田1017亩。道光十五年(1835年),慈溪的一些商人还创建志堂义庄,购田2310亩,赡养本乡孤寡与贫穷者。道光二十二年,叶维新兄弟捐银60300两,建叶氏安雅堂义庄。光绪元年(1875年)里人盛炳澄出资1万两,命其子筹建义庄1所。次年里人冯祖宪建冯氏辅本堂义庄,有地10011庙,捐银31507两,主办施药、施棺、赈济。光绪七年,慈溪商人严信厚捐屋21间,置田79亩,后建富春山庄,以济族人生计。严信厚去世后,其子严子钧遵照遗嘱,取出父亲部分遗产捐办家乡慈善事业。光绪二十二年,里人罗诗怀出资建惟善堂义庄,置田1000亩。象山县在光绪末设立欧氏义庄、承志堂义庄、姜氏义庄、敬承义庄和吉成义庄。

此外,余姚也有义庄。康熙四十六年(1707年)余姚临山人徐孟昭等创凤山义庄,有庄屋11间,地1270亩。主要是以岁入租息"为矜恤、施材,掩埋及修理卫所、路、桥、义烈祠祭等费"[①]。嘉道间置朱氏义庄,有田地1530亩。在晚清余姚设有符氏义庄(咸丰五年)、东山义庄(咸丰六年)、王氏义庄(光绪十一年)、槐德堂义庄(光绪十二年)、周氏义庄(光绪十二年)、邵氏义庄(光绪十九年)、马氏义庄(光绪二十年)、冯氏义庄(光绪二十一年)、朱氏义庄(光绪二十二年)等,不少是由商人出资所建。义庄的主要任务是养笃老、恤穷嫠、安幼孤、育残疾、资生理,"推之灾者周之,疾者药之,死亡者施之棺,暴露者助之空,且遍及于邻里乡党,制为常户于用矣"[②]。

镇海的叶澄衷在事业成功以后,亦十分关心家乡公益。同治九年(1870年),叶澄衷在镇海庄市仿范氏义庄,置祠田400亩、储金3万元,设忠孝堂义庄,以济同族的贫困之人。小港村里人李源、李嘉兄弟光绪年间创建养正义庄,置田2000亩,以赡族人中之贫苦者。另创建敬义堂义庄和宝善堂义庄。前者有庄屋81间,置田610亩,后者置田

---

① (清)光绪《余姚县志》卷一三《义举》。
② (民国)杨积芳总纂民国《余姚六仓志》卷一六《义举·义庄》。

1200亩。这些义庄的宗旨十分清楚,即赡族中之贫乏者。

宁波商人的慈善之举,还包括通过建立四明公所对客死的宁波人进行安葬。"四明"是宁波的别称,由于宁波商人遍布全国各地,在各个地方设有不少四明公所。比如,上海的四明公所于嘉庆二年(1797年)设立,兰溪县在乾隆年间设有四明公所,富阳县在光绪八年(1882年)设立四明公所,甚至是一个镇也有四明公所,嘉兴的乍浦镇于嘉庆年间设立四明公所。天津、汉口、南京、温州、太仓等地也都有四明公所。

叶澄衷像

四明公所的一个主要服务项目是"建殡舍,置义冢"。《上海四明公所章程》指出:公所以"建丙(殡)舍、置义冢、归旅榇等诸善举为宗旨"①。其中第八章《寄柩》和第九章的《赊材售材》,主要是讲建运柩殡葬的问题。各地的四明公所对客死在他乡的宁波人援助运葬费,将棺木运至家乡宁波。当然,还有不少商人在家乡宁波置办公所。宁波商人在江北岸泗洲塘建四明公所,为上海之分公所。除董事外,设有坐办1人、经理1人、司账1人、财务司账1人,每年逢清明、冬至,由"宁兴"、"宁绍"二轮,自沪运柩回甬。建有殡舍320间。《四明公所甬北支所碑记》就有记载:"四明公所者,吾郡人客死丛殡之所。建于沪上,绵历久远。曰四明者,标地望以名之者也。吾郡之续建公所始自光绪八年,仍其名者,内外不嫌同辞也。"②同治七年(1868年),郭氏兄弟创立感存公所,以田、房产之收入来接济贫困之人。光绪八年,为客死在外的故乡之人归葬。宣统三年(1911年),宁波旅沪商人在宁波对甬厂增建,扩大对乡人的掩埋。

---

① 《上海四明公所章程》,彭泽益主编《中国工商行会史料集》下册,第918页,中华书局1995年版。
② 《四明公所甬北支所碑记》,(民国)《鄞县通志·政教志子编·救济事业》,宁波出版社2006年版。

四、育婴堂的设立

对儿童的关爱也是清代宁波人所做的一项慈善之举。由于生活的贫困,不少年轻的父母生下小孩之后就将其遗弃,甚至将子女溺死,尤其是女孩。为此清廷亦重视育婴。雍正二年(1724年)下诏建立善堂,使育婴堂在全国普遍建立。根据清廷的要求,宁波当局提倡建保婴堂,并立《严禁溺女恶俗告示碑》,严禁溺女恶俗。

资料表明,宁波府所属各县及余姚、宁海都设有育婴堂。一般由官府设立。今根据资料列表如下:

表4—8 宁波府清代育婴堂表(含余姚、宁海)

所属县	时间	资料来源	备注
鄞县	乾隆元年(1736年)	乾隆《鄞县志》卷五《公署》	乾隆元年建大门、厅堂、群层,共24间,大学士兼总督稽曾筠题其匾,曰"教成保赤"
慈溪县	不明	光绪《慈溪县志》卷五《善举》	慈溪的育婴一般由云华堂承担,建于道光二十八年(1848年),咸丰十年(1860年)毁,同治九年重建
奉化县	嘉庆二十一年(1816年)	光绪《奉化县志》卷三《善举》	
镇海县	乾隆五年	光绪《镇海县志》卷五《公所》	府城佑圣观,郡守包超橄、镇海县令杨玉生与鄞、慈绅商捐银所建
象山县	乾隆四十一年	民国《象山县志》卷一六《风俗考》	县令鞠毓蕤建育婴堂于雩坛之北

续上表

所属县	时间	资料来源	备注
定海县	道光六年（1826年）	民国《定海县志》卷二	后改名为诚求堂
余姚县	光绪十九年（1893年）	光绪《余姚县志》卷一三《义举》	由知县周炳麟捐洋千元，会绅募捐而成，有田59亩
宁海县	同治七年（1868年）	光绪《宁海县志》卷四《善举》	县令孙嘉倡议重建育婴堂

除官府设保婴会与育婴堂外，还有民间创办的育婴堂。光绪《奉化县志》卷三《善举》记载了一些乡绅捐田捐款，谋设救婴会的事。一位乡绅曾说："闻有溺女者，恻然伤之。妥与满昆季谋设存仁救婴会。倡捐田三亩，并劝族人之好善者捐田二十余亩。议村人之贫不能养者，月给钱六百，以三月为限。或有不强，置会中听政收养者，则觅乳母。"相当一部分钱为绅商所出。一般为每名贫困子女养5个月，给钱3000。镇海县在教场西北侧后大街东口新建育婴堂，共建大小房屋21间。资金与土地基本由募捐所得。

奉化县教谕孙熊和训导许世芳于嘉庆二十一年（1816年）捐俸购置县学东田1亩及屋7间，又劝捐民田23亩、涂田12亩、洋银元130元、钱170枚、银30两，使育婴堂得以举办。道光元年，又获民田722亩。到光绪二十九年，经董事周鸿达揭计，"新旧捐置田一千八百六十八亩四分一厘九毫，山一百八十亩，又三十亩，地五十二亩，堂屋大殿三间，东西厢平屋各六间，外东厢平屋六间，新造仓屋四间。堂用银钱照旧章存庄生息"①。由此可见奉化育婴堂的创办与运作方式。光绪二十三年，宁海东乡大胡设育婴堂，南乡在海游设育婴堂，西乡在前堂设育婴堂。宁波的乡村也有保婴会与育婴堂。奉化乡绅分赴奉邑各

---

① （清）光绪《奉化县志》卷三《建置》下《善举》。

村庄,善为开亲,劝令说会,并捐钱财,各村相继成立了保婴会。奉化县详细记载了各乡村设置的保婴会。同治年间,宁波府保婴会董事与奉化县绅士协作合设102处保婴义会,捐置田400余亩,同治四年(1865年)到同治八年仅5年时间内就养育了1900多名婴儿。奉化县由奉化乡、忠义乡等8乡组成,奉化乡中有10个会,忠义乡有17个会。忠义乡当时户数为12210户,人口44828人,以平均718户一会的比率建设保婴会的网络。① 由于各乡设保婴会,取得好的效果,办理8年来,"各乡设会已遍,而贫户生女,不致再溺,业已著有成效"②。宁海的育婴堂获得鄞县富商蔡筠3000缗捐资。该堂以此建起堂舍数10楹,此后,蔡氏后人继续接济该堂。

五、筹集赈款,救济灾民

赈灾见效快,为人心之所望。在出资募款赈济灾民方面,宁波的市民、工商业者及在外的宁波帮人士活动更加频繁。甲午战争以后,国内灾害比较多。尤其在山东、江淮一带,或旱或水,先后遭灾。宁波市民为此纷纷捐款,筹款办赈,一些在外发财致富的工商人士积极到家乡出资助赈。光绪二十四年(1898年)秋天,江苏、山东遭遇严重水灾,"野无青草,饿殍盈途"③。宁波市民及时募款支援灾区同胞。《德商甬报》负责人绘《铁泪图》,向人们募款,支援灾区。光绪二十四年十一月二日,刊出了英传教士斯德胜、海和德、高雪山、募华德等人《英美传教士同募山东淮徐赈捐启》,发动在甬传教士和侨民募捐赈灾。光绪二十五年三月初七日,《德商甬报》又刊登了该报负责人慈溪人王恭寿《募捐山东两淮一文缘启》:"光绪壬辰秋,济南一带漂没数十州县。余曾绘《铁泪图》一册,使有心人目击神伤也。今东省之灾,较昔

---

① (清)光绪《奉化县志》卷三《建置》下《善举》。
② (清)光绪《奉化县志》卷三《建置》下《善举》。
③ 《德商甬报》1899年4月25日。

年为尤。如其寿张、东昌、汶上、东阿、恽城等处,悉为泽国。其见于两淮者,则有如淮阳、徐州、海州、沭阳等处,居民庐舍坟墓尽行漂没,其被灾情曷堪言状,为此重订《铁泪图》劝募。一文缘庶几集腋裘,哀鸿得庇矣。如有同志请过本馆账房处,取一文缘相册。广为募劝,不胜祷切。"①光绪二十五年(1898年)三月十六日,该报再次刊登《本馆谨启》,募输义赈:"徐淮灾重,万众流离,鬻子卖妻,惨无可述。""骨肉分离最为人生之奇惨。本馆不忍坐视,故亟登报以告国仁,望慨解腰,源源接济,庶子遗黎,庶几得以家室团圆,其功德诚非浅鲜也。"②短短的几个月时间,捐款已达千余元。在上海的宁波籍工商人士也积极出资助赈。严信厚对赈济灾民从不吝啬钱财,不但在上海募捐了洋银700余元,自己又垫出240余元,合成1000元捐给徐淮地区。不久,《德商甬报》刊登了收到严信厚赈款回电,表示对严信厚以及宁波市民的感谢,并愿世之仁人君子以观察(指严信厚)为法,如善士存心量力而轮,源源接济,使灾民得共庆之乐。

值得指出的是,宁波在当时还出现以筹办义赈彩票救灾之事。江厦街太极图书坊与滨江庙后街王文正书坊,为救灾拆批江南筹办义赈彩票,并在报上登了广告:"为淮徐海灾筹赈,本公司奉宪谕开办筹赈彩票。""每月在上海开彩一次,而开票之法,用机器摇出来,众目共睹,以示公道。"第一票发彩票10000张。头彩、二彩、三彩各为1张,中奖者分别得彩洋12000元、4000元、2000元;四彩2张,得彩洋500元;五彩20张,每张得彩洋100元;六彩50张,每张得彩洋50元;七彩665张,每张得彩洋20元。另外,还有傍头彩、二彩、三彩的票上下各1张,分别获彩洋200元、100元和50元。如果市民彩票中奖,立即可以携带彩票到上述地方验明后,号数符合,即按中奖等第付银。③

---

① 《德商甬报》1899年4月16日。
② 《德商甬报》1899年4月13日。
③ 《德商甬报》1899年4月25日。

六、创建慈善机构

清政府要求全国各地设置慈善设施,即与"病"、"死"有关的"惠民药局"、漏泽园(义冢)。宁波地方政府及社团、个人都关注这个问题。宁波当局对无力就医的贫困者进行帮困、施医、施棺掩埋。在月湖附近设有永济施医局。光绪二十五年(1899年)夏秋,宁波疫病丛生,苦乏良医,许多市民为此苦恼。宁波当局在府署东设立施医局,请江西名医来甬诊治。光绪二十六年,丝户巷设仁安公所,免费诊断。慈溪等地也设有宝善堂,给贫苦孩子种痘。对于亲人死后无力埋葬的贫困人家设有广济局(亦名掩埋局)来处理去世者的后事。光绪二十五年奉化知县郭文翘创办了广济局,捐银 100 元,后又陆续捐田 17 亩、地 6 亩、山 24 亩,以此来帮助贫困的去世者。

鄞县在晚清亦设怀仁北局、怀仁南局、同善会、恒德堂、施仁公所、协仁义会等慈善机构。余姚乡人励景康、吕天奇在乾隆三十五年(1770 年)于东北隅六府庙左方建同善堂,置田 29 亩。嘉庆初史积芬等置冢地 20 亩,并捐田建堂。道光十三年(1833 年),由李维岳、谢曙辉等捐建恤阴堂,有屋 18 间、田 76 亩、地 178 亩。光绪二十年,李长源等重订条约,于施材外,增种痘、施药、恤灾三事。还建保心局、同善堂、同心局、凤城施药局等。镇海于光绪间也建立公善堂,设立医局,施送诊方,并膏丹丸散等项。又设义塾育儿童。宁波知府宗源瀚在其碑记中称公善堂是"为贫民疾病、无医药,读书不能从师及童孩种牛痘而设",是乐善好施的"善举",表示十分赞赏:"余为记,刊石立碑,以垂永久。"①

清代,宁波人于我国慈善机构的创立中,还作出了一定的努力。他们参与上海同仁辅元堂的建立,在创设中国红十字会这一慈善机构

---

① (清)光绪《镇海县志》卷五《公所》。

中有一定的贡献。

（一）宁波商人与同仁辅元堂。善堂是一种慈善组织。"善堂者，经理地方之善举也。""按原来所谓善举，则育婴焉、恤嫠焉、施棺焉、掩埋焉，冬则施衣，夏则施药，地方之穷而无告者养生送死之事皆于是赖焉。"①善堂的职能、性质就是乐善好施，帮困济贫。

明清以来，各地善堂林立。根据同治《上海县志》卷二《善堂》的记载，在咸（丰）同（治）年间（1851—1874 年），上海已有不少善堂存在，其中同仁辅元堂有一定影响。上海同仁辅元堂是咸丰五年（1855年）由同仁堂和辅元堂合并成立的。在这以前，同仁堂与辅元堂是相互独立的。同仁堂开办于嘉庆九年（1804 年），辅元堂创建于道光二十四年（1844 年），该善堂主要的经营项目是育婴、恤嫠、赡老、施药、施棺、消防和赈灾等。仅道光二十九年，同仁堂所支出的经费就达到7516963 文钱。

资料显示，同仁辅元堂基本上是由上海的有权有势者和名门望族负责运营的，其中不少是宁波商人。宁波商人在同仁辅元堂有不少捐资，而且有人担任过董事和捐司。上海同仁堂现存道光年间四个年度的经营情况资料，即道光十一年、道光二十三年、道光二十六年和道光二十九年，这些资料保存在《上海同仁堂征信录》中。在"收入"这一栏目中，有 18 个单位作了捐存，其中，被日本学者夫马进称为"浙慈南帮"的宁波南号商船，②在四个年度中都捐了钱，即道光十一年捐501654 文，道光二十三年捐 189430 文，道光二十六年捐 204880 文，道光二十九年捐 185157 文，③四年共捐 1081121 文。

同仁辅元堂成立后，实施慈善事业的内容比道光年间的同仁堂、辅元堂要多。仅从同治元年（1862 年）到光绪八年（1882 年）的 21 年间的经营内容看，每年所支出的费用增加了近 20 倍。大体可以分为

---

① 《论清查善堂事》，《申报》1897 年 3 月 15 日。
② ［日］夫马进《上海同仁堂收入表》，《中国善会善堂史研究》，第 538 页，商务印书馆 2005 年版。
③ ［日］夫马进《上海同仁堂收入表》，《中国善会善堂史研究》，第 538 页。

本身的事业支出、向其他善堂义局的资金提供和押金三个部分。主要是恤嫠、施棺、赊药、施药、施粥、掩埋、消防等。宁波富商继续捐资。同治元年（1862年），有28人为司总，除船商外，主要是钱业商人，有4人，占司总总数的七分之一。作为司总的这4位钱业商人，清一色为宁波人，他们是张斯藏、赵朴斋、冯泽夫、吴监。他们四人既是四明公所的董事，亦是同仁辅元堂同治元年钱业月捐司劝捐。

（二）宁波人在中国红十字会创立中的贡献。中国红十字会是近代以来我国历史最为悠久的慈善公益机构。宁波人在中国红十字会的创立过程中作出了重要的贡献。

红十字会主张救死扶伤、扶危济困，最早在西方兴起。在国内最早进行红十字会创建的是宁波籍女留学生金雅妹。金雅妹（又作金韵梅），鄞县（今宁波市鄞州区）梅墟人。其父为耶稣教长老会牧师。同治八年，随传教士麦嘉缔到日本留学。光绪七年（1881年），金雅妹随麦嘉缔到美国，考入纽约女子医科大学学习医学。光绪十一年五月，以全班第一名的优异成绩毕业，任职于纽约、佛罗里达、华盛顿等地医院。她是中国近代第一位女留学生。光绪十四年回国，先后在厦门、广州、成都、北京等地医院工作。甲午战争后，在天津创办红十字会。当时的报纸曾作过报道："中国妇人金氏者，前在美国习医，至此适毕业而归。遂与泰西某女医同立红十字会……募诸各善士，集得洋银三千元，受伤者遂医药有资，渐渐痊愈。"[①]这位女士是谁？一些学者已经指出是金雅妹。苏州大学的池子华教授在其论文中就认为在天津创办红十字会的是金雅妹。作者在谈到那位"金氏"时说："这位中国妇人'金氏'，十有八九为金韵梅（又译为金雅妹）女士。她是中国最早留美毕业回国的留学生，学习医学，后与孙淦共同发起成立天津红十字会。这一推测如果能够得到证实，金韵梅该是中国人创立红十字会

---

① 《申报》1897年2月8日。

组织的率先实践者。"①

天津红十字会成立以后,上海士绅汪炳等人于光绪二十五年(1899年)春创设中国施医局。但它不是传统善堂的翻版,有新的内涵,即一些内容按照红十字会的章程办理,战时救伤,平时济困。庚子事变发生后,八国联军侵华,战火在神州大地蔓延,百姓遭殃,生灵涂炭。为了救死扶伤、接济难民,宁波旅沪巨商严信厚,伙同陆树藩、庞元济、施则敬等人在上海创办中国救济善会。尽管以"善会"为名,但绝不是原来善堂那样施药、施衣、育婴,已经具有红十字会的性质。我们从《中外日报》所刊登的中国救济善会的"公启"中可以看到这一点。"公启"这样说:"近因京师拳匪(义和团——引者)为非,激成大变。列国师船连樯北上,竟以全球兵力,决胜中原。炮火环轰,生灵涂炭,兵刃交接,血肉横飞……某等不忍坐视,先集同志,筹捐举办,拟派妥实华人,并延请洋医、华医赴津沽一带,遇有难民,广为救援,名曰中国救济善会。呈请上海道照会各国领事,声明此系东南各善士募资创办,亦如外国红十字会之例,为救各国难民及受伤兵士起见,已蒙各国领事会议允由德国总领事发给护照。善会中携向军前救护。"②严信厚等人创立的救济善会,闵杰认为是有红十字会性质的,是遵照国际红十字会的基本精神和行动惯例成立的一个团体,与旧式善堂已有显著的区别。③ 正因为如此,池子华教授把中国救济善会的成立,视为"中国红十字会的先声"④。

国际红十字会的诞生缘于战争推动,中国红十字会的诞生同样与战争有密切关系,这就是光绪三十年的日俄战争。日俄战争爆发后,各国侨民纷纷撤离我国东北,交战双方的伤病员都由两国红十字会救

---

① 池子华《从中国救济善会到上海万国红十字会》,见郭太风、廖大伟主编《东南社会与中国近代化》,第260页,上海古籍出版社2005年版。
② 《中外日报》1900年9月17日。
③ 闵杰《近代中国社会文化变迁录》第2卷,第185页,浙江人民出版社1988年版。
④ 池子华《从中国救济善会到上海万国红十字会》,见郭太风、廖大伟主编《东南社会与中国近代化》,第262页。

护。可是,东北的同胞却在战火中饱受磨难,流离迁徙,受尽煎熬,而腐败的清政府却无能力救助。解决这个燃眉之急的关键人物,是时任上海记名海关道的沈敦和。

沈敦和,字仲礼,咸丰六年(1856年)生,浙江鄞县(今宁波市鄞州区)人。早年留学英国剑桥之圣约翰学院,回国后历任江南水师学堂提调、上海自强军营机处总办、上海记名海关道等职。光绪二十九年(1903年)始转商界,创办华安人寿保险公司、华安合群保寿公司,投资四明银行,并参与创办同利制铁公司、中国荣线纱厂等企业,曾多次连任上海商务总会、上海总商会会董、宁波旅沪同乡会首任会长。不仅如此,沈敦和还是一位知名的社会活动家,"不独为军界之干材,也是外交界、慈善界、企业界出类拔萃的人物"[①]。

面对日俄战事爆发后东北人民所受的苦难,沈敦和与前四川川东道任锡汾、直隶候补道施则敬等奔走联络,他们以万国(即国际)红十字会为例,筹划赈救北方难民的对策。沈敦和等人的慈善行为得到了上海绅商的积极响应。

光绪二十九年二月五日,沈敦和、施则敬等22人在上海英租界六马路仁济堂集会,发起成立东三省红十字普济善会。宁波商人沈敦和、苏宝森、李云书、周金箴等参加会议。会上,沈敦和介绍了万国红十字会的缘起、章程等基本情况,与会同仁就东三省红十字普济善会的立会宗旨、开办方法、救济方式、资金筹措等具体事宜进行广泛的讨论,达成共识。他们以国际红十字会作为参照,明确指出东三省红十字会普济善会是专门"以救济该省被难人民为事";开办方式,由发起人"垫银十万两,以应急需","延请中西大善董,就近开办。在沪设立总局,专为筹款之所",并在北京、天津设分局;救济宗旨为:"无论南北方人,务先举令速离危地,以避大难",而后"赈抚兼施,医药互治,用符西国红十字会之本旨",参加救护的人员,左袂缀有红十字旗式,碰到

---

① 何克明《中国红十字会创始人沈敦和先生事略》,中国红十字会总会编《中国红十字会历史资料选编》,第555页,南京大学出版社1993年版。

需要救治的人,无论在舟在车,"男女必分别,老幼必扶持,不得稍有陨越,以示慎恤";组织机构,采用董事制,"公举才望夙著、熟悉中外以及北方情形大员为董事,总理局务"。① 东三省红十字普济善会的成立,表明国人已有红十字的意识,但还没有跳出传统善堂的窠臼,并不是真正意义上的红十字会,不可能真正享受到红十字会的权利。

沈敦和已看到了上述问题,为此,他寻求英国传教士李提摩太的帮助。李提摩太也进行了卓有成效的活动。李提摩太后来提到沈敦和请他建红十字会的事。他说:"上海华商绅宦,深念旅居北方华民之苦,故彼此筹谋拯救之法,特请沈敦和观察前来与余商量此事。查各国在东三省教士避难于牛庄。余遵沈观察之请,电商牛庄教士可否拯救难民? 旋得复电,允许前往赶救,愿效力者甚众。因此设立红十字会之议始起。"②李提摩太先后与英、法、德、美四国领事及工部局等人商量,决定成立上海万国红十字会。

光绪三十年一月二十四日(1904 年 3 月 10 日)下午 5 时 15 分,中、英、法、德、美五国代表会集于上海英租界公共工部局议事。工部局值年总董培恩主持会议。李提摩太简明扼要地述说了沈敦和等救助东北难民需求援助的情况,并提议成立上海万国红十字会。然后,沈敦和介绍了东北难民的情况。对李提摩太在中国设立红十字会的提议与沈敦和合办红十字会的设想,与会者都十分赞同。安特生宣布了他与李提摩太议定的 45 名董事会组成人员名单,西董 35 人,华董 10 人,其中沈敦和、朱葆三 2 人为宁波人。从中推出 9 名成员为办事董事(西董 7 人,华董 2 人),并以举手表决的方式通过。两名华董为沈敦和、施则敬(后增任锡汾)。这次会议的召开标志着上海万国红十字会的诞生。

上海万国红十字会总部设在上海,在营口、奉天、牛庄等地设分会。从光绪三十年八月一日到九月一日的一个月内,共救护难民 6881

---

① 《东三省红十字普济善会章程并启》,《申报》1904 年 3 月 3 日。
② 《中外日报》1904 年 3 月 14 日。

人。日俄战争结束后,负责处理善后事宜,到光绪三十四年(1908年)5月解散。此前的光绪三十三年六月十二日,吕海寰、盛宣怀等上清廷奏折,请旨试办中国红十字会。而在上海的沈敦和亦于1908年8月开始筹备中国红十字会。由总董沈敦和负实际之责,并用上海万国红十字会的余款,在徐家汇购地11亩多,开始建中国红十字会的总医院、学堂与会所。又在《申报》刊登《中国红十字会招考医生广告》,招收15至18岁的中国青年,就读于同济德文医学堂,提供学费、书籍及饮食等,但明确指出学生毕业后必须担任红十字会的医生。[①] 清廷于宣统二年一月十八日(1910年2月27日)任命盛宣怀为中国红十字会会长,中国红十字会不久改为大清帝国红十字会。武昌起义爆发后,沈敦和又以中国红十字会的名义派出救护队奔赴武昌等地。民国建立后,通过谈判,南北双方同意合并。1912年9月29日,中国红十字会第一次全国代表大会在上海召开,正式宣告成立。

宁波商人中,除了沈敦和成为中国红十字会的主要创办者外,旅沪巨商周金箴和朱葆三等人也是该会主要的创办者和主持人。

---

① 《中国红十字会招考医生广告》,《申报》1908年8月29日。

主要参考文献

一、志书

（清）李廷机修，左臣黄、姚宗京纂：康熙《宁波府志》
（清）汪源泽修，闻性道纂：康熙《鄞县志》，康熙二十四年刊本
（清）张起贵等修，孙懋赏、刘鸿声等纂：康熙《奉化县志》，康熙二十五年刊本
（清）裘琏等纂：康熙《定海县志》，康熙五十四年刊本
（清）华大琰等纂：康熙《宁海县志》，康熙十七年刊本
（清）李卫等修，傅王露等纂：雍正《浙江通志》，中华书局2001年版
（清）曹秉仁：雍正《宁波府志》，道光二十六年介祉堂重刊本
（清）杨正简修，冯鸿模等纂：雍正《慈溪县志》，乾隆三年增刻本
（清）钱维乔修，钱大昕纂：乾隆《鄞县志》
（清）蒋学镛编纂：《鄞志稿》，《四明丛书》本，广陵书社2006年版
（清）唐若瀛、邵晋涵等修：乾隆《余姚县志》，乾隆四十六年刊本
（清）姜炳璋等纂：乾隆《象山县志》，乾隆二十四年刊本
（清）陈琦等纂：乾隆《奉化县志》，光绪重印本
（清）董立成等修，冯登府等纂：道光《象山县志》，道光十四年刊本
（清）董沛、张恕、徐时栋纂：光绪《鄞县志》，光绪三年刊本
（清）董沛撰：《明州系年录》，当代中国出版社2001年版
（清）刘凤章等纂：光绪《镇海县志》，光绪五年刊本
（清）周炳麟修，邵友濂、孙德祖纂：光绪《余姚县志》，1935年铅印本
（清）李前泮修，张美翊等纂：光绪《奉化县志》，光绪三十四年刊本
（清）杨泰亨、冯可镛纂修：光绪《慈溪县志》，台北成文出版社影印本1983年版
（清）王瑞成等修，张浚等纂：光绪《宁海县志》，光绪二十八年刊本
（清）史致驯等修，陈重威、黄以周等纂：光绪《定海县志》，1914年铅印本
（清）蒋毓英：康熙《台湾府志》，中华书局1984年版

(清)范咸等:《重修台湾府志》,中华书局1984年版

(清)余文仪:《续修台湾府志》,中华书局1984年版

(清)周道遵:《甬上水利志》,《四明丛书》本,广陵书社2006年版

(清)臧麟炳、杜璋吉著,龚烈沸点校:《桃源乡志》,中国档案出版社2006年版

(清)高杲、沈煜纂,王清毅等点校:道光《浒山志》,杭州出版社2004年版

(清)谢起龙:《东山志》,宣统二年重印本

(清)赵霈涛:《剡源乡志》,光绪二十八年刻本

(清)吴文江:《忠义乡志》,光绪二十七年刻本

(民国)张传保、赵家荪修,陈训正、马瀛纂:民国《鄞县通志》,宁波出版社2006年版

(民国)陈汉章总纂:民国《象山县志》,方志出版社2004年版

(民国)杨积芳总纂:民国《余姚六仓志》,杭州出版社2004年版

(民国)盛鸿焘等修,王荣商等纂:民国《镇海县志》,1931年铅印本

(民国)干人俊纂:民国《慈溪县新志稿》,1987年铅印本

(民国)奉化县政府编:民国《奉化新志》,1987年铅印本

俞福海主编:《宁波市志》,中华书局1995年版

俞福海主编:《宁波市志外编》,中华书局1998年版

章凤池、周永孚主编:《舟山市志》,浙江人民出版社1992年版

周时奋主编:《鄞县志》,中华书局1996年版

徐长源主编:《慈溪县志》,浙江人民出版社1992年版

章亦平主编:《余姚市志》,浙江人民出版社1993年版

胡元福主编:《奉化市志》,中华书局1994年版

王庆祥主编:《象山县志》,浙江人民出版社1988年版

苏其德主编:《宁海县志》,浙江人民出版社1993年版

陈兵主编:《镇海县志》,中国大百科全书出版社1994年版

贺师三主编:《宁波金融志》第1卷,中华书局1996年版

钱起远主编:《宁波市交通志》,海洋出版社1996年版

任与孝主编:《宁波海关志》,浙江科学技术出版社2000年版

夏明华主编:《宁波市教育志》,浙江教育出版社1996年版

慈溪市地方志办公室编:《浒山镇志》,1994年版
葛子和主编:《小港镇志》,上海科学技术文献出版社2000年版
储功彭、陈去生主编:《宁海城关镇志》,浙江人民出版社1989年版
慈溪市盐务管理局编:《慈溪盐政志》,中国展望出版社1989年版
孔凡生主编:《宁波水利志》,中华书局2006年版
童志龙主编:《余姚市土地志》,西安地图出版社1998年版
陈兵主编:《镇海县土地志》,上海辞书出版社1999年版
沈谋达主编:《宁波市土地志》,上海辞书出版社1999年版
徐惠利主编:《慈溪水利志》,浙江人民出版社1991年版
戴怀长主编:《余姚水利志》,水利电力出版社1993年版
胡允和主编:《甬江志》,中华书局2000年版
干凤苗主编:《姚江志》,中国水利水电出版社2003年版
胡百孚主编:《慈溪农业志》,上海科学技术出版社1991年版
毛松卿主编:《慈溪交通志》,浙江人民出版社1992年版

二、文集

(清)徐兆昺著,桂心仪等点校:《四明谈助》,宁波出版社2000年版
(清)张煌言:《张苍水集》,上海古籍出版社1985年版
(清)张煌言著,周冠明等点校:《张苍水全集》,宁波出版社2000年版
(清)李邺嗣著,张道勤校点:《杲堂诗文集》,浙江古籍出版社1988年版
(清)朱之瑜著,朱谦之整理:《朱舜水全集》,中国书店1991年版
(清)黄宗羲著,沈善洪主编,吴光等执行主编:《黄宗羲全集》第1～12卷,浙江古籍出版社2005年版
(清)卢文弨:《抱经堂文集》,中华书局1990年版
(清)计六奇:《明季南略》,中华书局1984年版
(清)陈撰:《玉几山房吟卷》,《四明丛书》本,广陵书社2006年版
(清)钱肃乐:《钱忠介集》,《四明丛书》本,广陵书社2006年版
(清)盛炳纬:《养园剩稿》,《四明丛书》本,广陵书社2006年版
(清)魏耕:《雪翁诗集》,浙江古籍出版社1985年版
(清)邵廷采著,祝鸿杰校点:《思复堂文集》,浙江古籍出版社1987年版

(清)翁洲老民:《海东逸史》,浙江古籍出版社1985年版
(清)万斯同:《石园文集》,《四明丛书》本,广陵书社2006年版
(清)全祖望著,朱铸禹汇校集注:《全祖望集汇校集注》(上、中、下),上海古籍出版社2000年版
(清)全祖望辑,方祖猷、魏得良等校点:《续甬上耆旧诗》,杭州出版社2006年版
(清)尹元炜撰,王清毅等校点:《溪上遗闻集录》,西泠印社出版社2005年版
(清)徐鼒撰,王崇武校点:《小腆纪年附考》(上、下),中华书局1957年版
(清)段光清:《镜湖自撰年谱》,中华书局1960年版
(清)陈康祺著,晋石点校:《郎潜纪闻初笔二笔三笔》(上、下),中华书局1984年版
(清)陈康祺著,褚家伟、张文玲整理:《郎潜纪闻四笔》,中华书局1990年版
(清)梁廷枏著,邵循正校注:《夷氛闻记》,中华书局1959年版
(清)李元度:《国朝先正事略》(上、下),岳麓书店1991年版
(清)温睿临:《南疆逸史》,中华书局1959年版
(清)姚燮:《复庄诗问》,上海古籍出版社1988年版
(民国)孙静庵、赵一生点校:《明遗民录》,浙江古籍出版社1985年版
沈友梅等:《沈光文斯庵先生专集》,台北宁波同乡月刊社1977年版

三、论著

金普森、陈剩勇主编:《浙江通史》第8、9、10卷,浙江人民出版社2005年版
滕复等:《浙江文化史》,浙江人民出版社1992年版
倪士毅:《浙江古代史》,浙江人民出版社1987年版
徐和雍等:《浙江近代史》,浙江人民出版社1982年版
沈雨梧:《浙江近代经济史稿》,人民出版社1990年版
章隆福:《浙江航运史》,人民交通出版社1993年版
洪焕椿:《浙江方志考》,浙江人民出版社1984年版
魏桥等:《浙江方志源流》,浙江人民出版社1988年版
王兴福:《浙江太平天国史论考》,浙江人民出版社2002年版
王凤贤、丁国顺:《浙东学派研究》,浙江人民出版社1993年版

陈国灿:《浙江古代城镇史研究》,安徽大学出版社2000年版
顾志兴:《浙江藏书家藏书楼》,浙江人民出版社1987年版
宋慈抱著,项士元审订:《两浙著述考》(上、下),浙江人民出版社1985年版
戴逸主编:《简明清史》(第一、二册),人民出版社1980年版
白寿彝总编:《中国通史》第17、18、19、20卷,上海人民出版社1996年版
方行、经君健、魏金玉主编:《中国经济通史》清代经济卷(上、中、下),经济日报出版社2000年版
傅璇琮、谢灼华主编:《中国藏书通史》,宁波出版社2001年版
谢国桢:《明清之际党社运动考》,上海书店出版社2004年版
何宗美:《明末清初文人结集研究》(续编),中华书局2006年版
吴光主编:《黄宗羲论》,浙江古籍出版社1987年版
谢国桢:《黄梨洲学谱》修订本,商务印书馆1956年版
樊树志:《明清江南市镇探微》,复旦大学出版社1990年版
樊树志:《江南市镇的传统变革》,复旦大学出版社2005年版
郑昌淦:《明清农村商品经济》,中国人民大学出版社1989年版
梁启超:《中国近三百年学术史》,东方出版社1996年版
梁启超:《清代学术概论》,东方出版社1996年版
杜维运:《清代史学与史家》,中华书局1988年版
陈祖武:《清初学术思辨录》,中国社会科学出版社1992年版
樊百川:《清季洋务新政》第1~2卷,上海书店出版社2003年版
王晓秋:《近代中日文化交流史》,中华书局2000年版
李喜所:《中国留学史论稿》,中华书局2007年版
陈国灿:《江南农村城市化历史研究》,中国社会科学出版社2004年版
顾诚:《南明史》,中国青年出版社2003年版
陈清泰、苏双碧等:《中国史学家评传》(中册),中州古籍出版社1985年版
[日]木宫泰彦:《日中文化交流史》,商务印书馆1980年版
[英]呤唎:《太平天国革命亲历记》,上海人民出版社1997年版
牟世安:《鸦片战争》,上海人民出版社1982年版
姚薇元:《鸦片战争史实考》,人民出版社1984年版
茅海建:《天朝的崩溃》,三联书店1995年版

罗尔纲:《太平天国史丛考甲集》,三联书店1982年版
罗尔纲:《太平天国史丛考乙集》,三联书店1995年版
章士晋:《太平军在宁绍台》,宁波出版社2001年版
桑兵:《清末知识界的社团与活动》,三联书店1995年版
桑兵:《晚清学堂学生与社会变迁》,学林出版社1995年版
浙江省政协文史委:《浙江辛亥革命回忆录》,浙江人民出版社1981年版
浙江省政协文史委:《浙江辛亥革命回忆录》(续辑),浙江人民出版社1984年版
杨渭生:《辛亥革命在浙江》,浙江人民出版社1984年版
张洪祥:《近代中国通商口岸与租界》,天津人民出版社1993年版
费成康:《中国租界史》,上海社会科学院出版社1991年版
郭松义:《伦理与生活——清代的婚姻关系》,商务印书馆2000年版
焦润明等:《晚清生活掠影》,沈阳出版社2002年版
冯尔康等:《清人社会生活》,沈阳出版社2002年版
郑绍昌主编:《宁波港史》,人民交通出版社1989年版
李瑊:《上海的宁波人》,上海人民出版社2000年版
林树建:《宁波商人》,福建人民出版社1998年版
林士民:《再现昔日的文明——东方大港宁波考古研究》,上海三联书店2005年版
王慕民等:《宁波与日本经济文化交流史》,海洋出版社2006年版
钱英才:《国学大师陈汉章》,浙江文艺出版社2007年版
林士民:《三江变迁》,宁波出版社2002年版
乐承耀:《近代宁波商人与社会经济》,人民出版社2007年版
乐承耀等:《宁波帮经营理念研究》,宁波出版社2004年版
乐承耀:《宁波古代史纲》,宁波出版社1995年版
乐承耀:《宁波近代史纲(1840—1919)》,宁波出版社1999年版
乐承耀:《乐承耀文论——宁波研究》,当代中国出版社2000年版
张守广:《超越传统——宁波帮的近代化历程》,西南师范大学出版社2002年版
宁波市政协文史委:《宁波帮研究》,中国文史出版社2004年版

陶水木:《浙江商帮与上海经济近代化研究(1840—1936)》,上海三联书店2000年版
张如安:《浙东文史论丛》,中国文联出版社2000年版
杨小明:《清代浙东学派与科学》,中国文联出版社2001年版
洪可尧主编:《四明书画家传》,宁波出版社2005年版
邬向东主编:《20世纪宁波书坛回顾》,宁波出版社1999年版
曹屯裕主编:《浙东文化概论》,宁波出版社1997年版
孙善根:《民国时期宁波慈善事业》,人民出版社2007年版
梁其姿:《施善与教化——明清的慈善组织》,河北教育出版社2001年版
张建俅:《中国红十字会初期发展之研究》,中华书局2007年版
郝延平著,李荣昌等译:《19世纪的中国买办——东西间的桥梁》,上海社会科学院出版社1988年版
黄逸平编:《中国近代经济史论文选》(上、下),上海人民出版社1985年版
张海鹏、张海瀛编:《中国十大商帮》,黄山书社1993年版
中国银行行史编委会:《中国银行行史》,中国金融出版社1995年版
郭正忠主编:《中国盐业史》,人民出版社1997年版
樊百川:《中国轮船航运业的兴起》,四川人民出版社1985年版
汪学群:《清初易学》,商务印书馆2004年版
杨国桢:《林则徐传》,人民出版社1995年版
严中平:《严中平文集》,中国社会科学出版社1996年版

四、资料汇编

孙毓棠编:《中国近代工业史资料》第1辑(上、下),科学出版社1957年版
汪敬虞编:《中国近代工业史资料》第2辑(上、下),科学出版社1957年版
陈真、姚洛编:《中国近代工业史资料》第1、2辑,三联书店1957、1958年版
陈真编:《中国近代工业史资料》第3、4辑,三联书店1961年版
姚贤镐编:《中国近代对外贸易史资料》第1、3册,中华书局1962年版
聂宝璋编:《中国近代航运史资料(1840—1895)》(上、下),上海人民出版社1983年版
聂宝璋、朱荫贵编:《中国近代航运史资料(1895—1927)》(上、下),中国社会

科学出版社2002年版
彭泽益主编:《中国工商行会史料集》(上、下),中华书局1995年版
梁方仲编:《中国历代户口、田地、田赋统计》,上海人民出版社1980年版
许涤新、吴承明主编:《中国资本主义发展史》第2卷,人民出版社2003年版
上海市博物馆图书资料室编:《上海碑刻资料选辑》,上海人民出版社1980年版
李华编:《明清以来北京工商会馆碑刻资料选编》,文物出版社1980年版
苏州历史博物馆编:《明清苏州工商业碑刻资料集》,江苏人民出版社1981年版
彭泽益编:《清代工商行业碑文集粹》,中州古籍出版社1977年版
中国第一历史档案馆编:《鸦片战争档案史料》,天津古籍出版社1992年版
中国第一历史档案馆、宁波市社会科学联合会编:《浙江鸦片战争史料》(上、下),宁波出版社2000年版
谢国桢编:《明代社会经济史料选编》,福建人民出版社1980年版
中国人民大学清史研究所编:《康雍乾时期城乡人民反抗斗争史料》(上、下),中华书局1979年版
何泉达选辑:《清实录江浙沪地区经济资料选》,上海社会科学院出版社1989年版
中法镇海之役资料选辑编委会编:《中法战争镇海之役史料》,光明日报出版社1985年版
浙江省社科院历史所编:《辛亥革命浙江史料选辑》,浙江人民出版社1981年版
浙江省社科院历史所编:《辛亥革命浙江史料续辑》,浙江人民出版社1984年版
中国社科院近代史研究所编:《辛亥革命资料》,中华书局1961年版
太平天国历史博物馆编:《吴煦档案选编》,江苏人民出版社1983年版
王清毅主编:《慈溪海堤集》,方志出版社2004年版
李文海主编:《清史编年》(1～12卷),中国人民大学出版社2000年版
章开沅主编:《清通鉴》(1～4册),岳麓书社2000年版
中国社科院历史所清史研究室编:《清史资料》,中华书局1981年版

金普森主编:《宁波帮大辞典》,宁波出版社2002年版

张嘉梁、王经纬主编:《宁波词典》,复旦大学出版社1992年版

《宁波文史资料》第1、2、3、4、5辑

《余姚文史资料》第1、2、3、4、5辑

《鄞县文史资料》第1、2、3辑

《慈溪文史资料》第1、2辑

《奉化文史资料》第1、2、3辑

《宁海文史资料》第1辑

《象山文史资料》第1、2辑

《舟山文史资料》第1辑

《浙江文史资料选辑》第24、25、28辑

五、其他史料

乾隆官修:《清朝通典》,浙江古籍出版社1998年版

赵尔巽等纂:《清史稿》,中华书局1977年版

乾隆官修:《清朝文献通考》,浙江古籍出版社1998年版

刘锦藻:《清朝续文献通考》,浙江古籍出版社1998年版

蒋良骐:《东华录》,齐鲁书社2005年版

朱寿朋编:《光绪朝东华录》,中华书局1958年版

王先谦编:《十朝东华录》

《筹办夷务始末》道光朝、咸丰朝

陈夔龙:《梦蕉亭杂记》,中华书局2007年版

江藩:《汉学师承记》,上海书店1983年版

钱泳:《履园丛话》,中华书局1979年版

张寿镛:《四明丛书》,广陵书社2006年版

[美]F·布鲁纳·费正清著,傅曾仁等译:《步入中国清廷仕途——赫德日记（1854—1863）》,中国海关出版社2003年版

[美]丁韪良著,沈弘等译:《花甲忆记》,广西师范大学出版社2004年版

《申报》;《甬报》1881年;《德商甬报》(1898—1899)

《四明日报》(1910—1911)

后　　记

　　戊子年的"头八",拙著《宁波通史》清代卷终于定稿了。我松了一口气,既感到愉快,又感到累,数年之酸甜苦辣一齐涌上心头。

　　四年前,我接受了撰写《宁波通史》清代卷的任务。这是宁波市文化精品工程,市里有关部门很重视。刚接任务时,自己感到轻松,以为自己写过《宁波古代史纲》、《宁波近代史纲(1840—1919)》,但一看写作提纲,就感到有点难,不但内容多,涉及政治、经济、文化、社会生活,而且晚清是从封建社会向近代社会转变的时期,要全面呈现清代宁波历史发展的面貌,写出转型时期的特征,无疑是有难度的。且国内清史研究进展快,新史料不断被发掘,而清代历史又长达268年,各种典籍、文献、资料,浩如烟海,对其深入研究,更是一项艰巨任务。这就迫使自己埋头苦干,在撰写中逐渐摸索。为此,自己以两部"史纲"为基础性材料,在吸收成果的基础上,挖掘新的资料和捕捉新的信息,力争有所突破,从不同角度来展示清代宁波各个方面的情况。

　　本书的写作自始至终在是主编傅璇琮先生的指导下进行的。徐季子教授作为本书顾问,对书稿提出了不少修改意见和建议,我感谢两位前辈对笔者的支持和鼓励。浙江大学的徐明德教授、汪林茂教授和宁波申遗办的林士民研究员审读了书稿,提出了中肯的修改意见,王慕民教授对书稿进行通稿,使本书增添了不少色彩。尤其是抓《宁波通史》出版的宁波出版社副社长马玉娟编审及编辑沈建国、何小平,为书稿编辑付出了辛勤劳动,宁波市委党校的秦昊阳博士在"文化"一章中提供的宝贵资料和撰写的有关内容,也为书的出版提供了不少方便。另外,本书的图片大多引自《宁波旧影》(哲夫主编,宁波出版社2004年版)。在这里一并致以谢意。学术上更要感谢那些在书中注明的或附录《参考文献》所列举的专家学者所提供的研究成果。天一阁、宁波市图书馆古籍部、宁波市行政学院图书馆,为我的阅读写作也提供了方便,借此书稿付梓之际,表示衷心感谢。

最后要深深感谢我的夫人李月英女士,她懂得这本书写作的意义和价值。如果没有她的理解、支持和默默无私地奉献,我是不能完成写作任务的。

作　者

2009 年 3 月